COLLISION
COMMUNICATION

碰撞与会通

西方科技与教育在近代中国的传播与发展

——— 上册 ———

李建求 著

商务印书馆
The Commercial Press

图书在版编目(CIP)数据

碰撞与会通：西方科技与教育在近代中国的传播与发展：全二册 / 李建求著. — 北京：商务印书馆，2021（2022.4 重印）

ISBN 978-7-100-20417-0

Ⅰ. ①碰… Ⅱ. ①李… Ⅲ. ①科学教育学－教育史－中国－近代 Ⅳ. ① G529.5

中国版本图书馆 CIP 数据核字（2021）第 215367 号

权利保留，侵权必究。

碰撞与会通
——西方科技与教育在近代中国的传播与发展
（全二册）

李建求 著

商 务 印 书 馆 出 版
（北京王府井大街 36 号 邮政编码 100710）
商 务 印 书 馆 发 行
艺堂印刷（天津）有限公司印刷
ISBN 978-7-100-20417-0

| 2021 年 11 月第 1 版 | 开本 710×1000 1/16 |
| 2022 年 4 月第 2 次印刷 | 印张 61¼ |

定价：276.00 元

目　录

引　子 ··· 1

第一章　褪色的中国古代辉煌 ······································ 16

第一节　辉煌掩盖下的僵化和虚弱 ······························ 17
一、早熟的国家政治制度 ··· 17
二、古朴的农耕田园经济 ··· 30
三、资本主义在近代中国的催生 ································· 39
四、伦理本位的儒家文化教育传统 ······························ 45

第二节　曙光初现：对宋明理学的反动 ························ 60
一、理学衰落与反传统观念的兴起 ······························ 60
二、经世之学与传统文化的转向 ································· 65

第三节　中国古代的科学技术 ···································· 74
一、中国传统主流学术文化的科技观 ··························· 75
二、中国古代的科技：辉煌与衰落 ······························ 99

第二章　亘古未有之变：文明中心由东向西 ··················· 154

第一节　近代科学技术在欧洲的兴起 ·························· 155
一、古希腊文明：西方文明第一个高峰 ······················· 155

二、科学：从婢女变为文明的主人……………………174
　　三、科学时代的开始：西方的世纪………………………193
第二节　中西方的伟大相遇……………………………………239
　　一、利玛窦：西学东渐第一师……………………………243
　　二、明清之际来华的西学先驱……………………………259
　　三、礼仪之争与传教事业的顿挫…………………………278
　　四、马礼逊与中国最早的教会学校………………………285
第三节　鸦片战争后：西学的蜂拥而入………………………293
　　一、中西文化的冲突与妥协………………………………294
　　二、一个庞大的教会学校网………………………………303
　　三、西书出版：广西国之学于中国………………………316
　　四、科普报刊：把国人带进西学新天地…………………335
第四节　教会大学中的科技教育………………………………350
　　一、教会大学在中国的发展………………………………350
　　二、教会大学中的科技教育………………………………360
第五节　西方文化教育的种火人………………………………377
　　一、傅兰雅：传播西学的一代大师………………………378
　　二、李提摩太：牧师、学者、政客………………………387
　　三、林乐知：西方文化的使者……………………………395
第六节　西学东渐：中国的反响与回应………………………406
　　一、对晚清改良思想家的影响……………………………407
　　二、对西学的纠结与认同…………………………………421
　　三、对近代中国教育改革的导向…………………………438

第三章　师夷长技，会通中西 ……………………………… 453

第一节　开眼看世界的士大夫 ……………………………… 454

一、林则徐：近代中国开眼看世界第一人 ……………… 455

二、魏源：师夷长技以制夷 ……………………………… 459

三、徐继畬：《瀛环志略》 ……………………………… 473

四、梁廷枏：《海国四说》 ……………………………… 481

第二节　潜心西学的民间科技精英 ………………………… 491

一、李善兰：中国最卓越的数学家 ……………………… 492

二、王韬：沟通中西、承旧启新 ………………………… 495

三、徐寿与华蘅芳：寄情忘性于科技研究 ……………… 507

引 子

人类正在进入一个与每个人都息息相关的"命运共同体"新时代,我们正在以前所未有的姿态和胆识走向世界,融入世界,与世界共忧患,与时代同进步。然而,在世界迈向今天这样一个全球化、共同体格局的过程中,近代以前的中国却长期充当了一个局外人的角色。对此,中外学者都有过评说。16世纪末17世纪初,在中国传教的意大利传教士利玛窦说:"他们的国家版图很大,边界辽远,而且他们对海外世界的全无了解却如此彻底,以致中国人认为整个世界都包括在他们的国家之内。即使现在,他们也和远古时代一样,称他们的皇帝为天子,即上天的儿子,因为他们奉天为至高无上者,所以天子和神子是一个意思";"在所有大国中,中国的贸易最小;确实不妨说,他们跟外国实际上没有任何接触"[①]。18世纪后半叶的德国浪漫主义文学家、哲学家赫尔德(Johann Gottfried Herder,1744—1803年)说:"这个帝国是一具木乃伊,它周身涂有防腐香料,描画有象形文字,并且以丝绸包裹起来。它体内血液循环已经停止,犹如冬眠的动物一般。所以,它对一切外来事物都采取隔绝、窥测、阻挠的态度。它对外部世界既不了解,更不喜爱,终日沉浸在自我

[①] 〔意〕利玛窦、〔比〕金尼阁:《利玛窦中国札记》(上册),何高济等译,何兆武校,中华书局1983年版,第46、179页。

比较的自负之中。这是地球上一个很闭塞的民族。除了命运使得众多的民族拥挤在这块土地上之外，它依仗着山洲、荒漠以及几乎没有港湾的大海，构筑起与外界完全隔绝的壁垒。"① 美国当代学者孟德卫（David E.Mungello）说："在中国的早期历史中，与世界其他文明相对疏离的地理环境使中国人产生了一种民族优越感，或者称中国中心主义。中国人把自己国家看作世界中心，并因此命名为'中国'，而把世界其他国家唤作'外国'。中国的皇帝——被称作'天子'——被认为是以天的权威与意志来实行统治。根据中国人的传统宇宙观，人类应该按宇宙的等级秩序来复制自己的社会秩序。中国的皇帝就好比北极星。如同其他星辰围绕北极星一样，其他人也应该遵循等级秩序以皇帝为中心实现自我组织。中国把中国以外的世界也看作这一高度理想体系的延伸，以一种等级式和非平等的态度看待其他国家。"② 中国学者金耀基指出，中国自秦汉以降至清末，事实上"一直处于一种独立生长与发展的孤立状态下，一直享有了一种'光荣的孤立'……中国过去两千年的古典社会，几乎与世界其他大文化完全隔绝，而近乎一种平衡、稳固及'不变的状态'"③。

　　这些评说，尽管我们不敢苟同，但在过去两千多年的古代社会中，由于一直享有一种上述学者所谓的"中国中心主义"和"光荣的孤立"，的确很少有中国人具有全球性的视野和多元世界的观念。世界离他们是那样的遥远和陌生。自周天子以来，在中国人的心目中，中国就是"天下"，"世界"就是中国。这种情况正如严复所言："吾国之人，所以于政治之学，国家之义，自西人观之，皆若不甚分晓者，止缘大一统之故。吾所居者，只有天下，并无国家。而

---

① 何兆武、柳卸林主编：《中国印象——世界名人论中国文化》（上册），广西师范大学出版社2001年版，第169页。
② 〔美〕孟德卫：《1500—1800中西方的伟大相遇》，江文君、姚霏、丁留宝、苏圣捷译，新星出版社2007年版，第4—5页。
③ 金耀基：《从传统到现代》，中国人民大学出版社1999年版，第44页。

所谓天下者,十八省至正大中,虽有旁国,皆在要荒诸服之列,以其无由立别,故无国家可言。"[1] 这一份夜郎式的自大自负,在某种意义上是缘于我们曾经拥有辽阔的疆域、富饶的物产,及足以笑傲当世的辉煌文明和无可匹敌的经济地位。世界著名科技史专家、英国学者丹皮尔指出:"在历史的黎明期,文明首先在中国以及幼发拉底河、底格里斯河流域、印度河和尼罗河几条大河的流域中,从蒙昧中诞生出来。"[2] 后几个文明通过不断的碰撞与交流,逐渐融汇到爱琴海文明、古希腊与罗马文明中去了,留存至今的也许只剩下几千年前的古战场。唯有华夏文明一直经久不衰,深邃高远,延续了几千年而风韵长存,这正是华夏文明的独特和优异之处。就连西方学者也承认,在近代以前的所有文明中,没有一个国家的文明比中国更先进,更发达。著名学者钟叔河先生指出:"西方学者普遍承认,1600年前中国的文化发展在许多方面优于欧洲。经传教士介绍过去的中国古代哲学思想,对莱布尼茨、伏尔泰诸人产生的深刻影响,在一定程度上成为18世纪启蒙运动的某种触媒和增塑剂。……莱布尼茨于1697年出版的名著《中国近事》(Novissima Sinica)云:'欧洲文化之特长乃数学的、思辨的科学;在军事方面,中国亦不如欧洲。但在实践哲学方面,欧洲人实不如中国人。'他又说:'我几乎相信,中国应派教士来教我们自然神学(natural theology)的宗旨与实行,好像我们派教士教他们由神启示的哲学。'伏尔泰在其《风俗论》中说:'欧洲的王室与商人,仅知在东方寻找财富,而哲学家则于此发现一新的道德的与物质的世界。'他大声疾呼,谓欧洲人对于中国:'应该赞美,惭愧,尤其是应该模仿!(admire and blush but

---

[1] 严复:《政治讲义·第一会》,载王栻主编《严复集》(五),中华书局1986年版,第1245页。
[2] 〔英〕W. C. 丹皮尔:《科学史及其与哲学和宗教的关系》(上册),李珩译,张今校,商务印书馆1997年版,第30页。

above all imitate）"①事实上，在法国大革命前夜的17—18世纪，法国乃至整个欧洲的那一代思想家、启蒙学者都深受中国传统文化，尤其是儒家思想的影响，形成了一股前所未有的"中国文化热"（或称"东方文化热"）。1662年，法国翻译出版了《大学》——《中国的智慧》，次年又翻译出版了《中庸》——《中国政治道德学》，巴黎大学当时成了中国文化热的中心。欧洲的一大批杰出学者、启蒙思想家如伏尔泰、莱布尼茨、狄德罗、霍尔巴赫、魁奈、歌德等，更是狂热地推崇中国文化，视孔子的人道主义价值观、民主观、平等观、自由观、博爱观为"天赐的礼物"，并响亮地提出要向欧洲"移植中国的精神"，使中国的儒家思想成为他们"自由、平等、博爱"的民主思想的一个重要依据。在法国大革命爆发期间，雅各宾派的领袖人物罗伯斯庇尔（Maximilien François Marie Isidore de Robespierre，1758—1794年）还把"己所不欲，勿施于人"八个字写进了1789年法国的《人权和公民权宣言》和1793年的法兰西共和国宪法。法国古典政治经济学奠基人之一、重农学派的创始人魁奈（François Quesnay，1694—1774年）不仅从中国古代的农业经济中受到了启示，而且特别"欣赏中国的教育制度"。他认为，孔子的"有教无类"，体现了教育平等的思想；从中央到地方都办学校，重视教育，科举制度是中国政治制度的基础。借此，他反对欧洲的贵族世袭制度，并在18世纪按照"中国的教育模式"在法国倡导和推行教育的世俗化和普及化。法国启蒙思想家、百科全书派的代表学者狄德罗（Denis Diderot，1713—1784年）在其主编的《百科全书》"中国"条目中，全面介绍了中国和中国文化，盛赞"中国民族，其历史之悠久，文化、艺术、智慧、政治、哲学的趣味，无

---

① 钟叔河：《走向世界——近代中国知识分子考察西方的历史》，中华书局1993年版，第32—33页。

不在所有民族之上"①。英国当代作家、历史学家威尔斯指出:"中国确实在一个长时期内保持了领先的地位。只在1000年以后,在16和17世纪,有了美洲的发现,有了西方印刷书籍和教育的传播,以及有了近代科学发现的曙光,我们才能有信心地说西方世界开始再次走在中国的前头。在唐朝,中国的极盛时代,其后又在优雅的、却颓废的宋朝(960—1279年),以及又在文化很高的明朝(1368—1644年),中国呈现了繁荣、幸福和文艺活跃的景象,远在任何同时代国家的前头。"②

17—18世纪,是人类历史进程中一个伟大的转折点,是一个急流奔腾、沧桑巨变、令人头晕目眩的大变革、大启蒙时代。英国发生了工业革命(或称"产业革命"),法国发生了启蒙运动和资产阶级革命,美国历经独立战争而诞生。这一切极大地改变了人类的生活方式、思想观念和价值取向,改变了人类的生产方式和生产力,世界文明的中心逐渐转移到了欧洲或者准确地说是西欧,在一些被西欧飞速发展冲昏头脑的西方学者心中甚至产生了"西欧各民族地域人种优越"和"西欧中心"的观念。但美国学者吉尔伯特·罗兹曼在其主编的《中国的现代化》一书中指出:"透过历史的望远镜,我们发现,清代中国俨然像一个富强的巨人傲然站立于前现代社会民族之林。人口持续保持增长,集镇市场的数量居世界之首,由中央统筹协调的文武官僚遍及各地,社会流动模式不受约束,民众识字率很高,官绅大体上还可资依靠,人际关系基本立足于正式契约之上,——这一切有利条件使中国树立了强大而丰满的形象。这些长期形成的特征说明中国是一个到18世纪正接近顶峰的非凡的前

---

① 转引自戴逸:《18世纪的中国与世界:导言卷》,辽海出版社1999年版,第107-108页。

② 〔英〕威尔斯:《世界史纲》,吴文藻译,人民出版社1982年版,第629页。

现代社会。"①西方知名经济学家贡德·弗朗克（Andre Gunder Frank）亦指出：直到1800年，中国仍然是世界经济的中心，中国在世界市场上具有异乎寻常的巨大的不断增长的生产能力、技术、生产效率、竞争力和出口能力，以至能够把世界生产的白银（当时的世界货币）的一半吸引过去，这是世界其他国家和地区都望尘莫及的。因此，在鸦片战争前夕，中国经济规模依然雄居世界各国之首，其地位远远超过了今日美国在世界经济中的地位②。

中国的学者也持相同观点。16世纪以前的西方与中国迥然不同。在长达千年的中世纪，欧洲是一个黑暗时代，科学在时人看来与"巫术"无异，即使是一些伟大的宗教改革者也同样敌视科学，尽管科学发展的连续性没有中断，但这种连续性只是一根纤纤细线。当16世纪新航路开通、世界开始发生大变化时，"中国文明在政治、经济、文化诸方面仍居于世界领先地位，而西方在许多方面倒是处在欠发达或不发达状态。当时实际上是中国冲击西方，而不是西方冲击中国；是西方受到中国的很大影响（主要表现为哲学、艺术方面的'中国风格'），而不是中国'西方化'（只有美洲作物的引进对中国发展产生重大影响）"③。尽管到16世纪，欧洲人从海路到达中国之后，以中国为中心的亚洲东部地区和以欧美为中心的世界其他地区，才开始在经济上紧密地联系在一起，从而掀起了真正意义上的经济全球化大潮。但事实上，早在16世纪之前，中国就一直在亚洲东部和印度洋东部经济圈中扮演着非常重要的角色。李约瑟指出："中国和它的西方邻国以及南方邻国之间的交往和反应，要比一向所认为的多得多，尽管如此，中国的思想和文化模式的基本格

---

① 〔美〕吉尔伯特·罗兹曼主编：《中国的现代化》，国家社会科学基金"比较现代化"课程组译，江苏人民出版社1995年版，第141页。
② 参见李伯重：《中国经济史研究的新趋势》，《光明日报》2000年9月1日。
③ 罗荣渠主编：《现代化新论——世界与中国的现代化进程》，北京大学出版社1993年版，第247页。

调，却保持着明显的、持续的自发性。这是中国与世隔绝的真正含义。过去，中国是和外界有接触的，但是，这种接触从来没有多到足以影响它的文明和科学的特有风格。"[1] 中国传统的农耕文明所拥有的独特的、高效能的农业生产，就平均亩产量、发达的水利系统以及生产技术水平等方面而言，一直到18世纪仍是举世无双的。所以，在整个中世纪，西方落后于东方，落后于中国，在前资本主义社会的十多个世纪里，中国一直处于世界文明发展的高峰，一直以国力强盛、气象宏伟、文化繁荣而震撼于世，在国际经济文化交流中也一直是输出的多，输入的少。16世纪以前，中国不仅留下了伟大的都江堰、万里长城、大运河，以及推动世界文明进程的"四大发明"；而且其桥梁、塔寺及园林建筑，也以优美的造型、巧妙的结构、高难度的技术、深刻朴素的构造原理，令世人钦羡；至于青铜器具、陶瓷、漆器、丝绸等，更被世界其他民族和地区视为珍品。古代中国创造的科学技术成就，对世界科学技术的发展和人类的文明进步做出了极为重要的贡献。正如美国著名历史学家爱德华·伯恩斯所说："自然，西方文化主要产生于欧洲。但它从来就不是绝对排他的。它的最初的根基在西南亚和北非。此外，印度的影响，最终还有中国的种种影响，也起了作用。西方从印度和远东获得了零、指南针、火药、丝绸、棉花的知识，还有为数众多的宗教和哲学概念。"[2]

当然，在人类漫长的历史与文化的变迁过程中，世界各个地区不是同步发展的。如前所述，作为拥有数千年文明的中国，的确曾以它丰富多彩的文明成就润泽过东方，影响过世界。但15世纪末至

---

[1] 〔英〕李约瑟：《中国科学技术史》（第一卷，导论），袁翰青等译，科学出版社、上海古籍出版社2018年版，第160页。

[2] 〔美〕菲利普·李·拉尔夫等：《世界文明史》（上卷），赵丰等译，商务印书馆2001年版，第1页。

16世纪初,世界出现了前所未有的大变局,历史学家称之为"地理大发现时代"或"大航海时代"。在这样一个英雄的时代,欧洲的航海家绕过非洲好望角,开辟了通往印度和中国的新航路;越过大西洋,发现了美洲新大陆。这些发现,标志着人类文明一个新纪元、新时代的开始。航海业的发展冲破了人们之间的空间隔阂,探险家、商人、传教士遍迹天涯,殖民主义伸向世界的各个角落。西方世界的发展犹如脱缰之马,腾跃飞驰,一日千里,与中国的差距迅速拉近,"全球化"初露端倪,人类的活动不再局限于一国一洲而是全球,人类的视野也不再是自己的家园而是全世界。由西方人开创的"全球化"世界突然降临自居"天下"中心的中国,成为横亘在近代中国人面前的一大课题。"全球化"就是我们的处境,因为西方的崛起已逐渐打破了欧亚以往的平衡,迫使世界成为一个整体,所以在近代中国,我们不管做何种选择,都无法回避这一世界发展的大势,自然也不可能置身事外。

与此同时,旨在冲破中世纪封建文化桎梏的思想启蒙运动和宗教改革在西方悄然兴起,最终改变整个世界的科技革命、工业革命也正在进行。这些启蒙和变革的核心内容只有一个,那就是资本主义化,也就是用资本主义的生产方式替代传统封建的生产方式,用资本主义的新制度替代落后的旧制度,用资本主义的新文化替代传统的旧文化。正是由于中世纪的黑暗时代被冲破,资本主义生产方式首次把物质生产过程变为科学技术在生产中的应用,使社会经济、科学技术和文化教育互为依赖、彼此需要,并造就了一大批专门从事科技研发的科学家、从事发明创造的工程师及在生产第一线从事技术开发与新工艺研制的技术人员。产业革命及由其造成的科学技术的产业化,使得一个生产力如地下泉水喷涌迸射的人类新时代全面展开。随着社会的进步、科学的昌盛和技术的革新,世界科技和文明的格局发生了亘古未有的巨变。历经千载"万马齐喑究可哀"

长夜的欧洲，在近代终于迎来科学技术和文化教育繁荣昌盛的新时代，世界科技和文明的中心由东方逐渐转向了西方，西方国家综合国力大为增强。在19世纪的西方，准确地说是欧洲，终于建立起了其世界霸主的地位。欧洲列强按自己的意志征服世界和重新改造世界，不但成为可能，而且逐步变为现实。

相形之下，近代西方勇猛奋进的三百多年，正是中国辗转呻吟、虚度落后的时期。这个曾经雄视千古、令四海称臣的文明古国如龙钟老人，仍然沿着传统的路子，步履蹒跚地缓缓前行。清朝建立后更加强化了封建专制统治和封闭锁国政策，民主政治的呼声被窒息，资本主义生产的幼芽被摧毁，科学理性的精神被抹杀。无情的现实使早熟的、辉煌的、领先于西方一千多年的华夏文明古国一步步迈进了落伍挨打者的行列。一个是资本主义的青春，一个是封建主义的迟暮，两者的发展阶段不同，社会性质不同，其社会经济与科技发展的成效，自然不可同日而语。正如陈旭麓先生所说：中国"根深蒂固的文化传统从一开始就给迈向近代的人们布下了巨大的阴影，设置了难以跨越的文化心理屏障。尽管一些有识之士凛然于时代的变化，充满忧患意识，预感到中国的社会历史已步入'忽喇喇似大厦倾，昏惨惨似灯将尽'的'衰世'阶段，但几乎所有的统治者都沉湎于'天朝无所不有'的神话般的恬然与静谧之中，所有的庶民百姓则依然在'男耕女织'的中世纪磨道上转圈。……巨大的文化遗产，巨大的文化优越感和自豪感，成为中国走出中世纪的巨大包袱，它障蔽了人们的时空视野，成为文明发展的赘疣"[①]。由此以降，在近两个世纪前的中国，清代康、雍、乾朝貌似太平盛世的辉煌，实则是逐渐滑向衰世的凄凉。王朝肌体腐化、内乱丛生，和经历了启蒙运动、科技革命和工业革命的欧洲相比，不仅观

---

① 陈旭麓：《陈旭麓文集 第二卷：思辨留踪（上）》，华东师范大学出版社1997年版，第263页。

念陈旧、思想保守，而且生产力低下，国家的综合实力和科技发展水平处于绝对弱势地位。遗憾的是，在近代这样一个由西方国家主导的激烈的、竞争性的世界秩序，完全为中国所忽视；以中国为中心建构的古代"天下观"，仍然自信十足地引导着近代中国人的国际认知，几乎没有人能够清醒地认识到这一世界发展变化趋势的真相。在与西方文明碰撞对决一百多年的近代历史中，中国不仅丢盔卸甲，颜面尽失，而且彻底地改变了其在世界格局中的地位，由一个扬扬自得的、没有与之能相竞争的天朝大国和世界文明的中心，急剧地坠入到落后挨打的境地而一蹶不振，上演了一曲被马克思称为"任何诗人想也不敢想的一种奇异的对联式的悲歌"①。清代康乾盛世的结束，事实上宣示了曾经是人类文化先进代表的中国传统文化已经风光不再。历史的悲剧往往在其发生很长一段时间之后，人们才会感到切肤之痛。直到英国殖民者用鸦片和大炮打开中国国门，将中国被动卷入西方国家建构的全球化"世界"浪潮之时，在天朝大国迷梦中被惊醒的中国人，才开始意识到西方文化教育和科学技术的威力，必须顺应历史的潮流，放下架子，向西方学习，并尽力模仿西方国家的现代化发展模式，寻找艰难而曲折的民族复兴之路。

中国古代产生过影响人类文明进程的优秀文化思想和堪称发达的科学技术，为什么近代科学技术却是在西欧而不是在中国发展起来？其星移斗转、兴衰消长的根源是什么？对这些问题的认识，我们目前还有较大的讨论余地和空间。从科学技术本身来说，可能是因为我国有重"术"不重"学"的传统。对此，李鸿章在办洋务时就清醒地认识到了学理与技艺脱节的弊害。他说："中国之制器也，儒者明其理，匠人习其事，造诣两不相谋，故功效不能相并。

---

① 中共中央马克思恩格斯列宁斯大林著作编译局编译：《马克思恩格斯选集》（第1卷），人民出版社2012年版，第806页。

艺之精者，充其量不过匠目而止。"① 在这里李鸿章尽管没有上升到"学""术"的高度去分析，但他已明确意识到中国科学技术不发达的重要原因之一在学理与技艺各自为谋，未能紧密结合，所以中国古代技术发达、工艺精巧，然终究"不过为匠目而止"。可见，没有科学学理研究做支撑，技术也成无源之水，终归不可能培养出工业文明。梁漱溟曾从"学""术"的高度对此有过系统深刻的分析。他指出："凡是中国的学问大半是术非学，或说学术不分，离开园艺没有植物学，离开治病的方书没有病理学，更没有什么生理学解剖学。与西方把学独立于术之外而有学有术的，全然两个样子。虽直接说中国全然没有学问这样东西亦无不可，因为唯有有方法的乃可为学，虽然不限定必是科学方法而后可为学问的方法，但是说到方法，就是科学之流风而非艺术的味趣。西方既秉科学的精神，当然产生无数无边的学问。中国既秉艺术的精神当然产不出一门一样的学问来。而这个结果，学固然是不会有，术也同样不得发达，因为术都是从学产生出来的。"又说："我们虽然也会打铁、炼钢、做火药、做木活、做石活、建筑房屋、桥梁，以及种种的制作工程，但是我们的制作工程都专靠那工匠心心传授的'手艺'。西方却一切要根据科学——用一种方法把许多零碎的经验，不全的知识，经营成学问，往前探讨，与'手艺'全然分开，而应付一切、解决一切的都凭科学，不在'手艺'。……总而言之，两方比较，处处是科学与手艺对待。"② 在严复看来，中国"古人谈治之书，以科学正法眼藏观之，大抵可称为术，不足称学。……然不知术之良，皆由学之不明之故；而

---

① 李鸿章：《致总理各国事务衙门函》，载中华书局编辑部，李书源整理：《筹办夷务始末（同治朝）》（卷二十五），中华书局2008年版。

② 梁漱溟：《东西方文化及其哲学》，载中国文化书院学术委员会编：《梁漱溟全集》（第一卷），山东人民出版社2011年版，第356页；第354页。

学之既明之后,将术之良者自呈"①。可见,在相当长的时期内,技术长于科学、不重视学理研究、民众缺乏科学精神和科学素养,是导致近代科学和工业文明没有在中国诞生,我国科学技术在明清朝开始落后于西方国家的一个极为重要的原因。从历史与文化的视角看,有"世纪智者"之称的英国著名哲学家、思想家罗素说:"不幸的是,中国文化中有个弱点:缺乏科学。中国的艺术、文学、风俗习惯绝不亚于欧洲人。在文艺复兴时代,欧洲在任何方面都不能与天朝相媲美。在北京的博物馆,当初法国路易十四想要以其华丽夸耀于东方而送给中国皇帝的《阳光》至今仍与中国的其他艺术品一同陈列着,两相对照,显得粗陋艳俗。英国虽有莎士比亚、弥尔顿、洛克、休谟和其他的文学家、艺术家,但这并不能使我们比中国人更优秀。使我们处于优势的是牛顿、罗伯特·波义耳以及后起的科学家。"②英国著名哲学家和历史学家大卫·休谟亦认为:"在中国似乎有不少可观的文化礼仪和学术成就,在许多世纪漫长的历史发展过程中,我们本应期待它们能成熟到比它们已经达到的要更完美和完备的地步。但是中国是一个幅员广大的帝国,使用同一语言,用同一种法律治理,用同一种方式交流感情。任何导师,像孔夫子那样的先生,他们的威望和教诲很容易从这个帝国的某一角落传播到全国各地。没有人敢于抵制流行看法的洪流,后辈也没有足够的勇气敢于对祖宗制定、世代相传、大家公认的成规提出异议。这似乎是一个非常自然的理由,能说明为什么在这个巨大帝国里科学的进步如此缓慢。"③对此,其他许多学者也做出了见仁见智的诠释:如中国传统社会"盛极而衰"的一般规律,华夏大地独一无二的地缘格局——

---

① 严复:《政治讲义·第一会》,载王栻主编:《严复集》(五),中华书局1986年版,第1252页。
② 〔英〕罗素:《中国问题》,秦悦译,学林出版社1996年版,第39页。
③ 〔英〕大卫·休谟:《人性的高贵与卑劣——休谟散文集》,杨适等译,生活·读书·新知三联书店1988年版,第47-48页。

自然格局,以农耕为主的田园经济及建立在"以农为本"基础上的宗法与家族本位制度;家国同构、君权至上、封建专制的政治结构,自由、民主、平等及契约精神、公德观念的缺失;官僚的贪污腐败,内外政策的严重失误,周期性的战乱;伦理道德至上、"存天理,灭人欲"的文化学术传统,中国语言文字的独特性,八股取士的科举制度,中庸、和谐、求同与经验、直觉式的思维方式;尚"礼"的行为准则,重义轻利的价值取向,安于现状、不思进取、不敢冒险、崇拜祖先、因循守旧的民族文化心理;华夷之辨的"天下观",使文人与士大夫盛行"夷夏"大防,排拒西方人及其学说,等等。所有这些注释,无疑都有道理。因为历史是一条连贯而不断流动的长河,又是一个相互联系的有机整体,前后相续,波浪推涌,彼此影响,并不能一刀切断和分割。同时,文化教育和科技研发也不是一个封闭的系统,而是与当时的社会环境、制度体制、经济基础、价值观念和民族文化心理等,有着极为密切的关系,是与社会实践紧密相关的开放系统。但究竟哪些因素是根本的,哪些是从属的,哪些是主要的,哪些是次要的,即使是李约瑟这样对中国古代文明极有研究的学者似乎也没有给出一个令人满意的答案。

美国学者塞缪尔·亨廷顿说:"人类的历史是文明的历史,不可能用其他任何思路来思考人类的发展。这一历史穿越了历代文明,从古代苏美尔文明和埃及文明到古典文明和中美洲文明再到基督教文明和伊斯兰文明,还穿越了中国文明和印度文明的连续表现形式。在整个历史上,文明为人们提供了最广泛的认同。"[1]可见,人类文明既是多元的、广泛的、动态的,又是包容的、能够相通的与互相理解的。其运动的历史轨迹也并非是单一的、笔直的线性运动,而是非常复杂的、曲折的过程,其中既有各种文明的冲突与会通,也有

---

[1] 〔美〕塞缪尔·亨廷顿:《文明的冲突与世界秩序的重建》,周琪、刘绯、张立平、王圆译,新华出版社1999年版,第23页。

其自身必然性和偶然性的相互交织。所以，历史研究的困难常常在于，"对于一些重大历史现象，我们不难从经济上、政治上、意识形态上分别找出许许多多的原因来。使历史学家们深感困惑的，不是他们怀疑自己观点的局部正确性，而是一旦把自己的观点放到整体中、放到历史发展中去看，就会发现各种原因互为因果，而自己不过是抓住历史发展的链条中的一环而已"①。

　　人类文明的历史是一个连续不断、新旧并存的发展过程。它贯通上下古今，聚合东西南北；它不是人类记忆的累赘，而是启人心智的智慧。美国著名学者费正清指出："虽然历史学界关注的中心问题一代与一代有所不同，但就近代中国而言，某些尚未解决而又需要阐明的问题，似乎可能在以后的一段时间内先引起注意，一个需要阐明的重大问题就是外来影响的程度和性质。"②众所周知，近代中国的文化教育和科学技术发展道路，同西方，或者准确地说与欧洲的发展道路是不一样的。近代欧洲文明是在资本主义发生和发展的基础上逐渐兴起的，其间又经历了文艺复兴、科学革命、产业革命、宗教改革、启蒙运动。中国的发展则与此完全不同。在鸦片战争以前，中国近代化的进程没有像欧洲那样的经济基础、政治力量，更没有像欧洲那样有过大规模的思想文化启蒙、科技革命和工业革命。中国传统文化也不是自发、自觉地走向近代的，而是在西方列强的入侵和西方文化的冲击下引发的被动变革，是在中西两种异质文明的碰撞冲突过程中，通过互相融合会通，进而形成有别于中国传统文化以儒学为主、到中西新旧并存的近代中国新文化。可以说，中西文化的碰撞冲突与融合会通始终贯穿于整个近代中国，中西两种

---

① 金观涛、刘青峰：《兴盛与危机——论中国封建社会的超稳定结构》，湖南人民出版社 1984 年版，第 7 页。
② 〔美〕费正清、刘广京编：《剑桥中国晚清史（1800—1911）》（上卷），中国社会科学院历史研究所编译室译，中国社会科学出版社 1993 年版，第 3 页。

不同形态的文化并存与融通,是中国近代文化有别于中国古代较为单一的、以儒学为中心的文化的一大特色,也是中国近代文化内部结构丰富复杂、色彩纷呈、新旧并陈的一种表现。当然,正如有关学者所指出的那样,从整体上说,中国"近代文化比古代文化丰富复杂,但又存在着肤浅、粗糙。西方的近代文化经历了两三个世纪的发展历程,形成了比较完整而成熟的体系,而中国近代文化则不同,仅仅经过了八十年的时间,几乎以扫描的速度,驰越了西方社会几百年的历史进程。由于历史进程的快速多变,国人对外来文化的接受、吸收、消化以及近代文化的创建,均缺乏充分的内在准备条件,不可避免地使近代文化带有种种不足。"[1]今天,我们已经走出了近代,进入一个中华民族伟大复兴的新时代,使得我们能站在一个新的高点,沿着历史长河逆溯而上,去思索在文明古国大地上培育出来的中国传统文化是如何在历史岁月的洗礼中逐渐丧失光彩的,又是如何在承受外来文化侵入和压力的同时,逐步蜕变、融通,走向现代文明这个乾坤旋转的伟大时期。换言之,在近代这个全球性的文化大交流、大融合、大发展的时代,西方近代先进的科技和文化教育是在怎样的历史背景下走到中国来的?它的始作俑者是谁?在近代中国,西学挟雷霆之势蓬勃东进,驱赶着鹅行鸭步的中国传统文化,使整个近代中国文明的变局呈现出光怪陆离的色彩,中西方两种异质的文明是在怎样的碰撞冲突中逐渐走向融合与会通的?西学又是如何影响和左右中国人的思想观念、行为实践和民族文化心理的?西学涌入近代中国后,中国人想了些什么、干了些什么、结果怎么样?

---

[1] 龚书铎主编:《中国近代文化概论》,中华书局1997年版,第16 17页。

第一章

褪色的中国古代辉煌

中国古代文明是辉煌的，是人类文明最耀眼、最灿烂的中心之一。在世界著名文明古国中，中华文明起源独特、非常早熟、多元一体、兼容并蓄、源远流长、绵延不绝，是人类文明史上一种罕见的现象和一道独特的景观，在世界文明史上独领风骚数千年。著名学者、思想家梁漱溟指出："中国文化放射于四周之影响，既远且大。北至西伯利亚，南迄南洋群岛，东及朝鲜日本，西达葱岭以西，皆在其文化影响圈内。其邻近如越南如朝鲜固无论；稍远如日本如暹罗缅甸等，亦泰半依中国文化过活。更远如欧洲，溯其近代文明之由，亦受有中国之甚大影响。近代文明肇始于14—16世纪之文艺复兴；文艺复兴，实得力于中国若干物质发明（特如造纸及印刷等术）之传习，以为其物质基础。再则十七八世纪之所谓启蒙时代理性时代者，亦实得力中国思想（特如儒家）之启发，以为其精神来源。"又说："中国人自古在物质方面的发展与发见，原是很多。在十六世纪以前的西洋，正多得力于中国这些发明之传过去。举其著者，如（一）罗盘针（二）火药（三）钞票（四）活字印刷术（五）算盘等皆是，而（六）造纸尤其重要。……还有铁之冶炼，据说亦是中国先发明的。"他还引述西方学者威尔斯在其《历史大纲》

中所言："欧洲文艺复兴，可以说是完全得力于中国造纸之传入。"[1]中国古代文明虽然独自创发、自成体系、灿烂辉煌，且具有强大的同化力和包容力，延绵时间也最为悠长，但并没有催生出近代意义上的科学技术，而且其辉煌的文明持续到明朝便开始褪色，到了清朝更是相形见绌，只能成为士人的梦呓，甚至于成为部分中国人抗拒西方文明的口实。近代科学之所以奇迹般地在16—17世纪的欧洲伴随着文艺复兴、宗教改革、工业革命及商业资本主义的兴起而同时产生，李约瑟认为："很可能随之在欧洲才发生的一些并存的社会和经济变化造成了一种环境，使得自然科学在其中最终能够超过那些高明匠师——半数学的技术家——的水平。"而中国古代的农业—官僚政治文明，很可能是造成中国不像西方的商业文明那样对自然界有兴趣、对自然科学方面"有生机勃勃的需求"的原因，而这"正是商业文化能够单独完成农业官僚政治文明所做不到的事"[2]。

第一节　辉煌掩盖下的僵化和虚弱

一、早熟的国家政治制度

中华文明主要是由中国古代发达的农耕经济、早熟的国家政治制度及在此基础上形成的宗法家族制度、社会伦理习俗与文化教育诸因素积淀而成。一般而言中华文明的开端始于中国历史上第一个

---

[1] 梁漱溟：《中国文化要义》，载中国文化书院学术委员会编：《梁漱溟全集》（第三卷），山东人民出版社2011年版，第11页；第21页。
[2] 参见〔英〕李约瑟：《中国科学技术史》（第三卷，数学、天学和地学），梅荣照等译，科学出版社、上海古籍出版社2018年版，第153–154页。

朝代——"夏"（约公元前21—前16世纪）①。夏王朝不仅宣告了氏族公社制的崩溃与私有制的确立，而且创立了一整套废"禅让"而行父死子继或兄终弟及的"血亲世袭"的国家政治制度，并组建了军队、设立了监狱、制定了历法等。夏代文明虽然因20世纪以来史学界疑古思潮的兴起，在学界引起不少争议，特别是一些西方学者认为是后人杜撰，但夏朝的存在应该说是毋庸置疑的。众多中国史书对夏朝有明确的记载，如汉代史学家司马迁所著《史记》中就专列有《夏本纪》《殷本纪》，记述了有关夏朝的缘起和衰亡；在20世纪50年代以来的考古发掘中，人们亦找到了一些夏文明存在的可信的证据，特别是河南偃师二里头文化遗址，时间恰好在公元前2000—前1600年之间，与夏朝纪年大体吻合。夏朝末年，黄河中下游的一个古老部落——商开始兴起，据传当时商族的首领成汤乘夏动乱之机，经过十余次征伐，在大约公元前16世纪完成了对夏桀的武力征服，建立了商朝。商朝都城始建于亳（今河南商丘，但又有人说建于西亳，即今河南偃师），后多次迁都；公元前1300年左右商王盘庚将都城迁至殷（今河南安阳），故商朝又有"殷商"之称。商朝除了继续强化国家职能的武力统治与征伐外，汲取夏桀败亡的教训，积极借助宗教文化来强化国家治理，如《左传》言殷商"国之大事，唯祀与戎"，初步形成了一种"政教合一"的国家治理模式。在商之后的周朝（约公元前1027—前249年），周王自称"天子"（即"天之元子"，意即天的嫡长子），废除了商朝兄终弟及制为主的王位传承制度，建立了嫡长子继承王位而其余诸子分封为各地诸侯的较为完善的政治制度，初步形成了"溥天之下，莫非王土；

---

① 关于中华文明起源的时间节点，学界一直纷争不断。许多学者坚持只有二里头遗址代表的夏王朝才算得上是中华文明的开端，少数学者特别是国外一些学者甚至认为中国最早的文明只能追溯到商，随着重要考古新发现的不断增多和学界讨论的深入，近年来很多学者认为以良渚古城为代表的社会已经具备早期国家文明的形态了，从而实证了中华文明有五千年历史的说法，当然这一说法目前仍有较大分歧。

率土之滨，莫非王臣"①的"天下"国家观。周天子在治理国家过程中致力于"宗法礼制"和"民惟邦本"的政治建设，如所谓"周人尊礼尚施，事鬼敬神而远之"②"天矜于民，民之所欲，天必从之"③"观乎人文，以化成天下"④"礼，经国家，定社稷，序民人，利后嗣者也"⑤等等，从而使西周早熟的政治文明，不仅具有了明显的由"神本"向"人本"回归的人文主义政治特色，而且以宗族血缘关系为基础，构建了一个强化"名教""礼教"、尊卑有序与士、农、工、商分层的宗法家族社会。西周以后的春秋战国时期（公元前770—前221年），王室衰弱，天子失威，诸侯并立，问鼎争雄，各诸侯国虽无统一的治理模式和恒定的政治制度，但纷乱的政局和频繁的战争却为思想自由和文化繁荣提供了契机，形成了中国学术文化的源头和人类文明史上的一座高峰。

公元前221年，秦灭六国，一统天下。秦王嬴政自称"始皇帝"，废分封、立郡县，改行中央集权制，设立"三公""九卿"管理国家，罢黜百家、独定一尊，统一思想文化，统一法律、文字、度量衡、货币和车轨。通过一系列政治改革，秦确立了以皇权为核心的大一统中央集权政体，奠定了中国传统政治制度的基础，形成了具有中国特色的政治文明。有如谭嗣同所谓：中国"二千年来之政，秦政也，皆大盗也"⑥；亦如英国著名政治学家、历史学家塞缪尔·E.芬纳所言：在中国，"一个从未间断的政治传统就是：政府存

---

① 《诗经·小雅·北山》。
② 《礼记·表记》。
③ 《尚书·泰誓上》。
④ 《周易·贲卦·彖辞》。
⑤ 《左传·隐公十一年》。
⑥ 谭嗣同：《仁学·二十九》，载蔡尚思、方行编：《谭嗣同全集》（增订本）下册，中华书局1981年版。

在于皇帝,也即政府依附于绝对而至高无上的天子"[1]。在这种皇权专制的统治下,以皇帝为核心的政体架构和官僚体系,不但调节社会各阶层的利益分配,直接干预社会各阶层的构成和流动,而且影响整个社会的文化教育理念、主流价值观、行为生活方式和民族文化心理与思维模式。

中国古代高度集权的政体架构和制度体系,自秦始皇开始延续了两千多年。从表面上看,它确实是一种早熟的文明制度,革除了政出多门的弊端,具有一定的理性色彩。这种政治架构有君、臣、民三个方面。三者之中,君处于主导地位,是唯一不受法律约束的立法者、统治者,皇帝大权独揽,其地位神圣不可侵犯(当然,也不排除在某一特定时期内,皇帝也会被某一个人或统治集团内部一小撮有影响力或德高望重的权贵们所左右和把持);臣则辅君治理,顺从君意;民则供上驱遣,承担赋税力役。客观地讲,这种金字塔式的、权力过分集中的专制集权政体,较之"分封制""分权制"或所谓"民主制"的政体而言,具有自己的一些优势。它可以运用官僚系统,自上而下地对社会发展中的诸种矛盾和问题进行干预、协调和解决,表现出较高程度的政令贯彻能力和组织管理优势;国家政策、改革方案一经确定,这种专制集权型政体还可以运用君主的权威,以圣旨的方式自上而下地强制推行,政体内并不存在任何足以对抗这种皇权的政治力量。同时,自隋唐以来,以打破血缘、阶层、财产限制的以科考为主的选才制度,以及基于科举制的官员升迁系统,在中国封建社会渐渐形成了文官士大夫的"政治模式",使得官僚系统在其限度内获得了极大的完备性。它在一定程度上,不仅体现了中国社会阶层的流动性和开放性,而且对维系中国传统政体制度的稳定发挥了积极作用。在操作层面上,这样的官僚制度,

---

[1] 〔英〕塞缪尔·E.芬纳:《统治史》(卷二),王震译,华东师范大学出版社2014年版,第153页。

与依职能分层、各司其职的专业化和精细化的现代政府并不构成严重冲突，甚至可以说体现了政体架构和制度设计上的逻辑性、完整性和独创性，是世界政治史上一个真正具有创新意义之举。因此，西方学者在谈到中国传统的政体架构时，往往掩盖不住惊讶与钦羡的心情。美国学者弗朗西斯·福山说："在中国，拥有韦伯式现代特征的中央集权国家出现于公元前221年的秦朝，到西汉（公元前206—公元9年）获得进一步巩固。中国建立起任人唯才的中央官僚体系，登记人口，征收统一税项，掌控军队，监管社会，比欧洲出现类似国家制度早了一千八百年。"[1] 吉尔伯特·罗兹曼认为："最早实现现代化的国家，和最成功的现代化后起之秀如日本和俄国，都表现出具备这样一些条件：概念明确的国家，无懈可击的主权，根深蒂固的政治制度，和有效而集权的文官政府。……中国的政治制度具有精密的专门化和职能区分，并由职业官僚遵照高度理性化并有案可稽的成规及先例进行管理。"据此，他认为："中国很早就具备了政治现代化的某些最'现代'的因素。"[2] 伏尔泰甚至把这种中国传统的政体架构誉为"人类精神所能够设想出的最良好的政府"[3]。

然而，很早就具备了政治现代化的中国，并未成为现代化进程中的先行者。事实上，中国历朝的政治体制基本上都是后续王朝的原型，只是在内容和形式或统治机构和官员的称谓上有些许变化而已。对此，梁漱溟曾有一段至为深刻的论说："中国历史自秦汉后，即入于一治一乱之循环，而不见有革命。革命指社会之改造，以一新构造代旧构造，以一新秩序代旧秩序，像资本主义社会代封建社

---

[1] 〔美〕弗朗西斯·福山：《政治秩序与政治衰败：从工业革命到民主全球化》，毛俊杰译，广西师范大学出版社2015年版，第354页。

[2] 〔美〕吉尔伯特·罗兹曼主编：《中国现代化》，江苏人民出版社1988年版，第59页；第271页。

[3] 转引自〔英〕约·罗伯茨编著：《十九世纪西方人眼中的中国·导言》，蒋重跃、刘林海译，时事出版社1999年版。

会，或社会主义社会代资本主义社会那样。虽亦有人把推翻政府之事一概唤作革命，那太宽泛，非此所云。中国历史所见者，社会构造尽或一时破坏失效，但不久又见规复而显其用。它二千年来只是一断一续，断断续续而已，初无本质之变革。改朝换代不下数十次，但换来换去还是那一套，真所谓'换汤不换药'，所以说没有革命。假如不是世界大交通，因西洋近代潮流输入而引起它的变革（如今日者），无人可想象其循环之如何打破。"①

中国传统政体弊端的成因，主要表现在如下几个方面：首先，中国传统的专制集权型政体虽然表现出一种少有的严密性，但由于权力过分集中在少数人手里及传统文化价值观念的因循守旧，使得这一政体架构和制度设计缺乏开放变革与推陈出新。这种政体虽然建立了全国性的行政管理体制，但并没有能力使这一体制深入县以下的社会基层，而只能依靠地方上的乡绅和民间宗教组织与家族制度，以自己的逻辑执行专制集权型政体的部分意志。因此，中国传统的专制集权型政体是畸形的：一方面，整个社会保持统一和极端专制，缺乏变迁创新动能；另一方面，专制集权型政体本身并非浑然一体，而是由许多机构和过程所构成的，这往往也就意味着有众多不同的利益团体，如内廷与外朝、皇族与官僚、行政与监察、中央与地方等。同时，自隋唐以来逐步建立和完善的科举取士制度，在中国逐步累积成了一种"士大夫政治模式"。这种模式，固然有利于官员的选拔由血缘和财富转向真才实学，但宋代后囿于程朱理学和八股时文，使得士子如梁启超所言"一书不读，一物不知""抱八股八韵，谓极宇宙之文，守高头讲章，谓穷天人之奥"，使得官场"不学军旅而敢于掌兵，不谙会计而敢于理财，不习法律而敢于司理，瞽聋跛疾，老而不死，年逾耋颐，犹恋栈豆，接见西官，栗

---

① 梁漱溟：《中国人：社会与人生——梁漱溟文选》（上卷），中国文联出版公司1996年版，第137页。

栗变色，听言若闻雷，睹颜若谈虎，其下焉者，饱食无事，趋衙听鼓，旅进旅退，濡濡若驱群豕"①。同时，由于士大夫阶层怕清议的指摘，怕有失业的危险，往往如著名史学家、外交家蒋廷黻所言"最缺乏独立的、大无畏的精神"，更不敢倡言改革创新，就是像林则徐这样的睁眼看世界的人也莫不如此。蒋廷黻说，林则徐到广东后，便知道中国军器不如西洋，所以他竭力买外国船、炮，同时也极尽所能翻译外国刊物，并把搜集的外国资料给了魏源，魏把这些材料编入《海国图志》。这部书后来被日本人译成日文，在日本朝野掀起了巨大的反响，最终促成了日本的明治维新，使日本一跃而成为现代化强国。蒋廷黻说，林则徐虽然有清醒的认识和觉悟，但"他怕清议的指摘，不敢公开地提倡"，"他让主持清议的士大夫睡在梦中，他让国家日趋衰弱，而不肯牺牲自己的名誉去与时人奋斗"。后来林则徐在陕甘总督和云贵总督任上，也始终"不肯公开提倡改革"，"他以为自己的名誉比国事重要"②。与此同时，贵族宗室和科举出身的官员为了晋升，往往又形成各种非正式的圈子。这些圈子不仅存在于专制集权型政体之内，而且延伸到政体之外，与地方书院、学术圈子、家族、社区等相连接，形成错综交织而时断时续的网络，从而使得皇权（国家）缺乏高度的社会控制与动员能力。显然，这样一种情形与既存社会的现实要求是相冲突的，与时代潮流是不合拍的。它既不能有效协调社会力量，高效率地处理公共事务，也不能在社会需要变革时，迈出破旧创新的步子。

其次，中国传统的专制集权型政体，实行皇权至上的严密控制，皇帝居于权力的金字塔之顶。皇帝虽然也在某种程度上要受天命、祖宗成规乃至某些法律的制约，但他基本上是最高权威者，是事实

---

① 梁启超：《知耻学会叙》，引自中国史学会主编：《中国近代史资料丛刊·戊戌变法》（四），上海人民出版社1957年版，第454页。

② 参见蒋廷黻：《中国近代史》，民主与建设出版社2017年版，第13—14页。

上的权力和法律之源。皇帝是国家的拥有者，国家成了皇帝的私产，"溥天之下，莫非王土。率土之滨，莫非王臣"①。明末清初的顾炎武有一段名言："易姓改号，谓之亡国，仁义充塞，而至于率兽食人，人将相食，谓之亡天下"；"是故知保天下，然后知保其国。保国者，其君其臣肉食者谋之；保天下者，匹夫之贱与有责焉耳"②。这就是说，王朝等同国家，国家等同朝廷，国家的命运可以交给君臣等肉食的统治者集团，但在天下存亡时匹夫贱民就要承担责任了。后来的梁启超亦有类似的表述。在他看来，中国虽有数千年的历史，却只有众多的王朝名称，而没有一个"国名"，如果有，就只有"天下"。民众"不知国家与天下之差别"，"不知国家与朝廷之界限"，"不知国家与国民之关系"③。这种皇权天授、唯我独尊的信念，自周"天子"以后便成了中国整个政治思想的基本信条，也使得历代皇帝无可非议地掌握着行政、军事、财政、法制、教育、文化等的一切权力。并逻辑地导致"天下之事，无论大小皆决于上"。自秦始皇到清代帝王，这一君主"乾纲独揽"的传统从未断绝。美国学者麦克尼尔认为，"乾纲独揽"的君主专制集权体制，是中国传统政治、经济、社会三大子系统互动的逻辑产物，"在一定限度的历史时期内"，这一体制是具有"历史正当性的"，"使得中国分裂这一问题不仅是政治上的罪恶，似乎还始终是道德上的罪恶，这种思想极其有利于促进历代王权的巩固，使国家能够经常保持统一，其效果远胜于赤裸裸的军事力量维持的均势所带来的统一"④。但是，这种君主高度专制集权的体制，在客观上无疑是将国家的兴衰完全系于帝王意志的须臾闪念中，其所产生的后果也可能使人难以预料。为了保证这种

---

① 《诗经·小雅·北山》。
② 顾炎武：《日知录·正始》（卷十三）。
③ 梁启超：《饮冰室合集·中国积弱溯源论》（文集之五），中华书局 2008 年版。
④ 〔美〕威廉·麦克尼尔：《西方的兴起：人类共同体史》（上册），孙岳等译，郭方等译校，中信出版社 2015 年版，第 265 页。

专制集权型政体的运作不至于因为君主的任意妄为而受到干扰破坏，中国历代也建立了制约帝王权力的机制，如自唐代设有独立于所有政府机构之外的"御史台"，历朝也都有所谓的评议皇帝和官员的"谏官"和"御史"。在中国历史上甚至有不少谏官和御史，为了国家社稷的命运认真履行进谏的义务而身首异处。但在大多数情况下，这些谏官和御史常常因担心报复，或仕途受阻，或惹怒皇帝，而不敢公正地担负起这个使个人时刻面临危险的评议监督之职责。所以，就总体而言，这些制约机制是十分微弱的，一朝的盛衰与当政皇帝的好恶及个人能力紧紧相联，政策的不连贯及反复多变就成了常有的事。举一个小的事例就可以看出，龙颜的变化是何等举足轻重。北宋词人柳永参加科举考试未中，就写了一首流传甚广的《鹤冲天》："黄金榜上，偶失龙头望。明代暂遗贤，如何向。未遂风云便，争不恣狂荡。何须论得丧？才子词人，自是白衣卿相。烟花巷陌，依约丹青屏障。幸有意中人，堪寻访。且恁偎红倚翠，风流事，平生畅。青春都一饷。忍把浮名，换了浅斟低唱！"[1]这首词文笔优美，问题出在最后一句："忍把浮名，换了浅斟低唱"，要那些权势有什么用，还不如超然物外把它换来喝酒唱歌。这本来是柳永因科考未中而恃才负气的牢骚话，皇上却记在了心里。柳永第三次参加科举考试，终于通过了，但等到皇上圈点放榜时，宋仁宗却把他的名字划去，旁批"且去浅斟低吟，何要浮名"。可见，猜度圣意，迎合皇帝的喜好，成了升官的终南捷径。换用孔子的话说，就是"君子之德风，小人之德草，草上之风，必偃"[2]。

在社会治理上，尽管自秦汉至明清都制定有重要的法律典章，但在调节中国人的社会行为上，正式法律发挥的作用与西方相比要远远少得多。许多案例或纠纷的审理往往是根据宗族、家族或村庄

---

[1] 吴彬、冯统一：《唐宋词选注》，浙江文艺出版社1999年版。
[2] 《论语·颜渊》。

的一些不成文的惯例规则，而不是通过西方所谓的法院体系。诚如金观涛等所言："中国封建社会的宗法家族制度不仅仅是原始的血缘关系的沿袭，而且是通过同构效应与中国封建国家相互依存并一起发展、强化的制度，是中国封建社会一体化调节在组织层次上的产物。同构效应对维护封建国家的统治，是重要的组织力量和稳定因素。"[1] 有西方学者甚至认为，"中国传统文化中含有不少对法律的敌意"。因为在儒家看来，规范人们生活和行为准则的是人伦道德，人伦道德的养成主要靠教化或孔子所谓的"礼"。尽管中国历朝政府"总是儒家和法家的混合物"，但"从来没有法体源于神圣这样的借口"，在大多数情况下是"法家传统的对刑事犯罪的处罚表，还根据儒家的思路规定出因事制宜的不同结果"，而"儒家伦理是高度情境化或语境化的，在很大程度上，正确的结果取决于参与各方的关系和地位、案例中的具体事实、事先无法知道和界定的条件。好的结果不靠规则的非人格化应用，而要靠斟酌当地情境的圣人或君子。在最高层拥有一个好皇帝是体系正常运作的条件"。所以在古代中国，"只有依法统治而没有法治"，"法律并不能限制或约束君主本身"，公民的权利不是与生俱来的，而是"仁慈统治者的恩赐"。正因如此，"产权和私法——合同、侵权和其他不涉及国家的个人纠纷——很少得到强调，与西方普通法和罗马民法的传统形成鲜明对比"[2]。中国学者杨鸿烈在其所著的《中国法律思想史》中亦有类似表述：中国建国之基础以道德礼教伦常，而不以法律，故法律仅立于补助地位；立法之根据以道德礼教伦常，而不以权利；法律即立于辅助道德礼教伦常之地位，故其法常简，常历久不变（从汉

---

[1] 金观涛、刘青峰：《兴盛与危机——论中国封建社会的超稳定结构》，湖南人民出版社 1984 年版，第 50 页。

[2] 参见〔美〕弗朗西斯·福山：《政治秩序与政治衰败：从工业革命到民主全球化》，毛俊杰译，广西师范大学出版社 2015 年版，第 358—360 页。

代以迄清末不变）①。所以，晚清朝廷为回应西方的挑战及列强对中国传统法律的批评，不得不于1902年成立一个专门委员会对《大清律例》进行修订，同时以西方为标准，参照日本、德国等国，制定了一系列含有商法、程序法和司法组织等的条款。

再次，这种专制集权型政体，不仅造成了机构和官员的膨胀和腐化，而且不可能顾及民众的利益。为了在建立庞大的官僚网的同时不致造成国家负担过重，同时也为了体现以伦理道德立国的精神，中国专制集权型政体采取了两种看似互相矛盾的政策，即按官僚等级划分的封建特权和普遍的低薪制，因此造成了一个使官僚机构趋于腐化的大势态：一方面，封建特权的存在使得爬上高层官僚成为各级官吏致力追逐的目标，贿赂迎奉、拉关系、说假话，因此在官场中盛行不衰；另一方面，"普遍的私征浮收与普遍的积逋亏空相映成趣，组成了那个时候奇特的官场景观"②。为应付符合身份的庞大日常支出，微薄的俸禄往往引发一部分官员四方经营，同时也造成大部分官员以权谋私，私征浮收，贪赃枉法。两种趋向的合流，最终导致了今天的学者们所称的"系统化贪污"的现象，即某一组织内部的全体或绝大多数成员进行有计划、有预谋、有一定规律的贪污。马克斯·韦伯在《新教伦理和资本主义精神》中，形容中国封建官吏的贪婪"并不比任何人逊色"③。在汤因比看来，这种政体不仅会使"所有权力都要腐败，绝对权力要绝对腐败"，而且"由于脱离群众或者认为必要，还想继续掌权的潜在愿望，实际上很可能忽视

---

① 参见梁漱溟：《中国文化要义》，载中国文化书院学术委员会编：《梁漱溟全集》（第三卷），山东人民出版社2011年版，第25-26页。
② 杨国强：《百年嬗蜕：中国近代的士与社会》，生活·读书·新知三联书店1997年版，第10页。
③ 〔德〕马克斯·韦伯：《新教伦理与资本主义精神》，李修建、张云江译，北京九州出版社2007年版，第41页。

群众的利益"①。在孟德斯鸠看来，"中国在历史上有过22个相连续的朝代，也就是说，经历了22次一般性的革命，不算无数次特别的革命。……大体上我们可以说，所有的朝代开始时都是相当好的。品德、谨慎、警惕，在中国是必要的。这些东西在朝政之初还能保持，到朝代之末便都没有了。……在开国初的三四个君主之后，后继的君主便成为腐化、奢侈、懒惰、逸乐的俘虏"②。所以，他把中国朝代的不断变更看作是中国帝王和群臣腐败、奢侈的结果，前一朝代被推翻之后，新兴起的朝代又走进同一循环之中。

第四，这种专制集权型政体，在政治运作过程中，"从收集信息、谋划、决策到实施都不透明，而且有意强化其秘密性与神秘性，在运作过程中渗透着无穷无尽的阴谋"③。这种专制集权型政体，一方面"阻止了可能提出挑战的强大社会参与者的出现。在欧洲，根深蒂固的世袭贵族、独立的商业城市、天主教和形形色色的新教派别，都有自己独立的权力基础，能对国家权力加以限制。类似这些东西在中国一开始就比较软弱，强大国家又采取行动，使之始终停留在软弱状态之中。所以在中国，贵族行使领土主权的程度比不上欧洲；像佛教和道教那样的宗教受到严格控制；城市更像欧洲易北河以东的行政中心，而不像西欧独立的大都市"④。另一方面又抑制了社会成员（包括官僚士绅精英和下层民众）的创造性和主动性。对此，严复曾有过入木三分的分析。他指出，中西文明立国精神的不同，对一个国家的政治制度层面有着极为重要的影响。"西之人力今以胜

---

① 〔英〕汤因比、〔日〕池田大作：《展望二十一世纪——汤因比与池田大作对话录》，苟春生等译，中国国际文化出版公司1985年版，第275页。

② 〔法〕孟德斯鸠：《论法的精神》（上册），张雁深译，商务印书馆1987年版，第103页。

③ 张鸣：《再说戊戌变法》，陕西出版传媒集团、陕西人民出版社2013年版，第259页。

④ 〔美〕弗朗西斯·福山：《政治秩序与政治衰败：从工业革命到民主全球化》，毛俊杰译，广西师范大学出版社2015年版，第355页。

古","以日进无疆,既盛不可复衰,既治不可复乱","为学术政化之极则"①。西方以竞胜为本位的文化价值渗透于各个方面,而中国文化的基本精神是"好古而忽今""以止足为教""相安相养""防争泯乱",反映在政治制度层面,就是"禁非有余,而进治不足"。因此,自秦以来,专制统治的主人,为了维护自己的政权不再受到他人的争夺,用"猬毛而起"的法令来约束人们的行为,而这些法令十之八九皆是"坏民之才,散民之力,漓民之德者也"②。统治者以钳制民众的主动性来换取统治上的便利与安全,专制政体不知不觉地使民众"弱而愚",其结果就使中国人在外敌威胁面前失去主动的自卫能力。更严重的是,庶民既然无权过问地方与国家的事,那么,参与政治与公共事务方面的能力和兴趣也就无从发育和培养,其结果也就是如严复所言:"通国之民不知公德为底物,爱国为何语,遂使泰西诸邦,群呼支那为苦力之国。……夫率苦力以与爱国者战,断断无胜理也"③。这种专制集权型政体治理下的社会,不仅难以产生在思想上、精神心智上与能力上可以应付复杂多变的国际形势的创造性与主动性人才,而且窒息了这种能力和人才的生长机制,自然也不可能产生需要平等、自由、权利和人格尊严的科学实践和科学精神。有如梁漱溟所言:"'权利''自由'这种观念不但是中国人心目中从来所没有的,并且是至今看了不得其解的。他所谓权的通是威权的权。对于人能怎样怎样的权,正是同'权利'相刺谬的权。……他对于西方人之要求自由,总怀两种态度:一种是淡漠得很,不懂要这个作什么;一种是吃惊得很,以为这岂不乱天下!"④顾准更直言,认为这种专制集权型政体里只能形成一种所谓的"史官文化"。

---

① 严复:《论世变之亟》,载王栻主编:《严复集》(一),中华书局1986年版,第1页。
② 严复:《辟韩》,载王栻主编:《严复集》(一),第36页。
③ 严复:《法意》(按语),载王栻主编:《严复集》(四),第985页。
④ 梁漱溟:《东西文化及其哲学》,载中国文化书院学术委员会编:《梁漱溟全集》(第一卷),山东人民出版社2011年版,第364页。

在顾准看来,"所谓史官文化者,以政治权威为无上权威,使文化从属于政治权威,绝对不得涉及超过政治权威的宇宙与其他问题的这种文化之谓也";"这种文化的对象,几乎是唯一的对象,是关于当世的政治权威的问题,而从未'放手发动思想'来考虑宇宙问题。阴阳五行是有的,数学神秘主义也是有的,不过都是服从于政治权威的,没有,从来没有独立出来过"[①]。秦汉以来成形的封建大一统政治格局和专制集权型政体,由于以后各朝代只是对其进行"因"、"损",其根本性的缺点并没有得到克服。所以,在近代中国,当直面西学的猛烈碰撞时,天朝帝国的统治者和传统的文人士大夫也只是艰难地调节着自身,笨拙地应对着现实,不敢做出有根本性的、实质性的改革创新之举。

二、古朴的农耕田园经济

华夏世界主要是一个由黄河—淮河—长江—珠江流域与周边广大的地域组成的,这一带是降雨量充足,特别适合农耕的一整块陆地;同时从上古时代起,华夏先民为了生存发展,在这片广袤的土地上实施了一系列浩大的治水工程。所以,中国封建社会是一个古朴的农业社会。中国传统社会的基础是农业,历朝都是以农立国,奉行"重农抑商""举本业而抑末利"的"理国之道",以农耕为主的田园经济可以说是中华民族赖以生存和发展的主要经济基础。法国著名汉学家谢和耐曾称赞道:"中国的农业于18世纪达到了其发展的最高水平,由于该国的农业技术、农作物品种的多样化和单位面积的产量,其农业看来是近代农业科学出现以前历史上最科学和最发达者。"[②] 这种历史悠久和高度发达的农耕经济,堪称是世界

[①] 顾准:《顾准文集》,华东师范大学出版社2014年版,第10页;第11页。
[②] 〔法〕谢和耐:《中国社会史》,黄建华、黄迅余译,江苏人民出版社2010年版,第416页。

上最先进的农业文明,且养活了全世界最多的人口。中华文明和中国古代的科学技术就是在这种农耕型田园经济的基础上发展起来的。中国古代的经济形态主要是农业、畜牧业和手工业,与这些生产部门相联系的古代科学技术,如天文、历法、水利工程技术、冶金铸造技术、建筑技术、印刷术、造纸术及农学、地学、数学、医学、药物学、生物学等,在明清以前都已达到了当时世界的最高水平,显示出古代中国人的无穷智慧和探索精神。璀璨的科学技术成就和农业与家庭手工业为主要特征的田园经济互为因果,催生了世界上最发达的中国古代文明。但也正是这种农业和家庭手工业相结合的田园经济,决定了中国古代社会的生产关系与生产方式,使得古代中国不可能像近代西方那样发生科技革命和产业革命,而且还会对其内部萌生出的新的产业形态,形成十分强大的杀伤力和严重阻扼,使科学技术的发展丧失了原动力和环境条件。

首先,在中国古代,历朝都视农业为根本,奖劝农桑,并在长期的发展过程中形成了对农业的极端崇拜。英国经济学家马尔萨斯(Thomas Robert Malthus,1766—1834年)在1798年出版的名著《人口原理》中指出,"中国王朝一开始便对农业予以极大鼓励"。他援引杜哈尔德的话说,"中国人为从事耕耘付出如此令人难以置信的辛劳,不纯粹是为了自己的利益,更多的是出自对农业的崇拜和从君主制开始以来历代皇帝自己对农业的崇尚"。所以"不少朝代的皇帝对农艺也很热心,制定了促进农业的法律";而且"在等级划分中,他们把农民放在商人或工匠之上。较低阶层人的最大心愿就是能拥有一小块土地。在中国,与农民相比,制造者的数目微不足道"[①]。这种视农业为根本和对农业的极端崇拜,使得"匹夫"尽力农耕、"匹妇"尽力纺织的耕织并重的小农户,成为秦汉以后组成中

---

① 何兆武、柳卸林主编:《中国印象——世界名人论中国文化》(下册),广西师范大学出版社2001年版,第24-25页。

国社会的基本细胞，小农经济成为古代中国生产方式得以长期延续的深厚土壤。到20世纪20年代初，中国社会经济的基础部分仍然是小农经济，微弱的资本主义经济主要集中在东南沿海和沿江的大中城市，在其他地区及广大的农村中占支配地位的是小农经济。据有关专家估算，1920年左右，我国农业总产值约为165.2亿元，工业（包括矿业）总产值约为53.83亿元，共计219.03亿元。如果将农业中的资本主义生产略去，近代工业的总产值约为10.66亿元，只占当时工农业总产值的4.87%[①]。在这种经济形态和生产方式的影响下，一方面逐渐形成和积淀起了中国古代重农抑商、自给自足、家族本位、因循苟安、听天由命的思想观念和思维模式；另一方面又严重制约甚至阻碍科学技术的发展，使近代新文化的形成和发展缺乏坚实的经济基础和原始动能。与此同时，农业与家庭手工业相结合的田园经济，以及与此相辅相成的地主—自耕农土地占有制，在城乡普遍存在的地方小市场，使得地主、商人、高利贷者三位一体，形成了中国前资本主义经济从生产、流通到分配的完整结构。这种经济结构因拥有自发的调节能力和完备的自给自足特性而十分坚韧、稳固。虽然这种经济使手工业直接和农业相联系，大大缩短了原材料与生产过程的距离，也缩短了产品与消费过程的距离，但却使商品经济畸形发展。一方面是社会商品生产发展缓慢而商品交换的发展却十分迅速；另一方面是传统的农村经济和生产力水平已达极致且呈僵滞之态，而城市的商业、服务业以及种种奢侈行业十分繁荣。据有关资料记载，南宋京都临安商业达四百多行，有米市、肉市、川广生药市、象牙玳瑁市、金银市、花朵市、卦市等等，不一而足。仅临安城贩卖的市食就有41种，果子类42种，粥类9种，

[①] 吴承明：《中国资本主义的发展述略》，载中华书局编辑部编：《中华学术论文集》，中华书局1981年版，第333页。

糕类19种，甚至冷饮也有17种，名酒54种[①]。但是，这种以农业和家庭手工业为主的经济结构过分完整，自给自足的小农经济过分成熟，对生活水平的要求较低，难以产生对大作坊特别是资本主义的工厂形式生产的需求；传统农业与手工业相结合及手工业分工过粗，难以促进技术的革新与生产经营管理方式的变革，因而也不可能为提高农业劳动生产率开辟出新的道路及从事相关的科技研发，不可能为中国早期资本主义商品经济的发展提供刺激因素和生长条件。

其次，农耕经济及地缘与自然格局的特殊性，使人们长期定居于某一区域，依据气候、季节的变化规律从事农业生产，而不像古希腊那种散裂的城邦及游牧民族和海洋文明的民族那样大规模地迁徙流动和对外索取，使得中国人产生了一种对土地的渴望和占有心态，导致资本固死在土地上，形成了春秋以后国有与私有并存、而私有渐居主导的土地所有制。土地可以自由买卖，贫者卖土地，富者购入土地。卓文君与司马相如私奔的故事，被人们津津乐道地传颂了两千多年。司马迁在《史记·司马相如列传》中就描述道，卓文君和风流才子司马相如私奔后，就"归成都，买田宅，为富人"[②]。据已出土的文物记载，早在汉代就已出现了土地买卖的文书。到明清时，更有"千年田，八百主"的谣谚。这种土地政策对中国封建社会经济结构的稳定起到了异乎寻常的作用。土地自由买卖诱导社会财富投入土地，而不是转向工商业，甚至商业资本也情不自禁地趋向投入土地。同时，在亚当·斯密看来，中国君王的"收入全部或绝大部分都是得自某种地税或地租。这种地税或地租，像欧洲的什一税一样，包含一定比例的土地生产物（据说是1/5），或由实物

[①] 参见金观涛、刘青峰：《兴盛与危机——论中国封建社会的超稳定结构》，湖南人民出版社1984年版，第58页。

[②] 司马迁：《史记卷一百一十七·司马相如列传第五十七》(《史记》第四册)，天津古籍出版社1997年版，第3080页。

交付，或估价由货币交付，随各年收获丰歉的不同，租税也一年不同于一年"①。这样君王自然就特别注意土地和农业盛衰，也就更加诱导社会财富投入土地，而不是转向制造业和商业贸易。这一经济的及价值观念的原因的综合，使得中国的社会财富主要积淀于地产及高利贷，一直未能进入资本的原始积累阶段，并与传统的以家庭为单位的小农经济在中国难以解体互为因果。同时，这种以家庭为单位的小农经济使得中国古代的经济结构非常单一，经济单位非常简单，家族制度异常坚固，家庭本位的观念深入人心。可以说，在整个中国封建社会，其经济结构就是单一的农耕经济，其社会结构就是以血缘、宗法等级关系为纽带而构建的。有如卢作孚在《中国的建设问题与人的训练》一书中所云，"农业民族的经济单位，非常简单；简单到一个经济单位，只需要一个家庭。所以农业民族的社会生活，就是家庭生活。纵然有时超越了家庭范围，然而亦是家庭关系扩大的"；"人每责备中国人只知有家庭，不知有社会；实则中国人除了家庭，没有社会。就农业言，一个农业经营是一个家庭。就商业言，外面是商业，里面就是家庭。就工业言，一个家庭里安了几部织机，便是工厂"②。在学者黄文山看来，中国古代的小农经济及由此形成的家庭本位观念与家族制度，"实在是使我们停留在农业生产，不能迅速地进入资本主义生产之唯一关键"。照黄先生的话说，这正是"中国所以没有产业革命、不能生产社会化者"的缘由，它不仅决定了中国社会经济的命运，乃至决定了中国整个文化的命运③。而在西方，古希腊罗马文明皆以城市为中心，以"都市文明"

---

① 〔英〕亚当·斯密：《国民财富的性质和原因的研究》（下卷），郭大力、王亚南译，商务印书馆1983年版，第249页。
② 转引自梁漱溟：《中国文化要义》，载中国文化书院学术委员会编：《梁漱溟全集》（第三卷），山东人民出版社2011年版，第34页；第20页。
③ 参见梁漱溟：《中国文化要义》，载中国文化书院学术委员会编：《梁漱溟全集》（第三卷），第43页。

为特色（尽管在中世纪也是以封建诸侯式的封建文化为主基调），特别是到中世纪后期即 11 世纪末 12 世纪初，随着西方工商业和城市的复兴，许多从封土中或解放或逃出来的人变成了工商业者或自由人，形成了新的市民阶层，这又进一步促进了工商业的繁荣和城市的复兴，最终导致了封建经济的解体、资本主义的创生、市民社会的形成及近代科学技术与教育的飞速发展。

再次，长期农业小生产的经验论，巩固和加剧了自先秦以来中国传统文化中的实用理性色彩。在李泽厚看来，中国的实用理性有唯物论的某些基本倾向，但"最重要的是它特别执着于历史。历史意识的发达是中国实用理性的重要内容和特征。所以，它重视从长远的、系统的角度来客观地考察思索和估量事物，而不重眼下的短暂的得失胜负成败利害，这使它区别于其他各种实用主义"。在中国传统文化中形成的这种实用理性把自然哲学和历史哲学融为一体，使历史观、认识论、伦理学和辩证法相合一，成为一种历史（经验）加情感（人际）的理性，这正是中国哲学和中国文化的一个特征。"这样，也就使情感一般不越出人际界限而狂暴倾泻，理知一般也不越出经验界限而自由翱翔。也正因如此，中国哲学和文化一般缺乏严格的推理形式和抽象的理论探索，毋宁更欣赏和满足于模糊笼统的全局性的整体思维和直观把握中，去追求和获得某种非逻辑非纯思辨非形式分析所能得到的真理和领悟"。在李泽厚看来，中国这种实用理性的传统既阻止了思辨理性的发展，也排除了反理性主义的泛滥。它以儒家思想为基础构成了一种性格—思想模式，使中国民族获得和承续着清醒冷静而又温情脉脉的中庸心理，"不狂暴，不玄想，贵领悟，轻逻辑，重经验，好历史，珍视人际，讲求关系，反对冒险，轻视创新"[①]。这种实用理性给这个民族的科学、文化、

---

① 李泽厚：《中国古代思想史论》，人民出版社 1986 年版，第 305-306 页。

观念形态、行为模式既带来许多优点,也带来了许多缺点,使其在适应迅速变动的近现代生活和科学前进的道路上显得蹒跚而艰难。

第四,中国传统的农耕经济是一种典型的劳动密集型廉价生产,缺乏对技术进步和生产工具改良的要求。农业生产单位亩产量的增加除了自然因素外,几乎完全依靠投入更多的劳动力,而不是依靠农学的研究与生产工具的改革。直到19世纪末,中国农业仍然是"士大夫不辨粟麦","有农事无农学,一切辨土宜、兴水利、制肥料、防螟蚁等事,虽叩之躬亲南亩者,亦茫然不能措对,不知其法,遑论其理";而作为生产要素的农业生产工具也基本停留在简陋粗笨的原始水平,"中国农器,仍二千年之旧制,而日益苦窳",而泰西所用"则皆精巧灵捷,有火力、马力、人力之别"[①]。斯坦福大学政治学家弗朗西斯·福山亦有言:在清朝,"中国农业经济与一千六百年前的汉朝相比没有很大的不同"[②]。被誉为经济学之父的英国经济学家亚当·斯密很早就观察到了这样一种现象:"中国一向是世界上最富的国家,就是说是土地最肥沃,耕作最精细,人民最多而且最勤勉的国家。然而许多年以来,它似乎就停滞于静止状态了。今日旅行家关于中国耕作、勤劳及人口稠密状态的报告,与五百年前视察该国的马可·波罗的记述比较,几乎没有什么区别";"中国耕作者终日劳作,所得报酬仅够购买少量稻米,……技工的状况就更恶劣。欧洲技工总是漫无所事地在自己工场内等待顾客,中国技工却是随身携带器具,为搜寻,或者说,为乞求工作,而不断地在街市东奔西走"[③]。亚当·斯密断言,从18世纪上溯五百年,中国的耕作

---

① 引自中国史学会主编:《中国近代史资料丛刊·戊戌变法》(四),上海人民出版社1957年版,第429—430页。

② 〔美〕弗朗西斯·福山:《政治秩序与政治衰败:从工业革命到民主全球化》,毛俊杰译,广西师范大学出版社2015年版,第356页。

③ 〔英〕亚当·斯密:《国民财富的性质和原因的研究》(上卷),郭大力、王亚南译,商务印书馆1983年版,第64—65页。

并没有什么革新。这的确是个发人深省的现象，说明古代中国社会的知识和技术创新即使存在，也不怎么应用到底层的自耕农。事实上，在湖南农村，笔者童年时的耕种工具仍然是原始的，几乎与马可·波罗观察到的没有多大区别。而我所看到的农村及城镇技工景象，亦大致如亚当·斯密所言。

完备的自给自足的小农经济，植根于农业文明土壤之上的民族性格、家庭本位、伦理道德和实用理性思维，以及在两千多年儒家思想熏陶下形成的重农抑商传统与贵义贱利、克己尚俭、守成循旧的主流价值观念等，使得中国制造业、商业贸易和科学技术的发展受到多方掣肘，不仅缺少发展资本主义所需的资本积累和科学技术，相反形成了一个更加牢固的以土地流动为主的经济架构。这一架构的出现，又固化了自给自足的小农经济。在中国漫长的封建社会中，虽然明清时期在东南沿海江浙一带出现了兴盛一时的私营手工业作坊，但这也只是一片静寂的死水中荡漾起的微小波澜，新的经济因素犹如无边沙碛中的小块绿洲，远不能战胜和取代庞大的封建经济。这种静悄悄的变革和前进是否意味着古老中国已孕育着向近代社会演进的趋向？有关专家认为，在明清的作坊中寻找早期资本主义的论断，混淆了作坊（workshop）与工厂（factory）的界线。手工作坊既非资本主义的制度，亦不构成引致资本主义的原因。工厂是资本主义的制度，但是它并非由手工作坊演变而来，而是19世纪上半期西方科技革命和工业革命的产物。它不仅包含作坊的雇佣劳动，而且还把会计的方法用于生产管理，以及将科学技术和机器工具在生产中广泛应用。这一点在中国的作坊生产中是完全欠缺的。明清之际的中国作坊不仅不能产生大规模生产所必需的管理工具，而且也无法为生产力向蒸汽动力转变准备条件。尽管可以肯定，19世纪中叶以前，中国在某些方面的技术领先于西方，西方工业革命早期发明的纺织器械，基本上可以在明代的农书中找到。然而并不等于说，中国已经掌握了蒸汽机所必需的机械知识基础。而蒸汽机的发明，才是制造业使用机器的基础性革命。同时，在明清时代，有关资本流通的制度及大规模使用新技术、新工艺所必需的投资，在中国也不具备，而这些正是资本主义萌芽的核心因素所在[①]。正如美国历史学家彭慕兰所说：18世纪的清代中国非常肯定已经出现了"市场经济"，却几乎没有出现"资本主义"[②]。亚当·斯密亦有言："中国的政策特别爱护农业。在欧洲，大部分地方的工匠的境遇优于农业劳动者，而在中国，据说农业劳动者的境遇却优于技工。在中国，每个人都很想占有若干土地，或者拥有所有权，或是租地。……中国人不重视国外贸易。当俄国公使兰杰来北京请求通商时，北京的官吏以惯常的口吻对他说：'你们乞食般的贸易！'除对日本，中国人很少或完全没有由自己或用自己船只经营国外贸易。允许外国船只出入的海港，亦不过一两个。"在亚当·斯密看来，制造业往往比农业的价值更大，制造业的完善全然依赖分工，而制造业所能实行的分工程度又必然受市场范围的支配。中国幅员是那么广大，居民是那么多，各地方有各种各样的产物，各省间的水运交通大部分又是极其便利。所以，"单单这个广大的国内市场，就够支持很大的制造业，并且容许很可观的分工程度"，假如再扩张国外贸易，就"必能大大增加中国制造品，大大改进其制造力的生产力"。这样"中国人自会学得外国所用各种机械的使用术与建造术，以及世界其他各国技术上、产业上各种改良。但在今日中国的情况下，他们除了模仿他们的邻国日本以外，却几乎没有机会模仿其他外国的先例，来改良他们自己"[③]。

---

① 参见科大卫：《中国的资本主义萌芽》，《中国经济史研究》2002年第1期。
② 〔美〕彭慕兰：《大分流：欧洲、中国及现代世界的发展》，史建云译，江苏人民出版社2003年版，第5页。
③ 〔英〕亚当·斯密：《国民财富的性质和原因的研究》（下卷），郭大力、王亚南译，商务印书馆1983年版，第246-247页。

三、资本主义在近代中国的催生

直到 19 世纪前期,外国资本主义经济的冲击,特别是西方列强的铁甲舰炮轰开古老中华帝国的大门后,才强行将这个世界上最大的农业国、最大的商品市场、原料产地、贸易伙伴,裹挟进全新的现代化、全球化浪潮之中。在被迫无奈之下,中国才开始谋划在某些方面向西方资本主义国家学习的举措,如洋务派操持的"自强"运动、维新派鼓动的"变法"改制、"五四"时期呼唤的"科学"与"民主",从而催生了中国传统文化与经济形态开始发生某些根本性的变化。就经济而言,这些变化反映在近代新式产业的产生和发展、政府财政收支结构的改变、市场贸易性质的变化和规模的扩大、异于传统的口岸商业城市的兴起等方面。其中伴随近代产业的发展,新的生产方式开始形成,在中国传统的封建经济中开始出现新的近代意义的经济形态和现代的生产技术。

首先,外商在华投资设厂。鸦片战争以后,西方列强取得了在中国沿海和内河的航行权,中西贸易在一定程度上获得了发展,为中国经济与西方各国的经济及世界市场的联系创造了条件;中国主权的逐步丧失,又为外商在中国从事近代产业和商业的投资创造了条件。为了适应航运业发展的需要,外商在华投资最早、最重要的产业便是船舶修造业。1845 年英国商人柯拜在广州黄埔投资设立的柯拜船舶厂,可算是外资在中国境内最早设立的一家船舶修造厂。第二次鸦片战争后,随着长江沿岸的许多城市及天津等北方城市的被迫开放,外国资本纷纷侵入内地,上海成为贸易中转地和国际贸易集散市场,中国对外贸易的中心由广州北移至上海,上海的远洋航运业及船舶修造业亦得到发展,英、美商人纷纷在华东设立船舶修造厂,其中规模较大的有英商办的上海祥生船厂、耶松船厂与和丰船厂。至 1894 年,外商在广州、上海、厦门、福州等沿海口岸建立的大小船舶修造厂已达22家，雇用的中国工人达9000人[①]。外商在中国经营的机械工业除船舶修造厂外，还有铁路车辆修理厂。1880年，英国人在唐山建立了中国第一个铁路车辆修理厂（原名胥各庄修车厂，1899年迁至唐山，更名为唐山修车厂，有工人约3000人）。1901年，德国人在青岛四方村建立了青岛铁路工厂。这两家工厂是当时规模较大的企业。可见，甲午战争前，西方列强对中国的侵略主要是经济渗透，通过对外贸易及与这有关的业务如海关、航运等进行。这基本上是一种间接性的掠夺，没有改变原有的生产方式。中国对世界市场的依附是有限的，也很少举借外债；中国的门户对外还是半开放的。与此同时，在外商操纵的中国对外贸易中，外国资本还掠夺农产品，利用中国廉价的农产品进行出口加工，以赚取大笔利润。这种投资主要集中在初级农产品，特别是生丝和茶叶。外商在经营生丝和茶叶的过程中，又产生了在华设立机器缫丝厂和制茶厂的企图。在生丝加工方面，最早尝试的是1861年怡和洋行在上海办的怡和纺丝局，该局有丝机100台，引入法国技术工人，但由于蚕茧供应得不到解决，缫丝质量不理想，至1869年便不再经营。1878年，美国在华最大的生丝出口商旗昌洋行创办旗昌丝厂，1881年正式开工，有缫车200架；1882年，怡和洋行又重建怡和丝厂，有缫车200架；同年，英商公平洋行设公平丝厂，有缫车216架。至19世纪90年代上半期，上海又有英国纶昌丝厂（1891年）、美国乾康丝厂（1892年）、法国信昌丝厂（1893年）和德国的瑞纶丝厂（1894年）等相继创立。上述四家丝厂共有缫车约1500架，总资本150万两，均有华商资本以附股等方式加入。在制茶方面，1863年，俄商在羊楼峒设顺丰砖茶厂，1866年设新泰砖茶厂于崇阳。19世纪70年代后，随着砖茶贸易扩大，俄商逐渐把砖茶生

[①] 严中平等编：《中国近代经济史统计资料选辑》，科学出版社1955年版，第116–122页。

产中心转移至茶叶贸易集散中心汉口,并在汉口和九江陆续新设砖茶厂。到1878年,汉口有了6家外资砖茶厂,九江亦有2家砖茶厂。同时,福建作为另一产茶中心,1872年俄商在汉口设立第一家砖茶厂。至1876年,福建境内共有俄商茶厂9家[①]。甲午以后,外国列强的经济渗透方式进一步由商品输出向资本输出转化。据海关统计,同治十一年(1872)全国外商总数只有343家,光绪二十六年(1900)增至1006家[②]。甲午战争前,外国投资总额不过二三亿美元,光绪二十八年(1902)升到十五亿美元,1914年增至二十二亿美元以上[③]。光绪二十年(1894),中国全部近代产业资本中,外国资本仅为本国资本的1.5倍,而到1913年已达4倍之多[④]。甲午战争之后,清政府还要为对日本的天文数字的赔款多次举借巨额外债。此后的历届政府都要靠多国银行组成的财团贷款才能够支撑局面,其他的军事政治性贷款也日益增多。外国资本的渗透从经济领域逐渐扩大到政治、军事领域。

其次,洋务派开始经营军工企业。在外商投资办厂的同时,清政府也创办了一批中国近代最早的新式企业。这些新型企业是洋务派"自强求富"理想的具体实践,正所谓"机器制造局之一事,为今日御侮之资,自强之本"[⑤]。洋务运动最初的主旨是"师夷长技以制夷",所以军工业自然首当其冲。1861年,曾国藩在安庆建立了安庆内军械所,仿制洋枪洋炮,是为中国人自己创办的第一家军工企

[①] 参见许纪霖、陈达凯主编:《中国现代化史》(第一卷),上海三联书店1995年版,第106—107页。

[②] 转引自王水:《清代买办收入的估计及其使用方向》,载《中国社会科学院经济研究所集刊》(5),中国社会科学出版社1983年版,第299页。

[③] 吴承明:《帝国主义在旧中国的投资》,人民出版社1956年版,第15页。

[④] 马敏:《过渡形态:中国早期资产阶级构成之谜》,中国社会科学出版社1994年版,第36页。

[⑤] 引自中国史学会主编:《中国近代史资料丛刊·洋务运动》(四),上海人民出版社1961年版,第77页。

业。从1863年始，李鸿章奏请开办了三个洋炮局，其中一个由英人马格里（Halliday Macartney，1833—1906年）主持，雇用华洋工匠五十余名。三局均用手工制造，没有机械动力。1863年，李鸿章迁马格里主持的洋炮局至苏州，成立了苏州洋炮局，装备了汽锅、发动机、车床、铸造机、造型机等机器设备，成为中国第一家使用机械动力的工业企业。1865年，李鸿章买下美人旗记铁厂，并合并丁日昌、韩殿甲主持的上海两个洋炮局，成立江南制造总局。到甲午战争前夕，江南制造总局已发展成为拥有十多家军工企业、一座中型船坞及两千多名员工、集钢铁冶炼和轮船枪炮制造于一体的大型军工企业。全国各省亦纷纷设立机器局，其中规模较大的有福建船政局、南京金陵机器局和天津机器局。军工业的发展必须有相应的配套设施如交通、能源等的支持，以及对"富强首先必须自强"的认识，于是洋务派官员又把发展近代工业的目光投向民用工业，并开办了一批民用企业，以期"分洋商之利"。19世纪70年代以后，洋务派在二十多年中，陆续创办了四十余家民用企业，主要涉及七大门类：1.煤矿业，如平开矿务局；2.航运，如轮船招商局、旅顺船坞等；3.金属矿和冶铁工业，如漠河金矿等；4.电讯，如天津电报总局等；5.铁路，如开平铁路公司等；6.纺织工业，如上海机器织布局等；7.钢铁工业，如汉阳铁厂等。

再次，兴办私营企业。与洋务派所办企业的行业部门不同，民办企业主要集中于缫丝、船舶修造、棉纺织、面粉、砖茶、豆饼、制糖、轧花、火柴、造纸、印刷等生产行业。在甲午战争前，民办企业的规模均较小，初始投资数千两，多者亦不过数万两，仅一两家企业达到60万两左右资本。如广东丝厂，由华侨陈启源于1873年创办南海继昌隆缫丝厂开其端，以后各地陆续兴办，到甲午战争前，广东一地创办的近代缫丝厂总数约88家。但广东丝厂一般规模较小，且是机器与手工操作的足机、手机并用。上海、浙江一带的丝厂，虽然自19世纪80年代才开始兴起，但规模较大，普遍使用蒸汽动力，有些丝厂还从国外引进了较先进的丝车。棉纺织业是近代中国民族资本最集中的工业部门，但由于上海织布局有专利限制，加之棉纺织机器生产所需投资额大，所以在甲午战争前，民办的棉纺织业并没有得到很好的发展，仅创办了几家轧花厂。在1888—1891年间，福州有织布局六十余家，可年产布100万匹，但均为工场手工业式的、以使用足踏投梭布机为主的织布厂。此外，在广州、云南、贵州、江苏、山东、浙江等地，也出现了一些规模较小的手工织布工厂[1]。直到20世纪初，日本式手拉机引入中国，这种工场式手工织布业才得到进一步的发展。此外，民间资本还对船舶修造业与机器制造业、面粉、火柴、造纸、印刷、榨油、电灯等制造部门进行投资，同时亦在政府招商和官督商办的采矿业中进行投资[2]。

甲午战争前，近代西方科学技术的传入及西方资本的刺激，使得中国传统的自给自足的自然经济开始瓦解，中国近代新式工业以它独特的方式开始了艰难的起步。国外先进的生产技术和机械动力的引入，加快了近代中国工业化的进程。一些主要的近代工业和交通运输企业的生产技术和设备已接近世界先进水平。但如同大多数后发国家一样，近代中国工业化从一开始走的就是一条二元工业化道路，即在直接引进外国机器建立现代工业的移植型道路之外，还必须对传统工业进行改造和嫁接，传统的生产技术和设备仍为中国工业发展的一种重要手段。与此相适应，企业制度也表现为近代工厂制和传统手工业工场两种方式的并存状态。此外，还有如日本学者沟口雄三所指出的那样，"在中国，工商业实际上是以一种血缘

---

[1] 参见彭泽益:《中国近代手工业史资料（1840-1949）》(卷2)，生活·读书·新知三联书店1957年版，第249-260页。
[2] 参见许纪霖、陈达凯主编:《中国现代化史》（第一卷），生活·读书·新知三联书店1995年版，第113-114页。

性、更广泛地说是以包括地缘等在内的私缘性的纽带为网络而展开的，这一人际关系网透进了洋务派的工业振兴政策，无论是官营还是私营，都成了资本主义自主发展的阻碍因素，例如张之洞在文集里就曾痛切地指出商人的目光短浅。照孙文的说法，中国人是一盘散沙，而且是个人主义、利己主义，这种个人主义和利己主义要言之就是不把国家和政府放在眼里，而把血缘、地缘、人缘，即私缘性的关系网看作是世界的全部，……在中国儒教里，历史上既没有形成新教主义中的职业者的个人伦理，也没有形成像日本那样对归属集团（公司）的无私忠诚"。所以，中国"近世商人的存在样态并没有直接发展成为资本主义"[①]。

更为主要的原因是，中、西方工业化道路的起因及其所面临的经济基础、思想文化观念、科技发展水平，与政治制度背景有着天壤之别。西方经文艺复兴、资产阶级革命、科技革命和工业革命已经大步跨入了全新的资本主义社会，而中国仍然停滞在已进入没落腐朽状态的封建社会，却摆出一副夜郎自大、故步自封的姿态，资本主义经济成分十分微弱，与工业化息息相关的科学技术的发展缺乏坚实的经济基础和思想文化环境。有如美国学者弗朗西斯·福山所言，英国之所以在工业革命后飞速发展，虽然"在很大程度上，只是拥有大量煤炭和棉花等原材料的意外副产品。然而，工业革命的肇因不但是资源的投入，而且是关键体系的综合：依据观察到的事实引申出普遍理论的科学体系；应用这些知识来解决实际任务的技术体系；向技术创新提供奖励的产权体系；对外部世界抱有一定的文化好奇心；在科技和技术领域培养愈多学生的教育体系；最后，在同一时间允许和鼓励以上各个项目的政治体系。中国在上述体系中可能拥有几个，但缺乏所谓'体系合成'的能力，即让所有体系

[①] 〔日〕沟口雄三：《作为方法的中国》，孙军悦译，生活·读书·新知三联书店2011年版，第180—181页。

一起到位。体系的合成功能，最终还得由政权来提供。……在19世纪僵化保守的中国，这个合成的确没有发生"[1]。但不管怎样说，正是由于西方资本的刺激和中国近代新式工业的萌发、近代西方科学技术的传入，在近代中国引发了传统与近代的并存及中西学的冲突与融合，开启了中国近代化的探索之旅，奠定了中国近代军事、重工业、交通、轻工业的基础，为中国民族资本主义的发展、近代市场体系的逐步建立与完善、新的生产方式的增长、新的社会价值观念的出现，准备了肥沃的土壤和良好的社会环境。同时，也为缩短中国与世界的差距做了最初的努力，促进了中国近代经济、文化和社会的进步，增强了综合国力，对外来资本和西方列强的侵略起了一定的阻止作用。而这些对我们以儒家文化为本位来接纳、吸收、融会近代西方文明的某些价值观念，以及引进西方近代科学技术与教育又产生了极为深刻的影响。可以说，没有中国近代工业的发展，近代科学技术在中国就没有生存的土壤，近代科学教育的产生与发展就失去强劲的推动力。

四、伦理本位的儒家文化教育传统

每个民族都有构成本民族精神凝聚力的文化教育传统，而与此传统相契合形成的价值判断系统，又往往对整个文化教育系统的发展方向和轨迹起着调控和制约的作用。众所周知，中华民族自古以来就是一个典型的农业型民族。农业型民族与海洋国家的商业民族及游牧民族相比，一个显著不同的特征就是长期定居于某一区域从事几乎没有变化的农业耕作，而不像游牧民族那样经常大规模地迁徙与对外掠夺。在同一时空和环境中，要达成长期共存的目的，维持一定区域内家族之间、家庭成员之间的关系就显得尤为紧要。因

---

[1]〔美〕弗朗西斯·福山：《政治秩序与政治衰败：从工业革命到民主全球化》，毛俊杰译，广西师范大学出版社2015年版，第356–357页。

此，在中国古代社会，血缘氏族关系、宗法等级关系非常复杂，每个人都成为特定关系中的一分子，都有维持群体关系的义务。中国封建社会的社会结构就是以血缘、宗法家族关系为纽带构筑起来的。家庭内部以父亲为绝对权威和中心，并以此确定尊卑长幼秩序。家庭的进一步扩大就是国家，君主是一国之主，君臣关系则若父子关系。在这样一种宗法关系和家国共构的社会里，形成了一种人与人之间相互隶属和依赖的关系，国家的治理在某种意义上就变成了人治，而实行人治最有效的方法和途径，恰恰又是伦理道德原则和与之相适应的礼义忠孝的教化。要强化既定的社会秩序和统治，建立一种人伦道德本位的文化教育就成为必然和必须。所以，以纲常伦理为核心的儒学文化教育体系，在中国长期的封建社会一直居于传统文化教育的主导和支配地位，礼义忠孝人伦五常观念自古以来便渗透进了中国人的心理和思想中，形成了一种"集体无意识"，奠定了中国传统社会发展和文化教育理念的基调。无论是建国基础、政治法律依据，还是家族制度、社会组织架构和文化教育，都可以容纳于人伦、统括于道德，都是为了"扶持名教，砥砺气节"。在中国人的心目中特别是在士大夫的观念里，纲常伦理不仅是最美好的，而且是最根本的。因此，中国传统文化的一个显著而重要的特征就是人伦本位、道德至上，人们的一切事实判断活动都被纳入伦理道德规范模式中，人们的思想、行为活动都必须符合伦理道德标准，并由此做出是非善恶、真假美丑等德性判断。这种重视伦理道德的价值取向，不仅对中华民族的国民性格、风俗习惯、价值观念和民族文化心理产生了极为重要的影响，而且使重义轻利、因循守旧、求同存异、中庸调和、天人合一等观念内化为人们的思维模式和行为准则。

中国传统文化，源远流长，其间数千年，各种学术思想纷呈。但至汉代，由于"罢黜百家，独尊儒术"，以及宋代后对朱熹注"四书"的确定，使得儒家思想和教育理念就在中国古代教育文化中形成特定的规范并逐步占据主导和支配的位置。诚如谭嗣同所言："绝大素王之学术，开于孔子。而战国诸儒，各衍其一派，著书立说，遂使后来无论何种新学，何种新理，俱不能出其范围。"① 当然，在漫长的封建社会里，以儒家伦理纲常为核心的传统文化在其发展过程中也曾发生过一些变化，即如儒学本身曾与道家思想结合而呈现出魏晋"玄学"，与佛学结合而呈现出宋明"理学"，与近代西学结合而呈现出所谓的"新儒学"。尽管儒学随着时代的变革而发生了某些变化，但其主流和主导的思想并没有发生根本性的变化，以伦理纲常为核心的儒学文化体系没有变，以伦理道德为主的传统教育理念没有发生根本性的改变。

儒学的源头在西周，在《论语·八佾》中，孔子有所谓"郁郁乎文哉，吾从周"。周公继周文王之业，不仅以民惟邦本，"尊礼尚施，事鬼敬神而远之"②；而且大兴文教，"制礼作乐"，"以教育德"，开创了西周盛世。在孔子看来，理想的社会就是西周那种"人治"社会，理想的"人治"社会的统治者就是周公那样道德完美的君主。孔子认为，成功的君王若将社会治理得井井有条，其个人道德就必须完美，如《论语·为政》中所谓"为政以德，譬如北辰，居其所而众星拱之"。所以，儒家的教育理想就是："君子学以致其道。"③"道之以德，齐之以礼，有耻且格。"④"为人君，止于仁；为人臣，止于敬；为人子，止于孝；为人父，止于慈；与国人交，止于信"⑤。可见，建立人伦纲常秩序、"以教育德"是儒家教育的第一要

---

① 谭嗣同：《论今日西学与中国古学》，引自璩鑫圭、童富勇编：《中国近代教育史资料汇编（教育思想）》，上海教育出版社 2007 年版，第 362 页。
② 《礼记·表记》。
③ 《论语·子张》。
④ 《论语·为政》。
⑤ 《大学·第四章》。

义，也是维系家庭和睦与实施人治政治的手段。这就使得中国传统文化教育理念呈现出强烈的伦理道德色彩，伦理纲常贯穿在家国治理、文化教育和人们的价值观念和思想言行之中。

首重伦理道德的文化教育传统，可以从中国古代两千多年的传统教育内容上得到清晰的昭示。如《中庸》所谓"天命之谓性，率性之谓道，修道之谓教"；《大学》所谓"大学之道，在明明德，在亲民，在止于至善"。孔子虽有"文、行、忠、信""四教"之说①，但他又说："弟子入则孝，出则弟，谨而信，泛爱众而亲仁，行有余力，则以学文。"②其大意为，学生在家要孝顺父母，出外要敬重兄长，做事要小心谨慎，说话要讲究信用，要广泛爱护大众，亲近有仁德的人，这样做了之后，若还有多余的精力，就用来学习文化知识。这段话不仅清晰地揭示了伦理道德在儒家传统教育中所居地位是何等之重要与崇高，而且也清晰地勾画出了中国传统教育逻辑的基本脉络。孔子的哲学体系和教育思想是以"仁""礼"为核心的，其理想人格是"内圣外王"，即通过内在的修养与外在的事功达到真、善、美的最高人生境界。他提倡"志士仁人，无求生以害仁，有杀身以成仁"③。所谓"仁"，就是"仁者爱人""忠恕之道"等，即所谓"夫仁者，己欲立而立人，己欲达而达人"④。就是说一个人不应当只知有己不知有人，而应设身处地为别人着想，积极帮助别人。而且，对人要"忠"，"己所不欲，勿施于人"⑤，不要把自己所不喜欢的事去强加于人；对人要"恕"，要"躬自厚而薄责于人"⑥。而所谓"礼"，则是教化万民、规范个人行为的工具，使尊卑、贵贱、

---

① 《论语·述而》。
② 《论语·学而》。
③ 《论语·卫灵公》。
④ 《论语·雍也》。
⑤ 《论语·颜渊》。
⑥ 《论语·卫灵公》。

长幼、男女都合乎一定的礼节，进而达到"天下归仁""不好犯上"的终极目的。

当然在儒家看来，人先天并不能遵循"道"，所以需要通过教育和"吾日三省吾身，为人谋而不忠乎？与朋友交而不信乎？传不习乎？"①之类的反思，来使人明白什么该做，什么不该做，进而做到"非礼勿视，非礼勿听，非礼勿言，非礼勿动"②，最后进入"从心所欲，不逾矩"③和"心正、身修、家齐、国治、天下平"的境界。所以，儒家的教育理想，就是把所谓的"孝悌""仁爱"和"忠恕之道"从身边的亲人开始，推广到所有的人，推广到国家治理、宇宙万物。尽管孔子还有"六艺"之教，但是"六艺"中的绝大部分内容是从属于道德教育的。在孔子眼中，"六艺"是辅助性的，从来不曾成为孔子的中心话题。如"樊迟请学稼。子曰：'吾不如老农。'请学为圃。曰：'吾不如老圃。'樊迟出。子曰：'小人哉！樊须也。上好礼，则民莫敢不敬；上好义，则民莫敢不服；上好信，则民莫敢不用情。夫如是，则四方之民，襁负其子而至矣。焉用稼。'"④所以陈独秀有言："孔子之道，以伦理政治忠孝一贯，为其大本，其他则枝叶也。"⑤黑格尔亦说，孔子的哲学"是一种道德哲学"，"他的道德教训给他带来最大的名誉"，"孔子只是一个实际的世间智者，在他那里思辨的哲学是一点也没有——只有一些善良的、老练的、道德的教训，从里面我们不能获得什么特殊的东西"。在黑格尔看来，孔子哲学中的"道德包含有臣对君的义务，子对父、父对子的义务以及兄弟姊妹间的义务"，"在中国人那里，道德义务本身就是法律、规律、命令的规定"，"所以中国人既没有我们所谓法律，也

---

① 《论语·学而》。
② 《论语·颜渊》。
③ 《论语·为政》。
④ 《论语·子路》。
⑤ 陈独秀：《独秀文存·复辟与尊孔》，安徽人民出版社1987年版，第112页。

没有我们所谓道德"①。

到了孟子，在其"性善论"的前提下，教育的目的是使其本有的善端生发出来。他说："仁、义、礼、智，非由外铄我也，我固有之也。"②又云："人之所不学而能者，其良能也；所不虑而知者，其良知也。孩提之童，无不知爱其亲也；及其长也，无不知敬其兄也。亲亲，仁也；敬长，义也。无他，达之天下也。"③"学问之道，无他，求其放心而已矣。"④可见，孟子基本上是一位道德天赋论者，他把道德伦理观念看成人头脑中固有的东西，具有典型的"道德预定论"色彩，树立了以人伦道德为本位、以崇善内省为核心的文化精神。当然，作为"亚圣"的孟子也深知，"富岁子弟多赖，凶岁子弟多暴，非天之降才尔殊也，其所以陷溺其心者然也"⑤。所以他也十分重视教育与环境的作用，视教育为君子"三乐"之一。他说，"君子有三乐，而王天下不与存焉。父母俱存，兄弟无故，一乐也；仰不愧于天，俯不怍于人，二乐也；得天下英才而教育之，三乐也"⑥。否则"上无礼，下无学，贼民兴，丧无日矣"⑦。

到了朱熹，《大学》被定为一经。朱熹说："《大学》之书，古之大学所以教人之法也。……人生八岁，则自王公以下，至于庶人之子弟，皆入小学，而教之以洒扫、应对、进退之节，礼乐、射御、书数之文。及其十有五年，则自天子之元子、众子，以至公、卿、大夫、元士之适子，与凡民之俊秀，皆入大学，而教之以穷理、正心、修

---

① 〔德〕黑格尔：《哲学史讲演录》（第一卷），贺麟、王太庆等译，商务印书馆2013年版，第129-130页；第136页。
② 《孟子·告子上》。
③ 《孟子·尽心上》。
④ 《孟子·告子上》。
⑤ 同上。
⑥ 《孟子·尽心上》。
⑦ 《孟子·离娄上》。

己、治人之道。"①按朱熹的逻辑，教育可分为"小学""大学"两个阶段，但两个阶段的内容是不一样的。"小学"，是学一些基本的礼节、"艺"能以及文化知识；到了"大学"，则以穷理、正心、修己、治人之道为主。所以在《大学》里，首句就是"大学之道，在明明德，在亲民，在止于至善"。无论是"明明德"、"亲民"，还是"止于至善"，都离不开道德修养。而"格物、致知、诚意、正心、修身、齐家、治国、平天下"的各个环节，大部分又是与道德修养直接相关的。"格物"不是我们现在意义上的客观存在的物，物里还含有事，包含了向内的道德修养与向外求知两方面的内容，而且以前者为主。对于"齐家"后的各个环节，其实都是附属于道德修养的。

到了王阳明那里，他倡导"心即理"，断言"心外无理""心外无物"②。他创"致良知"之学，认为"致良知"是人先天具有的，"盖良知之在人心，亘万古，塞宇宙而无不同"③，即"见父自然知孝，见兄自然知弟，见孺子入井自然知恻隐"④。他认为"人性皆善"，但在外物的诱使下，人性也会昏蔽，因而主张通过"存天理、去人欲"而复良知，即所谓"去得人欲，便识天理"⑤；"学是学去人欲、存天理"⑥；"圣人之所以为圣，只是其心纯乎天理而无人欲之杂；……学者学圣人，不过是去人欲而存天理耳"⑦。王阳明所倡"心即理""致良知"之学，将朱熹那里含有的向外探寻物理的倾向也去掉了，剩下的只是向内寻求事理。这样，整个教育就基本上只剩下道德教育，"今教童子，惟当以孝、弟、忠、信、礼、义、廉、耻为专务。其栽

---

① 朱熹：《四书章句集注》，徐德明校点，上海古籍出版社2001年版，第1页。
② 王阳明：《传习录》（上），江西人民出版社2016年版，第40页。
③ 王阳明：《传习录·答欧阳崇一》（中），第189页。
④ 王阳明：《传习录》（上），第18页。
⑤ 同上书，第66页。
⑥ 同上书，第91页。
⑦ 同上书，第79页。

培涵养之方,则宜诱之歌诗以发其志意,导之习礼以肃其威仪,讽之读书以开其知觉"①。王阳明的心学固然也强调"知行合一""知行合进",认为"知之真切笃实处即是行,行之明觉精察处即是知。知行工夫本不可离,……真知即所以为行,不行不足谓之知"②,有对理性思维的重视和个人主体作用的强调,但就其思想体系而言终究是一种主观唯心主义的理学,而且其学说被晚明后学一步步推向狂放、空疏与清谈,导致其一方面空谈"明心见性",一方面追名逐利,被梁启超诟病为"束书不观,游谈无根"③,甚至被认为最终导致明王朝腐朽衰败、清朝异族入主的"天崩地析"的时代的到来。

直到鸦片战争以后,西方文化才在中国得到了较为广泛的传播,中国传统的文化结构才开始发生一些质的变化。但至甲午战争前,以伦常名教为根本仍然是这一时期中国文化教育的基本特征。如1861年冯桂芬撰《校邠庐抗议》,一方面承认"人无弃材不如夷,地无遗利不如夷,君民不隔不如夷,名实必符不如夷",因而主张"采西学""制洋器";但另一方面又强调"以中国之伦常名教为原本,辅以诸国富强之术"④。冯桂芬虽然有认同西方文化、反映中西文化有融合会通的趋势之意,但在他看来中国传统文化教育的伦常名教仍然是根本,西方的科学技术只不过是辅助性的东西而已。又譬如人所熟知的一件事,1867年洋务派创办的京师同文馆招收科甲正途人员学习天文算学,就在清廷王公大臣中引起了一场大争论。大学士倭仁等守旧派"以道学鸣高",反对科甲正途人员"师事夷人"

---

① 王阳明:《传习录·训蒙大意示教读刘伯颂等》(中),江西人民出版社2016年版,第218页。
② 王阳明:《传习录·答顾东桥书》(中),第120页。
③ 梁启超:《清代学术概论》,载《梁启超论清学史二种》,朱维铮校注,复旦大学出版社1985年版,第3页。
④ 冯桂芬:《采西学议》,引自璩鑫圭、童富勇编:《中国近代教育史资料汇编(教育思想)》,上海教育出版社2007年版,第27页。

学习天文算学，认为这样一来必将"正气为之不伸，邪氛因而弥炽"，所以高唱"以忠信为甲胄，礼文为干橹"[1]。即便开明如薛福成、张之洞这样的洋务派，在他们的心目中，也仍然视纲常伦理为中国传统文化教育的核心和根本所在。曾被誉为"曾门四子"之一的洋务奇才薛福成在1890年出使欧洲后，虽然对欧洲各国的政教文化倾慕不已，认为学堂、医院、监狱、街道"无不法良意美"，绰有中国古代"三代以前遗风"。甚至"其所奉耶稣之教，亦颇能以畏天克己、济人利物为心，不甚背乎圣人之道。所设上下议院，亦合古之刑赏与众共之意"。但他同时又认为，欧洲各国在"君臣一伦""父子一伦""夫妇一伦"则"稍违圣人之道者也"。所以他得出的结论是："夫各国当勃兴之际，一切政教均有可观；独三纲之训，究逊于中国"[2]。其意十分清晰：欧洲其他方面均有值得我们学习的地方，独教化一道——纲常伦理则是我们的优势所在，万万不可偏废。1898年，张之洞在其所著的《劝学篇》中仍然主张"旧学为体，新学为用，不使偏废"，因为"五伦之要，百行之原，相传数千年，更无异义。圣人所以为圣人，中国所以为中国，实在于此"[3]。对此，曾任张之洞幕僚的辜鸿铭做了一段很好的注释："洎甲申马江一败，天下大局一变，而文襄之宗旨亦一变，其意以为非效西法图富强，无以保中国；无以保中国，即无以保名教。虽然，文襄之效西法，非慕欧化也，文襄之图富强，志不在富强也。盖欲借富强以保中国，保中国即所以保名教，吾谓文襄为儒臣者以此。……此张文襄劝学篇

---

[1] 引自中国史学会主编：《中国近代史资料丛刊·洋务运动》（二），上海人民出版社1961年版，第33页。
[2] 薛福成：《出使英法义比四国日记》，见钟叔河主编：《走向世界丛书》（第8册），岳麓书社2008年修订版，第272–273页。
[3] 张之洞：《劝学篇·明纲》（下篇），载苑书义等主编：《张之洞全集》（第12册），河北人民出版社1998年版，第9715页。

之所由作也。"①在"中体西用"思想的指导下，戊戌维新前的半个多世纪中，西学的输入和传播几乎仅限于西方的自然科学和实用技术，而对于西方社会科学的引入则寥寥无几。直至甲午战争后，在康有为、梁启超、严复、谭嗣同等维新领袖人物的启蒙和鼓动下，人们才逐渐认识到中国之所以贫困积弱、落后挨打，并非如洋务派所说的只是"技艺不如人"，从根本上说是封建君主专制政治制度的腐败，以及以纲常名教为核心的传统教育"锢智慧""坏心术""滋游手""无用""无实"（严复语），摧残天下人才。由是，"中体西用"这一框架才有了一定程度的突破。维新派虽然也以"中体西用"相标榜，但他们强调的是"中西并重""体用并举""无得偏废"。如严复在《与〈外交报〉主人书》中，就曾一针见血地指出了中体西用在逻辑和内容上的错谬。他说："体用者，即一物而言之也。有牛之体，则有负重之用；有马之体，则有致远之用。未闻以牛为体，以马为用者也。中西学之为异也，如其种人之面目然，不可强谓似也。故中学有中学之体用，西学有西学之体用，分之则并立，合之则两亡。议者必欲合之而以为一物。且一体而一用之，斯其文义违舛，固已名之不可言矣，乌望言之而可行乎？""中体西用"既不可为，那么中国应该何去何从呢？严复主张"会通中西"，即"统新故而观其通，苞中外而计其全"②。可见，严复在这里已完全跳出了"中体西用"的思想框架。维新派不仅抛弃了简单比附中西文化的做法，而且他们倡言的西学也从一个全新视野突破了洋务派主要关注西方自然科学技术的局限，扩展到了西学的人文社会科学及政治制度和民权思想，形成了一种有别于洋务派的、带有资产阶级性质的

---

① 辜鸿铭：《张文襄幕府纪闻》，引自中国史学会主编：《中国近代史资料丛刊·戊戌变法》（四），上海人民出版社1957年版，第279页。
② 严复：《与〈外交报〉主人书》，载王栻主编：《严复集》（第三册），中华书局1986年版，第558—560页。

思想文化教育观念。譬如，在政体制度层面，维新派主张以所谓的西方君主立宪制取代封建的君主专制，在文化教育领域则主张废科举、改书院、开民智、创办新式学校。在维新派的鼓噪下，国人思想大进，视野大开，进入一个比较全面、系统地学习西方的新时代。新思想、新学理的输入如火如荼，不仅西方的自然科学被大量引入学校教育，而且政治、经济、哲学、法律、历史等方面的人文社会科学也纷纷列入了学校的课程表，西方的民主、自由、平等的观念也被一部分先进知识分子所认可和接受。当然，有如急风暴雨式的维新变法一样，在维新时期至20世纪初，人们对于西学的需求也呈现一种饥不择食、不问粗细的现象。有如梁启超所言："新思想之输入，如火如荼矣。然皆无组织，无选择，本末不具，派别不明，惟以多为贵，而社会亦欢迎之。盖如久处灾区之民，草根木皮，冻雀腐鼠，罔不甘之，朵颐大嚼，其能消化与否不问，能无召病与否更不问也，而亦实无卫生良品足以为代。"[①] 可见，在这一时期，虽然在西学输入的面上较之洋务时期更为宽泛，但仍显得缺乏知识的完整性与系统性，甚至不免有幼稚、粗糙之嫌，自然也就无法形成一个完整的、充满新鲜活力的新文化体系，因而也就无法从根本上动摇和瓦解以人伦本位、道德至上为核心的传统文化教育。加之，守旧与维新、中西两学的碰撞与抗争，始终贯通于近代中国，直到五四新文化运动之际，陈独秀、李大钊、鲁迅、吴虞等人为建立一种"科学与民主"的新文化以取代传统的封建文化，其首要解决的焦点问题仍然是如何去除孔子之道及其纲常名教。可见，以纲常名教为核心的文化教育传统的确有如"日月经天，江河行地"，要"冲决伦常之网罗"，实非易事。

其次，从教育方法来看，中国传统教育很注重方法的运用，但这些方法亦都是为了伦理道德这一教育主旨服务的。如在中国传统

[①] 梁启超：《清代学术概论》，载《梁启超论清学史二种》，朱维铮校注，复旦大学出版社1985年版，第80页。

教育中特别强调因材施教，这一点在孔子那里表现得最为明显。要因材施教，就必须了解教育对象，即"视其所以，观其所由，察其所安"①。《论语》记载了很多孔子对弟子的德行、性格、心理、才能进行分析的言辞，从中不难发现孔子对他们的了解是比较透彻的。如孔子说，"德行：颜渊、闵子骞、冉伯牛、仲弓；言语：宰我、子贡；政事：冉有、季路；文学：子游、子夏"；"柴也愚，参也鲁，师也辟，由也喭"；"闵子侍侧，訚訚如也；子路，行行如也；冉有、子贡，侃侃如也"；"求也退，故进之；由也兼人，故退之"②。基于弟子在性格和心理方面的特点，孔子在对他们进行人伦道德教育时就必须做到个性化，因人而异。在《论语》里，一个有趣的案例是孔子对"仁""孝"的解说。当弟子向孔子请教"仁"时，孔子根据每个弟子的情况，做出不同的回答："颜渊问仁，子曰：'克己复礼为仁。'"③"樊迟问仁。子曰：'爱人。'"④"樊迟问仁。子曰：'居处恭，执事敬，与人忠，虽之夷狄，不可弃也'"⑤"司马牛问仁。子曰：'仁者，其言也讱'。曰：'其言也讱，斯谓之仁已乎？'子曰：'为之难，言之得无讱乎？'"⑥"仲弓问仁。子曰：'出门如见大宾，使民如承大祭。己所不欲，勿施于人。在邦无怨，在家无怨。'"⑦当弟子向孔子问"孝"时，孔子亦根据每个弟子的情况，做出不同的回答："孟武伯问孝。子曰：'父母唯其疾之忧。'""子游问孝。子曰：'今之孝者，是为能养；至于犬马，皆能有养，不敬，何以别乎？'""子夏问孝。子曰：'色难。有事，弟子服其劳；有酒食，先生馔，曾是以为孝

---

① 《论语·为政》。
② 《论语·先进》。
③ 《论语·颜渊》。
④ 同上。
⑤ 《论语·子路》。
⑥ 《论语·颜渊》。
⑦ 同上。

乎！'"①孔子这种随处指点为"仁""孝"的办法，不为"仁""孝"做明确具体的定义，而是巧妙地切合提问者的特点来因人施教，其意义是非常深远的。

再如，中国传统教育在方法上特别强调言教与身教统一，亦是缘于传统教育的中心和重点是人伦道德。言教，对于教育而言是必不可少的。离开了语言，我们就无法最佳最有效地表达自己的思想和观点，因而在教育中绝少出现不要语言的例子。孔子自言"诲人不倦"，"自行束脩以上，吾未尝无诲焉"②。但由于孔子是一个实践理性主义者，而伦理道德教育又是一个践履问题，这就使得仅有"言教"是远远不够的，还必须"知行合一""身体力行"，这样"不言之教"的"身教"就自然成了中国传统教育的一大特色。言而不行或言过其实的人，都被视为道德不高尚甚至可耻的人。如孔子所谓："君子耻其言而过其行"③；"巧言令色，鲜矣仁"④。如荀子所谓："不闻不若闻之，闻之不若见之，见之不若知之，知之不若行之。学至于行之而止矣。行之，明也，明之为圣人。圣人也者，本仁义，当是非，齐言行，不失毫厘，无它道焉，已乎行之矣。"⑤"知"要靠"言"来表示，表现在教育上，就是言教与身教的合一。孔子曾说："其身正，不令而行，其身不正，虽令不行"；"苟正其身矣，于从政乎何有？不能正其身，如正人何？"⑥道德教育不同于其他教育。道德教育要求受教育者自觉地承认教育者的价值观念，因而必须使受教育者将这些价值观念内化为自身的行为准则。而要达成这一要求，教育者就必须使受教育者产生一个巨大的无形压力，让他所接触的

---

① 《论语·为政》。
② 《论语·述而》。
③ 《论语·宪问》。
④ 《论语·学而》。
⑤ 《荀子·儒效》。
⑥ 《论语·子路》。

都是相类似的行为与价值观念，并因此认为这是社会的一种共识。为获得社会的承认与消解由于自身异常行为所带来的压力，受教育者就会自觉地按照或迫使自己按照社会公认的行为准则行事，这样，外界的行为准则就渐渐地内化为个体的行为准则。所以，道德教育者必须从自身做起，向受教育者提供一个可供参考的言行范例，引导受教育者，进而达到"不令而行"的效果。

再如，中国传统教育重视学与思的结合，也是为了所谓"吾道一以贯之"[①]。孔子说："学而不思则罔，思而不学则殆"[②]。"学"，是一个接受的过程，更多地倾向于知识的模仿性；"思"，是一个内化的过程，更多地强调对所学知识的分析归纳。只是一味强调知识的模仿性，而不发挥个体的主动性与创造性，所学得的知识终归只是表面的，不能内化为个体的一部分，不能言行一致、知行合一。但只是一味发挥个体的主动性与创造性，而缺乏足够的知识基础和知识储备，那也只是一种不切实际的空想。故两方面应该紧密结合起来，这样才可以避免不求甚解与胡思乱想的局面。孔子对学与思的辩证关系是有深刻体会的："吾尝终日不食，终夜不寝，以思，无益，不如学也"[③]；"弗学何以行？弗思何以得"；"不学而好思，虽知不广矣。学而慢其身，虽学不尊矣"；"君子有三思，而不可不思也：少而不学，长无能也；老而不教，死无思也；有而不施，穷无与也。是故君子少思长则学，老思死则教，有思穷则施"[④]；"子曰：'赐也，女以予为多学而识之者与？'对曰：'然！非与？'曰：'非也，予一以贯之'"[⑤]。可见，孔子一方面强调"学"为求得知识的起源，所以

---

① 《论语·里仁》。

② 《论语·为政》。

③ 《论语·卫灵公》。

④ 引自顾树森编著：《中国古代教育家语录类编》（上册），上海教育出版社1983年版，第67页。

⑤ 《论语·卫灵公》。

要"博学""好学"。他本人就是好学的典范,"十室之邑,必有忠信如丘者焉,不如丘之好学也"①。但他同时又指出,学习不能停留在感性认识上,要特别重视思维活动,把"思"放到与"学"同等重要的高度,并且具体提出"君子有九思:视思明,听思聪,色思温,貌思恭,言思忠,事思敬,疑思问,忿思难,见得思义"②。因为在孔子看来,从闻见中获得的知识,如果不经过思考而加以分析、归纳、整理及引申与提高,必致所学茫然无所得。孔子同时认为,由学而思,或由思而学,都必须把前后学得的贯通起来,求得统一,付诸实行,进而达到他所期望的"吾道一以贯之"。

可见,在悠久的中国教育传统中,尽管不忽视知识的传授,且在教授方法中不乏对现代教育的诸多启发和借鉴意义,但教育的根本出发点始终是视儒家伦理道德教育为重中之重,技艺教育及至教育方法的运用始终是为伦理道德教育服务的。而且由于孔子被尊为"万世师表",他的思想和教育理念自汉代以后为世所典范和推崇,因而在中国传统教育中,有如黄济先生所言:"从孔子取六艺为教材到明清时期中国文化的大总结出现《永乐大典》《古今图书集成》《四库全书》,从蒙学教育的读本《三字经》《百家姓》《千字文》《幼学琼林》到儒家典籍'十三经',虽然涉及的领域极为广阔,但道德教育的内容则一直占据主要部分。"③科技教育始终是不受重视或被排斥的。传统科技要得以流传下来,大多数情况下只能通过家族的口头秘传,但这往往由于朝代的更替和社会的动荡而失传。在梁漱溟看来,这种文化教育传统,不唯科技得不到发展,就是社会发展也"陷于盘旋不进之境。近二千年中国历史上只见一治一乱之循环

---

① 《论语·公冶长》。
② 《论语·季氏》。
③ 黄济主编:《中国传统教育哲学思想概论》,河南教育出版社1994年版,第222页。

而不见有推陈出新之革命,呈现病态文明者,即坐此之故也"①。

第二节　曙光初现:对宋明理学的反动

在清前期近两百年的历史中,中国传统学术文化完成了一场意义深远的历史性变革——对宋明理学的反动,从而结束了宋明理学在知识界的独尊地位,在知识阶层形成了"实事求是""无征不信"的观念,并在行为选择上呈现出明显的多元化趋势:反对传统礼教束缚,主张人性自由;反对学术垄断,主张独立思考;反对极端君主专制,主张"公天下"。这成为清代前期学术文化的重要特色。用梁启超的话来说:这一时期的"学术主潮",是"厌倦主观的冥想而倾向于客观的考察";支流是"排斥理论,提倡实践"②。这一变革肇始于明末清初,完成于18世纪,在客观上为19世纪中叶以后西方科技与教育在中国的大规模输入和会通,及中国近代化的全面启动奠定了原始的、但却是必不可少的思想和文化基础。

一、理学衰落与反传统观念的兴起

宋明以降,一直占据着统治地位的传统儒学发生了重大转型,产生了所谓的"新儒学"。如果说,旧儒学的侧重点在于弘扬伦常秩序,那么新儒学则在佛教和禅宗的影响下转向注重探究人心本性。新儒学主要是以"理学"和"心学"的形式存在并达到了顶峰。理学之"理",是指"天理",心学之"心",是指"心性",而这"性"又与"天"有关,即早期儒家经典如《尚书》《左传》《孟子》中探

---

① 梁漱溟:《东方学术概观》,巴蜀书社1986年版,第140页。
② 梁启超:《中国近三百年学术史》,载《梁启超论清学史二种》,朱维铮校注,复旦大学出版社1985年版,第91页。

究的所谓"天人之学"。理学的奠基人通常是指"北宋五子"即周敦颐、邵雍、程颢、程颐、张载，至南宋朱熹而终成正统理学之大成。理学家们并不把自己看作汉儒的继承者，而是以直接延续先秦孔孟儒学为己任。程颐在《明道先生墓表》中云："周公没，圣人之道不行；孟轲死，圣人之学不传。道不行，百世无善治；学不传，千载无真儒。无善治，士犹得以明夫善治之道，以淑诸人，以传诸后；无真儒，天下贸贸焉莫知所之，人欲肆而天理灭矣。先生生千四百年之后，得不传之学于遗经，志将以斯道觉斯民。……先生出，倡圣学以示人，辨异端，辟邪说，开历古之沉迷，圣人之道得先生而后明，为功大矣！"[1]

在理学家们看来，"天理"是至善的，人的本性也有如孟子所言是"性本善"一样，其天性亦是至善的。一个人应该经常省思自己的天命、本性，放弃后天所形成的"人欲"，服从"天理"，这样就可以达到他们所期望的至善的境界。因此，理学家们的基本思想和主张，集中反映在"存天理，灭人欲"的口号中。朱熹说，"宇宙之间，一理而已"；"圣贤千言万语，只是教人明天理，灭人欲。天理明，自不消讲学"[2]；"学者须是革尽人欲，复尽天理，方始是学"[3]。在他们看来，"天理"和"人欲"是不可并存的，灭净了"人欲"，便都是"天理"。而所谓的"天理"，就是董仲舒的"三纲五常"。"三纲"即所谓的"君为臣纲，父为子纲，夫为妻纲"，而"仁、义、礼、智、信"——"五常"之道则是处理君臣、父子、夫妻、上下尊卑关系的基本法则。任何事物停止了发展，也就意味着是它僵化的开始。金观涛等认为，宋明以后儒学的僵化主要表现在：禁欲主义成为重要内容，在行为、伦理结构中引入僧侣主义；理学使人变

---

[1] 郭齐译注：《二程文选译》，巴蜀书社1994年版，第249页。
[2] 黎靖德编：《朱子语类》（卷十二），中华书局1986年版，第79页。
[3] 黎靖德编：《朱子语类》（卷十三），第88页。

成谨小慎微的君子,学者与现实日益脱节,沉醉于烦琐考据与自我修养之中,注经、训诂成为学问的价值标准;儒家丧失了开明教育家的形象,成为顽固的道学先生,对不同思想和外来文化缺乏容忍能力[①]。程朱理学在宋明以后一直居于主流正统的地位,学术界出现了黄宗羲所谓的"此亦一述朱耳,彼亦一述朱耳"[②]现象。直至明中叶,正统的程朱理学渐入衰颓,王阳明提出"致良知"说,主张"知行合一",盛行一时,打破了程朱理学的独尊局面。由于理学家们片面宣传的纲常伦理、道德说教、禁欲主义,成了垄断真理、限制思想自由、扼杀创造精神的枷锁,以致文人学士大多成为"宋儒之应声虫",丧失了处理复杂事务的能力和自由探索的精神。梁启超有言:"进而考其思想之本质,则所研究之对象,乃纯在绍绍灵灵不可捉摸之一物。……重以制科帖括,笼罩天下,学者但习此种影响因袭之谈,便足以取富贵,弋名誉,举国靡然化之,则相率于不学,且无所用心。故晚明理学之弊,恰如欧洲中世纪黑暗时代之景教。其极也,能使人之心思耳目皆闭塞不用,独立创造之精神,消蚀达于零度。"[③]正因为理学的僵化,我们可以发现有这么一种历史现象:明清以前的科学家、发明家中,有不少人是朝中的官员,如张衡、祖冲之、葛洪、孙思邈、郭守敬、沈括等人,但明清以后当朝官员中固然不乏徐光启这样的大科学家,但更多科技专家主要来自民间。可见,理学的僵化和其所倡导的主流价值与学风,也正是明末以来中国科技落后于西方的一个重要原因。梁启超指出:"'清代思潮'果何物耶?简单言之:则对于宋明理学之一大反动,而以'复古'为其职志者也。其动机及其内容,皆与欧洲之文艺复兴绝类

---

① 参见金观涛、刘青峰:《兴盛与危机——论中国封建社会的超稳定结构》,湖南人民出版社1984年版,第268–269页。

② 《明儒学案》(卷十),浙江古籍出版社1992年版,第197页。

③ 梁启超:《清代学术概论》,载《梁启超论清学史二种》,朱维铮校注,复旦大学出版社1985年版,第7页。

似。"①

事实上，由于理学的僵化，宋代以来反对僵化理学的斗争就从来没有间断过。对天理学说有过潜心研究的王阳明虽主张"学是学去人欲、存天理"②，但也尖锐地反对朱熹的"格物"和"知行关系"说，认为"朱子'格物'之训，未免牵合附会"③。他批评当时的学风是"从册子上钻研、名物上考索、形迹上比拟"④，丧失了探索和创造精神。比朱熹稍晚的陈亮、叶适也展开了对理学的批判。陈亮说：理学家"自以为得正心诚意之学"，其实都是"风痹不知痛痒之人"⑤。叶适说：理学家是"坐而讲尧舜三代之旧"，"而不思夷夏之分"⑥；"'仁人正谊不谋利，明道不计功'，此语初看极好，细看全疏阔。……后世儒者行仲舒之论，既无功利，则道义者，乃无用之虚语尔"⑦。这一批判精神，到明末李贽那里形成了一个高峰。李贽是一个"非名教所能羁络"（黄宗羲语）的异端人物，他批判道学家口称纲常名教、以圣贤自居，其实是"阳为道学，阴为富贵，被服儒雅，行若狗彘"⑧的伪君子。他直接和理学家们所主张的"存天理，灭人欲"相对立，认为"穿衣吃饭即是人伦物理。除却穿衣吃饭，无伦物矣"⑨；"夫私者，人之心也。人必有私，而后其心乃见。若无私则无心矣"⑩。他甚至反感以孔子之言为"万世之至论"，认为不必以孔子之是非为是非，"前三代，吾无论矣。

---

① 梁启超：《清代学术概论》，载《梁启超论清学史二种》，朱维铮校注，复旦大学出版社1985年版，第3页。
② 王阳明：《传习录》（上），江西人民出版社2016年版，第91页。
③ 同上书，第15页。
④ 同上书，第79页。
⑤ 陈亮：《陈亮集》，中华书局1987年版，第9页。
⑥ 叶适：《叶适集》（下），中华书局2010年版，第757–758页。
⑦ 叶适：《习学记言》，上海古籍出版社1992年版，第199–206页。
⑧ 李贽：《续焚书》，中华书局2011年版，第385–392页。
⑨ 同上书，第64–69页。
⑩ 转引自冯契：《中国古代哲学的逻辑发展》（下册），上海人民出版社1985年版，第923页。

后三代,汉、唐、宋是也。中间千百余年,而独无是非者,岂其人无是非哉? 咸以孔子之是非为是非,故未尝有是非耳"①。

清初,统治者仍然把理学当作一种招贤纳士的手段,科举考试中所出考题都来自"四书""五经",而考题答案则以朱熹所诠释的儒家经典为唯一标准。康熙更盛赞朱熹所注经典乃"千百年绝学之集大成,能开愚孺之心至成,建万代之真谛"②。但不可否认,在清初知识界仍然大体存有两个流派,一部分应试科举和出仕为官的汉族士人自然将"宋学"即程朱理学作为一种官方哲学加以遵奉,许多明末遗老和拒绝为清廷服务的大明遗臣则排斥理学而推崇所谓的"汉学"③,图谋通过汉学来树立一种新的思想,以推进反清复明的大业。宋代理学家们尽管有形而上学的倾向,但他们仍然重视儒家的实践理性精神,鼓励士人在"穷理"的同时去努力实践"修身齐家治国平天下"的抱负,即使在抽象讨论"理"的时候,也不忘"格物"——身体力行,如王阳明就主张"知行合一",强调"知是行之始,行是知之成"④。但总的趋势是理学变得愈发空疏和抽象,王阳明的心学派也生衍变,阳明心学的末流到后来更流于清谈,儒家的实践理性精神被束之高阁,文人士大夫陷入了对"心"与"性"穷根究底的夸夸其谈。明末

---

① 转引自冯契:《中国古代哲学的逻辑发展》(下册),上海人民出版社1985年版,第928页。

② 康熙:《朱子全书》(序),引自刘永翔主编:《朱子全书》,上海古籍出版社、安徽教育出版社2010年版。

③ "汉学"或者准确地说"清学",与"宋学"即程朱理学严格地说不是截然不同的。实际上汉学对传统经籍的尊崇及博览群书的精神与宋学是相当一致的。汉学家们研究的核心仍然是经籍,只是治学的方法有别。自称为汉学家的学者们研究的方法主要是"考证",即考证其实,有时亦称"校勘学",主要是考究古代书籍的真伪,其格言是"确凿证实然后信之,无稽者决不轻信",他们把自己的著述有时也称为"朴学"。他们除重点研究传统经籍外,还涉猎诸如训诂、音韵、地理、天文历算、典章、辨伪等,其著名代表性学者有顾炎武(1613—1682年)、王夫之(1619—1692年)、惠栋(1697—1758年)和戴震(1724—1777年)等。

④ 王阳明:《传习录》(上),江西人民出版社2016年版,第36页。

清初，随着"汉学"的兴起，大儒们召唤士人摆脱宋明理学加诸他们身上的束缚，直接从古代经典中探求真谛，将批判的矛头直指正统的程朱学术，不但否定其天理的合理性，而且以考证、实证的方法，对理学家所宣传的儒家经典提出怀疑和批判，从而导致了理学的全面没落。梁启超指出："晚明王学极盛而敝之后，学者习于'束书不观，游谈无根'，理学家不复能系社会之信仰。炎武等乃起而矫之，大倡'舍经学无理学'之说，教学者脱宋明儒羁勒，直接反求之于古经。而若璩辨伪经，唤起'求真'观念；渭攻'河洛'，扫架空说之根据；于是清学之规模立焉。同时对于明学之反动，尚有数种方向。其一颜元、李塨一派，谓'学问固不当求诸瞑想，亦不当求诸书册，惟当于日常行事中求之'。……其二，黄宗羲、万斯同一派，以史学为根据，而推之于当世之务。……其三，王锡阐、梅文鼎一派，专治天算，开自然科学之端绪焉。此诸派者，其研究学问之方法，皆与明儒根本差异。"① 此后，理学在士林队伍中的影响急剧削弱，即袁枚所谓"近今之士，竞尊汉儒之学，排击宋儒，几乎南北皆是矣"②。人们追寻"圣道"，研习学问的途径随之发生了变化。孙星衍说："今儒家欲知圣道，上则考之周公、孔子著述之书，次则汉儒传经之学，又次则为唐人疏释，最下则宋人语录及后世应举之文。"③ 当然，持续数百年的宋明理学的真正衰落是从 18 世纪开始的，在此之后，理学再也没有出现过复兴之势，甚至像清初那种短暂的繁荣景象也一去不返。

二、经世之学与传统文化的转向

明清之际，欧洲先后爆发文艺复兴、宗教改革、科技革命和产

---

① 梁启超：《清代学术概论》，载《梁启超论清学史二种》，朱维铮校注，复旦大学出版社 1985 年版，第 3-4 页。
② 袁枚：《随园诗话》（卷二），人民文学出版社 1982 年版，第 49 页。
③ 孙星衍：《问字堂集》（卷二），中华书局 1985 年版，第 59-63 页。

业革命，出现了许多实用科学和新技术，形成了重视实证实验的近代科学精神和归纳、演绎的科学方法，孕育了近代资本主义精神的新教伦理，从而为西方工业文明的形成及文化价值观念的更新开辟了道路，标志着欧洲开始走出中世纪的阴影，在传统社会的演化过程中发生了质的蜕变——迈向近代化。明末清初，中国人从传教士那里所接触的西方科学技术，就是欧洲这一时期巨变所带来的成果之一。然而，在中国，这些西洋新奇玩意儿只限于宫廷之内，对社会和文化阶层影响甚微，而欧洲文明在其后的一个世纪里，却发生了更加剧烈的变化。18世纪，伴随工业革命的爆发，欧洲兴起了启蒙运动，这场思想文化运动高扬理性主义和人文主义的大旗，确立了尊重理性、知识、科学的力量和人的现世利益的原则，从而建立了指向理性化和世俗化的全新的现代观念。在文化思想观念全面更新和产业革命双重力量的推动下，西方社会和经济获得了突飞猛进的发展，大大推进了近代化的进程。

与欧洲启蒙运动相比，中国明清之际的早期启蒙思想，只不过刚刚冒出了一些新观念的幼芽，而且这些幼芽在清朝统治者实行的政治高压和文化钳制政策下，很快遭到摧折。17世纪中叶清军入关建立清朝后，出于文化自卑心理，清朝统治者着力于树立自己的文化形象和权威，以博得广大汉族民众尤其是士人阶层的认同和支持。为此，清朝统治者不仅沿袭明制，而且以超出前代的热情大力尊崇程朱理学，将其尊为儒学正宗和官方哲学。同时，对儒家"圣贤"更加尊崇，康熙皇帝亲临曲阜，尊奉孔子为"万世师表"。康熙及以后的皇帝为了显示自己的文化形象和炫耀文化昌达的盛景，一方面加强自身的文化修养，一方面大力开展文化活动，主持整理典籍，组织编纂图书。自康熙至乾隆朝，由官方先后主持编纂了《古今图书集成》《四库全书》等数种总结历代文化典籍的大型图书，其种类之多、篇帙之巨，是任何朝代都不能比拟的；其对中国学术文化的大整理、大集成也是史无前例的。在统治者的提倡下,古籍整理、考据训诂与讲究性理纲常、清谈玄思的理学同时盛行,成为统治整个文化学术界的两大流派。

有清一代,可以说是中国历史上极不自由、知识分子最无自尊的时代。清朝统治者在大力尊崇程朱理学以树立自己文化权威的同时,对于文化异端及一切不利于自身统治的文化思想则又采取高压政策——"文字狱",文人学士往往因一字触忌便招致杀身之祸。清代文字狱数量之多,规模之大,治罪之严酷,达到了前所未有的程度。康熙时,文网尚宽,但康熙初期庄廷鑨的《明史》案与康熙晚期戴名世的《南山集》案,亦株连甚众,造成恐怖气氛。雍正时,文字狱增多,一是用以打击朋党势力,如汪景祺的《西征随笔》案,钱名世案,查嗣庭案;一是用以整肃潜藏在汉族中的民族意识,如吕留良案、曾静案。到乾隆时,以孙嘉淦的"伪稿案"开始,迭兴文网,有意罗织,因文字获罪者不计其数,指派的罪名往往莫须有,牵强附会,捕风捉影,其荒唐程度令人震惊。在令人战栗的文化恐怖和政治钳制的政策下,文化学术界人士和士大夫对现实政治噤若寒蝉,只好泯灭思想,丢掉气节,死抱着高头讲章、八股程式,以求科举入仕。颜习斋的"无事袖手谈心性,临危一死报君王"[①]与龚自珍的"避席畏闻文字狱,著书都为稻粱谋"(《咏史》),就生动地描述了当时学者们的处境志趣和士林风气。尽管清代的文禁政策大多是政治性的,较少涉及学术领域,但由此使得有清一代的文化学术更加趋向于非现实性、非实用性,走向空疏和烦琐,思想界万马齐喑,沉寂得犹如一潭死水。诚如梁启超所言:"凡当主权者喜欢干涉人民思想的时代,学者的聪明才力,只有全部用去注释古典。欧洲罗马教皇权力最盛时,就是这种现象。我国雍、乾间也是一个例

---

① 颜元:《颜元集》,中华书局2009年版,第51页。

证。"①因此，清前期虽然呈现出理学复兴与文化繁荣的景象，但这却是一个最缺乏言论自由、思想创新的时代，是文化观念最保守的时代，自然也是科技发展最落伍的时代。

社会的腐败，思想的窒息，文化的空疏，士人的沉寂，预示着旧制度、旧秩序正在走向衰朽和死亡，而这也正是被压抑的文化生命力开始苏醒、孕育新生机的时候。所以，就在内忧外患纷至沓来，西学蜂拥而入，社会出现危机，正常秩序开始被打乱，儒学显得无能为力的时候，文化思想领域也开始松动，一部分思想敏锐、怀才蓄志的中下层士人警觉起来。他们开始从脱离实际的传统学术中抬起头来，将目光投入充满忧患与危机的现实，力求为解决社会问题寻找新的出路。由此，在近代中国这个前所未有的大变局时代，逐渐涌动起充溢着新的时代气息的现象：儒学趋向于经邦济世，"经世致用"观念开始复活，富国强兵呼声日益高昂，中国在器物层面不如西洋文明为绝大多数开明士绅所认可。中国传统的学术文化出现了历史性的转向——一种既不同于宋明"理学"，也不是乾嘉"汉学"的"经世致用"之学在道咸之际异军突起，"经世致用"思潮扑面而来。

"经世致用"就其本身来说，并不是什么新东西，以儒家思想为核心的中国传统学术文化就是一种典型的入世哲学，"经世致用"亦是文人士大夫孜孜以求的人生理想。"经世"二字首见于《庄子·齐物论》："春秋经世，圣人议而不辩。""经世致用"的核心精神是面向现实，注重实效，主要体现了治国安邦、讲求建功立业的"外王"精神。孔子一生周游列国，广招门徒，以维护周天子的一统天下和重建文武周公的事业为己任，其人生理想就是为了经世——匡济时弊、安邦定国。同时，儒学经世，又以"内圣"与"外王"、"修身"

---

① 梁启超：《中国近三百年学术史》，载《梁启超论清学史二种》，朱维铮校注，复旦大学出版社1985年版，第114页。

与"治平"、"正心诚意"与"齐家治国"的和谐统一为其完美体现，"为政在人，取人以身，修身以道，修道以仁"①，强调个体主观伦理道德修养，并在此基础上，达到治国平天下的目标。著名学者冯天瑜先生认为，一般而言，当社会生活稳定、王朝强盛、文化专制强有力之时，往往"内圣"之学兴旺，而"经世观念往往作为一种'潜质'埋藏在士人古色古香的学术外壳内，隐而不彰；到了社会危机四伏的关口，国家民族面对纷至沓来的内部的或外部的挑战，文化专制有所松动，士人的忧患意识便会大觉醒，其学术也在现实生活的冲撞、磨砺下，沿着经世方向发展"②。经世意识的这种变化，明末是如此，清末也是如此。在有清一代，由于西方列强的侵略和西洋文明的传入而表现得尤为突出和典型。可以说，清代经世致用思潮的勃兴，既是中国学术文化本身发展的内在要求，也是社会危机和内外压力对于学术文化的一种时代呼唤。这种传统的文化精神使中国文化保持着一种生命力和再生力，每每使陷于危机的社会由乱而治，重新恢复王朝秩序。

17世纪浮现过的经世致用的学术波澜，由于雍正、乾隆时文字狱的毒螫，曾一度销声匿迹于词章、考据、训诂的学风之下，学术一时完全脱离现实生活。学风时尚所趋，即使有经世意识的少数学者，也只能被淹没在汉学的时流之中，大多数学者穷其一生，"猥以校订之役，穿穴故纸堆中"③。乾隆后期，由于人口激增，跨区域移民与流民的大量存在，吏治腐败，行政低效，权钱交易，颟顸塞责，使得各种社会问题和政治问题成堆，危机日益显露。嘉庆朝更是江河日下，末世迹象已为有识之士所共睹。这为士大夫表达其政治与

---

① 《中庸》。
② 冯天瑜：《道咸间经世实学在中国文化史中的方位》，引自葛荣晋主编：《中日实学史研究》，中国社会科学出版社1992年版，第179页
③ 参见王先明：《近代新学——中国传统学术文化的嬗变与重构》，商务印书馆2000年版，第45-46页。

社会关怀,提供了一个醒目的论题。于是,有识之士以其对时事与社会的关心,率先觉醒,决然放弃不问世事的传统治学态度与风格,奋起做经济世务的学问,"恒相指天划地,规天下大计"[①]。他们一反当时学界醉心于八股制艺、考据训诂的恶习,相率以经世之学匡济天下,倡言变法。如果说,嘉庆年间这类的经世主张还是涓涓细流,那么到道光年间,它已经汇为一股颇具气势的文化思潮了。督抚大员如陶澍、贺长龄、林则徐、徐继畬等人,沉困下僚的饱学之士和失意文人如龚自珍、魏源、姚莹、包世臣、张际亮等人,以经世治国匡天下为己任,转而研求农政、刑名、典章、河工、漕运、盐法、币制、战守、边防、舆地等"实学",以求用"经世致用"推动中国文化思想的发展。在他们的影响下,一些开明的文人学士也纷纷转向经世实学,士林中逐渐形成了一股"经世致用"的新思潮和讲求实学的新学风。这些经世派士人或撰写政论时文、批评时政,或研求兵农漕盐等治国实政,或潜心于舆地术数,学界出现了思想活跃、各类实学振兴的局面。为什么会出现这种局面呢?梁启超认为主要是由环境的变化造成的,其中最重要的因素有两个:其一,"清初经世致用之一学派所以中绝者,固由学风正趋于归纳的研究法,厌其空泛,抑亦因避触时忌,聊以自藏。嘉道以还,积威日弛,人心已渐获解放,而当文恬武嬉之既极,稍有识者,咸知大乱之将至。追寻根原,归咎于学非所用,则最尊严之学阀,自不得不首当其冲";其二,"'鸦片战役'以后,志士扼腕切齿,引为大辱奇戚,思所以自湔拔;经世致用观念之复活,炎炎不可抑。又海禁既开,所谓'西学'者,逐渐输入,始则工艺,次则政制。学者若生息于漆室之中,不知室外更何所有,忽穴一牖外窥,则粲然者皆昔所未睹也,还顾室中,则皆沉黑积秽。于是对外求索之欲日炽,对内厌

---

① 梁启超:《清代学术概论》,载《梁启超论清学史二种》,朱维铮校注,复旦大学出版社1985年版,第63页。

弃之情日烈。欲破壁以自拔于此黑暗，不得不先对于旧政治而试奋斗，于是以其极幼稚之'西学'知识，与清初启蒙期所谓经世之学者相结合，别树一派，向于正统派公然举叛旗矣"①。

  道咸间经世派士人面对"内忧外患"的双重危机，以一种立足现实、留心时政、躬行实践的理性精神，讥切时政，抨击流弊，力主变法图新。他们摒弃名物训诂的朴学，批判当时的统治者一味师承祖法，因循成例，以致事事因循，有名无实，造成吏治腐败，兵备废弛，有人甚至将清政府比喻为一具五官四肢犹存而关窍不能运转的僵尸。因此，不能固守前人的成例旧法，而应因时审势，予以变通。冯天瑜认为，道咸之际的经世致用学术文化，与清初经世实学的侧重点完全不同，主要表现为四个方面：一是讥切时政、诋排专制、倡言变法，二是研讨漕运、海运、盐法、河工、农事诸大政，三是探究边疆、域外史地以筹边御外，四是变一味考辨古史为"写当前的活的历史"②。虽然经世派士人治学各有侧重，涉及的领域也不尽相同，但其"抛弃明心见性的空谈，专讲经世致用的实务"③的学风却完全相同。一生经历乾、嘉、道、咸四朝的包世臣（1775—1855年）曾叙述其由醉心科举走向经世之学的过程，就颇有代表性。他幼时承父教，"为八比六韵"，习科举之业。成年后，因时势的刺激，"慨然有志于权家，求其书于市，并得法家言，私兼治之"④，进而研求农政、刑名、河工、漕运、盐法、战守、货币等实学，终成一代著名的经世学者。他曾毫不讳言"好言利"，并自豪地声称"所学大半在此"。包世臣

---

  ① 梁启超：《清代学术概论》，载《梁启超论清学史二种》，朱维铮校注，复旦大学出版社1985年版，第58-59页。
  ② 转引自王先明：《近代新学——中国传统学术文化的嬗变与重构》，商务印书馆2000年版，第51页。
  ③ 梁启超：《中国近三百年学术史》，载《梁启超论清学史二种》，朱维铮校注，第106页。
  ④ 包世臣：《安吴四种·总目叙》，转引自刘志琴主编：《近代中国社会文化变迁录》（第一卷），浙江人民出版社1998年版，第3页。

等人提出的改革措施，有许多就是直接开利源、增财富的。他们摈弃传统的"重本抑末"观念，主张"本末皆富"、"重本"而"不抑末"，一反文人空谈义理、以"脱俗"为高的学风，致力于国计民生的实际学问，就是这种注重功利思想的反映。经世派士人还批判了清统治者奉行的文化保守和禁锢政策。他们指出，这种政策使得社会不但"左无才相，右无才吏，阃无才将，庠序无才士"，而且"陇无才民，廛无才工，衢无才商，抑巷无才偷，市无才驵，薮泽无才盗，则非但鲜君子也，抑小人甚鲜"，整个社会死气沉沉，找不到一个显露才能的"才士""才民"甚至"才偷"。即便有这样的人，其一旦出现，也会被上上下下的不才之人"督之缚之，以至于戮之"①。有鉴于此，有"嬉笑怒骂皆成文章"之称的龚自珍喊出了"我劝天公重抖擞，不拘一格降人才"（《己亥杂诗》）的狮吼之声。

  经世派人士的这些思想和言论，虽然表现出一些新的趋向，但大部分还是来源于中国的传统文化，是对先前的各种经世理想的挖掘，他们的政治关怀所全力关注的是清朝内部治理的问题，他们的眼界仍囿于国门之内，对国门之外的世界，几乎没有正视。如魏源为龚自珍的《定庵文集》做了很高的评价，但也婉转地说到其"憒于外事"。其他经世派人士在这方面的见识，大致也无出龚氏之右者。个别人士如姚莹，他自己说从嘉庆年间就开始了解海外"夷情"，但这可能只是凤毛麟角的例外。同时，儒学特别是在鸦片战争前后盛极一时的汉学虽已趋于衰弱，但并不能因此认为儒学已无所作为而趋于崩溃。事实上，儒学各派都力图在应对面临的社会危急形势时而有所复兴，如程朱理学在汉学趋于衰落时，它却有抬头和复兴的迹象。这时的理学复兴有别于康熙年间理学的简单复兴，而是随着时势的变化有了一些新的特征，即避免空疏，强调

---

① 龚自珍:《乙丙之际著议第九》，载《龚自珍文选》，钱仲联主编、谢飘云等选注评点，苏州大学出版社 2001 年版，第 57–58 页。

"守道""修身""救时"。如理学大家曾国藩所立日课项目为"主敬""慎独",时时注意"省躬责己",但他又不满足于道德内省,而是注重实践,切于实际,讲求经世之学。在学义理、考据、辞章的同时,主张学"经济之学"。也正因如此,使他有可能从事以"中体西用"为行动纲领的洋务运动,成为"同治中兴"的一代名臣。可见,鸦片战争前后的经世学派,其思想渊源除了传统的经世致用精神之外,还可以看到《周易》的变易观念、《左传》和《孟子》的民本思想、今文经学的历史进化论、历代改革家的变法方略,以及清初尚武精神等传统文化中有积极意义的成分,但终究不能说出一条足以跳出古代循环圈的良策。他们对思想文化领域的贡献,主要在于对汉学、宋学无补于救时疗弊及现实社会的揭露批判中所隐隐透露出来的改革叛逆之音,虽然这种渴望变革变通的叛逆之音只是一时激起了人们的激奋之心而已。从总体上讲,他们的思想还未对传统文化做出本质上的更新,也未能建立起具有新的时代内容和新的理论观念的文化体系,所以严格地说,他们仍然是中国固有文化中的一脉。但是,他们以现实精神和理性态度对旧文化、旧制度、旧传统、旧观念所进行的批判和否定,还是具有积极意义的。他们不仅开启了社会变革之门,而且在广博浩瀚的中国传统文化中发掘出了与近代化趋向相通的因素,从而为中国传统文化向近代转化沟通了渠道。他们的出现,恰恰标志着中国传统文化发展的转机。晚清学术界就此由一枝独秀的汉学转向多派并存,晚清士大夫的学术视野也突破了传统的界限而开始了对西学的研究。有了经世致用学派所造就的思想解放的空气、面向现实的学风和革新变化的精神,才有一批能够直面"千古未有之变局"的先进人物,在国家民族面临危亡之际,勇敢地向前迈出一步,放眼世界,吸收西方新文化,催生出中国传统文化的新活力,促成中国社会走向一个发展的新时代。

第三节　中国古代的科学技术

科技的出现与人类劳动的历史一样漫长。当然，原始的科学技术，与实验实证的、系统化与理论化的现代科学技术不可同日而语。相对于现代科学技术而言，原始的、古代的科学技术更具有零散性、实践性、经验性和操作性的特征。严格地说，在中国古代是没有现代意义上的"科学"的，就是我们今天惯用的"科学"这个术语，也是一个现代汉语，是从西文"science"这个词翻译过来的。在明清之际，我们大都把这个词翻译成"格致"或"格致学"，取宋明理学所谓"格物穷理致知"之意。中国古代的学问是博通之学，文史哲不分，而且中国古代的科学技术也大都渗透在文史哲著作中，如《书经》《周易》《周礼》《吕氏春秋》《左传》《墨经》《史记》《汉书》《淮南子》《五经通议》《晋书》《朱子全书》《太平御览》《梦溪笔谈》等等；而西方的学问是分为一科一科的，如数学、物理、化学、生物、天文、地理、哲学、政治、经济、法律等。一个名叫西周时懋的日本人觉得西方的学问跟中国的学问很不一样，所以他就把"science"翻译成"科学"，有"分科之学"的意味。吴国盛先生认为："科学是一种非常特殊的文化现象，或者准确地说，科学是西方这个特定的文化传统中产生的特定的文化现象。不同的文化传统、不同的人文传统会孕育出不同的知识类型。在西方，这个知识类型就是科学，而在我们中国就不是科学，而是礼仪伦理。"据吴国盛先生考证，中国人使用"科学"这一词也就是一百年左右[①]。

在清末，当西方列强以优势击溃清军时，西方近代科学技术的先进性，并没有因为其鲜明的事实而得到国人的广泛承认，而只是

[①] 吴国盛：《技术哲学讲演录》，中国人民大学出版社2009年版，第187–188页；第186页。

被作为一个权宜之计或传统文化的附属部分来予以接纳。因此，要了解西方科技传入近代中国的遭遇，理解处于绝对优势的西方科技在传入过程中何以没有一下子深入中国传统的文化里，就必须首先了解中国古代科技发展的状况，及中国传统主流文化对于科技的态度。正如李约瑟所说："考虑这一问题时要探讨包括地理、水文以及由这些条件所造成的社会和经济制度等具体的环境因素。当然，也不能不考虑学术气氛和社会习尚等问题。"①

一、中国传统主流学术文化的科技观

如前所述，中国的文化传统是以孔子为代表的儒家伦理道德学说为其轴心的。在中国人的日常生活中，中国传统文化似乎就等同于儒家传统，在主流观念上儒家被视为中国思想文化的主干，孔子被视为中国文化传统的精神象征。当然，自周秦以来形成的以孔子为轴心的文化传统在数千年的演化过程中，也有过不少变化，但其轴心没有变，作为传统的轴心地位也没有变。它在融合释、道及自身的完善过程中，只是轴心的延伸和扩展。梁漱溟曾说："孔子以前的中国文化差不多都收在孔子手里，孔子以后的中国文化又差不多都由孔子那里出来。孔子的六艺：诗、书、易、礼、乐、春秋——后谓之六经——都是古帝王经世出治之迹。……诸子百家都是六艺之支与流裔，六艺在孔子，则孔子不是与诸子平列的，而是孔子为全为主，诸子为分为宾。周秦之际，诸子争鸣，各思以其道易天下；这时候中国文化也许开一不因袭古代的局面。却是汉兴而孔家定于一尊，诸子的思想仍都没有打动中国人的心而变更局面。"②在李泽厚

---

① 〔英〕李约瑟：《中国科学技术史》（第一卷，导论），袁翰青等译，科学出版社、上海古籍出版社 2018 年版，第 18 页。

② 梁漱溟：《东西方文化及其哲学》，载中国文化书院学术委员会编：《梁漱溟全集》（第一卷），山东人民出版社 2011 年版，第 472 页。

看来，儒学之所以能成为中国传统思想的轴心，一个很重要的原因是，"如同中国民族不断吸收溶化不同民族而成长发展一样，还在于原始儒学本身的多因素多层次结构所具有的乐观的包容性质，这使它能不断地吸收溶化各家，在现实秩序和心灵生活中构成稳定系统。由于有这种稳定的反馈系统以适应环境，中国思想传统一般表现为重'求同'。所谓'通而同之'，所谓'求大同存小异'，它通过'求同'来保持和壮大自己，具体方式则经常是以自己原有的一套来解释、贯通、会合外来的异己的东西，就是在这种会通解释中吸取了对方、模糊了对方的本来面目而将之'同化'"①。

当然，在历史上，也有不少学人不赞成将中国传统思想文化的"主干"归结为儒家思想。事实上，在一定时期或一定范围内，诸子百家中某一家的思想占主导地位的情形，同样是存在的。如孟子就曾说过："杨朱墨翟之言盈天下，天下之言，不归杨，则归墨。"② 当代也有学者认为，道家思想文化才是中国传统思想文化的主干，如知名学者陈鼓应就曾发表《论道家在中国哲学史上的主干地位》（载《哲学研究》1990年第1期），并由此在当时的学术界引发了一场论争。我们认为，中国传统思想文化并不是理想状态中的纯净物，不同的思想文化在其中都占据着一定的位置，尽管其所显示的地位与作用不一。比较合乎事实的准确判断是，既不能说儒家思想文化是中国思想文化的主干，也不能认为道家思想文化是中国思想文化的主干，中华文明是百家之学、中西文明会通融合的结果，而儒、道两家只不过是中国思想文化史中的显学而已。只是随着汉代"罢黜百家，独尊儒术"后，儒家思想文化在中国传统文化占据着统治地位，越来越发挥着举足轻重的作用，在长久的中国封建社会中，已无孔不入地渗透到人民的观念、行为、习俗、信仰、思维方式和情

---

① 李泽厚：《中国古代思想史论》，人民出版社1986年版，第313–314页。
② 《孟子·滕文公下》。

感状态中，自觉或不自觉地成为人们处理各种事务、关系和生活的指导原则和基本方针。正如著名历史学家陈旭麓所言："就中国的历史而言，虽然'传统并不是一尊不动的石像，而是生命洋溢的，有如一道洪流，离开它的源头愈远，它就膨胀得愈大'（黑格尔：《哲学史演讲录》导言）。但千百年来沉积而成的传统不仅表现于相对静态的、长期延续的大一统社会秩序之中，而且内化于国民的文化心理和行为样态之中。"①这就是说，植根于传统小农社会基础上的儒家文化传统已内化于主体之中，有如李泽厚所谓"它由思想理论已积淀和转化为一种文化—心理结构，不管你喜欢或不喜欢，这已是一种历史和现实的存在"②，它支配着民族的认知、思维和社会行为，影响着整个民族的生存选择、实践精神、观念意识和价值判断。

按照雅斯贝尔斯的观点，儒家文明与犹太教—基督教文明、古希腊—罗马文明、伊斯兰教文明、印度教—佛教文明，是影响至今的人类"轴心文明"。许纪霖认为，"儒家文明提供的价值典范在于：法家追求的富国强兵并非正途，人类生活最重要的是保持天人之际、群己之际的和谐，国计民生虽然重要，但并不具有终极的价值，人生的意义在于成德成仁，统治者施行仁政，民众安贫乐道，维持身心平衡的礼治秩序。最后实现天下归仁的大同理想。儒家文明通过中华帝国的朝贡体系，在东亚地区曾经建立过长达千年的统治，那的确是一种以天下主义为核心的文明霸权。"③无疑，儒家思想是中国传统思想文化的宝贵遗产，甚至可以说是核心。

但梁漱溟认为，"中国数千年以儒家治天下，而实际上人生一般

---

① 陈旭麓：《陈旭麓文集 第二卷：思辨留踪（上）》，华东师范大学出版社1997年版，第259页。
② 李泽厚：《中国古代思想史论》，人民出版社1986年版，第34页。
③ 许纪霖：《中国如何走向文明的崛起》，载许纪霖主编、刘擎副主编：《何种文明？中国崛起的再思考》，江苏人民出版社2012年版，第3-4页。

态度皆有黄老气"①。美国哲学家、教育家杜威亦说,"中国人对政治和社会问题的态度中,有两种主要的生活哲学紧密相联——老子的和孔子的,也许还应当加上第三种——佛陀的。但后者不是土生土长的,而前两者是。虽然没人可以否认,佛教从印度的传入给中国的艺术和思想带来了巨大的促进,但最终它的影响似乎已经被道家学说和儒家学说加以重塑了"。在杜威看来,道家学说虽然不像儒家那样在中国"成为经典的官方的",但由于"老子的训导是从中国人生活心灵深处生发出来的,而反过来又影响着那种生活",同时"人们接受儒家学说的方式带有它的意味",所以道家学说"从根本上说,它对这个民族的影响超过了儒家学说的影响"②。事实上,在整个中国古代社会中,道家始终是作为儒家对立的补充物显示其强大的生命力,对中华民族文化心理与人生观、价值观的形成及古代科学技术的发展有着十分巨大而深远的影响。从魏晋南北朝玄学盛行、宋明儒学援道入儒和道教作为中国本土产生出来的宗教越来越引起人们的兴趣亦可见一斑。近现代以来,随着考古的发现及研究材料的增多,人们的研究视野也不断扩展,道家思想研究也日益成为焦点和人们的兴趣所在,这也从一个侧面证实了道家思想在中华文明史上的光辉灿烂。由于中国传统思想文化的复杂与多元,使得对传统思想文化的追溯不可能面面俱到。著名学者任继愈曾说:"有五千年文明的中国,流传广泛的哲学流派不少,号称百家,其实只有两家,一个是儒家,一个是道家。"③在此,笔者亦仅以儒、道两家思想对中国古代科技发展的影响进行简单的、概观性的描述。

---

① 梁漱溟:《东西方文化及其哲学》,载中国文化书院学术委员会编:《梁漱溟全集》(第一卷),山东人民出版社 2011 年版,第 473 页。
② 杜威:《像中国人那样思考》,载《杜威全集·中期著作(1899—1924):第十三卷(1921—1922)》,赵协真译,莫伟民校,华东师范大学出版社 2012 年版,第 193-194 页。
③ 任继愈:《老子绎读》(前言),北京图书馆出版社 2006 年版。

道家思想肇始于春秋末期的老聃（即老子，又名李耳），但在先秦时期并没有用"道家"这个词来概括老子的思想，用道家一词来概括老子开创的这个道家学派，一般认为是从汉初开始的。在先秦时期，主要的学派有儒、墨、道、名、法、阴阳等家。有不少学者认为，道家兼收其他学派之优长，如果用道家思想来治国理政和修身养性，在农耕经济和古代科技不发达的时代可以收到事半功倍的效果。司马迁认为，道家"因阴阳之大顺"，兼采儒墨名法之善，"道家无为，又曰无不为，其实易行，其辞难知。其术以虚无为本，以因循为用。无成势，无常形，故能究万物之情。不为物先，不为物后，故能为万物主。有法无法，因时为业；有度无度，因物与合"①。道家学派和先秦各家学派一样，其内部也可分为不同的流派，如老子学派、庄子学派、黄老学派、杨朱学派、列子学派等，但这些流派有一个共同点，就是以"道"为本、"道法自然"、轻物"贵身"、"无为"不争、"天人合一"。道家思想的精华主要体现在老聃那部语言文字最深奥、最优美的《道德经》和他的继承者庄周那部奇妙、绝美、史诗般的哲学著作《庄子》（又称《南华经》）中。因他们"道法自然"的思想可以说是一脉相承，故他们二人被后世并称"老庄"。道家思想的核心无疑就是"道"。《老子》开篇有言："道可道，非常道；名可名，非常名。无名，天地之始；有名，万物之母。故常无欲以观其妙，常有欲以观其徼。此两者同出而异名。同谓之玄，玄之又玄，众妙之门。"② 在这里，老子开宗明义地提出了他思想的基石和纲领就是"道"。这个道，有别于当时其他各家学派所指的人类社会的生活之道或者说"人道"，而是指无形的宇宙本体，是宇宙万物的运行之道或者说"天道"，亦即大自然的法则、秩

---

① 司马迁：《史记卷一百三十·太史公自序第七十》（《史记》第四册），天津古籍出版社1997年版，第3436页；第3437—3438页。

② 《老子·第一章》。

序。天道既是宇宙万物的本原,存在于一切事物之中,但它的运行又是无形可见、玄妙深奥、不可言语的。也许我们再看看老子关于造物与道的论述,可以加深对其"道"的思想的认识。在《道德经》第五十一章中有云:"道生之,德畜之,物形之,势成之。是以万物莫不尊道而贵德。道之尊,德之贵,夫莫之命而常自然。故道生之畜之,长之育之,成之熟之,养之覆之。生而不有,为而不恃,长而不宰,是谓玄德。"①在这里,老子论述了"道"与"德"在天地万物缔造以及生长过程中的作用。"道"为天下万物之母,宇宙万物都是"道生一,一生二,二生三,三生万物"②缔造出来的,道赋予万物以生机并且支配其一切活动,这就是大自然的秩序与法则,即所谓的"道";而万物后天的养育呵护等都是"德"完成的,德乃是万物的本性,即自然属性,亦即万物存在和发展的自然环境,德在生命万物的发展过程中具有举足轻重的作用。这也就是世间万物尊道崇德的原因所在。在《庄子》中亦随处可见到关于"道"的论述及对自然界的认识与追问。庄子云:"何谓道?有天道,有人道。无为而尊者,天道也;有为而累者,人道也。主者,天道也;臣者,人道也。天道之与人道也,相去远矣,不可不察也。"③又云:"夫道,覆载万物者也,洋洋乎大哉!君子不可以不刳心焉。无为为之之谓天,无为言之之谓德……夫道,渊乎其居也,漻乎其清也。"④又云:"天其运乎?地其处乎?日月其争于所乎?孰主张是?孰维纲是?孰居无事推而行是?意者其有机缄而不得已邪?意者其运转而不能自止邪?云者为雨乎?雨者为云乎?孰隆施是?孰居无事淫乐而劝是?风起北方,一西一东,有上彷徨,孰嘘吸是?孰居无事而披拂是?敢问

---

① 《老子·第五十一章》。
② 《老子·第四十二章》。
③ 《庄子·外篇·在宥》。
④ 《庄子·外篇·天地》。

何故？"① 又云："天地有大美而不言，四时有明法而不议，万物有成理而不说。圣人者，原天地之美而达万物之理，是故至人无为，大圣不作，观于天地之谓也。"② 可见，道家的自然观及其对"道"的探讨，在中国古代科学史上最早展开了对宇宙运行之道及万物本原的探究，同时也开辟了中国形而上学的哲学传统，对中国古代科学文化思想、人生哲学、民族心理和思维方式都产生了极为重要的影响。尽管，他们在强调遵循自然规律、不违反物性的同时，主张"无为"，不做人为的、无功的干涉，且不排除道家思想对宇宙万物运行与本原的探究带有宗教神秘主义色彩，但这些无损于它的光辉，因为人类文明早期的科学探讨和观察试验大多和巫术、方术联系在一起。所以李约瑟直言，"道家思想乃是中国的科学和技术的根本"③。

更加有趣的是，站在科学的立场来看，道家思想还提出了一种近似进化论的科学观，在《庄子》中表现得十分清晰。庄子说："种有几，得水则为继，得水土之际则为蛙蠙之衣，生于陵屯则为陵舄，陵舄得郁栖则为乌足。乌足之根为蛴螬，其叶为胡蝶。胡蝶胥也化而为虫，生于灶下，其状若脱，其名为鸲掇。鸲掇千日为鸟，其名为干余骨。干余骨之沫为斯弥，斯弥为食醯。颐辂生乎食醯，黄軦生乎九猷，瞀芮生乎腐蠸。羊奚比乎不筝，久竹生青宁，青宁生程，程生马，马生人，人又反入于机。万物皆出于机，皆入于机。"④ 这就是说，物类千变万化都源起于微细的胚芽"几"，这些胚芽有了水的滋养就会逐步相继而生，而且随着环境的变化会逐渐变易进化，产生出庄子所说的上述新物种。总而言之，在庄子看来，万物都产生于自然的造化，最后又都回归于自然的造化。姑且不论上述物种

---

① 《庄子·外篇·天运》。
② 《庄子·外篇·知北游》。
③ 〔英〕李约瑟：《中国科学技术史》（第二卷，科学思想史），何兆武等译，科学出版社、上海古籍出版社 2018 年版，第 145 页。
④ 《庄子·外篇·至乐》。

的变易进化是否有如庄子所言,但正如李约瑟所说:"道家提出了一种非常接近进化论的论述,至少他们坚决否认物种的固定不变性。"因此,李约瑟断言:"道家严格区分了两种知识,一种是儒家和法家的社会'知识',这是理性的,但却是虚假的;一种是他们想要获得的自然的知识,或洞察自然的知识,这是经验的,甚或是可能超越人类逻辑的,但却是非个人的、普遍的和真实的。"[①]

特别值得一提的是,在道家思想的影响下,还产生了中国本土唯一的宗教——道教。道教出现于东汉末年,视老子为教主,视老庄哲学为教宗,同时在其发展过程中又通过吸收中国古代的巫术及各家学说的优长,逐渐形成了中国独有的道教。一般认为,成书于汉代的《周易参同契》和《太平经》两部道教书的出现,及东汉末年最早的道教组织太平道(创始人为张角)和五斗米道(创始人为张道陵)的出现是道教形成的标志。在道教的形成发展过程中,魏晋玄学和隋唐佛学对其影响巨大。在东汉末年至魏晋时期,儒家学说虽仍为官方学术主流,但出现了一种崇尚老庄玄学的思潮,使得道家思想得到复兴。玄学风气随着何晏、王弼、阮籍、嵇康、向秀、郭象等名士清谈逐渐流行,他们以老庄学说和《周易》为张本,喜好讨论"本末有无""自然名教"等问题,试图调和儒道,使儒道兼容。魏晋玄学家们通过对老庄学说和《周易》等的重新注释,深化和发展道家的自然观和人生哲学,舍弃了此前流行的宇宙论模式,而代之以本体论思考。到隋唐时,道教又吸收了佛教思想,道教思想得到了重大的发展,更加完善了它重玄学的理论体系。

道教在形成和发展过程中,形成了一个显著特征,那就是特别注重养生。道教试图通过修炼功夫或服食丹药达到养生、长生乃至登仙的目的,力求透过修行及其养生、长生学说,将其方术、丹道

[①] 〔英〕李约瑟:《中国科学技术史》(第二卷,科学思想史),何兆武等译,科学出版社、上海古籍出版社2018年版,第88页;第109—110页。

转化为神仙术。道教迷恋的长生不死成仙的观念，对中国古代科学技术发展的重要性是无法估量的。这种思想观念不仅使得中国的炼丹术、养生术远比世界其他国家和地区更早更发达，而且对形成世界独一无二的中医文化及中国古代的天文历算学、地理学、民族文化心理与人生哲学起了决定性的作用。关于道家思想对中国古代科学技术发展的影响，李约瑟有一段比较公允的评说："道家哲学虽然含有政治集体主义、宗教神秘主义以及个人修炼成仙的各种因素，但它却发展了科学态度的许多最重要的特点，因而对中国科学史是有着头等重要性的。此外，道家又根据他们的原理而行动，由此之故，东亚的化学、矿物学、植物学、动物学和药物学都起源于道家。他们同希腊的前苏格拉底的和伊壁鸠鲁派的科学哲学家有很多相似之处。可惜他们未能对实验方法达到任何明确的定义，或把他们对自然界的观察加以系统化。他们是如此之迷恋于经验主义，如此之有感于自然界的无限复杂性，又如此之缺乏亚里士多德对事物分类的胆略，以致当他们同时代的墨家和名家力求创造一套适合于科学的逻辑时，他们却完全没有参与。他们也没有体会到有制作一部适宜的科技名词全书的需要。"[①]

毋庸讳言的是，除了缺乏科学研究的方法和精神外，由于道家崇尚自然、自由与无为，在他们的内心深处，对科技是持排斥态度的。老子明确地说："天下多忌讳，而民弥贫。民多利器，国家滋昏。人多伎巧，奇物滋起。法令滋彰，盗贼多有。"[②] 这就是说，一个国家规范或禁忌的事越多，表明其存在的相应问题也多，人民受规范约束就越多，生活就会越不自由，越来越贫困。人民手中各种利器越多，国家就会变得不稳定。国民有不同的手艺，那么所生产

[①]〔英〕李约瑟：《中国科学技术史》（第二卷，科学思想史），何兆武等译，科学出版社、上海古籍出版社2018年版，第145页；第175–176页。

[②]《老子·第五十七章》。

的新奇事物就会越多。出于私欲，每人都想拥有这些新奇的事物，想不劳而获占有新奇事物的盗贼就会不断出现。为保护个人的所有权不受侵犯，必然需要制定更多相关的法令。要解决这个问题，就要"绝圣弃智，民利百倍。绝仁弃义，民复孝慈。绝巧弃利，盗贼无有"①。意即不要圣人，不要智慧，不要仁义道德，不要技术，如是人民便自然会安居乐业，自然会做到慈孝。舍弃了机巧利益，也就自然不会有偷窃的现象。可见，老子推崇的是顺从天道、归真返璞、无为无欲，而对于带来新奇事物的"巧"，亦即我们今天说的所谓科技，他是主张抛弃的。18世纪法国启蒙思想家卢梭也有类似观点。卢梭认为，人类文明的进步，特别是科学技术的进步，都是出于一种要不得的动机，即怎样能够满足自己的物欲和利益，而这并不是人类所应该追求的东西。他说："随着我们的科学和艺术的日趋完美，我们的心灵便日益腐败。……随着科学的光辉升起在地平线上，我们的道德便黯然失色了。这种现象，在各个时代和各个地方都可看到。"②所以他否定了一切科学和技术的进步。

另一位道家宗师庄子厌倦入世的生活，喜欢亲近大自然，追求诗意的生活，常出没于山水田野之间。对于科技，他同样持拒斥态度。他认为，科技会搅扰宁静自由的生活，带来心灵上的躁动与不安。在《庄子》中就记载着这样一则广为人知的小故事："子贡南游于楚，反于晋，过汉阴，见一丈人方将为圃畦，凿隧而入井，抱瓮而出灌，搰搰然用力甚多而见功寡。子贡曰：'有械于此，一日浸百畦，用力甚寡而见功多，夫子不欲乎？'为圃者仰而视之曰：'奈何？'曰：'凿木为机，后重前轻，挈水若抽。数如泆汤，其名曰槔。'为圃者忿然作色而笑曰：'吾闻之吾师，有机械者必有机事，

---

① 《老子·第十九章》。
② 卢梭：《论科学与艺术的复兴是否有助于使风俗日趋纯朴》，载《卢梭全集》（第4卷），李平沤译，商务印书馆2016年版，第386页。

有机事者必有机心。机心存于胸中，则纯白不备；纯白不备，则神生不定；神生不定者，道之所不载也。吾非不知，羞而不为也。'子贡瞒然惭，俯而不对。"①这段文字的大意是：子贡见到一男子用人力去浇灌庄稼，就好心地告知他用机械来代替人力，可做到少用力而多浇灌。但是那个种田的人对子贡的提议不以为然，反而说他不是不知道用机械浇灌可以省力，而是"羞而不为"。因为一用机械，人就会产生"机心"，尽想着机巧的事，盘算怎样以最省力的形式来做事。这样，就会使得思想出现不纯的状况，老是不停地想，就会使得心灵出现不安宁。心神不宁，与纯然的"道"相悖，就不能体会到"道"。因担心以"机事"惹起"机心"，从而丧失对最高价值的"道"的追求，可以说是庄子拒绝使用机械的原因。在庄子的心灵天平中，"道"是最重要的砝码，科技相形之下轻如毫发。无怪乎杜威说，道家思想虽然"是一个无与伦比的人类成就"，"包含着对人类文化一个非常有价值的贡献，而且是匆匆忙忙的、急不可耐的、过于忙碌和焦虑的西方非常需要的一种贡献"，但是"它有助于解释中国人的保守，他们对自然放任无为的尊重和对人类挖空心思制造出来的那些匆忙的人工制品的蔑视"②。

司马迁说："道法自然，动合无形，赡足万物。其为术也，因阴阳之大顺，采儒墨之善，撮名法之要，与时迁移，应物变化，立俗施事，无所不宜，指约而易操，事少而功多。儒者则不然。以为人主天下之仪表也，主倡而臣和，主先而臣随。"③可见，儒家学说和道家学说相较，最大的不同是它强调"人道"，强调入世有为，强调"内圣外王"。

---

① 《庄子·外篇·天地》。
② 杜威：《像中国人那样思考》，载《杜威全集·中期著作（1899—1924）：第十三卷（1921—1922）》，赵协真译，莫伟民校，华东师范大学出版社2012年版，第194–195页。
③ 司马迁：《史记卷一百三十·太史公自序第七十》(《史记》第四册)，天津古籍出版社1997年版，第3436页。

儒家和道家一样发端于春秋战国时期，一般视孔子（约公元前551—前479年）为儒家学派的创始人。所谓"儒"，汉代许慎在《说文解字》中有这么一说："儒，柔也。术士之称。"①在中国古代，儒一般是指从巫、史、祝、卜等原始宗教的职业中分化出来的、被排除在社会显贵之外的知识分子，当然也不排除他们中有不少是王公贵族的后裔；如孔子生于鲁国，但其先祖就是宋国的商王室的后裔，因避乱逃至鲁国，应该说是一个地道的没落贵族子弟。在春秋战国那样一个大争之世、群雄并起的年代，这些掌握了专业知识和技能的知识分子，其人生志趣往往是周游列国，利用自己毕生所学，或助君王辅政或教化天下万民，即所谓"助人君顺阴阳以教化者也"。春秋战国时期，天下混乱无道，贵族制度开始瓦解，政权由天子而诸侯，各诸侯国连年征战，形成了所谓"天子失官，学在四夷""礼失而求诸野"的局面。随着原有的"学在官府"被"学在民间"取而代之，孔子顺应潮流，首倡私学，行"文、行、忠、信"之教，并以他为核心形成了一个被后人称为"儒家"的学派。孔子死后，儒家学派开始分化，按照法家学派代表人物韩非子（约公元前280—前233年）的说法有所谓"儒分为八"，即子张之儒、子思之儒、颜氏之儒、孟氏之儒、漆雕氏之儒、仲良氏之儒、孙氏之儒、乐正氏之儒。这八派的思想观念与主张各有不同，论争不息，但有一个基本的共同点，就是汉代大儒刘歆（约公元前50—公元23年）所言："儒家者流，盖出于司徒之官，助人君，顺阴阳，明教化者也。游文于六经之中，留意于仁义之际，祖述尧舜，宪章文武，宗师仲尼，以重其言，于道最为高。"②一般认为，儒家学说有别于道家的避世无为之说，是一种重视现实、关心社会的积极入世学说，追求的是"内圣外王"的"修身、齐家、治国、平天下"的理想。它

---

① 许慎：《说文解字》（第三册），汤可敬译注，中华书局2018年版，第1591页。
② 《汉书·艺文志》。

的"道"亦有别于道家的"天道",主要关注的是人类社会的理想道德或秩序亦即"人道"。儒家对中国古代科技发展的影响,就其积极意义而言,主要表现为对人文社会科学知识和教育的重视。然而也正是由于它过于强调人伦道德教育,不像道家那样重视对自然天道的洞察与推究,尤其是后期儒家一步步走向空疏无用的义理考据词章之学,极少关注自然科学甚至鄙视对自然科学的探究,因此可以说它对中国古代科技发展的影响几乎都是消极的,远不如道家、墨家那样富有积极的意义。

当然,先秦儒家,至少在孔夫子那里,对于科技还不像后期儒家尤其是宋以后儒家那样坚决排斥。孔子有所谓"文、行、忠、信"[1]四教,具体的教育内容有诗、书、礼、乐、射、御、数等。如孔子之所以推荐弟子学习《诗经》,有一个重要的理由就是学诗可以扩充有关鸟、兽、草、木之类的知识。孔子说:"小子何莫学夫诗。诗,可以兴,可以观,可以群,可以怨。迩之事父,远之事君;多识于鸟兽草木之名。"[2]鲁国的权臣季康子曾问孔子:"求也可使从政也与?"孔子回答说:"求也艺,于从政乎何有?"[3]按朱熹的解释,这里的"艺"是指"礼乐之文,射御书数之法,皆至理所寓,而日用之不可阙者也"[4],其中的"数"就含有科技成分在内。孔子在这里对冉求的多才多艺是持赞赏态度的,"艺"也并不是一无是处的,对于从政而言,还是相称的。但是,在孔子的心目中,"艺"相对于"仁""道""德"而言,是无法相比的,只能作为闲时的消遣。他说,"志于道,据于德,依于仁,游于艺"[5],"君子谋道不谋食。……

---

[1] 《论语·述而》。
[2] 《论语·阳货》。
[3] 《论语·雍也》。
[4] 朱熹:《四书章句集注》,徐德明校点,上海古籍出版社2001年版,第109页。
[5] 《论语·述而》。

君子忧道不忧贫"①。据说，孔子精通"六艺"，因而有"多能"之誉。但他之所以学习"艺"，形成多能的素质，是源于其少年的贫困，是不得已而为之，即所谓"吾少也贱，故多能鄙事"②。孔子的弟子将其总结为"吾不试，故艺"③。可见，"不试"是"艺"的原因，"艺"肯定不是最优的选择。事实上，在孔子眼里，最优的选择当然是其大力倡导的"仁""礼"。所谓的"艺"，对于实行理想的仁政充其量只能算是次优的选择，"艺"只是"仁""礼"的部分载体或补充。可见，孔子对于科技的态度尽管有别于后期儒家直截了当的排斥，但也是与仁义放在一个比较的视野里做取舍的。同时，孔子思想中又有理性主义的一面，如"不语怪、力、乱、神"④。"樊迟问知。子曰：'务民之义，敬鬼神而远之，可谓知矣。'"⑤"季路问事鬼神。子曰：'未能事人，焉能事鬼？'曰：'敢问死。'曰：'未知生，焉知死？'"⑥这表明孔子反对迷信以及超自然的宗教，他从来不谈论那些自然界的奇观及超自然的力量，也从来不相信什么鬼神。这种理性主义精神，在某种意义上与现代科学精神有相通之处。但也恰恰表明孔子只重视对人和人类社会的研究，而不屑于探究自然和超自然的现象。所以，在李约瑟看来，孔子的学说"是一种重视现世、关心社会的学说。孔子所追求的是想在封建或封建官僚式的社会秩序体制之内实现社会正义"。孔子"把注意力倾注于人类社会生活，而无视非人类的现象，只研究'事'（affairs），而不研究'物'（things）"。但是古今中外的事实反复证明，对于科学的发展而言，我们不仅要有科学的理性精神，而且还要有敢于探究自然现象甚至

---

① 《论语·卫灵公》。
② 《论语·子罕》。
③ 同上。
④ 《论语·述而》。
⑤ 《论语·雍也》。
⑥ 《论语·先进》。

超自然的"怪""乱""神"的勇气和胆识,因为有如李约瑟所言,对于科学发展来说,"唯物主义反而不如神秘主义更为有利"[①]。概而论之,孔子虽有科学理性的精神,且重视知识的传授,具有民主平等的教育理念,但他对中国古代科学技术发展的积极影响是有限的。因为他思想的核心是"仁"和"礼",他以"六艺"为宗鄙薄技艺与对自然的探究,他奠定的中国传统文化基调是重视人文、关注现实。至于他对中华民族性格形成的巨大影响,英国著名作家、历史学家威尔斯在其巨著《世界史纲》中有公允的评价。威尔斯指出,"孔子对中华民族性格发展的影响,无疑比许多帝王合起来还要大些"。这不仅得力于孔子所倡导的伦理道德思想和他的著作,而且还得力于他的身体力行。"他个人的品德,据他的弟子们的描写和后世著作者的记述,其中有的虽则可能完全是传奇性的,已成了专心致志于效仿这一伟大人物的外表仪态的千百万人的模范……他在人前的一举一动,即使是最细微的琐事,都要合乎礼仪的规定"[②]。

亚圣孟子(约公元前372—前289年)一生推崇和追随孔子,他的思想可以说和孔子一脉相承,故后世称儒家学说为"孔孟之道"。孟子学说最重要的特征是主张"性善论"。他认为,人生来都有一个最基本的天赋的本性,就是"性善"或"不忍人之心"。"不忍人之心"也就是他所说的"恻隐""羞恶""辞让""是非"等"四端",是人与禽兽的根本差别所在。孟子说:"人皆有不忍人之心。……无恻隐之心,非人也;无羞恶之心,非人也;无辞让之心,非人也;无是非之心,非人也。恻隐之心,仁之端也;羞恶之心,义之端也;辞让之心,礼之端也;是非之心,智之端也。人之有是四端也,犹其有四体也。有是四端而自谓不能者,自贼者也;谓其

---

① 〔英〕李约瑟:《中国科学技术史》(第二卷,科学思想史),何兆武等译,科学出版社、上海古籍出版社2018年版,第5页;第12页。

② 〔英〕威尔斯:《世界史纲》,吴文藻译,人民出版社1982年版,第439-440页。

君不能者，贼其君者也。凡有四端于我者，知皆扩而充之矣，若火之始然，泉之始达。苟能充之，足以保四海；苟不充之，不足以事父母。"① 这就是说，人天生就有这些善的本性，我们所要做的就是"反求诸己"，闭门思过，检讨自己是否放弃了那些天赋的"心"，并努力把它们找回来，以恢复人的本性。如果能做到这一点并能积极地扩充这些本性，就足以安天下，否则就连侍奉父母都做不好。所以，他反复强调："万物皆备于我矣。反身而诚，乐莫大焉。强恕而行，求仁莫近焉。"② 亦即是说，万物都在我内心，只需要回复内心本有的善性，就是最大的快乐，就可以成仁。又云："学问之道无他，求其放心而已矣。"③ 意即做学问也不是为别的，只不过是找回原来被放纵惯了的"心"就可以了。那么，他这里的"心"又是指什么呢？孟子说，"心之官则思"，"此天之所与我者"。这就是说"心"的官能或职责就是思维，这是上天特别赋予人的。它与"耳目之官"不同，耳目之官不但不能思维，反而常常被外物所蒙蔽，即所谓"耳目之官不思，而蔽于物"。所以要认识事物的本质，就要靠心去思维，"思则得之，不思则不得也"④。孟子主张"性善论"，强调"反身而诚""反求诸己"、闭门"心"思，可以看出科学在他心目中是没有地位的，他的兴趣也不在对自然的探究上，他始终关注的是人和人伦道德。他的这种思想对科学发展的消极作用是显而易见的。一般而言，科学是要向外、向自然求索的，通常是将事物作为一个分析对象、认识对象来进行研究。尽管科学研究离不开思考，但仅向内追求与考问，无补于向外去探究自然科学的真谛。

朱熹（1130—1200年），儒学集大成者，后世将他与圣人孔子

---

① 《孟子·公孙丑上》。
② 《孟子·尽心上》。
③ 《孟子·告子上》。
④ 同上。

并提，尊称为"朱子"，是唯一非孔子亲传弟子而享祀孔庙的十二大哲之一。朱熹与"二程"（程颢、程颐）创立的程朱理学对中国传统科学文化的影响至深，可以说是中国文化思想史上继孔子之后的又一扛鼎人物。在元、明、清三朝，朱熹的理学思想成为官方哲学，尤其是他的《四书章句集注》作为科举教材，在国民中影响极大。有清一代更是"言不合朱子，率鸣鼓而攻之"。宋代理学不仅发展了孔孟儒学的伦理道德规范，而且吸收佛教、道教的思想，具有"天人合一"的特点。理学家们将人类社会、人伦道德进一步与天道联系起来，对人的本质、人在宇宙中的地位、人与宇宙的关系进行了多方面的探究，提出了诸如理气、心物、心性、格物、致知、知行、义利、天理、人欲、致良知等哲学范畴。

作为理学的集大成者，朱熹对于科技的态度，最明显地反映在其对《大学》的注解上。《大学》乃"孔氏之遗书，而初学入德之门也"，位居"四书"之首。朱熹注《大学》，开篇便提出了"格物、致知、诚意、修身、齐家、治国、平天下"的从内向外的修养途径。在《大学》的每一章里都有相应的解释，唯独"格物致知"一章缺乏解释。朱熹自言根据二程的意思，另补了一章《补大学致知格物传》，对"格物致知"进行解释。他说："所谓致知在格物者，言欲致吾之知，在其物而穷其理也。盖人心之灵，莫不有知，而天下之物，莫不有理。唯于理有未穷，故其知有不尽也。是以大学始教，必使学者即凡天下之物，莫不因其已知之理而益穷之，以求至乎其极。至于用力之久，而一旦豁然贯通焉，则从物之表里精粗无不到，而吾心之全体大用无不明矣。此谓物格，此谓知之至也。"[①] 他还认为："致，推极也。知，犹识也。推极吾之知识，欲其所知无不尽也。格，至也。物，犹事也。穷至事物之理，欲其极处无不到也。"[②]

[①] 朱熹：《四书章句集注》，徐德明校点，上海古籍出版社2001年版，第8页。
[②] 同上书，第5页。

朱熹所谓的"理",是事物存在和运行的根据,也是事物的价值标准。天下之物莫不有理,且具体事物上的理又各不相同,但可以把它们看作同一的宇宙法则在不同事物上的表现。这个"理",在朱熹心中主要就是仁义礼智与人伦秩序。他说:"所谓天理,复是何物?仁、义、礼、智岂不是天理?君臣、父子、兄弟、夫妇、朋友岂不是天理?"① 又云:"万物皆出此理,理皆同出一源。……如为君须仁,为臣须敬,为子须孝,为父须慈,物物各具此理,而物物各异其用,然莫非一理之流行也。"② 这个"理",他在《白鹿洞书院教条》的"五教之目"中有更具体的规定:"父子有亲,君臣有义,夫妇有别,长幼有序,朋友有信。"格物致知则是朱熹沟通认识主体和认识客体的方法。所谓"致知",就是获取事物之"理"亦即知识,并不断地扩充累积自己的知识使之到达极点,达到对所有知识都能够清楚明了;所谓"格物",就是对事物的事理进行考察、研究、归纳,以至于穷尽天下事物之理,认识到笼罩在所有事物上的极至之"理"即事物的本原。他说,"格,犹至也","格物者,格,尽也。须是穷尽事物之理。若是穷得三两分,便未是格物,须是穷尽得十分,方是格物"③。而"格物"的途径,朱熹认为主要有:"或考之事为之著,或察之念虑之微,或求之文字之中,或索之讲论之际。"④ 当然,他更重视类推与贯通之法。他说:"只要以类而推。理固是一理,然其间曲折甚多,须是把这个做样子,却从这里推去,始得。"又说:"以十事言之,若理会得七八件,则那两三件触类可通。"⑤

---

① 朱熹:《朱文公文集》卷五十九《答吴斗南》,载朱义禄撰:《朱子语类选评》,上海古籍出版社 2017 年版,第 102 页。
② 朱熹:《朱子语类》卷十八,载朱义禄撰:《朱子语类选评》,第 78 页。
③ 朱熹:《朱子语类》卷十五,载朱义禄撰:《朱子语类选评》,第 176 页。
④ 朱熹:《四书章句集注》,徐德明校点,上海古籍出版社 2001 年版,第 5 页。
⑤ 朱熹:《朱子语类》卷十八,载朱义禄撰:《朱子语类选评》,第 182 页。

至于"格物致知"的具体内容,尽管不排除"天理"所包含的自然规律的成分,但主要还是指人间的道理——仁、义、礼、智及人伦秩序等伦理道德。这些伦理道在他心目中,其实就是天理的阐发与应用。朱熹认为,如果放弃对天理的追求,只把精力花在草木、器用的研究上,就如同"炊沙而欲成其饭也"。他说:"如今为此学而不穷天理、明人伦、讲圣言、通世故,乃兀然存心于一草一木、器用之间,此是何学问!如此而望有所得,是炊沙而欲成其饭也。"①可见,朱熹"格物致知"的终极目的并不是叫人去求真或探究宇宙万物,而是叫人去体认心之理。他的知识积累与贯通观,他的考察、研究具体事物的"格物"途径,以及他所强调的类推与贯通的方法,虽然与科学的归纳与演绎法在某种意义上具有一定的相似性,体现了一种科学的、辩证的思维方式,但仍然与自然科学无干,不是为了去探究客观世界的奥妙,以期获得真正的科学知识,只不过是伦理道德修养或人文社会学研究的方式而已,归根结底是为了完成《大学》所谓的"明明德",进而"止于至善"。

其实,朱熹与其他理学家相较,他对探索宇宙的奥秘自小便有浓厚兴趣。他观察自然现象并试图探究其中之理,似乎一直兴趣不减,甚至"思量得几乎成病"。他说:"某自五六岁,便烦恼道:'天地四边之外,是什么物事?'见人说四方无边,某思量也须有个尽处。"②关于宇宙,他提出了以"气"为起点的宇宙演化说。他说:"天地初间只是阴阳之气。这一个气运行,磨来磨去,磨得急了,便拶许多渣滓;里面无处出,便结成个地在中央。气之清者便为天,为日月,为星辰,只在外,常周环运转。地便只在中央不动,不是

---

① 《朱文公文集》卷三十九《答陈齐仲》,载朱义禄撰:《朱子语类选评》,上海古籍出版社2017年版,第241页。

② 《朱子语类》卷九十四,载朱义禄撰:《朱子语类选评》,第214页。

在下。清刚者为天，重浊者为地。……天以气而依地之形，地以形而附天之气。天包乎地，地特天中之一物尔。天以气而运乎外，故地㩁在中间，隤然不动。使天之运有一息停，则地须陷下。"①朱熹把宇宙的初始状态当作运动着的气团的这一思想，与近代西方哲学家、天文学家康德等人关于太阳系起源的星云假说，颇有些相似之处。他认为，地球也与宇宙的形成过程一样，有其自身的演化过程，大地是在水的作用下通过沉积而形成的，日月星辰则是由火的作用形成的。他指出："天地始初混沌未分时，想只有水火二者。水之滓脚便成地。今登高而望，群山皆为波浪之状，便是水泛如此。只不知因甚时凝了。初间极软，后来方凝得硬。"②他甚至观察到了海洋与陆地之间的变迁。他引述五峰的话指出，由于波涛使大地发生不停息的震荡，令海洋与陆地发生剧烈的变动，有些地方突然升起为高山，有些地方变成了河川，居住在这些地方的人们消失了，古代的痕迹也荡然无存了，这或许就是远古所谓的"洪荒之世"。他本人通过实地观察也常发现海洋与陆地变迁的痕迹，过去的海洋现在变成了高山，而旧日之土现在变易为刚硬的石头了。他说："五峰所谓'一气大息，震荡无垠，海宇变动，山勃川湮，人物消尽，旧迹大灭，是谓洪荒之世'。常见高山有螺蚌壳，或生石中，此石即旧日之土。螺蚌即水中之物，下者却变而为高，柔者变而为刚。此事思之至深，有可验者。"③对于日食、月食及风、雨、雷、云、露、霜、雪、虹、霓等天气现象，他亦通过观察，提出了比较合理的解释，这在他的《朱子语类》都有描述。如关于日食、月食的形成，他说："日蚀是日月会合处。月合在日之下，或反在上，故蚀。月蚀是日月正相照。

---

① 《朱子语类》卷一，载朱义禄撰：《朱子语类选评》，上海古籍出版社2017年版，第216—217页。

② 同上书，第217页。

③ 《朱子语类》卷九十四，载朱义禄撰：《朱子语类选评》，第235页。

伊川谓月不受日光，意亦相近。盖阴盛亢阳，而不少让阳故也。"①
再如关于霜、雪的形成，他说："霜只是露结成，雪只是雨结成。古人说露是星月之气，不然。今高山顶上虽晴亦无露。露只是自下蒸上。……若雪，则只是雨遇寒而凝，故高寒处雪先结也。"②对于农、医、百工的"小道"，他也十分关注，并认定它们并不是"异端"。他说："小道不是异端，小道亦有道理，只是小。如农圃、医卜、百工之类，却有道理在。"③所以，有学者认为，在天文学与地学这两个领域中，朱熹有着超越前人的地方。他的宇宙演化说，与近代的"星云假说"与"水成说"有相似之处，但比欧洲人早了几百年；他观察海洋与陆地的变迁得出的结论，在古生物学史与地质学史上有着重要的地位；他对风云、雨露、霜雪、雷电、冰雹、彩虹等自然现象的观察与解释，洋溢着实事求是的科学精神。这些"同他的格物致知说以及重视实地考察的主张，有密不可分的内在联系。就朱熹的价值观而言，他的道德至上的价值判断，使他在对科学知识的评价上有着贬低的倾向"④。

宋明理学按其基本理论倾向，学界认为大体可分为"理学"和"心学"两派，"理学"以宋代程颐、朱熹为代表，而"心学"则以南宋的陆九渊（1139—1193年）和明代的王阳明为代表。王阳明的"心学"对中国传统文化的影响不下于朱熹，"曾有王学横行天下之势"，但其态度却与朱熹相差甚大。在朱熹那里，他对自然和宇宙的探究是抱有浓厚兴趣的，其格物致知之学尽管侧重于伦理道德，但向内与向外两种求索的思路都有。到了王阳明那里，向外求索的思路不见了，完全趋向于向内反思，即所谓"心外无理""心外无

---

① 《朱子语类》卷二，载朱义禄撰：《朱子语类选评》，上海古籍出版社2017年版，第221页。
② 同上书，第224页。
③ 《朱子语类》卷四十九，载朱义禄撰：《朱子语类选评》，第214–215页。
④ 朱义禄撰：《朱子语类选评》，第213–215页。

物"，朱熹那里留存的接近科学的一些萌芽也都被打掉了。这可以从他对"格物致知"的注释中看到："'致知'云者，非若后儒所谓充广其知识之谓也，致吾心之良知焉耳。良知者，孟子所谓'是非之心，人皆有之'者也。"① "然欲致其良知，亦岂影响恍惚而悬空无实之谓乎？是必实有其事矣。故致知必在于格物。物者，事也，凡意之所发必有其事，意所在之事谓之物。格者，正也，正其不正以归于正之谓也，正其不正者，去恶之谓也。归于正者，为善之谓也。夫是之谓格。……良知所知之善，虽诚欲好之矣，苟不即其意之所在之物而实有以为之，则是物有未格，而好之之意犹为未诚也。良知所知之恶，虽诚欲恶之矣，苟不即其意之所在之物而实有以去之，则是物有未格，而恶之之意犹为未诚也。"② 在这里，王阳明所谓的"致知"并不是指扩充个体已有的知识，而是"致良知"，即是使心中所有的"良知"——是非善恶的判断能力呈现出来，亦即他所主张的"知行合一"。因而，他注"格"字为"正"，意即去除杂念。虽然良知良能每个人都有，但是当心有所动时就会产生"意"，意有善恶之分，所谓"格物"，其实就是让人克制自己的意欲。王阳明著名的"无善无恶是心之体，有善有恶是意之动，知善知恶是良知，为善去恶是格物"（"四句教"）和"身之主宰便是心，心之所发便是意，意之本体便是知，意之所在便是物"③，所阐明的大致即是此意。值得玩味的是，王阳明在这里视"物"为"事"。"事"，是有人参与其中的伦理行为；而"物"，则是客观存在的、与人的意识无关。在王阳明看来，即便是纯客观的"物"，如果没有与主体的认识发生交涉，没有进入人的主体意识，也不能视其为有。将"格"视为"正"，"正"的对象当然只能是自己的"意"，而不可能是别

---

① 王阳明：《王阳明全集》，张立文整理，红旗出版社1996年版，第1063页。
② 同上书，第1064页。
③ 王阳明：《传习录》（上），江西人民出版社2016年版，第16页。

的。"物"自然就变为"意"所在的事。所以,王阳明强调"无心外之理,无心外之物"。①这种主观的思辨显然与科学的客观性相矛盾。否认了外在的事物,同时也即否认了外在的规律,科技也就无从得以产生。

从上述几位代表性人物的思想概览来看,科学在儒、道两家那里都是没有地位的。除儒、道外,中国古代其他学派对科技也不太重视。显然,古代中国太过于关注个人自身的修养以及社会、国家的问题,科技只是作为一种应用性的辅助手段或自发性的个体行为而得以艰难存在,在国家层面、在长期居于支配和统治地位的儒家文化里,科学研究在更多的情况下是直接被拒斥的,是屈从于政治权威的。中国传统主流文化的研究兴趣始终没有离开过人伦道德、人文历史哲学和官僚政治权术,自然科学研究始终入不了历代统治者和正统派士大夫的法眼。对此,王韬、梁启超等人都曾有过这样的评述。王韬说,中国传统的"道"是"人人所以立命,人外无道,道外无人,故曰圣人,人伦之至也";这种"道","不外乎人伦。苟舍人伦以言道,皆其歧趋而异途者也,不得谓之正道也"②。梁启超说:"凡一学术之发达,必须为公开的且趣味的研究,又必须其研究资料比较的丰富。我国人所谓'德成而上,艺成而下'之旧观念,因袭已久,本不易骤然解放,其对于自然界物象之研究,素乏趣味,不能为讳也。科学上之发明,亦何代无之?然皆带秘密的性质,故终不能光大,或不旋踵而绝。"③哲学大家牟宗三则从比较的视角,阐述了中西方传统文化的异同。他认为,"每个文化系统的开端都是通过一个通孔,因此它的表现就有限制,从这个地方

---

① 王阳明:《传习录》(上),江西人民出版社2016年版,第16页。
② 《原道》,载王韬:《弢园文新编》,生活·读书·新知三联书店1998年版,第1页。
③ 梁启超:《清代学术概论》,载《梁启超论清学史二种》,朱维铮校注,复旦大学出版社1985年版,第85页。

我们可以说特殊性"。希腊哲学的"通孔"是自然哲学，中国哲学的"通孔"是生命哲学，前者重知，后者重德。中西文化基本上就是顺着这样不同的路向延续下来。他说："西方希腊哲学传统开头是自然科学，开哲学传统同时也开科学传统。中国没有西方式的哲学传统，后来也没有发展出科学，尽管中国也有一些科技性的知识。"[1] 可见，从中国传统文化的本源和属性来看，这种文化从一开始就缺乏独立科学研究的兴味，自然也就没有科学的思维，更无法形成求真、民主的科学精神和崇尚科学的传统。一方面，主要是因为基于小农经济社会秩序之上的传统文化，尤其是以伦理为本的儒家文化传统，把人从日常生活到社会生活的一切活动都伦理化，把人生的终极价值追求当作对纲常伦理的实践。另一方面，也有可能是与中国所处的地理位置有关。中国地处大陆，其文化类型属于典型的大陆文明，不像海洋文明那样经常遭受各种自然灾害的影响，因而其思维对象倾向于社会人伦，而不像海洋文明那样倾向于追求个性自由和平等契约的文化及征服自然的冒险创新精神。对伦理道德的过分重视，必然压抑人们对物质的追求与对自然的探求，使人惯于顺从守成，述而不作，缺乏冒险精神和创新欲望，也使得中国古代科技长期停留在经验论或实践理性层面，轻视甚至反对科学的思辨与求真的精神，其发展自然就极为有限，甚至在一定程度上还会阻碍科技的发展。当西学进入近代中国时，之所以遭遇到不同程度的抵触，就是因为中国传统文化对于科技的鄙视；同时，也正因为中国传统文化对科技的鄙视，或视科技为导向修养的一种辅助手段，从而使得器物层面的科技相比其他西学内容更早更易为国人所接受。

---

[1] 牟宗三：《中国哲学十九讲》，吉林出版集团有限责任公司2010年版，第19页；第14页。

二、中国古代的科技：辉煌与衰落

中国是世界上最早的人种发源地之一，也是人类文明最主要的发源地之一。人类史前的文明，考古学家和人类学家将其分为旧石器时代和新石器时代。在中国，旧石器时代大约从距今180万年前延续到一万多年前。在旧石器时代，原始人主要使用简单粗陋的打制石器，以采集和狩猎为生。在我国境内，考古学家发现了多处旧石器时代的人类遗址，如在云南元谋遗址和山西芮城西侯度遗址，分别发现了170万年前的古人类化石和180万年前的石制工具；在陕西蓝田县公王岭发现的蓝田猿人化石距今大约110万—115万年，在蓝田县陈家窝发现的蓝田猿人化石距今大约50万—65万年；在北京周口店发现的大量"北京人"遗骸距今大约在20万—70万年之间。中国的新石器时代，一般认为始于公元前6000—公元前2000年左右。新石器时代的文明主要表现为磨制石器的使用、陶器的发明、原始农业与家畜饲养的产生，在公元前3500—前2000年进入铜石并用的时代。目前，在中国各地发现的新石器时代的文化遗址多达六千多处，如河北磁山文化与裴李岗文化、浙江河姆渡文化、河南仰韶文化、辽宁红山文化、山东大汶口与龙山文化、浙江马家浜文化等，就是比较有代表性的新石器时代的文化遗址。从这些新石器时代文化遗址的考古发掘中，我们大致可知至少从公元前6世纪开始，中国已经出现了三个新石器时代文化的地域，即以黄河流域周围广袤的高原为中心的地区、长江下游和淮河流域、东南沿海地区（包括台湾岛），中华文明已初露曙光。尽管这些史前的远古文明已被时光的流水冲刷殆尽，但流传至今的神话故事，却给我们描绘了新石器时代许多生动有趣的文明图景，如传说中开天辟地的"盘古"，烁五色石补天、断鳌足立四极、抟黄土造人的人类始祖"女娲"，始作八卦以通神明、定天下法则及教民渔猎的"伏羲"，帝尧的射师、嫦娥的丈夫、射杀九个太阳的"后羿",构木为巢的"有巢氏",钻木取火的"燧人氏",发明耒耜、教民市易耕织的"神农氏",及五帝时代黄帝、炎帝、帝尧、帝舜、帝禹的许多家喻户晓的故事。尽管这些神话传说中的"神""神人"或"帝",在中国古籍如《山海经》《淮南子》《帝王世纪》《风俗通义》等的记载中,大多是以"人首蛇身"或"人面鸟身"的形象存在,但中华远古文化的图腾标记正是这些幻想出来的"龙""凤"形象,因此,这些神话传说或许可算作中国远古混沌世界的文化象征。

中国历史上第一个可考的朝代——"夏",据《竹书纪年》记载,自禹至桀约471年(约公元前21—前16世纪),虽然为时不长,但可算作华夏文明的开端,或者说标志着华夏民族真正跨入了人类文明的门槛。"夏"字,许慎在《说文解字》中解释为"中国之人也"。夏字古文为"夒",段玉裁在《说文解字注》中说"夒":"以别于北方狄、东北貉、南方蛮闽、西方羌、西南焦侥、东方夷也。"徐灏在《说文解字注笺》中说:"夒时夷狄始入中国,因谓中国为夒人,沿旧称也。"①夏朝的建立,不仅标志着原始的氏族公社制开始崩塌和私有制开始确立,而且人类古老文明的标志——青铜冶炼技术在夏代也开始大量出现。目前,在中国境内发现的最早的青铜制品是在甘肃东乡林家遗址出土的一把青铜刀,据测定其年代在公元前3280—前2740年之间,这表明在距今5000年左右我国就掌握青铜制造技术。在考古发掘的夏代遗址中,还发现了种类多样的青铜制品,如铜爵、铜钺、铜戈、铜镞、铜刀、铜鱼钩、铜凿、铜锛、铜铃等,更有"夏铸九鼎"("九"乃众多之意,九鼎者,多鼎也)之传说。在《左传·桓公二年》中亦有这样的记载:"武王克商,迁九鼎于雒邑,义士犹或非之。"李泽厚认为,九鼎"大概是

---

① 许慎:《说文解字》(第二册),汤可敬译注,中华书局2018年版,第1084–1085页。

打开了青铜时代第一页的标记"①。

在公元前16世纪左右,汤灭夏桀后,建立了中国历史上第二个朝代——商(公元前16世纪—前11世纪)。在商代,已出现了相当成熟、繁荣的人类文明。一般而言,文明成熟有三个标志:第一是必须有文字,第二是必须有城市形态的居住方式,第三是必须有青铜器亦即是必须有金属冶炼(因为青铜的冶炼熔点很低,人类最早能冶炼的金属大概就是青铜了)。在商代,这三个标志性的文明成果均已出现。商代不仅有城市的出现及城市的防御性结构、马拉战车的使用,而且有高水平的青铜冶炼技术和精美的青铜器物、文字体系和精致的书写方式、名扬天下的玉雕技艺和漆器工艺、宗教观念的形成和在天文历数(太阴历)方面的成就,以及社会组织中贵族、匠人、农民的显著分层。特别是商朝的表意文字和青铜铸造技术,在人类文明史上占有独特地位。在商代废墟中发现的复杂的表意文字,对中国和整个东亚后来的文明发展极为重要。幸存到今天的商代文字大多发现于龟甲兽骨上,这些龟甲兽骨是当时占卜吉凶祸福用的。据甲骨卜辞显示,当时的人们几乎每天都要进行占卜,人们把有关疾病、梦境、田猎、天时、年成、战争、祭祀等方面的疑问刻在这些甲骨上,这些刻在甲骨上的"象形"文字——"甲骨文"已是相当成熟的汉字了。它不仅使我们能了解到商代人日常生活的许多图景,而且它的形体结构和造字方式为后世汉字和书法艺术的发展奠定了原则和基础,我们今天的现代汉字和书法艺术就是从甲骨文演化而来。因此,现代的中国人还能读懂几千年前商代的文字,而不像中东人不能释读他们祖先的象形文字和楔形文字,也不像今天的英国人如果不经过专门的语言学习几乎看不懂三四百年前本国的文学作品;同时,这也正是中华文明得已数千

---

① 李泽厚:《美的历程》,中国社会科学出版社1984年版,第38页。

年延绵不绝的一个重要原因。商代文明另一个显著的特征是,青铜器具制作技艺高超精湛且应用广泛。对于天地的敬畏、祖先的崇拜和家庭的重视,可以说是中华文明的一个显著特征。已发掘的历史文物证据表明,商代已形成了一套较为规范的祭祀天地与祖先的礼仪。殷人卜问的对象有天神、地祇和人鬼三大类,即统率日、月、风、雨、雷等的天神,统率社、土、山、川、四方等的地祇,及统率着先王、先公、先妣、诸子、诸母的等人鬼。商代祭祀天地与祖先时用来存放肉类、谷物和酒等祭品的礼器都是青铜铸造的(当时青铜器的另一个重要用途是作为普遍使用的带轮乘具的金属部件)。礼器的体积大小不等,形状亦各式各样,其铸造技术的精湛优美居世界领先地位。值得一提的是,在中国古代文献中,虽然在远古的洪荒时代便有"结绳而治"的传说,但三上义夫指出,"早在中国商代(公元前14世纪),只用9个数字与位值成分相结合的记数法就已经出现了。但在印度,直到公元6世纪,才放弃了用来表示10的倍数的专门符号;而印度在这方面却又比欧洲更先进,因为在欧洲,关于'印度数码'的最早记载出现在公元976年的一种西班牙文抄本中,并且直到11世纪才知道用零。零的最原始的形式,即在筹算板上留下的空位,在中国可以追溯到战国时代公元前4世纪。"李约瑟据此认为,在中国商代,"记数法已比远古任何其他文明更先进更科学"[1]。美国著名历史学家拉尔夫等人在《世界文明史》一书中对中国商代文明由衷赞美道:商代文明在公元前1400年已相当繁荣,商民族修建的房屋显示出适应环境的智慧,这种房屋样式自古至今一直为汉族沿用;商代工业品呈现出高度的技巧和多种技能,精美的石器——刀、斧、盘碟及骨器、蚌器、角器、象牙器、玛瑙贝(也许用作货币)、弓箭、双驾马车(装有带辐条的

---

[1] 〔英〕李约瑟:《中国科学技术史》(第三卷,数学、天学和地学),梅荣照等译,科学出版社、上海古籍出版社2018年版,第33页;第136页。

车轮）、皮革盔甲与鼓、石磬、骨制小空管等乐器，应有尽有；商民族的雕刻和雕塑表现出惊人的艺术才华，商代工匠们的金属工艺品更是名扬天下，商代制作的青铜器物，特别是那些宗教和礼仪用器，如鼎、簋、爵和奇形怪状的面具，比意大利文艺复兴鼎盛时期的青铜雕塑技术还要完美；商代已有一个文字体系，已经辨认出的字大约有3000个，它的象形文字是远东发现的最早的文字，而且不是原始文字，这些文字与古代和现代汉语一样，每一个字表示一个完整的词义，不仅象形而且表意；在商代还发明了毛笔和用烟灰做的墨，书写材料有丝帛和木材。据此，拉尔夫等人认为，"商代社会是见之于历史文献的东亚最早的真正意义上的文明。此外，它还为独特的中国文化类型奠定了基础并提供了素材，这种文化类型表现为农业、手工业的方法，艺术和建筑的形式，着重于以家庭作为社会的基本单元，宗教观念和文字体系"[①]。

　　商之后的周朝（约公元前1027—前256年）不仅建立了早熟的国家政治文明，社会上形成了明显的士、农、工、商等阶层，而且手工业技术也有了很大的改进，古老的丝绸业和纺织业开始壮大，穿梭于中亚运输谷物、食盐、丝绸和其他日用品的商贸之旅也出现了。尤为重要的是开始出现铁的冶炼技术[②]，出现了像《周易》《春秋》《尚书》《周礼》《诗经》等不朽的古典著作，及流传至今的《夏小正》和《月令》两部最古老的历书。《周易》原称《易》，又称《易经》，一般认为是西周时期由负责卜筮的卜史们所编。《周易》描述了夏、商、周三代的社会生活，而且是一部百科全书式的科学著作。《四库全书总目提要·易类小序》说："《易》道广大，无所

---

　　① 〔美〕菲利普·李·拉尔夫等：《世界文明史》（上卷），赵丰等译，商务印书馆2001年版，第186-188页。

　　② 李约瑟认为，"中国钢铁技术的发展堪称真正的史诗，"中国人对铸铁技术的掌握比欧洲早了大约1500年。（参见〔英〕李约瑟：《文明的滴定》，张卜天译，商务印书馆2018年版，第8页。）

不包，旁及天文、地理、乐律、兵法、韵学、算术，以逮方外之炉火，皆可援《易》以为说，而好异者又援以入《易》，故《易》说愈繁。"《周易》提出所谓"易"有三义，即变易、简易与不易，探讨了变动不居的宇宙世界，认为世界是变动的，而这种变动本身又是不变的，用这种规律可以统领与阐释包括人在内的宇宙万事万物的变易规律。《易传》（一部注释和阐发《周易》的著作，相传为孔子所撰）云："易之为书也，广大悉备。有天道焉，有人道焉，有地道焉，兼三才而两之，故六。六者非它也，三才之道也。"又云："古者包牺氏（即伏羲——笔者注）之王天下也，仰则观象于天，俯则观法于地，观鸟兽之文与地之宜，近取诸身，远取诸物，于是始作八卦，以通神明之德，以类万物之情。"[1] 可见，《易经》所仰观俯察的是"大宇宙"的天道、人道、地道，有如司马迁所言："《易》著天地阴阳四时五行，故长于变。"[2] 由此，也形成了中国传统文化的核心和特色——"究天人之际，通古今之变"。黑格尔在其《哲学史讲演录》中指出："中国人也曾注意到抽象的思想和纯粹的范畴。古代的《易经》（论原则的书）是这类思想的基础。《易经》包含着中国人的智慧（是有绝对权威的）。"[3]《易经》还是一部众所周知的充满数学思辨的科学著作，如《易传》所谓"易有太极，是生两仪，两仪生四象，四象生八卦，八卦定吉凶，吉凶生大业"[4]，就是一个数学幂的算式。《易经》还用"六十四卦"的各爻和各自的数字序号进行计算筛选，以此来阐述宇宙形成的原理，引发了海内外经久不息的研究热潮。周朝还特别重视数学教育，数学被列为"六艺"之一。在《周礼·保氏》中就有所谓："养国子以道，乃教之六艺：一

---

[1] 《易传·系辞下》。
[2] 司马迁：《史记》（第四册），天津古籍出版社1997年版，第3439页。
[3]〔德〕黑格尔：《哲学史讲演录》（第一卷），贺麟、王太庆等译，商务印书馆2013年版，第130页。
[4] 《易传·系辞上》。

曰五礼，二曰六乐，三曰五射，四曰五驭，五曰六书，六曰九数。"①这一时期，还产生了像《周髀算经》②这样的被历代学者推崇的数学、天文学著作。《周髀算经》虽然是一部天文学著作，但书中广泛运用了数学知识，包括分数运算、数列、不定分析、几何中的比例、勾股定理等。如书中对勾股定理及其作用做了这样的描述：周公问商高："窃闻乎大夫善数也。请问古者包牺（即伏羲，三皇之一——笔者注）立周天历度，夫天不可阶而升，地不可得尺寸而度，请问数安从出？"商高曰："数之法出于圆。圆出于方，方出于矩，矩出于九九八十一。故折矩以为句（通"勾"——笔者注）广三，股修四，径隅五。既方之外，半其一矩，环而共盘，得三四五。两矩共长二十有五，是谓积矩。故禹之所以治天下者，此数之所生也。"周公曰："大哉言数！请问用矩之道。"商高曰："平矩以正绳，偃矩以望高，覆矩以测深，卧矩以知远，环矩以为圆，合矩以为方。方属地，圆属天，天圆地方。……是故知地者智，知天者圣。智出于句，句出于矩。夫矩之于数，其裁制万物，惟所为耳。"③

西周之后的春秋战国（公元前770—前221年），可以说是中国历史上一个金戈铁马、英雄浪漫、群雄并起的激剧变革时代，也是一个人才辈出、百家林立、论辩蜂起、沉浮消长、学术自由繁荣的

---

① 这里的"九数"就是九种数学计算方法，即方田、粟米、差分、少广、商功、均输、方程、盈不足、旁要。引文参见徐正英、常佩雨译注：《周礼》（上），中华书局2014年版，第294页。

② 《周髀算经》是中国最古老的数学与天文学经典著作。该书究竟成书于何时，目前仍有较大的争议，不过书中记述的内容可以上溯到孔子时代或他的前几代，所以大多数学者认为它可能是周代或战国时期的作品。有学者认为，《周髀算经》讲勾股的时候，还算不上定理，只是木工在长期的实践中发现的一个经验性的公式，但并没有被证明。中国人证明勾股定理大概在公元500年的时候。但此时，希腊的毕达哥拉斯已经给出了推理证明，所以勾股定理在西方被称为"毕达哥拉斯定理"（参见吴国盛：《技术哲学讲演录》，中国人民大学出版社2009年版，第194页）。

③ 转引自阮元、罗士琳等撰：《畴人传合编校注》，冯立昇主编，冯立昇等校注，中州古籍出版社2012年版，第25-26页。

理性主义时代。有如梁启超所言:"我国学界之光明,人物之伟大,莫盛于战国,盖思想自由之明效也。"①春秋战国时期,由于冶铁技术的发展和铁器的广泛使用,给传统的农业和手工业提供了前所未有的劳动工具,使古代中国进入由奴隶社会向封建社会过渡的重大变革时期。随着劳动工具的变革,劳动生产率的大幅度提高,私田和佃耕制的实行,传统农业获得较快发展并带动商业和都市日渐兴旺。各诸侯国采取"礼贤下士"的政策,由此形成了学术上"百家争鸣"的生动局面,为中华文明带来了最早的、最具原创性的文化成果,从而也为中国古代文化教育和科技的发展提供了相应的物质保证和文化环境氛围。孔子等创立的人伦本位的儒家学说(包括真实的孔子学说和后人修饰过的孔子学说)"列君臣父子之礼,序夫妇长幼之别"②,为以后的中华文明奠定了基调,塑造了独特的中国文化教育传统和民族心理性格,成为中国两千多年来政治、人伦、教育的基本准则;老子、庄子等创立的道家学说,其文字之隐晦简练、精神之浪漫神秘,以及"无为而无不为"之豪迈气概,可谓前无古人后无来者。司马迁称其为:"因阴阳之大顺,采儒墨之善,撮名法之要,与时迁移,应物变化,立俗施事,无所不宜,指约而易操,事少而功多。"③而儒道两家的互补,又构成了两千多年来中国思想文化史上的一道亮丽风景和一座不朽丰碑。在科技领域,管仲的《管子》不仅总结了天文、历数、舆地、矿产、农业、水利、植物等方面的知识,而且集政治、经济、军事与管理于一体,可以说是一部治国安邦、富国强兵的不朽著作。清代薛福成在出使欧洲四国时,发现"泰西各邦治国之法,或暗合《管子》之旨"。他说:"《管子》云:

---

① 梁启超:《清代学术概论》,载《梁启超论清学史二种》,朱维铮校注,复旦大学出版社 1985 年版,第 70 页。

② 司马迁:《史记卷一百三十·太史公自序第七十》(《史记》第四册),天津古籍出版社 1997 年版,第 3437 页。

③ 司马迁:《史记卷一百三十·太史公自序第七十》(《史记》第四册),第 3436 页。

'量民力，则无不成。不强民以其所恶，则诈伪不生。不欺其民，则下亲其上。'西国之设上下议政院，颇得此意。又云：'事者生于虑，成于务。不虑则不生，不务则不成。'西国各学之重专家，各业之有公司，颇得此意。又云：'兵也者，审于地图，遍知天下。审御机数，兵主之事也。故有风雨之行，故能不远道里矣；有飞鸟之举，故能不险山河矣。'彼之行学于水陆者，似之，又云：'财盖天下，工盖天下，器盖天下，器成卒选，则士知胜矣。'又云：'致天下之精材，来天下之良工，则有战胜之器矣。致材若何？五而六之，九而十之，不可为数。来工若何？三倍不远千里。'彼之殚力于船械者，似之。又云：'上有丹砂者，下有黄金；上有慈石者，下有铜金；上有铅者，下有银；上有赫者，下有铁；此山之见荣者也。'彼之矿学化学，所以日献精华也。又云：'关者，诸侯之阨隧也，而外财之门户也。明道以重告之，虚车勿索，徒负勿入，以来远人。'又云：'商无废利，民无游日，财无砥滞。'彼之通商惠工，所以日臻丰阜也。此外，指归相同、措施相合者，尚未易以一二数。岂非开辟稍迟，天地之气运有不期然而然者欤？"[①]薛氏所言，不免有梁启超所谓的中国人"好依傍""好比附"之嫌，但他对中国古代文明之先进的自豪感已溢于言表。再如，齐国的《考工记》就涉及了运输、生产工具、兵器、容器、玉器、皮革、染色、建筑等行业，标志着当时手工业生产技术已达到了一定的高度。至于逞一时之显学的墨家学派在其代表性著作——《墨经》中，不仅提出了"百工从事，皆有法度"[②]的思想，而且书中有关古代科技方面的知识内容已涉及现代科学中成像原理、杠杆原理和时空观、几何方面的知识。有学者甚至认为，墨家学派给"力"下的定义，与现代动力学上的同

---

① 薛福成：《出使英法义比四国日记》，见钟叔河主编：《走向世界丛书》（第8册），岳麓书社2008年修订版，第252–253页。

② 《墨子·法仪》。

义；墨家提出的平衡静力理论，在将其运用于运动时，认识了加速度，还导出了引力学说和发现了牛顿的运动第一定理[①]。薛福成认为，《墨子》一书导西学之先者甚多"。他说："如第九卷《经说下》篇，光学、重学之所自出也。第十三卷《鲁问》《公输》数篇，机器、船械之学所自出也。第十五卷《旗帜》一篇，西人举旗灯以达言语之法之所自出也。又按墨子所云：'近中，则所见大，景亦大；远中，则所见小，景亦小。'今之作千里镜、显微镜者，皆不出此言范围。"他甚至认为，"泰西耶稣之教，其原盖出于墨子，虽体用不无异同，而大旨实最相近。"[②] 李约瑟也认为："墨家代表了中国封建社会中几乎可称之为'骑士'（'游侠'）的成分，……他们在筑城和防御技术方面的实践，或许导致了他们对基本科学方法发生兴趣，以及对力学和光学进行研究，这些研究属于我们现在所掌握的有关中国科学的最早记录。"他甚至认为，"完全信赖人类理性的墨家，明确地奠定了在亚洲可以成为自然科学的主要基本概念的东西"。更重要的是，墨家论述了感觉和知觉、因果和分类、类同和差异、部分和整体的关系，因而勾画出了"堪称科学方法的一套完整理论"[③]。在战国时期，"阴阳五行"说开始盛行，这要归功于这一学说的创立者或者说总结者驺衍（约公元前305—前240年）。驺衍是战国末期齐国人，是孟子的老乡，是一位不可忽略的中国古代哲学家、科学家。他是阴阳家的代表性人物、也是"五行"学说创始人。驺衍认为，天地有五行（即五行之德），受土、木、金、火、水五种物质元素支配，人类社会也是仿照自然界五行"相生相克"（即木生火、火生土、土生金、金生水、水生木是五行相生的转化形式，但它们之间又有着

[①] 参见杨向奎编：《绎史斋学术文集》，上海人民出版社1983年版，第440–447页。

[②] 薛福成：《出使英法义比四国日记》，见钟叔河主编：《走向世界丛书》（第8册），岳麓书社2008年修订版，第252页。

[③] 〔英〕李约瑟：《中国科学技术史》（第二卷，科学思想史），何兆武等译，科学出版社、上海古籍出版社2018年版，第181页；第201–202页。

对立的关系,即土克水、木克土、金克木、火克金、水克火)的规律循环运行的。司马迁认为"驺衍之术,迂大而闳辩",驺衍"深观阴阳消息而作怪迂之变,《终始》《大圣》之篇十余万言。其语闳大不经,必先验小物,推而大之,至于无垠"①。这就是说,驺衍把他的"阴阳五行"学说从细小的事物验证开始,然后推广到大的事物乃至整个宇宙。驺衍的学说不仅为他在当时赢得了显赫的声名,而且还曾为齐、燕两国君主服务,后来又被秦始皇采用。《史记》云:"自齐威、宣之时,驺子之徒论著终始五德之运。及秦帝而齐人奏之,故始皇采用之。……驺衍以阴阳主运显于诸侯,而燕齐海上之方士传其术不能通,然则怪迂阿谀苟合之徒自此兴,不可胜数也。"②特别值得一提的是,驺衍还根据他的推论,提出了"大九州"与"裨海(即小海)"和"大瀛海"(即大洋)的概念,并认为中国是海洋中的一块陆地。驺衍称得上是古代中国最早的海洋学家之一,他的海洋观无疑是对中国古代地理学与海洋学的一大贡献。据《史记》载,驺衍以为"儒者所谓中国者,于天下乃八十一分居其一分耳。中国名曰赤县神州。赤县神州内自有九州,禹之序九州是也,不得为州数。中国外如赤县神州者九,乃所谓九州也。于是有裨海环之,人民禽兽莫能相通者,如一区中者,乃为一州。如此者九,乃有大瀛海环其外,天地之际焉。"可见,驺衍的世界观或海洋观,比之儒家,显然具有进步意义,至少体现了天外有天,海外有海的科学推想。所以司马迁说:"驺衍其言虽不轨,傥亦有牛鼎之意乎?"③驺衍的"阴阳五行"说,试图说明世间万物运动变化和人类社会发展的普遍规律,尽管带有神秘主义的方术色彩,但亦不无科学合理的成

---

① 司马迁:《史记卷七十四·孟子荀卿列传第十四》(《史记》第三册),天津古籍出版社1997年版,第2234页。
② 司马迁:《史记卷二十八·封禅书第六》(《史记》第二册),第1140页。
③ 司马迁:《史记卷七十四·孟子荀卿列传第十四》(《史记》第三册),第2234页;第2235页。

分，具有朴素唯物主义和辩证法的思想因素。驺衍学说不仅在当时受到重视，并被广泛地应用于社会生活的各个方面，对后世的学术和政治也产生了重大影响。汉代大儒董仲舒将驺衍的阴阳五行学说与儒学相结合，开汉代儒学阴阳五行化的先河。历代新王朝的创立者更是将其作为一种改朝换代的理论工具。驺衍创立的"大九州"说，认为神州（中国）内的九州是小九州，神州之外还有同样的八个大州。这种天下观，不仅突破了陆地体系的小九州观，构建了海洋体系的大九州观，而且启发了人们对宇宙空间广阔性的联想。

春秋战国时期，还产生了以《禹贡》为标志的中国最古老的地理学成果。一般认为，《书经》中的《禹贡》是留传至今的中国最古老的地理学文献，大约成书于公元前5世纪左右。它描绘了传统中的九州、九州中的土壤及流经九州的水路，范围包括长江下游、黄河下游及这两条河流之间的平原和山东半岛，西面达到渭水和汉水的上游，并包括山西和陕西的南部。《禹贡》既是中国历史上最早的一篇自然地理调查报告，也是最早的一部原始经济地理学文献。李约瑟认为，《禹贡》和欧洲第一幅地图的绘制大体上属于同一个时代，但中国这篇文献比欧洲当时的任何地理文献都要详细得多。《禹贡》对中国地理学的影响是巨大而深远的，"所有的中国地理学家都以它为蓝本而进行工作，他们的著作多以《禹贡》中的词句作为标题，并不断力图再现《禹贡》一书中所描绘的地形"[①]。

此外，春秋战国时期还出现了以《吕氏春秋》为标志的"备天地万物古今之事"于一体的百科全书式学术巨著，以《孙子兵法》

---

① 参见〔英〕李约瑟：《中国科学技术史》（第三卷，数学、天学和地学），梅荣照等译，科学出版社、上海古籍出版社2018年版，第513页。

为标志的军事著作,以《山海经》为标志的人类学、博物学著作①等。当然,还出现了鲁班这样的工匠和扁鹊这样的名医。鲁班(约公元前507—前444年)姓公输,名般,又名盘,因"般"与"班"同音,所以又名鲁班。他是春秋末期鲁国的著名工匠,是土木工匠尊奉的"始祖"。他的发明创造很多,传统的木工工具如曲尺、墨斗、刨子、钻子、锯子和凿子等,据说都是他发明的。他还懂得桥梁设计,精通雕刻技艺,制作过能乘风力高飞三日不落的"木鸟"、机动的木马车,以及攻城用的"云梯"和水战用的"钩拒"。扁鹊(约公元前407—前310年)姓秦,名越人,战国时齐国人。由于他医术精湛,深受世人爱戴,人们便把传说中黄帝时的名医"扁鹊"的称号送给了他。扁鹊在继承前人和总结自身医疗实践的基础上,形成了"望、闻、问、切"四大诊法。这一套比较完整的具有科学意味的诊断方法,使我国传统医学摆脱了巫术,走上了富有科学理性的道路。扁鹊不仅长于内科、会"厉针砥石"(即针灸),而且对妇产科、小儿科、五官科也很精通。据《史记》载:"扁鹊名闻天下。过邯郸,闻贵妇人,即为带下医;过洛阳,闻周人爱老人,即为耳目痹医;来入咸阳,闻秦人爱小儿,即为小儿医;随俗为变。……至今天下言脉者,由扁鹊也。"②

值得提及的是,在战国时期,机械动力发展到将几种简单配合组成较为复杂的机械动力及以畜力为动力的阶段;秤、天平、滑车及辘轳等利用杠杆原理的机械,已被广泛使用;轮轴原理,被应用

---

① 该书成书年代已无可考,大部分学者认为是公元前6世纪—公元1世纪时期的作品。书中记载了神话中形形色色的怪人怪物,如狗首人身、贯胸人、独脚人、无头人、无肠人、长臂人、交胫人、有尾人、三首人、人首虫身、人首狮身等等怪人怪物和神话故事外,还记述了大量的矿物、动植物。书中所提到的许多地形、地址,已在不断的考证中得到证实。在古希腊神话中亦有类似的故事流传。

② 司马迁:《史记卷一百五:扁鹊仓公列传第四十五》(《史记》第四册),天津古籍出版社1997年版,第2812–2813页。

于车辆、切玉机和磨等方面；还有几种自动机，如木人和木车马、以发条发动的俑、秦始皇墓所安装的自动弩机，也可能已经发明。尤为重要的是，战国时期还出现了机械制造的重要标志性成就——铁质滑轮和齿轮。有学者说，"战国时期机械制造及力学理论的成就，使战国思想家以机械运动来解释宇宙，形成机械论世界观。"①《吕氏春秋》曾把宇宙比拟为一个硕大无比的飞轮，"天地车轮，终则复始，极则复返，莫不咸当"②。

无疑，春秋战国时期是中国学术思想的活水源头，是中国古代的科技盛世，也是人类文明史上一个伟大的时代。"资性绝特，于学无所不窥"（梁启超语）的谭嗣同曾十分自豪地对这一时期学术与科技成就进行了系统性的总结："当时学派，原称极盛"，除"道大能博"的儒学外，"商学，则有《管子》《盐铁论》之类；兵学，则有孙、吴、司马穰苴之类；农学，则有商鞅之类；工学，则有公输子之类；刑名学，则有邓析之类；任侠而兼格致，则有墨子之类；性理，则有庄、列、淮南之类；交涉，则有苏、张之类；法律，则有申、韩之类；辨学，则有公孙龙、惠施之类。盖举近来所谓新学新理者，无一不萌芽于是"③。

春秋战国时期确是中国学术文化思想史上最美好的时代，可惜为时太短。春秋战国时期始于公元前770年，终于公元前221年，这个时期恰好是古希腊从王政时代过渡到希波战争后雅典民主的全盛时代。顾准说："古希腊史向民主主义变，我们向专制主义变。"④公元前2世纪，秦始皇消除封建割据，统一了中国。接着，公元前

---

① 贺圣迪：《指南车的发明年代》，载《中国文化研究集刊》第三辑，复旦大学出版社1986年版。
② 《吕氏春秋·大乐》。
③ 谭嗣同：《论今日西学与中国古学》，引自璩鑫圭、童富勇编：《中国近代教育史资料汇编（教育思想）》，上海教育出版社2007年版，第362页。
④ 顾准：《顾准文集》，华东师范大学出版社2014年版，第28页。

1世纪，汉武帝实行"罢黜百家，独尊儒术"的政策，把儒学变为官学，把儒家思想转变为国家的意识形态。从此，中国传统学术文化就在封建专制主义、儒家思想与小农经济纽结为一体的背景下发展了。国家的统一，特别是秦始皇统一文字、统一计量的政策，有利于中国古代经济的繁荣与科学技术的发展。因此，经过秦代后，在汉代形成了中国传统文化和科学技术的特定形式。著名历史学家威廉·麦克尼尔指出："儒家在汉朝重新得势，意味着必须把被秦朝禁止的经典予以恢复，这当然需要靠学者的记忆对残存的文献进行仔细整理。致力于重新收集和记录儒家经典的事业，使中国的学术研究确定了一种文史结合的模式，一直延续至今。这样一种惊人的学术连续性也带来了弊病，即把学术本身主要限制在对已有文献评注上的某种好古精神，此后就统治了中国的知识活动；而在此之前几个世纪所具有的更为大胆奔放的思想，迅速地消失不见了。"①

尽管秦始皇的"焚书坑儒"②和汉武帝强制性推行董仲舒"推明孔氏，抑黜百家"（即后世所谓"罢黜百家，独尊儒学"）的思想统一政策，有碍于科学技术的发展和文化的繁荣；以及董仲舒"阴阳五行"学说、"天人感应"论还有东汉谶纬迷信之风盛行，也使受其影响的中国古代科学技术染上神秘主义的色彩。但作为一种历史延续，并不能否定在秦汉的某些特定的时期和局部的地区，也曾创造了令后人景仰的政治、文化和科技成就。如秦朝时，秦始皇把周天子时期的国家治理模式——"分封制"变为"郡县制"，"分天下以为三十六郡，

---

① 〔美〕威廉·麦克尼尔：《西方的兴起：人类共同体史》（上册），孙岳等译，郭方等译校，中信出版社2015年版，第347页。

② 秦始皇虽然采纳丞相李斯之言"焚书坑儒"，但亦采纳了李斯所谓"百姓当家则力农工，士则学习法令辟禁"的观点，反对"诸生不师今而学古"，且所烧、禁藏之书主要为《诗》、《书》、百家语者"，"所不去者，医药卜筮种树之书"（司马迁：《史记卷六：秦始皇本纪第六》，天津古籍出版社1997年版，第159-160页）。

郡置守、尉、监"①，由按官阶等级的文官和武官治理，使国家治理模式初步具备了现代特征，并一直为中国后世统治者所沿袭使用；秦始皇推行的标准化文字的新体系即"书同文"，不仅确立了后来中国文字书写的标准，而且有利于文化的沟通、融合及思想的统一；秦始皇下令"车同轨"，并精心组织修建的道路和驿站系统，在以后中国历史中的大部分时期维持下来；秦始皇时期为抵御北方野蛮力量——匈奴的侵扰而修筑的万里长城举世瞩目；秦孝文王时期李冰父子主持修建的大型水利工程——都江堰，由于其规划、设计和施工都具有高度的科学性和独创性，所以至今仍在发挥着效用；秦始皇陵出土的兵马俑及战车，其雕塑和制作工艺更是震惊中外。及至汉朝，公元4年，王莽为汉平帝大司马，倡议召开了中国历史上第一次科学技术盛会，到会的文史哲专家及天文、历算、方术、医药、音乐等方面的技术人才达一千多人。班固《汉书》有云："征天下通一艺教授十一以上，及有逸礼、古书、毛诗、周官、尔雅、天文、图谶、钟律、月令、兵法、史篇文字，通知其意者，皆诣公车。网罗天下异能之士，至者前后千数，皆令记说廷中，将令正乖缪，壹异说云。"②。

在两汉时期，中国传统的医、算、天、农等学科都获得了较大的发展，取得了举世瞩目的成就。

如医学。成书于汉代的医学巨著——《黄帝内经》③，不仅是一部伟大的哲学著作，更是汇集了中国古代长期累积的医学知识和临床经验，被誉为医学宝典，是体现医国医民、内圣外王、"天人合一"思想的重要典籍。它以"阴阳五行"学说的朴素唯物论和辩证法思想，全面精深地论述了人体的解剖结构、全身经络的运行情况及养

---

① 司马迁:《史记卷六：秦始皇本纪第六》(《史记》第六册)，天津古籍出版社1997年版，第154页。

② 班固:《汉书》（四），颜师古注，中华书局2012年版，第3480页。

③ 《黄帝内经》由《素问》和《灵枢》两部分组成，原作者已不可考，成书年代亦有纷争，不过其中包含有许多战国时期的资料，故一般认为该书有可能是成书于汉代。

生与人的生理、病理和施治的方法等。它视阴阳为天地万物为人的生理与精神活动发生变化的本原，即所谓"五运阴阳者，天地之道也，万物之纲纪，变化之父母，生杀之本始，神明之府也"①。它认为人与自然是息息相关的，即所谓"天人相应"，"人生于地，悬命于天；天地合气，命之曰人。人能应四时者，天地为之父母"②，所以要求人们按照自然界的变化来调节生活起居，以达到人体与自然界的平衡，即所谓"上古之人，其知道者，法于阴阳，和于术数，饮食有节，起居有常，不妄作劳，故能形与神具，而尽终其天年，度百岁乃去"；"今时之人不然也，以酒为浆，以妄为常，醉以入房，以欲竭其精，以耗散其真，不知持满，不时御神，务快其心，逆于生乐，起居无节，故半百而衰也"③。这种法于阴阳、和于术数的养生之道，被现代医学证明是有科学依据的。同时，它视人体的各种器官是相互关联的统一整体，认为人的局部病变可以影响全身，而全身状况也影响局部的病变。这些思想不仅有效地指导着中国古代的医学理论和临床实践，而且闪烁着中国古代哲学思想的独特光芒。

这一时期在医学方面的成就还表现在产生了像张仲景、华佗这样著名的医学家和一批医学著作。张仲景大约生活在公元150—219年，他所著的《伤寒杂病论》为我国第一部理、法、方、药兼备，理论与实践相结合的临证诊疗专著，为中医学术的发展奠定了重要基础。宋代林亿等人对它进行校勘，把"伤寒"和"杂病"两部分分成两书，一部为《伤寒论》，一部为《金匮要略》，一直流传至今。华佗大约生活在公元145—208年，他模仿虎、鹿、猿、熊、鸟五种

---

① 《素问·天元纪大论篇第六十六》，载《黄帝内经》（第一卷），尹春风、张斌注译，中国言实出版社2011年版，第120页。
② 《素问·宝命全形论篇第二十五》，载《黄帝内经》（第一卷），第43页。
③ 《素问·上古天真论篇第一》，载《黄帝内经》（第一卷），第3页。

禽兽的动作姿势创造的一套保健操——"五禽之戏",流传至今。而且据史料考证,华佗是世界上第一个发明麻醉剂——"麻沸散"的"神医",据说他当时已利用麻沸散做人体解剖手术。《后汉书·华佗传》云:"针药所不能及者,乃令先以酒服麻沸散,既醉无所觉,因刳破腹背,割积聚。若在肠胃则断截湔洗,除去疾秽,既而缝合,敷以神膏,四五日创愈,一月之间皆平复。"① 但据记载,华佗可能还算不上最早做人体解剖的人。《史记·扁鹊仓公列传》中有这样的记载:"上古之时,医有俞跗,治病不以汤液醴洒,镵石挢引,案扤毒熨,一拨见病之应,因五脏之输,乃割皮解肌,诀脉结筋,搦髓脑,揲荒爪幕,湔浣肠胃,漱涤五脏,练精易形。"② 1973年,长沙马王堆西汉墓出土的医药学著作多达11种,其中《阴阳十一脉灸经》和《足臂十一脉灸经》是迄今发现的最早专论经脉的医学著作;《脉法》和《阴阳脉死候》是现知最早的脉学、诊断学文献;《胎产书》论及求子、养胎、产后处理等内容,是现知最早的妇产科文献;《五十二病方》记载了52类疾病的治疗方法,尤其是书中关于肛门痔瘘的治疗手法十分高明,达到了19世纪欧洲的水平;还有诸如《养生方》《杂疗方》《合阴阳》《十问》《天下至道谈》等有关养生、保健和房中术的文献。此外,西汉的《难经》(又名《黄帝八十难经》)、东汉的《神农本草经》,亦是我国早期重要的医学和药物学著作。特别是《神农本草经》这部中国最早的"本草"(即药物)著作,更是集药物知识之大成。该书著录药物365种,其中植物药252种,动物药67种,矿物药46种。书中对药物的产地、采集时间、品质优劣、加工方法、主治疾病等,都做了概括性的介绍。如对46种具有治疗

---

① 转引自梁漱溟:《中国文化要义》,载中国文化书院学术委员会编:《梁漱溟全集》(第三卷),山东人民出版社2011年版,第21页。

② 司马迁:《史记卷一百五:扁鹊仓公列传第四十五》(《史记》第四册),天津古籍出版社1997年版,第2810–2811页。

价值的矿物性药物,该书按功效将其分为三品。上品药:朱砂、云母、玉泉、石钟乳、明矾石、硝石、滑石、碳酸铜、赤铁矿、石英、紫石英、各种黏土等;中品药:雄黄、雌黄、硫黄、水银、磁铁矿、阳起石、大理石、长石、硫酸铜、蓝铜矿等;下品药:石笋、铁矿石、铁、四氧化铅、碳酸铅、锡、盐、玛瑙、砷华、石灰、漂白土等。这些动植物及矿物性药物可治疗的疾病多达一百七十余种,涉及内科、外科、妇科、儿科和眼、喉、耳、齿等方面的疾病。

如算学。在汉代,学者们经常用数的知识来讲论《周易》。在已出土的居延汉简和敦煌汉简中,考古学家发现了不少记载整数、分数、加减乘除的简文。1984年,在湖北江陵张家山发掘的西汉初年的墓葬中,还发现了记载在近两百支竹简上的、总字数达七千余字的《算数书》,该书列有六十多个标题,有关计算方法的有乘、增乘、相乘、约分、合分、增减分、分乘、合乘、经分等,此外还有名为方田、里田、税田、息钱、少广、贾盐、负炭、金价、铜耗、出金、石衡、程禾等的应用题。据有关专家考证,其成书年代至少比《九章算术》早两百多年[1]。《汉书·艺文志》还记载了两部失传的西汉时期的算学著作《许商算术》(26卷)和《杜忠算术》(16卷)[2]等。当然更令人引以为傲的是,两汉时期出现了一部中国数学史上影响最大、在世界数学史上亦占有重要地位的数学著作——《九章算术》,公元260年左右,魏晋时期的数学家刘徽为《九章算术》作序时称,该书最早可能为西汉时期的张苍和耿寿昌先后编辑和注释而成,但亦有人认为可能为东汉时的郑玄所著,成书于何时亦无确切可考,不过在公元2世纪左右已成书是大致无疑的。该书9章的内容为:"方田"(土地测量,内容涉及矩形、梯形、三角形、圆、

---

[1] 参见叶朗等主编:《中国文化导读》,生活·读书·新知三联书店2007年版,第248-249页。

[2] 班固:《汉书》(二),颜师古注,中华书局2012年版,第1559页。

弓形及环形面积与加、减、乘、除、分数的解法与算法)、"粟米"(大米和小米,内容涉及百分法和比例)、"衰分"(按比例分配,内容涉及比率、算术级数和几何级数等问题,这些问题都是用比例法解决)、"少广"(减少宽度,内容涉及求平方根和立方根的问题)、"商功"(工程审议,内容涉及各种立体图形体积的测量与计算及工程所需土方、人力的计算)、"均输"(内容主要是如何公平征税及人口税赋负担分配比率问题)、"盈不足"或"盈朒"(过剩与不足,这一章专门说明中国人在代数学中的一个发明——"试位法")、"方程"(列表计算的方法,这一章涉及联立一次方程,既用到正数又用到负数,其中负数是人类文明中最早出现的"负量"概念)、"勾股"(直角,是用代数术语对《周髀算经》中描述过的直角三角形的性质做更详细的说明)。在东汉末年(公元190年前后)徐岳所著的《数术记遗》中,作者提到了一种计算古法——"珠算"。李约瑟说:"如果承认徐岳著作的年代是在公元2世纪末,那么,中国人使用算盘就比欧洲人略早一些。……直到11世纪、12世纪,算盘在欧洲才成为通用的工具。……直到近代还继续使用算盘的俄国人,往往认为它起源于中国。以其特定的中国式样,算盘在17世纪、18世纪的欧洲引起了浓厚的兴趣。"[①]

如天文、地理学。由于司马迁所著《史记》追求的是"究天人之际,通古今之变,成一家之言",所以《史记》不仅是一部历史学巨著,还是一部百科全书式的科学著作。在《史记》中关于天文地理就专列有《律书》《历书》《天官书》《河渠书》《货殖列传》等卷。如在《天官书》中,司马迁从天文学家的视角,检阅中、东、南、西、北"五宫"的恒星与星座,介绍了五星的运行及二十八星宿同地上各特定区域的联系,对日月异常及彗星、流星、

[①] 〔英〕李约瑟:《中国科学技术史》(第三卷,数学、天学和地学),梅荣照等译,科学出版社、上海古籍出版社2018年版,第71—72页。

云、气（包括极光）、地震等与收获的预兆意义做了解释，还记录了各个时期的交食次数、不寻常的流星雨及它们所预兆或随之发生的对应事件。如"中宫天极星，其一明者，太一常居也。旁三星三公，或曰子属。后句四星，末大星正妃，余三星后宫之属也。环之匡卫十二星，藩臣，皆曰紫宫"；"天运，三十岁一小变，百年中变，五百载大变；三大变一纪，三纪而大备：此其大数也"；"汉之兴，五星聚于东井。平城之围，月晕参、毕七重。诸吕作乱，日蚀，昼晦。吴楚七国叛逆，彗星数丈，天狗过梁野；及兵起，遂伏尸流血其下。……由是观之，未有不先形见而应随之者也"[1] 等。《史记》还是一部具有世界视野和历史观念的地理学著作。司马迁在《史记》中记述了当时中华民族所知的世界地理历史，内容涉及朝鲜、越南、印度以及中亚、西亚各国。英国历史学家彼得·弗兰科潘指出，司马迁"以非常谨慎的态度审视印度、波斯和中亚地区的历史、经济和军事状况"[2]。如在《史记卷一百二十三·大宛列传》中，司马迁记述了张骞及其后继者出使西域时最早获得的关于西方世界的信息。司马迁因此被古今学者尊为"历史学之父"，而《史记》则被誉为"六经之后，惟有此作"（南宋大学问家郑樵语）、"史迁绝学，《春秋》之后，一人而已"（清代学者章学诚语）、"史家之绝唱，无韵之离骚"（鲁迅语）[3]。东汉桑钦于公元前1世纪左右所著《水经》，可视为我国最早的一部水文地理学著作，书中对137条全国主要河流做了简单的记述。班固《汉书》是继《史记》之后又一部百科全书式的历史著作。《汉书》作为一部纪传体断代史，除了记述西汉的历史外，还专列有《律历志》《天文志》《五行

---

[1] 司马迁：《史记卷二十七：天官书第五》（《史记》第一册），天津古籍出版社1997年版，第1085页；第1102页；第1104页。

[2] 〔英〕彼得·弗兰科潘：《丝绸之路：一部全新的世界史》，邵旭东、孙芳译，徐文堪审校，浙江大学出版社2016年版，第9页。

[3] 参见司马迁：《史记·前言》（《史记》第一册），第1页。

志》《地理志》《艺文志》等篇,记述了西汉时期大量的科学技术成就。如《汉书·地理志》就是古代中国历史地理的杰作,是中国最早以"地理"为书名的文章,开沿革地理学之先河,对于创立具有现代意义的历史地理学具有重大意义。在《汉书·五行志第七下之下》中,班固还记载了公元前28年出现的太阳黑子现象:"三月乙未,日出黄,有黑气大如钱,居日中央。"① 这一记录比欧洲在公元807年关于太阳黑子的初次记录早了八百多年。《汉书·艺文志第十》列有《日晷书》34卷,记载了测定时间的"日晷"。李约瑟说:"我们应当记住:周和汉的均等的十二时辰计时制是非常先进的。在欧洲,古时钟点的长短随白昼的长度而改变,这种古制直到14世纪机械钟出现时才被废除。中国则至迟在公元前4世纪便已建立了一种长期不变的,自午后十一时起将一昼夜等分为十二时辰的制度。"② 当然,汉代最伟大的天文学家无疑是东汉太史令张衡(78—139年)。张衡长于天文、阴阳、推算、机巧,是中国古代卓越的数学家兼天文学家、地理学家。他提出"浑天说",创制了使用水力齿轮传动系统的"浑天仪",发明了比欧洲早1700年的世界上第一架地动仪(又称"候风地动仪"),还创造了一种利用漏水转动和浑象联动的机械日历——"瑞轮蓂荚",更为后世留下了一部阐述天地日月星辰生成和运动的天文学著作《灵宪》及数学名著《算罔论》。在《灵宪》中,张衡在吸收道家思想和阴阳五行的基础上,通过自己的观察与研究,对宇宙的起源、演化以及日月星辰运动的规律进行了比较科学的阐释。他认为"宇之表无极,宙之端无穷",其演进可分为三个阶段:一是虚无的"溟涬"阶段;二是混沌不分的"庞鸿"阶段;三是元气分离为阴阳二气,最后形成天地

---

① 班固:《汉书》(二),颜师古注,中华书局2012年版,第1356页。
② 〔英〕李约瑟:《中国科学技术史》(第三卷,数学、天学和地学),梅荣照等译,科学出版社、上海古籍出版社2018年版,第305页。

万物的"天元"阶段。他比较科学地解释了朔、望月相的变化："月光生于日之所照，魄生于日之所蔽。当日则光盈，就日则光尽也。"他还首次正确地说明月食乃因月球进入地影而形成；行星运行的快慢与其距离太阳的远近相关。张衡观测到的星数比西汉时多得多，仅中原地区就有2500颗[1]。东汉书法家崔瑗曾高度称赞张衡："数术穷天地，制作侔造化"[2]。对于先秦及两汉的天文学成就，李约瑟断言："除了很大部分大概已完全散佚的巴比伦人的天象记事以外，中国人的天象纪事表明，中国人是阿拉伯人之前的世界中最持久、最精确的天文观测者。对于一段很长时间（约公元前5—公元10世纪），也几乎只有中国的纪事可供利用，现代天文学家在许多场合例如对彗星，特别是哈雷彗星重复出现的记载都曾求助于中国的这些天象纪事以获得有价值的结果。一个显著的例子是新星和超新星的出现，这对于现代宇宙论是很重要的，而中国关于这些星的记事覆盖了从喜帕恰斯到第谷[3]的整个时期，在这个时期，世界其他地区对于天上有时会出现'新星'这一事实几乎一无所知。"[4]

在农学方面，西汉武帝时氾胜之所著《氾胜之书》是我国历史上第一部重要的农学专著，书中详细介绍了禾、黍、麦、大豆、小豆、荏（苏子）、胡麻、粟、瓜、瓠、芋、蓲等作物从选种、播种、中耕、收获到储藏各个环节的技术方法。东汉末年崔寔所著《四民月令》也记录有不少农业生产操作技术，特别是最早记述了水稻移植和果树压条繁殖的技术，此外还记述了修治水利、住宅以及养蚕、

---

[1] 参见叶朗等主编：《中国文化导读》，生活·读书·新知三联书店2007年版，第245-246页。

[2] 转引自阮元、罗士琳等撰：《畴人传合编校注》，冯立昇主编，冯立昇等校注，中州古籍出版社2012年版，第54页。

[3] 第谷（Tycho Brahe，1546—1601年），丹麦天文学家和占星学家，近代天文学的奠基人。

[4] 〔英〕李约瑟：《中国科学技术史》（第三卷，数学、天学和地学），梅荣照等译，科学出版社、上海古籍出版社2018年版，第157-158页。

纺织、食品加工、酿造、制药等手工业生产方面的内容。

东汉的杜诗（？—38年）主持设计制作的以水力为动力的鼓风机械——水排，在构造上具有动力机构、传动机构和工作机构三个主要部分，具备了自动机的雏形。此外，东汉蔡伦总结了西汉以来用麻质纤维造纸的经验，改用树皮、碎布、麻头、旧渔网等原料造纸，解决了造纸原料不足的问题。同时在造纸工艺上也比从前更精细，除将原料淘洗、碎切、泡沤之外，还开始用石灰进行碱液烹煮，使植物分散更细更均匀，从而大大提高了纸的质量，推动了造纸技术的改革与进步，为我国乃至世界文明的发展与传播发挥了巨大的作用。

两汉时期除了冶炼技术、织造技术、髹漆技术、建筑技术有长足进步外，值得一提的还有：西汉的"胆铜法"据说是世界上使用化学液体从事冶金技术的开端；在炼丹术方面，东汉黄老学派中的炼丹家魏伯阳所著的《周易参同契》，被视为"丹经之祖"，亦是最早关于炼丹术的理论著作。所谓"参同契"，即将"易经""黄老""炉火"三家的理法进行参照、验证，使其契合而会归于一。该书以乾、坤、坎、离等卦爻象变化来说明炼丹的原理和方法，是易学与炼丹术相结合的产物。书中对炼丹器具的制备、药物的种类和剂量、炉火的调节、药物的变化过程及炼成后服食的方法和效果都做了详细的介绍，书中提出的炼丹术的概念、原理和方法一直为后人奉为准则。但该书用词隐晦、哲理深奥、譬喻甚多，实在不易理解其奥妙之处。此外，还有一部道教最早的经书之一——《太平经》，该书以"三一为宗"（"三一"即是三者合一，"三"是指阴、阳、中和，又具体表现为天地人、君臣民、精气神等，阴、阳、中和这三气若相结合则是最理想的状态即"太和"，此时就会出现太平气，而太平气乃是政治升平、个人修养的条件）为依据，提出了一个所谓天地人三者合一而达到太平、精气神三者合一而为神仙的观念，该书用气的学说来解释社会政治与人的生命活动和长生的方法为后世所推崇。

特别值得提及的是，在两汉时期，我国通过陆路和海路与西亚、东亚和东南亚各地发生了联系。张骞（？—前114年）两度出使西域各国，可视为中国对外贸易的开端。班超（32—102年）又沿天山北麓新通道南达印度洋、中通波斯湾、北抵地中海，为中国打开了一条横跨欧亚大陆的通道，"丝绸之路"就此诞生。汉朝通过这条丝绸之路，与欧亚国家展开贸易交往，使中国的丝绸、漆器和铁器及其制作技艺远行欧亚各国，有力地推动了相互间经济与文化的交融。据《史记》云："自大宛以西至安息，……其地皆无丝漆，不知铸钱器。及汉使亡卒降，教铸作他兵器。得汉黄白金，辄以为器，不用为币。"[①] 同时，欧亚各国的农作物、马匹、调味品、文学艺术作品及音乐、舞蹈等也不断传入中国。丝绸之路在使丝绸成为一种奢侈品的同时，还成了一种国际货币，全球化初露端倪。

东汉之后的魏晋南北朝时期（220—589年），由于国家陷入分裂，战乱纷繁，政局动荡，"独尊儒学"的格局不复存在，由此使得多元文化的传播和思想自由的风气成为可能，也因此形成了中国历史上文化思想非常活跃的一个时期。被"罢黜百家，独尊儒学"压抑了数百年的先秦名、法、道诸家，重新为人们所着重探究，在文化思想领域自由论辩之风盛行。源于老庄、《周易》，或"援道释儒"或"儒道合流"的魏晋"玄学"（代表性人物有玄学的首领人物何晏、王弼，"竹林七贤"的阮籍、嵇康、山涛、刘伶、阮咸、向秀、王戎，及西晋名士郭象等）兴起流行，他们口谈"本无末有"的虚玄、非薄周公孔儒、"越名教而任自然"，超凡脱俗、放荡不羁、得

[①] 司马迁:《史记卷一百二十三：大宛列传第六十三》(《史记》第四册)，天津古籍出版社1997年版，第3263页。

意忘形、足性逍遥，试图以宇宙天道来阐释和解决当时的社会、人生问题，文人士大夫亦借此来重新探寻治国安邦之策和寻求自己的安身立命之地；外来佛教也由于玄学对儒学的冲击及西晋之后少数民族入主中原而昌盛一时，甚至较之于原创国印度大有后来居上之势；北方少数民族的野性与阳刚之气也融汇进入华夏文明，使华夏文明汇聚南北东西之优长而更加大气磅礴、生动活泼。这一时期最突出的文明成就主要表现在哲学和艺术上，尤其是雕刻和书法艺术创造了千百年来为世人所推崇景仰的成就。如山西大同的云冈石窟不仅是雕刻艺术的殿堂，而且是世界文明的大聚会，古希腊、罗马、印度、波斯文明等在那里都有留存；再如在书法上，更是形成了一种被李泽厚称为"飘俊飞扬、逸伦超群"的魏晋风度，其"情驰神纵，超逸优游""力屈万夫，韵高千古""淋漓挥洒，百态横生"的优美线条成就了中国书法艺术的独特风景，造就了钟繇、王羲之和王献之父子等高山仰止的书法家及风格独特的魏碑体。李泽厚指出，与颂功德、讲实用的两汉经学、文艺相区别，在这一时期"一种真正思辨的、理性的'纯'哲学产生了；一种真正抒情的、感性的'纯'文艺产生了。这二者构成中国思想史上的一个飞跃。哲学上的何晏、王弼，文艺上的三曹、嵇（康）、阮（籍），书法上的钟、卫、二王，等等，便是体现这个飞跃、在意识形态各部门内开创真善美新时期的显赫代表"①。

就科学技术而言，魏晋时期也产生了一些对后世具有重大影响的成果。如三国时魏国人马钧尤善机械制造，时人称之为"天下之名巧"，他改革的织绫机不仅大大简化了织机构造，提高了劳动生产率，而且使织出来的图案更加灵动自然；他对农用灌溉工具也颇有研究心得，发明创制了一种灌溉用提水机具——翻车，又称踏车、

---

① 李泽厚：《美的历程》，中国社会科学出版社1984年版，第125页；第107页。

水车、龙骨水车（这种水车一直沿用至今）。他还成功复制了古代的指南车，改进了诸葛亮所造的连弩，并制造过攻城用的转轮式发石机。再如，被李约瑟称为"中国地理学中的托勒密"的晋代著名地图学家裴秀（224—271年），在详细考证古今地名、山川形势和疆域沿革的基础上，绘制了《禹贡地域图》（18篇），提出了"制图六体"——"分率""准望""道里""方邪""迂直""高下"，即地图绘制上的比例尺、方位、距离、地形的高低起伏、山体的陡斜度及道路的曲直。除经纬线和地图投影外，现代地图学上应考虑的主要因素，裴秀的"制图六体"几乎全涉及了。直到明末利玛窦所绘的有经纬度的地图传入中国前，我国在绘图方法上基本遵循的是裴秀的"制图六体"。还有，魏晋时杰出的数学家刘徽（约225—约295年），对我国古代数学体系的形成与发展影响巨大，他所著的《九章算术注》（9卷）和《海岛算经》流传至今，他创立的"割圆术"为计算圆周率建立了严密的理论，并完善了算法。唐代经学家贾公彦说："徽刱以六觚之面，割之又割，以求周经相与之率。厥后祖冲之更开密法，仍是割之又割耳，未能于徽法之外，别立新术也。"[1]

值得一提的是，这一时期出现了多部"算经"，如《五曹算经》《夏侯阳算经》《张邱建算经》等，其中尤以《孙子算经》[2]影响最大。《孙子算经》直接论及乘除运算、面积与体积测量、分数及开方的方法，同时还描述了当时所应用的度量衡单位，并附有简短的金属（金、银、铜、铅、铁）及玉和石的比重表。该书"详说乘除开方"及其中给出的关于不定分析（一次同余式组）计算问题的最早

---

[1] 转引自阮元、罗士琳等撰：《畴人传合编校注》，冯立昇主编，冯立昇等校注，中州古籍出版社2012年版，第72-73页。
[2] 人们误以为《孙子算经》为先秦时期军事家孙武所著，但据李约瑟考证，此书与孙武毫无关系，大约是公元280—473年的著作（参见〔英〕李约瑟：《中国科学技术史》〔第三卷〕，第30页）。

例子，即所谓"物不知数，三三数之，五五数之，七七数之"一问，为《九章算术》所未及，宋代秦九韶《数学九章》的"大衍求一法"，就来源于此[①]。隋唐两代在国子监内设算学馆，把《孙子算经》选为教材，其后《孙子算经》便广为流传。这一时期最值得称道的科学家是祖冲之（429—500年），他不仅是著名的天文学家，创制了新历法——"大明历"，更是众所周知的杰出数学家。他著有《缀术》一书，据说深奥不易研究，可惜在宋以后佚失。他计算出的圆周率为3.1415926至3.1415927，据茅以升先生考证"为第五世纪世界最精者，其时印度欧西皆所不及，足以睥睨天下"，比15世纪阿拉伯数学的集大成者阿尔·卡西（Al-kashi）的类似研究早了将近1000年（阿尔·卡西在他的《圆周论》中，叙述了圆周率 π 的计算方法，并得到精确到小数点后16位的圆周率）；又据李俨考证，"在西洋1573年德人（Valentin Otto）始论及之，后于我一千年有余"[②]。

此外，在这一时期，郦道元（466或472—527年）的《水经注》记述了1252条河流，内容比汉代桑钦所撰的《水经》丰富得多。该书详细记述了每条河流的水文情况、河流流域内的自然、人文、古迹与神话传说等，不仅是我国古代著名的有重大科学价值的地理学著作，而且是一部文字优美的山水游记。约533—544年间，贾思勰所撰的《齐民要术》全面总结了北方的农业技术，内容涉及农、林、牧、副、渔等农业范畴，书中引用了一百多种古代农书和杂著的内容，使《氾胜之书》《四民月令》《陶朱公养鱼经》等一些佚失著作的部分内容得以保存下来，具有重要的史料价值，是我国现存

[①] 参见阮元、罗士琳等撰：《畴人传合编校注》，冯立昇主编，冯立昇等校注，中州古籍出版社2012年版，第28-29页。

[②] 参见梁漱溟：《中国文化要义》，载中国文化书院学术委员会编：《梁漱溟全集》（第三卷），山东人民出版社2011年版，第22页。

最早、最完整、最系统的农业科技著作，也是世界农学史上最早的专著之一。晋太医王熙（常称为王叔和）根据《黄帝内经》《伤寒杂病论》和其他早期医学著作编写而成的《脉经》，使中医脉学的理论和方法系统化，成为后世所有脉学著作的基础。皇甫谧（215—282年）所著的、成书于公元280年前后的《黄帝甲乙经》亦是当时一部非常有影响的医学著作，该书对中国医学中最具独创性的经络体系和针灸疗法进行了系统的总结和论述，对后世产生了深远的影响。"丹鼎道派"的创立者、医学家葛洪是中国历史上第一个对道教的教义体系做出理论总结的思想家、哲学家，而且其炼丹术和房中术由于有所谓的养生、成仙之功效而使时人趋之若鹜。他所著的《抱朴子》（70卷）、《金匮药方》（100卷）、《肘后备急方》和《西京杂记》等，对后世有广泛而深远的影响。由于魏晋时期玄学盛行，因此有关养生的方术丹道之书也有不少，如《黄庭经》《大洞真经》《正统道藏》《三洞经书目录》《真诰》《登真隐诀》《西升经》《化胡经》《无上秘要》等，不一而足。这些著作大都是在承继中国古代医学养生学说的基础上，结合道教方术的思想，阐释所谓长生不老的成仙之术。

公元581年，杨坚废幼主周静帝自立，国号"隋"；589年，隋挥兵南下灭陈，南北重归统一。604年，杨广弑父自立，随后因征伐役使无度，激起民变兵乱，隋遂于618年灭亡。隋代治天下虽仅短暂的38年，但在文化教育和科技上亦有可圈点之处。其对后世文化教育和科技发展影响最著者，为科举制的创立。隋代以前的选官制度主要为察举制，隋炀帝大业二年（606），改革传统的察举制，设立"明经科"和"进士科"取士，中国从此进入一个前所未有的"科举时代"。科举制创设和实施的确切年份虽然尚有纷争，但据众多古籍的记载，始于隋代应是一种较为可信、也是较为一致的说法。

如刘肃云："隋炀帝改置明、经二科。"① 又如《唐摭言·述进士上篇》云："进士，隋大业中所置也。"② 此后，科举制虽经历朝有所变革，但宋、元、明、清各朝基本上是以进士科取士。科举制度对士子的人生价值取向、民族文化心理、价值观念、思维模式及政治、经济、文化教育、科技发展等，都发生了极其深刻和悠久的影响。在科技方面，隋代可点之处不多，但有几人值得提及。一是建筑家宇文恺（555—612年）主持规划、设计、修建了长安和洛阳两座都城，对后世中国城市和邻国的城市兴建影响深远；二是工匠李春于605年设计建造的大型石拱桥——赵州桥，存续了一千三百多年，在世界桥梁史上举足轻重，在世界建筑史上也占有一席地位；三是隋唐之际的医药学大家孙思邈（约581—682年），他所著的《千金要方》《千金翼方》集当时医药学之大成，对后世中医学影响很大；四是610年巢元方所著的《诸病源候论》，按照当时的观念对内科病症进行了系统的分类，从本质上说是一部疾病自然史，比西方类似著作要早一千多年，巢元方亦因此被李约瑟誉为"伟大的病理分类学家"③。当然，总的来说，在唐宋以前的历朝，如梁启超所言：由于"秦始皇焚百家之语"，"汉武帝表章六艺、罢黜百家"，致使"思想束缚于一点，不能自开生面"④。

在中国古代，科学技术最为光彩照人的时期当推唐宋两代。

唐代统治者目睹了隋末政治的腐败及农民起义的巨大威力，在政治、经济、文化教育上推出一系列重大改革政策，制定了各种有

---

① 刘肃撰：《大唐新语·厘革》（卷二十二），许德楠等点校，中华书局1984年版，第153页。
② 王定保：《唐摭言·述进士上篇》（卷一），上海古籍出版社1978年版，第3页。
③〔英〕李约瑟：《中国科学技术史》（第六卷，生物学及相关技术），刘巍译，科学出版社、上海古籍出版社2013年版，第119页。
④ 梁启超：《清代学术概论》，载《梁启超论清学史二种》，朱维铮校注，复旦大学出版社1985年版，第70-71页。

利于安定社会、发展生产、繁荣科学文化的法令和制度，有力地促进了中国古代科学技术的发展，造就了举世瞩目的人类文明高峰。在当时唐代的首都长安，人口就达100万，而且由于丝绸之路及与日本、高丽、新罗、吐蕃、渤海、波斯等国交往的频繁，它事实上已经成为世界文化的一个非常重要的中心。在长安城内聚居着数十个国家的外交使团、成千上万的外国留学生、世界各国的商人及传教士，城里吃的有阿拉伯面食，喝的有西域传来的葡萄酒，治病有罗马医术，市面上流通的有拜占庭的金币和波斯王朝的银币，西域歌舞器乐服饰珠宝及佛教、伊斯兰教、景教（基督教）、摩尼教、祆教等宗教寺庙教堂更是举目可见。文人雅士往往沉醉于中亚各国和波斯商人[①]开的酒家而乐不思归。有诗仙李白的诗为证："胡姬貌如花，当垆笑春风。笑春风，舞罗衣，君今不醉欲安归？"（《前有樽酒行》）"五陵年少金市东，银鞍白马度春风。落花踏尽游何处，笑入胡姬酒肆中。"（《少年行》）

就科学技术而言，唐代开始特别关注数学教育，在国子监内设有算学馆，在科举中增设了算学特科——明算科。唐高宗令太史令李淳风与国子监博士梁述等为算学馆选择教材，他们选定并注释了古代的"十部算经"，称之为《算经十书》，作为教材在国子监内传授，使得数学的实际应用得以广泛推广。王孝通的《缉古算经》（成书于公元625年左右），是目前所见最早运用三次方程解算工程问题的数学著作。在唐代由于佛教盛极一时，印度的许多天文学、历法学和数学等方面的知识由佛教徒传入中国，特别是由于印度"观星明"（即古印度的天文学）的输入，唐代的天文学也获得了较大的成就。唐初天文学家、数学家李淳风（602—670年）制作了观测天象的"浑天黄道仪"，著有《法象志》（讨论前代浑仪的得失），创

[①] 当时大都称波斯商人为"胡"。

制了历法——《麟德历》，校注了《五曹算经》《孙子算经》等十部算经，撰写了《典章文物志》《乙巳占》《秘阁录》等著作。天文学家和数学家僧一行（本名张遂，673—727年）不仅与机械专家梁令瓒等一起制作了"黄道游仪""水运浑天仪"等当时最为先进的大型天文观测仪器，还通过天文学与数学的结合，组织了一次大型天文观测，获得了多项准确的天文数据，并用以制定历法。据说他还是世界上第一次大规模组织测量子午线长度的人；他参照前人历法与天竺（印度）的《九执历》，编制出比《九执历》更为先进的《大衍历》，自唐代一直沿用至明末。地理学家贾耽（730—805年）按照晋代裴秀"制图六体"方法，绘制了著名的全国大地图——《海内华夷图》（785—801年绘制完成），对海陆变迁和潮汐也获得了新的认识。此图图幅很大，"广三丈，纵三丈三尺"，比例尺"以一寸折成百里"，是继裴秀之后我国又一伟大的地图作品，在中国和世界地图制图学史上具有重要意义。在医学方面，第一部国家药典《新修本草》修订完成。印刷技术在唐代也有了长足的发展，公元868年印行的《金刚经》是迄今发现的标明印刷日期的、世界上最早使用刻印技术的印刷品。与此同时，炼丹术、陶瓷工艺（唐三彩）也盛极一时，并由阿拉伯人传入东南亚、中亚、欧洲和非洲，风靡世界。在唐代学校教育中，算学、医学、天文学、历法等开始占据较为重要的位置，在中央学校的"六学二馆"和地方学校的府、州、县、市、镇学中均得到传授。唐代的科技繁荣和教育设施的完备，还吸引了众多国家的留学生来学习中国的"阴阳历算"[①]等科学知识和儒家经典，尤以日本、高丽、新罗、百济、高昌、吐蕃、渤

---

① 江晓原教授在《关于"四大发明"的争议和思考》（《新华文摘》2011年第24期）一文中指出，中国的农历和西方的历法完全不一样，西方的公历是一种阳历，完全不考虑月相，中国古代的农历是一种阴阳合历，这在世界上是非常少见的。其他民族的历法，要么用阴历，要么用阳历。他们要么根据月相，不考虑太阳运动；要么只考虑太阳运动，不考虑月相。中国古代的阴阳合历将两者兼顾起来，而且达到相当高的精确度。

海等的留学生居多。如日本，派出的 16 次"遣唐使"中，13 次有随行留学生，每批少则一二十人，多则三四十人，学习期限短则年余，长则二三十年；又如新罗（古朝鲜之一国）使用中国汉字，仿唐制设立国学，教授《论语》《礼记》等儒家经典，积极向中国派遣留学生，仅唐文宗开成五年（840），学成归国的留学生便达 105 人之多[①]。

自唐末到五代，由于中国重陷于分裂动乱之中，政局紊乱，民不聊生，因而出现科技衰退、教育衰败的局面，一直延续到北宋才得以改观。西方学者认为，尽管宋朝也面临着重重困难，但"它仍被普遍视为中国历代王朝中治理最好的王朝之一。事后看来，宋朝似乎是中国文明演进过程中的一个分水岭。这一时期发生了许多渐进的而非突然的变化，这些变化被称为一场'中世纪经济革命'"[②]。在北宋，统治者确立了以文治国的方针，对知识分子采取优待和宽容的政策，出现了以范仲淹、王安石等人为首倡导的三次大规模兴学运动，读书问学蔚然成风。与此同时，农业改善，人口增长，手工业和商业及城市繁荣发展（不仅城市数量多，而且不少城市居民人数达 10 万以上，据说首都开封面积是古罗马城的三倍，人口约 100 万，而当时欧洲几乎没有人口超 10 万的城市）。内陆交通运输（尤其是水运）与海外贸易也获得了空前的发展。由于阿拉伯人掌握了航海技术，找到了通往中国的海上交通要道，大批阿拉伯人从波斯及阿拉伯世界来到扬州、杭州、泉州、广州等地，东南沿海船舶往来不绝，形成了一道"海上丝绸之路"的亮丽风景。在这种社会历史条件下，儒学也发生了变化：一方面，提倡理性实学，抵制、批判隋唐兴盛起来的佛教、道教的非理性；另一方面吸收佛道

[①] 参见《中国大百科全书·教育》，中国大百科全书出版社 1985 年版，第 359 页。
[②] 〔美〕菲利普·李·拉尔夫等：《世界文明史》（上卷），赵丰等译，商务印书馆 2001 年版，第 743 页。

的自然观，形成了一种融合道释儒的"三教合一"的新儒学。由南宋朱熹集大成的新儒学兼具对人和自然的双重兴趣，其"格物致知"的科学归纳法，以及当时流行的易学的演绎推理，给科学和技术注入了实践理性和思辨探究的精神，使有宋一代成为中国文化趋于成熟而富有创造力的时期。宋朝不仅经学、史学、哲学十分发达，词、文、书、画亦有很大的发展，而且科举制度已逐渐完备，官学及私人书院都很兴盛。尤其令人欣喜的是，在宋代，"与商业发展和城市繁荣相比毫不逊色的是人们强烈的科学好奇心和发明创造才能"[①]。被国人引以为豪的四大发明中，火药、指南针与活字印刷术的改进及广泛使用，都是在宋代最后完成了，极大地促进了人类文明的进步。

火药的发明与炼丹术有关。硫黄、硝石和炭是制造火药的三种基本成分，古代方士在炼丹的过程中，已逐渐认识到了硫黄、硝石的化学性质。他们发现硫黄具有很强的燃烧性，而硝石（在古代又称"消石"，中国是最早发现和使用硝石的国家，阿拉伯人和埃及人称硝石为"中国雪"，波斯人称硝石为"中国盐"）不仅具有燃烧性，而且还能和多种药品发生关系，木炭则是方士炼丹时经常使用的燃料。火药在魏晋南北朝时期被发明，在唐末用于军事，到宋代则被广泛用于战争攻守，所以有宋一代是中国历史上第一个冷兵器与火器并用的时代。宋太祖开宝三年（970），兵部令史冯继升献火箭法，五年后火箭就用于与南唐的战争。北宋仁宗时期官修的《武经总要》是一部关于军事理论与军事技术的著作，其中记录的火药武器有弓弩火药箭、火药鞭箭、火球、蒺藜火球、烟球、毒药烟球、竹火鹞、铁嘴火鹞等十余种，还分别记载了引火球、蒺藜火球与毒药烟球的配方，这是世界上现存最早的完整的火药配方。其后，火药研制被不断推进。靖康元年（1126），在开封保卫战中，宋军使

---

① 〔美〕菲利普·李·拉尔夫等：《世界文明史》（上卷），赵丰等译，商务印书馆2001年版，第745页。

用霹雳炮打退金军的进攻。霹雳炮是火药拌和瓷片装入干竹节内，裹以纸壳而成的一种火器。金朝在这一基础上制成震天雷，宋人称之为铁火炮。这种铁火炮因蒙古西征传到中亚与西南亚。金朝末年研制的飞火枪，长仅两尺许，火药发射完毕而枪筒完好无损，已是携用方便的单兵火枪。开庆元年（1259），寿春府（今安徽寿县）发明了"突火枪"，已具近代枪炮的雏形。而据有关学者考证，西洋人用火药炮铳于战争，最早为1346年英法克莱西（Crécy）战役，而且其火药炮铳铸造之术传自中国[①]。遗憾的是，中国向有重文轻艺的文化传统，宋金时代这种先进的火药技术在明清两代似乎没什么长进，反而要向西方学习炮铳铸造技术，从西方引进佛郎机与红夷炮。所以鲁迅说，中国发明了火药，可到后来大多是用来制造鞭炮与烟花。

指南针的发明可以追溯到先秦，在战国时期中国就发明了世界上最早的磁性指向仪器"司南"，可算作指南针的鼻祖。司南用天然磁石制成，样子像勺，圆底，置于平滑的刻有方位的地盘上，勺柄指向南方。到宋代，由于人们发现了人工磁化的方法，指南针被逐步完善并广泛用于航海。宋代由于工商业发达，对外贸易也显著增加，宋时所造的船据说可载500人左右，有5~6层甲板，十多件帆，用艉柱舵，有航海图和指南针导向（当时地中海用的大木船还在靠人力和操舵橹航行）。至于指南针的使用方法，据宋代最具代表性的科学家沈括（1031—1095年）介绍有四种：一是"水浮法"，即将指南针放入盛水的容器中指示方向；二是"置指爪法"，即将指南针放在指尖上指示方向；三是"置碗唇法"，即将指南针放在碗沿上指示方向；四是"缕悬法"，即将指南针用线腾空悬挂指示方向。第二、三种方法不易固定，被很快淘汰，第一种方法发

[①] 参见张星烺：《欧化东渐史》，商务印书馆2000年版，第51页。

展成后来的水罗盘,第四种方法演变为后来的旱罗盘。到崇宁年间（1102—1106年）,指南针已普遍用于航海。宋以前的航海指引,一般是凭天象、天体识别方向,"夜以星星指路,日倚太阳辨向"。宋以后海上航行逐步依靠指南针指示方向。当时船长航海,夜则观星,昼则观日,"隐晦观指南针"。指南针应用于航海,不仅为全天候航海提供了可能,为远洋航海图的精确绘制创造了条件,促进了中外海上交通的发展,也对海外的经贸往来及世界文明的互鉴互学做出了重大的贡献。宋代的海上航行优势,本可以使中国早于欧洲进于"地理大发现"时代,可惜的是这种优势,到明代郑和下西洋之后,由于政府宣布海禁而逐渐失去。美国研究中国史的专家费正清说,中国当时不是没有能力,而是没有动机去这样做。因为有如英国百科全书式的学者罗素所言,中国是一个爱好和平的国家,中国人不像西方人那样具有侵略性;所以祖先发明的指南针,后来也大多被制成罗盘用去看风水了。

雕版印刷究竟是出现在隋唐之际还是晚唐五代,目前学术界尚有争论,但盛行于北宋是毫无疑问的。明末西来的传教士利玛窦曾言:"中国使用印刷术的日期比人们规定的欧洲印刷术开始的日期,即大约1405年,要略早一些。可以十分肯定,中国人至少在五个世纪以前就懂得印刷术了,有些人断言他们在基督纪元开始之前,大约公元前50年,就懂得印刷了。"[1]宋代雕版印刷分三大体系。一是官刻系统,中央国子监是主要官刻机构,所刻称监本;地方上路级监司（盐茶、转运、提刑、安抚、常平）和路、州、府、军各级公使库、州县学,也都有官刻书行世,公使库本是常见的宋版书。二是坊刻系统,即以营利为目的的书坊或书肆刻印的图书。当时坊刻书技术质量以浙江最好,称"浙本";四川次之,称"蜀本";

---

[1] 利玛窦、金尼阁:《利玛窦中国札记》,何高济等译,何兆武校,中华书局1983年版,第21页。

福建以量多取胜，称"建本"，尤以建阳（今属福建）麻沙镇出版最多，世称"麻沙本"。开封、杭州、成都、眉山（今属四川）、建宁、建阳（今属福建）、福州和建康（今江苏南京）都是当时的印刷中心。三是私刻系统，即官僚世绅私宅或家塾所刻的图书。宋版书纸墨精良，版式疏朗，字体圆润，传世稀少，价值连城。雕版印刷是书写印刷技术的一次革命。但印行一部大书所需雕版往往累百上千，雕刻既费工时，保存也占空间，仍有改革的必要。据北宋沈括在《梦溪笔谈》记载，毕昇大约在宋仁宗庆历年间（1045 年前后）发明了活字印刷。其法是用胶泥刻成一个个单字版，加工处理后，按韵排好，以便检索。印刷时先在一块铁板上敷以松脂、蜡和纸灰，然后用一个长方形铁框放在铁板上，在框内放满所需字印，持铁板在火上加热，待松脂等溶解软化，再用一平板在上面一压，活字就会固定为一版，之后涂上印墨印刷。印刷时一般准备两块铁板，一板印刷，一板排字，交替使用，效率极高。每字多刻数印，常用字更多至二十余枚，以备一版内重复使用，少数僻字则临时烧制。印刷完毕，加热再令药物溶化，将字取下待用。这种活字印刷，若印刷量不大，则未必简易，但若印刷量大，则极为神速。宋代经济发达、文化繁荣、教育兴盛、人才辈出，与印刷术的发展是分不开的。毕昇发明活字印刷术，在人类文明史上意义深远。大约在公元 13 世纪，活字印刷东传朝鲜，后经朝鲜传入日本；另一路则传入中亚与波斯，并因蒙古西征传入欧洲，启发了德国人古腾堡（Gutenberg）在 15 世纪中叶创造了金属活字印刷术。但古腾堡比毕昇的发明整整晚了四个世纪。印刷术传到欧洲后也大大推进了文艺复兴和宗教改革。由于欧洲文字是由字母组成，所以使用活字版印刷比汉字更加便利，其作用和影响也更为显著，宗教、法律、文学和科技等书籍可以大量出版，促进了欧洲大学的发展和西学的繁荣。有学者指出，中国的某些重大技术成就，尤其是火药、指南针和印刷术传入了穆斯林和基督教世界,这些发明对西欧历史具有重大意义。李约瑟指出:"在纪元后的最初十四个世纪中,欧洲从中国所取得的,却又往往完全不知道其来源的技术是何等丰富多彩。弗朗西斯·培根曾写道:'我们应该注意各种发明的威力、效能和后果。最显著的例子便是印刷术、火药和指南针,这三种发明古人都不知道;它们的发明虽然都是在近期,但其起源却不为人所知,湮没无闻。这三种东西曾经改变了整个世界事物的面貌和状态,第一种在学术上,第二种在战争上,第三种在航海上,由此又产生了无数的变化。这种变化是如此之大,以致没有一个帝国,没有一个教派,没有一个赫赫有名的人物,能比这三种机械发明在人类的事业中产生更大的力量和影响。'在后来的几个世纪中,欧洲人获得了比培根时代多得多的关于中国的知识。可是那些应该知道得更多的人们,却没有对中国的发明做出应有的承认。"[①] 然而,对于中国而言,这些发明的作用相对来说却是微不足道的。有学者指出:"印刷术帮助保持了晚唐和宋朝时期学术和文学的繁荣,为把戏剧和小说之类的大众文学转化为文字(印刷)形式提供了便利。然而,中国社会的组织结构非常坚固严密,足以禁止新思想的广泛传播;因此,像欧洲16世纪开始的广泛印刷传播新思想的事情,在中国不会发生。在这里,印刷术只会促进旧思想的传播,并通过接纳那些有可能成为文人的人士,扩大文人圈,从而将古代中国文化遗产更加牢固地附着于整个社会。火药也未能使中国人的生活发生革命性改变。……指南针和航海技术的相关革新,都没能永久地改变中国与外部世界的关系。"[②]

---

① 〔英〕李约瑟:《中国科学技术史》(第一卷),袁翰青等译,科学出版社、上海古籍出版社2018年版,第18页。
② 〔美〕威廉·麦克尼尔:《西方的兴起:人类共同体史》(下册),孙岳等译,郭方等译校,中信出版社2015年版,第560页。

除了三大发明，宋代在其他科学技术领域也取得了令世人瞩目的成就。

如数学。传统数学在宋代取得了多项突破性的成就，涌现了贾宪、沈括、李冶、秦九韶和杨辉等堪称世界一流的数学家，迎来了中国数学发展史的高峰（当然也不排除在这一时期，我们也吸收了阿拉伯的历算、代数、几何、三角等方面的一些成果，尤其是受到当时侨居中国的阿拉伯人和中亚细亚人当中精通阿拉伯数学的数学家的影响）。贾宪大约生活在宋仁宗时期，曾在司天监任职，他的数学著作《黄帝九章算经细草》和《算法斅古集》已经佚失，前书经杨辉的《详解九章算法》转引才保留了部分内容。贾宪的"开方作法本源图"是一个三角形数表，实际上就是指数为正整数的二项式定理的系数表，比阿拉伯数学家阿尔·卡西（阿尔·卡西在小数方面也做过重要研究，他是我们所知道的以"帕斯卡三角形"形式处理二项式定理的第一位阿拉伯学者）的同类成果约早400年，数学史上称为"贾宪三角"（因出现在杨辉书中，也称"杨辉三角"）。李冶（1192—1279年）原名李治，所著数学著作《测圆海镜》（12卷），是我国现存最早系统论述"天元术"的数学著作（该书主要是一部有关方程解法的代数学著作，亦有一部分阐述了三角形的内切圆性质）。"天元"是古代建立和求解代数方程的方法，先立天元表示所求的未知数，在常数项旁边记一个"天"字，在一次项旁边记一个"元"字，其后的解法与现在的步骤一致。李冶这部书列举了用天元术解决与勾股容圆有关的170个问题，发展了天元术；此外还著有天元术入门书——《益古演段》（3卷）。秦九韶（约1208—约1261年）生活在宋宁宗、宋理宗时期，其代表作为《数书九章》（共18卷，分大衍、天时、田域、测望、赋役、钱谷、营建、军旅、市易等九大类）。他将增乘开方法成功地应用于一般高次方程的数值解，比西方同类成果早了五百多年，达到了当时数学的最高峰。他还创立了"大衍求一"术,尤为有功于算术,该法简洁严密地解决了一次同余组问题的理论与算法,比18世纪西方数学家欧拉与高斯的同类证明早了500年[①]。李冶、秦九韶、杨辉、朱世杰并称宋元数学四大家。杨辉的活动年代比秦九韶略晚,大约生活在13世纪的宋元之际,他的数学著作有《详解九章算法》(12卷)、《日用算法》(2卷)、《乘除通变本末》(3卷)、《田亩比类乘除捷法》(2卷)和《续古摘奇算法》(2卷),后三书一般合称为《杨辉算法》。杨辉的贡献主要有三:其一,他在沈括"隙积术"的基础上提出了"垛积术",推动了高阶等差级数的研究;其二,他研究了组合数学中高阶纵横图的构成规律;其三,他对筹算算法归纳了一整套歌诀,有助于捷算法的应用与推广。在宋元时期的数学家中,还有朱世杰这样一位当时影响最大、成就最著的数学天才。他著有《四元玉鉴》和《算学启蒙》两部数学著作。李约瑟说:"到了朱世杰时代,中国的代数学达到了最高峰。在他的第一部著作《算学启蒙》中,已提出了代数加法和乘法的正负数规则,并且总的看来,它构成了代数学的总的导论。"[②]他的《四元玉鉴》共3卷,成书于1303年,分24个门类,288个问题,总结了宋元时期数学中"四元术"(四元高次方程组)及消元的解法。所谓"四元"是用天、地、人、物分别代表4个未知数,这种解法是朱世杰最重要的数学成就之一。他的另一项重要成就是高阶等差级数求和问题及在此基础上关于高阶内插法的研究。这些成就得到了世界的公认,《四元玉鉴》被视为"中世纪所有最杰出的数学著作之一",该书中朱世杰关于"招差"的一个四次招差公式,与牛顿插值公式几乎完全一致,但牛顿提出这一

[①] 一次同余式理论起源于《孙子算经》中的"物不知数"一题,7世纪传入印度,由印度流行于阿拉伯数学界,秦九韶的"大衍求一术"据说是从杭州的算学家那里间接受到阿拉伯数学知识的启发。

[②] 〔英〕李约瑟:《中国科学技术史》(第三卷,数学、天学和地学),梅荣照等译,科学出版社、上海古籍出版社2018年版,第42页。

公式要晚于朱世杰三百多年。

如天文学。其成就主要表现在天文仪器、天象观察、星图绘制与历法改进等。元代的郭守敬（1231—1316年），尤集当时天文、算学之大成。他主持编制的《授时历》，精确度之高令人赞叹，是我国古代成就最卓著的历法之一；他制作的天文仪器近20件，如简仪（所有现代望远镜赤道装置的前身）、天体仪、浑仪、罗盘、水准器、高表等，用来观察天空中的日、月、星宿的运动。这些仪器一直被沿用到17世纪，其中最具创造性的有三件，即"高表"及其辅助仪器、"简仪"和"仰仪"。为了追求天文观察的准确性，郭守敬于1276年左右在洛阳东南的古阳城（中国古代天文学家以此地为"世界中心"）建造了一个巨大的石造观测台——"周公测景台"，用于观测至日影长和星宿。台顶称"观星台"，安置有水力驱动的机械时钟和浑仪，台基铺有长达120尺以上的"量天尺"。他还主持"四海测验"，在各地设置了数十个观测站，东起朝鲜半岛，西至川滇和河西走廊，北到西伯利亚，南至南海的黄岩岛，其测量内容之多，地域之广，精度之高，参加人员之众，在我国历史乃至世界天文史上都是空前的，比西方同样的大地测量早了六百多年。据说他还是世界天文史上第一个将陨星解释为"陨铁"的人。此外，郭守敬还是一位杰出的水利工程专家，他主持修通的运河（名为"通惠河"）促进了南北货运，为经济繁荣做出了杰出的贡献。明末来华耶稣会士汤若望称赞郭守敬为"中国的第谷"。阮元在《畴人传》"郭守敬传"中，对他亦有这样的评说："论推步之要，测与算二者而已。简仪、仰仪、景符、规几之制，前此言测候者未之及也。垛叠、招差、勾股、弧矢之法，前此言算造者弗能用也。先之以精测，继之以密算，上考下求，若应准绳。施行于世，垂四百年，可谓集古法之大成，为将来之典要者矣。自三统以来，为术者七十余家，莫之伦比也。"① 在天文仪器的研制发明上，燕肃在宋仁宗天圣八年（1030）发明的"莲花漏"，首次使用了漫流系统，前所未有地提高了漏壶的计时精度。苏颂（1020—1101年）在宋哲宗元祐七年（1092）研制成功的水运仪象台，实现了浑仪、浑象与报时三位一体、协调运作的构想，既能观察天象、演示天象，又能计时、报时，已具有近世天文台开启式圆顶、望远镜转仪钟与机械钟的科学结构原理。《宋史·天文志》称："苏颂更作仪象，上置浑仪，中设浑象，旁设昏晓更筹，激水以运之，三器一机，吻合躔度，最为奇巧。"② 在星图绘制上，苏颂也有杰出的贡献。他的天文学著作《新仪象法要》不仅附有大量的插图，对他制作的仪器的每一个部件都有详细的说明；而且还附有 5 篇星图，首次采用了较科学的全天星空表示法。在天象观察方面，北宋在宋真宗大中祥符三年（1010）至宋徽宗崇宁五年（1106）的近一百年间，先后举行过 5 次大规模的天文观测，其中崇宁年间的观察，姚舜辅等测得 28 星宿距度误差的绝对值仅有 0.15 度，取代了沿用三百余年的唐代一行的数据。宋真宗景德三年（1006）对豺狼座超新星爆发的观测记录，宋仁宗至和元年（1054）对天关客星的观测记录，都为现代天体物理学的研究留下了重要的历史资料。宋仁宗皇祐年间（1049—1054），天文学家周琮主持了重测 28 星宿与周天恒星的工作，并利用这次重测的结果，编制了 345 个星官距星的入宿度与去极度。这一星表收入《灵台秘苑》，所收星数超过了前代。宋神宗元丰年间（1078—1085）的恒星测量精度更高，其星图以刻石形式保存下来，即现存于苏州博物馆的石刻《天文图》，上半部为星图，下半部为碑文，是研究宋代全天星

---

① 阮元、罗士琳等撰：《畴人传合编校注》，冯立昇主编，冯立昇等校注，中州古籍出版社 2012 年版，第 228 页。

② 转引自柳诒徵：《中国文化史》（下卷），东方出版中心 1996 年版，第 585 页。

空的珍贵文物。两宋共 320 年，先后颁布历法达 20 部，修订之频繁为历代所仅见，也可见天文历法研究的活跃。神宗时，卫朴制定的《奉元历》依据二十四节气修成，颇有特色。宋宁宗庆元四年（1198），杨忠辅奉命制《统天历》，次年颁行。《统天历》所测定的一回归年长度为 365.2425 日，这个数据和地球实际绕太阳一周的周期只相差 26 秒，与现代通用的"格里高利历"相同，但比 1582 年罗马教皇格里高利十三世时制定的格里高利历早了将近四百年。

如医药学。宋朝对医药学十分重视，设有太医局与翰林医官院。用今天的言语表述，太医局类似中央所设医科大学，翰林医官院类似皇家医院。在医疗设置方面，宋朝设立了官药局，按方配售成药，名称几经变动，最后称太平惠民和剂局；另外还官设了专供有病官员诊病与休养的保寿粹和馆，供行旅患者医养的养济院，为贫苦病人服务的安济坊，给弃儿与贫苦幼儿治病的慈幼局。官修医方与本草也受到政府高度重视。重要的官修医方有：宋太宗时修成的《太平圣惠方》，宋徽宗时编撰的《和剂局方》，南宋绍兴年间在此基础上校补而成的《太平惠民和剂局方》。宋徽宗政和末年，命医官广集历代方书与民间验方，汇编成《圣济总录》，收方近两万，集当时医方之大成，惜未及印行，即因靖康之变而被金人运至北方，在金世宗时刊行。官修本草最早是宋太祖开宝七年（974）修成的《开宝本草》，宋仁宗嘉祐五年（1060）在此基础上重新修订为《嘉祐补注神农本草》（后世又称《嘉祐本草》）。与此同时，朝廷命各地普查药物，绘图汇总给中央，由苏颂在宋仁宗嘉祐六年（1061）主持编成《图经本草》，收图 900 余幅，是现存最早的版刻药物图谱。药物学家唐慎微在宋神宗元丰五年（1082）以私人之力修成《经史证类备急本草》，内容精详远逾前人。宋朝政府在此基础上，分别在宋徽宗大观、政和与宋高宗绍兴年间多次官方修订，作为国家药典刻印颁行。宋代的医学成就也是多方面的。王惟一对针灸术做出了重大贡献，他钻研前人著作，结合自身经验，详定经穴位置，著《铜人腧穴针灸图经》一书并铸造针灸用的铜人两具，对针灸学的教学、临床都极为便利。钱乙从事婴幼儿疾病诊治达40余年，在宋徽宗重和二年（1119）成书的钱氏《小儿药证直诀》被称为"幼科之鼻祖"，是我国也是世界上最早的小儿科专著，对儿科医学的形成与发展颇有影响。陈自明在宋理宗嘉熙元年（1237）著成《妇人大全良方》，分妇科3门、产科5门，论述了妇产科临床与理论诸问题，是当时集大成的妇产科专著，妇产科因此成为一门独立的学科。解剖学在宋代也初现萌芽，出现了最早的人体局部解剖图。宋仁宗庆历六年（1046），广西区希范起事被捕，被处磔刑，处刑过程中，由绘工宋景将其内脏绘制成图，称《区希范五脏图》。宋徽宗崇宁年间（1102—1106），杨介又绘有《存真环中图》，对人体胸腹腔相关部位的血管走向，以及消化、泌尿与生殖系统都详为描述。可惜这种实验科学的萌芽，在其后没能发扬光大。宋慈（1186—1249年）长期担任提点刑狱，对刑事案件的现场勘查检验积累了丰富的经验，是有名的法医学家。宋理宗淳祐七年（1247），宋慈在湖南任提点刑狱时著成了不朽的《洗冤集录》（5卷），这是人类文明史上第一部系统的法医学专著。李约瑟说，在宋慈之前，法医学在中国也有自己悠久的历史，有过不少法医学的案例集，但"只有他有独创性和组织精神，来使法医学系统化。后世所有有关此学科的著作，都以《洗冤集录》为蓝本"[1]。18世纪后，《洗冤集录》被西方传教士和相关学者翻译成英文、法文、德文、越南文、荷兰文、俄文等多种语言文字出版，对西方法医学影响巨大。宋慈也因此被尊为"法医学之父"。

---

[1]〔英〕李约瑟：《中国科学技术史》（第六卷，生物学及相关技术），刘巍译，科学出版社、上海古籍出版社2013年版，第171页。

此外，建筑、纺织、农业、陶瓷、冶炼等技术在宋代也有很大进步。如北宋的李诫于 1100 年编著成 34 卷的《营造法式》，在我国古代建筑史上起着承前启后的作用，具有极高的科学价值；南宋末年的黄道婆对棉纺织技术与工艺的改良，对我国手工纺织业的发展产生了深远影响；宋末元初王祯编撰的《农书》对各种农作物的起源、品种和栽培方法做了详尽论述，对各种农具、农业机械和生活用具也有图文并茂的说明，是一部价值很高的农学全书。值得提及的是，宋代还编辑了一部百科全书性质的类书——《太平御览》（初名《太平总类》，宋太宗阅后更名）。该书从宋太宗太平兴国二年（977）下诏开修，到太平兴国八年十二月（984）完成，与同时编纂的史学类书《册府元龟》、文学类书《文苑英华》和小说类书《太平广记》合称为"宋四大书"。该书由翰林学士李昉奉诏主纂，扈蒙、王克贞、宋白等 13 人参与修撰，全书共 1000 卷，引用古今图书及各种体裁文章数千种，其中仅古地理书就有约三百种，保存了宋以前大量亡佚的、弥足珍贵的文献资料。《太平御览》根据《周易·辞》所谓"凡天地之数五十有五"，以天、地、人、事、物为序，将全书分为 55 部，即天部、时序部、地部、皇王部、偏霸部、皇亲部、州郡部、居处部、封建部、职官部、兵部、人事部、逸民部、宗亲部、礼仪部、乐部、文部、学部、治道部、刑法部、释部、道部、仪式部、服章部、服用部、方术部、疾病部、工艺部、器物部、杂物部、舟部、车部、奉使部、四夷部、珍宝部、布帛部、资产部、百谷部、饮食部、火部、休征部、咎徵部、神鬼部、妖异部、兽部、羽族部、鳞介部、虫豸部、木部、竹部、果部、菜茹部、香部、药部、百卉部等，内容包罗万象。在中国历代浩如烟海的书籍中，《太平御览》的有如一颗璀璨的明珠，被视为中国类书之冠。

宋代是中国古代科技发展的鼎盛时期，不仅出现了一大批初具现代科学理性思维的科技专家，而且还诞生了像达·芬奇（1452—

1519年）一样百科全书式的学者——沈括（1031—1095年）。沈括不但谙熟天文、地理、历算、音乐、医药、政治，而且兼通水利、建筑、军事等方面的技术。他善用观察和推理，获得了许多重要科技成果。如在天文方面，他测算极星与天北极的角距，提出了适合农业生产的先进历法——"十二气历"。在数学方面，他首创高级等差级数求和的"隙积术"。在物理方面，他最早发现磁偏角，最早用实验证实弦的基音与泛音的共振关系。在地学方面，他曾受命绘制《天下州县图》，这套地图共20幅，历时12年绘成；他还根据雁荡山的地形认识到了水的侵蚀作用，根据太行山岩石中的生物化石推论华北平原的成因；据说他还是最早提出"石油"这一名称的人。在医药学上，他编著了《沈氏良方》，其中的"秋石方"是关于提取荷尔蒙的最早记载。当然，沈括最主要的成就，是他历时数十年，根据自己一生见闻和研究心得撰写的巨著——《梦溪笔谈》（现传本为26卷，另有《补笔谈》3卷、《续笔谈》3卷，共计609条）。该书关于科学技术的条目占全书的百分之四十以上，内容涉及数学、天文、气象、地理、物理、化学、冶金、水利、建筑、生物、农学、医学等，其中既有他自己对许多问题的观察、实验与思考，还保存了当时科学技术的具体史料，例如毕昇的印刷术、喻皓的《木经》，都因该书而得以传世。李约瑟称其为"中国科学史上的里程碑"。不过，《梦溪笔谈》还称不上是一部严肃的科学著作，沈括采用了两宋笔记的传统体制，著述宗旨也只是"谈噱"，但其关注点与众不同，因而保存的科技史料较其他笔记远为密集丰富。

历史地看，中国古代取得了世所公认的科学技术成就，在先秦唐宋等朝呈现出的一系列惊人的科学创造精神、善于思考的洞察力以及突出的技术成就为世所罕见。据李约瑟考证，仅就技术方面的成就而言，在公元1—18世纪，中国人领先于世界且传播到欧洲和其他地区的发明有：龙骨车；石碾及水力在石碾上的应用；水排；

风扇车和簸扬机；活塞风箱；水平织机（它可能也是印度的发明）和提花织机；缫丝、纺丝和并丝机；独轮车；加帆手推车；磨车；挽畜用的两种有效马具——胸带式马具和颈带式马具；弓弩；风筝；竹蜻蜓和走马灯；深钻技术；铸铁术；常平架；弓形拱桥；铁索吊桥；河渠闸门；造船和航运方面的许多发明，包括防水隔舱、高效率空气动力帆和纵帆装置；船尾舵；火药以及相关技术；磁罗盘，最初用于堪舆术，后来用于航海；纸、印刷术和活字印刷术；瓷器，等等。此外，由于受传播条件或文化习俗的影响，中国的一些先进技术并没有传播出去，如提水机械、铸铁技术等。另外，像船舶建造中的防水隔舱、纸币、煤的使用等，至少在马可波罗时就已传入西方，可能因不适合当时西方人的生产生活方式而没有被采用。像指南车、连珠弩和投石机等，不知什么原因，似乎从来没有传到过其他地方。而西方传给中国的重要的机械技术仅有螺旋、液体的压力唧筒、曲轴、钟表装置等。李约瑟特别指出，"中国古代和中古代的准科学最清楚地显示出实验性的和观察性的归纳科学的发展（包括手工操作在内），尽管中国人往往是用原始型的理论和假说来加以解释"；而且，"除了道家的幻想外，在整个中国历史中贯穿着一股理性的自然主义和开明的怀疑主义的潮流，这一股潮流比后来实际上发展出近代科学技术的欧洲相应时期所发现的往往要强烈得多。……12世纪的理学家在许多方面都和十八、十九世纪的不可知论和有机论的哲学家相似，尽管他们完全缺乏世界上已确立的科学知识的基础"[①]。

由此可见，中国古代科学技术的确成就斐然，领先于西方，在某种意义上预示着它应该有走向近代化的可能，那么，为什么近代科学没有在中国发展起来？这无疑是一个十分复杂繁难的问题，但

[①] 〔英〕李约瑟：《中国科学技术史》（第一卷），袁翰青等译，科学出版社、上海古籍出版社2018年版，第252-254页；第17页。

其中一个极重要的原因是,"自汉代以后,中国科学主要是在儒学文化背景下发展的,各学科有着基本一致的自然观,即主要由阴阳、五行、气和象数概念有机结合成的宇宙生成原理。[①] 医学的五行、气运理论,天文学的宇宙论,历法的卦气说,炼丹术的月体纳甲说等都是以这种自然观为基础的。不但各学科有基本一致的自然观,而且它们的存在和发展也主要受制于儒学文化的价值观。就东西方科学比较来说,两者在知识内容上并无根本不同,但是作为其基础的自然观却是很不同的。中国的宇宙观以生成论为其特征,而西方的则是以构成论为特征。宇宙观的差别也导致科学概念体系及其数学形式的差别。适合于生成论的概念体系是功能模式和代数形式,而适合构成论的则是结构模式和几何形式。仅就数学形式来说,几何学易于发展演绎推理,而代数学则易于通过归纳发展算法程序,因而形成西方古典科学的演绎倾向和东方古典科学的归纳倾向。也正是这种科学内部的阶段性特征同社会的价值观念的结合而导致在西方科学被尊为'学'而在东方则被贬为'术'。"对此,梁漱溟先生亦从东西文化及其态度与路向的不同做了入木三分的分析。他在《中国文化要义》一文中指出:"中国几千年来学术不分,其所谓学问大抵是术而非学,最为大病。其结果学固然不会有,术亦同着不会发达,恰落于'不学无术'(借用)那句老话。"[②] 又说:"中国人的思想是安分、知足、寡欲、摄生,而绝没有提倡要求物质享乐的;却亦没有印度的禁欲思想(和尚道士的不娶妻,尚苦行是印度文化的摹仿,非中国原有的)。不论境遇如何他都可以满足安受,并不定要求改造一个局面"。梁先生认为,这种"无征服自然态度而为与自然融洽游乐"的文化态度,虽然"实在不差",但是"持这种态

---

① 董光璧:《中国近现代科学技术史论纲》,湖南教育出版社1992年版,第52页。
② 梁漱溟:《中国文化要义》,载中国文化书院学术委员会编:《梁漱溟全集》(第三卷),山东人民出版社2011年版,第272页。

度，当然不能有什么征服自然的魄力，那轮船、火车、飞行艇就无论如何不会产生。他持这种态度，对于积重的威权把持者，要容忍礼让，哪里能奋斗争持而从其中得个解放呢？那德谟克拉西实在无论如何不会在中国出现！他持这种态度，对于自然，根本不为解析打碎的观察，而走入玄学直观的路，……又不为制驭自然之想，当然无论如何产生不出科学来。"① 正因如此，唐宋时期的科学技术就很难进化为近代意义上的科学技术。明朝中叶以后，工场手工业和商业的繁荣，为近代意义的科学技术在中国的发展提供了契机，一批朴素的唯物主义者如王廷相、方以智、黄宗羲、顾炎武等人，与理学、心学进行了长期的抗争，他们比较正确地注释了"格物致知"，主张经世致用。但明清之际，讲求心性修养、避而不谈经世致用的宋明理学逐渐成为正宗之后，"平时袖手谈心性，临危一死报君王"便成为理学家们的典型态度和时代悲剧。胡适曾说："清代的'朴学'确有'科学'的精神"，如"训诂学是用科学的方法，物观的证据，来解释古书文字的意义"，"校勘学是用科学的方法来校正古书古字的错误"，"考订学是考定古书的真伪，古书的著者，及一切关于著者的问题的学问"②。尽管这种科学精神和研究方法与西方相似，但所研究的对象却有很大的差异，西人用来研究星辰、球体、杠杆、斜面和化学物质，而中国人则主要用来研究书本、哲学、语言文字、校勘考据和考古发现。所以，胡适说，中国"方法虽是科学的，材料却始终是文字的，……故纸的材料终究限死了科学的方法，故这三百年的学术也只不过文字的学术，三百年的光明也只不过故纸堆的火焰而已"；清代三百年，"中国除了宋应星的《天工开

---

① 梁漱溟：《东西文化及其哲学》，载中国文化书院学术委员会编：《梁漱溟全集》（第一卷），山东人民出版社2011年版，第392-393页。
② 胡适：《清代学者的治学方法》，载《胡适文存》（卷2），外文出版社2013影印版，第216-217页。

物》一部奇书之外，都只是一些纸上的学问"①。李约瑟指出："重要之点并不在于如胡适所说，中国的人文科学所创造的只是更多的书本上的知识，而西方的自然科学却创造了一个新世界；重要之点乃在于：不管我们今后能找到哪些在中国社会中起过抑制作用的因素，在中国人的头脑中，显然没有任何东西能够阻止人们去发展那些符合于最严格的考据原则、精确性和逻辑体系的知识本体。"②因此，尽管在明末清初的科技界也出现了像李时珍的《本草纲目》（"本草"类书籍的巅峰之作，除记述本草类药物外，还详细记述了217种矿物类药物）、徐光启的《农政全书》、方以智的《物理小识》、宋应星的《天工开物》③，以及徐霞客的《徐霞客游记》等一批蜚声世界的科技传世之作；尽管清康熙帝豁达大度，比较有自由思想，对于学术研究亦有宏纳众流的气度，并在他的主持下完成了两项巨大的科学工程，即耗时近十年编纂了一部百卷本的《律历渊源》，以及编绘成《康熙皇舆全览图》。但到雍正、乾隆两朝却全然不同了。梁启超说，雍正帝是个"极猜忌刻薄的人，而又十分雄鸷"，"其对于士大夫社会，也极威吓操纵之能"，大兴文字狱，"在这种主权者之下，学者的思想自由，是剥夺净尽了"。乾隆帝更是抄袭秦始皇的蓝本大倡禁书令，"自乾隆三十九年至四十七年烧书二十四回，烧去的书达一万三千八百六十二部"，因此在"所谓'黄金时代'的

---

① 胡适：《治学的方法与材料》，载《胡适文存（三集）》（卷2），外文出版社2013年影印版，第190页；第196页。
② 〔英〕李约瑟：《中国科学技术史》（第一卷，导论），袁翰青等译，科学出版社、上海古籍出版社2018年版，第150页。
③ 梁启超说，宋应星的这部书"用科学方法研究食物、被服、用器，以及冶金、制械、丹青，珠玉之原料工作，绘图贴说，详确明备，不独一洗明人不读书的空谈，而且比清人'专读书的实谈'还胜几筹，真算得反动初期最有价值的作品"，表明了他"厌蹈空喜踏实的精神。"（梁启超：《中国近三百年学术史》，载《梁启超论清学史二种》，朱维铮校注，复旦大学出版社1985年版，第98页。）

乾隆六十年，思想界如何的不自由，也可想而知了"[①]。由是，在极端缺乏思想自由的专制统治下，在被专制统治者奉为正统的儒家思想面前，在训诂考据、空谈性理、轻视实务之风弥漫士林之际，科学不兴就是很自然的事了。当西方科学革命和工业革命如火如荼地展开之际，中国封建社会已进入衰老时期，王朝的专制统治在各方面都充满着腐朽气息，思想禁锢、八股取士、崇本抑末、禁海政策等，严重阻碍了资本主义的萌芽以及科学技术的进步。尽管明末西来的传教士带来了西方天文历算方面的自然科学知识，清初也由于康熙帝喜欢西洋器物而一度倡导科学，古代中国开始闪耀起现代科学的微弱曙光，但好景不长，终因科学技术的内在价值及科学的精神与方法一直未能得到应有的认可，科学始终只是"技"而有别于"道"，学术的正途仍是体察"形而上之道"而不是科学研究，科技复兴的微弱希望归于澌灭，中国仍行进于科学无知的漫漫长夜中。

中国科学技术落后于西方，早在16—17世纪即已开始。但如果说那时中国的落后还仅仅表现在某些方面的话，那么经过整个18世纪的发展，到了19世纪初，中国科学技术的落后就不再是某些方面的了，而是全面的落后。西方，准确地说，欧洲已成为世界科学技术的中心。早在1883年，王韬对此就有评述："呜呼！至今日而欲办天下事，必自欧洲始，以欧洲诸大国为富强之纲领，制作之枢纽，舍此无以师其长而成一变之道；中西同有舟，而彼则以轮船；中西同有车，而彼则以火车；中西同有驿递，而彼则以电音；中西同有火器，而彼之枪炮独精；中西同有备御，而彼之炮台水雷独擅其胜；中西同有陆兵水师，而彼之兵法独长。……如是者直不可以

[①] 梁启超：《中国近三百年学术史》，载《梁启超论清学史二种》，朱维铮校注，复旦大学出版社1985年版，第112–113页。

偻指数。"① 而这一切的根源，除了经济社会及价值观念等方面的原因外，在于中西方文化在明清以后对待人生态度的不同，以及中国重"术"不重"学"的文化学术传统，特别是自宋明以后推崇心性之学、八股取士，导致科学精神和科学方法的缺失，传统文化教育和科学技术全面落后。

数学的落后。我国古代数学特别是代数学方面的成就曾名列世界前茅，明清之际在吸取西算的基础上又有了新的发展，在某些方面开始了由传统数学向近代数学的转变。但是到了乾嘉年间，这一发展中断了。在封建文化教育专制主义禁锢下，当时的数学工作者大多投入对古算的整理工作中。数学家们仍然在探求，但探求的是更准确的圆周率、三角函数、级数求和法及方程理论等。尽管在这些方面也取得一些成就，如1819年刊行的董祐成《割圆连比例图解》，就是这一时期数学研究的重大成果，但是同西方数学的微积分、级数展开式、变分式、椭圆函数论、解析几何、对数等相比，就显得大为逊色了。

天文学的落后。明末清初，在吸取西方古典天文学和数学知识的基础上，中国传统的天文学也有新的发展，如1645年颁行的《时宪历》以及其后编纂的《历象考成》和《历象考成后编》，都是明清之际中国传统天文学发展的标志性成果。然而，也就仅此而已。来到中国的传教士，囿于宗教偏见或限于科学水平，并没有把当时欧洲最具革命性的哥白尼天文学系统地介绍到中国来，中国的学者们也只能跟着传教士们在欧洲古典天文学的圈子里转来转去。同时，中国封建社会对天文学的需要主要是为制定历法，而传教士带来的天文学知识对于制历来说已经够用了，因而也没有动力再去继续进行新的探索和提高。再加上乾嘉时期的统治者将一切新的思想都视

---

① 王韬:《变法自强·变法中》，引自璩鑫圭、童富勇编:《中国近代教育史资料汇编（教育思想）》，上海教育出版社2007年版，第55页。

为异端邪说，发展的道路被完全堵塞，以致到 18 世纪末 19 世纪初，天文学方面的更新成果就完全看不到了。1760 年，法国传教士蒋友仁献《坤舆全图》及新制浑天仪，言"天体浑圆，地居天中，其体亦浑圆也，地圆如球"，向我国介绍哥白尼的日心说和开普勒的行星运动三定律，不但没有引起官僚机构的兴趣，而且还被中国学者们视为荒诞的邪说。像阮元这样一位当时最著名的学者，竟也攻击哥白尼"其为说至于上下易位，动静倒置，则离经叛道，不可为训，固未有若是甚焉者也"[①]。至于继哥白尼之后进一步发展的康德和拉普拉斯关于太阳系起源的星云假说，在中国就更是鲜为人知了。

武器制造和日用技术的落后。明末，西洋的火炮传入中国，威力大，杀伤力强，是攻坚和野战中的重要武器。清军入关以前，已从明朝军队那里缴获了这类武器，并且也进行仿造。入关以后，由于长期处在战争环境中，清廷很重视武器制造，设立了炮厂和火药厂。清朝与南明作战时，打前锋的吴三桂、孔有德、耿仲明、尚可喜等军中都拥有大量火器，以此攻坚冲阵，所向披靡。但从康熙中叶以后，国内承平日久，大规模的激烈战斗减少了，清廷也不再重视武器的改进和发展。雍正更是"以满洲夙重骑射，不可专习鸟枪而废弓矢"，对弓弩刀矛的强调更胜于火器，火器制造日益衰落。到乾嘉年间，当西方军队船坚炮利的时候，中国的军队仍在使用 17 世纪的武器和战术。明末清初，西方的一些机械制造原理和日用技术也传到中国，曾引起知识分子和手工业艺人的极大兴趣，仿制者不断出现，并取得了许多成就。如清初江苏的黄履庄（1656—?）曾根据西方机械学原理，仿制和发明了许多自动机械和仪器，如机械自行车、望远镜、显微镜、体温表、温度计、瑞光镜以及多级螺旋水车等，运用的知识涉及数学、力学、光学、声学、热力学、材

[①] 《畴人传》（卷46），载阮元、罗士琳等撰：《畴人传合编校注》，冯立昇主编，冯立昇等校注，中州古籍出版社 2012 年版，第 419 页。

料学等多个学科。据说,他发明的瑞光镜可以起到探照灯的作用,这些灯大小不等,大者五六尺,"夜以灯照之,光射数里,其用甚巨。冬月人坐光中,遍体升温,如在太阳之下"。可是,到雍正以后,这些发明大都被当作雕虫小技,不受重视,很快失传了。嘉庆年间,华亭诸生徐朝俊精于天文学,曾试制龙尾车作灌溉之用,一车以一人运之,进水退水,无立踏坐踏之劳。但因此时的中国农村有大量人口,劳动力过剩,不需要新技术,这类农业生产工具的零星改革也就旋生旋灭,未能推广。

除上述外,诸如化学、地质学、生物学之类研究高级运动形式的近代科学,对于18世纪末19世纪前期的中国来说,就更是无从谈起了。如我国的探矿技术长期停留在凭经验识别地势、地貌和地质等传统的找矿方法之上,在清代几乎不见任何新的发展。道光年间,吴其濬[①]在其所著《滇南矿厂图略》一书中说:"山有葱,下有银;山有磁石,下有铜若金。"他和公元800年左右的段成式一样,注意到了植物和矿物之间的某种关系,如段成式在《酉阳杂俎》中有云:"山上有葱,下有银。山上有薤,下有金。山上有姜,下有铜、锡。山有宝玉,榜枝皆下垂。"[②]但可以肯定的是,磁石和铜并无关系,吴其濬是把铅的硫化物误认为金。至于书中所载"踩厂之人必相山势,与堪舆家卜地相等",要求"热壮气雄""重关紧锁"以聚财宝,以及"金为水母""贵阴忌阳"等说法[③],亦大都无科学根据,最多不过是一些观察经验,研究方法仍然停留在传统的基础之上,表现为经验的总结、现象的描述、猜测性的思辨以及某些直观的、零散的原理或结论。而且,这些原理或结论,在叙述时还往往以伦理或政治论证的面目出

---

① 吴其濬(1789—1847年),河南固始人。清代植物学家和矿产专家。
② 转引自〔英〕李约瑟:《中国科学技术史》(第三卷,数学、天学和地学),梅荣照等译,科学出版社、上海古籍出版社2018年版,第703页。
③ 吴其濬:《滇南矿厂图略》(上册),马晓粉校注,附《铜政全书·咨询各厂对》,西南交通大学出版社2017年版。

现，而不是作为科学理论体系本身的建立。诚如严复所言："中国旧学之所以多无补者，……第其所本者大抵心成之说，持之似有故，言之似成理，媛姝者以古训而严之，初何尝取其公例而一考其所推概者之诚妄乎？此学术之所以多诬，而国计民生之所以病也。中国九流之学，如堪舆、如医药、如星卜，若从其绪而观之，莫不顺序；第若穷其最初之所据，若五行支干之所分配，若九星吉凶之各有主，则虽极思，有不能言其所以然者矣。无他，其例之立根于臆造，而非实测之所会通故也。"[1] 这就是说，中国传统学术文化之所以"多诬"，之所以无补于社会，其中一个最根本的原因就是科学精神缺失，"立根于臆造"，不重视实验和逻辑的科学方法。

总之，综观18世纪末19世纪初期的中国科学技术，就是这样一幅图景：传统科学技术的发展由于中西方文化交流的中断而陷入停滞，近代科学技术的园地里基本上是一片空白。至于长期积累起来的诸多科技成果、发明创造，则在封建专制主义的高压政策下，或被埋没，或被扼杀，或被人遗忘。在西方近代科学技术普遍繁荣的"科学的世纪"，中国古代科学技术却陷入了停滞状态，这对中国文明进程的推进来说无疑是一个极大的悲剧。

---

[1] 严复：《〈穆勒名学〉按语》，载王栻主编：《严复集》（四），中华书局1986年版，第1047页。

第二章

亘古未有之变：文明中心由东向西

历史是一面镜子，能折射出人类文明和科技中心演变的轨迹。考察人类文明发展的进程，我们可以发现，人类文明和科技的中心地位也不是固定不变的，在一定的时间和空间内是会发生位移的。美国著名历史学家帕尔默等认为，在人类文明的发展史上，"欧洲人并不是人类文化的先驱者"，在有文字记载的历史已经过去一半的时候，欧洲还没有一个人会读书写字，直到公元前 9 世纪左右古希腊诗人荷马的诗歌还只是用口述的方式在古希腊城邦间流传。因此，"一直到公元前 2000 年以后，欧洲还处在新石器时代"[1]。而在中国，成书于三千多年前商代帝王的文书——《尚书·盘庚篇》，以可靠的信史为世界文明古国所罕见。甲骨文中的"史"字，据许慎在《说文解字》中的解释是："记事者也。从又持中；中，正也。凡史之属皆从史。"[2] 这就是说，"史"是公正记事的专职官员，表明中国从有文字以来就有历史的公正笔录者，记录的都是确凿存在的人与事，是无可非议的信史。因此，在古代，特别是进入封建社会后，东方文明——或者说主要是中国文明——曾占据着主导的地位，成为人类文明的中心，形成

---

[1] 〔美〕帕尔默·科尔顿：《近现代世界史》（上册），孙福生等译，商务印书馆 1992 年版，第 5-6 页。

[2] 许慎：《说文解字》（一），汤可敬译注，中华书局 2018 年版，第 623 页。

了"东学"西传的态势，具有很强的辐射效应，在较长的时期内影响了世界文明的进程。正如马克思在概述中国古代科技对人类社会进步所起的推动作用时所言："火药、指南针、印刷术——这是预告资产阶级社会到来的三大发明。火药把骑士阶层炸得粉碎，指南针打开了世界市场并建立了殖民地，而印刷术则变成新教的工具，总的来说变成科学复兴的手段，变成对精神发展创造必要前提的最强大的杠杆。"[①]然而，欧洲中世纪末期开始的文艺复兴——宗教改革——启蒙运动，把科学从宗教神学的枷锁中解放出来，由原来恭顺的"奴婢"逐渐演变为人类理性主义的化身。尔后，随着欧洲科技革命、产业革命的兴起及地理大发现带来的对外殖民扩张，又奠定了欧洲文明和科技进步的物质基础，而近代欧洲爆发的资产阶级革命进一步建立了有利于文明和科技进步的资本主义制度和政体。由是，欧洲迎来了科学技术突飞猛进、繁荣昌盛的新时代，逐渐发展成为世界文明和科技的中心，而曾经对人类文明和科技进步产生过巨大推进作用的中华文明则日显衰落，停滞不前，西学东渐逐渐成为一种普遍的现象，也由此拉开了中、西方文明碰撞与会通的序幕，诚如薛福成所谓"华夷隔绝之天下，成为中外会通之天下"[②]。

第一节 近代科学技术在欧洲的兴起

一、古希腊文明：西方文明第一个高峰

古希腊时代的文明，如同中国先秦时期的文明一样，是人类文明史上的两座高峰之一，也是西方近代文明的源头活水。它高扬的

---

① 〔德〕马克思：《机器。自然力和科学的应用》，人民出版社1978年版，第67页。
② 转引自郭廷以：《近代中国的变局》，九州出版社2012年版，第4页。

理性主义和自由探索的科学精神,它那优雅、老练、自信、无可匹敌的古老科学和文明成就,令人景仰和无以忘怀。在近代,由于资本主义生产方式的兴起,手工工场生产分工不断细化,商品生产和流通领域不断扩大,所以知识按其有用性来评价的功利主义原则是被人们普遍认可的。有如默顿所言:"科学被当作强有力的技术性工具,而这样的科学是值得高度推崇的";"科学,至少部分作为社会——经济功利的仆人,得到肯定的赞许"[1]。分工的扩大促进技术的进步,这使分工又进一步扩大,反过来又更进一步促进技术的进步,科学精神的内核—实验精神也由此生发。讲求实验和功利的近代科学技术,显然是有别于纯粹理性、非功利性的古希腊科学的。但是,西方近代科学产生自古希腊、罗马文明,则是学者们较为一致的看法。当然,较为准确的说法是,一个是古希腊、罗马文明,还有一个是希伯来文明,即基督教文化。严复指出:"希腊、拉体诺二文,欲精通西学者,必以是为始基,而后为有本之学。盖各国文字,多从二者生,……欧洲文物术艺,大抵祖希腊,而祢罗马。词章之事,推其原本,有开必先。且希腊于名理尤深,罗马则法制备具,不通二者,于二学必无本源。……科学中所立名义,大抵出于二文。"[2] 梁漱溟亦言:"西洋文化的渊源所自,世称'二希'——希腊 Hellenism、希伯来 Hebrewism。……西方自希腊人走第一条路就有许多科学,哲学,美术,文艺发生出来,成就真的是非常之大!接连看罗马顺此路向往下走,则又于政治,法律有所成就,却是到后来流为利己、肉欲的思想,风欲大敝,简直淫纵,骄奢,残忍,纷乱的不成样子!那么,才借着这种希伯来的

---

[1] 〔美〕默顿:《十七世纪英国的科学、技术与社会》,范岱年、吴忠、蒋效东译,四川人民出版社1986年版,第98—99页。
[2] 严复:《〈原富〉按语》,载王栻主编:《严复集》(四),中华书局1986年版,第904页。

宗教——基督教——来收拾挽救。这自然于补偏救敝上也有很好的效果，虽然不能使那个文明进益发展，却是维系保持之功实在也是很大。"①

希腊文明一词是从希腊人的"Hellas"（意即"希腊"）一词派生而来。古希腊文明之所以能传播到整个中东，主要是由于亚历山大大帝对中亚和印度河流域进行了举世闻名的东征。公元前336年，亚历山大继承父亲马其顿王国腓力二世的王位后，于公元前334年率领其王国的士兵向东方的波斯人发动进攻，渡过赫勒斯滂海峡后，首先侵占小亚细亚，然后攻占叙利亚、埃及、美索不达米亚。公元前330年，占领大流士的国都波斯波利斯，征服整个波斯。第二年，亚历山大大帝又继续东进至兴都库什山和大夏，再从那里向印度进发。公元前323年，亚历山大大帝去世，他建立起来的帝国旋即被他手下的将领所分割，后来又为西方的罗马和东方的帕提亚人所瓜分。最后，在公元前146—公元30年之间，几乎整个希腊化世界都处在罗马的统治之下。在亚历山大大帝及其后辈的东征过程中，产生了一个对后世文明影响深远的副产品，那就是为希腊化文明奠定了基础。成千上万的希腊商人、官员和各种学者及科技人员跟随着亚历山大大帝及其后继者的铁蹄，纷纷涌入亚历山大及其继承人所建立的城市，这些城市从最著名的埃及亚历山大港，到最东面的亚历山大城即阿富汗的科贾特，都成为传播希腊文明和希腊自由民主精神的中心。印度、蒙古等亚洲的中心腹地也深受希腊文明的影响。由此也形成了一个新文明，即希腊文明与亚洲文明融合的"希腊化时代"的文明，这一文明波及地中海东部和西亚各地，始于亚历山大时代一直延续到基督教文明时代之初。

---

① 梁漱溟：《中国人：社会与人生——梁漱溟文选》（上卷），中国文联出版公司1996年版，第36页。

众所周知，古希腊人由上百个主权独立的小"城邦"组成的。各城邦里的自由民、定居于此的异邦人和奴隶虽然维持着一种若即若离的状态，但总的来说还算联系密切。起初，希腊人彼此之间没有贫富差距，也可以随意地自由来去，每当有重要的公共事务要商讨时，所有的村民就会聚集在市集上，选一个比较年长的人担任主席，他的责任是确保每个人都有机会表达自己的观点。当村庄逐渐发展成城邦后，则不再是由财富相当的一群人组成，而是形成了少数人构成的富人阶级或贵族和多数人构成的城市贫民。贵族比普通的自由公民享有诸多特权。为了决定谁能统治城邦，贵族彼此间争斗不休，获胜的贵族可以取得凌驾于众人之上的"王权"，统治整个城邦，直到他被另一个野心勃勃的贵族谋杀或流放。这种靠自己实力和私人兵力登上王权的人被称为"僭主"（Tyrant），在公元前7世纪—前6世纪，每个希腊城邦都是由这样的僭主统治。为了让大多数的自由人可以像从前一样在政治事务上表达意见，享有像祖先一样的权利，有人开始尝试对城邦的制度进行改革，大约在公元前7世纪初，一位名叫德拉古（Draco）的专业法学家及随后一位有声望的贵族梭伦（Solon）先后制定了新的法律。梭伦的法律规定所有的自由人直接亲身参与城邦事务，于是自由人不仅可以自由地表达自己的观点、申诉自己的冤情，而且参与城邦管理、为城邦安全与繁荣服务成了必须履行的义务。所以，房龙说："古希腊人是第一个试验艰难的自治政体的民族"，"希腊人最想要的是'自由'，包括身体上和心灵上的自由。他们会将日常生活所需降到最低程度，以此来维持自己的自由，以在心灵上获得真正的解放"。在这些希腊小城邦里，自由民即"公民"①"不接受任何最高的统治者，只遵循公民在市集上表达的意愿"。希腊人无论做什么，不管

---

① 奴隶和异邦人是没有资格参与城邦政府事务讨论的，当然在战争时期，希腊人会把公民权授予他们称之为"野蛮人"的异邦人。

是写戏剧，或用大理石刻雕像，或创作歌曲，他们"都会牢记一件事——他的努力将受到家乡所有生来自由、精于此道的公民的评判"。对自由的渴望，不仅使古希腊人摆脱对土地的束缚而自由流动，而且使他们能够不断接受新事物、新信息，从而也使他们的想象力得到充分的发挥，培养出一种视野开阔、不计功利探索未知世界的穷根究底的精神。正是由于对自由的渴望和追求，造就了希腊人遵循节制、追求完美与精益求精的精神与品德，也由此使他们"创造了全新的政治体制、文学形式和艺术典范，我们至今都无法超越"[①]。帕尔默等指出：自由精神使希腊人在思想、文艺和科技上都曾取得过极大的成就，他们"是人类所产生过的最赋有天才的民族"，"他们吸收了对他们来说是神秘的东方的知识、古代迦勒底人的数学知识，以及在小亚细亚和前往埃及航行途中所获得的美术和工艺知识。他们无论学到什么东西，都立刻加以补充和发展。正是公元前5世纪—前4世纪的希腊人，首先充分意识到人类智能的力量，表述了西方世界长期以来所说的那种美的概念，而且首先思索了政治自由的问题"[②]。美国学者拉尔夫等人指出："希腊人的文化是第一个以知识第一、自由探究精神至上为基础的文化。没有任何主题，他们不敢去研究；没有任何问题，他们认为超出理性范围。对一个以前从未认识到的范围，理智高于信仰，逻辑和科学高于迷信"；"在17世纪以前，科学史上最光辉的时代就是希腊化文明时期。没有亚历山大、帕加马和其他希腊化城市的科学家的种种发现，现代的一些科学成就实际上就不可能产生"[③]。英国学者丹皮尔

[①] 参见〔美〕亨德里克·威廉·房龙：《人类的故事》，邓嘉宛译，天津人民出版社2017年版，第49-50页；第55页；第47页。

[②] 〔美〕帕尔默、科尔顿：《近现代世界史》（上册），孙福生等译，商务印书馆1992年版，第7页。

[③] 〔美〕菲利普·李·拉尔夫等：《世界文明史》（上卷），赵丰等译，商务印书馆2001年版，第263页；第303页。

亦指出："在古代埃及和巴比伦的记录中，经验知识已经有了一些条理——如度量的单位和规则，简单的算术，年历，对天象的周期性的认识，以至对日食和月食的认识。但是，首先对这些知识加以理性考察的，首先探索其各部分之间的因果关系的，事实上也就是首先创立科学的，应该说是希腊爱奥尼亚（Ionia）的自然哲学家。"丹皮尔甚至认为："在古代世界，差不多只有希腊人才具有独创的科学思想。"①

在公元前5世纪左右的黄金时代，特别是在亚历山大大帝征服波斯帝国之后的几百年间，由于美索不达米亚和埃及的科学与希腊人的求知欲和好奇心结合在一起，再加上希腊化时代的许多统治者对追随他们的科学家开展科学研究给予热心的支持与资助，极大地刺激了人们尤其是那些旷世天才和智者对科学知识的探求，使得古代世界的各条知识之流都在希腊汇合起来，使古希腊的科学获得了异乎寻常的发展，并在天文学、数学、地理学、医学和物理学等方面都取得了辉煌的成就。最早摆脱神话传统的古希腊哲学家、"古希腊七贤之一"的泰勒斯（Thales），不仅是古希腊最早的哲学学派——米利都学派（也称爱奥尼亚学派）的创始人，还是一位杰出的天文学家与数学家，被称为西方的"科学和哲学之祖"。泰勒斯拒绝依赖玄异或超自然因素来解释自然现象，试图借助经验观察和科学理性思维来解释世界。他发现万物均含有湿气，于是提出"万物皆源于水"，成为古希腊第一个提出"万物本原是什么"这个哲学问题的人，开启了哲学研究的"本体论转向"。据说，他曾对太阳的直径进行计算；通过对日月星辰的观察和研究，他将1年确定为365天；他还利用巴比伦的历表测算，预言过一次日食；他认为大地是一个浮在水面上的扁平的盘子；他根据土地测量的经验创立

---

① 〔英〕W.C.丹皮尔：《科学史及其与哲学和宗教的关系》（上册），李珩译，张今校，商务印书馆1997年版，第10页；第98页。

了演绎几何学，后经欧几里得加以系统化。泰勒斯之后的另一位米利都学派的代表人物阿那克西曼德（Anaximander）也是一位值得称道的哲学家和天文学家。他认为，万物皆可还原为原初的"实体"，这个实体是世界、星球、动植物和人类的本原，一切最终均返归这种实体，这种实体不可能是任何诸如水、火之类的特殊物体，而是某种"不生不灭"的东西，他称这种实体为"无限"；据说他还是把已知世界绘成地图的第一个希腊人，他还首先认识到天空是围绕着北极星旋转的，天空可见的穹窿是一个完整球体的一半，地球就处在这个球体的中心，而在这之前人们一直认为大地是一块无限厚的、基础坚实的地板。在公元前6世纪末以前，古希腊哲学发生了一场向形而上学的重大转向，哲学不再仅仅关注物质世界的问题，而是将注意力转向存在的性质、真理的意义、神在万物体系中的位置等深奥玄妙的问题。首先表现这种转向的是毕达哥拉斯学派。该学派的领袖人物毕达哥拉斯（Pythagoras）和他的追随者力主万物的本质不是物质的实体而是抽象的原则——数，认为"万物皆数""数是万物的本质"，研究数学的目的并不在于使用而是为了探索自然的奥秘，由此开启以数学研究哲学的先河。毕达哥拉斯本人还用演绎法证明了直角三角形斜边平方等于两直角边平方之和（即"毕达哥拉斯定理"），因此在西方被认为是勾股定理的首先发现者；他对数论也做过许多研究，他将自然数区分为奇数、偶数、素数、完全数、平方数、三角数和五角数等，还发现了数在音乐中的重要性；他结合米利都学派以及自己有关数的理论，从"球形是最完美几何体"的观点出发，认为大地是球形的，提出了太阳、月亮和行星做均匀圆周运动的思想；他还认为"10"是最完美的数，所以天上运动的发光体必然有10个。毕达哥拉斯及其学派对数学发展具有不可磨灭的贡献，但最重要的意义还在于他和他创立的学派激发了人们对宇宙本质的争论。有人认为恒定不变是万物真正的本质，而以赫拉克利特（Heraclitus）等为代表的哲学家则坚定地认为，不存在恒常不变的物体，即所谓"人不能两次踏进同一条河流之中"，演进和永恒变化是宇宙的法则。后来的留基伯（Leucippus）和他的学生德谟克利特（Democritus）则最早提出宇宙万物由原子构成的"原子论"观点，从而为现代原子科学的发展奠定了基石。他们认为，宇宙的基本要素是数量无限、不能毁灭和不可再分的物质微粒——原子，尽管原子在大小和形状上有所不同，但在构造上完全相同。原子之间存在着虚空，无数原子自古以来就存在于虚空之中，既不能创生，也不能毁灭，它们在无限的虚空中运动着构成万物。宇宙就是由原子在虚空的旋涡运动中产生的，宇宙中有无数个世界在不断地生成与灭亡，人所存在的世界无非是其中正在变化的一个。所以他们还声称，人也是一个小宇宙。在希腊化时代早期，最有名的天文学家阿里斯塔库斯（Aristarchus）曾推论地球及其他行星都是绕太阳运行的，因而被后人称为"希腊化时代的哥白尼"。不幸的是，由于这一观点与亚里士多德的学说相悖，也与希腊人认为地球是宇宙中心的思想不合，因而没有被他的后继者所接受。希腊化时代还有一位天文学家、数学家、地理学家和占星家托勒密（Claudius Ptolemy），他虽然未有独创性的发现，但他依据"地心学"（即天体围绕地球运行）而著成的《天文大全》（又名《至大论》），则是天文学的百科全书，被称为古代天文学的经典性总结和希腊天文学的巅峰之作，在相当长一段时间内被视为天文学领域的《圣经》，一直流传到中世纪的欧洲，即使是到了哥白尼时代，"日心说"也没有能够完全排除托勒密"地心说"的理论缺陷。

与天文学关系最为紧密的是数学。在希腊化时代，最著名的数学家当推欧几里得（Euclid of Alexandria），他所著的《几何学原理》（成书于公元前300年左右，但书中许多内容并非他的独创，而是综合他人成果汇编而成），直到 19 世纪中叶以前一直被视为几何学的奠基之作，他也因此被称为"几何学之父"（中国古代的数学思想与成就主要表现为代数式而不是几何式）；欧几里得还对光学进行研究，认识到光走直线并发现了反射定律。希腊化时最有创见的数学家或许当推希帕库斯（Hipparchus）和阿基米德（Archimedes）。希帕库斯是一位伟大的数学家，奠定了平面三角学和球面三角学的基础；而且还是一位活跃的天文学家，他发明了星盘，并基本正确地测算出了月球的直径及月球到地球的距离。阿基米德是与高斯、牛顿齐名的最卓越的数学家，他发现了圆柱体容积和它的内接球体的容积的比例；而且他是那个时代最享盛名的物理学家，有"力学之父"的美称，流传至今的"给我一个支点，我就能撬起整个地球"就是他的名言。他确立了静力学和流体静力学的基本原理，以科学的精确性确定了杠杆、滑轮和螺旋原理，发明了引水用的水螺旋、能牵动满载大船的杠杆滑轮机械、能说明日食与月食现象的地球—月球—太阳运行模型。他发现了浮体定律，即物体在液体中所受浮力等于它所排开液体的重量，这就是人所共知的"阿基米德原理"。丹皮尔说，阿基米德的工作"比任何别的希腊人的工作都更具有把数学和实验结合起来的真正现代精神"；"是古代世界的第一位也是最伟大的近代型物理学家"[①]。在公元 3 世纪后半叶，希腊还有一位著名数学家丢番图（Diophantus），他第一次专门研究了不定方程问题（即求得整数解的问题），人们把这类方程称之为"丢番图方程"；他还第一次提出了有别于日常语言的代数语言系统，成为今天代数演算系统的祖先。他的数学研究成果是代数学开始成为独立学科的标志。希腊化时代地理学的发展，埃拉托色尼（Eratosthenes）居功至伟。他在天文学和地理学上均有独到的创见。他曾利用日规

---

① 〔英〕W.C.丹皮尔：《科学史及其与哲学和宗教的关系》（上册），李珩译，张今校，商务印书馆 1997 年版，第 84 页；第 86 页。

推算出地球的周长，误差在 200 英里以下；他提出世界各大洋是互相连接、实际为一的观点，同时最早提出向西航行就有可能抵达亚洲东部；他的一位继承者把地球划分为五大气候带，至今仍在沿用；他还把潮汐的涨落归因于月球的影响，亦被现代科学所证明。

在希腊化时代科学的种种进步中，医学的进步可以说是最为光彩夺目的。被西方尊为"医学之父"的希波克拉底（Hippocrates），对骨骼、关节、肌肉等都很有研究，他指出的"癫痫病"病因被现代医学认为是正确的，这个病名也一直沿用至今；他对骨折病人提出的治疗方法是合乎科学道理的，为了纪念他，后人将用于牵引和其他矫形操作的臼床称为"希波克拉底臼床"。当然，希波克拉底最重要的贡献是他提出了著名的"体液学说"。为了抵制当时流行的"疾病由神赐予"的谬说，他通过长期探究人的肌体特征和疾病成因，认为人的肌体由血液（blood）、黏液（phlegm）、黄胆汁（yellow bile）和黑胆汁（black bile）四种体液组成，这四种体液在人体内的混合比例是不同的，从而使人具有不同的气质类型，即多血质、黏液质、胆汁质和抑郁质，而疾病正是由这四种液体的不平衡引起，而体液的失调又是外界因素影响的结果。尽管这种学说并不怎么正确，但他对气质类型的划分以及它们的名称却一直沿用至今，甚至哲学家们的思想也深受这一学说的启发。当然，作为西方医学之父，希波克拉底的重要贡献还在于他制定了医生必须遵守的职业道德规范——"希波克拉底誓言"，这一誓言不仅广为人知，而且至今仍是全世界医护人员坚守的信条。丹皮尔说："希腊医学到希波克拉底（Hippocrates）的学派而登峰造极，他们的理论和医术都和今天流行的有几分相似，远远走在现在以前的任何时代的见解前面。"① 公元前 3 世纪初，在亚历山大从事研究的赫罗菲拉斯（Herophilus）不仅是希波克拉底之后最伟大的医生，而且有可能还是西方第一位对人体进行解剖的古代最伟大的解剖学家。他对大脑、神经、眼、肝和其他内脏器官以及动脉和静脉都有过研究。他认为大脑是人类智力的中枢；发现了脉搏的重要性及其在诊断疾病方面的重要作用；还发现动脉中只含有血液，动脉的功能就是把血液由心脏输往人体各处。此外还有赫罗菲拉斯的同事厄拉西斯特拉图斯（Erasistratus），被认为是把生理学确立为一门独立学科的创始人。他在大脑、神经和循环系统的知识方面均有创见，认为人体和大脑都有特殊的管道来输送血液和元气；他对人体进行解剖，在活体解剖中获得了大量关于人体机能的知识；他发现了心脏的瓣膜，区分出运动神经和感觉神经；他反对希波克拉底的体液致病说，并谴责把过度放血作为一种治病的方法。生活在罗马帝国时期的盖伦（Claudius Galenus）被认为是影响仅次于希波克拉底的第二个医学权威。盖伦长期在罗马等地行医，他把希腊解剖学知识和医学知识加以系统化，并把一系列分裂的医学学派统一起来，在解剖学、生理学、病理学和医疗学上都有许多新发现，是一位百科全书式的医学家，影响西方医学界达 1500 年之久。

没有历史学家会否认希腊化时代在自然科学领域取得了人类文明史上最卓越的成就，同样，在古希腊的人文社会科学领域也诞生赫拉克利特（Heraclitus）、巴门尼德（Parmenides）、苏格拉底（Socrates）、柏拉图（Plato）、亚里士多德（Aristotle）等为人所熟知的思想巨人、哲学大家，他们的思想和学说一直被视为西方学术文化的源头和典范，甚至被视为"对人类的尊严与进步至关重要的

---

① 〔英〕W.C.丹皮尔:《科学史及其与哲学和宗教的关系》（上册），李珩译，张今校，商务印书馆 1997 年版，第 64 页。

许多理想的缔造者"①。大约在公元前6世纪末,古希腊人开始定居在各自独立的小城邦内,城邦的出现及其持久的存在为希腊文化的繁荣提供了必要的制度保证。如前所述,尽管城邦间征战不断,但城邦内却是民主自由的,除奴隶和异邦人外,所有公民常聚集于市场,选举官吏,讨论公共事务,出现了欧洲历史上最早的民主政治。而丰富的民主政治经验的积累又为希腊人能够自由地、富有想象力地思考有关人类和社会的各种问题提供了先决条件,使人们能够在政治、伦理、哲学、文学、历史、戏剧表演、艺术创作中大胆地表达自己的思想和情感。如在苏格拉底以前,古希腊哲学主要研究宇宙的本原是什么、世界由什么构成等问题,后人称之为"自然哲学"。到公元前4世纪末,苏格拉底认为研究这些问题对拯救国家和百姓命运没有什么现实意义。正是出于这种对国家和百姓的关心,他开始研究人类本身,研究人类的伦理问题,如正义与非正义、勇敢与怯懦、诚实与虚伪、什么是智慧、知识是怎样得来的、什么是国家、具有什么品质的人才能治理好国家、治国人才应该如何培养等。他以一种对哲学的崭新认识与理解,为哲学研究开创了一个新的领域——"伦理哲学",使哲学研究"从天上回到了人间",对古希腊罗马时代乃至后世的西方哲学都产生了巨大而深远的影响。因此,在欧洲文化史上,苏格拉底几乎与中国的孔子一样占据有无比崇高的地位,无论是生前还是死后,他都有一大批狂热的崇拜者和一大批激烈的反对者。他一生没有留下任何著作,其思想主要通过柏拉图和色诺芬等学生的著作得以流传。苏格拉底在长期的教学实践中,还形成了一套独特的教学法,即在西方哲学史上最早出现的辩证法的形式。人们称之为"苏格拉底方法",他本人则称之为"产婆术"。他母亲是产婆,他说他母亲的产婆术是为婴儿接生,而他的"产婆

---

① 〔美〕菲利普·李·拉尔夫等:《世界文明史》(上卷),赵丰等译,商务印书馆2001年版,第263页。

术"则是为思想接生。他教学时从谈话开始,在谈话进行中,他偏重于问,不轻易回答对方的问题,借助于问答,通过剥茧抽丝的方法,使对方逐渐了解自己的无知,发现自己的错误,从而建立起正确的知识观念。苏格拉底最著名的学生当属柏拉图,他是一位雅典贵族之子,年轻时便一直追随他的老师,直到苏格拉底因所谓"腐化青年,传入新神"而被处以死刑。柏拉图除了传播苏格拉底的学说外,还经营着一个讨论哲学问题的学术园林——柏拉图学园。有别于老师的是,他还是一位多产的哲学家,他的主要作品为对话录,其中绝大部分都有苏格拉底出场。但学术界普遍认为,柏拉图著作中的苏格拉底形象并不完全是历史上真实存在的苏格拉底。他创作的作品主要有《申辩篇》《斐多篇》《斐德罗篇》《法律篇》《理想国》等,尤其是政治哲学著作《理想国》为我们所熟知。柏拉图在《理想国》中主要论述了他心中理想国的构建、治理和正义等问题,内容涉及政治学、教育学、伦理学、哲学等多个领域,体现了柏拉图的政治理想。《理想国》从讨论"个人正义"开始,提出了"城邦的正义",又讨论了什么是"不正义"。他认为,正义是最高的善,它不是某种外在的东西,而是灵魂自身的适当状态。一个理想的国家就是具有符合至善理念的正义的国家。正义不仅是个人的德性,而且是国家和个人的共同德性,是对个人更是对国家的要求,正义是理想国的核心概念。在《理想国》中,柏拉图设计了一幅正义之邦的图景:国家规模适中,站在城中高处就能尽收眼底,国人彼此相识。柏拉图认为国家起源于劳动分工,因而他将理想国中的公民分为治国者、武士、劳动者(农民、工匠和商人)三个等级,分别代表智慧、勇敢和欲望三种品性。最高等级的治国者由有理智的贵族组成,他们依靠自己的哲学智慧和道德力量统治国家;武士们辅助治国,用忠诚和勇敢保卫国家的安全;最低等的农民、工匠和商人的职能则是生产和分配商品。三个等级各司其职,各安其位,履行他们最能胜任的那些任务。在这样的国家中,治国者的贵族均是德高望重的哲学家,具有完美的德行和高超的智慧,明了正义之所在,能按理性的指引去公正地治理国家。治国者和武士不能有私产和家庭,因为私产和家庭是一切私心邪念的根源,劳动者也绝不允许拥有奢华的物品。理想国还很重视教育,因为国民素质与品德的优劣决定国家的好坏。他的等级划分并不是根据出身和财富;而是考虑每个人从教育中获益的能力,通过筛选来划分的。他设想的理想国"将不受个人和阶级的干扰和利己主义的影响","他所希望达到的目标既不是民主,也不是自由,而是和谐与效率"[①]。当然,在《理想国》中,柏拉图还提供了很多富有启迪意义的问题,比如在人类生活中,究竟什么是有价值的、值得一看和值的一做的?最好的人类生活是什么?是大多数普通的人类活动(包括一切欲望性的活动),还是像哲学家那种献身学习和沉思真理的生活?柏拉图的学生亚里士多德,被誉为"古代知识的集大成者",与苏格拉底和柏拉图并称为"希腊三贤"。他年轻时入柏拉图学园,后来经营自己的学校——莱森学园,还做过亚历山大大帝的私人教师。他是一位对生态学、物理学、天文学都有着浓厚兴趣的经验主义哲学家,在逻辑学、修辞学、伦理学、政治学和自然科学等方面都卓有建树。他创立的形式逻辑及其"三段论"法广为人知,其卷帙浩繁的著作更是被视为古代世界学术的百科全书。他的《政治学》是西方政治学研究的开山之作,被视为政治研究体系的典范。在这部鸿篇巨制中,他对希腊一百五十多个城邦的政治法律制度进行了系统而全面的调查研究,并以"人是天生的政治动物"为前提,分析了城邦的形成及基础,探讨了各种城邦理论、制度,研究了政体的分类和变革,提出了理想城邦的构建与公民的教育等。"吾爱吾师,吾尤爱真理"这句广为

[①] 参见〔美〕菲利普·李·拉尔夫等:《世界文明史》(上卷),赵丰等译,商务印书馆2001年版,第240页。

流传的名言，就是他所言。此外，在古希腊还有一个学派值得一提，就是我们常说的希腊化时代最早出现的"犬儒学派"。这个学派大约起源于公元前350年左右，创始人为安提西尼（Antisthenes），最著名的代表人物是安提西尼的弟子第欧根尼（Diogenes），其信奉者被称为"犬儒"（Cynics）。"犬"的寓意，就是人应该像牲畜一样自然而然地生活。他们游离于社会之外，反对一切社会权力，傲视贵族，以狂放不羁的极端反世俗行为来表示自己对现实社会的不满，从而获得一种精神快感。他们的某些主张近似于中国道家的思想，提倡回归自然，主张过一种自然的生活，否定社会发展与文明进步，批判一切相沿成习和矫饰的东西，鄙弃俗世的荣华富贵。他们追求的主要目标是，每个人都能养成满足自身需要的能力，并能独善其身。

在文学方面，值得一提的是希腊史诗中最著名的《伊利亚特》和《奥德赛》。这两部描述民族英雄的史诗大约形成于公元前8世纪末，据说作者是古希腊盲诗人荷马（Homer）。前书涉及特洛伊战争，以阿喀琉斯的愤怒为主题；后书描述了奥德赛的流浪与回归。无论是精心编排的情节、人物刻画的现实主义，还是对人物情感的把握和描写，两部史诗均具有极高的文学价值，对后来的文学创作产生了深远的影响。拉尔夫等认为："它们的风格和语言激发了公元前六世纪的充满热烈情感的诗篇，它们也是公元前五世纪黄金时代伟大悲剧家的情节和主题的不朽源泉。"[①] 在戏剧创作方面，古希腊时代创作的悲、喜剧不仅是其最高的文学成就，而且享誉全球、余音不绝。人类早期的文学作品大都根源于宗教，古希腊的悲、喜剧作品也大都如此。有"悲剧之父"美誉的埃斯库罗斯（Aeschylus），尽管他的作品一直备受攻击，当时的希腊人认为

---

① 〔美〕菲利普·李·拉尔夫等：《世界文明史》（上卷），赵丰等译，商务印书馆2001年版，第244页。

他的悲剧在伦理题材上是原始的和不成熟的，在冲突情境的描述中往往在逻辑上自相矛盾，但他一生至少编写了80多部作品，代表性作品如《波斯人》《七将攻忒拜》《普罗米修斯》《阿伽门农》《奠酒人》《报仇神》等流传至今。此外还有英雄主义式的"命运悲剧家"索福克勒斯（Sophocles），据说他一生创作了一百多部悲剧和滑稽剧作品。他热爱和平、尊重民主、深切同情人类的弱点，他的作品对整个人类生活过程以及如何来评价人类生活的整个历史，都有深刻而敏锐的洞悉，因而他的作品具有哲理深奥、卓尔不群的特征。流传至今的作品有《埃阿斯》《俄狄浦斯王》《安提戈涅》《特拉喀斯少女》《菲罗克忒忒斯》《俄狄浦斯在科罗诺斯》等，其中《安提戈涅》和《俄狄浦斯王》最能反映索福克勒斯的创作才能。还有一位经历过苦难的乐观主义悲剧家欧里庇得斯（Euripides），他喜欢贬低骄傲者而抬高卑贱者，在他的戏剧中常为普通人甚至为乞丐和农民留下一席之地，因而他也常被人称为最富有悲剧性的哲学家。据说他一生写过90多部剧本，流传至今有《美狄亚》《希波吕托斯》《特洛伊妇女》《酒神的伴侣》等17部悲剧和1部羊人剧《独目巨怪》。上述三人一般被人们称为古希腊三大悲剧作家。古希腊喜剧的代表作家是阿里斯托芬（Aristophanes），他是一位生活于雅典、有些粗鲁好战的贵族，被誉为古希腊"喜剧之父"。他的作品大多是讽刺他所生活时代的激进民主派的政治和文化理想，极富想象力和幽默感，《阿卡奈人》《骑士》《和平》《鸟》《蛙》等作品广为人知。在喜剧作家中，还有一位米南德（Menander）也值得一提。据说米南德写了一百多部剧本，留传下来的有2部完整的剧本《恨世者》《萨摩斯女子》及残缺本《公断》《割发》《赫罗斯》《农夫》等。他从阿里斯托芬那里继承了许多东西，但又与之有别，他不是一位讽刺作家，对政治漠不关心。这或许与米南德所处的时代有关。他生活的雅典当时正处在马其顿的高压之下，没有言论自由，更不能谈论政治。他的喜剧情节大多来源于日常生活，作品的主题永远是浪漫的爱情，他描写爱情中的欢乐与痛苦及与爱有关的引诱与阴谋，令观众如醉如痴。他擅长制造幽默的氛围，精于刻画怪异的人物性格，他认为人们的幸运与不幸主要是其性格使然。米南德在世时和死后都享有盛名，有人把他的作品比作"人生的镜子"，甚至感叹道："米南德啊，人生啊，你们俩究竟谁摹仿谁？"

当然，谈古希腊文明，如果不提希罗多德和修昔底德，是令人遗憾的。有"历史学之父"之称的希罗多德（Herodotus）是古希腊历史学的代表性人物。希罗多德在其称颂希腊荣耀和民主政体的巨著《历史》（又名《希腊波斯战争史》）中，创造了一种新的叙述类型——历史，他注意把历史同神话与传说区别开来，是西方最早对史料进行辨伪存真的历史学家，开创了西方历史叙述体的先河，把历史学的真实性和艺术性完美地结合在一起；而且这部巨著还可视为西方最早的一部世界史。希罗多德视野所及不只是古希腊的方寸之地，而是扩展到了古代社会的广阔世界。他笔下的世界除希腊本土外，还包括西亚、北非、黑海沿岸、地中海沿岸、意大利等许多地方，描绘了近20个国家和地区的民族文化生活的生动图景。所以，美国著名历史学家斯塔夫里阿诺斯说，希罗多德被学界誉为"第一个具有'世界眼光'的史学家。……他虽然盛赞希腊文化，但也尊重'蛮族'的文化"[1]。如果把希罗多德视为历史学之祖，那么稍晚的修昔底德（Thucydides）则可誉为"科学历史学"的奠基人。修昔底德不仅是一位历史学家、文学家，还是一位雅典将军，他以其巨著《伯罗奔尼撒战争史》（*History of the Peloponnesian War*）而在西方史学界享有无与伦比的荣耀。该著的

---

[1] 〔美〕斯塔夫里阿诺斯:《全球通史——1500年以前的世界》，吴象婴、梁赤民译，上海社会科学院出版社1999年新1版，第5页。

主题是斯巴达和雅典之间的战争。他在写作过程中拒绝采纳传说和谣言,以严肃认真的态度收集史料,客观公正、不偏不倚地描写了这场战争,并科学地分析了导致这场战争的复杂原因。他在书中指出:"使得战争无可避免的原因是雅典日益壮大的力量,还有这种力量在斯巴达造成的恐惧。"[①]这一观点就是历史学家所说的"修昔底德陷阱"(Thucydides's trap),即当一个新崛起的大国与既存的霸主竞争时,双方不可避免地会发生冲突,进而都面临着危险,而这种危险多数以战争告终。"修昔底德陷阱"至今仍被视为国际关系的"铁律"。概而言之,修昔底德的目的,就是力求真实地、精确地记载和概括这段历史,为人们留下一部研读有益、垂训后世的历史著作。至于象征人文主义精神、表达人类理想的古希猎艺术,尤其是绘画、雕刻和建筑艺术等,其艺术成就更是登峰造极,对欧洲乃至世界文明都产生了极大影响。毫无疑问,古希腊的艺术是全人类的瑰宝。

值得一提的是,希腊化时代还建立了一座世界著名的国际性学府——埃及的亚历山大里亚博物馆,其建立有着深厚的历史背景。如上所述,公元前332年马其顿国王亚历山大大帝征服了埃及,并在随后的十余年里建立起了地跨欧亚非三大洲的亚历山大帝国。公元前323年,年仅33岁的亚历山大大帝患恶性疟疾突然逝世,帝国迅速崩溃,埃及这一自然资源富庶之地遂为亚历山大部将托勒密所据有。公元前305年,托勒密自封为国王,建立了托勒密王朝。托勒密一世和二世统治期间是托勒密王朝的黄金时期,其都城亚历山大里亚也成为世界上最伟大的城市和希腊化时代的学术研究与科学传播中心。亚历山大里亚博物馆于公元前3世纪初由托勒密一世始建,其子托勒密二世予以扩建。"博物馆"(Museum)一词的本义是

[①] 〔古希腊〕修昔底德:《伯罗奔尼撒战争史·第一章》,谢德风译,商务印书馆2018年版。

献给文艺女神"缪斯"(Muses)的殿宇。馆内设有文学部、数学部、天文学部和医学部,它们既是学校,又是国家供养的研究院。该馆优厚的待遇、便利的研究条件,吸引了几乎整个地中海周边国家的哲学家、数学家、医生、动植物学家、天文学家、语言学家、地理学家、艺术家和诗人等云集于此研究各门科学,数学家欧几里得、物理学家阿基米德、天文学家托勒密、柏拉图学派的哲学家们和大批希腊著名的作家和学者都来到这里,利用希腊和东方文化的优秀成果,在天文学、地理学、动植物学、物理学、数学、文学、史学等方面展开研究,并取得了辉煌灿烂的成就,对后世产生了深远影响。该馆除建有天文台、实验室、解剖室、植物园和动物园外,还建有一个据说藏书量达 50 万~70 万册的图书馆(古代西方世界最大的图书馆),藏书包括几乎所有古希腊的著作和部分东方典籍。遗憾的是,这些希腊化时代的人类文化遗产,后来多次遭到破坏,最终烟消云散。

有学者指出:"希腊化时代的历史意义在于:它打破了历史上形成的东、西方各自独立的模型,使它们合二为一。现在,人们首先想到把整个文明世界当作一个单位——一个文化高度发达的核心区。起先,埃及人和马其顿人是以征服者和统治者的身份去东方的,他们强制推行希腊化模式。但是,在这个过程中,他们自己也发生了变化,使随后产生的希腊文明成为一个混合物,而不是来自其他地区的移植物。最后,东方的宗教也传播到西方,大大地促进了罗马帝国和中世纪欧洲的转变。"[①]

[①] 〔美〕斯塔夫里阿诺斯:《全球通史——1500 年以前的世界》,吴象婴、梁赤民译,上海社会科学院出版社 1999 年新 1 版,第 226 页。

二、科学：从婢女变为文明的主人

就在希腊文明开始衰弱之时，另一个受益希腊文明的伟大帝国——罗马帝国开始脱颖而出。到公元前267年，罗马已经征服和鲸吞了几乎整个亚平宁半岛，但繁荣的西西里岛尚未被它攫入囊中。而非洲北部的一个海上大帝国——迦太基已经控制了西西里岛的西部，正在威胁西西里东岸的希腊城市叙拉古和墨西拿，倘若这些城市被迦太基占领，那么罗马夺取西西里岛的企图就会落空。于是，在公元前264年，罗马向迦太基宣战。经过二十多年艰苦卓绝的战争，罗马最终打败了迦太基，迦太基被迫交出西西里。这是罗马历史上第一次也是最重要的一次与其他强大民族展开的战争，史称"布匿战争"（Punic Wars）。战争的胜利激发了罗马人的自信与贪婪，使他们变得更加不可一世，企图彻底征服甚至毁灭迦太基。公元前217年，希腊各城邦举行了一次和平会议，试图结束城邦间连年不断的战争。"埃托利亚同盟"（古代希腊城邦联盟，最初是一个松散的部落联盟，到公元前367年才形成为一个比较巩固的同盟）的一个代表在谈到罗马和迦太基之间的争斗时警告说，无论谁获胜，都会对希腊造成巨大的威胁。因为不管是迦太基打败罗马，还是罗马打败迦太基，战胜者绝不可能仅满足于意大利和西西里岛的统治权。这一警告果然为后来的事实所证实。罗马后来于公元前218年和公元前149年发动了两次大规模的布匿战争，历时20年，最终使一度辉煌的迦太基帝国变成了罗马的一个行省。在击败迦太基后，罗马人转而东进，在此后的一百余年时间里，先是强迫马其顿和希腊城邦，最后是强迫整个希腊化的东方，接受它的统治，最终于公元前27年，从亚平宁半岛上的一个共和国转变成为一个伟大的帝国。罗马帝国崛起的历史可以说是一部连绵不断的战争史。罗马帝国之所以能一次又一次地凯旋，在于它崇尚贪婪、暴力和杀戮，在于它拥有像恺撒和屋大维这样被人们当作神一样来崇拜的领袖人物和一支所向无敌的强大军队。罗马帝国在扩张的过程中，不屑于从事工业活动，对科学技术似乎也兴趣不大，他们对科学与文化可以说是破坏大于建树。古罗马文明尤其是文学、艺术和哲学诸领域的成就基本上是源出希腊，在理论科学上也几乎可以说是毫无建树。值得一提的成就主要是工程建筑、雕塑和法律建设。罗马建筑象征的是权力和荣耀，最有特色的是圆拱、拱顶、圆柱和圆穹，最常用的建筑材料是砖、方形石块及罗马人发明的混凝土，最被人称道的工程建筑物有政府大厦、圆形剧场、竞技场、浴池、大道与桥梁，以及精致的供水与排水系统。罗马建筑的式样不仅保留在中世纪的教会建筑物中，而且在今天仍然见之于许多大型建筑尤其是政府的建筑物设计中。罗马雕塑的独特之处在于它的个性化和自然主义，最主要的雕塑形式有凯旋门、凯旋柱、叙事浮雕、祭坛、半身雕像。至于罗马的法律，今天欧美大陆几乎所有国家的法律体系都大量吸收了罗马法的成分。美国历史学家斯塔夫里阿诺斯说："罗马人发展的最终的法律观念也就是自然法的观念。……虽然法律专家们并不认为自然法无形中对罗马民法起了限制作用，但是他们确实把它看作人类立法应当顺从的楷模。这一基本原则是罗马的一个伟大贡献，至今仍在起作用。实际上，罗马法是后来公元6世纪中期在查士丁尼法典中系统化的，从而构成欧洲拉丁国家、拉丁美洲国家、魁北克省和路易斯安那州现在法律制度的基础。"当然，古罗马在西方文明中所起的作用，犹如希腊人把古希腊文明推广至中东所起的作用一样，"在文化方面，罗马人的主要成就是把城市文化连同它所带来的一切扩展到中欧和北欧"[①]。事实上，恰恰是罗马的法律精神和它所带来的希腊思想及高度分工的城市生活与由此形成的城市文化，使罗

---

① 参见〔美〕斯塔夫里阿诺斯：《全球通史——1500年以前的世界》，吴象婴、梁赤民译，上海社会科学院出版社1999年新1版，第241—242页；第237页。

马的历史成为西方历史的真正开端，使罗马的文明成为西欧以后许多文明成就的起点。

罗马帝国的伟大时代随着公元180年马可·奥勒留①的去世而逐渐走向衰弱。公元3世纪，罗马帝国进入一个"忧虑的世纪"。帝国政局动荡，经济恶化，民不聊生，人们开始视尘世生活为虚幻，转而寄希望于来世。统治者们为了重振帝国，采取了不少挽救衰弱、加强帝国统一的政策措施。公元312年，罗马历史上又一位伟大的领袖人物君士坦丁继位后，采取了一项对后世文明影响深远的政策，即通过与基督教合作（而不是镇压）来谋求罗马帝国的稳定和统一。公元313年，君士坦丁帝颁布"米兰敕令"（Edict of Milan），承认基督教的合法地位，承认基督徒同其他异教徒一样具有同等的信仰自由权，归还其被没收的教堂和教会财产，免除基督教僧侣个人对国家的徭役，规定主教有权审判教会案件。米兰敕令是基督教发展史上的转折点，标志着罗马帝国的统治者对基督教从镇压和宽容相结合的政策，转为保护和利用的政策，由此基督教从被迫害的"地下宗教"成为被承认的合法宗教。随着基督教深度渗透到罗马帝国的社会中，罗马帝国的传统价值观被颠覆。基督教教义不仅吸引着那些对世界、对人生深感绝望的人，同时也吸引着许多颇有抱负却无法在帝国政府中获得要职的人。帝国到处都充斥着周游各地的传道者，街上随处可见驻足聆听宣讲基督教教义的民众。罗马政权对基督教的迅速传播及其信徒的宗教狂热茫然失措。尽管从公元2世纪起，罗马帝国曾多次发起对基督徒的残酷迫害和屠杀，但迫害时断时续，最终未能形成对基督教的致命伤害，反而使殉道者的鲜血成了基督教会的种子，在某种程度上更加助长了基督教的传播和发展。公元4世纪初，在西方有"千古一帝"之誉的君士坦丁大帝也

---

① 罗马帝国安敦尼王朝第五代皇帝，罗马"五贤帝"之一，亦是一位哲学家，著有《沉思录》。

皈依并狂热地信仰基督教,成为西方历史上第一位信仰基督教的皇帝。君士坦丁大帝宣称自己是基督教的保护者,不惜以牺牲其他宗教为代价来推广基督教,整个罗马帝国为基督教的发展投入巨资,君士坦丁本人也建造了多座知名教堂,如耶路撒冷圣墓教堂等。皇帝和政府对基督教的支持,不仅使野心勃勃的政府官员迅速接纳了其统治者信奉的宗教,而且也使普通民众越来越多地皈依基督教。在君士坦丁之后,基督教开始了在西方文化史上唯我独尊的时代。到公元380年,另一位罗马皇帝狄奥多西一世正式发布敕令,宣布基督教为帝国的国教,同时取缔一切异教活动,基督教成了国家政权的精神支柱。自此以后,除了那些偏远的乡村外,苟延残喘的异教很快被消灭殆尽,基督教发展成罗马—地中海地区唯一的正统宗教,基督徒逐渐遍布欧洲各地,欧洲进入基督教独霸天下的中世纪,并为其成为世界第一大宗教奠定基础。

在漫长的中世纪(通常指公元5—15世纪),宗教狂热的浪潮席卷欧洲大陆,基督教会在欧洲享有至高无上的权威,既是欧洲封建制度的精神支柱,又是国家世俗政权的最高权力机构。有如杜威所言:"中世纪的教会,确是社会公认的,他们的话,便是社会法律;一切立法、司法、教育等等,都在他们手中;他们替社会保存礼教,维持安宁秩序;他们就是社会,社会就是他们,与他们冲突,便是与社会冲突。一部分的新人,要发表意见的人,从他们的眼中看去,是乱党,是叛徒。"① 现实人生平淡无奇了无生趣,人民对于生活的态度是"在空中求天国",人类进入一个非理性的黑暗时代。为了维护自身的利益,中世纪的统治阶级实行蒙昧主义的愚民政策,把宗教神学作为唯一的意识形态。教会在思想文化领域宣传上帝是最高的存在,是唯一的绝对的神灵,是一切存在物的来源,"上帝所创

---

① 〔美〕杜威:《社会哲学与政治哲学》,载《杜威五大讲演》,胡适口译,安徽教育出版社1999年版,第17页。

造的一切都是美好的",进而排斥一切所谓的"异端学说",科学被埋葬在希腊和罗马的废墟下。有中世纪基督教"教义之父"之称的圣·奥古斯丁①(St. Augustine,公元 354—430 年)说:"我们不必如希腊人所说的物理学家那样考问事物的本性;我们也无须惟恐基督徒不知道自然界各种元素的力量和数目……我们基督教,不必追求别的,只要无论是天上的或地上的、能见的或不能见的一切物体,都是因创造主(他是唯一的神)的仁慈而受造,那就够了。"②美国学者默顿说,在中世纪早期,教会的神父们不仅用傲慢的态度对待科学,甚至认为"讨论自然界和地球的位置无助于我们对未来生活的希望。只要知道《圣经》的说法,即他把地球悬挂在虚无上,这就够了"。到后来人们开始怀着恐惧的心理看待科学,甚至认为科学与巫术无异。12 世纪后期,"圣维克多教堂的理查德(Richard)以问为答地反诘:'全部科学不就是一幅没有生命的图画、一个不会运动的没有感情的怪影吗?'13 世纪的波那文都拉(Bonaventura)警告说:'科学之树哄骗了生活之树中的许多人,或使他们蒙受炼狱的最惨剧的痛苦'"③。马克思、恩格斯亦指出:在欧洲"中世纪的历史只知道一种形式的意识形态,即宗教和神学","中世纪把意识形态的其他一切形式——哲学、政治、法学,都合并到神学中,使它们成为神学中的科目"④。在教会的黑暗统治下,由于神父们对世俗的知识毫无兴趣,甚至敌视世俗学术,人类的理性遭到践踏,被贬低为信仰的奴仆,愚昧、迷信、偏见等非理性主宰支配了人类的精神。

---

① 著有《忏悔录》和《上帝之城》,是对基督教影响最为深远的神学权威。
② 奥古斯丁:《教义手册》(9),载北京大学哲学系编:《西方哲学原著选读》,商务印书馆 1986 年版,第 219 页。
③ 〔美〕默顿:《十七世纪英国的科学、技术与社会》,范岱年、吴忠、蒋效东译,四川人民出版社 1986 年版,第 100-101 页。
④ 中共中央马克思恩格斯列宁斯大林著作编译局编译:《马克思恩格斯选集》(第 4 卷),人民出版社 1995 年版,第 235 页;第 255 页。

事实上，在中世纪，不仅宗教神学，就是哲学和科学，也由于神学化而丧失了爱智慧、求真知的本性，科学成了教会的婢女，一些进步的思想家和科学家惨遭教会的毒手，欧洲的历史又复演到黑暗的神的时代，所有的理性思考几乎全部停止。直到14世纪末，文艺复兴运动的展开和地理大发现时代的到来，16世纪初马丁·路德和加尔文等发起的宗教改革运动及其所形成的新教伦理精神，16世纪末17世纪初培根、笛卡尔等唯物论启蒙哲学家和实证科学家的出现，欧洲才又逐渐回归到理性和科学时代。康有为在20世纪初游历欧洲时说："欧土在彼中世千年黑暗，彼亦自言之矣。当此时之人民，食色之外，不知读书识字，惟事佞神野战，纯乎吾蒙古及缅、暹之俗。即十二三纪时经十字军输阿喇伯文明而少变，宫庙器物稍有精美者；然缅暹人雕刻甚精，惟读佛典，则亦缅暹人之比而已，终不能脱野蛮之俗。至明末班、葡、荷兰骤辟新地，国骤以富，制作日精，新器日出，新理日创。至十六纪路德既创新教，倍根、笛卡尔出后，哲学日盛。然在国初时，路易十四方霸之世，英机器未出之先，各国虽有学校，但其贵族学之，未及平民。议院既开，则辩护士设于京都，中等之民渐有知学者，终不能及于外郡僻邑，以及小民。当其时全欧皆封建贵族，……其余数千万人皆佃民奴隶，无立锥之地，无入学之事。蠢蠢男女，衣食如牛马。政不逮下，学亦不逮下，一切人权不逮下。内事压制，民不聊生；外事战争，杀人盈野。此三百年中，欧洲始破蒙昧，虽有新器新学，仅比吾战国之世，皆不能比吾中国一统时之文明也。"[①] 有西方学者甚至指出："直到17世纪中期，大多数人，无论有无学识文化，都认定宇宙是由神秘的力量所驱使和占据的，除巫师外，人类对这种力量几乎完全无法理

---

① 康有为：《欧洲十一国游记》，见钟叔河主编：《走向世界丛书》（第10册），岳麓书社2008年修订版，第336-337页。

解,同时肯定无法加以控制。"①事实上,就神学本身而言,在中世纪,随着神学教育和文化传播成为教会的垄断领域,由于缺乏外来的竞争和挑战,神学也丧失了自身原有的活力,进入了死气沉沉的时期。自公元6世纪起,神秘主义神学兴起,但由于神秘主义神学家是一群纯粹的思辨主义者,他们"采用思辨方式研究上帝自身,要通过不可知、不可言的神秘的超越性与上帝的超理智融合,结果是知识本身转化为神秘的沉思。在长达五百年的历史时期,神秘主义对于基督教哲学并无建设性的贡献"②。

到了中世纪后期,在历经近两百年八次侵略性的"十字军东征"后,特别是十字军后的航海和地理大发现,欧洲人不仅开阔了视野,而且从东方汲取了许多文明的精华和巨大的财富。与此同时,欧洲的城市经济逐渐发展,形成了一些工商业繁荣的城市,如在意大利这样一个地中海沿岸国家就出现了像威尼斯、热那亚及佛罗伦萨等工商业都十分繁荣的城市,从而也诞生了欧洲资产阶级的雏形——"城市市民"阶层。随着资本主义在封建社会这个母体中的萌芽和滋生,欧洲新兴的资产阶级为了壮大自己,维护自身的利益,便同科学一起反叛教会,对宗教神学发起了猛烈的抨击。由是,世俗理性与宗教信仰、科学和神学也就成了一对宿敌,它们之间的争斗几乎从未间断。新兴资产阶级打着复兴古希腊、罗马文化的旗号,抱着创造体现资产阶级思想意识的新世界观("人文主义")的目的,积极发掘欧洲古典文明中对其有用而又与封建宗教意识相悖的民主思想、理性主义和自由探索精神,在14—16世纪掀起了一场规模壮观的"文艺复兴"运动。这场运动首先在地中海沿岸的意

---

① 〔美〕菲利普·李·拉尔夫等:《世界文明史》(下卷),赵丰等译,商务印书馆2001年版,第116页。
② 陈乐民、周弘:《欧洲文明的进程》,生活·读书·新知三联书店2014年版,第70页。

大利城市中萌发，随后迅速波及整个欧洲。这场穿古装演新戏的文艺复兴运动，绝不是简单的复归古希腊、罗马文化，也不仅限于文学艺术，而是由许多因素结合起来酿成的一次空前未有的智识发酵和思想文化的大革命，是要创造一种能体现资产阶级意识形态的新世界观和人生观，是"要做生命舞台上的演员"。房龙说："文艺复兴是一个'表达'的时代，……人们不再只满足于当个听众，坐在那儿听教宗或皇帝告诉他们该做什么、该想什么。他们要做生命舞台上的演员，并坚持要把自己个人的想法'表达'出来。如果一个人碰巧对治国之道有兴趣，像佛罗伦萨的历史学家尼科洛·马基雅维利（Niccolo Macchiavelli）那样，那么他可以书写'表达'他对成功的国家和称职的统治者的观点。另一方面，一个人如果喜欢绘画，他就把自己对美丽线条和鲜活色彩的热爱，用图画'表达'出来。"不唯如此，在房龙看来，文艺复兴最伟大的贡献还在于，"全世界都成了那些有话想说之人的热切听众。那个知识被少数特权垄断的时代结束了。……人文主义让所有人在印刷成册的文字面前变得自由与平等"①。蒋百里在其所著《欧洲文艺复兴史》一书的"导言"中指出："要之，文艺复兴实为人类精神之春雷。一震之下，万卉齐开。佳谷生矣，莠稗亦随之以出。一方则感情理知极其崇高；一方则嗜欲机诈极其狞恶，此固不必为历史讳者也。惟综合其繁变纷纭之结果，则有二事可以扼其纲：一曰人之发见；一曰世界之发见。（The great achievement of the renaissance were the discovery of the world and the discovery of man）人之发见者即人类自觉之谓。……世界之发见者，一为自然之享乐，动诸情者也。……一为自然之研究，则动诸知者也。中古宗教教义，以地球为中心，有异说则力破之；然事实不可诬也！有歌白尼之太阳学说，有哥伦布美洲之发

---

① 〔美〕亨德里克·威廉·房龙：《人类的故事》，邓嘉宛译，天津人民出版社2017年版，第177页；第179页。

见，于是世界之奇迹，在足以启发人之好奇心；而旧教义之蔽智塞聪者益无以自存矣。"[1]在丹皮尔看来，文艺复兴更重要的是"它里面所包藏的自由探讨的精神以及'古典学问'在几百年的中古精神以后给欧洲重新带来的从事各种各样的研究的动力。……假使没有他们，具有科学头脑的人就很难摆脱神学成见的学术束缚；没有他们，外界的阻碍也许竟无法克服"[2]。在文艺复兴时期，自然科学家和人文主义者一道，为争取自己的生存权利而斗争，他们高扬人文主义精神，宣传人权、人性与个性解放，倡导自由平等、个人幸福的新生活，颂扬理性智慧和科学真理，反对封建等级特权、神权神学、禁欲主义和蒙昧主义，他们为捍卫科学和真理甚至不惜把自己送上火刑场和宗教裁判所的牢笼。科学家如开普勒（John Kepler）、哥白尼（Nicolaus Copernicus）、培根（Francis Bacon）、布鲁诺（Giordano Bruno）、伽利略（Galileo Galilei）、笛卡尔（René Descartes）等，文学、哲学、艺术家如但丁（Dante Alighieri）、彼特拉克（Francesco Petrarca，一般称之为文艺复兴第一人）、伊拉斯谟（Erasmus）、托马斯·莫尔（St. Thomas More）、薄伽丘（Giovanni Boccaccio）、拉伯雷（Francois Rabelais）、塞万提斯（Miguel de Cervantes Saavedra）、莎士比亚（William Shakespeare）、拉斐尔（Raphael）、达·芬奇（Leonardo da Vinci）和米开朗琪罗（Michelangelo Buonarroti）等，就是其中最杰出的代表，他们用生命和鲜血谱写了一曲曲崇尚科学、追求真理的篇章，创造了史无前例的科学、哲学、文学和艺术等方面的不朽成就。正是这批科学斗士和学术巨人的献身精神，将科学从神学的愚昧和桎梏中解放出

---

[1] 转引自梁漱溟：《东西文化及其哲学》，载中国文化书院学术委员会编：《梁漱溟全集》（第一卷），山东人民出版社2011年版，第386—387页。
[2] 〔英〕W.C.丹皮尔：《科学史及其与哲学和宗教的关系》（上册），李珩译，张今校，商务印书馆1997年版，第157页。

来，由神学的"婢女"逐渐演变为人类文明的主人，预示着一个新时代——科学和理性时代——的来临。对此，恩格斯有过两段恰当的评说："现代的自然研究不同于古代人的天才的自然哲学的直觉，也不同于阿拉伯人的非常重要的、但是零散的并且大部分都无果而终的发现，它是唯一得到科学的、系统的、全面的发展的自然研究。现代的自然研究同整个近代史一样，发端于这样一个伟大的时代，这个时代，我们德国人根据我们当时所遭遇的民族不幸称之为宗教改革，法国人称之为文艺复兴"；文艺复兴"是地球上从来没有经历过的一场最伟大的革命。自然科学在这场革命中也生机勃勃，它是彻底革命的，它和意大利伟大人物的觉醒的现代哲学携手并进，并使自己的殉道者被送到火刑场和牢狱。……这是一个需要巨人并且产生了巨人的时代，那是一些在学识、精神和性格方面的巨人。……从此以后，自然研究基本上从宗教下面解放出来了，……科学的发展从此便大踏步地前进"[①]。

随着中世纪的终结，一个崭新的时代开始了。14—16世纪的欧洲，不仅发生了人类历史上最伟大的一次革命——文艺复兴，而且随后还出现了席卷欧洲大陆的宗教改革运动，二者相互呼应，共同推动着欧洲进入一个万象更新、枯木迎春、世纪惊变的新时代。这场以改革宗教的形式而出现的宗教斗争，实际上体现了传统的教会道德主义与新型的基督教人文主义的抗争，体现了新兴资产阶级要求削弱封建教权、贬损宗教狂热的政治要求和伦理价值观，试图将活生生的人从虚构的神的统治下解放出来。率先高举宗教改革运动

[①] 〔德〕恩格斯：《自然辩证法》，中共中央马克思恩格斯列宁斯大林著作编译局编译，人民出版社2018年版，第8页；第5—6页。

大旗的是德国神学教授、基督教新教路德宗的创始人马丁·路德[①]。作为神学教授,马丁·路德对《旧约》与《新约》的原文有过深入的研究,他发现基督所说的话和教宗及主教传讲的训示,两者之间存在着巨大的差异。1517年,教会在德国组织了一场颇有声势的出售"赎罪券"的运动,当时市侩气十足的美因兹大主教阿尔贝特与教皇利奥十世通过讨价还价达成一项交易,根据这一交易利奥十世宣布在阿尔贝特所辖的几个教区中发行赎罪券,所得收入一半上交罗马用于修建圣彼得大教堂,另一半则留归阿尔贝特以偿付他当时所欠的银行贷款。尽管路德并不了解这一肮脏交易的内幕,但对他们宣传的赎罪券的功效十分反感。同年10月,马丁·路德以超人的胆识和勇气,公然在维滕贝格教堂的门口张贴斥责教会的《九十五条论纲》。在这篇檄文中,他反对天主教的赦罪信条,历数罗马教皇借口修缮罗马圣彼得大教堂[②]而推销赎罪券搜刮民脂民膏的罪行。路德认为,教会所谓有罪过的人只有通过服从教会旨意从事各种善举(比如购买赎罪券),才能获得拯救、免遭下地狱之灾的"救赎"说教是十分荒谬的。在他看来,一个人的得救,全在于信仰,上帝的"公正"并不要求人们无休止地行善功,任何人都不可能靠自己的善功得到救赎。真正的基督徒可以通过其虔诚的宗教信仰来获得拯救,即所谓"信仰赎罪":"单有信仰就能释罪,给人自由和拯救"[③]。路德的这一举动,一般认为是新教改革的开端。路德离经叛道的言行激怒了教皇,1520年他被革出教门,并禁止人们阅读路德

---

① 马丁·路德(Martin Luther,1483—1546年),出生于德意志,是16世纪欧洲宗教改革的倡导者,基督教新教路德宗的创始人。1933年,德国著名高校哈勒大学(University Halle)为了纪念马丁路德450周年诞辰,将校名冠以马丁·路德,即全名为马丁·路德-哈勒-维滕贝格大学,以纪念路德将该校的维滕贝格校区作为宗教改革的发源地。

② 世界上最大的基督教教堂,1501年开始兴建,1626年建成。

③ 周辅成编:《西方伦理学名著选辑》(上卷),商务印书馆1964年版,第444页。

这个"卑鄙的异端"所撰写的任何著作。但路德仍然通过将《圣经》译成德文让百姓真实地理解上帝的原意，并著书立说来宣扬他的新教伦理观。他在《致德意志贵族书》《教会的巴比伦之囚》《论基督徒的自由》等被视为对德国宗教改革具有重要影响的三本小册子中，提出了他改革宗教的主要纲领：(1)"信仰得救"。主张"因信得救"，信仰高于一切，否定善行赎罪，强调心灵的、纯信仰的忏悔，只有在内心真正信仰上帝，才能有真正的善举，才能被上帝拯救。(2)"廉价教会"。主张废弃封建教阶制度和烦琐礼节，取消教会神职人员特权，建立公正廉洁的教会。(3)基督教的真谛只能在《圣经》里寻求，通过信仰基督教来获得真正的精神自由，约束自己的行为。(4)教士可以结婚，禁欲主义违反人性，获得财产并保有财产是一个基督徒的本分。(5)建立民族教会，由国家驾驭宗教，教会只从属于国家而不受罗马教廷的控制，各国政府有权制定有关宗教的法律[1]。路德为世俗活动的道德进行辩护的主张，被后人称为新兴路德派宗教的纲领——"路德主义"。由于路德的主张表达了那个疾病流行、灾难肆虐、宗教欺诈、教会腐败不堪时代人们的心声，在宗教改革初期，路德的书籍畅销不衰，路德主义广为流传并得到了德国民众乃至王公贵族的热情支持，路德本人也成了"成百上千万人灵感的源泉"。

马克斯·韦伯认为："假如没有路德本人宗教思想的发展，宗教改革将是不可想象的，而且他的人格在精神上长期影响着这场改革，但是，如果没有加尔文教，路德的工作也不可能会有长期而具体的成功。"[2]事实上，路德教派在宗教改革后期的影响远不如加尔文

---

[1] 参见赵俊杰:《科技复兴——欧洲的梦想与现实》，陕西人民教育出版社1997年版，第26—27页。

[2] 〔德〕马克斯·韦伯:《新教伦理与资本主义精神》，李修建、张云江译，北京九州出版社2007年版，第89页。

教派。加尔文教派的创始人是比路德稍后的法国神学家约翰·加尔文（John Calvin，1509—1564年），他在基督教历史上占有不可或缺的重要地位，在宗教改革时期产生了十分重要而广泛的影响，是与奥古斯丁和路德齐名的神学家。加尔文出生于法国，最初学的是法律，青年时便是路德教的信奉者并成了一名新教教徒，后来他在日内瓦创立了新教——加尔文教（又称"归正宗"或"改革宗"）。1536年，加尔文出版了一部在宗教改革时期最具权威性的、影响巨大的新教百科全书——《基督教要义》（Institutes of the Christian Religion）。在该书中，他系统地阐述了新教教义，否定了罗马教皇的权威，主张废除教皇制和等级教阶制度，谋求国家基督教化和教会世俗化，主张把过虔诚的、有道德的、积极的生活视为基督教团体所有成员必须遵守的一项庄严义务。他的宗教学说在许多方面与路德极为相似，如强调《圣经》是基督教信仰的唯一根据和权威；主张"因信得救"，反对中世纪基督教的等级观念，要求取消教皇、主教、神父统治人民的权力；主张建立"廉价教会"，简化教会组织和礼仪，在教会里只保留牧师、教师、长老和执事4种人，其他人员一律精减，也不许望弥撒、崇拜偶像、朝圣和斋戒。他还继承发展了奥古斯丁的"预定论"，认为世界一切皆决定于上帝的旨意，人毫无能力解救自己，上帝在创世以前，已预先选定一些人得救和决定另一些人沉沦，这种预定论后来成了加尔文神学体系的基石。不过他在强调预定论的同时，又认为"上帝自永恒所命定的，并不妨碍我们照上帝的旨意为自己筹划办事"①，亦即成事在上帝，谋事在自己。这似乎又比奥古斯丁的"预定论"和路德强调的"因信得救"更具积极意义，表达了"苦行主义"的清教徒要重视尘世的愿望，鼓励他们在世俗中尝试实行苦行主义。路德教和加尔文教都属于新

---

① 转引自赵俊杰：《科技复兴——欧洲的梦想与现实》，陕西人民教育出版社1997年版，第26-27页。

教。在他们之后，值得一提的还有被誉为"历史上清教徒的最好的代表人物"——理查德·巴克斯特（Richard Baxter），他是 17 世纪英国著名的清教徒牧师、神学家，著有《基督徒指南》《归正的牧人》《对未悔改者的呼唤》等对新教伦理精神影响巨大的著作。正是他使新教逐渐摆脱了纯粹加尔文教派教义的束缚，把新教引向了更加世俗的现实主义和功利主义，也正是他通过大量论据"证明科学的正当性乃是所有新教教派的特征"[①]。德国著名社会学家马克斯·韦伯指出："可以肯定，在所有描述和表现了清教时代的精神思想的人当中，没有任何人比理查德·巴克斯特的工作更为完整。"[②] 尽管这些伟大的宗教改革者，特别是早期的加尔文，既是众所周知的暴君又反对科学，而路德对自然科学和人文科学亦抱有敌意，事实上资本主义精神和制度的兴起也很难说是宗教改革或新教伦理的直接产物；但根源于这些具有超凡魅力的领袖们的宗教改革运动，却逐渐使人们摆脱了对科学的敌视态度，进而充满活力地、以一种赞许科学的态度携起手来，把科学变成了通向某种宗教目的的手段，进而为科学逐步从神学的枷锁中解脱出来并为社会所接受，提供了一种精神动力。特别是新教的精神气质与伦理道德观体现了新兴资产阶级渴求自由、平等、博爱的世界观，创造了一种新型的个人"苦行主义"奋斗精神与功利主义的价值观，它重新定义了人与神、君权与神权的关系，倡导节俭、勤勉，为追逐利润的商人和放债者的冒险活动正名，从而也为近代世俗国家的兴起和资本主义的发展创造了条件。马克斯·韦伯在《新教伦理和资本主义精神》一书中指出："我们已经提请人们注意加尔文主义以及新教各派在资本主义发展史上所起的显著作用"；"新教徒，不管是作为统治阶级还是被统

---

① 〔美〕默顿:《十七世纪英国的科学、技术与社会》，范岱年、吴忠、蒋效东译，四川人民出版社 1986 年版，第 115 页。

② 同上书，第 110 页。

治阶级，不管是作为多数派还是少数派，都体现出一种发展经济的理性主义特殊倾向"；"现代资本主义精神乃至整个现代文化的构成要素之一：以职业观念为基础的理性行为，是从……基督教苦行主义中产生出来的"；"清教徒的观念，成为了站在哺育近代经济人之摇篮旁边的守护者"；"新教伦理影响改变了历史发展的主题"[①]。同时，清教的特殊贡献还在于把科学用于技术和经济的事业，而科学通过研究自然现象又成为促进赞颂上帝的一种有效手段。美国学者默顿指出："以一种令人信服的、科学的方式研究自然可以加深对造物主威力的充分赏识，因此在赞颂上帝方面，科学家势必比偶尔的观察者更加训练有素。宗教就是以这种直截了当的方式赞许和认可了科学，并通过强化和传播对科学的兴趣而提高了社会对科学探索者的评价。"所以在默顿看来，宗教改革不仅"促进了人们对科学的兴趣，并且到头来使人们减少了对宗教本身的注意"，"为科学研究建立起一个广阔的基础"；而且使科学研究"有了尊严、变得高尚、成为神圣不可侵犯"，使"科学成为一种令人向往而不是令人讨厌的职业"，甚至"按照那个社会的价值，宗教的理想和目标像庞然大物那样耸立，而科学就被当作实现这些目标的一种有效手段"[②]。不过总的来说，我们更认同德国宗教史专家厄恩斯特·特勒尔奇的观点，他在《新教与进步》一书中指出："新教促进了现代世界的产生。……（但在任何地方）都看不出它是现代世界的实际缔造者。"[③]

如果说，文艺复兴使科学获得了前所未有的新生和独立并为其

[①]〔德〕马克斯·韦伯：《新教伦理与资本主义精神》，李修建、张云江译，北京九州出版社2007年版，第87–89页；第11页；第281页；第267页；第287页。

[②]〔美〕默顿：《十七世纪英国的科学、技术与社会》，范岱年、吴忠、蒋效东译，四川人民出版社1986年版，第98页；第105页；第119页；第102页。

[③] 转引自〔美〕菲利普·李·拉尔夫等：《世界文明史》（上卷），赵丰等译，商务印书馆2001年版，第919页。

日后的大发展铺平了道路,宗教改革为近代科学技术得以迅速发展提供了一种精神的动力,那么,同时期的地理大发现所产生的欧洲商业与殖民扩张,又为近代科学的大发展谱写了一首"英雄主义"的插曲:不仅为欧洲近代科学技术的发展奠定了物质基础,同时也引发了人们观念的转变,使科学实践借此变得受人尊重。人们深信,科学技术与方法是人类探求所有领域唯一有效的途径,从而促使欧洲知识界去打破中世纪那种理论与实践彼此分离的局面,促使科学家们在理论与实践相互结合的过程中去进一步探索科学的奥秘。重商主义与殖民扩张在给欧洲各国带来巨大财富的同时,也为欧洲近代科技的勃兴与传播提供了必需的物质条件和强大的原始动能,促成了科学社团的产生,如 1560 年出现在那不勒斯的"自然秘奥学院"、1603 年成立于罗马的"猞猁学院"、1651 年成立于佛罗伦萨的"西芒托学院"、1662 年成立的英国"皇家学会"、1666 年成立的"巴黎科学院"、1700 年成立的"柏林科学社"、1780 年成立于波士顿的"美国文艺科学社"等。科学社团的诞生,使科学研究工作不再是一种分散的个人活动,科学研究也不再是一种游荡不居的运动,科学已获得了社会的认可并成为一种有组织的事业。而"一旦科学成为牢固的社会组织之后,除了它能带来经济效益以外,它还具有了一切经过精心阐发、公认确立的社会活动所具有的吸引力"[①]。

近代科学技术在欧洲的勃兴,当然不是一个孤立的事件,它有着广泛的思想、文化、经济等方面的背景,及彼此之间的相互影响与互为因果。就思想层面而言,文艺复兴、宗教改革与启蒙运动这条主线始终贯穿其中。18 世纪启蒙运动的兴起绝非偶然,它既是文艺复兴和宗教改革运动在解放人的思想、发展人的个性方面的延续,又是对 17 世纪科学革命中种种发现的理性思考。它在继承先

[①] 〔美〕默顿:《十七世纪英国的科学、技术与社会》,范岱年、吴忠、蒋效东译,四川人民出版社 1986 年版,第 124 页。

哲智者思想的基础上，促成了人文主义思想的世俗化和人类理性思维与创造力的大爆发。进而，不仅使科学摆脱了对神学的依附关系，步入理性的殿堂；而且推翻了阻碍生产力发展的封建制度，逐步建立了有利于科学发明和技术创新的资本主义政体，为近代欧洲的科学和技术革命创造了良好的制度环境和物质基础。美国著名历史学家帕尔默与科尔顿在总结启蒙运动和科学革命的关系时这样写道："18世纪的启蒙精神，来自17世纪的科学智力革命。启蒙精神发扬和普及了培根和笛卡尔的思想，发扬和普及了培尔和斯宾诺莎的思想，特别是发扬和普及了洛克和牛顿的思想。它发扬了自然法则哲学和天赋权利哲学。从来没有过一个时代对传统观念抱有那样的怀疑态度，对人的理智能力和科学威力抱有那样的信心，对大自然的规律性与一致性抱有那样坚定的信念，也从未有过一个时代是那样深刻地受到文明的进步感和发展观念的影响。"[①] 的确，正是启蒙时代的洛克（John Locke，1632—1704年，唯物主义哲学家、思想家、教育家，被称为"自由主义"之父，启蒙时代的思想家大都是他学说的信奉者、传播者和发展者。其代表性著作有：《人类理智论》《政府论》《教育漫话》等）、孟德斯鸠（Montesquieu，1689—1755年，启蒙思想家，资产阶级政治与法学理论的奠基人之一，他鼓吹用行政、立法、司法三权分立的政治制度来替代君主专制制度，在当时的法国引发了一场剧烈的震动。其代表性著作有：《论法的精神》《罗马盛衰原因论》《波斯人信札》等）、伏尔泰（Voltaire，1694—1778年，哲学家、史学家、政论家、剧作家，是启蒙时代的领袖人物和导师，同时也是宗教和政治独裁者的宿敌。其代表性著作有：《黑与白》《老实人》《恺撒之死》《穆罕默德》《彼得大帝治下的俄罗斯史》《路易十四时代》《哲学通信》《牛顿哲学原理》等）、

[①] 〔美〕帕尔默、科尔顿：《近现代世界史》（上册），孙福生等译，商务印书馆1992年版，第394-395页。

卢梭（Jean Jacques Rousseau，1712—1778年，启蒙思想家、教育家和文学家，当时几乎全法国的人都在阅读他的著作，尤其是读到他在《社会契约论》中呼吁重返主权在民、国王只不过是人民公仆的幸福社会时，人们无不流下了辛酸的泪水。其代表性著作有：《社会契约论》《忏悔录》《爱弥儿》《论人与人之间不平等的起因和基础》《政治经济学》等）、狄德罗（Denis Diderot，1713—1784年，"百科全书派"的领袖人物、哲学家、剧作家，其突出成就是主编了《百科全书》这样一部史无前例的、对当时的新思想及最先进的科学和技术知识予以全面总结的不朽巨著）、爱尔维修（Claude Adrien Helvetius，1715—1771年，法国哲学家、启蒙思想家、"百科全书派"主要成员之一。其代表性著作有：《论精神》《论人的理智能力和教育》等）、霍尔巴赫（Paul Thiry d'Holbach，1723—1789年，哲学家、《百科全书》的主要编纂者之一。其代表性著作有：《自然的体系》《健全的思想》《社会体系》《揭穿了的宗教》《袖珍神学》等）、大卫·休谟（David Hume，1711—1776年，是实证主义与经验主义哲学的代表性人物。其代表性著作有：《人性论》《人类理解研究》《道德原则研究》《宗教的自然史》等）、亚当·斯密（Adam Smith，1723—1790年，启蒙思想家，有"经济学教父"之称。其代表性著作是划时代的经济学经典《国富论》）、伊曼纽尔·康德（Immanuel Kant，1724—1804年，被称为有史以来最伟大的哲学家之一。其代表著作有：《纯粹理性批判》《实践理性批判》等）、孔多塞（Marquis de Condorcet，1743—1794年，有法国大革命"擎炬人"之誉，亦是《百科全书》的主要撰稿人之一。其代表性著作有《人类精神进步史纲》等）等一大批思想巨人、学界泰斗式人物高扬人文主义大旗，用科学反对神学，用"天赋人权"反对封建专制制度，用"自由、平等、博爱"去唤起民众的革命意识和创新潜能，用社会契约和分权学说去描绘资产阶级的国家学说与共和政体形式，从而使资产阶级民权思想和民主精神深入人心，催生了惊天动地、波澜壮阔的法国资产阶级大革命。房龙说："法国大革命向全世界人民宣告了自由、博爱和平等的理念"。他还引用一位俄罗斯作家的话说，法国大革命就是"在短短几年内，迅速推翻一个已经扎根数百年、连最热血的改革者都不敢在著作中抨击的、全然牢固不动的制度。革命，就是使构成一个国家当下社会、宗教、政治以及经济生活的所有根基，在短时间内分崩离析"[1]。尽管法国大革命最终演变为一场令人恐怖的暴力革命，但也正是通过这场暴力革命，催生了一个令人欢欣鼓舞的法兰西共和国。法国资产阶级共和国的建立，又极大地推动了欧洲大陆各国反对封建专制主义的革命运动，为资本主义的迅速发展开辟了道路，使欧洲各国特别是英国和法国的资本主义工商业、金融业、农业获得了迅速的发展，把资本主义经济引向了"起飞"的产业革命新时期，为欧洲由农业文明向工业文明过渡做了准备，向人类展示了一幅未来世界的美好图景。所有这些，又使得科学精神得到广泛的传播，技术发明创新得到高度的重视，科学变得越来越时髦起来，科学毫不含糊地跃升到社会价值体系中一个受人高度尊重的位置。有如恩格斯所说："如果说，在中世纪的黑暗之后，科学以意想不到的力量一下子重新兴起，并以神奇的速度发展起来，那么，我们要再次把这个奇迹归功于生产。第一，从十字军征讨以来，工业有了巨大的发展，并随之出现许多新的事实，有力学上的（纺织、钟表制造、磨坊），有化学上的（染色、冶金、酿酒），也有物理学上的（眼镜），这些事实不但提供了大量可供观察的材料，而且自身也提供了和以往完全不同的实验手段，并使新的工具的设计成为可能。第二，这时整个西欧和中欧，包括波兰在内，已在相互联系中发展起来，虽然意大利由于自己的从古代流传

---

[1]〔美〕亨德里克·威廉·房龙：《人类的故事》，邓嘉宛译，天津人民出版社2017年版，第268页。

下来的文明，还继续居于首位。第三，地理上的发现——纯粹是为了营利，因而归根到底是为了生产而完成的——又在气象学、动物学、植物学、生理学（人体的）方面，展示了无数在此以前还见不到的材料。第四，印刷机出现了。"[1]可见，在彻底摆脱了封建专制主义和宗教神学的桎梏后，随着生产的大发展，科学就像一匹脱缰的野马，在欧洲广袤的原野里飞驰。

三、科学时代的开始：西方的世纪

经过文艺复兴、宗教改革、地理大发现、启蒙运动及资产阶级大革命，欧洲的科学文化、思想价值观念以及宗教、政治、经济和社会等方面都产生了惊人的历史性巨变。美国学者默顿指出："十七世纪把种种前提因素汇集到一起，科学知识的积累已足够解决手头的初始问题，实验方法已告成熟，'足以迎接其伟大时刻的智力天才'接二连三地出现，还有一个社会态度的复合体，出于不同的——宗教的、经济功利的观念方面的——理由，这个复合体有利于（人们发生）对科学的兴趣。"[2]正是由于科学由贬损与压抑转而受到前所未有的认可与鼓舞，个人天赋才能的作用被史无前例地凸显出来，经济、政治、宗教、哲学与科学的相互依赖，使欧洲迎来了科学技术繁荣昌盛、突飞猛进的新时代。世界科学技术的格局也由此发生了历史性的巨变，科技中心由东向西，欧洲成了世界科技的中心，在近现代史上独领风骚数百年。欧洲不仅建立了门类较为齐全的科学体系、较为完善的科技体制，涌现出了大批出类拔萃的科学家，而且创造了日新月异的欧洲文明，引发了影响人类文明进程

---

[1]〔德〕恩格斯：《自然辩证法》，中共中央马克思恩格斯列宁斯大林著作编译局编译，人民出版社2018年版，第28-29页。
[2]〔美〕默顿：《十七世纪英国的科学、技术与社会》，范岱年、吴忠、蒋效东译，四川人民出版社1986年版，第106-107页。

的科学革命、技术革命和产业革命。

以科学理性与宗教神学展开具有划时代意义较量的先驱人物，当推近代天文学的奠基人、波兰人哥白尼（Nicolaus Copernicus，1473—1543年）。当时正统的理论是托勒密学说，根据这种学说，地球处在宇宙的中心，是静止不动的，而太阳、月亮、行星以及恒星体都按照各自的圆形轨道绕地球旋转。1543年，他发表了科学史上的不朽巨著——《天体运行论》，提出"日心说"，这无疑是一个具有革命性意义的象征。日心说不仅意味着地球不是静止不动的，也不再被认为是宇宙的中心，而是和所有行星一样，围绕着宇宙的中心——太阳旋转；而且意味着科学思维第一次向神学公开挑战，否定了长期以来禁锢着欧洲人对宇宙探索的"上帝创世说"，迎来了科学时代的曙光。哥白尼的日心说经布鲁诺（Giordano Bruno，1548—1600年，意大利思想家、科学家、哲学家和文学家，哥白尼学说的维护者，意大利天主教的叛逆者，1584年他因在《论无限的宇宙和诸世界》一书中发展了哥白尼的学说，提出宇宙无限论，触犯天规，成为"日心说"的殉道者）、伽利略（Galileo Galilei，1564—1642年）[①]及开普勒［Johannes Kepler，1571—1630年，德

---

① 伽利略是他所处时代最著名的科学家，在数学、物理学、天文学等领域都卓有建树。他在科学问题上拒绝权威和神秘思辨，主张所有的一般命题都应当建立在观察和实验的基础上，万物都是原子运动的结果，处理数量关系的数学是最高级的科学，"宇宙之书是用数学符号写成的"。美国学者威廉·麦克尼尔说，伽利略比任何人都更值得被称为"欧洲现代科学之父"。他关于地球运行的法则，他最早用自制的天文望远镜观察得到的新发现，证实了哥白尼学说的正确性，他还发现了太阳黑子、木星及月球表面有如地球一样的峭壁林立、起伏不平与金星有位相变化等，他那些独创性的实验和精确的测量以及对所发现的一切事物进行系统的理论阐释等，使欧洲的物理学走上了正路，彻底改变了欧洲知识界的面貌（威廉·麦克尼尔《西方的兴起：人类共同体史》）。科恩认为，他至少在望远镜天文学、运动原理与运动规律、数学与经验的关系的模式、实验科学或实验法科学、科学哲学等独特领域著称于世，至少两个世纪中许多科学史家和科学哲学家都在为伽利略革命而欢呼，他使天文学在人们心目中获得了有史以来最为崇高、最为完美的地位，17世纪的天文学无疑就是伽利略天文学（《科学中的革命》）。1632年，由于他在发表的《关于两种世界体系的对话》一书中批判"地心说"、捍卫"日心说"，遭到罗马教皇的迫害。

国天文学家、物理学家、数学家,在17世纪初发现了行星运动三定律:每一个行星都沿各自的椭圆轨道环绕太阳旋转,而太阳则处在椭圆的一个焦点中;在相等时间内,太阳和运动中的行星的连线(向量半径)所扫过的面积都是相等的;绕以太阳为焦点的椭圆轨道运行的所有行星,其椭圆轨道半长轴的立方与周期的平方之比是一个常量。开普勒的三定律进一步丰富了哥白尼学说,动摇了上帝创世说]等天文学家的补充完善,彻底动摇了被基督教奉为正统的托勒密"地球中心说",从而掀起了近代自然科学反对宗教神学的第一次革命,拉开了第一次科学革命的序幕。科恩说:"哥白尼学说的内在含义,即人类及其所居住的地球在宇宙中的中心位置被别的星球取代了,……当人们被告之:他所居住的行星已经被从一个固定的中心位置上移走了,它只不过成了(用哥白尼的话说)'另一个行星',而且从物理上讲,成了一个相当不起眼的行星,此时此刻,对他的自尊心肯定是一个实实在在的打击。"他据此认为:"哥白尼思想也许最终超越了严格的科学范围之外,其影响比牛顿思想更大,这是因为,那种以为人在宇宙中有着独特的地位,而且唯人独尊的观点,亦即传统的人类中心说,被哥白尼学说动摇了。从这方面讲,哥白尼的影响大概与达尔文的影响而不是牛顿的影响更为相似。"[1]丹皮尔说:"哥白尼教人用新的眼光去观察世界。地球从宇宙的中心降到行星之一的较低地位。这样一个改变不一定意味着把人类从万物之灵的高傲地位贬降下来,但却肯定使人对于那个信念的可靠性发生怀疑。因此,哥白尼的天文学不但把经院学派纳入自己体系内的托勒密的学说摧毁了,而且还在更重要的方面影响了人们的思想与

---

[1] 〔美〕科恩:《科学中的革命》,鲁旭东、赵培杰、宋振山译,商务印书馆1998年版,第18—19页。

信仰。"① 尽管人们的观念发生彻底改变是一个漫长的过程,"地球是宇宙的中心,人乃创造万物的唯一目的和意义一类的流行看法,在一般人的信仰里虽然仍有其地位,可是有知识的人士早已把同这些看法有联系的一些天文学观念抛弃了"②。

培根的《新工具》(*Novum Organum*,原名《新工具或解释自然的一些指导》最初于1620年出版)和笛卡尔的《方法论》(1637年笛卡尔用法文写成三篇论文《屈光学》《气象学》和《几何学》,并为此写了一篇序言《科学中正确运用理性和追求真理的方法论》,简称《方法论》或《方法谈》)则为人们探讨学术和宇宙的本质提供了新的思想观念和科学实验精神。英国哲学家、实验科学与近代归纳法的创始人弗朗西斯·培根(Francis Bacon,1561—1626年)不仅在哲学史上占有崇高的地位,而且在科学史上也享有荣光,我们熟知的"知识就是力量"就是他所言。培根做研究与过去那种枯燥无味的推理不同,他认为科学应该严格以通过感官获得的经验知识为基础,并借助归纳法的手段来进行。黑格尔说,培根是"一直被赞扬为指出知识的真正来源是经验的人,被安放在经验主义认识论的顶峰。事实上,他确实是英国所谓哲学的首领和代表,英国人至今还没有越出那种哲学一步。"③ 伏尔泰对他的评价是:"在掌玺大臣培根以前,没有人知道实验哲学;并且在他以后,我们所做的种种物理实验几乎没有一件不是在他的书里(即《新工具》)已经指出过的。他自己也做了许多实验;他做了各种不同的抽气机,从而他想到了空气的弹性;他曾经对空气重量的发现做反复研究,他接触

---

① 〔英〕W.C.丹皮尔:《科学史及其与哲学和宗教的关系》(上册),李珩译,张今校,商务印书馆1997年版,第174页。
② 〔英〕W.C.丹皮尔:《科学史及其与哲学和宗教的关系》(下册),李珩译,张今校,第344页。
③ 〔德〕黑格尔:《哲学史讲演录》(第四卷),贺麟、王太庆译,商务印书馆2014年版,第19页。

到它；但这一真理却被托里拆利①获得了。不久以后，实验物理学差不多立即开始在欧洲各地同时研究起来。这本是培根推测到的一座隐藏着的宝库，所有哲学家，被他的预言所鼓舞，都努力发掘这一地下宝藏。"②康德对于培根在自然科学上的贡献也有类似的评价："物理学踏入科学的康庄大道的时间（比数学）更晚些。事实上大约一百五十年以来，天才的培根已为物理学研究指出了新方向，或者说，当其他人也已走上正途的时候，他已为沿着这个方向的努力注入了新鲜活力。在这个事例中，就像对数学一样，可以确证是一场急剧的智力革命。"③科恩认为，培根是"新科学的先驱"，他"对科学革命的贡献有四个方面：作为一名科学哲学家，他提倡了一种研究大自然的方法；他集中地对科学（以及广义地讲，人类知识）进行了分类；他洞察到新科学的实际应用，将会改进生活的质量和人类对大自然的控制；并且，他设想并组织了科学共同体（强调了科学院校和科学团体）的重要性。培根是归纳法的代言人，而归纳法——与大量的实验和观察相结合——构成了许多科学的基础，培根也就因此成了新科学的代言人。"④我国现代科学家任鸿隽则直言道："欧洲科学之成立，原于归纳的论理法。此非爱里俄一人之私言。凡少习欧洲历史者，未有疑其言者也。今夫回溯欧洲科学之祖者，不以为加里雷倭（即伽利略），不以为牛顿，而以弗兰斯氏培根（Francis Bacon）当之。培根者，首倡为以归纳的方法研究自然事物者也。虽其人于科学上未有重要发明，而其建立归纳的论理法

---

① 托里拆利（Evangelista Torricelli, 1608—1647年），意大利物理学家、数学家，伽利略的学生。
② 〔法〕伏尔泰：《哲学通信》，高达观等译，上海人民出版社1986年版，第47页。
③ 〔德〕康德：《纯粹理性批判》，转引自陈乐民、周弘：《欧洲文明的进程》，生活·读书·新知三联书店2014年版，第233页。
④ 〔美〕科恩：《科学中的革命》，鲁旭东、赵培杰、宋振山译，商务印书馆1998年版，第185页。

以为研究事物必由之术,则为科学发生之种子。此其功在万世而不可没也。"[1]比培根略晚的法国哲学家、科学家、演绎法的创立者笛卡尔(René Descartes,1596—1650年),其学说在当时也盛极一时,我们熟知的"我思故我在"就是他的名言。他对待科学的态度与培根迥然不同,培根是一位经验主义者,而笛卡尔则是一位理性主义者。他认为思想只属于人类所有,其他一切都是物质。他把理性作为其整个学说的出发点,他的绝大多数理论都不能用经验(或者说实验)来验证,而是建立在严密的数学法则和理性思辨的基础上。所以拉尔夫等人认为,在培根和笛卡尔之后大约一百年时间里,英国的科学团体是培根主义者,法国则是笛卡尔主义者。"英国人主要集中精力在自然科学的各个领域从事经验性的实验,促进了具体科学的进步;法国人则仍然倾向于强调数学和哲学理论"[2]。英、法两国科学发展的这一分野直到牛顿时代的来临才消失。笛卡尔不仅天资颖悟,而且好学不倦,涉猎极广,博览各种学说,举凡古代典籍、哲学、数学、化学、物理学、天文学等均有涉足和研究。黑格尔说,笛卡尔"事实上是近代哲学真正的创始人,因为近代哲学是以思维为原则的。独立的思维在这里与进行哲学论证的神学分开了。思维是一个新的基础。这个人对他的时代以及对近代的影响,我们绝不能以为已经得到了充分的发挥。他是一个彻底从头做起、带头重建哲学的基础的英雄人物,哲学在奔波了一千年之后,现在才回到这个基础上面";"笛卡尔不但对哲学有新发展,对数学也有新发展。他发明了许多重要的方法,在这些方法的基础上,后来建立了高等数学上各种最光辉的成就。直到今天,他的方法还是数学上一

---

[1] 任鸿隽:《建立学界再论》,载樊洪业、张久春选编:《科学救国之梦——任鸿隽文存》,上海科技教育出版社、上海科学技术出版社2002年版,第11页。

[2] 〔美〕菲利普·李·拉尔夫等:《世界文明史》(下卷),赵丰等译,商务印书馆2001年版,第120页。

个重要的基础。笛卡尔是解析几何学的发明者,因此也是在这一方面为近世数学指出道路的人"。他对物理学、光学、天文学也有研究,并且在这些方面有极大的发现,比如他对机械学也很有研究。在黑格尔看来,他的"自然哲学纯粹是机械论的"。他"把一切关系都归结到静止和运动,把颜色、滋味等一切物质差异性都归结到机械作用,即微粒子运动";他"考察了世界体系、天体运动。他讲述了运动和静止、地球、太阳等,并由此进而论述他那种关于天体做旋涡式循环运动的看法,论述那些关于微粒子在孔隙中流出流入、穿过和互撞的思考和形而上学假设,最后还论述了硝石和火药"[1]。科恩认为,笛卡尔对科学改革的杰出贡献,就是机械论哲学的建立,"到牛顿的《原理》发表时,笛卡尔的机械论哲学已经在欧洲科学中占据了统治地位"。科恩甚至转引保罗·施雷克这位20世纪中叶重要的科学和哲学分析家的话语来评价笛卡尔,认为尽管"牛顿的《原理》……在物理学中导致了一场根本性的变革",但"很难说是与笛卡尔的《原理》具有同等档次的富有革命性的著作"。科恩同时认为,"笛卡尔是有史以来最伟大的数学家之一"。他引用约翰·斯图亚特·穆勒的话,认为笛卡尔的数学是"这门精确科学发展中有史以来取得的最伟大的独一无二的进步"。笛卡尔本人也不谦虚地说,他的新几何学胜于一般的几何学(即欧几里得几何学),"恰如西塞罗的修辞学高于小孩的 ABC 那样"[2]。

可以说,文艺复兴、宗教改革及由哥白尼和培根、笛卡尔、洛克等科学巨人引发的科学革命,为18世纪启蒙运动及随后的工业革命的展开提供了先决条件。但在此之前,尽管欧洲知识界的天才们

---

[1] 〔德〕黑格尔:《哲学史讲演录》(第四卷),贺麟、王太庆译,商务印书馆2014年版,第69页;第71页;第99页。
[2] 〔美〕科恩:《科学中的革命》,鲁旭东、赵培杰、宋振山译,商务印书馆1998年版,第194页;第200页;第196—197页。

倾向于将注意力集中在科学和理性主义哲学而非神学之上，也不再苛求自己所得结论与基督教信条的协调一致，但科学精神在欧洲仍然没有得到广泛的传播，自然科学的发展速度仍不够快、水平仍比较低，许多研究还处于基础阶段；科学与技术在应用层面虽有所拓展，但手工技术仍占主导地位。有如恩格斯所言："18世纪综合了过去历史上一直是零散地、偶然地出现的成果，并且揭示了它们的必然性和它们的内部联系。……无数杂乱的认识资料得到了清理，它们有了头绪，有了分类，彼此间有了因果联系；知识变成了科学，各门科学都接近于完成，即一方面和哲学，另一方面和实践结合了起来。……18世纪以前根本没有科学；对自然的认识只是在18世纪（某些部门或者早几年）才取得了科学的形式。"[1] 直到人类文明史上最伟大的科学家、英国人牛顿（Isaac Newton，1643—1727年）的出现，人类才真正进入一个崭新的科学时代，人类最宝贵的理性精神才得以重见天日，一切宗教神学才被彻底拉下宝座，黯然失色。正如启蒙时期的英国古典主义诗人蒲柏（Alexander Pope，1688—1744年）所言："自然与自然的法则隐藏在黑夜里；上帝说：'牛顿诞生吧！'于是，一切光明。"[2] 牛顿这位科学巨星在数学、光学、热学和天文学等方面都做出了前所未有的开创性贡献。在数学上，牛顿创立了二项式定理，发展了方程式理论，并与莱布尼茨并称为微积分的创始人；在光学方面，牛顿致力于色的现象和光的本性的研究，他用三棱镜把白光分解为七色光，并确定每种颜色光的折射率，制作了牛顿色盘，他还阐述了光的性质是微粒子的观点；在热学方面，牛顿确定了冷却定律；在天文学方面，牛顿创制了反射望远镜，

---

[1] 中共中央马克思恩格斯列宁斯大林著作编译局编译：《马克思恩格斯全集》（第1卷），人民出版社1956年版，第656页。

[2] 〔美〕帕尔默、科尔顿：《近现代世界史》（上册），孙福生等译，商务印书馆1992年版，第373页。

初步考察了行星运动规律,把月球和其他星球的运动简化为数学方程式,并用这些方程式描述地球上物体的运动,他预言地球不是正球体,并由此说明了岁差现象。黑格尔说,如果"实验科学在英国人那里就叫作哲学",那么"数学和物理学就叫作牛顿哲学"[①]。当然,牛顿最伟大的贡献是创造了"经典力学"体系。1687年,牛顿发表了一部划时代的科学巨著——《自然哲学的数学原理》。在这部著作中,牛顿提出了经典力学的基本原理:物质是不变的,由原子构成;物质运动遵循三项法则,即惯性定律、加速度定律和作用力与反作用力大小相等定律;并在此基础上综合哥白尼的天文学和伽利略的物理学成就,进一步研究发现了可以解释一切运动的"万有引力定律"。牛顿的经典力学理论,系统地解释了宇宙万物运动的客观规律,说明了当时人们所能理解的一切力学现象,解决了行星运动、落体运动、振子运动、微粒运动、声音和波、潮涨潮落以及地球的扁圆形状等各种各样的问题,这是人类对自然界机械运动规律认识的一次飞跃。牛顿经典力学的创立及在其他学科领域的巨大成就,不仅直接支持和推动了物理学长达两个世纪的发展,而且对各门科学的发展都产生了无法估量的影响。牛顿因此获得了科学家史无前例的荣光。1703年,他被推选为英国皇家学会会长;1705年,英国女王授予他爵士头衔;1727年,牛顿去世,英国为他举行了国葬。这是英国历史上科学家第一次享有这样的尊荣。美国历史学家拉尔夫等人指出,科技史专家认为"牛顿的万有引力定律是人类心灵上最令人惊叹的单一成就",事实上"就思想的独创性和力量或其成就的重要性而定,整个科学史上没有任何著作可以与《数学原

---

① 〔德〕黑格尔:《哲学史讲演录》(第四卷),贺麟、王太庆译,商务印书馆2014年版,第69页;第181–182页。

理》相媲美"①。恩格斯说:"近代自然科学的第一个时期——在无机界的领域内——是以牛顿宣告结束的。这是一个掌握已有材料的时期,它在数学、力学和天文学、静力学和动力学的领域中获得了伟大的成就,这一点尤其要归功于开普勒和伽利略,牛顿就是从他们那里得出自己的结论的"②;"牛顿由于发现了万有引力定律而创立了科学的天文学,由于进行了光的分解而创立了科学的光学,由于创立了二项式定理和无限理论而创立了科学的数学,由于认识了力的本性而创立了科学的力学。"③在牛顿之后的18世纪,许多数理物理学家又获得了一系列令人惊羡的成就,尤其是在牛顿发表的《自然哲学的数学原理》一百年后的1787年,法国著名数学家、物理学家拉格朗日(Joseph-Louis Lagrange,1736—1813年)④发表了他的名著《分析力学》,进一步把数学分析应用于质点和刚体力学,提出了运用于静力学和动力学的普遍方程,引进广义坐标的概念,建立了拉格朗日方程,把力学体系的运动方程从以力为基本概念的牛顿形式,改变为以能量为基本概念的分析力学形式,奠定了分析力学的基础,为力学理论在物理学其他领域的推广应用开辟了道路。因此,他的"分析力学"被怀特海誉为"达到了登峰造极的地步,所以便一直是所向无敌的"。⑤

在哥白尼、伽利略、开普勒、培根、笛卡尔、牛顿等哲学家、思想家和科学巨星的影响下,欧洲的思想界、知识界不仅异常频繁

---

① 〔美〕菲利普·李·拉尔夫等:《世界文明史》(下卷),赵丰等译,商务印书馆2001年版,第122页。
② 〔德〕恩格斯:《自然辩证法》,中共中央马克思恩格斯列宁斯大林著作编译局编译,人民出版社2018年版,第6页。
③ 中共中央马克思恩格斯列宁斯大林著作编译局编译:《马克思恩格斯全集》(第1卷),人民出版社1956年版,第656页。
④ 他在数学、力学和天文学三个学科中都做出了重大的历史性贡献,但他主要是数学家,在数学的很多领域尤其在数学分析上具有开拓性的贡献。
⑤ 〔英〕怀特海:《科学与近代世界》,何钦译,商务印书馆1997年版,第58页。

地显示出对自然界的探索与研究兴趣,而且开始去除神秘和巫术的元素,试图以一种完全自然的方式去解释自然现象,初步树立起了一种全新的观念。他们抛弃了超自然的世界观,认为科学方法是值得信任的,相信所有的自然现象都是由物体按照固定的法则运动引起的,并由此形成了以理性为基础的"自然神论"的哲学思潮,反对以神的启示为基础的基督教传统。尽管自然神论者并不直接否定上帝,但宗教神学的理论基础已被摧毁。因为在自然神论者看来,上帝虽然是超然于自然界之外的造物主,但世界被创造后,上帝就不能再干预了,而任由世界按自身规律运动,上帝只是一个"不在家的主人"。由此,在16—18世纪,欧洲在经过将近千年的基督教神学的绝对统治后,唯物主义和无神论开始以神学异端的形式出现。科学理性得到张扬,科学与无神论和唯物主义开始联姻,科学方法成为研究自然现象与人类社会的唯一正确途径,科学研究的热情高涨,人们的创造潜能得到前所未有的发挥,在生物学、医学、化学、数学等学科领域都创造了惊人的成就。

在医学和生物学领域,哈维的血液循环理论、沃尔弗的渐成论和林奈的分类学,是这一时期最主要的成就。哈维之前的一位比利时名医安德烈·维萨里(Andreas Vesalius,1514—1564年)是不能被忘记的。维萨里是近代人体解剖学的创始人,他于1543年发表了对骨骼、肌腱、神经等几大系统进行描述的著作——《人体机构》,该书可视为科学解剖学建立的重要标志。在这部著作中,维萨里大胆冲破了以盖伦为代表的旧权威们臆测的解剖学理论(盖伦解剖过很多动物但没有解剖过人体),以丰富的人体解剖实践资料,对人体的结构进行了精确的描述。他认为,人体的所有器官、骨骼、肌肉、血管和神经都是相互密切联系的,每一部分都是有活力的组织单位。他还通过亲自解剖、观察人体,纠正了盖伦关于人体血液是从右心室通过中隔流入左心室之说(但没有进一步说明血液是如何循环的),大胆否定了上帝用男人的肋骨创造女人及死人可通过"复活骨"复活的谬论。《人体机构》发表后,引起了当时的解剖学家和医生们的震惊,维萨里也因此遭到了盖伦后继者们的疯狂攻击,宗教裁判所更趁此对他提起公诉并判他死罪,最后在国王的干预下才免遭处死,改判往耶路撒冷朝圣。但在归航途中航船遇险,年仅50岁的维萨里不幸身亡。继维萨里之后,西班牙医生塞尔维特(Michael Servetus,约1511—1553年)提出了"血液肺循环说"。英国医生威廉·哈维(William Harvey,1578—1657年)在血液肺循环说的基础上,于1628年出版了《论心脏的运动》一书及补充部分《论血液循环》(1649年)。哈维通过活体解剖与实验观察,在该书中提出了有关心脏运动及其功能与血液在身体中循环运动的新概念,首次论证了心脏、动脉和静脉构成了一个"循环系统"。哈维的血液循环理论开辟了生理学研究的新纪元。恩格斯认为"哈维由于发现了血液循环而把生理学(人体生理学和动物生理学)确立为科学"[1]。

这一时期医学进步的显著表现除了解剖学和血液循环理论等方面的成就外,还出现了一个十分引人注目且改变人类命运的重大成果,那就是接种疫苗,用种牛痘来预防天花。中国早在宋真宗时代就开始通过种人痘来预防天花,后来这种方法经由亚洲其他国家传入欧美各国,不过这种疫苗不够安全。在医疗实践中,英国医生爱德华·琴纳(Edward Jenner,1749—1823年)从牧场挤奶女工在患牛痘的母牛身上感染牛痘[2]却没有染上天花这一发现中得到启发。他由此推断挤奶女工在日常工作中接触到了牛痘病毒,获得了天花的免疫力。于是,他于1796年5月引入"种牛痘"(Vaccination)来

---

[1] 〔德〕恩格斯:《自然辩证法》,中共中央马克思恩格斯列宁斯大林著作编译局编译,人民出版社2018年版,第29页。
[2] 牛痘是一种由牛痘病毒所引发的皮肤疾病,患者会出现红疹,牛痘病毒是天花病毒的近亲,该病会通过与牛的接触而传染给人类。

预防天花，牛痘疫苗从此产生。后来的事实证明，这一办法相对来说更为安全，而且对预防天花又有奇效，因而得到广泛应用，天花发病率普遍下降，天花狂魔自此被逐步制服，1980年世界卫生组织宣布天花被彻底消灭。用牛痘病毒进行免疫接种去预防由近亲病毒所引起的天花，这是接种疫苗首度成功的案例，为免疫学开创了广阔的领域。琴纳由此赢得了极大的赞誉，被称为"免疫学之父"。1802年前后，东印度公司在华的英国外科医生皮尔逊（Alexander Pearson）将牛痘接种术传入澳门，并写了一部关于如何种痘的小册子于1805年出版。当时广州十三行商人在广州公所建立了一个免费接种牛痘的善局，雇用了中国最早、最著名的一位种痘师邱熺。邱熺早年在澳门洋行谋生，后来在外国人的诊室担任助手，是最早接受种痘术培训的中国人之一。他掌握种牛痘技术后，努力在中国推广，并于1817年出版了中国第一部也是最有影响的关于接种牛痘的中文著作《引痘略》，用来指导种痘术的使用。

生物学在这一时期的重要成就，主要是胚胎发育"渐成说"及早期进化论思想的形成。德国胚胎学家、解剖学家卡弗·沃尔弗（C. F. Wolff，1733—1794年）通过对鸡的胚胎发育过程的研究，发现在有机体的生殖细胞或受精卵里一开始并没有组织和器官的雏形，组织和器官是在胚胎发育过程中逐渐形成的。这种渐成论思想，他在1759年出版的《发育论》一书中进行了系统阐述，沃尔弗也因此被后人誉为"近代胚胎学的创始人"。法国博物学家、进化论思想的先驱人物乔治·布丰（Georges-Louis Leclerc de Buffon，1707—1788年）在其皇皇巨著《自然史》[①]中，完全否认《圣经》的"创

---

① 乔治·布丰的《自然史》是一部博物志，包括《地球形成史》《动物史》《人类史》《鸟类史》《爬虫类史》《自然的分期》等几大部分。作者根据大量的实物标本做推论，反对权威的臆说，提出了许多有价值的创见。《自然史》全书分为44卷，于1749—1778年相继出版。

世说",认为宇宙的主人不是上帝而是人,人是自然界的中心,决定着他周围的一切。他承认人类和其他灵长目动物有密切关系,但不完全认同人类是经进化而产生的说法。他认为,整个有机体可能是由单一物种遗传下来的,他因此被认为是达尔文进化论的先驱人物。与此同时,随着人们对动植物认识的扩展和深化,对动植物进行分类和命名并使其系统化,成为迫切需要。瑞典著名科学家林奈(Carl von Linné,1707—1778年)在其1735年出版的《自然系统》一书中,建立了一套迄今仍在使用的动植物分类的基本体系——"林奈分类法"。他把自然界分为动物、植物和矿物三界,在界的下面又按照从属关系分为纲、属、种三个等级。在林奈的分类体系中,每一种动植物都用两个科学的拉丁名字来命名,即"双名命名制",第一个名字表明它的属,第二个名字表明它的种。对此,恩格斯曾高度评价说,在18世纪,"以牛顿和林奈为标志的这一时期末,我们见到了这些科学部门在某种程度上已臻完成"[①]。

在化学领域,这一时期最重要的成就是英国化学家波义尔(Robert Boyle,1627—1691年)提出"化学元素"的概念,把化学确立为科学;及法国化学家拉瓦锡(Antoine-Laurent de Lavoisier,1743—1794年)建立的"氧化燃烧学说"。1661年,波义耳出版了他的成名之作《怀疑派化学家》。在书中,他首次明确地提出应把化学当作自然科学的一个分支,而不应把化学当成炼金术与制药业的附属品,就此把化学和化学工艺区别开来;他最早使用有刻度的仪器来测定气体和液体的体积,借助气泵建立了著名的"波义耳定律";他还发现了"磷",用一些植物色素检验酸、碱性,在分析化学上做了很多有意义的工作。当然,他最重要的贡献是首次提出了"化学元素"的概念,认为自然界的物质是由化学元素化合而成,从而用化学

[①] 〔德〕恩格斯:《自然辩证法》,中共中央马克思恩格斯列宁斯大林著作编译局编译,人民出版社2018年版,第11页。

元素论替代了炼金术的理论。尽管波义耳未能提出鉴别元素与化合物的方法，且错误地把火、水、空气仍视为元素，但无损于他在化学史上的地位。正是他的这些研究成果，拨开了炼金术的迷雾，为化学发展成为真正的科学奠定了基础。所以恩格斯认为是他"使化学确立为科学"[1]。当然，在化学发展成为科学的过程中，法国化学家拉瓦锡建立的"氧化燃烧学说"更是居功至伟。拉瓦锡证明了氧气是空气的一个成分。他认为，空气是气态物质而非某种容易变态的单一物质的混合物。氧气是燃烧、煅烧和呼吸过程中的积极的作用物。拉瓦锡关于"氧气或空气的要素在燃烧和煅烧中的作用"的分析记录在1772年11月的一篇学术短文中，该文于1773年5月5日在皇家科学院宣读。拉瓦锡在该文中指出，硫在燃烧时不但不会失去重量，相反会增加重量，磷也是相同的情况，而这一重量的增加来自在燃烧过程中凝固的大量空气，即后来他所发现的空气的一部分——"氧"。这个发现使他相信，"对于由于燃烧或煅烧中而增重的所有物质来说，很可能会发生同样的现象"[2]。拉瓦锡建立的氧化燃烧学说，推翻了统治欧洲化学界长达百余年的"燃素说"，完成了划时代的"化学革命"。拉瓦锡的伟大之处，还在于他发现了化学反应中的"质量守恒定律"，形成了用化学方程式说明化学反应过程的思想，提出了定量化学分析的概念。他还首次建立了化学元素和化合物的命名法，列出了化学史上第一张元素表。他于1789年出版的《化学纲要》是化学学科的奠基性著作，它的问世标志着化学学科的正式形成，他本人亦被普遍认为是18世纪最伟大的科学家、"现代化学之父"。英国哲学家怀特海指出，18世纪下半叶，"拉瓦锡实际上把化学奠定在现代的基础上了。

---

[1] 〔德〕恩格斯：《自然辩证法》，中共中央马克思恩格斯列宁斯大林著作编译局编译，人民出版社2018年版，第29页。

[2] 〔美〕科恩：《科学中的革命》，鲁旭东、赵培杰、宋振山译，商务印书馆1998年版，第291页。

他确定了物质在任何化学变化中不生不灭的原则。这是唯物论思想的最后一个胜利,这理论一直到现在还没有最后证明出可以有不同的说法。当时的化学科学只是在等待着下一世纪的原子理论"[1]。丹皮尔亦说:"或许从哲学的观点来看,物理科学新发展的最早的唯一的重要影响,是拉瓦锡证明物质通过一切化学变化常住不灭以后所造成的影响。……拉瓦锡用科学方法证明物质经过化学作用,虽然在表面上有改变与消灭的现象,然由其重量测得,总质量恒定不变,这样他就大大加强了把物质看作最后实在的常识性的看法,因为人们凭借常识觉得,历时不灭乃是实在的标志之一。"[2]

在数学领域,这一时期也取得了辉煌的成就。英国数学家纳皮尔(John Napier,1550—1617年)大约在1594年发明了对数,使乘除运算转化为加减运算。后来英国数学家、牛津大学数学教授布里格斯(Henry Briggs,1561—1630年)与纳皮尔共同研究,进一步完善了这种计算方法。1617年,布里格斯出版了《一千个数的对数》,在该书中他提出10作为对数的底,并给出1000个数的常用对数表,从此确立了后来通用的对数计算方法。1624年,布里格斯又在其新著《对数算术》中论述了对数的应用和计算方法,还给出了3万个数的常用对数表,且精确到14位有效数字。法国数学家费马(Pierre de Fermat,1601—1665年)和笛卡尔把变数概念引进数学,把代数和几何结合起来,创立了解析几何学。解析几何学的创立具有十分重大的意义,它不仅以计算方法上的显著优势而被广泛运用于各个科学领域,而且把变数引进了数学,成为数学发展中的转折点,为微积分的出现奠定了必不可缺的基础。牛顿和德国数学家莱布尼茨(Gottfried Wilhelm Leibniz,1646—1716年)分别在研究力学和几何学的过程

---

[1] 〔英〕怀特海:《科学与近代世界》,何钦译,商务印书馆1997年版,第58页。
[2] 〔英〕W.C.丹皮尔:《科学史及其与哲学和宗教的关系》(下册),李珩译,张今校,商务印书馆1997年版,第397页。

中，建立了导数、积分的概念和运算法则，阐明了求导数和求积分是互逆的两种运算，奠定了微积分学的基础。尽管牛顿和莱布尼茨是各自独立地研究微积分学的，且牛顿较莱布尼茨早十年发明微积分，但由于莱布尼茨的著作先于牛顿发表，加之其表述方式较牛顿先进，并率先使用"函数""坐标"等微积分学概念，因此目前微积分教科书中仍沿用莱布尼兹所使用的符号[①]。在恩格斯看来，"在一切理论进展中，同17世纪下半叶发明微积分比较起来，未必再有别的东西会被看作人的精神如此崇高的胜利"[②]。对于17世纪在数学上取得的成就，怀特海在《科学与近代世界》的讲演中给予了至高的评价。他指出："几何学的现代时期的开创人是三位法国人：一个是笛卡尔，一个是德札尔[③]，另一个是帕斯卡。还有一个法国人——费马则奠定了现代分析数学的基础，只是没有使微分的方式达到完满的境地。出生在上述诸人之间的牛顿和莱布尼兹把微积分作为一个实际的数学推理法创造出来了。到那个世纪末期，数学作为应用到物理问题上的工具来说，已经在很大的程度上达到了现代这种纯熟的地步。……由于数理物理学家的出现，带来了一种思维方式。这种方式将统治下一世纪的科学界。这将是一个'数学分析得胜'的时代。"[④]

在天文学领域，这一时期最重大的成果是德国著名哲学家康德（Immanuel Kant，1724—1804年）于1755年发表的《自然通史

---

① 黑格尔认为，微分学实际上是莱布尼兹于1677年发明的，莱布尼兹和牛顿之间的争执，"是牛顿和伦敦科学会十分卑鄙地挑起的"，那些英国人喜欢把一切都归给自己，不以公道对待别人，才宣称牛顿是微分学的真正发明人。其实牛顿论述微分学的著作《原理》问世较晚，该书的第一版里还有一个注释赞扬莱布尼兹，但这个注释后来就不见了。(黑格尔《哲学史讲演录》)

② 〔德〕恩格斯：《自然辩证法》，中共中央马克思恩格斯列宁斯大林著作编译局编译，人民出版社2018年版，第183页。

③ 德札尔（Girard Desargues，1591—1661），法国数学家，今多译为"笛沙格"，以他命名的定理有笛沙格定理。

④ 〔英〕怀特海：《科学与近代世界》，何钦译，商务印书馆1997年版，第54页。

和天体论》，提出了著名的太阳系起源的"星云假说"。康德认为太阳系是由原始星云演化而成的。原始星云这种物质微粒最初不均匀地散布在空间中，在引力与斥力的作用下，这些星云物质开始旋转，在旋转过程中相互吸引与碰撞，逐渐形成太阳和行星。康德把这种假说推广到恒星世界，认为恒星系统也是由于相同的力学规律形成的，并认为整个宇宙天体处在不断的变化发展中。康德在这本书的前言里指出，要"运用力学定律从大自然的原始状态中探索天体本身的形成及其运动的起源"，并认为"大自然是自身发展起来的，没有神来统治它的必要"①。恩格斯认为，"18 世纪上半叶的自然科学在知识上，甚至在材料的整理上大大超过了希腊古代，但是在以观念形式把握这些材料上，在一般自然观上却大大低于希腊古代"，"科学还深深地禁锢在神学之中"。比如，"开初造成行星轨道的未经说明的切线力"是从哪里来的？植物和动物的无数种类是如何产生的？并非亘古就存在的人类最初是如何产生的？对于这些问题，恩格斯说，"自然科学往往只能以万物的创造者对此负责来回答"②。连笛卡尔这样伟大的哲学家和科学家，也在其皇皇巨著《哲学原理》中坚称："凡是神启示我们的，我们就必须相信，不管我们是不是理解。这并没有什么奇怪，因为我们是有限的，神的本性中的那种不可思议的无限内容是超出我们的理解能力的。"③在康德看来，"上帝"在"经验中找不到"，在"外部世界中找不到"，"也不能在内心世界中找到"，他曾经向整个天空去搜寻，也"找不到上帝"；

---

① 〔德〕康德:《宇宙发展史概论》(即《自然通史和天体论》)，上海外国自然科学哲学著作编译组译，上海人民出版社 1972 年版，第 4 页。

② 〔德〕恩格斯:《自然辩证法》，中共中央马克思恩格斯列宁斯大林著作编译局编译，人民出版社 2018 年版，第 13 页。

③ 转引自〔德〕黑格尔:《哲学史讲演录》(第四卷)，贺麟、王太庆译，商务印书馆 2014 年版，第 89 页。

但他同时也认为,"上帝是解释世界所必须的一种假设"①。所以,康德深知在宗教神学仍然统治着人们思想和精神的时候,提出这一观点无疑要承受巨大的风险,但他认为值得一试。他说:"我凭借小小的一点猜测,做了一次冒险的旅行,而且已经看到了新大陆的边缘。勇于继续探索的人将登上这个新大陆,并以用自己的名字来命名为快。"②在旧的自然观还没有被攻破、新的科学自然观还没有确立或者说尚在萌发之际,康德的确算得上是一个"投石问路"的先行者。恩格斯对于康德这一石破天惊的学说给予了极高的评价。他指出:"在这种僵化的自然观上打开第一个突破口的,不是一位自然科学家,而是一位哲学家。1755 年,康德的《自然通史和天体论》出版。关于第一推动的问题被排除了;地球和整个太阳系表现为某种在时间的进程中生成的东西。如果大多数自然科学家对于思维并不像牛顿在'物理学,当心形而上学啊'这个警告中那样表现出厌恶,那么他们一定会从康德的这个天才发现中得出结论,从而避免无穷无尽的弯路,省去在错误方向上浪费的无法估算的时间和劳动,因为在康德的发现中包含着一切继续进步的起点。"③遗憾的是,康德关于太阳系是从原始星云发展而来的星云假说,在当时并没有引起科学界的重视。直到 1796 年法国数学家、天文学家拉普拉斯(Pierre Simom Laplace,1749—1827 年)和英国天文学家赫歇尔(Frederick William Herschel,1738—1822 年)在《宇宙体系论》中提出与康德星云假说类似的观点,并用力学原理和数学方法加以论证后,才引起科学界的重视,于是人们将二者合称为"康德——拉普拉斯星

---

① 参见〔德〕黑格尔:《哲学史讲演录》(第四卷),贺麟、王太庆译,商务印书馆 2014 年版,第 283 页。
② 〔德〕康德:《宇宙发展史概论》(即《自然通史和天体论》),上海外国自然科学哲学著作编译组译,上海人民出版社 1972 年版,第 4 页。
③ 〔德〕恩格斯:《自然辩证法》,中共中央马克思恩格斯列宁斯大林著作编译局编译,人民出版社 2018 年版,第 14—15 页。

云假说"。1864年,英国天文学家威廉·哈金斯(William Huggins,1824—1910年),用光谱学方法进一步证实了宇宙空间存在着类似"康德—拉普拉斯星云假说"所设想的原始星云的炽热气团。

17—18世纪欧洲的科学发展,又催生人们对自由、人权和人的尊严的渴望,进一步促进了技术的迅速进步,使得这一时期的科学大大有别于古希腊时代的纯粹理性科学,走上了征服自然、改造社会的近代"实用主义"(或称"功利主义")的发展道路。科学技术与社会需求更直接、更具体、更紧密地联系在一起,纺织、采矿、交通运输、冶炼、机械制造、建筑、军事乃至农业、艺术等都由于科学技术的进步而得到了前所未有的发展,引发了传统生产方式和手段的革命性变革。这是对社会生产力的一次大解放,是人类探索自然、改造自然的一次质变。同时,也使得"经济事业的水平及幅度都发生了引人注目的变化,轮廓鲜明、范围广泛的资本主义正在崛起",而科学家"无论如何全神贯注于个人的工作,他在当时那种巨大的经济增长面前都不能无动于衷"[1]。这一时期最重要的经济产业是采矿业、交通运输业、纺织业。特别是纺织业随着纺织机械与蒸汽机(在后有专门论及)的发明与不断改进,生产效率空前提升,并催生了人类历史上最伟大的"工业革命"(或称"产业革命",19世纪20年代"产业革命"一词在欧洲特别是法国广为流传)的到来,使人类社会由以手工劳动为主的农业社会跃进为以机械动力为主的工业社会,标志着有文献记载以来人类生活的根本转变及社会性质的根本转型。科恩指出,在人类历史上,还"从来没有什么革命像产业革命这样是如此激动人心地'革命的'——也许新石器时代的革命是一个例外。这两次革命都改变了历史的进程,可以说,这其中的每一次革命都引起了历史过程中的突变。新

---

[1] 〔美〕默顿:《十七世纪英国的科学、技术与社会》,范岱年、吴忠、蒋效东译,四川人民出版社1986年版,第212页。

石器时代的革命使人类从一个由狩猎者的野蛮的群体组成的分散的集团（据霍布斯的名言，这时人类的生活是'孤独、贫穷、肮脏、野蛮和短暂的'）向一个有点相互依赖的农业社会集团转变。工业革命则使人由农夫—牧羊人转变为以无生命能源为动力的机器的操纵者"。工业革命是以棉花加工机的发明开始的。据科恩考证，最早明确提到"工业革命"的也许是英国农学家阿瑟·扬，他观察到的一个典型例子就是新发明的棉织机被广泛应用于羊毛生产，据此他在1788年指出"一场革命正在酝酿之中"[①]。美国历史学家帕尔默说："1739年有一个英国人做过估计，认为在不列颠诸岛上有四百二十万人'从事制造业'。这个数字包括妇女和儿童在内，几乎占全部人口的一半。这些人在自己的村舍内进行有特色的劳动，在'家庭'制度下为商人资本家所雇用，成为靠工资为生的人。上述人口中几乎有一半人，即约一百五十万人从事羊毛的纺织和加工。其他人从事铜、铁、铅、锡的制造业，还有一些人从事皮革业；一小部分人从事纸张、玻璃、瓷器、丝和亚麻业。在1739年，最小的行业是棉布衣服制造业，从事该行业的有十万工人。"[②] 棉纺织业的革新与技术进步的确可以说是这一时期最耀眼的事情。1733年，英国钟表匠约翰·凯伊（John Kay）发明"飞梭"织布机[③]；1767年，纺织工詹姆士·哈格里夫斯（James Hargreaves）发明

---

① 〔美〕科恩：《科学中的革命》，鲁旭东、赵培杰、宋振山译，商务印书馆1998年版，第336页；第332页。

② 〔美〕帕尔默、科尔顿：《近现代世界史》（上册），孙福生等译，商务印书馆1992年版，第312页。

③ 飞梭是一种半自动织布机，与原来手掷梭子方法相比较，效率提高一倍，布面也比原来的宽。1760年，约翰·凯伊之子罗伯特·凯伊进一步改进制成自动飞梭。

"珍妮"纺纱机（Spinning Jenny）[①]；1769年，理查德·阿克莱特（Richard Arkwright）发明"卷轴纺纱机"，珍妮机仍然要用人力，卷轴纺纱机以水力为动力，不必人工操作，而且纺出的纱坚韧结实；1779年，塞缪尔·克朗普顿（Somuel Crompton）发明"走锭精纺机"，走锭精纺机继承了珍妮纺纱机交替踏板的技术和水力纺纱机不用人手的特点，使纺织机械化真正成为现实；1785年，阿克莱特和卡特莱特（E. Cartwright）发明了由水力驱动的大型织布机，尽管这种织布机比较笨拙，但织布效率提高了40倍；1793年，美国人伊莱·惠特尼（Eli Whitney）发明轧棉机（又称"轧花机"），用机械把棉籽从棉花中分离出来，使棉纺织行业发生了革命性的变化。后来瓦特改良的蒸汽机又被组装到纺织机上，成功地实现了以蒸汽动力驱动纺织机的技术革命。纺织机械的一系列发明和技术革新，不仅使纺织业在降低成本的同时极大地提高了生产效率，而且使纺织业成为英国当时前景最为灿烂的新兴工业，为英国日后成为欧洲主要的产业中心并建立世界经济的霸主地位奠定了基础。

17—18世纪的欧洲科学思想体系，尽管如怀特海所言，"没有提出任何可以组成人类的直接心理经验的要素，这是它的缺点。同时对于整体的有机统一体也没有提出任何可以发展成电子、质子、分子、生物体等有机统一体的初步概念"[②]，但不可否认，这一时期是理性在思维中逐渐居于主导地位的时期，一大批天才学者和科学家把数学、天文学、物理学以及生命机体的研究，纳入了科学实验的思维体系当中。在这样一个天才的世纪，有如陈乐民先生所言，"好

[①] 珍妮机是一种手摇纺纱机，装有8个锭子，一次可以纺出许多根棉线，适用于棉、毛、麻纤维纺纱，较大地提高了生产率。这种手摇纺纱机制成以后，詹姆士·哈格里夫斯于1764年以女儿"珍妮"的名字命名。珍妮机不但比旧式纺车的纺纱能力提高了8倍，而且纺出的纱质量也比较好。珍妮机的出现，使大规模的织布厂得以建立，第一次工业革命也由此渐渐拉开序幕。

[②] 〔英〕怀特海：《科学与近代世界》，何钦译，商务印书馆1997年版，第71-72页。

像有一种无形的冲击力在冲击某种禁锢;在不可遏止地走向中世纪的反面。文艺复兴和宗教改革把人的想象力释放了出来,扩散和深入到了对宇宙万物的探讨中去,自然哲学则天然地和科学实验结合起来";"无论是经验主义,还是理性主义,实验科学已成为人类探索自然、发展自然科学的唯一有效门径,而且也只有通过实验科学才能把理性从神学的迷雾中解放出来归还给人,才有可能使18世纪成为'发明的世纪'并走向改变整个社会的'工业革命'"[①]。如果我们把这一时期称为第一次科学革命,那么正是这一时期使科学彻底摆脱了对神学的依附关系,"各门科学已经具有了科学形式"(恩格斯语),开创了科学发展史上的新纪元,促成了技术革命和工业革命时代的来临。接踵而来的是19世纪前半叶自然科学的三大发现:细胞学说、进化论、能量守恒和转化定律,标志着近代社会第二次科技革命的到来。在三大发现的基础上,自然科学各学科门类日趋完善成熟,古典科学得到全面发展并达到顶峰,科学不再像过去时代那样"躲在经验技术的隐蔽角落辛勤工作",而是走在了实际需要和经验技术的前面,并且科学研究和技术革新的成果也开始大规模地进入人类生活之中。丹皮尔指出:"在以前时代的大发明中,我们看见实际生活的需要推动技术家取得进一步的成就:那就是现在除了偶然发现所带来的发明之外,需要常在发明之先。但在十九世纪里,我们看见为了追求纯粹的知识而进行的科学研究,开始走在实际的应用与发明的前面,并且启发了实际的应用和发明。发明出现之后,又为科学研究与工业发展开辟了新的领域。例如,法拉第的电磁实验促成了发电机和其他电磁机器的发明,这些发明又向科学家提出新问题并给予科学家解决这些问题的新力量";同时,"科学的研究,至少在这一时期里和哲学探讨分了家。在整个十九世纪

[①] 陈乐民、周弘:《欧洲文明的进程》,生活·读书·新知三联书店2014年版,第231–232页。

里，多数科学家都有意识或无意识地抱有一种常识性的见解，以为科学所揭示的物质、它的性质及其间的关系，就是终极的实在，而人的身体就是机械结构，也许偶尔为心灵所控制或影响。许多物理学家在考虑科学的基本概念时，认识到这些意见是便利工作的假设，经不起严格考察；但在实验室与实际生活中，人们却没有时间来从哲学的角度表示怀疑"[1]。所以，19世纪不仅是天才人物璀璨的时代，而且是真正的"科学时代开始"，是科学的世纪。

生物学在19世纪的科学殿堂里占据极为显赫的地位，而细胞学说和生物进化论则是这门学科的丰碑。1590年，荷兰人詹森（Janssen）用一个凸透镜和一个凹透镜为主要构件，发明了第一台复式显微镜。显微镜的发明和使用，为细胞学说积累了丰富的实验资料。恩格斯在致马克思的信中说："对生理学有决定性意义的，一是有机化学的巨大发展，二是最近20年来才学会正确使用的显微镜。使用显微镜所造成的结果比化学更重大。"[2] 1801年，法国医生比沙（Xavier Bichat，1771—1802年）创立组织学理论，这是通向生命细胞学说的重要一步；1835年，德国生理学家约翰·穆勒（Johannes Peter Müller，1801—1858年）描述了"细胞"，并说明了有关细胞的性质与关系的各种事实；一个较为系统的细胞学说则是由德国植物学家施莱登（Matthias jakob Schleiden，1804—1881年）和动物解剖学家施旺（Theodor Schwaann，1810—1882年）相继建立起来的。1838年，施莱登发表《植物发生论》，在这篇论文中，施莱登根据他多年在显微镜下观察植物组织结构的结果，认为在任何植物体中，细胞是结构的基本成分，低等植物由单个细胞构成，高等植

---

[1] 〔英〕W.C.丹皮尔：《科学史及其与哲学和宗教的关系》（下册），李珩译，张今校，商务印书馆1997年版，第283-284页；第285页。

[2] 〔德〕恩格斯：《自然辩证法》，中共中央马克思恩格斯列宁斯大林著作编译局编译，人民出版社2018年版，第323页。

物则由许多细胞组成,并全面阐发了细胞的生命特征、生理过程以及生理地位,从而建立起第一个较为系统的细胞学说。施莱登关于植物细胞的研究,启发了好友施旺的灵感,他在施莱登细胞学的基础上,把施莱登的学说扩大到了动物界,建立起生物学中统一的细胞学说。1839 年施旺发表《动植物结构和生长的相似性的显微研究》一文,提出有机体的普遍发育原则是细胞的形成,细胞是一切动物和植物有机构造和发育的基础,一切有机体都是由细胞按照一定的规律发育、生长的结果,这就揭示了生物有机体产生、成长和构造的规律以及整个生物界的内在联系。细胞学说对人类文明进程的影响是深远的。恩格斯指出:"使整个生理学发生革命并且首先使比较生理学成为可能的主要事实,是细胞的发现。……一切东西都是细胞。细胞就是黑格尔的自在的存在,它在自己的发展中正是经过黑格尔的过程,直到最后'观念'即各个完成的有机体从细胞中发展出来为止。"[①] 由于细胞学说的内容与植物学、动物学、胚胎学、生理学、病理学、解剖学有密切的联系,因此它的诞生对这些相关学科产生了重要的影响,直接推动了这些学科的发展。例如,19 世纪生物学最为惊人的发展成就之一,就是人们对于动植物和人类的细菌性疾病的来源与原因在认识上有了极大的提高。大约在 1838 年左右,德拉托尔和施旺发现发酵过程中的酵母是一些微小的植物细胞,而发酵液体中的化学变化在某种程度上是这些细胞的生活造成的,施旺还发现腐败也是一个类似的过程。1855 年前后,巴斯德(Louis Pasteur)发现细菌的存在是因为有细菌从外面进来,或者物体里面原来就有细菌后来才发育起来,他还证明某些疾病如炭疽、鸡霍乱与蚕病是由特种微生物造成的,发现了狂犬病的免疫疗法,发明了一种使食物免受细菌侵蚀的以他本人名字命名的消毒方法——巴氏消

[①] 〔德〕恩格斯:《自然辩证法》,中共中央马克思恩格斯列宁斯大林著作编译局编译,人民出版社 2018 年版,第 323-324 页。

毒法（pasteurization）；1876 年，科赫（Koch）发现炭疽杆菌孢子的抵抗性比杆菌本身更强，1882 年他又发现了造成结核病的微生物；1884 年，梅契尼科夫（Metschnikoff）发现"食菌细胞"（白细胞）具有消除致病性细菌的功能；1893 年，莱夫勒（Loffler）与弗罗施（Frosch）最先透彻地研究了超显微镜的病毒等。

当然，使生物学成为真正科学的是"进化论"。进化论的创始人是英国博物学家查尔斯·达尔文（Charles Robert Darwin，1809—1882 年）。1759 年卡弗·沃尔弗发表学位论文《发育论》，在论文中他依据对植物的观测及对鸡的胚胎的考察，对物种不变的理论进行了第一次攻击，科学地论证了"渐成论"，驳斥了"预成论"[①]，并且宣布了"种源说"。一百年以后的 1859 年，达尔文积 20 年心血著成的《物种起源》（全名为《论通过自然选择的物种起源，或生存斗争中最适合者生存》）一书终于在伦敦问世[②]。在这部巨著中，达尔文在沃尔弗天才预见的基础上，从分类学、形态学、胚胎学、地理分布学、古生物学等方面，通过大量的事实，证明了不同生物之间具有一定的亲缘关系；古代生物和现代生物之间有着共同的祖先；现存生物是远古少数原始类型由低级到高级、由简单到复杂逐渐进化的产物；生物普遍有着很高的繁殖能力；生物普遍存在变异，表现在形态、结构、功能等方面。列宁指出："达尔文推翻了那种把动植物看作彼此毫无联系的、偶然的、'神造的'、不变的东西的观点，探明了物种的变异性和承续性，第一次把生物学放在完全科学

[①] "预成论"是 17、18 世纪生物学界占主导地位的观点。预成是指成熟的机体在胚胎细胞中预先形成，成熟机体的一切部分都已经以紧缩的形式存在于胚胎中。这样一来，机体的发育被归结为已有器官的纯粹的量的增长，而本来意义上的发育，即作为新生成渐成的发育就不发生了。

[②] 恩格斯认为："达尔文学说是黑格尔关于必然性和偶然性的内在联系的论述在实践上的证明。"（恩格斯：《自然辩证法》）

的基础上。"① 当然，达尔文学说的核心观念是"自然选择"。他认为在那些生存下来并得到繁衍的后代中选择变异物种的正是自然界或者说是环境。换句话说，在达尔文看来，就是在生存竞争中占有优势的动植物个体通过无数次的传宗接代，把它们各自承袭下来的变异特征传给后代；在生存竞争中处于不利地位的物种不断淘汰，最终也将产生一种新的物种。达尔文把这种变异和自然选择视为新的物种起源的首要因素，并认为这种进化观不仅适用于动植物，也适用于人类②。达尔文学说的捍卫者赫胥黎、斯宾塞等坚定地认为进化论是一种放之四海而皆准的普遍法则。这样，达尔文进化学说的革命意义就远远超出了生物学和博物学的范畴，其影响及于社会学、政治学、人类学、历史学及宗教理论与神学等广阔领域，以至引起人们对人类社会发展的系统反思，被当时的人们普遍奉为"科学的信条"。丹皮尔更称达尔文是"生物学中的牛顿"。在丹皮尔看来，"在十九世纪的飞跃进步中，最有效地扩大了人们的心理视野，促进思想方式上的另一次大革命的既不是物理知识的大发展，更不是在这些知识基础上建筑起来的上层工业大厦。真正的兴趣，从天文学转移到了地质学，从物理学转移到了生物学和生命的现象。自然选择的假说，第一次给进化的旧观念提供了一个可以接受的基础，使人类思想在它的无尽旅途中走上下一段漫长的行程。在这个过程中，达尔文成为……十九世纪思想界的中心人物"③。尽管达尔文的学说一问世便引起了广泛的关注、传播和发挥，但恩格斯在致彼得·拉甫罗夫的信中说："在达尔文的学说中我接受他的进化论，但是我认

---

① 中共中央马克思恩格斯列宁斯大林著作编译局编译：《列宁选集》（第1卷），人民出版社2012年版，第10页。

② 1871年，达尔文在另一部巨著《人类的由来》中试图表明人本来起源于某种类似猿的祖先，这种猿早已灭绝，但它非常可能是生存下来的类人猿和人类的共同祖先。

③〔英〕W.C.丹皮尔：《科学史及其与哲学和宗教的关系》（下册），李珩译，张今校，商务印书馆1997年版，第344-345页。

为达尔文的证明方法（生存斗争、自然选择）只是对一种新发现的事实所做的初步的、暂时的、不完善的说明"；"达尔文的全部生存斗争学说，不过是把霍布斯关于一切人反对一切人的战争的学说和资产阶级经济学的竞争学说以及马尔萨斯的人口论从社会搬到生物界而已。"[1]恩格斯认为，达尔文学说在方法论和学理等方面存在一些欠缺，但丝毫不掩其光辉。恩格斯本人也始终承认达尔文在打破旧的自然观方面的开拓之功。他指出："因为他证明了今天的整个有机界，植物和动物，因而也包括人类在内，都是延续了几百万年的发展过程的产物。"[2]继起的英国生物学家赫胥黎（Thomas Henry Huxley，1825—1895年），不仅以传播达尔文学说为己任，而且还以他自己在发生学和脊椎动物解剖学方面的知识补充了达尔文的学说，他的《进化论与伦理学》（即严复所译《天演论》）和《人类在自然界的位置》，就是这类性质的代表作。在19世纪末20世纪初，经严复所译《天演论》的传播，达尔文成为中国妇孺皆知的名字，其进化论学说在中国学界尤其是在变革维新思想家和知识分子中产生了空前的影响。有学者甚至指出："19世纪后半期的世界观主要是由牛顿的宇宙和达尔文的人类世界组成的。像一架机器一样，世界是由在运动中的物质实体组成，服从于质量和引力定律。人类如同粒子，只是自然力的一个产物；他的发生、发展及特性都用这些术语来解释。只有科学方法才能得到宇宙和人类的这些知识。正是这种对科学及其方法的信仰在西方产生了现代文明的主要方面。"[3]

在物理学方面，尽管在这一时期物理学研究在数量上比以前多

---

[1]〔德〕恩格斯:《自然辩证法》，中共中央马克思恩格斯列宁斯大林著作编译局编译，人民出版社2018年版，第328—330页。

[2] 中共中央马克思恩格斯列宁斯大林著作编译局编译:《马克思恩格斯选集》（第3卷），人民出版社1972年版，第419页。

[3]〔美〕郭颖颐:《中国现代思想中的唯科学主义（1900—1950）》，雷颐译，江苏人民出版社1995年版，第25页。

得多，但物理学的发展对19世纪科学的进步，对其他学术特别是对于哲学思想所产生的影响，却比以前三个世纪少得多。在19世纪，物理学上没有产生像哥白尼和牛顿那样的革命性发现，那些发现"曾经深深地改变人们对于人类世界与人本身在宇宙中的位置与重要性的观念"[①]。但不可否认，19世纪的物理学也有重大突破，热力学、电流定律、原子论、光的波动说与新的光谱学说、磁学和电磁学、气态运动学和统计力学、电动机和发电机原理及辐射的发现与许多分支学科的创立等，使物理学及其应用获得了突飞猛进的发展。如19世纪初，英国物理学家托马斯·扬（Thomas Young，1773—1829年）和法国物理学家菲涅尔（Augustin-Jean Fresnel，1788—1827年）通过实验证明光以波动形式存在，而不是像牛顿所想象的光颗粒（Corpuscles），提出光的波动学说；在此基础上，德国物理学家基尔霍夫（Gustav Robert Kirchhoff，1824—1887年）于19世纪60年代开创了光谱分析法并提出了著名的"基尔霍夫电流定律"（KCL）和"基尔霍夫电压定律"（KVL），从而为近代原子物理学和天体物理学打下了基础；1820年，丹麦物理学家奥斯特（Hans Christian Oersted，1777—1851年）和法国物理学家安培（André-Marie Ampère，1775—1836年）通过实验发现了电流的磁效应。在奥斯特等发现了电流的磁效应后，很多科学家致力于寻找磁场与电流的关系。1827年，德国物理学家欧姆（Georg Simon Ohm，1789—1854年）提出了在电学史上具有里程碑意义的"欧姆定律"；1831年，英国物理学家法拉第（Michael Faraday，1791—1867年）发现了具有划时代意义的"电磁感应定律"；在上述科学家实验和理论的基础上，19世纪最有影响力的物理学家之一、英国人麦克斯韦（J. C. Maxwell，1831—1879年）于1873年出版了继牛顿《自然

[①] 〔英〕W.C.丹皮尔：《科学史及其与哲学和宗教的关系》（下册），李珩译，张今校，商务印书馆1997年版，第391页。

哲学的数学原理》之后又一部最重要的物理学经典著作——《论电和磁》，系统总结了一个世纪以来电磁学方面取得的成就，创立了经典物理学重要支柱之一的经典电磁学理论体系，他还提出了"麦克斯韦方程组"并据此预言了电磁波的存在，并在热力学与统计物理学方面也做出了重要贡献；1888年，德国物理学家赫兹（H. R. Hertz，1857—1894年）用实验验证了麦克斯韦预言的电磁波的存在，他发现电磁波可以被反射、折射和如同可见光、热波一样地被偏振，他在1889年的一次演说中还明确指出，光是一种电磁现象。当然，在19世纪物理学发展中，最为光彩照人的当推热力学的创立和发展及能量学说与能量守恒定律的发现。热力学是在英国产业革命进程中，通过对蒸汽机的理论与实践研究而形成的。马克思曾说："蒸汽机是工场手工业时期的产物。在这里，蒸汽机不是用作万能的原动机，而仅仅是用于专门的目的——抽水。最初，蒸汽机也不是自动的，因为无论是向锅炉内放水的龙头的开启和关闭，还是冷却汽缸和冷凝蒸汽用的龙头的开启和关闭，以及锅炉和汽缸之间的管子朝锅炉那一端的蒸汽活门的开启和关闭，最初都是用手操作的。"[①] 尽管蒸汽机的发明没有得到科学理论的启发和帮助，完全出于工业上的需要，即如马克思所说是为了解决当时矿井抽水这一技术难题。但蒸汽动力能推动纺织机、鼓风机、火车、轮船运转的这些现象，也推动着人们去研究蒸汽机本身，研究改良蒸汽机的效率问题，进而激发了人们对热力学理论的研究。1712年，英国人托马斯·纽科门（Thomas Newcomen）研制出一台功率5.5马力、可供实际使用的世界上第一台实用的蒸汽机——"纽科门蒸汽机"。这台蒸汽机尽管热效率低，燃煤消耗量大，但它在欧洲被广泛使用长达半个多世纪。在以后的几十年中，人们对蒸汽机的结构不断进行

---

① 〔德〕马克思：《机器。自然力和科学的应用》，人民出版社1978年版，第116页。

改进，使其能量和体积不断增大，用途也越来越广泛。18世纪60年代，苏格兰人詹姆斯·瓦特（James Watt，1736—1819年）两次改良蒸汽机，蒸汽机变成了普遍适用于工业的"万能原动机"。马克思说："瓦特的伟大之处就在于，他在1784年4月获得的专利说明书中，预见到蒸汽机的一切可能用途，并指出利用它来建造机车、锻造金属等的可能性。"[①]蒸汽机的发明与不断改良，可以说使整个世界为之一变。恩格斯称"蒸汽机是第一个真正国际性的发明，而这一事实又昭示了一个巨大的历史性的进步"。[②]为了不断提高蒸汽机的效率，在19世纪上半叶的几十年里，许多科学家和工程师都进行了广泛的热学研究。他们在已有的量热学、气体热定律学说的基础上，又对热传导、热容量、热平衡、热功转换、热效率进行了大量的实验探索和理论分析。1824年，法国工程师萨迪·卡诺（S. Carnot，1796—1832年）在其《关于火的动力以及这种动力的机器》一文中，确立了热力学理论体系基础，创立了"卡诺循环""不可逆热机"等热力学的基础概念，并提出了热机效率的"卡诺定理"，即每一热机或热引擎必须有一热体或热源与一冷体或冷凝器，当机器工作时，热即由较热的物体传到较冷的物体；热机的最大效率与工作介质无关，仅与高温热源和低温热源的温度有关；通过热机一个完全的工作循环，做功的物质，无论是蒸汽也好压缩空气也好或其他任何东西也好，经过工作之后，仍然会回复到原来状态。卡诺的循环说为进一步改善蒸汽机效率提供了最根本的理论原则。卡诺死后，曾为法国设计第一条铁路线的法国物理学家、工程师克拉佩龙（Émile Clapeyron，1799—1864年）重新研究和发展了卡诺的热机理论。克拉佩龙利用瓦特发明汽缸蒸汽的压容图示法，将由两个

---

① 〔德〕马克思：《机器。自然力和科学的应用》，人民出版社1978年版，第120页。
② 〔德〕恩格斯：《自然辩证法》，中共中央马克思恩格斯列宁斯大林著作编译局编译，人民出版社2018年版，第215页。

等温过程和两个绝热过程组成的卡诺循环表示出来,并且赋予卡诺理论以易懂的数学形式:卡诺热机在一次循环过程中所做的功,在数值上正好等于循环曲线所围成的面积。他还提出由蒸汽机所做的功和在这一循环中所供应的热量之比,可定出蒸汽机的效率。这种图示法直观地显示出热机在一个循环过程中所做的功。克拉佩龙的重新研究发现,不仅发展了卡诺的热机理论,而且使卡诺理论显示出巨大意义,在热力学、热机效率研究中得到广泛的应用。

热力学理论的创立和发展,又为伟大的能量守恒和转化定律的发现奠定了基础。到1840年,人们已开始认识到自然界里各种能量至少有一些是可以互相变换的。1842年,德国医生迈尔(Julius Robert Mayer,1814—1878年)提出由热变功或由功变热均有可能。迈尔在"空气被压缩时所有的功都表现为热"的假定下,算出了热的机械当量的数值。同年,以发明一种伏特电池而闻名的英国科学家格罗夫(W.R.Grove),在一次讲演中提出了自然界能量相互关系的观念,并在1846年出版的《物理力的相互关系》一书中加以阐述。1847年,德国生理学家、物理学家与数学家赫尔姆霍茨(H. L. F. von Helmholtz)根据其独立研究撰成《论力的守恒》。一般认为,格罗夫和赫尔姆霍茨是最早一般性地论述所谓"能量守恒"原理的人。1840—1850年,英国物理学家焦耳(James Prescott Joule,1818—1889年)以实验方法测量了用电和机械功所产生的热量。他先证明了电流通过导线所产生的热量,与导线的电阻和电流的强度的平方成正比例。他压水通过窄管或压缩一定量的空气或使轮翼转动于液体中,而使液体生热。他发现,无论用什么方式做功,同量的功常常得到同量的热。根据这个等值的原理,他断定热是能量的一种形式。虽然这一实验结果多年后才被科学界所认同,但焦耳"热与功等价"的明确的实验结果,给予格罗夫所主张的"力的相互关系"及赫尔姆霍茨所倡导的"力的守恒的观念"以有力的支持。这个观念就这样发展成为物理学上的"能量守恒"原理。由于能量守恒自身固有的意义及具有的广泛的实际用途,丹皮尔称"能量守恒原理可以看作是人类心灵的重大成就之一"[①]。约在1853年,英国物理学家汤姆森(Julius Thomsen)首先将能量守恒原理应用于化学,汤姆森还在焦耳的协助下,对能量守恒和转化定律做了较为完整的表述,即自然界存在一种同物体的运动相联系的量(能量),这种量的总和是不变(即守恒)的。自然界的各种能量形式,如机械能、热能、电磁能、化学能等,在一定条件下,可以按固定的当量关系相互转化,在转化过程中,能量不能凭空被创造或消灭。能量守恒与转化定律的发现,又为日后新型热机如内燃机和电机的创生做了知识和理论上的准备。能量守恒与转化定律是自然界最基本、最普遍的规律,是人类认识、控制、利用自然的指南。能量守恒与转化定律既然指出了自然界各种运动、能量相互转化的当量关系,那就规定了自然界各种变化规律,从而为人类征服自然提供了理论的武器,为辩证唯物主义自然观的创立提供了重要的自然科学基础。还值得提及的是,19世纪在物理学实验中的一系列新发现,也引发了一场翻天覆地的物理学革命。最主要的有:1895年11月,德国物理学家伦琴(Wilhelm Konrad Röntgen)发现"X射线"(为了纪念伦琴的成就,X射线在许多国家被称为"伦琴射线"),为开创医疗影像技术铺平了道路,伦琴也据此于1901年获首届诺贝尔物理学奖。1896年,法国物理学家柏克勒尔(Antoing Henri Beguerel)发现了"铀"的放射性,正是由于铀的放射性被发现,导致了居里夫人对"钋"和"镭"等放射性元素的研究,他也因此于1903年与居里夫妇共获诺贝尔物理学奖。1897年,英国物理学家汤姆逊(Joseph John Thomson)证实了阴极射线的带电粒子是由电子组成的,人类

[①] 参见〔英〕W.C.丹皮尔:《科学史及其与哲学和宗教的关系》(下册),李珩译,张今校,商务印书馆1997年版,第313—314页;第315页。

首次用实验证实了一种基本粒子——"电子"——的存在，而在这之前人们一直认为原子是"不能分割的"的东西。汤姆逊的实验证明原子是由许多部分组成的，其中就包含了"电"，所以人们称他是"一位最先打开通向基本粒子物理学大门的伟人"，1906年汤姆逊也因此荣获诺贝尔物理学奖。1898年，法国最伟大的女性科学家玛丽·居里（Marie Curie，1867—1934年，世称"居里夫人"）先后发现了两个比"铀"的放射性大数百倍的新元素——"钋"和"镭"，并且发明了分离放射性同位素技术，人们在她的指导下第一次将放射性同位素用于治疗癌症。玛丽·居里的成就为物理学开辟了一门新兴的学科——放射学，为现代物理学的发展奠定了基础，她也因此成为世界上第一个两度获得诺贝尔奖的科学家。

  在19世纪，西方近代科学的最大成就还突出表现在化学、地质学、数学和天文学的发展上。严格地说，19世纪以前，化学还处在幼年时期，基本上是对生产活动和科学实验的观察和描述。产业革命的兴起，特别是印染、冶金、酚碱、制药等产业部门的发展，机器大工业所产生的精密天平、分光仪器、化学试剂、电能方法等，为化学研究提供了大量新课题和物质技术手段。进入19世纪后，化学科学的基本理论和完整体系开始逐步建立起来，出现了由无机化学、分析化学、有机化学、物理化学四个分支组成的完整体系。1808年，英国化学家道尔顿（John Dalton，1766—1844年）在其所著的《化学哲学的新体系》一书中，首次提出了"化学原子论说"。道尔顿化学原子论说的建立是近代化学发展中一次重要的理论综合，为整个化学学科的研究奠定了基础。恩格斯称"化学上的新时代是从原子论开始的"，所以道尔顿应被视为"近代化学之父"[1]。1811年，意大利物理学家阿伏伽德罗（Amedeo Avogadro，1776—1856年）

---

[1]〔德〕恩格斯：《自然辩证法》，中共中央马克思恩格斯列宁斯大林著作编译局编译，人民出版社2018年版，第283页。

提出了"分子概念"。1828年，人类历史上第一次人工合成有机物成功，填平了有机界和无机界之间不可逾越的鸿沟。1824—1828年，德国化学家维勒（Friedrich Wöhler，1800—1882年）又从无机物中合成了有机物——尿素，这项工作不仅打破了无机物和有机物之间的人为鸿沟，而且动摇了唯心主义的生命理论。维勒以后，有机合成迅速发展，人们又人工合成了有机酸、油脂类、糖类等有机物质。1861年，英国自然科学家威廉·克鲁克斯（Sir William Crookes，1832—1919年）发现化学元素——铊，1874年还发明设计了一种测量光能的仪器——辐射计。1869年，俄国化学家门捷列夫（Dmitri Mendeleev，1834—1907年）公布了第一张化学元素周期表，提出元素周期律。

随着产业革命的开展，采矿、运河、隧道工程等也进一步推动了地质学的建立和发展。一方面，与矿藏勘探相联系的区域地质调查和矿物地质的研究取得重大进展；另一方面，在这些工作中积累起来的大量材料的基础上，关于岩石的成因及其运动规律、地层的排列顺序及其演化历史的理论也建立了起来，这就为地质学中的主要分支学科——矿物学、岩石学、地层学和地史学奠定了基础。1815年，英国人史密斯（William Smith，1769—1839年）出版了著名的《英国地质图》；1825年，法国人乔治·居维叶（Georges Cuvier，1769—1832年）发表了《论地球表面的巨变》，认为在地球历史上曾发生过多次巨大的灾变，每经一次灾变，旧的生物被毁灭，新的生物又被创造出来；1830年，英国著名地质学家赖尔（Charles Lyell，1797—1875年）出版的《地质学原理》一书，提出了"地质渐变论"的概念，第一次把理性带进地质学中。恩格斯称这一观点科学地解释了"地球的缓慢变化所产生的渐进作用，取代了由于造物主一时兴动而引起的突然变革"。不过，恩格斯同时指出赖尔的观点也存在缺陷，"至少就这一观点的最初形式来说——在于，他认为在地球上发生作用的各种力是不变的，在质上和量上都是不变的。地球的冷却对他说来是不存在的；地球不是朝着一定的方向发展着，而只是以杂乱无章的、偶然的方式变化着"[1]。达尔文正是从赖尔的学说中吸取了进化的思想，创立了生物进化论。正是由于这一时期地质学的杰出成果，人们把18世纪末到19世纪中叶的这段时期称为"地质学的英雄时代"。

在数学领域，这时西方的数学在微积分的基础上，又有了级数展开式、变分式、函数论、集合论等新的领域的开拓。瑞士人欧拉（Leonard Euler，1707—1783年），特别是法国人柯西（Augustin-Louis Cauchy，1789—1857年）及英国数学家、物理学家哈密尔顿（William Rowan Hamilton，1805—1865年）在微积分方面亦有新的探求。在概率论、几何学[2]、挪威数学家阿贝尔（Niels Henrik Abel）和法国数学家伽罗华（Évariste Galois）的高次方程式论（包括群论初步）、德国数学家康托尔（Georg Cantor）的集合论等方面，也都有显著成就。怀特海认为，17世纪时数学家盛极一时，18世纪的思想便也是数学性的，19世纪时，数学的一般影响减弱了，但从1800—1900年数学的发展变化仍然是惊人的，"19世纪纯数学的进步几乎等于从毕达哥拉斯以来所有世纪的总和"。尽管在19世纪，数学对一般思想没有产生直接的影响，但"数学的影响在于它对动力学和物理学的影响，然后又发展到工程和化学。数学通过这些科学对人生的影响之大是难以估量的"[3]。丹皮尔亦云：在19世纪里，出现了许多数学的新科目，尤其是"综合与分析的方法创出一种新的几何学，而许多这样的

---

[1] 〔德〕恩格斯：《自然辩证法》，中共中央马克思恩格斯列宁斯大林著作编译局编译，人民出版社2018年版，第16页。

[2] 这一时期几何学主要是画法几何、射影几何，最重要的是自19世纪30年代起，洛巴捷夫斯基（Lobatchewski）、高斯（Gauss）、波耶（Bolyai）、黎曼（Riemann）等数学家已逐步建立起非欧几里得几何学，并促使人们普遍注意到它。

[3] 〔英〕怀特海：《科学与近代世界》，何钦译，商务印书馆1997年版，第32—33页。

方法被应用到物理学上去，这可能就是后来引导物理科学大踏步前进的推动力中最大的推动力"[①]。事实上，数学的发展，为其他科学和技术的发展提供了有力的数学工具和数学思维。

19世纪，西方各门自然科学的发展，揭示了自然界各领域内部以及各领域之间的内在联系，这就要求自然科学对庞大数量的科学事实材料，加以整理和系统化，从而做出理论上的说明。这样，19世纪西方自然科学的发展，就"从经验科学变成了理论科学"。随着经验科学变为理论科学，人们的研究方法也随之发生了重大变化：自然科学由运用观察、实验、解剖等经验方法收集积累材料的阶段，进入对所获得的经验材料进行综合整理，并从理论上加以概括和说明的阶段。对此，恩格斯有一段十分中肯的评说："大约就是在这个时候，经验自然科学获得了巨大的发展和极其辉煌的成果，从而不仅有可能完全克服18世纪机械论的片面性，而且自然科学本身，也由于证实了自然界本身中所存在的各个研究领域（力学、物理学、化学、生物学等）之间的联系，而从经验科学变成了理论科学，并且由于把所得到的成果加以概括，又转化成唯物主义的自然知识体系。气体力学；新创立的有机化学，它从无机物制造出一个又一个的所谓有机化合物，从而扫除了这类化合物的不可捉摸性质的最后残余；1818年创立的科学的胚胎学；地质学和古生物学；动植物比较解剖学为一切领域提供了空前丰富的材料。但是，具有决定性重要意义的是三大发现（即细胞学说、进化论、能量守恒和转化定律）。"[②]

当然，欧洲近现代科学的发展从来没有脱离它的历史源泉和精神氛围。有如陈乐民先生所言，"从神学到世俗哲学，到科学思维，

[①] 〔英〕W.C.丹皮尔：《科学史及其与哲学和宗教的关系》（下册），李珩译，张今校，商务印书馆1997年版，第285—286页。

[②] 〔德〕恩格斯：《自然辩证法》，中共中央马克思恩格斯列宁斯大林著作编译局编译，人民出版社2018年版，第64—65页。

构成了精神世界的行程路线；现代科学与哲学、人文科学和社会科学存在着不解之缘。科学与一般技术的区别之一正在于此。欧洲科学是以这个世纪的总体精神世界为依托的，所以伯纳德·科恩把从圣西门到马克思，从达尔文到弗洛伊德，勾画了一幅'政治或社会革命与科学革命这两个概念间的相互作用'的图画；他说，在自然科学和社会科学'这两个理论世界'之间本来就存在着关联，可以互为依据的。"[1]伯纳德·科恩关于自然科学和社会科学"两个理论世界相互作用、互为依据"的观点，在怀特海看来似乎还不够完美。怀特海认为，文学艺术与现代科学发展亦有着不可低估的相互作用。他指出："人性的具体外貌唯有在文学中才能体现出来。如果要理解一个世纪的内在思想，就必须谈谈文学，尤其是诗歌和戏剧等较具体的文学形式"；"甚至单就英国文学而言，哲学与科学跟许多伟大人物都是有关的，科学的间接影响尤其可观"[2]。怀特海还以著名诗人雪莱为例加以佐证：雪莱喜爱科学，并在诗中一再地流露出科学所揭示的思想；科学思想就是他快乐、和平和光明的象征；他对于科学概念的专注，在他的抒情诗中不胜枚举；他热爱科学并沉醉于科学的概念，"他的想象被物理实验引导着"，他许多诗中的描述"只有心目中首先具有一幅确定的几何图像的人才写得出来"，"化学实验之于雪莱正好像山峦之于青年的华兹华斯一样"。怀特海甚至断言，"假如雪莱晚生一百年，到20世纪再降临到世界上来，他肯定会成为化学家中的牛顿"[3]。虽然我们无法以近似肯定的话语来说明科学在多大程度上影响文学和艺术，文学艺术作品对现代科学技术又有什么样的作用，但"科学与艺术之间在想象力的开拓上，定然存

---

[1] 陈乐民、周弘：《欧洲文明的进程》，生活·读书·新知三联书店2014年版，第240页。

[2] 〔英〕怀特海：《科学与近代世界》，何钦译，商务印书馆1997年版，第73页；第74页。

[3] 同上书，第82-83页。

在着某种非常有趣的通感"①。所以怀特海把"宗教复兴、艺术以及政治思潮上的浪漫主义思潮",视为"19世纪信念"的三个重要来源,当然,"这三个信念的泉源,源头都在上一时代"②。

19世纪最大的发明就是找到了发明的方法,而这个新方法中有一个因素,在怀特海看来便是"设法把科学概念与最后成果之间的鸿沟填起来"。这种方法"不单能应用在技术方面,而且也能应用在纯科学上面,甚至还超出了纯科学的范畴而应用到一般治学问题上去"。同时,19世纪人们"完全有意识地认识到知识在其一切部门中事业化的力量,找到了培养专家的方法,认识了知识对技术进步的重要性,发现了抽象知识和技术进步相联系的方法,并且也看到了技术进步的无限前程"③。科学的累积和新方法的发现,在工业革命的进程中使科学、技术和经济社会发展的需求这三个要素紧密地结合在一起,这又进一步促进了19世纪制造技术和实用技术的变革与创新,极大地提高了西方国家的生产力水平,改善了人民的生活方式。如交通运输方面,在瓦特之后的1807年,美国人富尔顿(Robert Fulton,1765—1815年)造出了第一艘以蒸汽机为动力的轮船——"克勒蒙号";1814年,英国人斯蒂芬逊(George Stphenson,1781—1848年)造出了第一台真正可用的蒸汽机车;1818年以前在天气良好的时候已有轮船敢于在内河和狭小的海湾里航行,1836—1837年,"天狼星号"蒸汽机船首次实现了横渡大西洋的壮举;1830年,英国建造的世界上第一条铁路——曼彻斯特至利物浦铁路正式通车,有8辆蒸汽机车,共挂了28节车皮。在冶金业方面,1828年,英国人尼尔逊(J. B. Neilson)开始使用热风

---

① 陈乐民、周弘:《欧洲文明的进程》,生活·读书·新知三联书店2014年版,第240页。
② 〔英〕怀特海:《科学与近代世界》,何钦译,商务印书馆1997年版,第93页。
③ 同上书,第94-95页。

炼铁；1860年，英国人贝塞麦（Henry Bessemer）发明了转炉炼钢；1881年，德国人西门子发明了煤气发生炉炼钢；1865年，法国人马丁（Emile Martin）发明了平炉炼钢法。在机械制造方面，有近代英国"机床之父"美誉的亨利·莫斯莱（Henry Mauduslay），在18世纪末发明了螺纹车床；19世纪初，钻床、大型车床及磨床等一系列机器设备相继问世。在电力发明与应用方面，1800年，意大利人亚力山德罗·伏特（Alessandro Volta）发明了化学电池；1834年，俄国科学家雅科比研制出一种回转运动直流电动机，英国仪器制造商克拉克（U. Clarke）制成第一台商用直流发电机，美国人达文波特（Thomas Davenport）也在同一年制造出以电池组为电源的直流发动机；1867年，德国人西门子研制出自激式直流发电机，自此发电机进入广泛使用的新时代。直流发电机的发明有力促进了交流发电机的大发展。1878年，俄国人亚布洛契科夫研制出多相交流发电机；1885年，意大利物理学家法拉利（G. Ferraris）提出旋转磁场理论并制造出二相异步电动机模型；1889年，俄国电气工程师多里沃-多布罗沃利斯基（Mikhail Osipovich Dolivo-Dobrovoliskii）发明了三相异步电动机，随后又发明了三相变压器。电力的广泛使用和产业革命如火如荼地展开，使得蒸汽机不仅显得落伍而且其功率也满足不了工业发展的需要，于是又催生了新的动力机械的研制与发明。1869年，法国人里诺（E. Lenoir）研制成世界上第一台实用的新动力机——爆发式内燃机；1876年，德国工程师奥托（N. A. Otto）研制出一种四冲程往复活塞式内燃机，比消耗同等燃料的蒸汽机提高了一倍以上的效率；此后人们又陆续发明了汽油机、柴油机及转子发动机等系列内燃机。电力和机械动力的发明与使用，使欧美各国的技术革命在更广阔的层面展开。在通信技术等方面，最杰出的发明是为人类提供了一种具有划时代意义的通信手段——电报和电话。1833年，德国数学家高斯和电学家韦伯曾利用电磁感应原理发明过一种电报装置，此后有不少人对电报进行过实验研究，最终于1835年由美国人摩尔斯（Samuel Finley Breese Morse）在美国电学家亨利研究的基础上将电报变成了一种实用的通信工具，并于1844年5月24日成功地发出了第一份电文；1876年3月3日，美国发明家贝尔（Alexander Graham Bell）获得了电话发明专利并于同年3月10日发出了世界上第一条电话信息；1877年，有世界"发明大王"之称的美国发明家爱迪生（Thomas Alva Edison，1847—1931年）发明了会说话的机器——留声机，1879年10月21日他又成功研制出电灯[①]，此外他还有投票计数器、普通印刷机、爱迪生式选矿机、电影摄影机、电影放映机、有声电影、蓄电池、自动发报机等一千多项发明；1896年，意大利人马可尼（Guglielmo Marconi）发明了无线电通信。这一系列的技术革新和新发明，不仅使人们的生活方式变得多姿多彩，使人类的文明程度和生产力的提高都进入了一个前所未有的新时代，使欧洲真正进入了一个最富有魅力和创新的时代；而且促进了相关产业的飞速发展和新兴产业的萌发，在欧洲大陆形成了声势浩大的产业革命浪潮，使资本主义从自由竞争阶段发展到一个新的垄断阶段。

  科学的累积和技术的进步及科技工作者专门队伍的形成，其直接的结果是把西方从古代推进到了近代，使西方资本主义制度进一步确立、产业革命全面展开和经济社会前所未有的繁荣发展；也使得中、西方文化的势能至此发生了根本性的转变，中国领先于西方的格局被打破。这首先体现在中西间的生产力水平出现了显著的差距。以生产力水平重要标志的生产工具为例：在西方，机器逐渐代

---

  ① 一般认为，这是人类历史上第一盏有广泛实用价值的新型照明电器。但据说英国物理学家、化学家和发明家斯旺已于1878年成功研制出了世界上第一只白炽电灯，比爱迪生发明的电灯早了10个月，他的居所是世界上第一个用电灯照明的私人住所，不过直到1881年他才正式投产，且投产后也没有像爱迪生那样去建立相应的发电站和输电网，这样爱迪生便成了公认的白炽灯发明家。

替了手工工具，工厂制逐渐代替了作坊制，而蒸汽力、电力等机械力的出现，又使产业部门逐渐摆脱了对传统的人力、畜力、水力和风力的依赖，呈现出前所未有的新景观。所有这些极大地提高了劳动的效率：19世纪的蒸汽机功率大约为400万匹马力，相当于4000万人的体力；19世纪20年代一个工人同时可操作数台纺织机，其产量为手工操作劳动的20倍；一台机器纺纱机的生产能力则相当于手动纺车的200倍。正是科技革命和产业革命引发的机器生产导致了劳动生产率飞跃式的增长，促成了人类历史上生产力的空前发展，为欧洲经济社会带来了空前的繁荣，奠定了欧洲在科学技术上的领先地位和世界体系中的霸主地位。正如马克思和恩格斯所言，"资产阶级在它的不到一百年的阶级统治中所创造的生产力，比过去一切世代创造的全部生产力还要多，还要大。自然力的征服，机器的采用，化学在工业和农业中的应用，轮船的行驶，铁路的通行，电报的使用，整个大陆的开垦，河川通航，仿佛用法术从地下呼唤出来的大量人口——过去哪一个世纪能够料想到有这样的生产力潜伏在社会劳动里呢？"[①] 但同一历史时期的中国，仍处于封建专制社会且正在步入老态龙钟的衰世，整个社会的经济结构仍然是传统落后的农耕经济，农业生产基本上停留在以家庭为单位的手工操作阶段，生产工具仍然是粗笨的犁、耙、锄、锹、风车、牛车、水车等，手工业也基本上没有和农业分离，仍处于家庭作坊式的生产阶段。科技革命、产业革命不仅使欧洲各国的生产力水平达到了前所未有的高度，而且带来了经济上惊人的繁荣和巨大的财富。以英国为例，苏联学者道布罗夫认为，英国的棉纺织业生产在18—19世纪居于世界领先地位，其大致情况是："在1711—1775年英国输入的子棉平均每年不到500万磅，1841年输入52800万磅，而1844年输入就不下60000万

[①] 中共中央马克思恩格斯列宁斯大林著作编译局编译：《马克思恩格斯选集》（第1卷），人民出版社1972年版，第256页。

磅。1834年，英国输出55600万码棉布，7650万磅棉纱和价值120万英镑的棉针织品。同年，棉纺织业中使用了800多万锭子，11万台动力织机和25万台手工织机，……全联合王国直接或间接靠这一工业部门生活的几乎有150万人，其中仅仅在工厂里工作的就有22万人，这些工厂所使用的动力、蒸汽力是33000马力，水力是11000马力。……在1845年，机器数量和生产能力以及工人的数目都将比1834年增加二分之一"；英国棉纺织业的发展又推动其机器制造业的发展，以蒸汽机的制造为例："1775年到1800年生产了318部蒸汽机，在这些蒸汽机中有114部为纺织部门生产的，56部为矿井和矿山生产的，有37部为冶金工厂生产的，有39部为制粉厂和啤酒厂生产的"；到1825年英国已有近5000台蒸汽机，总功率达到了375000马力；到19世纪上半叶，机器制造业已能生产纺织机、蒸汽发动机、蒸汽机车等。机器制造业的发展又刺激、推动了英国冶金业的飞速发展，"从1788年到1806年，生铁的年产量为258000吨，1839年生铁熔铁量达120万吨，到1847年几乎达到200万吨"[1]。在海外运输、造船业和煤炭生产方面，19世纪中叶英国商船占世界商船的47%，建立了世界上最大的蒸汽机船队；在煤产量方面，到19世纪20年代初，英国煤产量已超过1400万吨，而同时期法国为100万吨左右，美国为3万—6万吨；在对外贸易方面，英国成了世界各国工业消费品和生产资料的主要供应者，世界各国成了英国的原料供应地。1801—1850年，英国的出口额从2490万英镑增加到17540万英镑，即增加600%。在世界贸易总额中，1820年英国占18%，1850年上升为21%，到19世纪中叶英国有50%以上的工业品在国外市场上销售。1840年，英国的工业生产值占世界的45%，而同时期的法国只占12%，美国只占11%；1866年英国煤的出口量超过一千万吨，

---

[1] 〔苏联〕道布罗夫：《英国经济地理》，王正宪译，商务印书馆1959年版，第72页；第76页；第75页。

机器出口为4.8百万磅①。到1870年，英国的经济实力达到鼎盛时期，约占世界工业生产总产值的1/3、世界铁和煤总产量的1/2、世界贸易总额的1/4。英国的商船吨位也高居世界榜首，伦敦成为世界唯一的国际金融中心②。可以说，在19世纪70年代以前，英国垄断了全球的工业、贸易、金融与海运业，英国成了世界各国工业消费品和生产资料的主要供应者，世界各国成了英国的原料供应地，英国成了名副其实的"世界工厂"和"世界霸主"。

同时，以机器为基础的西方大工业生产和商业竞争，使西方资本主义比以往任何时候更加需要科学技术。正如马克思在《机器。自然力和科学的应用》一文中所言："只有资本主义生产方式才第一次使自然科学为直接的生产过程服务，同时，生产的发展反过来又为从理论上征服自然提供了手段。科学获得的使命是：成为生产财富的手段，成为致富的手段。……资本不创造科学，但是它为了生产过程的需要，利用科学，占有科学"；"随着资本主义生产的扩张，科学因素第一次被有意识地和广泛地加以发展、应用，并体现在生活中，其规模是以往的时代根本想象不到的"③。为了满足对机器动力日益增长的需要，就必须开展提高蒸汽机效率的研究；机器动力的普遍使用，使水力资源和风力资源的利用进一步扩大，造船技术进一步发展，枪炮技术进一步提高，而要掌握和更好地利用这些技术，就必须有相应的力学知识；同时，冶金业、酿造业的发展，也需要化学知识的提高；海外市场的拓展，航海业的扩大和发展，需要有更先进的航海技术以及磁学、天文学、气象学、绘图学的发展。产业革命不仅激起了人们对科学的追求，而且为自然科学的进一步发展提供了新的实验材料和

---

① 参见祖嘉合、梁雪影：《工业文明》，华夏出版社2000年版，第32-35页。
② 参见余开祥主编：《西欧各国经济》，复旦大学出版社1987年版，第187页。
③ 〔德〕马克思：《机器。自然力和科学的应用》，人民出版社1978年版，第206页；208页。

实验工具：如蒸汽机的发明和利用，为能量守恒与转化定律的发现创造了最基本的物质基础；在纺织业和农业发展中对合成染料、合成肥料等需求，又促进了分析化学、无机化学和有机化学的发展，而农业产业化的过程则相应地带动了农学、植物学和生物学的发展；采矿、冶金和交通运输业的发展，为古生物学和地质学积累了大量的素材，又推动着地质学和生物进化论的建立。尤为重要的是，工业革命和商业竞争，使资本家和资本主义国家的政府部门，不仅关心科学技术的进步，而且还采取了一系列的政策措施促进科学技术发展。如组建科学团体，建立专业性的学会，制定新的专利法，纠正在知识分子政策上的错误，重视发展以科学技术为中心的教育事业，千方百计地吸引和引进他国的先进科学和技术来充实自己，采用悬赏和发放奖金的办法来刺激科学研究和技术发明创新，政府鼓励企业投资发展科学技术与教育，工业企业、政府和私人基金资助建设现代化工业实验室和组建科学研究基金，等等。

科技革命、产业革命，不仅使人类社会的生产力在历史上第一次真正摆脱了束缚自己发展的桎梏，促成了西方社会财富的惊人增长和人类生活方式的根本改变，改变了西方社会的性质以及它同世界其他民族的关系，使人类社会从古老的农业文明进入崭新的工业文明；而且，由于"思想的流通往往都是从自然科学和精密科学走向社会科学和行为科学"[①]，及自然科学与社会科学和行为科学之间的相互作用，社会科学也取得了惊人的成就，并为人类新文明的重建产生了巨大的推动作用：如影响世界一百多年的古典政治经济学巨著——亚当·斯密的《国家财富的性质和原因的研究》（简称《富国论》，1776年发表）和大卫·李嘉图的《政治经济学及赋税原理》（1817年发表）；近代人口理论的鼻祖——马尔萨斯的《人

[①]〔美〕科恩：《科学中的革命·前言》，鲁旭东、赵培杰、宋振山译，商务印书馆1998年版。

口原理》（1798年发表）等；及以法国的圣西门、傅立叶和英国的欧文为代表的空想社会主义，以康德、费希特、谢林、黑格尔和费尔巴哈等为代表的德国古典哲学等。所以，丹皮尔说，19世纪是"科学的时代的开始"，不仅是因为我们对自然的认识在19世纪中有了迅速的发展，还因为"在最近一百年或一百五十年中，人们对于自然的宇宙的整个观念改变了，因为我们认识到人类与其周围的世界，一样服从相同的物理定律与过程，不能与世界分开来考虑，而观察、归纳、演绎与实验的科学方法，不但可应用于纯科学原来的题材，而且在人类思想与行动的各种不同领域里差不多都可以应用"[①]。

值得指出的是，18—19世纪中西间的巨大差距，并非仅仅表现于经济、科技、教育、文化上。17—18世纪时，欧洲启蒙思想家们对中国的崇拜达到了异乎寻常的高度，法、英等国不仅兴起了"中国时尚"，伏尔泰更把中国的政治制度誉为"人类精神所能够设想出的最良好的政府"。但是到18世纪末，西方人对中国的主导观点开始发生根本性的转变，人们不再引用伏尔泰对中国的赞语，而变成引用约翰·格雷牧师的话——"他们的宗教是由各种迷信组成的。他们的政府在形式上或许是最易于滥用权力的、不负责任的专制政体"[②]。的确，千百年来中国人形成的民族优越感和自豪感，千百年来中华民族创造的辉煌灿烂的科学文化，至此已在西方科技革命和产业革命引发的巨大变革面前显得相形见绌。伴随着资本主义原始积累的推动而展开的殖民扩张，及为了在东方找回他们在欧洲宗教改革时失去的天堂，西方传教士携带着"圣经"和科学技术，在其政

---

① 〔英〕W.C.丹皮尔：《科学史及其与哲学和宗教的关系》（下册），李珩译，张今校，商务印书馆1997年版，第283页。

② 〔英〕约·罗伯茨编：《十九世纪西方人眼中的中国·导言》，蒋重跃、刘林海译，时事出版社1999年版。

府的支持和军舰的庇护下，昂首阔步地踏上了中国这片古老帝国的土地。

第二节 中西方的伟大相遇

要讲西方文明，就离不开笼罩在欧洲自中世纪以来一千多年的基督教文明。如前所述，基督教是由犹太教脱胎而来，在公元元年前后，犹太教内部分化为四个宗派，即撒都该派、法利赛派、奋锐党和艾赛尼派，基督教有可能是从艾赛尼派犹太教发展而来。基督教的创始人是公元1世纪的犹太人耶稣。在公元3世纪以前，罗马帝国信仰的是集古希腊和古罗马众多神祇的"多神教"，因此笃信一神论的基督教显得特别另类。加之，早期的基督教徒多是贫苦之人，具有明显的反抗意识，不与统治阶级合作，所以基督教和犹太教一样遭到罗马统治者的压制。如前述，公元312年，君士坦丁帝执掌罗马帝国后，于次年颁布"米兰敕令"，承认基督教的合法地位，基督教由此在欧洲获得了大规模的公开传播，并逐渐发展成为世界上第一大宗教。何炳松在《中古欧洲史》中指出："自罗马帝国西部瓦解以后，西部欧洲制度之最永久而且最有势力者，莫过于基督教之教会。……中古史而无教会，则将空无一物矣。"[1] 中世纪的西方基督教会是世俗政治权威以外的另一个政治权威，而且的确做过许多坏事，它的历史是不光彩的。它掠夺地产，剥削农奴，制造战争阴谋，多次发动所谓为上帝之道而战的"圣战"，造成无数血流成河的大屠杀，使欧洲陷入数百年的杀伐混战；它穷奢极欲，出卖"赎罪券"，无数庄严的主教宫殿成了荒唐的寻欢作乐之所；它提倡

---

[1] 参见梁漱溟：《中国文化要义》，载中国文化书院学术委员会编：《梁漱溟全集》（第三卷），山东人民出版社2011年版，第67页。

迷信和宗教狂热，搞异端裁判所，无数创造性的科学发现和天才科学家惨遭它的扼杀，使西方文明停滞不前，导致了中世纪上千年的黑暗。当然，它也做了一些好事，它倡导"真、善、美"，强调赏善罚恶，允许人犯错误，错误了只要忏悔，就可以救赎；它首倡男女平等、婚姻自由；它提倡爱和怜悯，创办了世界上第一个慈善机构及第一所医院、孤儿院、养老院和助残机构。最重要的是，基督教最早打出"普世教育""两性平等教育"的旗号，创办了欧洲最早的大学和几乎所有的高等教育。在顾准看来，"它是黑暗的中世纪的唯一的教育事业的组织者、保护者，它是唯一的学术研究中心"；"不仅大学是教会办的，我猜测初等中学教育也是教会包办的，医院也是。教会也是学术研究的中心。不管经院哲学如何烦琐，它总是一种心智的活动。……即使我们肯定（也许与事实不符）中世纪的教会所传布的文化，没有比古代（古希腊的和罗马的）前进一步，至少，它保存了古代文明的主要部分，使之代代相传下来。没有这一条，文艺复兴和近代那种炫人眼目的科学发展是不可能的。"[①]美国学者默顿以英国皇家学会为例，指出：皇家学会的主要创始人都曾受到基督教新教观念的影响，早期皇家学会的核心人物都是神职人员或笃信宗教的人士，"在皇家学会 1663 年的那份首批会员名单上，在其宗教倾向可考的 68 名会员中，有 42 位肯定是清教徒，清教徒在全英国的总人口中占相对少数，而在皇家学会的首批会员总数中则占 62%"。皇家学会住在新英格兰的通讯会员及正式会员都接受了加尔文派思想的训练。他进而引用斯廷森的话说："实验科学十七世纪在英国得到如此迅速的传播，在我看来至少部分地是由于受到温和派清教徒的促进。"[②]马克斯·韦伯指出："浏览一下任何多宗教

[①] 顾准：《顾准文集》，华东师范大学出版社 2014 年版，第 16 页。
[②] 参见〔美〕默顿：《十七世纪英国的科学、技术与社会》，范岱年、吴忠、蒋效东译，四川人民出版社 1986 年版，第 173—174 页；第 182 页。

国家的职业统计数据，都会发现一个显而易见的状况，（这在天主教的报章和文献上，在德国天主教会议上，均多有讨论）即商界领袖和资本所有者，还有现代企业中的高级技术工人，特别是受过高等技术培训和商业培训的人员，绝大多数都是新教徒。"[1]所以，有一种观点认为，西方文明就是基督教文明，西方的政治机构、科学和文化即使不是基督教的产物也是依赖于基督教的，基督教和西方文明是同一种东西[2]。美国知名学者塞缪尔·亨廷顿也指出："西方的基督教，先是天主教，尔后是天主教和新教，从历史上说是西方文明唯一最重要的东西。确实，在它诞生后的第一个一千年的大部分时间里，人们把现在认作西方文明的东西称为西方基督教世界。"[3]尽管这些观点有失偏颇，我们不敢苟同，但自中世纪以来，基督教凌驾于一切之上，把持着教育界和科学界，统治着西欧的知识分子，基督教是西方文明的重要根基，今天西方社会的许多制度和价值观念如契约精神、平等博爱、法律至上等都渊源于基督教，却是一个无可论争的事实；一部基督教的在华传教史，在某种意义上说，就是西方科技与文化教育在中国的传播史，及中西方文化教育与价值观念的冲突史、渗透史和会通史，大致也是不会错的。

基督教在中国传播的历史，据德礼贤《中国天主教传教史》云："据说，在东汉时代，曾有西利亚教士两人，到过中国。表面是说要养蚕养丝，把蚕子带回中国，其本意则为传教。"[4]迄今为止，学术界较为一致的看法是，在唐太宗贞观九年（635），基督教聂斯托利派

---

[1] 〔德〕马克斯·韦伯：《新教伦理与资本主义精神》，李修建、张云江译，北京九州出版社2007年版，第3页。

[2] 参见〔美〕杰西·格·卢茨：《中国教会大学史（1850—1950）》，曾钜生译，浙江教育出版社1987年版，第18页。

[3] 〔美〕塞缪尔·亨廷顿：《文明的冲突与世界秩序的重建》，周琪、刘绯、张立平、王圆译，新华出版社1999年版，第60页。

[4] 转引自陈登原：《中国文化史》（下册），商务印书馆2014年版，第759页。

（Nestorian）的阿罗本携真经到长安，当时的在华基督教被称为"景教"，这是确切可考的基督教最早传入中国的时期。唐代的景教虽一度呈现出"法流十道、寺满百城"的气象，但由于景教教士在释经时过多使用了佛教的语言，上层教士也将主要精力放在结纳权贵上，因此社会上的人将景教视为佛教的形式，它因缺乏下层信众而逐渐衰亡了。到宋太宗太平兴国三年（978），一聂派主教曾返欧洲报告说中国境内只剩下一个景教信友了。11世纪下半叶，由于辽的统治者容许基督教的存在，基督教在中国北方重新抬头，当时传教的都是聂斯托利教派，仍是唐代习称的景教。14世纪初期，元顺帝派使团上书教皇请求派主教来中国传教。元代对基督教统称为"也里可温教"，既包括早先流行的聂斯托利派，也兼指后来传入的罗马圣方济各教派，信徒人数仅次于佛教，多达三四万人。但由于西来传教士的宣教对象主要是蒙古族和各类色目人，加之西来的传教士大多无高深学问，西方文化特别是科技亦不见得比中国高明，不足以引起中国人特别是文人士大夫的敬仰心，所以也不曾对中国历史产生过什么大的影响，自然也就无法构成一种真正意义上的中西方两种文化的交流与碰撞。倒是西来的传教士和商人把中国的各种大发明，如印刷术、火药、罗盘针、纸、制瓷技术等传到了西方，促进了西方文明的发展与繁荣。在东西方文明之间第一次实质性的接触与沟通，是明代中叶即16世纪初的基督教耶稣会士的来华，西学第一次大规模输入中国也始于这个时期。李约瑟指出："在耶稣会士进入中国后，中国的科学便和世界的科学融合在一起。虽然在18和19世纪，因为受到历代中国社会中同样抑制了科学发展的那些因素的影响，这种融合进行得很慢，可是已不易分辨出中国思想家和观察家所做贡献的特殊风格了。17世纪由耶稣会士开始的中西文化交流工作，在19世纪又由基督教徒（新教徒）接续下去。到了现在，中国已和所有其他国家一样，作为全世界科学大家庭的一员而占有它自己的位置了。"[1]

一、利玛窦：西学东渐第一师

耶稣会（the Society of Jesus）是西班牙贵族依纳爵·罗耀拉（St. Ignatius of Loyola，1491—1556 年）创立的。罗耀拉是一位西班牙军人，据说他在战争中负伤，瘸了一条腿，在住院治疗期间，看见圣母和圣子向他显灵，嘱咐他放弃自己从前邪恶的生活，于是他皈依了天主教，并像过去的许多罪人一样，认为自己有义务为教会服务，为帮助天主教他还参与了抵抗路德教派这个"异端"的斗争。1534 年，在巴黎索邦神学院就读的罗耀拉与另外的 7 名同学成立了一个兄弟会，8 人彼此约定要过圣洁的生活，努力追求公义而非财富，奉献自己的身体和灵魂来侍奉罗马教会。数年后，这个小小的兄弟会便成长为一个正规的组织，且于 1540 年获得罗马教皇保罗三世的认可并正式定名为"耶稣会"。罗耀拉曾经是个军人，他相信纪律和绝对服从，同时他又是一位学者，强调通过教育培养新一代虔诚的天主教徒，这两方面的因素正是耶稣会获得巨大成功的主要原因。在 16 世纪宗教狂热和宗教论争中，耶稣会是最富有战斗性的修行团体，团体中的每一个成员都宣誓要效忠与保卫其信仰的这个战斗组织。这个修行团体仿照军事团队的方式组建，对所有成员实行严格的纪律，要求成员要像士兵那样绝对服从，他们的武器不是枪弹和长矛，而是教育培养出来的雄辩才能及用教义劝说和教导人们；它创立的目的是要重振天主教会，维护教皇的权威。长期以来，尽管耶稣会声名不佳，但从历史发展看，它亦有有功于社会的一面，即十分重视科学与教育，科学是所有入会人士的必修科目之一。耶稣会创办了当时欧洲最出色的一些学校，几乎所有的

---

[1] 〔英〕李约瑟：《中国科学技术史》（第一卷，导论），袁翰青等译，科学出版社、上海古籍出版社 2018 年版，第 152 页。

学府都有耶稣会士担任教授。耶稣会的学校培养了诸如伽利略、笛卡尔、孟德斯鸠等许多天才人物和著名学者、思想家；欧洲一些著名的科学家，如斯台文（Simon Stevin，1548—1620 年）、惠更斯（Christian Huyghens，1629—1695 年）、牛顿等都曾受到耶稣会士科学家及其著作的影响。

地理大发现后，世界逐步迈入全球化时代。全球化进程，不仅表现在经济的全球化，而且表现为文化的全球化。有如麦克尼尔所言："地球上海洋两岸接触的密切程度保证了人类各种文化之间的相互促进和影响。那些限制或拒绝与外人接触的种种努力——这主要发生在与冷酷无情和贪得无厌的西方人的交往中——是注定要被西欧文化……所最终击败"；"虽说新大陆是欧洲扩张矛头指向的一个最大的地域，欧洲人所觊觎的却远不止于此，而是整个地球上所有适合人类居住的地方"①。随着通向东方新航路的开辟，耶稣会创立后，其成员也不满足于守卫他们的阵地，急于要把他们的信仰传播到非洲、日本、中国和南北美洲，乃至世界各地，以期让全世界的人都信仰和皈依他们的基督教。最早怀有让中国人皈依基督教梦想的耶稣会士是西班牙人圣方济各·沙勿略（St. Francis Xavier，1506—1552 年），他是耶稣会的创始人之一，是他首先将天主教传播到亚洲的马六甲和日本，天主教会称他是"历史上最伟大的传教士"。沙勿略在日本传教时发现，中国文化对日本的影响深远，于是决心尽早访问中国。但当时明王朝实行严厉的海禁，外国传教士要进入中国是一件非常困难的事情。1552 年，他组织了一个赴中国的葡萄牙使团，参见明朝皇帝，但 5 月底使团在马六甲被扣留，于是他决心独自前往中国。1552 年 8 月底，他以距离中国广东海岸很近的上川岛（属于台山市）作为基地，计划偷渡入境。但是，答应

---

① 〔美〕威廉·麦克尼尔：《西方的兴起：人类共同体史》（下），孙岳等译，郭方等译校，中信出版社 2015 年版，第 678 页；第 681 页。

帮助他们偷渡的中国商人反悔，迟迟不来。同年12月3日，沙勿略因疟疾病逝于岛上，年仅46岁。据说，沙勿略的尸体长期不腐烂，为了一路向人显示"圣迹"，所以直到1554年才被安葬在印度的果阿。1662年，沙勿略被教会列为圣徒，他的墓地也成为朝拜的圣地，在马六甲、罗马和澳门圣若瑟修道院都珍藏着沙勿略的部分遗骨，耶稣会于1847—1853年在中国修建的第一座天主教主教座堂也以他的名字命名——"董家渡圣方济各沙勿略堂"（坐落于上海市黄浦区董家渡路185号）。

沙勿略虽未达成进入中国内地传教的心愿，但他的努力却激励着他的同道们。1578年，意大利传教士范礼安（Alessandro Valignano，1539—1606年，法学博士，曾任修道院院长等职）神父首次来到澳门。他认为中国是个秩序井然、高贵而伟大的国家，绝不会把懂得中国语言和文化的、有教养的耶稣会士拒之门外，于是决定指派若干神父来澳门学习中文。他把意大利神父罗明坚（Michele Ruggieri，1543—1607年）和利玛窦（P.Matteo Ricci，1552—1610年）等派往中国。沙勿略去世30年后，即1582年9月，耶稣会士罗明坚和利玛窦神父在中国使者的护送下，从澳门进入广东肇庆，逐步深入中国内地，并建立了传教据点[①]。自此，耶稣会士在中国传教进入了一个划时代的转折，天主教逐步在中国扎下了根。以此为端倪，耶稣会士竞相来华，其间著名者有意大利传教士龙华民、高一志、熊三拔、艾儒略、毕方济、罗雅各、利类思，西班牙传教士庞迪我，葡萄牙传教士阳玛诺、溥讯际，德国传教士汤若望，瑞士传教士邓玉涵等。在这些传教士中，利玛窦虽然

---

① 据法国专家舒特考证，自沙勿略神父算起，有多名西方传教士尝试进入中国传教，其中有25名耶稣会士、22名方济各会士、2名奥古斯丁会士和1名多明我会士，但这些西方传教士来到中国，均不得其门而入。他们仅在广东之外的上川岛和澳门等地停留，虽偶尔有机会进入广州，却始终无法在中国内地长期居留（〔法〕舒特：《耶稣会士进入中国的过程》，耿昇译，载《西北第二民族学院学报（哲社版）》2000年第1期）。

不是第一位进入中国内地的欧洲耶稣会传教士,但却是第一批入华耶稣会士中最具历史影响的杰出人物,在中西文化交流史得到了至高无上的荣耀,被尊为"西学东渐第一师"。这位少年时代便献身于"上帝的事业"的天主教徒,不仅对神学有深入的钻研,而且是位天生的语言学家,记忆力惊人,相当广泛地涉猎了自然科学的各个领域。在他身上,既具有教士的虔诚,又具有学者的渊博,哲学、数学、天文、地理、测绘无所不知。1601年1月24日,利玛窦穿着一身中国儒士的宽袍大袖,戴着四方形的儒士帽,到达北京,想得瞻天颜。聪明、博学的利玛窦深知中国是个古老繁荣而文化悠久、自成体系的国度,传统文化思想、风俗习惯对人们的影响根深蒂固,对外来的东西有一种顽强的、本能的抗拒和排斥,传教布道不是那么容易顺利展开的。因此,利玛窦不再恪守沙勿略在日本传教时制定的传教规矩,采取了避免与中国的偏见和怀疑发生冲突的"本土适应"的传教策略,以寻觅打开中国大门的钥匙和敲门砖。

1. 结识权贵,博取官绅好感

利玛窦十分注意结识权贵,以博取官绅好感作为居华传教的手段,因此他专门在王公贵族、朝廷重臣、地方名宦以及学者、商贾、知名人士身上下功夫,并悟出结识权贵和赠送礼品是推进在华传教活动的润滑剂。1582年,耶稣会派遣罗明坚、利玛窦等先打扮成商人,跟随葡萄牙商人到广州和肇庆,向地方官吏"赠送厚礼",试探着建立联系。1583年9月,利玛窦偕同罗明坚再至肇庆,求得知府王泮的允许,在肇庆崇禧塔旁修建了一座带有教堂的小房子,建立了第一个传教驻地,他和罗明坚用中文起草了第一部《祖传天主十诫》。1584年,利玛窦制作并印行了第一份中文世界地图——《山海舆地全图》①,这是中国人首次接触到的近代地理学知识,也是第一次从地图上看到外面的世界和那么多新名字的国家,令中国人眼界大开、兴奋惊讶不已。利玛窦说,当中国人头一次看见我们的世界地图时,一些无学识的人讥笑它,拿它开心。但是,"有教育的人却不一样,特别是当他们研究了相应于南北回归线的纬线、子午线和赤道的位置时。再者,他们得知五大地区的对称,读到很多不同民族的风俗,看到许多地名和他们古代作家所取的名字完全一致,这时候他们承认那张地图确实表示世界的大小和形状。从此以后,他们对欧洲的教育制度有了更高的评价。然而这还不是唯一的结果。另有一个结果也同样重要。他们在地图上看到欧洲和中国之间隔着几乎无数的海陆地带,这种认识减轻了我们的到来所造成的恐惧"②。《明史·意大利亚传》亦有云:"意大利亚,居大西洋中,自古不通中国。万历时,其国人利玛窦至京师,为万国全图,言天下有五大洲。第一曰亚细亚洲,中凡百余国,而中国居其一。第二曰欧罗巴洲,中凡七十余国,而意大利亚居其一。第三曰利未亚洲,亦百余国。第四曰亚墨利加洲,地更大,以境土相连,分为南北二洲。最后得墨瓦腊泥加洲为第五。而域中大地尽矣。"礼部认为利玛窦所言"真伪不可知";《明史·意大利亚传》的作者说,利玛窦其说"荒

---

① 利玛窦在中国居住的28年间,不断绘制和改进他的世界地图,图名也多次更改,初名《舆地山海全图》,后改称《世界图志》《世界图纪》《舆地全图》《两仪玄览图》等。影响最大、流传最广的是万历二十九年(1601)由利玛窦手绘于木板上进呈给明神宗的《万图图志》,次年由李之藻在北京印制成《坤舆万国全图》,并由宫廷内监多次临摹。这些绘成圆形世界的地图使中国人第一次知道了西半球和五大洲的相对位置,也第一次对中国在世界中的位置有了全新的认识。利玛窦的世界地图是明末清初中国士人瞭望世界的一个窗口,它带来了明末中国士大夫闻所未闻的大量的新的知识信息。可以毫不夸张地说,整个明清间的世界地图的知识系谱,都源于利玛窦的世界地图。同时,也促进了中国地理学与制图学的发展,在利玛窦之后,清朝在康熙和乾隆两代开展了大规模的地理勘测和全国地图的绘制工作。

② 利玛窦、金尼阁:《利玛窦中国札记》(上册),何高济等译,何兆武校,中华书局1983年版,第181页。

渺莫考",但欧洲人遍迹于中国,"则其地固有之,不可诬也"[①]。所以,王韬曾感叹说:"自明季利玛窦入中国,始知有东西两半球,而海外诸国有若棋布星罗。"[②] 1593年,利玛窦在肇庆结识的士人瞿太素成了他的好友和弟子,瞿太素帮助利玛窦翻译了欧几里得《几何原本》的第一卷。瞿太素出身名门,其父瞿景淳官至礼部左侍郎兼翰林院学士。借着瞿太素的宣传和与其他许多中国上流社会人士的接触,以及他赠送给高官们的自己制作的天体仪、地球仪和计时用的日晷等西洋物品,利玛窦的名声逐渐在当地的达官贵人中传开。

1595年,利玛窦为上北京进谒万历帝,打开中国接受天主教的大门,到了南京。因南京不允留,他只得折回南昌,在临江府与建安王朱多㸅结交,谈论西方交友之道。建安王是万历帝的堂叔祖,也是利玛窦入华后结交的首位宗室郡王。因他希望了解西方的交友之道,利玛窦凭借他所能忆及的欧洲哲学家、圣贤、著名作家如苏格拉底、柏拉图、亚里士多德、奥古斯丁、荷拉西、西塞罗、蒙田、伊拉斯谟、柏罗多亚尔等的学术思想和格言,编译成100条格言,整理成一本《交友论》的册子,献给建安王。《交友论》不仅从世俗人伦的角度论述友谊的重要性及交友之道,而且由于利玛窦具有深厚的中国古典文化的修养,因此他在《交友论》中注意把西方名言与中国古圣先哲有关"五伦"中的"朋友有信"的论点结合起来,寻求中西伦理在友谊观上的同一性。所以,此书刊行后收到了意想不到的效果,大受中国士大夫的喜爱,使中国文人士大夫

[①] 转引自王寅生编订:《中国的西方形象》,团结出版社2015年版,第186—187页。
[②] 王韬:《弢园文录外篇·变法中》,引自中国史学会主编:《中国近代史资料丛刊·戊戌变法》(一),上海人民出版社1957年版,第133页。

认识到西来的传教士不仅是善于制作机械仪器的能工巧匠,而且还是儒雅的文人。《交友论》付印不久,赣州一位知县将它用中文予以重印,流传于各省,在当时知识分子中产生了很大的影响,此举使得利玛窦名声远播。明万历二十九年(1601),利玛窦、庞迪我、熊三拔以重金买通宦官马堂,得以破天荒地进入北京觐见万历帝,向皇帝进赠礼物并上奏疏。他们带给皇帝的礼物有:报时自鸣钟、天主圣像、圣母像、天主教经典、珍珠镶嵌十字架、手绘于木板上的一幅《万国图志》、西琴、望远镜等。万历帝给以礼遇,在北京赐屋居住,并供给银米。从此,利玛窦等凭借朝廷的支持积极开展传教及介绍西学的活动。

2. 以学术为媒,联络学术界

初来中国的利玛窦发现,文人是中国传统社会最受尊敬、最享特权和最有影响力的群体。他说:"虽然帝国并不由知识阶级即哲人在进行管理",但也必须承认"他们对帝国的统治者有着广泛的影响"[1]。随着对中国了解的深入,他甚至发现"标志着与西方一大差别而值得注意的另一重大事实是,他们全国都由知识阶层,即一般叫作哲学家的人来治理的。井然有序地管理整个国家的责任全交付给他们来掌握。军队的官兵都对他们十分尊敬并极为恭顺服从,他们常常对军队进行约束,就像老师惩罚小学生那样"[2]。所以,要使被中国人视作"旁门左道"的天主教真正植根华夏大地,他认为基督教聚众宣讲福音的传统布道手段在中国是行不通的,因为中国古代的历朝统治者都惧怕民间宗教,怕的不是它们的教义,而是它们的首

---

[1] 利玛窦、金尼阁:《利玛窦中国札记》(上册),何高济等译,何兆武校,中华书局1983年版,第27页。

[2] 同上书,第59页。

领以宗教为纽带，聚众抗官乃至造反，所以外来传教士的一举一动都必须谨小慎微，不能造次，而要在中国扎根传教，赢得民心，不致遭受猜疑，最可行的办法在他看来，是和学术界联络，加强同中国文人士大夫阶层的密切合作，让中国文人信仰基督教。而联络和打通学术界人士，最有效的策略就是用中文著书，以学术为媒，借西洋科学、哲学、艺术以引起士大夫的关注。正如何兆武等所言："中国朝廷却始终把他们（即传教士）作为客卿来看待，严格限于只使用他们的技术；正有如中国开明士大夫所真正感兴趣的，主要地也仅限于向他们学习科学知识。"[1]为此，利玛窦居京师10年，在文人士大夫中展开了广泛的交游、讲学活动。据说，他在北京的寓所车马盈门，每天都有20~100人不等前去听他讲有关科学、哲学和宗教的宏论，由此使得他对中国文人士大夫的习性非常熟悉，并与许多开明士大夫和知识分子如瞿太素、冯应京、徐光启[2]、李之

---

[1] 《利玛窦中国札记·中译者序言》，载利玛窦、金尼阁：《利玛窦中国札记》（上册），何高济等译，何兆武校，中华书局1983年版，第23页。

[2] 徐光启（1562—1633年），上海徐家汇人，明万历三十二年（1604）进士，官至礼部尚书兼东阁大学士。他"少小游学，经行万里，随事咨询，颇有本末"，特别重视科学试验，制造实用器械，在农业、水利、天文、数学等方面均有心得造诣，在科学研究与实验基础上撰成的名著《农政全书》是其一生中不朽的贡献。自1600年后，他相继与利玛窦、熊三拔等西来传教士相交，始而转向西学的翻译。1629年，他受命创设历局修历，不仅主持编译了百余卷的巨著——《崇祯历书》，而且还组织一批中国历算名家如李之藻、李天经等和西来耶稣会士翻译了一大批西方天算方面的著作。据不完全统计，仅他个人译述的西学著作，除与利玛窦译述有《几何原本》前6卷外，重要的尚有：《简平仪说》，与熊三拔译述，刻于1611年，是一部介绍西方天文测量仪器的书籍；《泰西水法》，与熊三拔译述，刻于1612年，是一部介绍西方水库和水利机械及少许生理学、温泉疗法及药露蒸馏方法的书籍；《测量法义》，与利玛窦译述，刻于1617年，该书意在证明《几何原本》的应用，同时中国人有"经纬度"的精确观念亦始于此书。

藻①、杨廷筠等建立了深厚的友谊。如利玛窦进入中国结识的第一位知识界名流瞿太素，就是因深为西方科学所折服而成为利玛窦的至交并皈依天主教的。利玛窦在回忆录中曾这样写道："在结识之初，瞿太素并不泄露他的主要兴趣是搞炼金术。……但他们每天交往的结果倒使他放弃了这种邪术，而把他的天才用于严肃和高尚的科学研究。他从研究算学开始，欧洲人的算术比中国的更简单和更有条理。……他接着从事研习丁先生（即利玛窦）的地球仪和欧几里得的原理，即欧氏第一书。然后他学习绘制各种日晷的图案，准确地标示时辰，并用几何法则测量物体的高度。……他很有知识并长于写作。……他所学到的新鲜东西使中国人大惑不解，他们认为他不能靠自己的研究获得它。……他还为自己制作科学仪器，诸如天球仪、星盘、象限仪、罗盘、日晷及其他这类器械，制作精巧，装饰美观。……经验证明，神父们在这个人身上没有白费时间。大家都已知道，这个雄心勃勃的贵人是一位欧洲教士的学生。欧洲的信仰和科学始终是他所谈论的和崇拜的对象。在韶州和他浪迹的任何地方，他无休无止地赞扬和评论欧洲的事物。"②在学有专长的中国士人的帮助下，利玛窦的传教活动不仅得到了文人士大夫的响应和支持，

---

① 李之藻（1565—1630年），浙江仁和（今杭州）人，明万历二十六年（1598）进士，官至太仆寺少卿。对中国传统的科学技术如天文、算术、地理等均有深入的研究，对西方科学技术的先进内容亦有独到的判断能力，被当时西来传教士誉为"中华才士"。与传教士结识后，他将大部分精力投入到西学的引进和翻译上。他译述的西方科技著作主要有：《浑盖通宪图说》，与利玛窦同译，1607年刻印，是书首次引进了欧洲天文学方面的度量体系，介绍了黄道坐标系，并叙述了晨昏朦影定义、日月五星大小远近、星辰等概念；《同文算指》，与利玛窦同译，1614年刻印，是书首次引进了西方笔算方法；《圜容较义》，与利玛窦同译，1614年刻印，是书介绍了圆内接多边形知识；《寰有诠》，与葡萄牙传教士傅泛济同译，1628年刻印，是书言地球中心说甚谬，提及西方所谓"四元行"（水、土、火、气）物质组成说；《名理探》，原书名为《亚里士多德辩证法概论》，与傅泛济同译该书前10卷，1631年刻印，是书为我国最早介绍欧洲逻辑学的著作，影响较大。

② 利玛窦、金尼阁：《利玛窦中国札记》（上册），何高济等译，何兆武校，中华书局1983年版，第246-247页。

而且他还与徐光启、李之藻等人通力合作，展开了大规模的西学译介工作。据统计，利玛窦翻译编撰的著作有19种，其中编入《明史·艺文志》的有6种，被《四库全书》收录或存目的有13种，这些多为首次传入中国的西方学术著作。如《几何原本》6卷（原书共13卷），由利玛窦口授、徐光启笔录翻译，于1608年刻印出版，为最早传入中国的数学书籍。该书是古希腊几何学学科形成的里程碑，也是历史上伟大的数学经典，被《四库全书提要》称为"西学之弁冕"。杨振宁认为"牛顿深受《几何原本》的影响"，"牛顿的工作很大程度上得益于欧几里得的《几何原本》"，几何原本中的推理精神与方法"对国计民生，对工业、农业、军事等等一切都有巨大影响"[①]。徐光启在翻译的过程中反复推敲，三易其稿，力求合乎原书旨意。此书后被多次重刻，并收入四库全书。1865年曾国藩任两江总督时重刊是书，在《两江总督采进本》中有这样的评介："其书每卷有界说，有公论，有设题。界说者，先取所用名目，解说之；公论者，举其不可疑之理；设题则据所欲言之理，次第设之，先其易者，次其难者，由浅而深，由简而繁，推之至于无以复加而后已，是为一卷。每题有法，有解，有论，有系。法言题用，解述题意，论则发明其所以然之理，系则又有旁通者焉。卷一论三角形，卷二论线，卷三论圆，卷四论圆内外形，卷五卷六俱论比例，其于三角方圆边线面积体积比例变化相生之义，无不曲折尽显，纤微毕露。"[②] 徐光启称，几何原本"为用至广"，"百年之后必人人习之"。他认为，该书"望之似奥深焉，譬行重山中，四望无路，及行到彼，蹊径历然"；"能精此书者，无一事不可精；好学此书者，无一事不可

[①] 杨振宁：《近代科技进入中国的历史回顾与前瞻》，载《中国大学人文启思录》（第2卷），华中科技大学出版社2002年版，第205页。

[②] 徐宗泽编著：《明清间耶稣会士译著提要》，中华书局1989年版，第257页。

学"①。徐氏此言,生动地表达了习惯于传统代数式思维方式的中国学者,初遇陌生的欧洲文艺复兴时代重现的古希腊几何学的公理化体系时,所引发的心灵震撼和理性反思。梁启超称"利、徐合译之几何原本,字字精金美玉,为千古不朽之作"②。《同文算指》全书共11卷,系利玛窦口授、李之藻编译,于1614年刻印出版,此书系统介绍了欧洲笔算的代表作——克拉维乌斯《实用算术概论》,同时兼采中国数学家程大位《算法统宗》,是一本融合中西笔算技法的著作。此书亦被《四库全书》收入。徐光启在《刻同文算指序》中对此书作高度评价:"其数学精妙,比于汉唐之世,十百倍之"③。此外,利玛窦还著译有《天主实义》《二十五言》《浑盖通宪图说》《乾坤体义》《畸人十篇》(附有《西琴八曲》)《辨学遗牍》《经天该》《西国记法》《西字奇迹》《勾股义》《浑盖通宪图说》《圜容较义》《测量异同》《测量法义》《万国舆图》《理法器撮要》《乾坤体义》等涉及人文和自然科学的著作,这些大都为首次传入中国的西学。这些西来的"有用之学",不仅为明清之际的西学东渐做出了开拓性的贡献,而且也的确博得了当时中国一些最优秀的科学家如徐光启、李之藻等人的好感。诚如《明史·意大利亚传》所言:"其国人东来者,大多聪明特达之士,专意行教,不求利禄。其所著书,多华人所未道,故一时好异者咸尚之。而士大夫如徐光启辈首好其说,且为润色其文词,故其教骤兴。"④正是由于利玛窦借科学以行教,通过学术来收揽人心,一度被西方学者瑞尔称为"科学家传教士"。瑞尔说:"关

---

① 徐光启:《几何原本·杂议》,引自罗新璋、陈应年编:《翻译论集(修订本)》,商务印书馆2015年版,第153-154页。
② 梁启超:《中国近三百年学术史》,载《梁启超论清学史二种》,朱维铮校注,复旦大学出版社1985年版,第99页。
③ 徐光启:《刻同文算指序》,引自徐宗泽编著:《明清间耶稣会士译著提要》,中华书局1989年版,第266页。
④ 《明史·意大利亚传》(卷326),转引自利玛窦、金尼阁:《利玛窦中国札记》(上册),何高济等译,何兆武校,中华书局1983年版,第22页。

于耶稣会传教士的历史一直有一种说法,即传教士是靠他们所掌握的西方科学和数学才取得最初的立足点的。的确,早期的耶稣会传教士,特别是利玛窦神父,敏锐地看到中国人的数学知识虽然并不落后,但却未能将其应用在诸如天文学这样的领域。不过,耶稣会传教士确实希望唤起中国人对欧洲科学的兴趣,并借此发展其传教活动。"① 的确,利玛窦借"西学"作为传播"西教"的手段,尽管他在华二十余年建立了多所会院和教堂,受洗的教徒也成百累千,但他对中国人的思想做出最大贡献的还是科学技术。他死后,明朝廷以皇帝名义特赐葬地,当时有宦官表示不解,时任内阁首辅的叶向高答道:"姑无论其他,即其所译《几何原本》即宜钦'赐葬地矣!'"② 可见,当时朝野人士盖棺论定利玛窦,认为他的遗产,占第一位的,并非弘扬西教,而是传播西学。

3. 体察中国民情习俗,会通中西文化

如何调和两种不同背景的历史文化,使一种文化能够顺利地移植到另一种文化之中,进而使两者融汇贯合为一,是利玛窦传教过程中必须考虑的首要和根本问题。利玛窦清楚地认识到,当时中国人普遍疑忌外国人,朝廷或官员尤其"对所有外国人十分敏感",对外来的宗教更持怀疑甚至敌视的态度,要在短时间内归化中国人更是不可能的事。要进入中国社会,必须顺应中国的传统与习俗,改变那套在西方传教固有的策略和方法,以博取中国人的信任。利玛窦等人初入华时,着和尚袈裟。到南京后,利玛窦发现,僧侣在中国既没有欧洲那样高的声望,也没有那么大的权威,于是从1594年起"力效华风,自附儒家"。利玛窦不仅从外表上与佛教僧侣划

---

① 〔澳〕瑞尔:《寻找文化的契合点——论早期天主教耶稣会士在中国的传教方式》,《文化杂志》(中文版)1994年第21期。

② 〔意〕艾儒略:《大西医泰利先生行迹》,转引自朱维铮:《壶里春秋》(二集),中信出版集团股份有限公司2020年版,第149页。

清界限，而且在言行上力求向世俗人靠拢。他开始蓄发留须，并穿起了当时儒士的服装，自称"儒者"，以优游于士大夫群中。为借助中国传统的语言文字和思想宣传天主教教义，利玛窦早在澳门时，便一方面学习中国语言文字，另一方面潜心钻研中国典籍。由于他对中国国情有较为深切的了解，他的传教活动能根据不同对象采取不同方法：对于下层民众，则以浅易演说，讲明基督教之福音；对于上流社会，则利用流畅淳雅之中文，凭借他广博的科学知识，从科学上立论，渐次说及基督教之精神，使之自然感化。徐宗泽说，利玛窦在肇庆时，"室中悬有地图，有来参观询问者，公为之讲解；堂中之耶稣及圣母像，亦吸引观者好奇之心；公亦乘此良机，为之讲释天主教之道理，听者无不悦服。然此衹对于群众而言。至若为文人学士，公则著书立说，以阐明教道；所言皆至理名言，文字亦华丽，故颇能博取学者之心"①。他所改绘的世界地图——《坤舆万国全图》②，也充分迎合中国人的情绪，将中国置于中心位置，许多地名沿用中国旧地图名称，使得中国人"虽欲不信不能也"。

利玛窦不仅从传教的方式上适应中国国情，而且刻苦研究中国的文化和习俗，极力糅合附会中国的儒家学说，试图从教义内容上把天主教"中国化"，以期适应中国文化传统。利玛窦等踏上中国的土地后，逐渐发现孔子及其儒家学说在中国思想文化中占主导地

---

① 徐宗泽编著：《明清间耶稣会士译著提要》，中华书局1989年版，第3页。
② 当时的中国人认为，天是圆的，地是平面方的，不相信那种地球是球形、是由陆地和海洋所构成的说法，而且深信中国就在天地的中央。为迎合中国人的"中国中心主义"意识，利玛窦对他的这幅世界地图进行了精心又荒诞的设计，把中国的地理位置安排在世界的"中心"。但事后却对中国人的这种"天下国家"观念提出了尖刻的批评："因为他们不知道地球的大小而又夜郎自大，所以中国人认为所有各国中只有中国值得称羡。就国家的伟大、政治制度和学术的名气而论，他们不仅把所有别的民族都看成是野蛮人，而且看成是没有理性的动物。他们看来，世界上没有其他地方的国王、朝代或者文明是值得夸耀的。这种无知使他们越骄傲，而一旦真相大白，他们就越自卑。"（利玛窦、金尼阁：《利玛窦中国札记》上册，第181页）

位，拥有巨大权威。他说："中国哲学家之中最有名的叫孔子。这位博学的伟大人物……既以著作和授徒也以自己的身教来激励他的人民追求道德。他的自制力和有节制的生活方式使他的同胞断言他远比世界各国过去所有被认为是德高望重的人更为神圣。……中国有学问的人非常之尊敬他，以致不敢对他说的任何一句话稍有异议，而且对于以他的名义起的誓，随时准备全部实行，正如对待一个共同的主宰那样。不仅哲学家作为一个阶级是如此，就是统治者在过去的时代里也给予他以一个人的最高敬意。然而，他却从未像神那样受到宗教式的崇拜。"[1] 面对与天主教在民族心理与宗教观念上迥然相异、自身又有深厚传统的儒学，利玛窦认为只有通过"合儒"和"补儒"的方式，对天主教进行改造，力求使天主教儒学化、中国化，他们这些传教士才有可能在中国立足，才有可能使中国人接受天主教。

所谓"合儒"，最核心的是从先秦儒家经典中找出与天主教相似的语句、段落，望文生义地来证明天主教和儒学是相契合的。如利玛窦撰写的《天主实义》，分上下2卷各4篇，借用《论语》的风格，用"中士"与"西士"对话的形式，通过"合儒""补儒"的"本土化"传教方式，深入浅出地宣传天主教教义，从而使中国人乐于接受。他在书中引用了《中庸》《周颂》《商颂》《雅》《易》《礼》等中国经典里有关"上帝"的词句，来论证"吾天主，乃古经书所称上帝也。……历观古书，而知上帝与天主，特异以名也。"[2] 在《四库全书总目》提要中也有这样的描述：该书"大旨主于使人尊信天主，以行其教，知儒家之不可改，则附会六经中上帝之说，以合于

---

[1] 利玛窦、金尼阁：《利玛窦中国札记》（上册），何高济等译，何兆武校，中华书局1983年版，第31—32页。
[2] 利玛窦：《天主实义》，转引自樊树志：《晚明大变局》，中华书局2015年版，第368页。

天主，而特攻释氏以求胜。然天堂地狱之说，与轮回之说，相去无几也，特小变释氏之说，而本原则一身。"所以，李之藻在其《天主实义重刻序》中亦云："信哉！东海西海，心同理同，所不同者，特言语文字之际。"①利玛窦撰写《天主实义》时面临的最大难题是，既要力求向追求理性的中国人灌输这些属于异质的天主教教义教理，又要尽可能地在保持基督教之宗教独立性的前提下，与儒家的伦理观念进行必要的妥协。从《天主实义》一书我们可以发现，面对这一难题，利玛窦在两者的张力之间显示了自己最高的睿智。当代学者邹振环指出："大量征引儒家典籍并加以发挥，努力以一种貌似儒家学者的态度，采用儒学术语来批驳佛老，是《天主实义》的一大特色。为了争取上层士大夫的支持，利玛窦努力寻找基督教与儒家思想的切合点。"②所谓"补儒"，主要是从两方面进行：一是他把儒家区别分为"先儒"与"后儒"。他认为，汉代以后的儒家，尤其是宋明理学，泯灭了先秦儒家"事天"的真意，需要天主教来拨乱反正，把人们从误入歧途的"后儒"引回到正确的"先儒"那里去，恢复儒家的真面貌，即所谓"引吾六经之语，以证其实，而深诋谈空之误"③。二是在他看来，孔孟先儒虽然正确，但他们的"人伦学说"阐释得还不够完备，尽在"人生在世之五伦"，"未及于死后来生之事"，尤其缺乏传教士所传的"格致之学"，因而儒学尚不能"尽道于天下"，需要天主教来"补充"某些残缺不全的地方。诚如后继的传教士林乐知所言："五伦《九经》，可以言道，而不可

---

① 李之藻：《天主实义重刻序》，引自徐宗泽编著：《明清间耶稣会士译著提要》，中华书局1989年版，第147页。
② 邹振环：《晚明汉文西学经典：编译、诠释、流传与影响》，复旦大学出版社2011年版，第110页。
③ 冯应京：《天主实义序》，引自徐宗泽编著：《明清间耶稣会士译著提要》，中华书局1989年版，第144页。

以尽道；可以尽道于国家，而不可尽道于天下。"[①]利玛窦的所谓"合儒""补儒"之说，与其说是对儒家人伦学说的尊崇，不如说是一种向儒生宣传天主教的手段，显示他们同样排斥佛、道二教，而与儒家同属一道，以博取中国士大夫的支持。这种论调与当时时兴的"西学中源说"实有异曲同工之妙，虽然"合儒""补儒"未必是真，但此说很能迎合士大夫和一般民众的文化自尊心理。

利玛窦的传教策略和方式，一直为之后跟随他到中国的耶稣会传教士所遵从，称为"利玛窦规矩"。尤为重要的是，利玛窦虽为神父而非科学家，但他所带来的西学却极大地开阔了中国人的视野，使晚明士大夫开始有了学习西学的风气，开始改变知人论世的眼光和传统价值观念与思维方式，为中国人打开了通向西方近代科学的大门；而利玛窦通过书信、札记以及翻译中国典籍，向欧洲介绍中国的思想文化，同样成为17—18世纪西欧"中国热"的前奏。可见，利玛窦事实上为开启中西方文明交流会通拉开了帷幕。同时，由于他的言行深得当时士大夫的赞许，其观念又浸润人心，所以皈依者也逐渐增多。据梁廷枏所著《粤道贡国说》云："自玛窦入中国后，……专以天主惑众，士大夫暨里巷小民，间为所诱。礼部郎中徐如珂恶之。其徒又自夸风土人物远胜中华，……煽惑群众，不下万人，朔望朝拜，动以千计。"[②]尤为重要的是，利玛窦对于当时中国学界学者、学风和治学方法的影响也至为深远。梁启超说："自明之末叶，利玛窦等输入当时所谓西学者于中国，而学问研究方法上，生一种外来的变化。其初惟治天算者宗之，后则渐应用于他学。"[③]研究明末清初基督教在华传教士的权威学者徐宗泽亦有一段较为客观

[①] 参见梁元生：《林乐知在华事业与〈万国公报〉》，香港中文大学出版社1978年版，第36页。

[②] 梁廷枏撰：《海国四说》，骆宝善、刘路生点校，中华书局2013年版，第223页。

[③] 梁启超：《清代学术概论》，载《梁启超论清学史二种》，朱维铮校注，复旦大学出版社1985年版，第23页。

公允的评述。他说:"有明一代承宋代之弊,专究明心见性之空谈,而不务经世致用之实学,沿至明末,已奄奄一息,无复生气矣。适此时利玛窦来吾国,以西国治学之精神,求学之方法,研究吾国经籍,而发见吾国经典受宋代理学派之层层注疏,重重诠解,将经籍客观之本来面目,以主观之意见,改换其真相矣。利子于是主张直读原文,不拘泥于程朱陆王等之疏解,庶古人立言之真旨,可以复明于后世。利子本此宗旨,研究古籍,事若无关大体,而其影响之所至,实给当时启蒙之汉学派一大助力焉;清代之考证学、音韵学,尤为显著者也。利子而后,接踵而来之西士,亦大都本利子治学方法,研究中国书籍,而当时吾国学者与散居全国之西士晋接者,亦莫不受其深刻之印像,而在彼等之著作中,不无蛛丝马迹之可寻,如胡适之在辅仁大学演讲《考证学方法的来历》中有一段,谓:'中国大考据家祖师顾亭林之考证古音著作,有《音学五书》,阎若璩之考证古文尚书,著有《古文尚书疏证》,此种学问方法,全系受利玛窦来华影响。'……至若梅定九、王寅旭等历算学,都承明末利、徐之影响,自不待言矣。"[1] 所以,有学者认为,"历史上到中国来的欧洲人中间,也许马可·波罗和利玛窦是最为人们所熟知的两个名字了"[2]。

二、明清之际来华的西学先驱

自15世纪新航路开辟以来,特别是利玛窦揭开"西学东渐"的帷幕后,西方传教士相继来华,他们大多以介绍西方自然科学知识和技术为传教事业开路,他们传入的西学,尤其是欧洲的自然科学和古典哲学、逻辑学、艺术(美术、音乐、建筑),多为中国人首

---

[1] 徐宗泽编著:《明清间耶稣会士译著提要》,中华书局1989年版,第8-9页。
[2] 利玛窦、金尼阁:《利玛窦中国札记·中译者序言》(上册),何高济等译,何兆武校,中华书局1983年版,第1页。

次接触。这些西学先锋人物,为中国学术思想界带来了一番前所未有的新气象,谱写了一曲中西文化交流的新篇章。诚如王韬所言:"三百年前,中国人士罕有悉欧罗巴诸邦之名者。自以大利人利玛窦入中国,与中国儒者游,出其蕴蓄,著书之说,然后上自卿大夫,下逮庠序之士,群相倾倒,知有西学矣。继而接踵来者,皆西方名彦。凡天文历算,格致器艺,无不各有成书,其卓卓可传者,均经采入四库,以备乙览。……览者已叹为西儒述撰之富。然余尝得其书目观之,不下四百余种。"① 在此,笔者择其要者作一简略述评。

高一志(Alfonso Vagnone,1566—1640 年):意大利籍耶稣会传教士,初名王丰肃,字"则圣"。明万历三十三年(1605)来华,先后在澳门、南京、山西等地著书传教,崇祯十三年(1640)殁于山西绛州。他所撰著作除宗教类书籍外,尚有《励学古言》(1卷)、《西学治平》(4卷)、《修身西学》(5卷)、《寰宇始末》(2卷)、《譬学警语》(2卷)、《空际格致》(2卷)、《童幼教育》(2卷)、《推验正道论》(1卷)等。其中重要的有:(1)《修身西学》,是书为西方伦理学著作,主要论及"人之行为,行为之宗向、动机,及德行,四枢德等等"。高一志认为,伦理哲学思想,本为中国"儒者所乐谈,惟论多空疏,于道德之归宿,即宗向与标准等,茫焉无知,故暗中摸索,不得光明。有伦理之归宿处,有道德之实际,允为一部修身之好书也"②。(2)《西学治平》,是书论王权本原、国体政体及对王者言行举止的修身要求,为最早向国人介绍西方政治学说的著作。(3)《童幼教育》,是书上卷分"教育之原"、"育之功"、"教之主"、"教之助"、"教之法"、"教之翼"、"学之始"、"学之次"、"洁身"、"知耻"等10章,下卷亦有"缄默"、"言信"、"文学"、"正

---

① 王韬:《送西儒理雅各回国序》,载《弢园文新编》,生活·读书·新知三联书店1998年版,第120页。

② 徐宗泽编著:《明清间耶稣会士译著提要》,中华书局1989年版,第218页。

书"、"西学"、"饮食"、"衣裳"、"寝寐"、"交友"、"闲戏"等10章,内容涉及儿童教育的各个方面。徐宗泽说:"观书之目录,可见此书自胎教以至成人,为完备一人人格之教育都言之矣。每题中先言教育之理,继述譬喻、故事,以显明之。是以读之不觉枯窘。"①此书被列入《四库全书总目提要》。高一志关于西方儿童教育理论和方法的介绍,使中国学术界、教育界人士耳目为之一新,它是这一时期传入中国最早的一部教育理论专著。

熊三拔(P. Sabbatinus de Ursis,1575—1620年):意大利籍耶稣会传教士,字"有纲"。明万历三十四年(1606)来华。他精通中国语言,深明历法,曾与庞迪我等传教士参与明廷修订历法,颇有声望。他译有天文历法书籍多种,如《简平仪说》,详述此仪器之应用;《表度说》,述立表测日影以定时之简捷法;此二书均收入《四库全书》。后来他又转而研究水法,制作取水蓄水诸器,并撰《泰西水法》(6卷),也为《四库全书》收录。《四库全书》对它的评价是:"西洋之学以测量步算为第一,而奇器次之。奇器之中水法尤切于民用,视他器之徒矜工巧,为耳目之玩者又殊,固讲水利者所必资也。"②该书前5卷言水法,后1卷为诸器之图式,阐述西方水利器具之原理及应用。徐光启撰《农政全书》,曾将此书辑入。书中还有专论《药露》,详述西方炼制药水的方法,是书为西药制造术传入中国之始。

邓玉函(Joannes Terrenz,1576—1630年):瑞士籍耶稣会传教士,字"涵璞"。邓玉函博学多才,精研医学、哲学、天文、数学,并谙熟拉丁文、希伯来文、希腊文及德、英、法、意、葡等语言,是罗马"灵采研究院"(教廷科学研究院)院士,也是伽利略、开普勒等大科学家的朋友,来华前已享誉欧洲科学界。他于明

---

① 徐宗泽编著:《明清间耶稣会士译著提要》,中华书局1989年版,第216-217页。
② 同上书,第307页。

天启元年（1621）抵澳门，次年入内地，崇祯二年（1629）奉诏主修《崇祯历书》（100卷），监造天文仪器，所著《测天约说》（2卷）和《大测》（2卷）等，均为《崇祯历书》的一部分。《崇祯历书》主编为徐光启，署名者为汤若望、罗雅各和邓玉函。此外，邓玉函还著有《正球升度表》（1卷）、《浑盖通宪图说》（3卷）、《黄赤距度表》（1卷）等。

在这里着重介绍邓玉函译著的两部著作。第一部为《奇器图说》。该书是在中国第一部介绍西方力学和机械学的著作，被《四库全书》收录。现存《奇器图说》一书分3卷，卷1"力艺"、卷2"器解"、卷3为"图例"。该书为了"简明易晓"以便"人人览阅"，删去了所有数学证明；在对西方一般力学知识的解说中，大量征引当时耶稣会士及其中国合作者所撰写的汉文著作和中国传统经典中的内容。《奇器图说》开篇为"凡例"9则。一为"正用"：分重学、借资、穷理格物之学、度学、数学、视学、吕律学，列举研究机械学所必需的基础知识。二为"引取"：列举《勾股法义》《圜容较义》《盖宪通考》《泰西水法》《几何原本》《坤舆图说》《简平仪》《浑天仪》《天问略》《同文算指》《敬天实义》《畸人十篇》《七克》《自鸣钟说》《望远镜说》《职方外纪》《西学或问》《西学凡》等18种在华刊印的书籍为参考书。三为"制器"：列举度数尺、验地平尺、规矩、锯、钻等制造用的工具19种。四为"记号"：列出20个拉丁字母，附录汉语读音，邓玉函的合译者王徵原来在书中采用西文字母，被后来刊印者用汉字替代。五为"每所用名目"：列举66个专有名词，如将柱分为长柱、短柱，梁分为横梁、侧梁，架分为高架、方架、短架，轴分立轴、平轴、斜轴等。六为"诸器所用"：列举各器所用动力，如马、风、水、轮、螺丝、滑车等29种。七为"诸器能力"：列举以小力使重物升高、使不动者常动不息、使不鸣者自鸣等11项。八为"诸器利益"：列举省大力、免大劳、解大苦、释大难等实益 8 项。九为"全器图说",即第三卷所绘 54 幅器具图的分类表[①]。

第二部为《泰西人身说概》。该书为西方生理学与解剖学传入我国之始。全书图文并茂,其西洋人身图"形模精详,剖劂工绝,实中土得未曾有"[②]。《泰西人身说概》分 2 卷共计 23 节,全书基本按照现代解剖学的分类来展开叙述。上卷 15 节为:骨部、脆骨部、肯[骨]筋部、肉块筋部、皮部、亚特诺斯部、膏油部、肉细筋部、络部、脉部、细筋部、外面皮部、肉部、肉块部、血部;下卷 8 节为:开篇为总觉司,然后依次为目司、耳司、鼻司、舌司、四体觉司、行动、语言。《泰西人身说概》各部都有详细的解说,如骨部,主要分析骨骼的构造与功用,依次列举全身骸骨数目、形状及功用。该段开篇写道:"骨者,人身之纯分也。论人一身,可名为各分,如有骨分、肉分、血分、筋分,然后凑合以成人身。骨亦身之一分也。其性坚,其色白,其质冷而干,为一身之基址,属第一功用,如大地之水,与万物所攸赖,人以骨为基址,各分攸赖,故骨之用尤多,或用以运动,非骨莫能持力,用以捍卫,非骨莫能遮护,此类皆为次用也";又云:"人周身骸骨,大者共二百余块,细小者一百余块。小者之形,如米粒芝麻,用以联续接合于大骨交界处,共成全体焉"。如络部,主要描述的是静脉,该书云"络似树木,其根在五脏。其大干在心与肝,其枝叶分布于周身,故在人身体中分者,络之干;在人手足四肢者,络之百枝。是故周身无非络也"[③]。据说,当时国人大都认为知识、记忆在于心而不在于脑,如南怀仁于康熙时

---

① 参见樊洪业:《耶稣会士与中国科学》,中国人民大学出版社 1992 年版,第 60 页;邹振环:《晚明汉文西学经典:编译、诠释、流传与影响》,复旦大学出版社 2011 年版,第 295 页。

② 徐宗泽编著:《明清间耶稣会士译著提要》,中华书局 1989 年版,第 202 页。

③ 转引自邹振环:《晚明汉文西学经典:编译、诠释、流传与影响》,第 322 页;第 323 页。

上《穷理学》云:"一切知识记忆,不在于心,而在于头脑之内,亦不出此书之旨。"①

艾儒略(Giulio Aleni,1582—1649年):意大利籍耶稣会传教士,字"思及"。明万历三十八年(1610)至澳门,1613年进入中国内地传教,1625年抵福州传教,为福建省传播福音的开路先锋,清顺治五年(1648)殁于福建延平,世人尊其为"西来孔子"。艾儒略识见博广,著作等身,除宗教著作外,涉及科学与教育的著作有:《三山论学记》《性灵篇》《大西利先生行迹》《性学粗述》(8卷)、《几何要法》(4卷)、《西方问答》(2卷)、《坤舆图说》《职方外纪》(6卷)、《西学凡》等。艾儒略于1637年所撰的《西方问答》是当时颇有影响的一部西学著作,内容涉及国土、路程、海舶、海险、海奇、登岸、土产、制造、国王、西学、官职、服饰、风俗、五伦、法度、谒馈、交易、饮食、医药、人情、济院、宫室、城池、兵备、婚配、续弦、守贞、葬礼、丧服、送葬、祭祖及地图、历法、交蚀、列宿、年月、岁首、年号、西士、堪舆、术数、风汛、择日等,该书虽言简意赅,但举凡西方国家的风土人情无一不涉,包罗万象。时人米嘉穗在其所作的《西方答问序》中曾这样评价该书:"不独以彼国之纪述,扩此方之见闻,其辨异而归同,剖疑而致信,有若一一烛照而数计之者,……窃谓吾儒之学,得西学而益明,西学诸书,有此册而益备也。学者因其不同以求其同,其于儒学西学思过半矣。"②尤为值得提及的是,艾儒略还是最早向中国人介绍西方16世纪的教育制度特别是当时欧洲大学情形的西方传教士。他谈论西方教育的书主要有两本。一本是《西学凡》,有1623年的杭州刻本。邹振环认为,《西学凡》是第一本简要阐释有关欧洲耶稣会学校教育专业设置、学校体制和"建学育才"的纲要及其课程大纲的

---

① 参见陈登原:《中国文化史》(下册),商务印书馆2014年版,第777页。
② 徐宗泽编著:《明清间耶稣会士译著提要》,中华书局1989年版,第300-301页。

著作,被认为是向中国人介绍当时西方教育的一本书,同时也是最早介绍西方近代学术分科知识的一本著述,可以视为一部西方学术与分科知识的"概说"①。书中介绍了西方的教育制度,尤其是欧洲大学所设专业、课程标准、教学过程、教学方法和考试等。据其所述,欧洲教育共分文科(Rethorica,修辞学)、理科(Philosophia,类似今天的所谓哲学、自然科学和社会科学)、法科(Leges,即法学)、教科(Canones,即教会法典学)、道科(Chelogia,即神学)、医科(Medicina,即医学)6科。对该书,《四库全书》有一段这样的评价:"其教授各有次第,下抵从文入理,而理为之纲。文科如中国之小学,理科则如中国之大学,医科法科教科者,皆其专业,道科则在彼法中所谓尽性知命之极也。其致力亦以格物穷理为本,以明体达用为功,与儒学次序略似。特所格之物,皆器数之末,而所穷之理,又支离神怪而不可诘,是所以为异学耳。"②另一本书为艾儒略于1623年所译的《职方外纪》,此书是继利玛窦世界地图后第一部系统介绍世界五大洲人文地理的专著。该书不仅对世界图像作了细致描绘,而且书中描述的一些闻所未闻的"奇人""奇事""奇器""奇观",引发了明末清初许多文人士大夫的浓厚兴趣,可以说是明清中国人了解世界尤其是欧洲文明最重要的窗口,魏源的《海国图志》、徐继畲的《瀛凡志略》、梁廷枏的《合省国说》等都多处引用了它的资料。《职方外纪》全书分5卷,书前有《万国全图》《北舆地图》《南舆地图》;卷前有《五大州总图界度解》,简述了有关地球科学的一些概念如天体原理、地圆说和五大洲观念。卷1"亚细亚",介绍亚洲;卷2"欧逻巴",详细介绍了西班牙、法兰西、意大利、德国、法兰德斯、波兰、乌克兰、丹麦、希腊、莫斯科以及

---

① 参见邹振环:《晚明汉文西学经典:编译、诠释、流传与影响》,复旦大学出版社2011年版,第225-226页。

② 徐宗泽编著:《明清间耶稣会士译著提要》,中华书局1989年版,第290页。

地中海诸岛国；卷3"利未亚",介绍非洲,称该洲多"旷野""异兽",有"入水土千年不朽"之木；卷4"南北亚墨利加和墨瓦蜡尼加",介绍美洲和南太平洋的一些岛屿及南极洲等若干想象中的大陆；卷5"四海总说",介绍分布在地球上的海洋世界。杨廷筠在《职方外纪序》中有这样的评语："考图证说,历历可据,斯亦奇矣"；"其所闻见,比世独详"；"注述多端,皆有深意"；"用悦耳娱目之玩,以触人之心灵,言甚近,指甚远"[①]。在该书卷2《欧逻巴总说》中,艾儒略特别介绍了欧洲的制度文化与宗教。在有关欧洲教育制度的介绍中,他详细论述了"欧逻巴"各级学校的设置、规模、学习年限、课程、考试方法和教师资格等。在同卷的《以西巴尼亚》(即西班牙)一章中,还介绍了当时欧洲四所著名的大学,即西班牙的撒辣曼加大学(Salamance)、亚而加辣大学(Alcala),以及葡萄牙的阨勿辣大学(Evora)和哥应拔大学(Coimbia)。另在同卷的《拂郎察》(即法兰西)一章中,介绍了巴黎大学。此书亦被收入《四库全书》和《天学初函》。艾儒略介绍西方教育制度和状况的译著,开西方教育理论和方法在我国传播的先河。

汤若望(Johann Adam Schall von Bell,1591—1666年):德国耶稣会传教士,字"道味",罗马"灵采研究院"院士。明天启二年(1622)和金尼阁(Nicolaus Trigault,1577—1628年)来华,先后在广州、西安等地传教,因测算月食三次皆灵验,声望遂起。1630年奉诏入京任修历之职,并从事天文测算、天文仪器制作及译书诸事,1633年崇祯帝亲赐匾额"钦褒天学"。汤若望在历局任职期间,还制作了多种天文仪器。1642年崇祯命他设厂制炮并向负责造炮的中国官员传授造炮技术,他铸造了20门试用炮,甚得皇帝称赞,又受命再造500门。在他的指导下,徐光启、李之藻等中国官员也掌

[①] 徐宗泽编著:《明清间耶稣会士译著提要》,中华书局1989年版,第316-317页。

握了铸炮技术。清军入关后，汤若望亦备受清帝重视，顺治尊称他为玛法（即满语的祖父），皇太后和宫廷大批贵妇都由汤若望施洗而皈依天主，顺治元年（1644）被授予钦天监监正之职，1650年顺治帝对他赐地建堂，并亲赐匾额"钦崇天道"，顺治十五年（1658）被赐授正一品光禄大夫，祖先三代均追赐一品封典。顺治在临终选择储君时，请汤若望这位西洋玛法充当"终审裁判"，而汤若望仅说了一句皇三子玄烨已出过天花，便立即使因患天花垂危的顺治在遗诏中指定年仅8岁的玄烨为储君，由此可见汤若望在满汉权贵中具有何等的威望。康熙初年，排斥传教之风起，受士大夫杨光先之谮，与南怀仁等同时入狱，并判死刑，旋因地震及皇太后降旨得释，然年已75岁，身体既不自由，口舌又结塞不能辩，于康熙五年（1666）因病老且忧郁逝于北京。汤若望是明清之际继利玛窦之后，在中国影响较大的传教士之一。他著述颇丰，以天文、光学、几何居多，主要的科学类著作有：《浑天仪说》（5卷）、《西洋测日历》、《民历补注释惑》、《大测》（2卷）、《测食说》（2卷）、《测天约说》（2卷）、《新法历引》、《历法西传》、《古今交食考》、《学历小辨》、《新历晓惑》、《远镜说》、《主制群徵》（2卷）、《恒星出没》（2卷）、《西洋历法新书》（36卷）、《交食表》《恒星表》（5卷）、《赤道南北两动星图》《星图八幅》及《中国耶稣会传教史略》等。其中，由他主编完成的巨著《崇祯历书》（清朝易名为《西洋历法新书》，由他与徐光启、罗雅各等合撰）看起来更像是一部百科全书，书中详细介绍了第谷·布拉赫的《论新天象》和《新编天文学初阶》、托勒密的《大综合论》、哥白尼的《天体运行论》、开普勒的《论火星的运动》等西方天文学著作。因当时欧洲正处于近代天文学的初创时期，哥白尼体系在理论和实测上都不是很成功，当时的天文学家对哥白尼学说持怀疑态度，所以汤若望在编制《崇祯历书》时采用了第谷体系而没用哥白尼体系。尽管《崇祯历书》有种种时代的局限性，但就当时的中国而言，毕竟是引进了西方先进的天文学，这样一来，它的意义就已经超出了修历本身，标志着中国传统天文学的转型，开启了中国人认识宇宙的新阶段。再如，由汤若望口授、焦勖笔录的《火攻挈要》（3卷），刻印于1643年，是一部图文并茂详述诸式火器制作之法的著作，也是最早传入中国的西方火器知识的著作。该书正文前有《火攻挈要诸器图》40幅，以图文互补，可使读者对火攻诸器一目了然。该书上卷专论制造火器之法及各器图之说明，中卷论制药及试放之法，下卷论火攻秘要。当时明朝正采用神威大炮应对清兵的进攻，而该书正好有神威炮图样、制造、应用等的详细介绍，所以其实用价值可见一斑[1]。《火攻挈要》虽然以介绍火药、西洋火炮及各种火器的制造与使用方法为主，但也涉及金属冶炼、机械制造与数理化知识，反映了西方先进火器技术传入中国后，中国火器技术的发展概况，是中国古代火器进入一个新发展阶段的标志。最为可贵的是，该书不仅讨论了火器火攻的一般知识，其中还不乏对明朝军队使用火器作战经验教训的总结。此外他所著的《远镜说》一书，详细阐述了望远镜的功用和制造原理，是为西方光学传入中国之始。

南怀仁（Ferdinandus Verbiest，1623—1688年）：比利时籍耶稣会传教士，字"敦伯"。清顺治十五年（1658）抵澳门，次年进入陕西西安传教，1660年奉诏入京在钦天监供职，助汤若望修历书。康熙七年（1668），14岁的康熙亲政后，决定用实践来验证历法的科学性，南怀仁三次预测全对，而钦天监杨光先和吴明煊的预测皆错；1669年正月，观象台的实验再次验证南怀仁预测的正确，杨光先和吴明煊因此被革职；康熙八年（1669），南怀仁被敕封为钦天监监副，后升监正。《清史稿·南怀仁传》载"自是钦天监用西洋人，

---

[1] 参见徐宗泽编著：《明清间耶稣会士译著提要》，中华书局1989年版，第301页。

累进为监正、监副，相继不绝，直至道光间最后一名西洋监正归国时，监官已深习西法，不必复用西洋人，奏奉宣宗谕，停西洋人入监。"由此可见，欧洲传教士在清朝官方天文占星体系内持续160余年位居主导地位。南怀仁负责钦天监近二十年，官至正二品的工部右侍郎，并荣获"通奉大夫"称号。康熙二十七年（1688）殁于北京，康熙帝派大臣为他举行了隆重的葬礼，并为他亲自撰写了"碑文"。南怀仁任职钦天监期间，奉旨督造了6件新的青铜天文仪器，即赤道经纬仪、黄道经纬仪、地平经仪、地平纬仪、纪限仪、天体仪等，安装在北京的观象台上；并绘制了一幅清帝国与俄国之间的边界与邻近地区的地图；在清初平定三藩之变时，南怀仁曾奉命修旧炮、造新炮，在两三年间共铸大小铁炮120门，分送于陕西、湖广、江西等省，在以后的20年间又铸轻便式欧洲神武炮320门，并编有《神武图说》一书，图文并茂地详述神武炮及其铸造技术；清廷接待外国使者时，他常充任翻译；他还担任过康熙帝的数学和天文学老师，为康熙讲授欧几里得的《几何原理》和天文、哲学、音乐等西学知识。1676年，他担任耶稣会中国教区的副区长。南怀仁是传教士中一位杰出的科学家、汉学家，同时也是一位多产的学者。他的著述多达四十余种，还编有满汉字典。据徐宗泽统计，其重要科学类著作有：主编《仪象志》（14卷）及《仪象图》（2卷），介绍这些仪器的制作原理和使用方法，书后附有全天星表。又作《坤舆图说》（2卷，收入《四库全书》）、《坤舆全图》（东西两半球）、《坤舆外纪》、《康熙永年历法》（32卷）、《简平规总星图》《验气说》《测验纪略》《赤道南北星图》等，及介绍世界地理、天文知识和西方风俗、政治、经济、社会、文化等为主题的《西方要记》[①]。据说，南怀仁在北京还做过利用蒸汽推动车和船这一具有历史意义的蒸汽

---

① 参见徐宗泽编著：《明清间耶稣会士译著提要》，中华书局1989年版，第391-392页。

动力实验。徐宗泽认为，他的这一实验比瓦特制成的往复式蒸汽机早115年，比西明顿将之应用于船早123年，比史蒂文森用之于火车早150年，比布尔用于汽车早200年[①]。因此，南怀仁的实验在世界蒸汽机发展史上应该是值得大书一笔的。

尤其值得一提的是，明万历四十二年（1614），比利时耶稣会士金尼阁奉派返罗马述职。万历四十六年（1618），金氏率22名耶稣会传教士返华时，携带了广征博采而来的七千册西学图书。据有关专家研究，这些图书十分精致，当时仅装订一项就花费金币上千元。所有图书均为烫金皮面，并饰有各种金线和花纹，其中教皇保罗五世所赠的约五百册图书，书面皆为皮制，左右两上角处分镂教皇玺章及耶稣会章。据金尼阁在1617年1月2日的一封书信中云："余迄今所获者，无论就数量言，就学术门类之繁多言，就装潢富丽言，在耶稣会中尚无足与此颉顽者。以学科之门类言，除吾人图书馆所习有之人文类、哲学类、神学类、教义类及其他名著外，余所搜医学、法学、音乐类书亦复甚多；而今日所已发明之数学书，则可谓应有尽有。"金氏在书信中还说："余从各王公大臣所征集及在各地所收购之各项测量仪器与制造仪器之机械，种类之多，品质之精，可谓已一无所缺。即此一书藏与仪器在离欧时值一万金币"[②]。1620年7月，金尼阁等人返至澳门时，七千册西书入华的消息不胫而走，并很快在一批热心于西学的人士中引发巨大反响，纷纷要求朝廷尽快组织翻译其中的科学书籍，杨廷筠更是多次上书朝廷力倡翻译这批西书。遗憾的是，金尼阁返回澳门不久，万历帝便驾崩了，再加上后金的进攻，辽东战事急迫，朝廷无暇顾及译书事业，一些

[①] 参见邹振环:《〈坤舆图说〉及其〈七奇图说〉与清人视野中的"天下七奇"》，载中国社会科学院近代史研究所、比利时鲁汶大学南怀仁研究中心编:《基督宗教与近代中国》，社会科学文献出版社2011年版。

[②] 李亚舒、黎难秋主编:《中国科学翻译史》，湖南教育出版社2000年版，第112页。

地方禁教案余波又起，金尼阁只好把绝大部分西书存放于澳门，仅带极少的部分入京朝贡。这 7000 册图书后来到底翻译了多少？流落何处？数百年来曾引起了不少学者的关注。据可靠的研究表明，至 1958 年北京图书馆已陆续收存了天主教南、北堂图书馆馆藏的金尼阁携带图书 6486 册[①]。

除上述数人外，明清之际著名的西方传教士还有龙华民、庞迪我、毕方济、艾儒略、金尼阁、阳玛诺、罗雅各、卫匡国、穆尼阁、卫方济、徐日昇、雷孝思、马国贤、利类思、白晋、张诚、蒋友仁、杜德美、戴进贤、徐懋德、钱德明等，都是当时很有科学素养的语言学家、地理学家及天文历算方面的实用科学家，因而他们都在不同的程度、不同的层次上，从不同的学科介绍了西方的自然科学知识和技术（还包括一些社会科学和艺术方面的知识）。据不完全统计，耶稣会传教士共译著了一百余种左右的科学书籍，对明、清时期中西文化教育交流与会通做出了一定的贡献。值得提及的是，从康熙四十七年至五十六年（1708—1717）历时 9 年绘制而成的《皇舆全览图》（另绘有关内 15 省及关外满蒙各地分图），被视为一次最大规模的遍览全国山水城郭、用西洋量法实施测量而绘成的地图。而此图之完成全是白晋、雷孝思、杜德美、费隐、潘如、冯秉正、德玛诺等传教士所为。此图为迄今中国各种地图最为重要的依据，其意义之非凡与深远自然无与伦比。当然，传教士西来的主要目的是要传教，使中国人皈依基督，西学只不过是他们借以传教的不可或缺的手段，因而他们所传播的西学远不是当时已经蔚为主流的西方近代科学技术，而是"经基督教化陶冶过的西洋学术"，并且在书中还掺杂了不少神话。尽管如此，当时的传教士还是介绍和传播了一些当时欧洲较为先进的天文、历算知识和制造技艺（尤其是制

---

① 参见李亚舒、黎难秋主编：《中国科学翻译史》，湖南教育出版社 2000 年版，第 116 页。

造火器与枪炮的技艺)。这些科学知识和技艺,不仅是当时中国急于编修历法和制造火器所必需的,也是中国士大夫们对西方科技感兴趣的东西,由是汇成了一股蔚为大观的西学东渐潮流,有力地促进中国传统文化新陈代谢;特别是他们传播的裨益国计民生的切用之学及其治学的科学精神与方法,在当时中国的知识阶层产生了一定的震动。有学者指出,16世纪以来,西方传教士传入的"西学对中国传统学术的影响,只限在天文、历法、地理学以及数学等方面,以及再次唤起中国人对自己传统中类似学科如数学的兴趣。明确地说,学者们从西方科学那里所获得的学术训练,使他们成功地避开了宋明理学中非科学的一面,也为近代中国接受西学留下了合理性的空间"[①]。梁启超在《中国近三百年学术史》中对这一时期传入的西学亦有类似的赞誉:"明末有一场大公案,为中国学术史上应该大笔特书者,曰:欧洲历算学之输入"。梁启超说,利玛窦、庞迪我、熊三拔、汤若望等自万历末年至天启、崇祯间先后入中国,中国学者徐光启、李之藻等"都和他们来往,对于各种学问有精深的研究。先是所行'大统历',循元郭守敬'授时历'之旧,错谬很多。……请重为厘正。天启、崇祯两朝十几年间,很拿这件事当一件大事办。经屡次辩争的结果,卒以徐文定(光启)、李凉庵(之藻)领其事,而请利、庞、熊诸客卿共同参预,卒完成历法改革之业。此外中外学者合译或分撰的书籍,不下百数十种。最著名者,如利、徐合译之《几何原本》,字字精金美玉,为千古不朽之作,无用我再为赞叹了。其余《天学初函》《崇祯历书》几十部书,都是我国历算学界很丰富的遗产。又《辨学》一篇,为西洋论理学输入之鼻祖。又徐文定之《农政全书》60卷,熊三拔之《泰西水法》6卷,实农学界空前之著作。我们只要肯把当时那班人的著译书目一翻,便可以想

[①] 刘墨:《乾嘉学术与西学》,载《乾嘉学术十论》,生活·读书·新知三联书店2006年版,第285–286页。

见他们对于新知识之传播如何的努力。只要肯把那个时代的代表作品——如《几何原本》之类择一两部细读一过，便可以知道他们对于学问如何的忠实。要而言之，中国知识线和外国知识线相接触，晋唐间的佛学为第一次，明末的历算学便是第二次。中国元代时和阿拉伯文化有接触，但影响不大。在这种新环境之下，学界空气，当然变换，后此清朝一代学者，对于历算学都有兴味，而且最喜欢谈经世致用之学，大概受利、徐诸人影响不小"①。对明清之际传教士著译极有研究的徐宗泽认为："明清之际，西洋科学输入我国，我国学术界上顿呈一异彩焉。其输入之介绍人，为天主教之耶稣会士，其最著名者，为利玛窦、汤若望、南怀仁、艾儒略等。我国学者则有徐光启、李之藻等。其输入之科学，有天文、历算、地舆、炮铳、水利及格物致知之学。此种学问，不特当时发生极大影响，即今日，亦保留其权威；其所以致此者，盖当时儒士所谈者，仅一种空疏之论，而于实用之学，盲然未知。今西士输进利国利民之实学，士大夫之思想，能不为之一新？而吾国人今诵其著述，亦能不油然而生景仰之心乎？"又云："明末清初西士所施于吾国学术界上之影响，不在某种学问，而在于治学之精神，即以科学之方法研究学问。故其所讨论者，皆切实有用之学，裨益国计民生，而在明末之学界上，兴起一反动之势力，革新之兴味。"② 所以著名学者陈登原先生云："明季清初，基督教在文化事业上，已有坚固莫拔之位置，非可轻易推翻。"③

明清之际的欧洲传教士，不但是西学东渐的载体，而且在东西之间架起了一座中西文明交流的桥梁，中国文明的西传及西方人在

---

① 梁启超：《中国近三百年学术史》，载《梁启超论清学史二种》，朱维铮校注，复旦大学出版社1985年版，第99—100页。

② 徐宗泽编著：《明清间耶稣会士译著提要》，中华书局1989年版，第1页；第7页。

③ 陈登原：《中国文化史》（下册），商务印书馆2014年版，第776页。

16世纪以后对中国的认识，主要是通过明清之际耶稣会传教士的著述和译作。如前所述，早期西来的耶稣会士不仅从衣着言表上顺从中国习俗，而且大都借着中国文人与士大夫对西学的渴望而与中国上流的知识阶层打得火热，并从中学习中国语言文字，刻苦研习儒学经典。耶稣会传教士通过与中国知名学者的交往、合作开展西方科技书籍的翻译及对中国文化的研究，卓有成效地推动了中学的西传及欧洲汉学的研究，并给17—18世纪欧洲启蒙时代的思想家们注入了新的精神力量和思想源泉，由此也使得中国文化在欧洲风靡一时，对欧洲当时的社会及后来的发展产生深远影响。如1593年、1626年，利玛窦与比利时籍的来华耶稣会士金尼阁先后将《四书》《五经》译成拉丁文；利玛窦还著有《天主教传入中国史》，这部书不仅详细地记述了自沙勿略开始耶稣会士为进入中国所做的种种努力，同时向欧洲人介绍了这个东方文明古国的版图、物产、人文与自然科学、政府机构、宗教习俗、风土人情等方面的情况。1614年，金尼阁将利玛窦的《天主教传入中国史》翻译成拉丁文，并补充了一些利玛窦本人的事迹，于1615年在德国出版。利玛窦的这部书以及他发往欧洲的大量信件，使欧洲人进一步了解了中国，开启了欧洲汉学研究之滥觞。1615年，金尼阁还在欧洲出版了由他整理编辑的利玛窦日记——《利玛窦中国札记》，该书也成了当时欧洲人了解了中国的畅销书。1613年，葡萄牙籍耶稣会士曾德昭（Alvaro Semedo，1585—1658年）来华，1637年返欧后，开始以西班牙文撰写《中华帝国以及其耶稣会士的传教文化》（*Imperio de la China i cultura evangelica enèl porlos religios de la Compaia de Iesus*）。正是在曾德昭的这部书中，西方人第一次正式将中国称为"中华帝国"。该书于1642年在马德里出版，翌年旋即译为意大利文在罗马面世，书名被译成《中国伟大王国志》（*Relatione della grande monarchia della Cina*）；1645年被译成法文出版，书名又被译成《中华大王国全史》(Histoire universelle du grand royaume de la Chine)。再如,意大利籍耶稣会传教士卫匡国(Martino Martini, 1614—1661年),1643年来华,1651年因"礼仪之争"被遣返回欧洲,后来又于1657年来华,1661年6月因霍乱病逝于浙江。作为著名的汉学家、历史学家和地理学家,卫匡国对中学西传及西方汉学研究的推动发挥了十分重要的作用。他编撰的著作主要有:(1)《中国新图》,该书于1655年在阿姆斯特丹出版,是世界上第一本运用西方地理精密测量方法绘制的中国地图集,卫匡国也因此在西欧被尊称为"研究中国地理之父";(2)《中国上古史》,这是一本编年体的历史著作,1658年首版于慕尼黑,卫匡国在书中介绍了上自远古下至公元前一年有关中国的神话传说及夏、商、周、秦、汉代的历史,在该书中卫匡国还最早向欧洲介绍了中国的《易经》及其卦图;(3)《鞑靼战纪》,该书第一版于1654年出版,嗣后用9种不同的语言发行二百余版,该书除真实记录了明清之际中国基督教发展的状况、传教士的遭遇外,还是世界上第一部记录明清嬗替之际的历史,被称为"17世纪的中国现代史";(4)卫匡国所撰《中国文法》,亦是西方人学习汉语文法最早的工具书之一;此外,卫匡国尚著有《中国耶稣会教士纪略》《述友篇》等。又如,1687年,比利时籍传教士柏应理与荷兰籍传教士殷泽铎、恩理格、鲁日满等在巴黎以拉丁文编译出版了《中国哲学家孔子》一书,该书由《孔子传》《大学》《中庸》《论语》《中华君主统治历史年表》《中华帝国及其大事记》及柏应理绘制的中国地图等内容组合而成,殷泽铎在该书的序言中还介绍了中国的儒家、道教、佛教以及《易经》等,目的在帮助欧洲学者理解中国文化的全貌。虽然该书并非严格意义上的学术著作,但可视为最早、最有影响力的中国儒家思想的译著,在很长时间内成了西方人研究中国哲学的重要资料来源。又如,1711年,比利时籍耶稣会士卫方济(François Noël, 1651—1729年)以拉丁文在布拉格出版了《中华帝国六经》(Sinensis Imperii Libri Classici Sex)，卫方济在柏应理等的《中国哲学家孔子》的基础上，参照朱熹的"四书"注解和张居正的《四书直解》，将《大学》(Adultorum schola)、《中庸》(Immutabile medium)、《论语》(Liber sententiarum)、《孟子》(Mencius)、《孝经》(Filialis observatia)、《小学》(Parvulorum，有西方学者误将卫方济所译《小学》视为《三字经》) 译为拉丁文。这样从罗明坚 (1581 年译有《大学》片段)、利玛窦开始，然后经柏应理等人，最后终于在卫方济手上形成了比较完整的中国儒家经典的翻译成果。据美国学者马森[①]研究，这一时期还有如下一些介绍中华文明的重要著作：一是《中华文物图志》。神父珂雪 (Athanasius Kircher) 虽然未到过中国，但他在来华传教士的帮助下，于 1667 年出版了《中华文物图志》。该书通俗易懂，图文并茂，值得一提的是该书还对西安有名的碑文做了解释，在欧洲影响广泛。二是《中华现状新志》。法国传教士李明 (Louis Le Comte，1655—1728 年) 于 1688 年和张诚、白晋等 6 名传教士被路易十四以"国王数学家"的身份派到中国，1696 年回国后出版《中国现状新志》(又译为《中国近事报道》)，该书是 17 世纪欧洲人对中国认识的全面总结，是当时启蒙思想家们了解中国的重要参考书之一，对伏尔泰、魁奈、莱布尼茨等都产生过很大影响。由于该书对中国文明的高度赞扬及为耶稣会在华的"适应政策"辩护，触怒了一些早就对耶稣会在华适应政策不满的神学家，因而遭到欧洲本土神学家的严厉批判，并于 1700 年将该书列为禁书。三是《中华帝国全志》。法国神父、著名汉学家杜赫德 (Jean Baptiste Du Halde，1674—1743 年) 虽然终身未曾到过中国，却与居留在东方的传教士通信联系长达 25 年之久，他通过搜集在华传教士的资料，于 1735 年编纂出版了这部非常

---

① 参见〔美〕M.G.马森：《西方的中华帝国观·引言》，杨德山等译，北京时事出版社 1999 年版。

翔实地介绍中国历史、文化、风土人情的4卷本著作——《中华帝国全志》(全名为《中华帝国及其所属鞑靼地区的地理、历史、编年纪、政治和博物》),该书轰动了整个欧洲,被誉为"法国汉学三大奠基作之一",几年之内便有法文、英文、俄文、德文等多个版本出版发行;此外,他还编辑出版了一部《耶稣会传教士通信集》,由此使得杜赫德在公众面前更成了耶稣会士们关于中国事务的发言人和专家。四是钱德明翻译著述的系列著作。18世纪后期最重要的传教士、汉学家钱德明(Joseph-Marie Amiot,1718—1793年),自1750年入中国始至1793年10月病逝,在中国生活了四十余年,成为在华生活时间最长的法国传教士之一。在这漫长的四十余年中,钱德明逐渐使自己的汉语知识臻于完善,能用汉文、法文以及满文、蒙文等文字著书立说。他撰写和翻译的著作主要有:《满法辞典》(1789年在巴黎出版),这是一部极有价值的作品,在此辞典出版前,满语对于欧洲人可以说是一种未知的语言;他将文渊阁大学士李光地的《古乐经传》翻译成法文,并著述有《中国古今音乐篇》,使法国掀起了一股研究中国音乐的热潮,钱德明亦被誉为华乐西传方面贡献最大的人物;1770年,他将《盛京赋》翻译出版,引起了欧洲学者、思想家特别是法国启蒙思想家伏尔泰、狄德罗、格里姆等的高度关注和深入研究,促发了新一轮"中国热",学者们不约而同地从法译本《盛京赋》中解读出了一个符合他们理想的中国形象——开明的君主、幸福的子民、井然有序的国家;1772年,他将《孙子兵法》翻译成法文(直到1910年才有完整的《孙子兵法》英译版公之于世)。由于钱德明的博学和在中西交流中的巨大贡献,他被誉为"入华耶稣会士中最后一位汉学家"。有学者甚至说:"钱德明的去世意味着那些在中国语言和文学研究方面声名卓著的杰出的传教士们从此消失了。"[1]可见,正是通过明清之际来华传教士及耶稣会士中汉学家的一系列汉学译著,中国古代的主要经典和儒家学说及中国文明的内在精神价值得以展现在欧洲人面前,使欧洲人在殖民扩张的过程中,在北美发现的是土地,在东方发现的是文明——一个不亚于欧洲文明,甚至发展程度高于欧洲文明的——中国文明,从而促成了欧洲18世纪的"中国文化热"。英国学者赫德逊甚至坦承,"亚洲文化参与了欧洲传统本身的形成,……在19世纪以前,亚洲对欧洲的影响要比欧洲对亚洲的影响深刻得多,……在18世纪,令人神魂颠倒的则是中国。"[2]

三、礼仪之争与传教事业的顿挫

美国学者郭颖颐指出:明末清初,传教士"通过一小批感到自己传统科学知识不足的官僚学者的帮助,这些教士在中国树立起了自己的威望。与西方科学的第一次接触是成功的,这并不是因为中国人更深地了解了这些西方发现的本质,而是因为个别的观点适应并支持了传统的意趣,并且与儒学教条也不矛盾,士绅们没有理由担心科学精神的结果将削弱传统信条"[3]。事实上,这一时期西方传教事业的顺利推进,正是由于利玛窦等人的努力及他们采取的"合儒""补儒"传教策略,满足了中国传统士大夫和民众的文化自尊心理,但同时也不能否定明末清初统治者对于传教士表现出了一定程度的宽容及对西方科学技术水平先进地位认可的这一基本事实。如南明永历帝的后妃和许多大臣,包括有很大权势的掌印太监庞天寿,

---

① 〔美〕M.G.马森:《西方的中华帝国观》,杨德山等译,北京时事出版社1999年版,第14页。
② 〔英〕赫德逊:《欧洲与中国》,王遵仲等译,何兆武校,中华书局1995年版,第17页。
③ 〔美〕郭颖颐:《中国现代思想中的唯科学主义(1900—1950)》,雷颐译,江苏人民出版社1995年版,第2页。

都曾受洗入教；爱新觉罗氏入关之前，亦曾被汉人称为"异族"和"夷狄"，因此入关后，多尔衮和顺治对于"夷人"亦无成见，传教士汤若望仍留任钦天监，负责修历书。而清廷的"钦天监用西洋人，累进为监正、监副，相继不绝"①。康熙年间，康熙帝本人为了彰显自己开明宏通和智慧能干，也勤奋好学，对传教士优待有加，使他们"各献其长，出入禁庭"，还请了耶稣会士张诚、白晋、南怀仁等为御前侍讲，以浓厚的兴趣向传教士学习有关天文、数学、炮术、医学等方面的西学知识。乾隆年间的郎世宁、戴世贤、蒋友仁等也以传教士兼教师的身份，为宫廷权贵们讲授西洋绘画艺术及天文、地理，乾隆帝及其皇子也对外国的科学发明保持着相当大的兴趣，并主动了解英国造船业方面的情况，对西洋的军舰尤其印象深刻，喜欢询问外国事物，对外国科学发明俱感兴趣。皇帝对西学的爱好，使得汤若望、南怀仁、张诚、白晋、蒋友仁等传教士可以出入于宫廷，讨论天文历算，研究制作西洋机械钟表，展示西洋音乐艺术。以皇帝之尊躬亲倡导，自然使"一时承学之士，蒸蒸向化，肩背相望"②。但随着天主教势力的发展，中国士大夫阶层开始对天主教传教士自上而下的渗透深感忧虑，并开始察觉到其来华的真实意图不单是仰慕天朝，也不单为研讨道德、哲学或传授科学，他们有自己的目的，那就是要使中国人皈依基督，用基督教征服这个东方文明古国，从而动摇中华民族的优越感和中国民众信仰的儒学权威。

利玛窦时代为了避免与中国人和中国传统文化发生冲突，许多西来的传教士摒弃了自地理大发现以来在其他许多宗教会社中流行的"欧洲至上主义"。他们顺从中国的礼俗，对教徒的祀祖祭孔敬天均不禁止，并以天或天主来称上帝，甚至把儒家的道德观念与基督教的学说联系起来。但自17世纪开始，在华基督教传教士内部

---

① 赵尔巽等撰：《清史稿·南怀仁传》（卷二七二），中华书局1998年版。
② 赵尔巽等撰：《清史稿·畴人传（序）》，中华书局1998年版。

发生"礼仪之争",一部分持欧洲至上主义的传教士,把非基督教文化看作邪恶的产物,把对这些文化的容忍看作对基督教原则的背叛。他们认为"利玛窦规矩"损害了罗马天主教信念的完整性,误导了中国的基督徒,因而对利玛窦及其后继者奉行的基督教"中国化"提出了批评,主张"去中国化",并且这种意见逐渐占据主导地位。无奈远在欧洲的罗马教皇不懂得中国的情形,竟然同意了这种去"中国化"的呼声,并发布禁条,派遣教使,妄加干涉。1704年11月20日,教皇格莱门十一世(Pope Clement XI)发布"禁约七条",宣布:禁止用"天"或"上帝"等字,仅许用"天主";不准礼拜堂悬挂有"敬天"字样的匾额;禁止基督教徒祭祀孔子及祖先,欲祀祖先者,牌位上仅许书祖先之名,不许书"神之位"字样。教皇的"禁约"一反利玛窦所开创的耶稣会传教士尊重中国社会制度和儒家学说的传统,无视中国根深蒂固的礼俗和社会特点,从而使利玛窦时代开创的良好传教局面因"礼仪之争"而发生转向,极大地影响了基督教在中国的传播。

"礼仪之争"时期的中国还处于康雍朝的盛世年代,仍堪称当时世界第一大强国,经济总量仍然位居世界第一,在国际上享有很高的威望。当时来华的传教士进入中国,必须经地方官甚至当朝皇帝的批准,才能在指定的地点传教,他们的一切活动都必须服从中国的律令。当时来华的传教士利玛窦、南怀仁、汤若望等人为传播福音,吸收教徒,不仅研究中国人的心理,穿儒服,讲汉话,学习中国的礼乐习俗,尊重中国崇孔祭祖的传统;而且"他们知道中国人不喜欢极端迷信的宗教,所以专把中国人所最感缺乏的科学知识来做引线,表面上象把传教变成附属事业"[①]。由于他们的传教策略和方法都很巧妙,所以受到了当朝政府的礼遇和厚待,对于基督教

---

① 梁启超:《中国近三百年学术史》,载《梁启超论清学史二种》,朱维铮校注,复旦大学出版社1985年版,第111页。

和传教士,中国政府还能够采取包涵宽容的态度。但是,当罗马教廷和来华的部分传教士为着基督信仰的唯一性,而执意做出禁止祭祖祭孔、禁止立生祠和敬城隍等诸多禁令时,立即引起朝野人士的鼓噪和康熙帝的愤怒和反感。在罗马教廷三令五申"禁约",并禁止耶稣会士对礼仪问题进行任何申诉的情况下,1717 年 4 月 16 日,康熙下令礼部禁止天主教在华传教。1719 年,嘉乐携格莱门十一世教皇的"禁约"来中国,康熙帝阅后大为不满,当即传旨嘉乐:"尔教王条约,与中国道理大相悖戾。尔天主教在中国行不得,务必禁止。教既不行,在中国传教之西洋人,亦属无用。"[①] 由是,除"会技艺之人留用",其余传教之人,俱令教皇使臣带回,传教事业因此受挫。差不多同时,康熙恢复"海禁",一方面下令各省商船禁止前往南洋等地从事商贸活动,另一方面宣布将去外国居留之人"解回立斩"。雍正即位(1722 年)后,宣称"中国自有中国之道,西洋亦有西洋之教法。西洋教法无需在中国传播,恰如中国教法无由流传于西洋一般"[②];并于 1724 年 7 月 11 日批准礼部发布禁教令通谕各省:着国人信教者应弃教,否则处极刑;各省西教士限半年内离境,前往澳门。传教士被驱逐出境,各省教堂或改或毁,中国从此进入了长达一个多世纪的禁教时期。尽管基督教在雍正禁教之后仍有一定程度的发展,但总的来说是以非法的状态存留于中国社会,在朝廷厉禁和民众敌意的夹缝中境遇凄惨,不能不带有许多秘密会社的色彩和印记。再加上后来抵华的传教士对中国的文化习俗冷漠隔阂,"其人慧黠不及利玛窦",而中国教士的培养又往往被忽略,维持信徒的信仰越来越力不从心,传教士只能在挣扎中求生

---

① 转引自钟叔河:《走向世界——近代中国知识分子考察西方的历史》,中华书局 1985 年版,第 32 页。

② 转引自徐中约:《中国近代史(1600—2000 中国的奋斗)》,计秋枫、朱庆葆译,世界图书出版公司 2013 年版,第 74 页。

存。

客观地说,"礼仪之争",在西方人看来,可能纯粹是一个宗教问题,但从中国的角度看就不是一个简单的宗教问题,而是一个严肃的文化和政治问题。事实上,利玛窦等人所采取的"合儒""补儒"也只是出于一种不得已才选取的短期策略,其本质是想借助儒学这一中国强大的文化平台,进而使儒学基督教化,图谋以基督教取代儒学,全面把控中国的思想文化。所以,清廷的禁教在一定程度上遏制了基督教对中国的文化入侵,维护了国家主权的统一和社会秩序的安定。当然,不可否认,也正是由于禁教使一度出现的开放局面宣告结束,由传教士维系的中西科学文化交流濒临中断。从此,国人沉醉于天朝大国的迷梦,再不肯向外多看一眼,"夷夏大防""华夷之辨"的壁垒也从此越筑越高,传教士作为"西学东渐"和"中学西传"载体的这一历史角色也基本上丧失了。用梁启超的话来说,传教事业的顿挫,雍正帝对康熙帝五六十年间所延揽的许多欧洲学者的驱除净尽,使"中国学界接近欧化的机会从此错过,一搁便搁了二百年"[①]。用历史学家郭廷以的话来说,"这真是中国史上的一件大事,影响到此后中国三百余年的命运。"[②]

历史就像人生,往往一次不经意的失误,就会酿成千古遗憾,用再多的时间也难赎回。乾隆五十八年(1793),历史又一次给了中国接近西方、了解西学的机会,那就是有名的"马戛尔尼事件"。英国借为庆贺乾隆80岁大寿之机,派特使马戛尔尼(Lord Macartney,1737—1806年)来华觐见。马的使命是谋求同中国平等通商的地位及互派使节到对方的京城居住照管本国买卖。当时英国工业革命正处在如火如荼之际,英国已成为西方最先进、最发达

[①] 梁启超:《中国近三百年学术史》,载《梁启超论清学史二种》,朱维铮校注,复旦大学出版社1985年版,第112页。

[②] 郭廷以:《近代中国的变局》,九州出版社2012年版,第6页。

的资本主义强国。为了激起中国人对英国工业革命成果的兴趣，马戛尔尼使团一行八十余人携来了600箱当时英国最新的工业品作为礼物，如棉布、羽纱、毛毯、西瓜炮、铜炮、大小火枪、自来火、沙发、火镜、凉暖车、五金制品、机械工具、钢刀和玻璃灯及其制品、气泵、西洋船模型等；当然也带来了乾隆帝特别喜爱的西洋珍贵钟表和科学仪器，如音乐大表、千里眼镜、天球仪、地球仪、气象仪、测量仪等凡29种。据说，仅仅是一座表演天体运动的天象仪，就装满了15个箱子，这个天象仪后来被安装在圆明园的正大光明殿，有1丈5尺高，周围约1丈。英国带来这些礼品，意在让中国知道它也是一个有高度文明的国家，意在达成与中国开展平等外交和商贸往来的目的。客观地说，马戛尔尼来华可视为西方世界向封闭的中国发出的一次邀请，如果乾隆帝当时能明了世界发展局势，明了英国经济社会尤其是制造业的高歌猛进，从而改弦更张，取消闭关绝市的政策，加入世界近代化的潮流之中，可以说是中国的一次绝佳机会。遗憾的是，历史没有"如果"，"如果"也毫无价值。有着"十全武功"的乾隆，竟然因狂傲自大没有嗅觉出马戛尔尼所带来的新世界的气息，仍然把英国视同为中国周边的朝贡国，以天朝上国的口吻敕谕英国国王："英吉利国王知悉：尔国远在重洋，倾心向化，特遣使恭贡表章，航海来庭，叩祝万寿。并备进方物，用将忱悃。朕披阅表文，词意肫恳，具见尔国王恭顺之诚，深为嘉许。……尔国王表内恳请派一尔国之人住居天朝，照管尔国买卖一节。此则与天朝礼制不合，断不可行。……岂能因尔国王一人之请，以致更张天朝百余年法度？……天朝抚有四海，惟励精图治，办理政务。奇珍异宝，并不贵重。尔国王此次贡进各物，念其诚心远献，特谕该管衙门收纳。其实天朝德威远被，万国来王，种种贵重之物，梯航毕集，无所不有，尔国之正使等所亲见。然从不贵奇巧，并无更需尔国制办物件。"① 所以,马戛尔尼虽然受到体面的接待,但终因体制礼仪不合,其使命付诸流水。当然,马戛尔尼使团也并非无功而返。使团在华逗留数月期间,细心的马戛尔尼在中国搜集到了第一手的情报。他敏锐地觉察到,中国的科学技术已远远落后于英国,普通民众生活贫穷,官场贪污腐败盛行,知识阶层对外部世界漠不关心、观念陈旧;清朝的军队也根本不是他们的敌手,不仅装备落后,而且军纪松弛,根本不是作战的队伍。他对清帝国的判断是:"中华帝国是一艘陈旧而又古怪的一流战舰,在过去的一百五十年中,代代相继的能干而警觉的官员设法使它漂浮着,并凭借其庞大与外观而使四邻畏惧。但当一位才不敷用的人掌舵领航时,它便失去了纪律与安全。它可能不会立即沉没,它可能会像残骸一样漂流旬日,然后在海岸上粉身碎骨,但却无法在其破旧的基础上重建起来。"②

18世纪,中国从英国进口的物品并不多,值得一提的只有纺织品和铅锡,相反中国的茶叶、丝绸、瓷器、漆器、藤器等从英国换取了大量的黄金白银,因而导致中国在对英贸易中一直都是顺差。英国为了实现贸易平衡,当然更主要的是为了商品输出和殖民扩张,于嘉庆二十一年(1816)又派出了阿美士德(Lord Amherst, 1773—1857年)特使再次来华谋求通商,但这位特使的境遇似乎比马戛尔尼更惨。嘉庆帝坚持要使臣行三跪九叩之礼,阿美士德称病拒绝行礼。嘉庆帝恼怒于他不肯行跪拜之礼,竟然没有见他,还下了一道给英王的"敕谕",彻底拒绝和英国建立关系。嘉庆帝在"敕谕"中说:"尔使臣不敬恭将事,代达悃忱,乃尔使臣之咎。……尔

---

① 转引自梁廷枏:《海国四说·粤道贡国说》,骆宝善、刘路生点校,中华书局2013年版,第241-242页。

② 转引自徐中约:《中国近代史(1600—2000中国的奋斗)》,计秋枫、朱庆葆译,世界图书出版公司2013年版,第115页。

国距中华遥远，遣使远涉，良非易事。且来使于中国礼仪不能谙习，重劳唇舌，非所乐闻。……俟后毋庸遣使远来，徒烦跋涉。但能倾心效顺，不必岁时来朝，始称向化也。"① 到了 19 世纪，清朝皇帝仍然以"统御万国"的天子自居，把这个当时世界上最先进、最发达的工业文明强国仍然视同"化外蛮夷"的朝贡之邦，的确是显得荒唐可笑而又愚昧无知！尽管通商初期有如布莱克斯利在《中国与远东》一书中所云，"外国商人自己的残暴行为，即应视为他们被享以闭门羹的主要原因"②。但两次遣使的无功而返，使向东方寻求市场、原料和廉价劳动力的西方列强认识到，除非使用武力，否则不可能打开与中国"通商"的大门，这就为英国这个当时世界上第一强国和海上霸主日后谋划发动鸦片战争找到了借口，战争的结果不言而喻，自然是以中国的失败告终。中国不再是"天朝上国"，也不再是天下的中心，中国被推向了一个由西方资本主义列强主导的世界秩序之中。由此，中国历史开启了一个千古奇变、悲剧性与屈辱性并存的时代，也由此为西方传教士的再次蜂拥而入大开方便之门，中西方文化也再一次开启了"会通"之旅。

四、马礼逊与中国最早的教会学校

按照美国传教士狄考文（Calvin W. Mateer）的说法，"基督教与教育就它们本身来说是截然不同的，但是它们之间有着自然而强烈的亲和力，使得它们总是紧密地联系在一起"。因为"所有伟大的科学发现都是由上帝恩赐给基督教国家的"，"所有科学都属于教会"，而这正是"上帝特别赋予教会去打开异教邪说的大门的工具和争取人们信仰福音的手段"，作为传播西方科学知识的教育理所

---

① 转引自钟叔河主编：《走向世界丛书》（第1册），岳麓书社2008年修订版，第228-229页。

② 同上书，第230页。

当然应该是"教会工作的一个重要组成部分"[①]。所以，早期西来的基督教新教传教士大都把创办教会学校，作为其传播福音所凭借的一种重要工具和手段。当然，早期西来的传教士除极少数将全副精力投放在教会学校的经营上外，绝大多数传教士们将其作为他们纯粹宗教活动的补充，讲经布道、发展信徒的"副业"。狄考文曾直言不讳地说："作为教会的一种力量，教育是很重要的，但它不是最重要的。教育不能取代传教的位置，传教应摆在第一位，这是无可争议的。我认为任何人都不应把他的全部时间用在教育方面而轻视或放弃传教的。……教育主要是一种间接力量，因此它必须附属于更重要的直接力量。"[②] 在1840年前，基督教新教传教士创办的教会学校最著名的有两所，即英华书院和马礼逊学堂。

自1724年清雍正帝下令禁止基督教传教，到19世纪中叶中国和西方订立条约之前，是不允许传教士在中国内地传教的。因此，1800年以前，中国仅有少数天主教传教士，而基督教新教传教士几乎没有。基督教新教在中国的传播始于嘉庆十二年（1807），第一位来华的是英国伦敦会派遣的传教士罗伯特·马礼逊（Robert Morrison，1782—1834年）。英国传教士伟烈亚力称："马礼逊是新教在华传教事业的真正奠基者。"[③] 据1836年《中国丛报》刊载的李志刚所著《基督教早期在华传教史》云："如果把二个世纪前与荷兰人一起进入台湾的基督教牧师、教师除外，马礼逊是第一个到达中华帝国的新教徒。主要靠他的努力，神圣的基督教《圣经》被译成中文，从而为在占人类四分之一的中国人中间传播基

[①] 〔美〕狄考文：《基督教会与教育的关系》，引自陈学恂主编：《中国近代教育史教学参考资料》（下册），人民教育出版社1987年版，第1—6页。

[②] 同上书，第8页。

[③] 〔英〕伟烈亚力：《1867年以前来华基督教传教士列传及著作目录》，倪文君译，广西师范大学出版社2011年版，第10页。

督教圣经,为真正的宗教有朝一日弘扬全球奠定了基础。"[①] 马礼逊于 1805 年获准加入伦敦会,1806 年跟随居住在伦敦的中国人容三德学习汉语,1807 年在伦敦的苏格兰教堂被按立为牧师。同年 1 月,他经由美国前往中国,并于同年 9 月抵达澳门,后转往广州。1809 年,他被任命为东印度公司翻译;1815 年,他同东印度公司的合作关系破裂。1817 年,他跟随英国政府派往中国的阿美士德使团前往北京,同年被格拉斯哥大学授予神学博士学位。1824 年返回英国,并于同年被选为英国皇家学会会员。1826 年,他再次来到中国,此后一直在广州从事传教工作,直到 1834 年病逝于广州寓所。

马礼逊自 1807 年来华,在中国传教达二十多年。那时清廷的禁教还没有解除,同时天主教传教士也很排挤他,所以马礼逊在华多年没有建立任何教会,由他私下洗礼的信徒亦不过 5 人。但他毕生的工作,却为新教在中国后来的发展做了大量准备,并奠定了重要的基石。第一是他根据《康熙字典》独立编纂了一部规模宏大的汉英对照字典——《华英辞典》,并与另一位传教士米怜合作将《圣经》翻译成中文,成为将基督教的《圣经》完整介绍到中国的第一人。此外,他还用英文编写了《通用汉言之法》(*A Grammar of the Chinese Language*)、《汉语原文英译(附注)》(*Translations from the Original Chinese, with Notes*)、《中文会话及凡例》(*Dialogues and Detached Sentences in the Chinese Language; with a Free and Verbal Translation in English*)、《中国大观》(*A View of China, for Philological Purposes*)、《中国杂记》(*Chinese Miscellany*)、《广东省土话字汇》(*Vocabulary of the Canton Dialect*)、《中国:一位父亲同其两个孩子间关于这个国家历史和现状的对话》(*Chinese:

[①] 引自朱有瓛、高时良主编:《中国近代学制史料》(第四辑),华东师范大学出版社 1993 年版,第 27-28 页。

Dialogues between a Father and his Two Children Concerning the History and Present State of That country）等，供传教士参考和了解中国的文化与风俗。特别值得提及的是，马礼逊还是第一个比较系统地将中国经典翻译成英文的人。1812 年马礼逊用英文翻译出版了《中国春秋》(Horae Sinicae：Translations from the popular literature of the Chinese)，该书包括《三字经》(The Three-Character Classic)、《大学》(The Great Science) 和其他一些经典文献的篇章和段落等①。第二是鉴于当时无法在中国内地公开建立教会和布道，马礼逊决定先在华人聚居而又邻近中国的南洋群岛上建立宣教基地，设置印刷所和学校，既向当地华人布道，同时传教士也可就近向当地华人学习汉语和中国的文化礼俗。为了向中国人传教，他除了将《圣经》翻译成中文外，还用中文撰写了大量介绍西方宗教、地理及风俗方面的文章、专著和宣传单，如《神道论赎救世总说真本》《问答浅注耶稣教法》《年中每日早晚祈祷叙式》《神天道碎集传》《养心神诗》《古时如氏亚国历代略传》《杂文编》《祈祷文赞神诗》《古圣奉神天启示道家训》《西游地球闻见略传》等。

1813 年，马礼逊向伦敦会提出了"恒河外方布道计划"，建议成立中国传教事业总部，尽快开办免收学费的中文书院，编印期刊，及举办中文、英文与马来文的印刷事业等。英华书院就是伦敦会根据这个计划在南洋群岛中最大的马六甲城兴建的。该院于 1818 年 11 月 11 日正式开学，是基督教新教传教士开办的第一所以华人学生为主实施正规教育的学校。1831 年，马礼逊有言："窃思于英国统治之地区，对华人有正规教育者，英华书院乃唯一所在……则或在英国

---

① 参见〔英〕伟烈亚力：《1867 年以前来华基督教传教士列传及著作目录》，倪文君译，广西师范大学出版社 2011 年版，第 12-17 页。

亦无为华人而设立之学校。"①英华书院的创校目的以"交互教育中西文学及传播基督教理为宗旨","一则造就欧人学习中国语言及中国文字;二则举凡恒河外方各族,即中国、印支及中国东岸诸藩属之琉球、高丽、日本等民族,其就读于中文科者皆能以英语接受西欧文学及科学之造就"②。书院设有中文图书馆、西文文库,聘请欧籍基督徒和本地华人担任教习。欧美籍的基督教会教友经推荐可申请入学;得到欧洲大学资助的各种人等包括传教士、商人均可申请入学;本土青年或自费,或受教会资助,或得到别种资助,均可申请入学,对此种青年,无须强制接受基督教之信仰及强制做基督教之礼拜。

英华书院的具体筹备工作由米怜③负责,于1818年开办,1843年迁往香港,在马六甲时间长达25年。书院教育规模在创办过程中不断扩大,从初创时期的7人,至1834年已增至40人。书院所设课程除宗教科外,还有英文、中文、历史、数学、天文、地理、伦理和经济、哲学等。所用教科书,除了传教士从西方带来的英文书籍外,还有中文《三字经》及各种介绍世界历史、地理、政治、经济等方面的书籍,及马礼逊编写的用来教中国人阅读英语的《英国文语凡例传》(*A Grammar of the English Language for the Use of the Anglo-Chinese college*)。以中文、英文进行互换式教学。

值得提及的是,英华书院在中国报刊史上还占据十分重要的地

---

① 朱有瓛、高时良主编:《中国近代学制史料》(第四辑),华东师范大学出版社1993年版,第8页。
② 《马六甲筹组英华书院计划书》,引自朱有瓛、高时良主编:《中国近代学制史料》(第四辑),第7页。
③ 米怜(William Milne,1875—1822年)于1785年出生于苏格兰阿伯丁郡。1809年前后申请加入伦敦会;1812年,被按立为牧师并被派往异教徒中传教;1813年,抵澳门,因遭澳门当局驱逐,三天后抵广州,在那里专心学习汉语;1815年,到马六甲建立传教点、兴办学校、讲经布道、筹备和出版传教刊物;1816年,到槟榔屿考察并在当地建立了一家印刷所。在生命的最后三四年,他将大部分时间献给了他担任校长的英华书院。

位,为中外文化的交流与传播做出了突出的贡献。在英华书院开办之后,它就承担了《察世俗每月统记传》的编辑出版工作。该刊由马礼逊在米怜的协助下于1815年在马六甲创办,1818年英华书院创办后交由其编辑出版。该刊共出7卷,由米怜任主编,除马礼逊、麦都思及中国信徒梁发撰有少量文章外,文稿几乎全部出自米怜的手笔。该刊系木版雕印,每月1期,每期仅5页约2000余字。该刊除免费发给南洋华侨外,还派专人带往广州,送给参加科举考试的士子,1821年因米怜病重而停刊。对于该刊的性质,一向评说不一。有人认为它只是一份宗教性的杂志,但也有不少人认为它是一份以新闻为主兼及宗教、天文、历史及西方知识的综合性报刊。戈公振在《中国报学史》中称,《察世俗每月统记传》为中国近代最早的报刊,开创报业之先河[①]。英华书院除承担《察世俗每月统记传》的编辑出版外,还接办了于1817年创办的《印支搜闻》;并于1828—1829年间出版了《天下奇闻》月刊,内容涉及中外新闻、科学、历史和宗教各类。1843年,英华书院迁往香港。1853年8月1日,由英华书院编辑的香港唯一的一份中文报刊——《遐迩贯珍》出版。该刊为24开本的月刊,先由麦都思主编,1854年改由奚礼尔负责,1855年则由理雅各主持,1856年5月停刊。该刊每期并无固定主题,1855年1月以前,以刊登专文、论著为主;在此之后,以较多版面刊登新闻和消息,内容较为芜杂,大致涵盖科学、地理、天文、历法、历史、医学、商务、新闻、政治、训谕、宗教等,其中不乏有益的知识。如在专文中介绍西方的轮船、火车、电器的性能及威力;以游记方式介绍亚洲、欧洲、美洲、澳洲、非洲、北冰洋各地的风土人情;在政治方面的专文中详尽介绍过英国的君主立宪及上下议院与内阁的关系、美国的三权分立制度等;在新闻报道方面,举凡清廷大事、民间活动、

---

① 参见戈公振:《中国报学史》,山东画报出版社2019年版,第72页。

匪盗抢劫、欧美政情等均有刊登。《遐迩贯珍》虽然办刊不足三年，但其影响十分深远，当时北京和国外的一些报刊，常引用该刊的一些文字，洪仁玕的《资政新编》也明显地受到了它的影响。

马礼逊学堂是因纪念马礼逊而设。它有别于英华书院的是，它是在中国本土开办的最早的一所教会学校。1834年，马礼逊在澳门去世以后，澳门传教士建议捐资建立"马礼逊教育协会"，以期打开在中国传教和办学的局面，这一建议得到澳门、广州等地外国商人和传教士的响应。1836年9月28日，马礼逊教育协会在广州美国商馆召开成立大会，英国鸦片商人在该会中充当了重要角色，颠地（Lancelot Dent）任该会会长，查顿担任司库[1]，第一位赴中国的美国传教士、《中国丛报》主编裨治文（Elijah Coleman Bridgman，1801—1861年）任该会通讯秘书。大会通过了《马礼逊教育协会章程》，规定协会的宗旨是"以学校或其他方法促进或改善在中国之教育为目的"，另有"附则"3款具体规定了学校的办学原则、招生对象、教师选择、课本内容和图书馆管理等问题[2]。传教士裨治文坦言："教育肯定可以在道德、社会、国民性方面，比在同一时期内任何陆海军力量，比最繁荣的商业刺激，比任何其他一切手段的联合行动，产生更为巨大的变化。"[3] 可见，传教士的教育活动一开始便与西方殖民者的对华侵略紧密相连。

---

[1] 颠地、查顿都是鸦片战争时期英国著名的鸦片贩子，他们靠鸦片大发横财，竭力煽动对华侵略战争，特别是查顿不仅是鸦片的祸首，而且还是英国议院幕后鼓吹、策划发动侵略战争的核心人物。

[2] 朱有瓛、高时良主编：《中国近代学制史料》（第四辑），华东师范大学出版社1993年版，第29页。

[3] 转引自龚书铎主编：《中国近代文化概论》，中华书局1997年版，第217页。

经过几年的筹备,马礼逊学堂于 1839 年 11 月 4 日正式开学[①],校址在澳门,主持校务的是美国传教士布朗(Samuel R.Brown)。布朗毕业于耶鲁大学,曾获神学博士学位,是位知识丰富、循循善诱的教师。容闳称布朗"实为中国创办西塾之第一人"[②]。马礼逊学堂规模不大,开办之初,只有学生 6 人,年龄最大的 16 岁,最小的 11 岁,后增至几十人。布朗让他们全部住校,免收学费,提供食宿和必要的衣物。《南京条约》签订后,英人割据香港,因为马礼逊长子马儒翰是首任港督璞鼎查的译员及首任华民秘书(后成立了华民政务司),璞鼎查同意拨地供马礼逊学校使用。1842 年 11 月 1 日,布朗夫妇领 11 名学生从澳门迁香港,1843 年香港马礼逊学校开办;1850 年,因经费拮据停办。马礼逊学堂所开课程英、中文兼备。英文科包括天文、地理、历史、算术、代数、几何、初等机械学、生理学、化学、音乐、作文;中文科包括《四书》《易经》《诗经》《书

[①] 在马礼逊学堂未正式开学时,便有一所为其预备学校的女塾,主持者为德国传教士郭士立(Charles Guzlaff)之妻温施娣。郭士立于 1824 年受荷兰道会派遣,来东方传教。1831 年,他随东印度公司到中国沿海的上海、厦门、福州、宁波等地调查鸦片和其他货物销售情况。1834 年,他定居澳门,其妻即在那里设立一所女子学校。由于郭士立善为东印度公司效力,他得到了伦敦会的信任,马礼逊教育协会便委托温施娣代招男童在这所女校里肄业,这所女校被认为是中国第一所女子学校。在早期的教会学校中,美国"东方妇女教育促进会"女传教士亚尔德西(Miss Aldersey,又译为霭尔特西)于 1844 年在宁波设立的女学,被认为是中国内地最早的女子学校。1922 年"中国基督教教育调查会"有这样一段报道:中国女子学校之设立,始于 1825 年,是年一英国女子名格兰脱(Miss Grant)者,始设一教授中国妇女之学校于新加坡。九年后又有若干英国妇女,组织一东方妇女教育促进会。1837 年,此会中之一传教者亚尔德西女士又设一教授中国女子之学校于爪哇。1842 年五口通商,亚尔德西女士乃赴宁波,阅两年乃在该处设立中国最早之女子学校。据日本平冢益德说,亚尔德西在创办这所女子学校时遇到了难以想象的困难。当时,在她周围谣言四起,都说她要图谋先杀尽自己的子女,然而再杀别人的孩子。面对这样的困难,她以赤诚之心来推行自己的事业,渐渐获得当地民众的信任,学校也随之日益兴隆,至 1857 年该校与美国长老会 1846 年创办的一所女子中学合并。(朱有瓛、高时良主编:《中国近代学制史料》(第四辑),第 177 页)

[②] 《容闳记马礼逊学校》,引自朱有瓛、高时良主编:《中国近代学制史料》(第四辑),华东师范大学出版社 1993 年版,第 18 页。

经》等。马礼逊学堂历时 11 年，所培养的学生不算很多，但日后较为知名的倒有几个。最出名的是容闳、黄宽和黄胜。1847 年，三人随布朗至美国，成为中国第一批留美学生[①]。

第三节　鸦片战争后：西学的蜂拥而入

著名历史学家庞朴指出："以鸦片战争开头的中国近代史，同漫长的中国历史其他时期显然不同的地方首先在于，它是一部反抗外国侵略的历史，是一部同几个在文化类型上异于自己的外国侵略者相斗争的历史。正像它开端的那一场战争的名字所提示的那样，这些外来的客人，是并不怎么文明的。"[②]但也正是英国侵略者发起的这场不文明的战争，迫使古老的中华帝国从睡梦中惊醒，使中国人第一次对另一个强大的文明中心有了一定程度的了解和认识，使清政府对中西方在国际关系、自由贸易乃至司法管辖观念等方面的大相径庭有了碰撞之后的切肤之痛。在中西方两种异质文明血与火的碰撞交锋中，传统的中华文明在承受着严峻而悲壮考验的同时，也在炮火中得到冶炼，在经历着痛苦的蜕变中获得新生，而这一点又是西方侵略者们所始料不及的。有如梁漱溟所言，尽管"中国文化是人类文化的早熟"，但"中国走上了与西洋不同的路。而它在此路上，又走不出去；遂陷于盘旋不进。中国历史上只有一治一乱之循环，而不见有革命，即此盘旋不进之表露。……假使没有外力进门，环境不变，它会要长此终古"。所以，"假使西方文化不同我们接触，

[①] 据《走出中国》考证，容闳他们并不是最先留美的。在他们之前，曾经有一人到了美国，但此人后来没有回国，故史书中没有记载。但容闳在《西学东渐记》中自称"以中国人而毕业于美国第一等之大学校，实自予始"，应该是可信的。

[②] 庞朴：《文化结构与近代中国》，载张立文等主编：《传统文化与现代化》，中国人民大学出版社 1987 年版，第 59 页。

中国是完全闭关与外间不通风的；就是再走三百年，五百年，一千年，亦断不会有这些轮船、火车、飞行艇、科学方法和德谟克拉西产生出来。中国不是尚未进于科学，而是已不能进于科学；中国不是尚未进于资本主义，而是已不能进于资本主义；中国不是尚未进于德谟克拉西，而是已不能进于德谟克拉西"①。

一、中西文化的冲突与妥协

1748 年，法国启蒙思想家孟德斯鸠在其名著《论法的精神》中指出："中国并不因为被征服而丧失它的法律。在那里，习惯、风俗、法律和宗教就是一个东西。人们不能够一下子把这些东西都给改变了。改变是必然的，不是征服者改变，就是被征服者改变。不过在中国，改变的一向是征服者。因为征服者的风俗并不是他们的习惯，他们的习惯并不是他们的法律，他们的法律并不是他们的宗教，所以他们逐渐地被被征服的人民所同化，要比被征服的人民被他们同化容易一些。从这里还产生一个很不幸的后果，就是要在中国建立基督教几乎是不可能的事。"②日本学者稻叶君山在《中国社会文化之特质》一文中亦有类似表述："保护中国民族的唯一障壁，是其家族制度。这制度支持力之坚固，恐怕万里长城也比不上。一般学者都说古代罗马的家族制度精神之覆灭，是基督教侵入罗马之结果。但中国自唐代有奈思特留斯派（景教）传入以来，中经明清两代之传教以迄于今，所受基督教影响不为不久，其家族制度却依然不变。且反转而有使基督教徒家族化之倾向。佛教在中国有更长久之历史；但谓佛教已降服于此家族制度之下，亦不为过。此真世界一大奇迹！我们说中国和欧美社会之间横划着一鸿沟，全不外这些

---

① 梁漱溟：《中国文化要义》，载中国文化书院学术委员会编：《梁漱溟全集》（第三卷），山东人民出版社 2011 年版，第 48—49 页。

② 〔法〕孟德斯鸠：《论法的精神》，张雁深译，商务印书馆 1987 年版，第 314 页。

事实。"①孟德斯鸠和稻叶君山的判断和分析无疑是客观而正确的。所以，尽管早期基督教新教传教士为扩展传教事业多方设法，广辟门路，采用了多种直接或间接的手段，如创办教会学校、翻译西方典籍、出版中文报纸杂志、举办社会慈善事业等，但入教者仍然寥寥无几。马礼逊到达中国七年之后，才接受第一个基督徒；英国圣公会传教士在福建传教十一年竟未得一人归主，甚至凡在教会学校读书或在其他方面与教会有联系的中国人常被诟称为"外国人的门徒"或"红毛鬼的走狗"。有一位传教士对当时布道的情景这样描述道："教堂往往设在街道边，听众寥寥，多时只是传教士的助手和用人。传教士在街头邀请路人进堂听道，但进堂的人不多，即使来了一些老百姓，他们中大多数人也是来看洋人奇怪的蓝眼睛和高鼻子的，或者只是来听听外国人奇怪的口音。对外国人传福音感兴趣的只是少数人，大部分人在传教士第二次来的时候就没有兴趣了。有些传教士发现中国人很看重书籍，因此就采取了发宗教宣传小册子的办法来吸引听众，这些小册子常常受到老百姓的热烈欢迎，有时要书的人是如此之多，传教士只得向空中抛掷小册子，让大家去抢，看谁能拿到小本子。不幸的是，传教士常常发现他们所发的宗教小册子被人当作废纸出卖和用来包东西或做鞋底。"②

中国人对救世福音的冷淡、排斥与仇恨态度令那些劳而无功的传教士们痛苦不堪。基督教之所以在中国遭遇重重障碍，卢茨认为："因为它是外来的，传授着被认为是迷信的不符合孔子伦理的教义，因此它被指责为扰乱社会秩序，破坏社会稳定……传教士也因西方对中国施加的压力及与他无关的屈辱事件而受到责备，在许多中国

---

① 转引自梁漱溟：《中国文化要义》，载中国文化书院学术委员会编：《梁漱溟全集》（第三卷），山东人民出版社2011年版，第42页。

② 〔美〕杰西·格·卢茨：《中国教会大学史（1850—1950）》，曾钜生译，浙江教育出版社1988年版，第12页。

人的眼里，传教士与商人，英国人与德国人，教育工作者与福音传播者都是差不多的东西；他们都是外国人，都对中国构成威胁。同时传教士与居民接触最多，因此，他们常常被看作是西方文明的象征；但是由于传教士在扰乱中国社会秩序方面所起的作用及其所代表西方帝国主义的利益，传教士又最招中国人民的仇恨。"①陈独秀更全面总结了基督教在中国受挫的十大缘由：（1）吃教的多，信教的少，所以招社会轻视；（2）各国政府拿传教做侵略的一种武器，所以招中国人的怨恨；（3）因为中国人有尊圣、攘夷两种观念，古时排斥杨、墨，后来排斥佛、老，再后来又排斥耶稣；（4）因为中国人的官迷根性，看见四书上和孔、孟往来的人都是些诸侯、大夫，看见《新约》上和耶稣往来的是一班渔夫、病人，没有一个阔佬，所以觉得他无聊；（5）偏于媚外的官激怒人民，偏于尊圣的官激怒教徒；（6）正直的教士拥护教徒人权，遭官场愤恨，人民忌妒，邪僻的教士袒庇恶徒，扩张教势，遭人民怨恨；（7）基督教义与中国人的祖宗牌位和偶像显然冲突；（8）白话文的《旧约》《新约》，没有四书五经那样古雅；（9）因为中国人没有教育，反以科学为神奇鬼怪，所以造出许多无根的谣言；（10）天主教神秘的态度，也是惹起谣言的引线②。

一个多世纪过去了，世界格局发生了空前变化：由于地理大发现及西方科技革命、产业革命，人类开始走进"六合为一国，四海为一承"，"合地球东西南朔九万里之遥，胥聚于中国"，中国不仅成了世界的一部分而且遇到了前所未有的挑战。昔年如日中天的大清帝国逐渐步入腐朽没落，科技发展水平远远落后于西方。鸦片战

---

① 〔美〕杰西·格·卢茨：《中国教会大学史（1850—1950）》，曾钜生译，浙江教育出版社1988年版，第34—35页。

② 陈独秀：《独秀文存·基督教与中国人》，安徽人民出版社1987年版，第279-280页。

争之前，由于中国属于典型的自给自足式的农耕经济，能够生产出自己需要的生活产品。中国在大量输出茶叶、丝绸、瓷器、漆器、藤器到世界各地的同时，并不怎么从西方进口货物，因而导致中国在对外贸易中一直都是顺差，欧洲的黄金、白银源源不断地流入中国。例如茶，据帕尔默说，"1650年左右引进英国时，价格贵至一磅值十英镑"[1]。英国是当时中国最大贸易伙伴，经过工业革命壮大起来、自认为世界第一帝国的英国，自然无法容忍这种逆差。既然无法通过正常的贸易手段解决问题，英国人先是试图用卑鄙手段——走私鸦片来平衡贸易逆差。据历史学家徐中约考证：在1729年走私输入的鸦片为200箱，但到1767年已上升到了1000箱，在1800年到1820年间，平均每年的鸦片输入量是4500箱，而在1820年到1830年间则每年超过了10000箱。19世纪30年代中期，鸦片的输入量剧增，到1838—1839年达到顶峰，鸦片走私交易从广州水域扩展到了整个中国东南沿海水域。鸦片走私贸易的剧增，显然与中国对这种毒品的需求有关，当时中国吸食这种毒品的人自富家子弟、政府官员、商人、文人、兵丁乃至妇女、仆役、僧尼道士，各色人等都有。据估计，当时烟民的总人数在200万~1000万之间，每年花费在鸦片上的银两，在1823—1831年间约1700万~1800万两左右，1831—1834年间约2000万，1834—1838年间则达到3000万两，吸食上瘾的烟民为得到鸦片更不惜任何代价[2]。鸦片走私贸易的丰厚利润几乎吸引了所有的外国商人，但英国私家商号"怡和洋行"是最主要的贸易商，大约占中国鸦片输入量的三分之一，而所有鸦片走私和走私者的始作俑者则是英国的东印度公司。因鸦片危害之

---

[1] 〔美〕帕尔默·科尔顿：《近现代世界史》（上册），孙福生等译，商务印书馆1992年版，第319页。

[2] 参见徐中约：《中国近代史（1600—2000中国的奋斗）》，计秋枫、朱庆葆译，世界图书出版公司2013年版，第121页。

大之广之深远，中国政府自然对走私鸦片进行强烈抵制，由是乃有两广总督邓廷桢与钦差大臣林则徐展开的轰轰烈烈的禁烟与围剿鸦片运动。于是，英国便想方设法寻找向中国动武的借口，清政府的"闭关绝市"和英国政府要求的所谓公正的通商权利，自然便被英国政府拿来当作掩饰罪恶的借口。1840年6月，海军少将义律（George Elliott）带领一支包含配备有540门火炮的16艘军舰、4艘蒸汽战船、27艘运输船、1艘运兵船和4000名士兵的英国远征军，向中国展开了一场在英国人看来是报复性的、捍卫其通商权利、维护其国家荣誉和英国人尊严的战争。英国用武力打开中国大门后，鸦片交易变得毫无拘束，鸦片更加疯狂地大举进入中国，鸦片进口数量从1842年的33000箱，上升到1848年的46000箱和1850年的52929箱，仅1848年就有一千多万两白银外流[1]。英国及其他西方侵略者，用这种最罪恶的手段，以最快的速度，达到了名为平衡贸易逆差实则图谋中国的目的。

英国蓄意发动的这场侵略中国的鸦片战争，不仅代表了英国政府和英国商人的意愿，同时也是西方传教士们所迫切希望的。战争的结果，使清政府被迫签订了《南京条约》《望厦条约》《黄埔条约》等第一批丧权辱国的条约，不仅远远超过了英国人想要的"你拿走了我们的鸦片，我就拿你的岛屿"这一目标——赔款和重新核定关税率（其实就是剥夺了中国的保护性关税，是赤裸裸的经济侵略），还割让香港，开放广州、厦门、福州、宁波和上海五个口岸允许外国军舰停泊和外国商人通商；同时，也为外国传教士的蜂拥而入打开了一个缺口。据1844年10月24日的"中法黄埔条约第二十二款"规定："凡佛兰西人按照第二款至五口地方居住，无论人数多寡，听其租赁房屋及行栈贮货，或租地自行建屋、建行。佛兰西人亦一体

---

[1] 参见徐中约：《中国近代史（1600—2000中国的奋斗）》，计秋枫、朱庆葆译，世界图书出版公司2013年版，第162页。

可以建造礼拜堂、医人院、周急院、学房、坟地各项……在五口地方……倘有中国人将佛兰西礼拜堂、坟地触犯毁坏,地方官照例严拘重惩";又据1845年1月29日"中英上海租地章程第十款"规定:"洋商租地后,得建造房屋,供家属居住并供适当货物储存;得修建教堂、医院、慈善机关、学校及会堂"①。有了不平等条约的保护,此前撤至南洋或澳门的传教士又纷纷往香港及五处通商口岸传教。到第二次鸦片战争前夕,他们在中国已陆续建立了两百多个传教据点。

根据第一批不平等条约及清政府当时的声明,清王朝实行了教禁解冻和传教宽容政策,但并不允许传教士进入内地传教。清廷规定,传教士只于五口通商地方建堂礼拜,断不可越界传教;即便在口岸范围内传教,也必须是以早出晚归为限,不准在外过夜。对于限制自由进入中国内地的规定,不仅传教士心怀不满,西方各国政府也深为仇视。为了取得深入内地的特权,以英法为首的侵略者又设法寻找战争借口,酝酿发动新的侵略战争。这时,传教士不顾清廷禁令,潜入内地传教,据王先谦(1842—1917年)《东华续录》等史书记载,从1844年中法《黄埔条约》到1858年《天津条约》签订的15年间,天主教、基督教新教违反条例规定,非法潜入中国内地的有法国、英国、意大利、葡萄牙、美国、西班牙、德国等七国的52名传教士,其传教活动受到来自民众甚至是地方当局的抵制和反对。第二次鸦片战争后,《北京条约》《天津条约》的签订,中国完全解除了禁教政令,基督教在华的地位与发展态势得到根本改变,"任各处军民人等传习天主教、会合讲道、建堂礼拜,且将滥行查拿者,予以应得处分。又将前谋害奉天主教者之时听充之天主堂、学堂、茔坟、田土、房廊等件应赔还,交法国驻扎京师之钦差大臣,

---

① 朱有瓛、高时良主编:《中国近代学制史料》(第四辑),华东师范大学出版社1993年版,第25页。

转交该处奉教之人,并任法国传教士在各省租买田地,建造自便"①。这样,各国传教士可以进入内地各省传教,不必局限于以前的五处通商口岸;而且享有领事裁判权的庇护,可在各省"租买田地,建造自便";中国政府不仅对于基督教"毫无查禁,皆免惩治",对于籍居中国的教民毋得"骚扰"或"欺侮凌辱",还须退还清初禁教期间所没收的教产。至1906年,清政府学部还颁发"咨各省督抚为外人设学无庸立案文"称:"除已设各学堂暂听设立,无庸立案外,嗣后如有外国人呈请在内地开设学堂者,亦均无庸立案。"②

不平等条约的庇护,为西来传教士传教活动的大规模展开提供了合法前提。此后,外国传教士便改变了明清时期谦恭卑微的姿态,跟随着商船和军舰昂首阔步,从沿海口岸渗入中国偏僻的内地和遥远的边陲,设立教堂,划分教区,俨然成为中国社会中的一股特殊势力。据保罗·科恩说,19世纪中叶以后不久,中华帝国的版图大致被划分为5大教区,由如下5个主要修会负责:西班牙的多明我会(福建)、耶稣会(江苏、安徽及直隶的南部)、遣使会(直隶大部地区、蒙古、江西、河南和浙江)、方济各会(山东、湖南、湖北、山西和陕西)、巴黎外方传教会(四川、贵州、云南、广西、广东、东北及西藏)。当其他修会参加进某个代牧区时,则对该区再进行细分而形成一些新的代牧区。"到1900年,在中国星罗棋布地点缀着几千座教堂、学校和慈善机关"③。据顾长声统计,"到1860年,基督教传教士从1844年的31人增加到一百余人,教徒从6人增到约二千人;到19世纪末,传教士增至约1500人,教徒增至约

---

① "1860年10月29日中法北京条约第六款",引自朱有瓛、高时良主编:《中国近代学制史料》(第四辑),华东师范大学出版社1993年版,第25—26页。
② 两江学务处编《学务杂志》第六期(光绪三十二年八月),引自朱有瓛、高时良主编:《中国近代学制史料》(第四辑),第26页。
③ 〔美〕费正清、刘广京编:《剑桥中国晚清史(1800—1911)》(上卷),中国社会科学院历史研究所编译室译,中国社会科学出版社1993年版,第611页。

八万人。英国势力占主导地位。到 19 世纪 80 年代起,美国势力开始增强,到 19 世纪末传教士增至全体传教士的百分之四十,其余百分之十是来自西欧和北欧。"①

鸦片战争为基督教"福音"打开了在中国传播的大门,传播福音和文化侵略作为巨大的原动力驱使着一批又一批传教士来到中国。当时的传教士普遍认为,既然战争为他们打开了中国人接受上帝的通道,不平等条约为他们的传教事业开辟了无限的前景,只需采用宣讲福音这种直接传教的手段,就可以使中国"一夜之间皈依基督"。然而,武力的征服没能代替文化的顺从,中国传统文化骨子里有着和西方文化很不一样的"文化基因"。西来的传教士对中国文明的精微处和中国文化的特质是没有深切体会的,儒家学说作为中国传统文化的核心具有顽强的延续性和稳定性,所以中国人并没有因国门的开放而放弃对基督教文化和所谓"普世价值"的抵抗。在鸦片战争前,国人感觉洋祸主要在"洋药"——鸦片,中西方的冲突在贸易之争。王韬有言,"夫鸦片者,千古未有之恶卉。一时不禁,祸及后世;一国不禁,祸及他国",所以"富强者天下之急务,而禁鸦片者,富强之要著也"②。在鸦片战争后,国人感觉洋祸主要在"洋教"——基督教。在朝廷士大夫看来,夷人传教流毒最广、贻祸最久,他们只敬上帝,数典忘宗,弃伦灭理,犯上作乱,对中国传统的纲常伦理和政治秩序造成了极大的冲击;在普通民众看来,传教士行踪诡秘,言谈怪诞,为非作歹,干涉诉讼。同治元年编撰的《天主邪教集说》这样描述西俗:"父死子可娶母,子死父可娶媳,亦可娶己女为妇。每七日一礼拜,……群党喃喃诵经。事

---

① 顾长声:《传教士与近代中国》,上海人民出版社 1995 年版,第 117 页。
② 王韬:《弢园文新编·救时刍议》,生活·读书·新知三联书店 1998 年版,第 329–330 页。

毕，互相奸淫以尽欢。"①这样的习俗在中国人看来几乎与禽兽无异。所以"中国文人阶层在理智上对基督教没有好感，迫切的政治考虑更加强了这一倾向：太平天国叛乱者自称是基督徒，而西方强有力的外夷侵略者也信仰基督教。最后，中国士绅此时发现，在履行其社会职能方面传教士开始作为他们潜在的对手出现在自己面前"②。中西文化的矛盾和隔阂，给基督教宣教事业带来了巨大的阻力。在中国国门洞开后，带着上帝恩典的传教士来到中国拯救"站在地狱边缘的东方异教徒"时，中国人仍然轻蔑地称呼他们为"夷人"，并坚信"吾闻用夏变夷者，未闻变于夷者也"。在这两种文化形态尖锐对立的情况下，不仅中国士绅对传教士怀有敌意，在中国普通民众看来，洋药害人但洋教之害更甚，通商之弊小，传教之弊更大，因此杀洋人、灭洋教也就成了情理之中的事。由是，反洋教斗争此起彼伏，频频发生，遍及全国各地。义和团运动的排教灭教，更是中国朝野鄙夷仇夷情绪的总爆发。民团设坛烧香、画符念咒，毁铁路、砸海关、拔电杆、封邮局、杀洋人、灭洋教，逞一时之快；朝廷昏聩，也想借这些"天兵神将"，将外夷赶尽杀绝，解多年心头大患。结果是洋教没除、外夷没灭，反而给西方列强以口实联手大举进犯，皇帝也只好仓皇出逃。费正清说："在 1860—1899 年间激起数千起小事件和大约二百四十起骚乱或对传教士的袭击。"③据顾长声先生梳理，自鸦片战争至义和团运动期间在全国各地发生的较为重大的教案便有：青浦教案（又称青浦事件，1848 年）、西林教案（又称马神甫事件，1856 年，法国据此发动了第二次鸦片战争）、青岩开州教案（又称贵阳教案，1861 年）、南昌教案（1862 年和 1906 年）、

---

① 转引自王寅生编订：《中国的西方形象》，团结出版社 2015 年版，第 209 页。
② 〔美〕费正清、赖肖尔：《中国：传统与变革》，陈仲丹等译，吴世民等校，江苏人民出版社 1995 年版，第 328 页。
③ 同上书，第 330 页。

衡阳教案（1862年）、酉阳教案（1865年）、台湾教案（1868年）、扬州教案（1868年和1891年）、遵义教案（1869年）、天津教案（1870年）、黔江教案（1873年）、延平教案（1874年）、营山教案（1875年）、邻水及江北厅教案（1876年）、建平教案（1876年）、济南教案（1881年）、呼兰教案（1882年）、重庆教案（1886年）、大足教案（1890年）、武穴教案（1891年）、宜昌教案（1891年）、麻城教案（1893年）、成都教案（1895年）、古田教案（1895年）、巨野教案（又称曹州教案，1897年）等[1]。对于这些教案或事件，清政府迫于西方列强的施压，均以地方官撤职、中国滋事民众判刑、赔偿巨额款项及向教会与所属国政府道歉了事。

中国士绅和民众对洋教的敌视，使来华的西方传教士清楚地认识到：要泯灭中国人民的仇恨心理，使中国社会基督教化，就必须首先解除以儒家思想为主流的中国传统文化的无声抵抗。也就是说，只有同儒家思想进行妥协，并加以利用和改造，才能从中国上层统治集团和士大夫阶层打开突破口，通过他们去影响老百姓。为此，在华传教士开始改变传统的"向河中撒种"的边缘战略，把工作重点转向中国人感兴趣的教育和西学。教会和传教士们通过创办教会学校、编译西书与发行科普杂志来感化中国人和传播福音，通过培养人才尤其是所谓"领袖人物"来转变中国人的传统文化思想观念，实现其进一步基督教化、殖民化中国的图谋。

二、一个庞大的教会学校网

鸦片战争以前，由于清政府禁教以及天主教内部的礼仪之争，传教士在中国的活动区域十分有限，教会学校不仅数量少、规模不大，而且教会学校的毕业生大部分当了教会的牧师和教师，所以影

---

[1] 参见顾长声：《传教士与近代中国》，上海人民出版社1995年版，第136—142页。

响也不广。鸦片战争后，西方传教士尾随着西方列强的大炮和军舰，凭借着不平等条约的庇护，傲首阔步涌入中国，展开了大规模的在华传教与办学活动，历经一个世纪的不断发展，在中国逐步建立了一个庞大的教会学校网。

截至 1900 年，传教士在中国开办教会学校大体上可以划分为三个阶段，即 1840 年到 1860 年为第一阶段，1860 年到 1875 年前后为第二阶段，1875 年到 1899 年为第三阶段。据顾长声先生统计，在第一阶段，传教士们主要在香港、广州、厦门、福州、宁波和上海等 6 个地区开设有各式学校五十余所，学生一千余人[①]。这一阶段的学校主要有：1843 年，马礼逊在香港创办英华书院。1844 年，英国"东方女子教育协进社"派遣霭尔特西女士在宁波开设女子学塾，同年伦敦会在厦门开设英华男塾。1845 年，美国长老会在澳门为男子设立了一所学校，在宁波开设崇信义塾，后者于 1867 年迁往杭州，改称育英书院，其后发展为之江大学。1846 年，美国圣公会文惠廉在上海开设一所男塾。1848 年，美国美以美会在福州开设一所男童学塾。1850 年，大英安立甘教会在香港设立圣保罗书院（St Paul's College），天主教耶稣会在上海创办徐汇公学（后来改称为圣依纳爵公学），英国圣公会在上海开设英华学塾及美国北长老会在上海开设清心书院，其他差会亦于同年分别在广州、厦门、鼓浪屿开设学校。1853 年，美国公理会涂利特尔（J. Doolittle）在福州开设福州格致书院（Foochow College），1854 年由他夫人在福州开设文山女塾。天主教亦于 1853 年在天津开设法汉学堂、诚正小学及淑贞女子小学。1858 年，归正会在厦门开设真道学校。1859 年，美以美会在福州开办了一所女校等。

早期的教会学校和中国的私塾在形式上有很多相似之处。教会

[①] 参见顾长声：《传教士与近代中国》，上海人民出版社 1995 年版，第 226–228 页。

学校大都附设在教堂里,且规模较小,有的不过是"圣经班",课程也比较简单,一般是在宣讲圣经之外,教以读书、写字而已,程度大体相当于小学,其目的是"为传播福音开辟门路"。这个阶段的学生多是穷苦人家子弟或乞丐,所以教会学校还兼有慈善机构的性质,大多免费供给衣食。但即使如此,在当时讲究"夷夏之辨"的时代,到洋学堂去拜夷人为师,一般舆论是不以为然的,所以入学的人必须承受巨大的精神压力,因而时有逃学、退学的情况出现。而且,由于它是一项全新的开创性的事业,所以阻力不小,成效不著,有关教会学校的各种荒唐的猜疑和谣言到处流传。诚如美国传教士李承恩所云:"起初,所有教会学校都成为众矢之的",一些教会学校"把男孩、女孩聚拢在学校里给他们吃饭、穿衣,对此人们看作是一件怪事,很不理解";"学生也是三天打鱼,两天晒网,在收割农忙季节常常被迫留在家里。准时上课也几乎是不可能的,又没有时钟,上课下课也没有固定的时间。家长们由于本身的无知,也不可能去热心教育,对孩子也不够关心,更不关心学校的命运"[①]。但教会学校毕竟是外来的东西,不是中国传统教育的补充,因此它不仅在教育理念、教育内容上,而且在教学方法、教学组织、管理方式上与中国传统的书院、私塾有很大的不同。这些学校的教习不仅崇尚西方的个人主义、竞争精神和慈善行为,与儒家的强调稳定、家族主义和等级社会完全对立;而且将西方的科学文化、艺术知识及注意发挥学生个性、循序渐进等教学原则带了过来。

在第二阶段,由于第二次鸦片战争订立的《北京条约》容许传教士自由传教设学并可深入中国内地活动,教会学校也随之由香港、澳门和五口商埠向沿海和内地扩展,数量也因此而迅速增加。到1875年左右,开设在中国土地上的教会学校已达八百所左右,学生

[①] 〔美〕李承恩:《教会学校的历史、现状与展望》,引自朱有瓛、高时良主编:《中国近代学制史料》(第四辑),华东师范大学出版社1993年版,第118-119页。

约两万人，其中基督教传教士开办的约有 350 所，学生 5975 人，其余均为天主教开设[①]。这个阶段开设的比较著名的教会学校有：1863 年，天主教开办的上海圣芳济书院；1864 年，美国长老会传教士狄考文在山东登州开办的蒙养学堂（1876 年改称文会馆）；1865 年，美国传教士在北京开办的崇实馆，及同年美国圣公会在上海开办的培雅学堂；1866 年，天主教在天津开办的究真中学堂及基督教在上海开办的度恩学堂；1867 年，天主教在上海开办的崇德女校，及同年基督教在杭州开办的育英义塾；1870 年，监理会在苏州开办的存养书院；1871 年，美国圣公会在武昌开办的文惠廉纪念学堂等。这一时期的教会学校没有统一的规格，有的仿照中国的私塾、书院，有的照搬西方学制，有的则中西学制兼备；有通学的，有寄宿的，也有兼而有之的；有男校，亦有女学，还有男女兼收的；有专招教徒子弟的，也有兼收教外子弟的；有专授圣经及中国经书的，也有兼教史地和数理化的，有些学堂开始开设英语。这一时期的教会学校主要是小学，但也出现了中学，而且差不多每个教会都办有一所女学。当然，这一时期的教会学校都是各教派独自经营的，因而各自之间缺乏联系，更无统一的规范要求和政策。

第三阶段是从 1875 年到 1899 年。这一时期，教会学校总数增加到约两千所左右，学生增至约 4 万名以上。其中较著名的教会学校有：1879 年，由培雅学堂和度恩学堂合并的上海约翰书院（后来发展为上海圣约翰大学）；1881 年，林乐知在上海开办的中西书院（后来发展为东吴大学）；1899 年，在广州开设的格致书院（后来发展为岭南大学）等。较之以往，这一阶段创办的教会学校在规模、招生对象到教育程度等，都发生了一些明显的变化。这些变化主要体现在：

[①] 陈学恂主编：《中国近代教育大事记》，上海教育出版社 1981 年版，第 37 页。

第一，传教与办学逐步分离。有相当一部分传教士开始选择把教育作为主要职业，传教士的教育工作不再仅是个人的零星活动，群体化、专业化的特征开始出现，教育成为教会在华整体事业的重要组成部分，专门的教会教育组织——"学校教科书委员会"也应运而生，初步改变了过去互不联系的局面，教育工作成为各教会的中心工作之一。教会学校的教育层次愈来愈高，教育体系也愈来愈完备。教会教育的专业化又促使许多传教士努力探求中国教育近代化的规律，甚至试图介入中国教育的变革。

第二，招生对象的改变。随着洋务运动的发展与洋务实践的扩张，以及外国企事业的增多，教会学校教授的英语和西学知识，逐渐吸引城市新兴买办资产阶级和富家子弟，因而许多教会学校特别是在沿海通商口岸的教会学校，不再免费招收穷苦孩子入学，而是尽力吸收新兴的买办资产阶级或其他富家子弟入学，并收取较高的学费。林乐知曾说："为什么我们教会在中国要不断地为乞丐开办义务学校呢？倘若让富有的和聪明的中国人先得到上帝之道，再由他们去广泛地宣传福音，我们岂不是可以少花人力物力，而在中国人当中无止境地发挥力量和影响吗？"[1] 当然，教会学校这种招生策略和对象的改变，也是由于随着中国人对西学认识的逐渐加深，教会学校普遍受到了人们的欢迎。如上海中西书院开办时，尽管学费昂贵，但申请入学的人仍然远远多于拟招人数，第一年招了两百多人，第二年增加到三百多人，还有近一百名申请入学者因校舍紧张而无法接纳。这种情况，典型地反映了教会学校逐渐被上海上层社会所认可。由此，教会学校的大门开始朝向富有阶层的子弟，原来"不断为乞丐们开义务学校"的办学方针，渐渐演变成"让富有聪明的中国人先得到上帝之道"，有的教会学校几乎成了名副其实的中国

---

[1] 转引自顾长声：《传教士与近代中国》，上海人民出版社1995年版，第228页。

贵族学校。

第三，教会学校教师的综合素质和科学素养有了较大程度的提高，涌现出了一批专业教育家。早期教会学校的教师，不仅教育的专业化程度不高，而且他们的文化知识水平也比较低。第二次鸦片战争后这种情况有了很大的改变，从事教会教育的传教士的教育专业化水平逐步提高，来华传教士不仅受过正规的高等教育，有较好的专业准备和科学素养，在神学理论和宗教信仰问题上也比早年来华的传教士开明得多，对近代科学、哲学表现出宽容的气度，甚至有部分传教士试图调和宗教与科学。传教士库思菲（Rev. Carl F. Kupfer）曾引述别人的话说："宗教没有科学就像写作一部历史没有史实，而科学没有宗教就像一部传记没有主题"，"宗教没有科学就像金字塔没有基础，科学没有宗教就像金字塔没有顶"[1]。传教士谢卫楼认为："一旦哲学和科学研究与基督教分离，它就傲慢、自负了。……只有基督教渗入哲学和科学研究，才能使人在造物主面前谦卑和尊敬。……中国需要西方学者准备给予的哲学和科学知识，但是她需要从基督教教师那里接受这样的知识，这些教师将始终使学习者认识到已经获得的些许知识仅仅是通向不断拓展的知识领域的阶梯。"[2] 传教士狄考文指出："所有伟大的科学发现都是由上帝恩赐给基督教国家的，当上帝凭借圣灵唤醒教会从事前所未有的使世界基督教化的伟大工作时，情况也是如此。所有科学都属于教会，这是合乎情理的，……中国人把近代科学的发展看作近乎奇迹，惊叹不已。因此，我认为基督教传教士不仅有权开办学校，教授科学，而且这也是上帝赋予他们的使命。"在他看来，虽然西方的科学知识

---

[1] 转引自胡卫清：《近代来华传教士的科学观》，载章开沅、马敏主编：《基督教与中国文化丛刊》，湖北教育出版社2000年版，第223页。

[2] 谢卫楼：《基督教教育对中国现状及其需求的关系》，引自陈㗂主编：《中国近代教育史教学参考资料》（下册），人民教育出版社1987年版，第28–29页。

到目前为止还很少为中国人所了解,但是它有着极高的声誉,一个精通地理学、物理学、化学和天文学知识的牧师也将取得其他途径无法取得的声誉和影响。因此,传教士"应该依靠西方科学知识在人民中取得好名声与好影响"。他强调:"科学不是成为宗教的盟友,就是成为宗教最危险的敌人。"[①] 由于科学和基督教两者是相辅相成的,缺一不可,所以教会将不少专业水准和科学素养较高的传教士放到层次较高的教会学校,借此加强教会学校的科学教育。

第四,教会学校的教育层次和培养规格也发生了变化。比较而言,早期教会教育基本上是初级塾学性质的教育,所谓的教会学校也主要是附设于教堂或传教士住所附近的读经班或识字班。19世纪70年代以后,不仅正规小学教育有了相当的发展,而且教会中学和带有高等教育性质的教育机构也出现在中国大地上。据顾长声先生统计,在1875年左右,教会中学占整个教会学校的百分之七,到19世纪末,这种比例上升到百分之十左右[②]。随着教会中学的出现和发展,具有高等教育性质的教会教育机构也在19世纪七八十年代在中国社会萌生了。尽管其时教会高等教育机构大多附设于中学内或是在中学添加大学班级,且教学过程也不甚正规,但到19世纪末毕竟有五百人左右接受过这种"教会大学"的培养和训练。随着教会教育层次的提高,其培养目标也有了一定程度的修改:由过去的培养传播上帝福音的"使者",逐渐转向兼备培养世俗社会所需要的实用人才,尤其是"培养把西方文明的科学、艺术引进中国的人才"。因为,在传教士看来,"中国与世隔绝的日子已屈指可数。不管她愿意与否,西方文明与进步的潮流正朝它涌来。这种不可抗拒的潮流必将遍及全中国。不仅如此,许多中国人都在探索,渴望

[①] 〔美〕狄考文:《基督教会与教育的关系》,引自陈学恂主编:《中国近代教育史教学参考资料》(下册),人民教育出版社1987年版,第5—6页;第8页;第10页。

[②] 参见顾长声:《传教士与近代中国》,上海人民出版社1995年版,第227—228页。

学习使得西方如此强大的科学；科学的名声已传遍中国的每一个角落"①。为了使西方科学与文明迅速在中国生根开花，1877年狄考文在华新教传教士第一届大会上明确指出："教会教育的目的，在培育幼童的智力、德性和宗教信仰。不仅使他们成为上帝的功臣，维护并宣扬基督的真理。并借教会学校传授西方文化与科学知识，提供物质方面与社会方面的贡献。此种贡献，至为需要，最易证明，且最实际，为大众乐意接受。"②狄考文此言一出，深得大多数与会传教士的赞许，认为是极富"远见之言"。

第五，教会学校的课程和教学内容也有了相应的改变。在早期教会学校中，宗教课程几乎是一切课程的重点和中心，其时最主要的中心科目是《圣经》，其他学科都是围绕着这个中心来进行教学的。这种情况到第二次鸦片战争之后有了较大程度的改变。从整体上讲，对中国传统文化知识及英语课程有了较大程度的关注，科学课程在教会学校的教学中所占比重逐渐增大，其科目门类也日益增多，既有自然科学，也有社会科学和思维科学（逻辑学），还有音乐、绘画、体操等在当时中国的官学和私学中都不曾有的新学科，从登州文会馆的教学内容中便可以看出。

登州文会馆为美国长老会传教士狄考文所创办，是在他1864年创设的蒙养学堂的基础上扩展起来的。蒙养学堂原为教会小学，1872年狄考文在原有"蒙塾"的基础上，扩大校舍、增添课程，称前3年为"备斋"，后6年为"正斋"，"正斋视高等学堂之程度即隐括中学于内；备斋视高等小学堂之程度，而隐括蒙学

---

① 〔美〕狄考文：《基督教会与教育的关系》，引自陈学恂主编：《中国近代教育史教学参考资料》（下册），人民教育出版社1987年版，第10页。

② 王树槐：《基督教教育会及其出版事业》，引自陈学恂主编：《中国近代教育史教学参考资料》（下册），第102页。

于内"①；1876年，登州蒙养学堂正式改名为"文会馆"（Teng Chow College）；1904年，文会馆迁到山东潍县并改名为"广文学堂"，后来逐步发展成为齐鲁大学。登州文会馆的办学目的虽然和其他教会学校并无二致，即向学生传播基督教，使他们日后成为教会的忠实信徒，所以学校的课程"实以经教为基础，即平日言行亦必以圣道为标准，而于安息日督礼，稽道宗，尤不少宽假"②。但狄考文精于算学，曾编撰有《心算初学》《笔算数学》《代数备旨》等为当时中国初办新式学堂广为采用的算学教科书。他认为，科学和数学有助于中国人破除迷信，训练他们的逻辑思维，"任何一个精通西方科学，同时又熟谙中国文化的人，在中国任何一个阶层都将成为有影响的人"③。因此，他在登州文会馆推行他所谓的"完整的教育"（a thorough education）理念。所谓"完整的教育"，具体是指"对中国语言文字、数学、现代科学以及基督教的真理有个良好的了解。接受这种教育需要十年到十四年的时间"④。为此，狄考文早在19世纪70年代就为登州文会馆设计了一套以中国古籍经典、西方自然科学和宗教知识三大板块为主体的课程体系。在文会馆的课程表中，西方自然科学知识大约占三分之一的比重，内容涉及数学、物理、化学、天文、地理、矿物学及富国策、万国通鉴、航海法等。其中，数学是贯穿文会馆备斋、正斋9年的必修课，学习内容从心算、笔算等算学入门到代数、几何、微积分等数学的各个门类，从三角、二次曲线等理论原理的讲授到测量、航海等实际实

---

① 《王神荫记齐鲁大学校史》，引自朱有瓛、高时良主编：《中国近代学制史料》（第四辑），华东师范大学出版社1993年版，第472页。
② 参见顾长声：《传教士与近代中国》，上海人民出版社1995年版，第235页。
③ 〔美〕狄考文：《怎样使教育工作更有效地促进中国基督教事业》（1890年），引自朱有瓛、高时良主编：《中国近代学制史料》（第四辑），第97页。
④ 同上书，第95页。

用性科目的演练等①。可见,文会馆对学生数学思维方法的训练是极为重视的。有西方学者认为,"在19世纪,登州学校可能是所有教会学校中开设数学课程门类最多的学校"②。除数学外,学生从正斋三年级开始,学习物理学、化学、天文、地理、矿物学、机械和动植物学等自然科学知识,以及富国策、心灵学等社会科学知识。狄考文不仅花费大量的时间教授这些科目,而且用中文编写了算术、几何和代数教科书及未经出版仅由"生徒传抄学习"的《理化实验》《电学全书》《电气镀金》《测绘全书》《微积习题》等。狄考文还为文会馆建立了物理、化学实验室及附设的机械厂、发电厂、小型印刷厂,并购买了天文望远镜、电磨机、纺纱机、织布机、烘干机等供师生实习用的设备。狄考文还找匠人依式仿造一些实验仪器,"精巧坚致不亚泰西之品,除供本堂(指文会馆)应用外,各省学堂亦争相购订"③。在教学过程中,狄考文除讲授原理外,还亲自制作仪器设备(狄考文也因此被誉为"近世之大制造家"),对学生进行实验演示,特别注意培养学生的动手能力及训练学生的口才。当然,文会馆也十分重视宗教教育和中国古籍经典的学习。除《圣经》外,《大学》《中庸》《论语》《孟子》《书经》《诗经》《礼记》《左传》《易经》及唐诗、作文等都是文会馆备、正斋的必修课。

1901年《辛丑条约》签订以后,中国完全沦为半封建半殖民地国家。随着西方侵略势力和教会势力在中国的更加壮大,传教士借

---

① 参见王元德、刘玉峰:《山东登州文会馆正斋备斋分年课程表(1891年)》,引自陈学恂主编:《中国近代教育史教学参考资料》(下册),人民教育出版社1987年版,第224—225页。

② 〔美〕杰西·格·卢茨:《中国教会大学史(1850—1950)》,曾钜生译,浙江教育出版社1988年版,第25页。

③ 《王神荫记齐鲁大学校史》,引自朱有瓛、高时良主编:《中国近代学制史料》(第四辑),华东师范大学出版社1993年版,第476页。

助清政府实行新政、颁布学制、废除科举、奖励游学留学、兴办学堂等一系列举措，除了利用勒索到的赔款恢复原有的教会学校外，在各省又新开了大量的教会学校，尤其是教会高等教育得到了迅速发展。据有关专家统计，到1912年清王朝垮台之前，在华西方传教士创办的各种大专以上学校共有30所。主要有：上海圣约翰大学、浙江之江大学、江苏东吴大学、广东岭南大学、江苏金陵大学、北京协和医学院等[①]。到民国初年，教会学校的发展势头有增无减，逐渐形成了一个由幼儿园、小学、中学到专科、大学的完整的教育体系，其教育机构几乎遍布全国。据《中国基督教教育事业》的统计，1920—1921年，在华天主教系统拥有各种学校共6599所，其中男校3518所，女校2615所，师范学校16所，专科学校61所，神学院45所；学生总数144344人[②]。大致同期，在华基督教系统拥有各种学校共7382所，其中幼儿园139所，小学6599所，中学291所，师范学校48所，大学16所，神学院校113所，其他学校（含法学院、医学院校、聋哑学校等）176所；各校学生总数214,254人[③]。另据顾长声先生统计，到1914年，中国各类教会学校约一万二千余所，学生总数约二十五万余人。而当时中国官立学校共有57267所，学生共约163万人，与教会学校的比例，学校比是5∶1，学生比是6∶1[④]。从顾先生的这一比较看，也许更能说明当时中国教会学校势力之大了。

相对于中国传统的官学、私塾、书院而言，教会学校在教育对象、教学内容、教学方法、管理方式等方面，均有显著的不同。在

[①] 郭卫东主编：《近代外国在华文化机构综录》，上海人民出版社1993年版，第478-486页。

[②] 李楚材辑：《帝国主义侵华教育史资料——教会教育》，教育科学出版社1987年版，第23-24页。

[③] 同上书，第15页。

[④] 参见顾长声：《传教士与近代中国》，上海人民出版社1995年版，第334页。

教育对象上，绝大多数传教士认为每个人均有受教育的权利，教会学校应对所有家庭的学生开放，而且尤其关注妇女和贫困农民家庭子弟的教育问题。如传教士谢卫楼曾对中国妇女的悲惨地位及不能享有平等的教育进行过猛烈的抨击："占人口一半的妇女的教育是普遍忽视的。妇女为什么要花时间读书？她们不能当官。她们又不是丈夫的伴侣。她们不是孩子的教师。如果出生在贫穷家庭，她们的地位与奴隶相差无几，富有家庭的妇女也不外是奢侈的装饰品的一部分而已。"[①]因而，他倡导仿效西方行男女同享平等的受教育权，"无分男女，例必入学"。这比中国传统的士人教育只注重培养少数优秀分子入仕更具先进性和普世性，更接近近代教育中的国民教育、大众教育模式。在教学内容上，教会学校重视自然科学和技术的教育，注重专业教育和职业教育，学校教材或由西方搬来，或由教师自编，其最大特点是与社会实际联系密切。这较中国传统书院空谈心性、烦琐考据、硬套程式，离社会实际更近、更切实可用。在教学方法上，教会学校主张教学由浅入深，循序渐进，尤其强调启发式教学，提倡使用科学的实验方法，注意培养学生分析问题和理解原理的能力，这较传统私塾强调死记硬背、囫囵吞枣要合理得多。尤其重要的是，教会学校把欧美自由的学风带了进来，强调发挥受教育者的能动作用，鼓励学生提问、讨论，实验由学生自己操作，班级管理让学生参与，学校事务欢迎学生过问；同时把西方民族尚武的精神也带了进来，鼓励学生在学习文化知识的同时，锻炼体魄。这种智育、体育并重的精神，较之中国传统教育强调温文尔雅，甚至将好动与轻狂等同起来，更利于培养健康发展的现代实用人才。总之，教会学校虽然是传教士借助其在中国进行传教的手段之一，甚至带有文化侵略

---

① 谢卫楼：《基督教教育对中国现状及其需要的关系》，引自朱有瓛、高时良主编：《中国近代学制史料》（第四辑），华东师范大学出版社1993年版，第114页。

的企图，但是它却集中体现了西方近代的科学、人文精神，体现了西方教育风格，在客观上促进了西方近代科学和教育在中国的传播。

对于教会学校之优劣及影响，教育大家郭秉文有如下说辞："外人在华所立学校，除极少数慈善团体私立研究专门学术者外，多少具有政治或宗教的色彩。教会学校，影响于国民思想学术尤深。就其总体论之，其已具之优点，大旨如下：一、外国文之教授较贯彻，学生有听讲及参考外国著作之能力；二、学生受严格之训练，人格之感化，养成个人及社会的健全良好习惯；三、提倡体育较早；四、学校内有社会服务之精神，诱导学生组织的能力。至其劣点，亦有极彰明者，如一、因片面的外国文字教育，学生于国事知识及国文并欠缺；二、学生对于学术，除修习学程外，未有极深度的研究，故于世界思潮之输入，比较的少所贡献；三、因设备比较的简单，理工等科，未充分发展；四、学生于中国化太少欣赏，于国情亦多隔阂，参与社会活动时，即格格不相入。"[1] 在笔者看来，对于教会教育对中国的影响，也许启蒙思想家、教育家严复及余家菊等人思虑得更加深远。严复认为，"国之大政，教养而已。养之事惟一，而教之事有二。有禁之为非者，法制是也；有导之于善者，教育是也。二者皆国家成立永久之要素，必以本国之人任之，然后有以培其爱国之心，扩其乐群之力，以蕲日进于富强。未有以乙国之人任甲国教育之事，而其国不即于衰弱者也"[2]。所以，外国人在中国办教育，在严复看来是意在"争谋我教育之权，其积虑处心，较诸他事竞争

---

[1] 陈丹林：《民国前的教会女学校》，引自陈学恂主编：《中国近代教育史教学参考资料》（下册），人民教育出版社1987年版，第83页。

[2] 《外交报》：《论外人谋我教育权之可危》，引自朱有瓛、高时良主编：《中国近代学制史料》（第四辑），华东师范大学出版社1993年版，第689页。

尤阴鸷而险狠"①。余家菊更是痛心疾首地指出："于中华民族之前途有至大的危险的，当首推教会教育。教会在中国取得了传教权与教育权，实为中国历史上之千古痛心事。"因为，"教会学校是彻头彻尾为宗教之传播而设立的"，其目的是要"使中国成为一个'基督教国家'"，"克服中国人固有的精神，而代以基督教的信仰"，所以"教会教育是侵略的"②。正是由于这些有远见的思想家、教育家洞察到了教会教育的根本企图所在，所以20世纪20年代在中国大地掀起了一股声势浩大的反对教会教育的"收回教育权"运动，许多知名教育家和思想家如严复、陈独秀、蔡元培、胡适、余家菊、朱经农、徐文台等，纷纷发文揭露教会教育的企图，呼吁收回教育权。一些文化教育团体和报纸杂志亦通过决议、通电和宣言的方式，吁请政府收回教会的教育权。自此，教会教育开始走向世俗化和本土化，即从以传教和文化侵略为主，逐步回归到教育的本义——培育人才、发展学术和服务社会。

三、西书出版：广西国之学于中国

传教士们普遍认为，基督教的传播，必须有良好的外在环境，而翻译西书、发行报刊，可以减轻中国人对教会的误解和敌意。传教士林乐知指出："阐释耶教、介绍西学，决难囿于讲坛，徒持口舌，必须利用文字，凭借印刷，方能广布深入，传之久远。"③对于传教士为什么于创办学校外还要经营出版事业，李泽彰先生有一段至为深刻的评述：因为教会深知"欲图布教事业的扩展，必于中国人的内心建筑深固的根基，使基督成为中国固有宗教，而非外来宗教，

---

① 《外交报》:《申论外人谋握我教育权之可畏》，引自朱有瓛、高时良主编:《中国近代学制史料》(第四辑)，华东师范大学出版社1993年版，第689页。

② 余家菊:《教会教育问题》，引自朱有瓛、高时良主编:《中国近代学制史料》(第四辑)，第696页；第698页。

③ 转引自顾卫民:《基督教与近代中国社会》，上海人民出版社1996年版，第221页。

方不因政治外交等变化而发生动摇。因有此目的，故于开设学堂灌输宗教教育于青年外，又刊行西学及宗教书籍，使基督教随西洋文明深入一般士绅的内心"①。传教士在其创办的出版机构翻译出版了大量的西方书籍，这些书籍不仅是传播西方科学和进行科学教育的重要载体，而且给中国的传统文化和人们的思想价值观念带来了猛烈的冲击。在此，我们对主要出版机构做一个大致介绍。

1. 墨海书馆

墨海书馆是英国伦敦会传教士麦都思（Walter Henry Medhurst，1796—1857年）②于1843年在上海创办的，它是鸦片战争后外国人在中国内地最早设立的翻译出版机构，也是中国最早使用机器铅印新式书刊的出版机构。据《瀛壖杂志》云："西人设有印书局数处，墨海其最著者。以铁制印书车床，长一丈数尺，广三尺许，旁置有齿重轮二，一旁以二人司理印事，用车旋转，推送出入。悬大空轴二，以皮条为之经，用以递纸，每转一过，则两面皆印，甚简而速，一日可印四万余纸。字用活板，以铅浇制，墨用明胶煤油合搅煎成。印床西头有墨槽，以铁轴转之，运墨于平板，旁则联以数墨轴，相间排列，又揩平板之墨，运之字板，自无浓淡之异。墨匀则字迹清

---

① 李泽彰：《三十五年来中国之出版业》，载张静庐辑注：《中国现代出版史料》（丁编），中华书局1959年版。

② 麦都思于1835年入华，1843年入上海后在墨海书馆工作至1856年。他对中西文化交流贡献颇大，曾用英文编撰了一些传播中国文化的重要著作，如1838年出版的《中国：现状与前景》（China: Its State and Prospects, with Special Reference to the Spread of the Gospel），向西方介绍中国的历史、幅员、人口、文明、文学、宗教等；1842-1843年编有《华英词典》（2卷）（Chinese and English Dictionary），收录了《康熙字典》里的所有词汇，按部首排列；1844年编著有《英汉对照对话、习问、熟语》（Chinese Dialogues, Questions, and Familiar Sentences, Literally Rendered into English）；1847-1848年编著有《英华辞典》（2卷）（English and Chinese Dictionary）；1849年创办不定期刊物——《中国杂记》（The Chinese Miscellany），旨在介绍中国的政治、哲学、宗教、艺术、制造业、贸易、风俗、习惯、历史，并附有相关统计。

楚,乃非麻沙之本。印书车床,重约一牛之力。"① 王韬描述他第一次看到墨海书馆的情景时说:"时西士麦都思主持墨海书馆,以活字版机器印书,竟谓创见。……后导观印书,车床以牛曳之,车轴旋转如飞,云一日可印数千番,诚巧而捷矣。书楼俱以玻璃作窗牖,光明无纤翳,洵属玻璃世界。字架东西排列,位置悉依字典,不容紊乱分毫。"② 当时人们对这种新式印刷颇感新奇,据陈伯熙在《上海轶事大观》中所记,时人为此专赋诗一首云:"车翻黑海转轮圆,百种奇编宇内传。忙煞老牛浑未解,不耕禾陇耕书田。"③

麦都思是一位很有学问的人物,他根据自己多年在南洋和上海的传教经验,认为要使中国人皈依基督教,首先必须使中国人认识到西方文化跟中国文化一样发达。为此,就必须向中国人介绍西方文化在各个方面的成就,尤其是近代科学技术成果。他的这一想法在伟烈亚力(Alexander Wylie)入墨海书馆后逐步得到实现。伟烈亚力是伦敦会派往中国的传教士,他于1847年8月来到上海,是来华传教士中学历最低的,但知识却十分渊博。到中国传教之前,他是一名木匠,但天赋过人,记忆力非凡,近30岁时他迷上了汉语,靠一本拉丁文的《汉语知识》和一部汉译的《新约》,无师自通,掌握了汉语的大概。1846年,伦敦会传教士、著名汉学家理雅各(James Legge)返回英国,欲物色一人去中国经营该会的印刷所——墨海书馆。伟烈亚力毛遂自荐,理雅各对他的天才和勤奋大为惊叹,立即吸收他入会,让他在国内进修了半年印刷业务后派往中国。1847年,伟烈亚力抵墨海书馆任职。伟烈亚力仿效利玛窦,认为宣传科学知识有利于传教,因此主张用译书来吸引中国知识分子对基

---

① 转引自柳诒徵:《中国文化史》(下卷),东方出版中心1996年版,第799页。
② 王韬:《弢园文新编》,生活·读书·新知三联书店1998年版,第354页。
③ 转引自王余光:《对中国新图书出版业的形成的历史考察》,载《中国人文社会科学博士硕士文库(历史学卷·中册)》,浙江教育出版社1998年版,第1422页。

督教的兴趣,并在主持馆务之余开始学习中国传统的天文算学。

墨海书馆的翻译人员中,除麦都思、伟烈亚力、艾约瑟[①]、韦廉臣等西方传教士外,还有一些科学功底深厚、学贯中西的中国学者,如王韬、李善兰、管嗣复、张福僖等。他们的工作主要是与西人合译西书,由西人讲出大意,他们笔录润色。

从1844年到1860年,墨海书馆共出版各种书刊171种,除宗教方面的图书外,属于数学、物理、天文、地理、历史、医学等学科方面的书有33种。在数学方面,有伟烈亚力撰写的《数学启蒙》及伟烈亚力和李善兰合译的《几何原本》(后9卷)、《代数学》和《代微积拾级》等4部。《数学启蒙》介绍的是初等数学知识,包括加减乘除法则、通分、约分,以及开平方、开立方、对数、对数表等内容;《代数学》为传入中国的第一部符号代数学译著;《代微积拾级》为传入中国的第一部微积分学译著,李善兰在该书序言中说,此书译出后中国传统数学之法"几可尽废",可见他已清醒地认识到高等数学传入中国的革命性意义。在物理方面,有《重学浅说》《重学》《光论》《光学图说》等4部,其中《重学》是将牛顿力学三大定律介绍到中国来的第一部著作。在天文学方面,最著名的是《谈天》,此书全面介绍了欧洲当时最新的天文学知识,还以万有引力定律论证了"日心说"的正确性,这部书的译出为哥白尼学说在

[①] 艾约瑟(Rev. Joseph Edkins)于1848年来到中国上海,是英国伦敦会派往中国的传教士,是有名的学者,尤精于中国佛学。他关于中国的著述甚多,亦曾将西方不少科技书籍翻译成中文,如胡威立的《重学》(17卷)(*Treatise on Mechanics*)、《中西通书》(*Chinese and Foreign Concord Almanac*)等。他还用英文编撰著作向西方介绍中国的文化和习俗,如《汉语会话》(*Chinese Conversations*)、《中国佛教》(*Notices of Chinese Buddhism*)、《官话口语语法》(*A Grammar of the Chinese Colloquial Language, Commonly Called the Mandarin Dialect*)、《上海口语语法》(*A Grammar of Colloquial Chinese, as Exhibited in the Shanghai Dialect*)、《汉语口语渐进教程》(*Progressive Lessons in the Chinese Spoken Language*)及发表在伦敦出版的《中国风光和中国人》(*Chinese Scenes and People*)一书中的《南京游记》等。

中国的传播做出了突破性的贡献。随着《谈天》在1859年刊行和流传,以日心说为基础的近代天文学在中国得到了广泛的传播。此书在晚清学术界享有很高的声誉,梁启超称此书"最精善","不可不急读";此书的翻译者李善兰称"海内谈天者,必将奉为宗师"。在地理、历史方面的著作有《地理全志》和《大英国志》。属于植物学方面的有一本《植物学》,此书于1859年出版,被时人誉为了解西方植物学最好的入门书,是书为我国翻译的第一部西方植物学著作。在医学方面的著作有合信编译的3部新作和2部重印本,3部新书是《西医略论》《妇婴新说》和《内科新说》,2部重印本是《全体新论》和《博物新编》,后人把这5部著作合编成《合信氏医书五种》。合信所译西医著作,可视为近代西方医学传入中国之始,他所介绍的西方医学知识在中国医学界产生了很大影响。墨海书馆还出版了一些综合性的书刊,主要有《中西通书》《格物穷理问答》《科学手册》和《六合丛谈》。墨海书馆还发行过一份《成童画报》,为图文并茂的月刊,创办于1889年1月,1891年停刊,除宣传教义外,也介绍一些科学知识,为中国最早的儿童刊物之一。值得一提的是,墨海书馆翻译出版的书籍,有些在当时就被选为学校教科书,如伟烈亚力的《数学启蒙》、合信的《博物新编》等。

墨海书馆不仅翻译、出版了大量的科学书籍,而且还是一个学习研究科学知识的场所,一个聚集、联络爱好西学人士的文化中心。像徐寿和华蘅芳等近代中国的科技巨匠都曾慕名到馆,与西来传教士和大数学家李善兰等切磋求教,后来他们都成了杂糅中西的格致学者和著名的洋务技术专家。1848年,江苏名士王韬慕名来该馆参观,次年因"欲窥其象纬、舆图诸学,遂往适馆授书"[1],被麦都思聘为主笔,在墨海书馆协助译书达13年。可惜好景不长,1860年

---

[1] 王韬:《弢园文录外编·弢园老民自传》。

太平军进攻苏州、上海，苏沪一带战乱纷飞，王韬因通敌（太平军）避祸逃往香港，李善兰离馆逃命，伟烈亚力也于同年回国休假，这样一个对近代西方科学传入中国做出过重要贡献的译书出版机构也就此消失了。

2. 美华书馆

继墨海书馆后，美国长老会于1844年在澳门设立"华花圣经书房"（The Chinese and American Holy Classic Book Establishment），派美人谷玄（Richard Cole）主其事。谷玄利用新加坡伦敦会台约尔（Samuel Dyer）在香港刻造的汉文字模，广印书籍。当时刻成之字，其大小与今之4号字等，因其制于香港，故称"香港字"。1845年，华花圣经书房迁至宁波后改名"美华书馆"（The American Presbyterian Mission Press），1860年又迁至上海。

美华书馆所出的书籍大多由在华传教士翻译，并聘请中国文人充当助手，以求译文晓畅文雅。该馆出版的书籍大多属于宗教方面，但也有一些介绍西方科技知识方面的书籍。如介绍世界地理知识的书籍有《地理全志》《地理略说》《五大洲图说》《中学万国地志》等；物理学方面主要有《格致质学》《格致问答提要》《物理学算法》；数学方面有《代形合参》《八线备旨》《代数备旨》《形学备旨》《心算启蒙》《心算初学》等；医学方面有《眼科证治》《万国药方》《省身指掌》等；此外，还有《造洋饭书》等晚清中国为数不多的介绍西餐的书籍及美国公理会传教士谢卫楼（Davelle Z. Sheffield，1841—1913年）编译的《万国通鉴》和《理财学》。其中，《万国通鉴》被史亚实称为"使整个一代中国人对于伟大而不可思议的外部世界获得了一些初步的概念"[①]。华美书馆所出书籍除公开售卖之外，还有不少被益智书会选用为教会学校教科书。美华书馆在宁波

---

① 〔美〕费正清、刘广京编：《剑桥中国晚清史（1800—1911）》（上卷），中国社会科学院历史研究所编译室译，中国社会科学出版社1993年版，第641页。

期间还出版过《中外新报》,该报初创时为半月刊,后改为月刊,刊载新闻及宗教、科学和文学方面的文章。

值得指出的是,1860年,美华书馆由美国长老会传教士姜别利(William Gamble,1830—1886年)掌管后,对传统的印刷技术与方法进行了重大改革,发明了电镀中文字模印刷术。姜氏曾在美国费城学习过印刷术,来中国后,因汉文字模镌刻阴字,字体细小,笔画复杂,诚非易事,于是创电镀汉字字模。此法以黄杨木刻阳字,镀制紫铜阴文,镶入黄铜壳子,雕镌之工于是大减。当时将汉字制成大小铅字7种,分一至七号,一号称显字,二号称明字,三号称中字,四号称行字,五号称解字,六号称注字,七号称珍字,统称"美华字",俗称"宋字"。这种字模和铅字发明以后,美华书馆大量制造,出售给上海、北京等地报馆、书局,成为此后几十年间中国最通用的字模和铅字,被誉为中国印刷史上的一次革命。随后姜氏又致力于汉字排字架的改革。他以华美书馆所印的《新旧约全书》及其他书籍做统计,得单字5150枚,以其重见次数的多少分为常用、备用、罕用三大类。又制作"元宝式"字架,正面放24盘,装常用、备用字,两边放64盘,装罕用字。经姜别利这一改革,汉字排版又比以前大为便利。美华书馆设备精良(迁至上海后又添置了滚筒式和平台印刷机等)、技术先进、规模宏大,在晚清中国出版界影响很大。到19世纪末,已成为外国教会在中国所办的规模最大的印刷出版机构,因此它也为中国培养了一批出版人才,如商务印书馆的创办人鲍咸昌、鲍咸恩、鲍咸亨兄弟及高凤池等,原先都是美华书馆的员工。

3. 益智书会

1860年到1877年,尽管传教士之间对于是否应该开办更多的学校存在着很大的分歧,但教会学校还是有了很大的发展。如前述,到1877年,教会学校有近350所,学生近6000人。伴随着教会学校的发展，许多具体的教育问题如课程设置、教科书编撰等急需解决。1877 年，在华新教传教士在上海举行全国大会，决定成立"学校教科书委员会"（School and Textbook Series Committee），中文名为"益智书会"，负责编辑、出版教科书。1890 年，机构改组，西文名改为"中华教育会"①，中文仍称"益智书会"。1902 年改称"中国学塾会"，1905 年改称"中国教育会"，1916 年改为"中国基督教教育会"。

益智书会成立时，主席为丁韪良，委员有韦廉臣、狄考文、林乐知、傅兰雅等。委员会决定编写初级和高级学校两套教科书，初级由傅兰雅负责，高级由林乐知负责。教科书涵盖的学科有算术、几何、代数、测量、博物、天文、地理、化学、地质、植物、动物、心理、历史、哲学、语言、逻辑、声乐、绘画、西方工业技术等各个方面。编写方针是结合中国风俗习惯，学生、教习皆可使用，教内、教外学校能够通用，科学、宗教两者结合，不仅可以用来阅读，而且可以用来教学和研究。至 1890 年，益智书会出版和审定合乎学校使用标准的书籍共 98 种。比较重要的，数学方面有《笔算数学》《形学备旨》《圆锥曲线》；声学、光学方面有《声学揭要》《光学揭要》《天文揭要》；地学方面有《地学指略》《地理初桄》；心理学方面有《心灵学》，这是近代中国翻译的第一部西方心理学著作；教育学方面有《肄业要览》，为斯宾塞名著《教育学》的一部分；动物学方面有《动物学新编》；历史学方面有《大英国志》，这是近代中国最早翻译的英国专史。益智书会所出教科书中最具规模、最有影响的是傅兰雅编写的《格致须知》和《格物图说》两套书。《格

---

① 该会后来发展成为传教士的一个综合性教育组织，其业务范围并不局限于出版教科书。它成立了行政事务、出版、课程、考试、教育改革、师范教育、工业教育、幼稚教育等分支机构。主要事务有三项：编辑适用的教科书，谋教授上互助，探求及解决中国的一般教育问题。

致须知》这套书都是各门学科的基础知识,浅显易懂。每册书名都是某某须知,如《天文须知》《曲线须知》《西礼须知》《戒礼须知》《富国须知》等。《格物图说》是教学挂图的配套读物,有光学图、化学图、矿石图、水学图等。此外,傅雅兰还单独翻译、出版了一些西书,这些西书后来经益智书会认可,列入了教科书。其中影响较大的是卫生学方面的译作,主要有《化学卫生论》《居宅卫生论》《延年益寿论》《孩童卫生编》《幼童卫生编》《初学卫生编》《治心免病法》等。益智书会出版的各种教科书,对晚清教育界影响相当广泛,近代国人自编新式教科书始于19世纪90年代后期,较益智书会晚了20年。1903年,清政府颁行新的学制,各地学校纷纷采用新式教科书,有相当一部分,尤其是自然科学课程,就直接采用了傅兰雅和益智书会所编的教科书。

值得指出的是,益智书会从编译教科书之始就重视科学名词术语的翻译,强调译名术语尽量统一。为此,益智书会编印了三种英汉词汇集,即"科技、工艺和制造技术词汇集""地理词汇"和"人名、地名词汇"。为编印3种英汉词汇集,益智书会制定了统一术语的工作程序,由几个委员会统一分工负责各类名词术语的审定修订。1896年,成立了科技术语委员会,狄考文任主席。科技术语委员会成立后,首先着手的是修订化学名词。1898年2月,他们在英文《教务杂志》上发表了《修订化学元素表》,1901年出版了《协定化学名目》。至于其他术语,则汇编成《术语辞汇》于1904年刊行。《协定化学名目》由两部分组成,第一部分是命名原则,第二部分是无机化合物的英汉名称对照表。《术语辞汇》共收词条一万二千余条,内容包括算术、代数、几何、三角、解析几何、微积分、测量、航海、工程、力学、流体力学、气体力学、光学、声学、热学、电学、磁学、冶金、矿物学、结晶学、地质学、地理学、天文学、动植物学、解剖学、生理学、治疗学、药学、机械、建筑、印刷、照相技术、科学仪器、心理学、政治经济学、国际法、神学等五十余类，社会科学、神学名词极少。可见，此书实际上是一部综合性的科技术语词典，而且也是中国第一部这方面的词典。

4.博济医局

随着传教事业在晚清的快速发展，传教活动出现了向专业化转向的趋势，最明显的就是在医学和教育方面，这些领域长期以来都是传播福音的副业，当它们与布道目的逐渐分道扬镳以后，便有了半独立的性质，不论是传教士本人还是学科，专业化水准都有了很大的提高。如前述，西方近代医学知识在明清之际便开始传入中国，当时的西方传教士罗雅各、龙华民、邓玉函等翻译的《人体图说》和《泰西人体说概》介绍了人体解剖学方面的知识，传教士石铎䃠著的《本草补》则是介绍西方药物的专著。鸦片战争前后，随着西方资本主义侵略势力和鸦片贩子转向中国，教会势力卷土重来，西方医学又开始以前所未有的规模传入中国。1805年，英国东印度公司医官皮尔逊（Alexander Pearson）传"种痘法"入中国；1827年，东印度公司医生郭雷枢（T. R. Colledge）在澳门建立一所眼科医院，是为中国境内第一所西式医院；1835年，美国传教士派克（Peter Parker，又译伯驾）将其设在新加坡专医中国侨民的医院移至广州，专理眼科（即"眼科医局"）。据张良烺考证，派克可视为"西来中国的传教士兼医生的第一人"[①]。1838年，派克与美国传教士裨治文及郭雷枢在广州共组"中华医药传教会"，派克任副会长。该会发表"宣言"称：本会的宗旨"是要鼓励在中国人中间行医，并将赐予我们的科学、病例调查和不断鼓舞我们的发明等有益的知识提供一部分给他们分享。……我们希望，我们的努力将有助于推倒偏见和长期以来所抱的民族情绪的隔墙，并以此教育中国人，他们所歧视的

---

① 参见张星烺：《欧化东渐史》，商务印书馆2000年版，第65页。

人们是有能力和愿意成为他们的恩人的。……我们称呼我们是一个传教会,因为我们确信它一定会推进传教事业。……利用这样的一个代理机构,就可铺更高处的道路,赢得中国人的信任和尊重,它有助于把我们同中国的贸易及其一切往来置于更想望得到的地位上,也可为输入科学和宗教打开通道。"① 随着教会在华开设的医药慈善机构的日益增多,来教会医院就医的民众也随之增长。据有关专家统计,"完全合格的传教士医生从 1874 年的 10 人猛增到 1905 年的 300 人左右。1876 年有 41281 名病人在大约 40 所医院和诊疗所接受过治疗;30 年后,据报道每年至少有二百万病人在 250 所教会医院和诊所接受治疗"②。在中国境内最著名的教会医院有:英国长老会在汕头设立的医院、苏格兰联合自由会在奉天设立的医院、杭州大英医院、汉口英国医院、上海伦敦传教会医院、美国圣公会医院,济南齐鲁医院、淮阴仁济医院、北京协和医院等。而向就医民众传播福音和普及西方医学知识,便成了教会医院的重要职责或者说"副业"。传播西方医学知识的一个重要载体是医学著作,因此许多西来的传教士除了布道行医外,还参与编译西医著作。在翻译编写西医著作中最著名的是英国伦敦会于 1839 年派往中国的传教士合信博士,他是西方近代医学传入中国的一位重要人物,他编译的医学书籍除本书前述的 5 种著作外,还编著有一部《英汉医学词汇集》,在当时也获得了广泛而罕见的赞誉。继合信之后的嘉约翰博士在 1859—1886 年编译有《西药略释》《皮肤新编》《内科全书》等二十余种。此后入华的传教士德贞博士、傅兰雅等人也编译了大量的医学著作。传教士所编译的西医书籍内容涉及诊断法、绷带包扎法、

---

① 《中国丛报》(1838 年 5 月),转引自刘志琴主编,李长莉撰:《近代中国社会文化变迁录》(第一卷),浙江人民出版社 1998 年版,第 38—39 页。

② 〔美〕费正清、刘广京编:《剑桥中国晚清史(1800—1911 年)》(上卷),中国社会科学出版社 1993 年版,第 634 页。

皮肤病、梅毒、眼病、炎症、医学原理和实践、药物学、热病、卫生学、外科学、解剖学和生理学等。

博济医局（又名博济医院）是美国传教士嘉约翰（John Glasgow Kerr, 1824—1901年）于1859年创办的一所晚清最著名的社会医院。有统计，该院在45年间共为89642人治过病[①]。该医局除为病人治病施药外，还把翻译、编写和出版西方医学书籍作为向中国人传播西方医学知识的一个重要媒介，博济医局编译出版的西医书籍中，很大一部分出自创办人嘉约翰之手。博济医局是清末出版西医书籍最多的机构，它出版的西医书籍最著名的有[②]：《论种痘》《炎症》《眼科撮要》《割症全书》《花柳指南》《增订花柳指迷》《内科阐微》《裹扎新法》《西药略释》《新增西药略释》《内科全书》《炎症论略》《体用十章》《体质穷源》《皮肤新编》《妇科精蕴图说》《病理撮要》《儿科撮要》《胎产举要》《病症名目》《医理略述》等。此外，嘉约翰与何了然合作译编的《化学初阶》，是晚清中国最早翻译的化学书籍之一，该书介绍了当时已知的65种化学元素，其创译的化学译名有28种一直沿用至今。1902年的《增版东西学书录》共收医书52种，其中博济医局出版的就有15种。

5. 广学会

广学会（The Christian Literature Society for China）是基督教新教在近代中国设立的最大的出版机构。初名"同文书会"（The Society for Diffusion of Christian and General Knowledge Among the Chinese, S.D.C.G.K.），1887年11月成立于上海，1892年易名"广学会"。同文书会是在"中文宗教书籍会"（China Book and Tract Society）的基础上发展而来的。中文宗教书籍会于1884年创办于

---

① 陈邦贤：《中国医学史》，上海书店1984年版，第192页。
② 参见李亚舒、黎难秋主编：《中国科学翻译史》，湖南教育出版社2000年版，第149–150页。

格拉斯哥，1887年宣布解散，继而成立的同文书会继承了原来的印刷厂和其他资产。同文书会的创办者和灵魂人物是苏格兰联合长老会传教士、法学博士韦廉臣（Alexander Williamson，1829—1890年）。该会于1888年成立董事会，会长长期由海关总税务司赫德担任，韦廉臣任总干事，负责日常工作。同文书会的宗旨是："在中国及其殖民地和附属国广泛传播基于基督教原则的著述，这些著述是在熟悉当地人思维方式的基础上，从基督教的立场出发撰写的，并且适用于教导和提升民众，特别是通过影响更多知识阶层和统治阶层的人来引导和提升民众"[①]。1890年8月韦廉臣病逝，其工作由英国传教士李提摩太接替，李在任上长达25年，是广学会最重要的人物。广学会曾在北京、沈阳、天津、西安、南京、烟台等地设立分支机构，出版了大量书籍报刊。广学会不同于其他教会组织，它的成员包括各种职业的西人，除传教士外，主干成员还有商人和政客。如广学会首届成员有：时任中国海关总税务司的英国人赫德任总理，韦廉臣、李提摩太等先后任总干事，慕维廉、林乐知、艾约瑟、丁韪良、范明德等传教士皆为重要成员，此外还有老元芳洋行代表多各尼、有利银行代表伯斐细、英国副领事贾礼士、美国总领事纳德及怡和洋行、汇丰银行、仁记洋行、元芳洋行、德国银行、英国轮船公司、日本轮船公司、《字林西报》等的代表，以及税务司德、美、英等国的代表和律师代表等。在晚清中国，传教士所办出版机构，就影响而言，首推广学会。该会编译出版的书籍涉及神学、政法、史地、实业、理化、教育、天文、地图等方面，图书数量达两千多种。

为什么要设广学会？在1892年7月《万国公报》上刊登的一篇《广学会问答》做了明确的表述："先生开广学会之意如何？同人

---

① 〔英〕苏慧廉：《李提摩太在中国》，关志远等译，广西师范大学出版社2007年版，第163页。

曰：中国所以不遽兴盛者，良由中西学塾未遍设，五洲书籍未遍译，虽官绅士民欲求新学之效，借资考证参观，特苦于不知，无从下手。仅等今兹创设此会，盖欲多译五洲有益各书，先为士民广开识见，俾得深通各国之事，然后絜短较长，便可恍然悟矣。"①广学会的宗旨是"以西国之学，广中国之学，以西国之新学，广中国之旧学"②。可见，编译出版书刊、介绍西方文化是广学会的主要任务。早在1887年，在韦廉臣起草的《同文书会发起书》就有明确的表述："本会的目的归纳起来可有两条，一为供应比较高档的书籍给中国更有才智的阶层阅读，二为供应附有彩色图片的书籍给中国人家庭阅读。……为此，我们的目标是面向公众，包括知识界和商界，在我们向他们提供其科学的同时，要努力使之具有吸引力，以达到他们目前能看得懂的程度。"③

广学会编印的刊物，有《万国公报》《中西教会报》《孩提画报》《训蒙画报》《成童画报》《大同报》，其中《万国公报》（在本书有专门介沼）影响最大、声名最广。广学会出版的书籍除供传教用的宗教书外，还包括历史、科学、政治、法律、商业、文学等各个方面。在1900年以前，广学会出版书籍中最著名的是1894年李提摩太所译英国历史学家马肯西（Robert Mackenzie）的《十九世纪的历史》（又名《泰西新史揽要》，是书原名为 *The Nineteenth Century*，出版于1880年）和1896年林乐知所编的《中东战纪本末》。其次有：《格物探源》《自西徂东》《文学兴国策》《天下五洲各大国志要》《中西四大政考》《五大洲各国统属全图》《女学论》《八星之一总论》《论生利分利之别》《五大洲女俗通考》《万国通史》《百年一觉》《性

---

① 李楚材辑：《帝国主义侵华教育史资料——教会教育》，教育科学出版社1987年版，第369页。

② 古吴困学居士：《广学会大有造于中国说》，引自中国史学会主编：《中国近代史资料丛刊.戊戌变法》（三），上海人民出版社1957年版，第214页。

③ 转引自顾长声：《传教士与近代中国》，上海人民出版社1995年版，第156页。

海渊源》《治国要务》《时事要论》《东西教化论衡》《中国变新策》《幼学操身》《新学汇编》《李傅相历聘欧美记》《富国真理》《富民策》《足民策》《速兴新学条例》《大同学》《天地奇异志》《电学纪要》《动物浅说》《矿学类编》《列国地说》《英国原始志》《印度史揽要》等。当然，广学会也出版了不少有影响的宣教方面的书，如《基督本纪》《新旧约释义全书》《宗教伦理百科全书》《普天颂赞》《四福音大辞典》《圣经辞典》等，这些都是传教的必备书籍。

　　广学会出版书籍的目的在宣传宗教和所谓的"革新中国"，所以几乎所有书刊都是分送出去的。广学会赠送书刊的途径有两种：第一，有计划地委托各地传教士亲赴科举考场分发书刊。因为19世纪90年代中期之后的科考开"经济特科"，加之科考内容常常涉及时务和西学，如江苏、湖南的学政在开科试士之时"选西学中首要数事以命题"，所以广学会所出之书可以说是应对科考时务策论的必备参考书；加之广学会还常把一些切合科考内容的知识专门汇编印成小册子，并冠以"考试必读"之类的广告，因此在当时颇受考生欢迎。当时科举考试制度是三年1科，府取秀才，省中举人，京师中进士。全国各省共有二百多个考场，约计一百万以上的考生。李提摩太认为，通过书刊去"系统指导"这些未来官员的思想，就等于指导了中国4亿人民的思想。他肯定地说："要感化中国，就没有比文学宣传来得更快的方法了"。第二，每年向各级官员赠送一些时务和宗教类书籍，如《泰西新史揽要》《中东战纪本末》《自西徂东》《救世教益》《五洲教案纪略》等，对他们施加影响。据李提摩太估计，中国文官自县长以上者2289人，武官自营官以上者1987人，学官自府视学以上者1760人，大学堂教习2000人，派驻各省会的高级候补官员2000人，科举出身的文人（以60万的百分之五计）30000人，官家及书家的妇女儿童（以十分之一计）4000人，共计44036人。李提摩太建议，"把这些人看作是我们的学生，对他们进行系统的教育"，他深信控制了这些人就等于控制了全中国①。

广学会除译书、办报、印书和售书外,还有一项十分重要的工作就是"征文"。广学会成立前,在林乐知主编《教会新报》时,就曾多次举办过征文活动。如同治九年(1870)以"持守美事"为题、同治十年(1871)以"宜察凡事善者执之"为题征文,并对获奖征文奖励银圆1至7元不等;《万国公报》亦以"风水问谬""中西相交之益""崇事偶象之害""耶稣圣教中国不可缺"等为题征文。广学会成立后,以西学为征文主题则推广尤力,如韦廉臣曾以"格致之学泰西与中国有无异同""泰西算学何者较中法为精"等为题征文。李提摩太主持广学会后,更借征文全面介绍和推广西学,他曾拟就数十道题目,一面公开征文,一面邀请"博学之士著为论说"。他所拟题目范围广泛,举凡政治、经济、文化、教育、宗教及声光化电几乎无所不及。如他开列的题目有:"铁路之益""邮政之益""游历各国之益""公司轮船行于各国之益""钢厂铁厂之益""农学""机器学""化学""电学""格物学""报馆之益""公家书院之益""博物院之益""寄居他洲之益""两国违言凭局外公断弭兵之益""集股贸易之益""五洲自主商局之益""银行汇通五洲之益""生利分利之益""万国关税均齐之益""列国征收钱粮之法""列国地方官酌征公费之法""列国养民之法""列国教民之法""列国新民之法""列国安民之法""列国变通之法""列国行善之法""列国盛衰之法"等②。这些征文,一方面是为吸引中国士人阅读《万国公报》及广学会翻译出版的书籍,另一方面是为推动西学在中国的传播及朝野士大夫和民众思想观念的转变,自然也不可避

---

① 参见李楚材辑:《帝国主义侵华教育史资料——教会教育》,教育科学出版社1987年版,第370–371页。

② 参见梁元生:《林乐知在华事业与〈万国公报〉》,香港中文大学出版社1978年版,第109–110页。

免地促进了中国传统文化的新陈代谢。

广学会在晚清西学东渐史上，占有相当重要的地位。第一，从中西比较的视角，结合中国社会实际，围绕变法改革，宣传西学。19世纪后期，中国出版西书的机构，以江南制造局翻译馆、北京同文馆和广学会影响最大，但三者出书内容各有偏重。江南制造局所出书籍偏重于应用科学、自然科学基础知识方面；北京同文馆主要出版有关洋务知识方面的书籍；广学会所出书籍则偏重于社会科学方面，如批评时政社会弊端，鼓吹变法改革，宣扬西方的资产阶级人权、平等、自由之说及民主政治与立宪政体。同时，与江南制造局翻译馆专出译作不同，广学会除了翻译，还从事编撰、创作。据有关专家统计，广学会1900年以前所出版书籍，至少有一半是编撰之作，如《自西徂东》《时事新论》《大国次第》《新政策》《论生利分利之别》等。此外，以外国传教士为主体的广学会，既对中国社会与文化思想有所了解，又不受中国政府的管辖，于是他们在担当社会时政批评角色上发挥的作用，远比中国本土的学者和思想家更大、更有新鲜感和吸引力。与同时代从事社会批评活动的启蒙思想家康有为、梁启超等人相比，李提摩太、林乐知等人虽然对中国国情不及康、梁了解得真切，但由于他们有着康、梁等人所没有的西方文化背景和言论出版的宽松，对许多问题可以从中西比较的视角大胆地提出发人深思的见解，所以他们的著作在当时有着独特的新颖感和强烈的吸引力。第二，从世界发展的大势出发，对中国传统文化的价值进行反思和评判。自从中国被强行纳入全球化的发展体系以后，中国的国际地位发生了亘古未有的大变化，中国传统文化的价值也就成了一个人们十分关注的热点问题。"西学中源""中体西用""华夷之辨""夷夏大防"等，都是19世纪中后期人们十分关注的焦点和热点问题。有经世改良之志的知识分子王韬、郑观应、严复等人，关心中国文化命运的倭仁、张之洞等朝廷中枢人物，都在这方面有过深入的思考、发表过惊世之文。其间，还有一批人对中国传统文化的某些方面，如科举制度、君主专制，提出过尖锐的批评。但总的说来，这一时期的中国知识分子，对中国传统文化在近代的适应问题及其价值，还缺乏全面的、系统性的反思。林乐知等来华传教士也很早注意到了这个问题，如林乐知在《中东战纪本末》中，批评中国社会有8大积习，诸如骄傲、愚蠢、欺诳、贪私、因循、游惰等；花之安在《自西徂东》等论著中，批评中国专制、尊男卑女、缠足、溺婴、只关心科举、不注意科学等弊病与陋习；李提摩太在《论生利分利之别》等文中，批评中国只强调节流、不注重开源、重义轻利等。这些观点恰当与否另当别论，但他们从中西文化比较的视角及价值观、历史观、生活方式、伦理道德方面对中国传统文化进行反思却是难能可贵的，它实质上为日后延续几十年的关于中国传统文化问题的讨论开启了先河。第三，开拓了西学传播的新渠道与新局面。江南制造局翻译馆、同文馆等机构，在翻译西书方面着实做了不少努力。但他们译书，主要是为洋务事业及政府部门服务的，很少在流通上下功夫。广学会在这方面则别开生面，向应试考生赠书、向中国各级官员赠书、举办有奖征文、创办报刊、在各地设立书刊代销点等。广学会所进行的这些努力，使得西学从书斋走向社会，影响空前扩大。据蔡尔康《广学会第11届年报纪略》及有关资料统计，广学会各年书籍收入是：1893年，800洋银（圆）；1894年，800洋银（圆）；1895年，2000洋银（圆）；1896年，5000洋银（圆）；1897年，12000洋银（圆）；1898年，18000洋银（圆）；1903年，25000洋银（圆）[1]。保罗·科恩说："作为改革的宣传者，传教士在这些年所取得的成就超出了他们最狂热的梦想。广学会从销售出版物中得到的收入从1893年的八百美元猛增到1898

---

[1] 参见王余光：《对中国新图书出版业的形成的历史考察》，载《中国人文社会科学博士硕士文库（历史学卷．中册）》，浙江教育出版社1998年版，第1424页。

年的一万八千美元。1896年傅兰雅兴高采烈地报告：'书籍生意正在全中国迅猛开展，这里的印刷商不能满足书籍生意的需要。中国终于觉醒起来了。'林乐知关于中日战争的书籍[①]（书中有一节清楚地说明了作者的改革派观点）和李提摩太所译麦肯齐的书[②]（这两本书很受人欢迎，中国书商一再非法翻印），都是1896年长沙乡试举子的必备读物。强学会出版的第一个刊物1895年不仅有许多材料引自《万国公报》，而且也一度采用了《万国公报》这同一名称。"[③] 由此可见，广学会书刊出版发行增长之快、传播西学之卓有成效。

广学会出版物对近代中国思想界的影响相当广泛。《泰西新史揽要》《中东战纪本末》风行海内，《万国公报》朝野争读，王韬、孙中山都是《万国公报》的作者，康有为在出名前便参加过广学会的有奖征文，梁启超担任李提摩太的秘书，光绪皇帝为准备变法购买的129种西学书籍中有89种是广学会出版的；在当时名目繁多的"时务通考""新学汇编""经世文续编新编"及维新思想家的危言、通议、平议等变法著作中，也随处可见广学会出版物的影响。广学会出版物的影响，不止于通都大邑，在不少僻野乡村也有所反应。在当时的《万国公报》上有这样的评说："在会诸君，类皆泰西博学之鸿儒，有道之教士"；"上海之设广学会，八年于兹矣，会中译著之书籍百有余种矣。推其命名之意，学为人生所必需，广诸天下而无间，以西国之学，广中国之学，以西国之新学，广中国之旧学，不诚大有造于中国哉？……方今欧美两洲文人学士，创设广学会于中国，专以著书为事，举凡泰西生财教民诸新法，有关于中国教养之道者，类多译成华文，使中国之为政者读之，可晓然于治国临民

[①] 即《中东战纪本末》。
[②] 即《泰西新史揽要》。
[③] 〔美〕费正清、刘广京编：《剑桥中国晚清史（1800—1911）》（上卷），中国社会科学院历史研究所编译室译，中国社会科学出版社1993年版，第648–649页。

之本，以宏其帝德王道之新模；中国之为师者读之，可恍然于辅世育德之源，以扩其守先待后之新学；中国之为士者读之，可穆然于尽人合天之诣，以求其黜伪崇真之新道；中国之为民者读之，可洞然于经营制造之端，以得其农工商贾之新法，其裨益于吾华之国计民生者，岂浅鲜哉？"① 邰海在《基督教文字播道事业之重要》一文中说："盖广学会初设立之时代，中国新机甫萌芽耳，当日吾人之欲读新书者，广学会而外，不能他求也。故吾国知识界之振新，惟赖一广学会，若康有为、若梁启超，皆熟读广学会之书，而憬然有所觉悟于其中，遂竭力提倡变法，此梁氏《西学书目表》所自认也。至每月发行之《万国公报》，尤明目张胆讲平等，说自由，推明美国之民主主义与立宪政体，而叹息痛恨于满洲朝廷之不进步。后来种族思想勃发而不可遏，中华民国成立于一举之间，则广学会之书报与有劳也。"② 这样的论述虽不尽实，且有夸张溢美的成分，但在某种程度上反映了广学会对当时中国影响之广泛深远。

四、科普报刊：把国人带进西学新天地

在传教士看来，科学与宗教在功能与作用上是互补的。科学可以为信仰清除知识上的障碍，为上帝的存在提供合理基础；而宗教可以为科学提供一种价值和目标，使科学真正为上帝和人类服务。所以，借助报纸杂志向民众灌输宗教和传播西方科技知识，是西来传教士所采取的重要手段和途径之一。广学会的年报说："科学没有宗教会导致人的自私和道德败坏；而宗教没有科学也常常会导致人的心胸狭窄和迷信。真正的宗教和真正的科学是互不排斥的，他

---

① 古吴困学居士：《广学会大有造于中国说》，引自中国史学会主编：《中国近代史资料丛刊·戊戌变法》（三），上海人民出版社1957年版，第214—215页。
② 转引自王余光：《对中国新图书出版业的形成的历史考察》，载《中国人文社会科学博士硕士文库（历史学卷·中册）》，浙江教育出版社1998年版，第1425页。

们像一对孪生子——从天堂来的两个天使，充满光明、生命和欢乐来祝福人类。"[①]鸦片战争前后，传教士在中国掀起了一股创办报刊的热潮。据方汉奇先生的《中国近代报刊史》统计，从19世纪40年代到90年代的将近半个世纪里，以教会和传教士个人的名义先后创办了近一百七十种中、外报刊，约占同时期我国报刊的百分之九十五[②]，在很大程度上控制了我国的新闻出版事业。传教士创办数量如此之大的报刊，自然主要是借此以文字布道的方式，向中国人弘扬上帝的"福音"。但是，为了更有效地传布上帝的福音和让更多中国人皈依基督教，同时也出于想牢牢把控西学引进尺度的打算，教会刊物无不以宣传科学、灌输西学知识相标榜。据方汉奇先生对教会报刊的考察研究指出："介绍科学知识是传教士手里的另一张王牌，是他们诱使中国人们特别是广大知识分子入彀的一项重要手段。……'科学''天文地理格致之学'成为这些刊物的必备栏目。有的把'本报之设，使阅者知西学而识时务'之类的文字写入章程，如《益闻录》。有的则干脆把这项内容列为报名，如《格致新报》和《新学月报》。它们一再鼓吹它们这方面的宣传，是'在不断的以光明注入这个黑暗的中国'；其目的在于使中国'风气遍开，人才迭出，国富兵强，民康物阜'。"[③]研究报刊史的权威学者戈公振先生也说："中西文化融和之机大启，开千古未有之创局。追本溯源，为双方灌输之先导者，谁欤？则外人所发行之书报是已"；"外人之传教也，均以输入学术为接近社会之方法。故最初发行之报纸，其

[①] 《广学会年报》（第十次），方荫富译，《出版史料》1991年第2期，转引自胡卫青：《近代来华传教士的科学观》，载章开沅、马敏主编：《基督教与中国文化丛刊》，湖北教育出版社2000年版，第223页。

[②] 方汉奇：《中国近代报刊史》（上），山西出版传媒集团·山西教育出版社2012年版，第20页。

[③] 同上书，第22页。

材料之大部分，舍宗教外，即为声光化电之学"①。

戈公振指出："若在我国而寻求所谓现代的报纸，则自以马六甲（Malacca）所出之《察世俗每月统纪传》（原名 Chinese Monthly Magazine）为最早。"②《察世俗每月统纪传》创办于嘉庆二十年（1815），为传教士马礼逊所创，参与编辑的有马礼逊、麦都思、米怜及中国人梁亚发③。该报所载内容，宗教之事居大半，其余为新闻及所谓的新知识。最初每期仅印 500 册，后增至 2000 册。该报除销往南洋群岛等华侨荟萃之地外，每逢粤省举行县、府、乡试时，还发往各地科举考棚。米怜曾自述办报之旨趣云："本报宗旨，首在灌输智识，阐扬宗教，砥砺道德，而国家大事之足以唤醒吾人之迷惘，激发吾人之志气者，亦兼收而并蓄焉。本报虽以阐发基督教义为唯一急务，然其他各端，亦未敢视为缓图而掉以轻心。智识科学之与宗教，本相辅而行，足以促进人类之道德，又安可忽视之哉。"④传教士正式创办于中国境内的第一份现代报纸为《东西洋考每月统纪传》（原名 Eastern Western Monthly Magazine）⑤，创办于 1833 年，最初

---

① 戈公振：《中国报学史》，山东画报出版社 2019 年版，第 123 页；第 119 页。
② 同上书，第 72 页。
③ 此人为米怜的教徒，据说是中国基督教新教教徒正式服务于报界的第一人。
④ 参见戈公振：《中国报学史》，山东画报出版社 2019 年版，第 74—75 页。
⑤ 中国人自己创办的第一份近代中文报纸为《中外新闻》，据说是伍廷芳于 1857 年创办于香港。廖苹在《1853 年至 1932 年之香港报业》一文中说，当时有记载该报创办情形的文字："先是，香港有伦敦传道会牧师英人罗傅烈者，按照《康熙字典》译成英文，颜曰：《汉英字典》，请《孖剌西报》排印，书中文字为汉英合璧。书成，所存汉字即等于腐物。时适伍廷芳先生由香港圣保罗书院首届毕业而出，就《孖剌西报》翻译之职，见而惜之，乃就商于该报之总理人，组织《中外新报》，所有排字派纸等事，由承批人经理。印刷及纸墨由《孖剌西报》支出。而承批人每月纳费若干，生意盈亏承批人负责。议定遂由伍廷芳先生承批，时在一八五七年间事也。"但戈公振先生在《中国报学史》一书中云，该报的创办时间有待进一步考证，他认为伍廷芳在 1861 年创办该报的可能性较大。姑且不论其创办于何时，在全由外来传教士创办报刊的时代里，有一份由中国人主持、以中国人的眼光和角度来行文论事的报纸，应该说可能更受中国人欢迎；而且该报创刊后，虽主持者屡经变更，但一直印行至 1919 年才告停刊。所以，该报开风气之先的作用是毋庸置疑的。

发刊于广州,后迁至新加坡,所载内容为宗教、政治、科学、商业与杂俎等。传教士创办的第一份正式的中文月刊为英国传教士伟烈亚力于1857年在上海创办的《六合丛谈》(原名 Shanghai Serial)。《六合丛谈》印刷精美,每月1册,除少量宗教内容外,主要内容为科学、人文与新闻。具体而言,《六合丛谈》的文章分如下几大类:西方自然科学;西方人文科学;新闻,为了符合中国人的口味,称之为"近事";另外还有杂记、新书介绍、月历、货单等内容。据《六合丛谈·小引》云:该刊宗旨在"欲通中外之情,载远近之事,尽古今之变,见闻所逮,命笔志之,月各一编,罔拘成例,务使穹苍之大,若在指掌,瀛海之遥,如同衽席。是以琐言皆登诸记载,异事不壅于流传也。是书中所言天算舆图及民间事实,纤悉备载"[①]。如该刊第一号内容中就有"地理:地球形势大率论""希腊为西国文学之祖"等西方文化知识,"泰西近事""金陵近事""粤省近事"等中外新闻,"进口货单""出口茶价单""银票单""水脚单"等商务信息。在该刊序言中附有一个办刊的提纲,涉及"化学""察地之学""鸟兽草木之学""测天之学""电气之学"及宗教等方面。可惜的是,该刊创行后发行量不大,次年便迁至日本,不久即停刊。除上述三家外,19世初到20世纪初,教会和传教士创办的主要中文报刊还有:《天下新闻》(1828—1829年,发刊于马六甲,所载为中国新闻、欧洲新闻、科学、历史与宗教之类);《遐迩贯珍》(1853—1856年,月刊,发刊于香港);《中外新报》(1858—1861年,发刊于宁波,初为半月刊,于1856年改月刊,所载为新闻、宗教、科学与文学);《香港新闻》(1861年创办,共编辑8卷,发刊于香港,专记船期、货价,为纯粹商业性杂志);《中外杂志》(1862—1868年,月刊,发刊于上海,所载除普通新闻外,尚有宗

[①] 参见戈公振:《中国报学史》,山东画报出版社2019年版,第81页。

教、科学、文学之类著作）;《中外新闻七日录》（创刊于1865年，发刊于广州，周刊，先后出刊152期，所载为新闻、科学、宗教和杂俎等）;《教会新报》（1868—1907年，为周刊，后改为月刊，发刊于上海）;《中国读者》（创刊于1868年，月刊，创刊于福州，后迁上海）;《中西见闻录》（1872—1890年，月刊，发刊于北京，于1876年易名为《格致汇编》后，迁上海并由月刊改季刊，杂录各国近事及天文、地理、格致之学）;《益闻录》（1879—1936年，发刊于上海，为半月刊，旋改为周刊，1898年改名为《格致益闻汇报》，每周发行2次，1908年又分别以《时事汇编》（每周出2次）和《科学汇编》（每两周出1次）出版，至民国元年又易名为《圣教杂志》，改为月刊，连续出版时间长达57年，为外国人所办杂志中历史最长久者）;《图画新报》（1880—1912年，为上海圣教书会创办，每月发行，所载有地图、风景、天文、地理、科学、风俗、时事、名人像等）;《学塾月报》（1897—1932年，月刊，发刊于上海）;《新学月报》（创刊于1897年，月刊，发刊于北京）;《通问报》（创刊于1902年，周刊，发刊于上海）;《大同报》（1906—1917年，为上海广学会创办，每周发行，分论说、译著、新闻3部，其中译著材料最为丰富，有哲学、教育、历史、宗教、农业、动植物等）等[1]。在这里，笔者主要介绍一下19世纪中后期传教士创办的介绍西学最具代表性的杂志——《万国公报》。

《万国公报》（Multinational Communique）是一份集新闻报道、中外时事评论、中西学介绍与研究为一体的综合性刊物，其前身是《教会新报》（Church News）。《教会新报》是美国监理公会传教士林乐知于1868年9月在上海创刊，1874年9月林乐知将该刊改名为《万国公报》，1883年6月30日因经费困难暂停刊，1889年2月复

---

[1] 参见戈公振：《中国报学史》，山东画报出版社2019年版，第76-80页；方汉奇：《中国近代报刊史》（上），山西出版传媒集团·山西教育出版社2012年版，第21页。

刊，由英美在华基督教组织——广学会接办，变为该会的机关报。《万国公报》复刊后译名改为"The Times of Review"，并改周刊为月刊，后又改名为《中外纪闻》，直到 1907 年 7 月停刊。该刊在其存续的四十余年间，累计出刊近一千期，是外国传教士所办中文报刊中历史最长、发行量最大、影响最为深远的一家。参加编辑和撰稿的有林乐知、慕维廉、韦廉臣、李提摩太、丁韪良、狄考文、艾约瑟、潘慎文、花之安等知名的传教士。《万国公报》上刊载的大量西方科学及新闻报道与评论中国时政、鼓吹改革维新的文章，为西学的输入、中西科学文化的交流及中国社会与政治的改良做出了卓越的贡献，影响广泛而深远。

《万国公报》的前身——《教会新报》，初创时发行量不大，所载内容大多为传播基督教教义、联络教友、沟通教会及少量的新闻逸事之类信息，其宗旨是"传播福音，联络信徒"，即如《新报亦可做圣书在堂宣讲》一文中所谓："一分教会中事，一分新闻、教外之事，一分告白"[①]。《教会新报》也刊载了一些格物入门知识（包括天文、地理、数学、化学、物理、生物、植物等），及医学、农学、教育学等方面的常识与西洋器物，如丁韪良的《格物入门》、艾约瑟的《格致新学提纲》、韦廉臣的《格物探原》等。在具体学科方面，数学有艾约瑟的《代数源流考》；物理学有论电、光方面的文章及与电、光有关的仪器介绍；化学有《化学初级》和《化学鉴原》的选载，两本书都是当时中国翻译的西方化学书籍的代表作；天文学有关于日食、月食和整个太阳系知识及西方天文学新成果的介绍；地理学、地质学方面有艾约瑟的《地说二十五则》；生物学方面有《动物变化》和《动植二物分界说》；医学方面有《论种痘》《西国新合麻药》《论血房血管》《内科阐微书序》《内科阐微书自序》；农

[①] 《中国教会新报合订本》（第一册），转引自刘家林：《〈万国公报〉研究》，载章开沅主编：《文化传播与教会大学》，湖北教育出版社 1996 年版，第 360 页。

学方面有《西国农政说》。教育学方面主要有三种，一为《西国书院》，介绍西方教育制度；二为《西国学校论略》，逐一介绍西方各色学校，包括技艺院、格物院、农政院、乡塾、郡学院、实学院、仕学院、太学院；三为《德国学校论略》，介绍了德国的船政院、武学院。此外，还刊发有大量介绍西方社会各种具体制度的文章，诸如人身保险制度、国家公债制度、议会选举制度等。《教会新报》还对西方的科技产品如电灯、电铃、电报、轮船、火车、铁路、水龙、马车、自行车、氢气球、温度计、显微镜、扬声筒、造针机、纺纱机、织布机、拖拉机（火轮机器耕地）、打桩机、印刷机（活字检字机器）等，从日常用品到生产工具，均有介绍。

1874年9月，《教会新报》出刊300期后，从301期起改名为《万国公报》，仍由林乐知主编。为什么将刊名改为《万国公报》呢？《万国公报》刊有一则启事予以解释："所谓'万国'者，取中西互市，各国商人云集中原之义；所谓'公'者，中西交涉事件，平情论断，不怀私见之义。其所报各事，或西国军情国政，或公使领事降调升迁，或轮船往来偶遭危险；或以西法增益华人识见，或以中法比拟西国情形，或因华人狃于成见，不惮苦心而释其疑。且于神理之学不敢抛荒……。"① 可见，《教会新报》改名为《万国公报》，标志着主编者的编辑方针、刊物性质及内容都将发生重大变化，即由"教"而"政"，由侧重传教的刊物转变为侧重时事政治的综合性刊物，宗教色彩有所淡化，时事政事色彩变得更为强烈，对晚清社会政治尤为关注，试图对中国各阶层民众及官吏、知识分子有目的地施加影响。如改名后第一期的内容有：首刊一周京报全录，然后有"地球全图"、"万国地图说略：亚细亚洲"、"有和约之十五国与中国相较事"、各国近事，以及韦廉臣所撰"格物探源"、

---

① 《代售万国公报启》，载《万国公报》合订本（第4册），转引自刘家林：《〈万国公报〉研究》，载章开沅主编：《文化传播与教会大学》，湖北教育出版社1996年版，第360页。

李提摩太所写"救世当然之理"的宗教文章,最后是"银洋市价、上海各货行情"等商业信息。除办刊性质发生变化之外,《万国公报》还扩大了篇幅,充实了内容,增加了发行量。起初《教会新报》每期仅4页,只能容纳六千字左右,改名后每期正文篇幅达14页,可刊载三万多字。《万国公报》所登广告云:"报内登列各国新奇要紧之事,再天文地理、国政教事、格致技艺诸学,且中国十八省信息居多。加之每本中有京报七本,官场欲知京中消息,最易阅看。而报清洁已极,妇女亦可买观。此报每礼拜一出,以五十次为一年,每年取价一元。"[①] 所以,林乐知十分自信地称《万国公报》"既可邀王公巨卿之赏识,并可以入名门闺秀之清鉴,且可以助大商富贾之利益,更可以佐各匠农工之取资,益人实非浅鲜,岂徒《新报》云尔哉"[②]!

如前述,因经费困难,《万国公报》于1883年6月30日暂停刊。1889年2月复刊并成为广学会的机关报。复刊后的《万国公报》又对其版面、栏目内容和发刊目的做了调适。在复刊后的第一号刊发了一篇《兴复万国公报序》,申明办刊宗旨,即"首登中西互有裨益之事,敦政本也,略译各国琐事,志异闻也,其他至理名言兼收博取,端学术也,算学格致,务各撷其精蕴,测其源流,形上之道与形下之器,皆在所不当遗也"。又云:该报"广译西字各报兼辑中国邸钞,五洲之大,六合之遥,所见异辞、所闻异辞、所传异辞者,荟萃于一册之内。阅是编者不出户庭而周知中外之事变,得以筹划于机先,弥缝于事后。事虽为中国创古今所未有而实合于上

[①] 《万国公报告白》,载《万国公报》合订本(第二册),转引自刘家林:《〈万国公报〉研究》,载章开沅主编:《文化传播与教会大学》,湖北教育出版社1996年版,第362页。

[②] 引自《晚清期刊篇名数据库》(1833—1910),据上海图书馆编辑部编辑:《全国报刊索引》。

世乘风问俗之陈规"①。由于《万国公报》复刊后有广学会做经济后盾，再加上在内容上精益求精，在形式上不断改进，发行量也逐年递增，到1906年每年售出数达四五万，"几于四海风行"，创下早期报刊发行的最高纪录。特别是在戊戌变法时期，《万国公报》的影响极大，年发行量几近六万份。《万国公报》在前后创办的近四十年中，经历了中国近代史上一系列重大事件，对甲午战争、戊戌变法、义和团运动、清末新政、辛亥革命等，它都有较详细的报道和各种评论。尤其是《万国公报》在"论说栏"发表大量时评，涉及时政、吏治、民情、风俗、文化、教育、科学、实业、交通、邮电及中外关系等，俨然为近代中国一大型综合性政论杂志，一时被学界奉为"文明之灯"。不少学者认为，要研究19世纪与20世纪之交的中国，不可不读《万国公报》。

为了迎合中国士绅和民众对西学的渴求，《万国公报》在介绍、普及欧美的新知、新学方面可以说是不遗余力的。有一段时间，它甚至在每一期的扉页上都附印这样一行文字："本刊是为推广与泰西各国有关的地理、历史、文明、政治、宗教、科学、艺术、工业及一般进步知识的期刊。"②举凡西方的物理、化学、数学、天文、地理、生物、医学、制造、铁路、轮舟、邮政、农业、渔业、开矿等新的理论、新的技术，《万国公报》都一一予以译介，并配之以图，给晚清的中国民众一种新鲜感。它译介的科学知识，在科学总论方面有培根的《格致新法》、韦廉臣的《格物探原》、慕维廉的《格致新学》和林乐知的《格致源流说》。在自然科学方面，物理学有叶芝圃的《电报节略》、朱玉堂的《声学刍言》；天文学有慕维廉

---

① 引自《晚清期刊篇名数据库》(1833—1910)，据上海图书馆编辑部编辑：《全国报刊索引》。

② 参见方汉奇：《中国近代报刊史》(上)，山西出版传媒集团·山西教育出版社2012年版，第25页。

的《天文地理》、丁韪良的《彗星论》、潘慎文的《彗星略论》、林乐知的《论日蚀》、韦廉臣的《星学举隅》与《天文图说》；地理学有《万国地图说略》（介绍世界各大洲主要国家，重点是与中国有贸易关系的 15 个国家的情况），还有李提摩太的《八星之一总论》；医学方面以德贞的作品最多，有《西医举隅》《西医汇抄》《医理杂说》《论饮食消化之理》《脉理论》等，还有在广东行医的传教医师嘉约翰所写的《皮肤诸症论》；农学方面的译作不多，主要有李提摩太译的《农学新法》。在社会科学方面，大量译载介绍泰西各国政治、经济、文化教育的文章，及时反映中外时局的变化，议论中国时政，倡导新政，鼓吹变法，对中国的改良派产生了广泛而卓有成效的影响。如在教育方面，《万国公报》始终注意在中国教育界发挥影响，将左右中国教育的发展作为其办刊的重要目的。它所关注的教育范围十分广泛，几乎在教育的各个热点问题上，它都刊发有专文论及，主要的著作有艾约瑟的《泰西诸国校塾》、狄考文的《振兴学校论》、林乐知的《重视教育说》和《中国振兴女学之亟》等。值得特别提及的是，《万国公报》还把女子教育作为一个重大专题进行了广泛而深刻的述评，刊登了东西方兴办女子教育的大量文章，如《中西女书塾启》《中西女塾记》《创议设立女学堂启》《中西女塾章程序》《西方女学发达》《德国女学之萌芽》《印度女学说》《女学兴国记》《美国第一女大学校之建立》等等，借此为中国人兴办女学提供参照并为中国妇女的解放摇旗呐喊；对于欧美著名大学，如美国的芝加哥大学、英国的牛津大学和剑桥大学等亦有介绍。名人传记方面，刊发有一些大科学家如牛顿、达尔文、哥白尼等的传略及《瓦雅各格致志略》《多尔敦化学志略》《法拉特志略》等，还有艾约瑟的《亚里斯多得里传》、韦廉臣的《泰西格致诸名家传》、广东宣道子的《华盛顿肇立美国》。在政治学、经济学方面，有花之安的《国政要论》（为其专著《自西徂东》中的部分内容）、艾约瑟的《富国养民策》、李提摩太的《论生利分利之别》、林乐知的《译民主国与各国章程及公议堂解》、海滨逸民的《论泰西国政》。在历史学方面,有李提摩太编译的《三十一国志要》和《泰西新史揽要》。在哲学方面,有花之安著《性海渊源》、李提摩太译的《大同学》与《性理学列传小序》(介绍了欧洲几位哲学家和思想家的学说如荷兰的斯宾诺莎、德国的康德及英国的洛克、培根、牛顿、达尔文等),还译载了英国著名思想家斯宾塞的《自由篇》。值得提及的是,《万国公报》在中国早期马克思主义及社会主义学说的传播方面也起到了一定的作用。如1888年,美国作家贝拉米(Edward Bellamy,1850—1898年)写了一本有影响的乌托邦式社会主义的小说——《二〇〇〇年,回顾》,描写2000年时美国将成为工业国有、财富均分的和平幸福乐土。小说在纽约、伦敦同时发行,一时风行欧美,发行了100万册,甚至在美国各地雨后春笋般地出现了为实现这种设想的组织——"国家主义者俱乐部"。《万国公报》于1891年12月—1892年4月连载了摘要译文,题目为《回头看》,这是我国报刊上最早出现介绍社会主义的文字。1896年,康有为、梁启超、谭嗣同都阅读过此书,康有为在《大同书》中亦采用了贝拉米的一些观点;梁启超在《西书目表》中特著录是书,改题为《百年一梦》;谭嗣同撰《仁学》称"是书大同理想大都与我国《礼运篇》相同"。1899年2月,《万国公报》将李提摩太和蔡尔康合译的英国进化论者杰明·颉德(Benjamin Kidd)所著《社会演化》(*Social Evolution*)一书的前4章,以《大同学》为题发表,书中多次提及马克思、恩格斯的观点。学者刘家林认为,这是最早向中国人介绍马克思及其学说的著作[1]。

《万国公报》是广学会的机关报,广学会的主要任务是翻译西方

---

[1] 参见刘家林:《〈万国公报〉研究》,载章开沅主编:《文化传播与教会大学》,湖北教育出版社1996年版,第367–368页。

书籍,"务欲推广西国之学于中国","遍采泰西有裨于国计民生之学,著为论说,勒为成书"①。在这种思想指导下,《万国公报》将比较有分量、有影响的许多重要文章,先发表于刊物再结集成单行本出版,如林乐知的《东方时局略说》《文学兴国策》《东方交涉论》《中西关系略论》《中东战纪本末》,丁韪良的《万国公法》《星轺指掌》《富国策》,韦廉臣的《格物探原》,花之安的《自西徂东》,李提摩太的《时事新论》《新政策》《中西四大政》《泰西新史揽要》等。在晚清中国,对世界各国新闻报道本身,就是一种西学传播。《万国公报》始终以主要篇幅及时反映中外时局的变化,每期都辟有"各国新闻"专栏,报道发生在美国、英国、法国、奥地利、西班牙、日本及其他各个国家和地区的新事、要事,大至国与国之间的战争、国家政体的变更,中至总统换人、大学创建、科学发明、矿藏开挖、铁路修筑,小至各种条约修改、技术改进、荒地开垦、学校人数、进出口货单等,对于中国知识分子都有开阔视野、增长知识的作用。

特别值得一提的是,西方传教士还试图借助《万国公报》这个舆论阵地影响中国的对外政策。鸦片战争特别是甲午战争后,中国逐渐沦落到列强环伺瓜分的境地,中国官吏和知识分子对清政府的外交政策极为关注。梁启超曾这样描述甲午战争后时人的外交政见:"今之谈洋务者,不曰联俄拒英,则曰联英拒俄。"②其时的中国外交政见虽有不同,但在为抵抗列强图谋自救自强必须借助外力帮助这一点上则是基本一致的,由此大体形成了梁启超所说的"联俄"与"联英"两大阵营。英、俄两国为了在华获取更多的权益,自然也借

---

① 参见刘家林:《〈万国公报〉研究》,载章开沅主编:《文化传播与教会大学》,湖北教育出版社1996年版,第366页。
② 梁启超:《变法通议·论加税》,载《饮冰室合集》(文集之一),中华书局2008年版,第103页。

助各种可利用的资源，打击对方和其他列国。所以当时在华的外国人都为各自国家的帝国主义侵略行径辩护，借以消除中国官员对其国家的疑虑，投入亲英或亲俄的阵营。当时俄国驻华大使与恭亲王奕䜣的一段对话也许就能说明这个问题。当时的情形是：当俄使问奕䜣是否读过李提摩太的《泰西新史揽要》时，奕䜣点头，于是谈话就此展开。俄使："你对此书有何意见？"奕䜣："此书对中国可谓大有裨益。"俄使："那么，我恐怕你未明瞭此书之精神了。它教导人何谓民主，反对专制。如果这种观念一旦成为潮流，你们六百万满洲人在自由选举的情形下，必为四亿多的汉人赶逐下台，而你亦须卷席归田。"[①]这段对话的用意不言自明，俄使想利用种族、利益及权力冲突的心理去离间当时最有权势的恭亲王与在华西方传教士的关系，进而达成联俄的目的。而当时在华的英人、美人，尤其是传教士亦极力借助广学会与《万国公报》这个阵地，宣扬英、美的所谓"友善"，进而拉拢清廷亲英，达成联英阵营。林乐知、李提摩太、李佳白（Gilbert Reid）、韦廉臣、花之安、丁韪良等英美传教士在《万国公报》和广学会的译书中刊发大量文章和书籍，披露俄国的侵华野心和英美对中国的"善意"，企图左右和影响清廷的对外政策。如林乐知在《中西关系论略》《中东战纪本末》《文学兴国策》《俄荣示险于天下尤险于华英论》和《环游地球略述》等文章中，建议中国政府须仔细体察"中外之势"，才能"联中外之交"，并扬言西人来华的主要目是"传教"和"通商"，"泰西目英为狮，目俄为熊"，日本明治维新的成功就是"法西师""重西学"，所以建议中国的外交应"远交英美，近防北俄"。在传教士及《万国公报》的鼓动宣传下，在当时的中国士大夫中形成了一个联英亲日抗俄拒法的阵营，包括左宗棠、张之洞、刘坤一等封疆大吏，郑观应、冯桂

[①] 参见梁元生：《林乐知在华事业与〈万国公报〉》，香港中文大学出版社1978年版，第130页。

芬、汤震、陈虬、王韬、马建忠、何启、康有为、梁启超、麦孟华、杨深秀、王荣懋、谭嗣同、唐常才等维新人士和商务人士。

在维新变法前后，《万国公报》的编撰者们更俨然以"求新之士"的"导师"自居，以"觉世牖民"和"志在兴华"相标榜，竭力为变法图新摇旗鼓舌。一方面，他们不遗余力地介绍鼓吹西方各国的"新政""新策"作为中国变法的借鉴，为中国的改革借箸代筹，如刊载李提摩太的《新政策》《酬华博议》《帝王初学》，林乐知的《中西关系论略》《文学兴国策》《英兴记序》，李佳白的《改政急便条议》《新命论》，甘霖的《中国变新策》等重要政论文章及孙中山的欲借"泰西之美政"的《上李傅相书》等；另一方面对变法维新人士极力支持，花大量篇幅刊载他们的变法文章，如《强学会序》《强学会记》《上海强学会章程》等。尽管他们在维新变法依靠谁来变、怎么变及变法的终极目的等根本问题上，与康、梁等维新派有本质上的不同，其用意主要在图谋加强对中国的控制和加深中国的殖民地化，但在客观上也起到了推动中国政治改革的作用，为维新变法人士提供了重要的知识来源，开阔了中国改革者的视野。

《万国公报》对中国知识分子和中国社会的影响，是其他任何一种中文期刊都不可比拟的。《万国公报》开始时印数不多，"人鲜顾问，往往随处分赠"。以后随着影响的扩大，印数不断增加，销量显著增加，由1876年的1800份，增加到1897年的5000份，到1903年则增至54396份，成为当时中国国内发行量最大的刊物[①]。据该刊主办者自称，其推销对象是中国的"为政者""为师者""为士者"和"为民者"（主要是那些掌握"经营制造之端"的"农工商贾"），其中重点是各级官吏和中上层士人。1891年广学会拟订了一个发行计划，准备把《万国公报》送到下列人员手中：道台以上的

---

① 参见方汉奇：《中国近代报刊史》（上册），山西出版传媒集团·山西教育出版社2012年版，第29页。

高级文官、尉官以上的高级武官、府学以上的礼部官员、专科以上学校的教授、具有举人资格的候补官员及来京会试的人员、在各省内投考举人的人员、在府县投考秀才的人员及某些特别官吏与士大夫阶级的女眷及子女等大约 17036 人。为什么要把《万国公报》送给上述这些人呢，该刊主办者有这么一段文字说明了他们的真实图谋：这些人是"满清帝国的灵魂和实际的统治者，所以很显然，如果要影响中国整个国家，我们就必须从这些人开始。……这些人当了大臣的时候，要负责和外国订立条约，打交道。……不止是影响到他们本国三亿六千万人民的幸福和繁荣，而且也影响到洋商和外国的利益"①。广学会和《万国公报》的这一图谋，的确收到了很好的成效。光绪皇帝曾经购阅全套《万国公报》进行浏览；洋务派大员张之洞、李鸿章等人不仅接受了其中的某些观点和思想，还热情帮助他们，或提供捐助，或要求官绅购阅；康有为、谭嗣同等维新人士更是将《万国公报》视为观察了解西方的窗口。《万国公报》的作者有林乐知、丁韪良、狄考文、李提摩太、花之安、李佳白等数十位有影响的来华西方传教士，还有五百余名中国人，除了襄助林乐知主持编辑工作的中国主编如沈毓桂、蔡尔康等外，晚清中国政治、外交、思想界的知名人物如郭嵩焘、王韬、郑观应、孙中山、胡礼垣、宋恕、何如璋、曾纪泽、薛福成、康有为、经元善、孙家鼐等，亦有作品在上面发表。可以说《万国公报》实际上成了晚清传播西方文化和中西文化交流的一个重要窗口，许多寻求新知、立志变革的中国青年，从《万国公报》上得到了启迪。至于康有为、梁启超、谭嗣同等维新人士所受《万国公报》的影响更是广为人知。

---

① 《创办广学会计划书》，转引自刘志琴主编：《近代中国社会文化变迁录》（第1卷），浙江人民出版社1998年版，第362-363页。

第四节 教会大学中的科技教育

一、教会大学在中国的发展

教会办大学在西方有悠久的历史，如前所述，中世纪欧洲的大学都是由教会创办的。教会大学一般是由信仰基督教的教士们的学术团体发展而来的，如世界著名的法国巴黎大学（1150年）、英国的牛津大学（1168年）和剑桥大学（1209年）、意大利的那不勒斯大学（1224年）、葡萄牙的里斯本大学（1290年）等都是教会创办的。到14世纪时，欧洲已有四十多所大学，基本上都是教会办的。美国最著名的大学，如建于1636年的哈佛学院（1780年改称哈佛大学）、建于1701年的耶鲁大学、1749年由富兰克林中学院改组的菲列得尔菲亚学院（即宾夕法尼亚大学前身）、1754年建立的纽约皇家学院（即哥伦比亚大学前身）等，都是由美国基督教新教各派教徒创办的。

中国的教会大学也是西方教会在华创办的高等教育机构。尽管数量不多，在全盛时期真正大学意义的教会大学也不过十余所[①]；存在的历史也不长，从19世纪末教会大学的最初成型，到20世纪50年代我国高等院校调整时被撤销，前后不到一个世纪。然而，它们却是中国新式高等教育的先驱，在中国文化教育与科技乃至中国社会走向近代化的过程中，起了十分重要和独特的作用。教会大学的初始阶段主要是为基督教传播福音服务，培养高级布道人才或宗教领袖，同时也为早期的教会初等和中等教育提供配套的高等教育。

---

① 自19世纪末起西方基督教会在中国创设的大学有16所，其中基督教新教创设的有燕京大学、金陵大学、圣约翰大学、沪江大学、华西协合大学、齐鲁大学、华中大学、福建协和大学、之江大学、岭南大学、金陵女子大学、华南女子文理学院等13所，罗马天主教创办有震旦大学、辅仁大学、津沽大学等3所。

后来在中国民族主义浪潮和收回教会教育权运动的冲击下，中国教会大学经过自我调适，及本土化、世俗化、学术化的艰苦历程，到20世纪30年代逐渐成为中国高等教育的一个重要组成部分，在农学、医学和女子高等教育方面具有先驱和示范意义，为中西方文化教育交流、培育现代实用人才发挥了重要作用。同时，由于教会大学以欧美大学为榜样，在教育理念、体制机制、机构设置、教育管理、学科专业、课程与教学方法乃至规章制度诸多方面，直接地引进了西方近代的高等教育模式，因此为推进中国高等教育的现代化做出了贡献。

中国教会大学的发展大致经历了三个阶段。19世纪后半期为教会大学在中国的萌芽时期。对中国教会高等教育来说，19世纪后半期是一个开端时期，当时这些教会大学很少提供大学水平的课程。1890年，在华基督教传教士在第二次代表大会上就是否应在中国开办大学展开了一场辩论。一部分传教士认为，教育仅为传教的工具，办学主要是向儿童传授基督教教义，因而主张只办初等学校，最多办到中学就足够了，不主张办大学。而以狄考文、谢卫楼、福勒、施若瑟等为代表的一部分人则积极主张创办大学。他们认为宗教与文化及社会各方面都有密切联系，在这样一个非基督教的社会里，中国教徒的处境，与西方基督教社会的教徒的境况是不一样的。在中国，教徒的信仰很容易被异教徒的影响所冲淡，只有大力提高教徒的科学文化水平，才有利于巩固他们的信仰，排除异端邪说，提高基督教在人们心目中的地位。狄考文认为："教会教育之目的，在培育幼童的智力、德性和宗教信仰。不仅使他们成为上帝的功臣，维护并宣扬基督的真理，并借教会学校传授西方文化与科学知识，提供物质方面与社会方面的贡献。此种贡献，至为需要，最易证明，且最实际，为大众乐意接受。"狄考文此言一出，深得一部分传教士的认同与赞许。他们认为，"传教士的职责，应该培育正在中国成长的教会，使之成为有教养、有智慧的教会。我们应尽全力提供高等普通的基督教教育"①。为此，他们在努力提高教会学校学术水平的同时，积极扩大教会学校规模，尽力多办高等教育层次的教会学校。最初的教会大学往往设置在传教士最早来到、基督教渗透得比较厉害的地方，如华北和华东地区。但事实上后来大部分发展成为教会大学的学校都分布在北京、登州、上海、苏州、杭州和广州等地。研究中国教会大学的美国学者卢茨认为，这主要是因为"传教士在这些地方安了家，并建造着教堂。由于会众的增加，因此传教士感到有必要培养中国牧师以协助工作。皈依基督教的人数成为建立为基督徒及其子女服务的大学的理由。而且教会小学和中学已经在为大学输送学生。最后，对西方语言和科学开始感兴趣的少数中国人一般都住在东部城市"②。1900年以前，所谓的教会大学主要是在中学基础上添加大学班级，学生的数量很少，那时所有具有高等教育性质的教会大学每年入学人数总计不到两百人。比较著名的有：1864年狄考文在山东登州创办的蒙养学堂，1876年改称"登州文会馆"，该馆后来同1866年浸礼会在青州设立的广德书院合并于潍县，是为齐鲁大学的前身；1879年由培雅书院和度恩书院合并的上海圣约翰书院，即后来的圣约翰大学，1890年开始设置大学课程；1882年林乐知创办的中西书院设立大学院，后迁至苏州，改称东吴大学；1885年美国长老会在广州设立格致书院，1888年正式招生，是为岭南大学的前身。

  19世纪后半期的教会大学，尽管还只具雏形，设备简陋，很少提供大学水平的课程，且处在中国传统正规教育系统的外围，但却

---

① 王树槐：《基督教教育会及其出版事业》，引自朱有瓛、高时良主编：《中国近代学制史料》（第四辑），华东师范大学出版社1993年版，第60页；第61页。

② 〔美〕杰西·格·卢茨：《中国教会大学史（1850—1950）》，曾钜生译，浙江教育出版社1988年版，第32页。

几乎独占了中国高等教育领域，开中国新式教育风气之先，成为西学东渐的重要载体。当时教会大学主要依靠教会每年的拨款和少数捐赠来维持，校长只对差会负责，可以专断一切，享有绝对的权威，不受中国政府的管束，俨然为西方在中国的"文化租界"。教会大学在传播一些西方自然科学知识的同时，强制实行宗教仪式，重视宗教和英文课程，轻视中文。教会大学出于培养中国宗教领袖的考虑，学生大多数来自教徒家庭，毕业后或在教会学校任教，或在教会医院工作，或直接从事宣教活动。

初创时期的教会大学多为基督教某一差会独办。在华基督教新教差会的一个特点，就是教派林立，各自为政，还没有形成各差会共同的协调机构。由于美国教会对于高等教育更为积极，中国绝大多数教会大学都是由美国基督教新教差会如监理会、长老会、公理会、浸礼会和圣公会等创办的。这不仅是因为美国差会一般比英国差会财力更雄厚，而且英、美新教差会在华传教的侧重点也有所不同。英国新教差会把人力、物力投入不注重教育的内地，美国新教差会则侧重在比较开放的沿海通商口岸和城市地区，所以美国教会几乎包办了中国的教会大学。教会大学在中国初创时期，无论在培养目标、办学模式、教学内容、课程设置、教学方法等方面，还是在组织管理、行政体制上，均照搬欧美教育模式，坚持欧美大学学校自治的原则，追求着一种与中国学校教育完全不同的理想，与中国传统的教育制度根本对立，很少考虑中国社会实际情况的需要，基本不符合中国的教育目标，与当时中国官方也没有正式接触（中国人只同从事教育工作者的传教士个人接触，很少与作为教育机构的教会学校接触），因而教会大学在很大程度上成了一个自我封闭的系统。

甲午战争后至20世纪30年代是教会大学在中国发展的黄金时期。甲午战争后，基督教把在中国办学的重点放到了高等教育方面，教会教育的专业化、世俗化、科学化随之进入一个新阶段。这一时期的教会大学开始与中国社会对教育的需求较为紧密地联系起来，成为中国官办高等教育的补充，与中国自办的大学构成了双重的高等教育系统。中国的教会大学为什么会在这个时候达到它发展史上的"黄金时期"呢？这主要是与教会办学宗旨的演变及中国当时的政治、经济、文化教育等方面的发展情况密不可分。

第一，在华教会和西来传教士更加强调培养"控制中国未来发展方向"的骨干力量。来华之初，传教士采取"向河中撒种"以争取下层群众的"边缘战略"，收效甚微。他们逐渐认识到，"教会学校建立的真正意图不仅仅为传播福音，把学生培养成一个基督徒"，而是要"给受洗入教的学生以智慧和道德的训练，使其成为社会上和教会中有影响的人物，成为一般人民的教师和其他方面的领袖"。因为，在传教士看来，"在任何社会里，凡是受过高等教育的人，必然是具有影响的人。他们可以支配着社会的情感和意见。对传教士来说，给一个人施以完整的教育，那个人在他一生中就会发挥一个受过高等教育的人的巨大影响，其效果要比那些半打以上受过普通教育的人好得多。具有高等教育素养的人像一支发着光的蜡烛，未受过教育的人将跟着他的光走，比起大多数异教国家来，中国的情况更是如此。接受儒家学说的人，即以儒学那一套哲理作为他立身处世的思想支柱。如果我们要把这些人头脑中的儒家思想改变过来，我们就得培养一批接受过基督教义和自然科学教育熏陶的人，使他们能够胜过中国的旧式士大夫阶层"[①]。而要培养这样的人才，教会就必须积极创办高等教育，因为只有大学"能使更多的中国人受益于科学和基督教"。

[①] 狄考文：《怎样使教育工作更有效地促进中国基督教事业》（1890年），引自朱有瓛、高时良主编：《中国近代学制史料》（第四辑），华东师范大学出版社1993年版，第95–97页。

第二，自甲午战争后至 20 世纪 30 年代，中国社会经历了戊戌变法、义和团运动、废除科举、建立民国及"五四"新文化运动，这一系列事件使中国的政治经济结构、社会风俗、文化价值观念、教育体制等方面都发生了深刻的变化。尽管此时中国人对基督教的接纳程度并没有多少提高，但中国人对西方文明的了解和接触却越来越多，对西学的理解和需求也达到了一个更高的层面，曾一度出现了一股经久不衰的科学主义思潮。1890 年，传教士谢卫楼就已经很清醒地认识到，西学在明清之际由传教士"引进中国的时候，本身并没有唤起各阶层人民学习它的动机"，但现在"中国盲目排外的时代过去了，西学必将越来越受到中国学者的注意"[①]。传教士狄考文认为："中国与世隔绝的日子已屈指可数。不管她愿意与否，西方文明与进步的潮流正朝它涌来。……西方科学在中国已经有了极好的名声。虽然中国人因西方科学来自国外，与本国不同而憎恨它，但是迫于事实，他们也不得不承认其优越性。因此许多上层人物都渴望了解外来科学；传教士与本地上层人物交往，几乎都是由于他们了解西方科学，能够谈论西方科学。"[②]传教士正是利用这种社会环境大力发展教会大学，以期与中国社会的变革发展相适应。

第三，在华基督教会教派之间的协作与教会学校之间的合作，直接助推中国教会大学进入其鼎盛发展的黄金时期。19 世纪末，在华基督教新教差会各自为政，创办的那种规模小、仅相当于中学程度的"学院"，已越来越不适应中国社会发展的实际需要。在华传教士们普遍认识到，戊戌维新以后，中国逐渐掀起废科举、兴学堂的教育改革浪潮，教会大学在数量上已无法与中国的公、私立大

---

① 谢卫楼：《基督教教育对中国现状及其需求的关系》，引自朱有瓛、高时良主编：《中国近代学制史料》（第四辑），华东师范大学出版社 1993 年版，第 114 页。
② 〔美〕狄考文：《基督教会与教育》（1877 年），引自朱有瓛、高时良主编：《中国近代学制史料》（第四辑），第 92—93 页。

学相竞争和抗衡。只有提高教会大学的质量，把它办成优秀的高等学府，才能吸引到优秀的学生，才可以期望成为中国公、私立大学的榜样，进而更好地把控中国的未来。而提高教会大学教学质量所需要的财力、物力与师资都不是单个差会所能承受的，必须集中不同差会之间的人力、物力、财力，实现教派之间的协商合作及教会学校的改组合并。否则，使教会大学成为"模范学校"就会成为一句空话，教会大学也无法在竞争中求得生存与发展，优秀学生将被中国政府所办的学校吸引过去。同时，还有一部分传教士从另一个角度考虑教会学校的合并。他们不能容忍清政府"忠君、尊孔、尚公、尚武、尚实"的教育宗旨，更不能容忍中国的基督徒进国立学校读书。政府创办和承认的学校，除教授儒家伦理以外，禁止传授任何宗教，因而教会有必要为中国的基督徒提供相当于官办学校教育的基督教教育。要提供这样的教育，只有通过教会学校的合并，更多地兴办高等教育。因此，在20世纪初，一些教会学校开始联合办学，在中国沿海地区还出现了几个差会共同资助一所教会大学的现象。

第四，教会大学能够根据中国的实际需要不断进行适时的调整改造，图谋通过"中国化"、本土化的改造，逐步融入中国社会。教会大学在初创时期是一种强制性的文化移植，创办人以教会大学为中介，灌输基督教教义与西方的思想文化和价值观念，移植西方的教育制度和办学模式，试图将中国文化纳入西方的文化体系之中，蔑视中国悠久的文化教育传统。但在经历了一系列毁教堂、反洋教和收回教会教育权运动后，教会大学的负责人对中国民族主义运动的不断高涨有了深刻的印象，教会大学本身也受到了来自中国社会种种变革的挑战。他们开始认识到，要在中国社会中求生存求发展，要根除中国朝野反洋排外的情绪，教会大学就必须转变办学策略和教育方针，尊重中国的历史和文化，"应用中国语言施教"，通过

"中文教育引导受教育者同周围的群众打成一片并影响他们"。这样教会学校毕业出来的人就会"被人尊为最有才能和成就的人。他的意见和教导是打破迷信和偏见的力量。他是黑暗中的一盏明灯,他活着的意义是为了中国社会的普遍进步。……如果他应召从事布道工作(像他通常所做的),他所受的教育会使他非常适合这项工作要求。作为一个有学问的人,他的声望会博得蔑视宗教的人们的尊敬"[①]。同时,也只有这样,教会大学才能形成"更有效率""更基督化""更中国化"的办学新格局,成为中国高等教育体系中具有典型示范意义的大学群体。

正是由于上述几个方面的原因,教会大学在甲午战争后至20世纪30年代进入其发展的鼎盛时期,真正意义上的教会大学在这一时期先后建立。卢茨指出,教会大学"规模每年发生变化,总的来说学生人数是逐渐扩大的,到1919年入学人数差不多比1910年增加了一倍。1920—1924年也是教会大学规模扩大的时期,大学生人数又翻了一番;到1925年教会大学的学生数接近了3500名"[②]。这一时期陆续创办和组建的教会大学有:1897年,美国基督教长老会创办杭州之江文理学院,1914年改名为杭州之江大学;1901年,美国基督教监理会将苏州博习书院、上海中西书院、苏州中西书院等合并组建成苏州东吴大学;1903年,罗马天主教创办上海震旦大学;1905年,美国圣公会将上海培雅书院和度恩书院合并组建成上海圣约翰大学;1909年,创办山东基督教大学,其前身为登州文会馆,1902年与青州广德书院组建为山东联合大学,1904年发展为山东新教大学,1909年与济南学堂组建成山东基督教大学,1924年与华

---

① 〔美〕狄考文:《怎样使教育工作更有效地促进中国基督教事业》(1890年),引自朱有瓛、高时良主编:《中国近代学制史料》(第四辑),华东师范大学出版社1993年版,第102页。

② 〔美〕杰西·格·卢茨:《中国教会大学史(1850—1950)》,曾钜生译,浙江教育出版社1988年版,第152页。

北协和女子医学院组建为齐鲁大学；1909年，原长沙雅礼大学、武昌文华大学等教会大学合并组建成武昌中华大学；1910年，创办成都华西协合大学，又称华西大学；1910年，南京汇文书院和宏育书院合并组建成南京金陵大学；1913年，创办南京金陵女子大学（该校于1915年正式开学）；1914年，创办福州华南女子文理学院（四年制）；1914年，创办长沙湘雅医学专门学校，后改称湘雅医学院；1916年，创办广州岭南大学；1916年，创办北京燕京大学，该校初名汇文大学，英文名为"北京大学"（Peking University），1912年京师大学堂改称"北京大学"，因教会的北京大学和国立的北京大学经常混淆，1925年教会的北京大学改称为"燕京大学"；1918年，创办上海沪江大学，该校初名上海浸会学院，1906年改称沪江学院，1918又改称沪江大学；1918年，创办福州协和大学，初名福州协和学院。

上述这些陆续建立起来的教会大学中，除震旦大学是天主教开办外，其余均为基督教新教开办。而在1921年以前，中国仅有1所国立大学即北京大学，2所省立大学即北洋大学、山西大学，5所私立大学即武昌中华大学（1912年）、北京中国大学和朝阳大学（1913年）、天津南开学校大学部（1919年）、厦门大学（1921年）。

20世纪30年代至50年代初，教会大学开始在中国走向衰亡。1921年，北美国外教会董事会主席、芝加哥大学著名教育家伯尔登博士（Dr. E. D. Burton）率团考察中国教育，他们深切感受到中国民族主义的强劲挑战和中国新式学校的迅速增长，于是为中国教会学校的革新提出了三个纲领性口号，这就是"更讲实效、更加基督化、更加本土化"。为适应中国社会的变革潮流和需求，赢得中国人民的认同，教会大学积极走世俗化和本土化的发展之路，几乎所有的教会大学在20世纪30至40年代都把自己的办学宗旨确定为："为上帝服务和为社会服务"（serve God as well as serve the society）。由此，教会大学的专业教育、学术水平与社会服务能力迅速提升,而校园内的宗教教育和宗教活动则逐渐减少。与此同时,1925年,中国政府规定"外国人开办的学校",必须按下列四个条件向中国政府注册:(1)由中国人任校长;(2)中国人在董事会上占半数以上;(3)学校不得以宗教宣传为目的;(4)按中国教育部部颁课程标准开课,宗教不得列为必修课[①]。从1929年始到20世纪30年代初,除圣约翰大学与之江大学外,所有教会大学均向国民政府立案注册。注册后的教会大学不仅与中国政府建立了比较良性的互动关系,形式上成为"青天白日的私立学校";而且标志着教会大学从以传教为主真正向以教育为主转变,即向培育人才、发展学术和服务社会的方向转变。这时,大多数教会大学的校董也主要由中国人组成,并由中国人出任校长;教育经费也多半来自中国方面;强制性的宗教课程和仪式被取消,课程以西方自然科学和社会科学为主,加强了与实际生活的联系,并注重兼顾谋生的职业教育;教会大学的民族特性明显增长,校方更注重所谓基督精神的潜移默化。应该说,注册后的教会大学在其后十年左右时间里获得了长足的发展和进步,为中西文化教育的交流和中国社会的进步做出了重要贡献。1937年的"七七事变"及1941年的"珍珠港事件"发生后,除圣约翰大学、东吴大学、之江大学的一部分留在上海筹组基督教联合大学外,一批基督教教会大学陆续西迁到后方,天主教的北平辅仁大学、上海震旦大学则继续开办。在抗日战争时期,形势和环境的变化进一步加速了教会大学专业化和世俗化的进程。造就肩负"上帝"使命的神职人员让位于培养承担民族使命的知识人才,"天国"的利益让民族的利益占据了优势,在客观上适应了中国国家建设和民族进步的需要。1947年,依仗美国膨胀的政治和经济势力,各教会大学联合董事会

[①] 参见章开沅:《中国教会大学的历史命运——以贝德士文献(Bates' papers)为实证》,载章开沅主编:《文化传播与教会大学》,湖北教育出版社1996年版,第17页。

制订新的改组合并计划,试图加强对教会大学的控制,但此时的教会大学已非美国教会所能左右。抗战胜利后,广大师生对国民党的幻想日趋破灭。解放战争期间,许多教会大学成了呼吁和平民主、迎接全国解放的进步学生运动的中心,中国共产党在教会大学的师生中有了很深的基础,为中华人民共和国顺利地接管教会大学创造了条件。1950年12月,中央人民政府政务院颁布了《关于处理接受美国津贴的文化教育救济机关及宗教团体的方针的决定》,教会大学始与美国完全脱离关系,或并入各公立大学,或改为中国人自办。自此,作为中西文化交流的产儿、会通的桥梁——教会大学在中国内地彻底走向消亡。

二、教会大学中的科技教育

作为西学东渐的载体和中西文化交流的桥梁,不仅自然科学堂而皇之地登上了教会大学的讲坛,而且在教会大学里也传入了一些西方的社会科学知识。如新闻学,中国在20世纪20年代以前是没有自己的新闻专业的,直到1924年燕京大学在美国密苏里大学毕业生聂士芬的帮助下才成立了国内第一个新闻学系——报学系;如社会学,1921年,美国普林斯顿大学的两名毕业生步济时和甘博在北京进行社会调查后,出版了《北京,一次社会调查》一书,该书引起了司徒雷登的兴趣,遂聘二人到燕京大学任教,并成立社会学系,是为中国高校第一个社会学系;如心理学,金陵大学文学院于1940年秋,将原有哲学心理学、教育学等合并,成立了一个哲学心理学系,金陵女子文理学院社会学系也与华西协和大学医学院在成都合办儿童行为指导所,专门收治有心理或生理疾病的人;如经济学,华中大学文学院设有经济商业系,该系开设的课程注重理论与实用相结合,实用学科包括统计、会计、商业教学、货币、银行、国际贸易等,理论学科主要有经济原理、金融原理、经济史、经济思想史、财政学、经济政策、金融政策等；如法学，1915年东吴大学设法科，开教会大学创办法科之先河，1926年增设法科硕士班，1927年将法科更名为法律学院，到1930年已成为中国教会大学中最大的一所法律专科学院（1930年，东吴大学法律学院招生594名，而其他院系却只招到学生450名，而且其中的186名学生还是法律预科生）。20世纪30年代初，上海沪江大学在城中区添设商学院，以满足城区职业青年就近进修的需要，商学院开设管理学、会计学、银行学、国际贸易学、银行、会计、国际汇兑、商业管理、外语等专修课程。值得提及的是，教会大学在办学过程中还把西方民主、自由的思想也带给了青年学生。由于有"教会大学"这块招牌的特殊保护，西方的自由、民主和科学精神以及各种激进的社会思潮也就能在这里"来去自由"。以燕京大学为例，燕京大学是在中、美两国注册的大学，因此在体制和风气上都深受美国式民主的影响，诚如该校的校训——"因自由得真理而服务"[1]和校歌歌词——"踊跃奋进、探求真理、自由生活"所倡导的那样，燕京大学崇尚自由的风气，"要是你愿意，你可以从马克思研究到克鲁泡特金，一直到三民主义，五权宪法"。在中国十多年的内战时期，针对国民党的法西斯统治，《燕大周刊》刊出了《法西斯问题专号》，发表了多篇抨击法西斯的论文，如《法西斯思想体系》《法西斯与中产阶级》《中国法西斯运动现状》《中国法西斯主义之发展》《法西斯运动在中国》《中国法西斯与日本》《法西斯制度下的妇女》等，以及有关法西斯理论的书评。在国民党谈论"结束训政"、实行"宪政"时，《燕大周刊》也发表了《闲话〈宪法修正案〉》和《宪法给了我们什么？》，

---

[1] 司徒雷登认为，"教会学校应当是一个由宗教信仰、科学精神与方法，以及无畏的探求精神所构成的混合体"。他回想起托马斯·杰弗逊书写在弗吉尼亚大学正门上方的一句希腊文："你们必晓得真理，真理必叫你们得以自由"，此言出自《约翰福音》。灵感使他把耶稣的这两句格言结合起来，从而把燕大的校训总结为"因自由得真理而服务"（约翰·司徒雷登：《燕京大学——实现了梦想》）。

嘲笑国民党的"五五宪草"根本行不通，不过是一堆自相矛盾的废话。针对当时中国社会上出现的"乡村建设"热，《燕大周刊》也发表了《死路一条——乡村运动能救中国吗？》等文，明确提出统一战线和抗日才是中国的出路①。

当然，在中国教会大学的发展历程中，其社会科学教育的拓展和成效是远不如自然科学与技术教育的，而在科技教育方面又以理工科、医科、农科等三科教育的成效最大、影响最著，在此特略做述评。

1. 理工科教育

20世纪30年代，在中国政府立案的拥有理科系的教会大学有：东吴大学理学院，设生物、化学、物理、数学四科；金陵大学文理学院，设物理、生物、化学、天算等系；之江大学，设化学系、木工工程系、生物学系；金陵女子文理学院，设生物、化学、数理、地学等系；福建协和学院，设生物、化学、物理、医学先修科；沪江大学理学院，设生物、化学、物理、数学四个系和医学选修科；岭南大学，设文理学院；燕京大学理学院，设有生物、化学、地理、地质、家政、数学、物理等系；辅仁大学理学院，设有数学、物理学、化学、生物学四系。值得指出的是，在20世纪20年代，中国教会大学的学生实际上并不热衷于学习科学。虽然国人已经认识到西方之所以强大是因为科学发达之故，但囿于中国传统的实用主义观念，国人重视的往往只是实用的技术和具有实用价值的应用科学，或是作为反对传统文化武器的"科学主义"。诚如燕京大学宗教学院院长刘廷芳在1926年所言："尽管在当前大力提倡科学，而事实是攻读科学的学生并没有增加多少。……除了某些技术学院以外，文理学院的学生并不象他们选学文学、法律、政治、历史、社

---

① 参见谭双泉:《教会大学在近现代中国》，湖南教育出版社1995年版，第165–168页。

会学、经济学等科目那样容易选学自然科学各学科。在他们心中仍然潜藏着这样的观念，即认为自然科学与文学相比较有些庸俗。"①所以，在教会大学的数学、化学和生物等科系，有一半以上的班级学生还不到十人，大多数学生对社会科学感兴趣，遗憾的是教会大学开设的社会科学课程往往照搬欧美大学，很少顾及中国的历史和现状。

教会大学设置工科的不多，一直未能形成足够规模。这一方面是由于工程技术类专业大都需要有很多的设备和经费的投入，一般教会大学很难承受；另一方面恐怕与传教士的认知和教会大学的培养目标有关。卢茨认为，在大多数传教士看来，工程技术教育是世俗的，对基督教在中国的发展没有什么用处，教会学校用差会的钱来培养工程师、农业家等等是毫无理由的②。教会大学中工科办得比较出色的是震旦大学。1914年，震旦大学本科分为3个专科：法政文学科、算术工程科、医学博物科。其中，算术工程科（后改名为工程科）学习期限为3年，主要学习法文、哲学、理论数学、代数学、三角学、几何学、物理学、化学、测量学、图画、高等代数学、平面解析几何学、图解几何学、建筑学、机器图画、微积分学理论、力学、立体解析几何学、工业物理学、物理学补遗；该科毕业后有志于工程者，又可加习工程特科，学期2年，所学课程为物质抵抗学、电机学、金工学、测量学、铁道学、水力学、矿学、化学、工业化学、工业图画设计③。除震旦大学之外，还有一些教会大学也将工程技术等实用专业列入了计划。如燕京大学开设的工业制革专业，在1926年以前办得相当红火，为北方地区制革工业的发展培养了

---

① 〔美〕杰西·格·卢茨：《中国教会大学史（1850—1950）》，曾钜生译，浙江教育出版社1988年版，第174页。
② 同上书，第166页。
③ 震旦大学出版委员会：《震旦大学二十五年小史（节录）》（1928年），引自陈学恂编：《中国近代教育史教学参考资料》（下册），人民教育出版社1986年版，第116页。

一批技术人才，1926年以后该专业并入化学系；再如，之江大学于1920年开设建筑系，东吴和沪江大学设工业化学课程，圣约翰大学开设工程学课程等。

2. 医科教育

通过医学传教是近代西方传教士在华活动的重要组成部分，所以在教会大学中医科教育是办得最为出色的。如前所述，最早一批来中国的传教士医生有美国的派克、裨治文、嘉约翰及英国派遣来华的传教医师合信、德贞等等，都对中国的医学教育做出过重大贡献。1886年，在华传教医师在上海成立了一个医学学术团体——"中华博医会"[①]，其宗旨在促进西医科学在中国的发展、协调各差会间的医事机构及为传教医师服务。到1913年前后，中国各地已有一些具有高等教育性质的医学教育机构。据统计，到协和医学院建立时，医学教育机构已达24所，其中外国人和中国人各开办11所，中外合作开办2所。11所外国医学院中有8所是教会医学院，如齐鲁医学院、华西医学院、福州协和医学院、盛京医学院、华北女子协和医院、圣约翰医学院、哈克特女子医学院，还有一所英国教会在杭州开办的医学院；中外合办的2所是美国耶鲁布道会与湖南官绅合办的湘雅医学院，以及由中国方面创办、美国医学家负责教学和管理的广州众医医学院[②]。随着外国传教士的大批来华和教会大学医学科（院）及附属医院与教会医院的设立，西方医学得以迅速传播。西医不仅弥补了中医学中的某些不足，而且开始改变中国人的就医

[①] 该会的初始目的主要是为传教士医生服务，后来它慢慢承担起了一些一般由全国性医学会或政府机构承担的职能，如制定医学院的设备和教师的入职标准，并在某种程度上充当了开业医生的注册机关。该会还编辑出版《中华医学杂志》，并资助山东基督教大学设立一所翻译局，力促医学课本的翻译和出版，这个翻译局后来成了中文医学文献的出版中心。1890年，中华博医会举行了第一次全会，并成立了一个委员会起草中文医学专门术语表，以规范解剖学、外科学、组织学、药理学、生理学等方面的统一术语。1932年，中华博医会并入"中华医学总会"。

[②] 贾得道：《中国医学史略》，山西人民出版社1979年版，第293、294页。

观念和卫生习惯，推动着中西医由冲突而趋向融合。

在20世纪30年代，中国立案认可的教会学校中有5所设有医科，分别是齐鲁大学、震旦大学、协和医学院、湘雅医学院和夏葛医学院。其中北平协和医学院水平最高，影响最广。1906年，英国伦敦会与英美其他5个差会合作开办了协和医学堂，是为协和医学院的前身。1915年，洛克菲勒基金会收购了协和医学堂，随后投入资金进行新校建设，1921年9月，一座中西合璧式的新校建筑完成。洛克菲勒基金会接办协和医学堂后，于1917年9月开办医学预科，附属医院为北平协和医院，首任校长为麦克林（Franklin C.McLean）；1919年10月，协和医学堂开办医学本科，学制为8年；1920年，协和医学堂开办护士学校，来自约翰霍普金斯大学医学院的沃安娜（Anna D.Wolf）担任护士学校校长；1929年，国民政府教育部将其改名为私立北平协和医学院；1930年，北平协和医学院获中华民国教育部认可立案。洛克菲勒基金会接办协和医学堂后，基本按照美国最好的医学院——约翰·霍普金斯基医学院的模式进行办学，其培养目标定位在高层次的医学专家而不是普通的临床医师。到1921年时，协和医学院已经成为中国条件最好、质量最高的医学教育和研究机构。该校设有解剖学系、生物化学系、内科学系、小儿科、皮肤科、梅毒科、神经精神病科、外科学科、产科学科、眼科学系、放射学系、公共卫生学系及1个中文部。该校在临床教育和医学研究上均取得了较高的成就，在国际医学界也获得了极高的声誉。协和医学院中外籍医学教授团结一致，以献身科学的崇高精神，攻克了一个又一个医学堡垒。如加拿大解剖学家步达生教授和中国学者裴文中、杨钟健合作，在周口店进行古生物学研究和北京猿人的研究；施来特和陈克恢等研制麻黄素的成果及药理系进行的对中药的研究；福斯特、李宗恩、钟惠澜等对中国常见的寄生虫病和黑热病的研究；津瑟、谢少文等对斑疹伤寒的研究等[①]。国民党政府医药卫生部门的高级官员大多是协和出身，如卢致德、陈志潜、范日新、刘瑞恒等等；中华人民共和国成立后，协和毕业生绝大多数成了国家医药卫生部门的领导和骨干，如吴阶平、林巧稚、钟惠澜等等；协和医学院创办的《中华医学杂志》（外文版）和《中国生理学报》，由于学术水平较高，也得到国际医学界的认可。

齐鲁大学医学院又称齐鲁大学医科，由美国、英国、加拿大三国基督教会建立，是中国现代西医教育的源头之一，有"先齐鲁，后协和"之称，更有"南湘雅、北齐鲁"之誉。齐鲁大学医学院的历史可追溯到1883年。1883年，北美长老会传教医生聂会东（James Boyd Neal，1855—1925年）到达登州，准备在登州文会馆设医科，因设备和人员不足，未能如愿。于是便租赁了一所寺庙的几间房子，用一部分作教室，一部分作为小型诊所，并招收了5名学生随师学习西医知识，这便是齐鲁大学医学院的发端。1902年，北美长老会和英国浸礼会共同建立山东新教大学（Shantung Protestant University）。1903年，济南聂会东、青州武成献和邹平巴德顺所办的医校合称为山东共合医道学堂（Shandung Union Medical College），聂会东任校长，学制4年。1906年，华美医院医校与青州医道学堂合并，改称济南共合医道学堂。1909年，山东新教大学更名为山东基督教共合大学（Shantung Christian University）。1911年4月17日，济南共合医道学堂正式更名为山东基督教共合大学医科，齐鲁大学医学院将这一天作为建院日期。1916年，美国罗氏驻华医社改组北京协和医校，将3个班的学生转入山东基督教共合大学医科。在中华博医会的建议下，1917年初，南京金陵大学医科和汉口大同医学校也并入山东基督教共合

---

① 中国协和医科大学编：《中国协和医科大学校史（1917—1987）》，北京科学技术出版社1987年版，第28页。

大学医科。1917年9月，山东基督教共合大学各科迁至济南新址，齐鲁大学正式开学。1924年7月，经齐鲁大学申请，加拿大颁布齐鲁大学执照，授权齐鲁大学"授予与中国法律相一致的文凭和学位"，同时授予美国和加拿大认可的医学博士学位。1925年齐鲁大学医科正式更名为齐鲁大学医学院，1931年国民政府教育部批准私立齐鲁大学注册立案。由于齐鲁大学医学院由多所医学教育机构合并而成，实力较强，教师一般都有大学文凭，有的还是英国皇家医学会的会员，所以教学质量较高。齐大医学院的一些专业如外科、内科、病理学、药物学等，在当时国内享有盛名，为现代中国医学教育的发展做出了突出的贡献。齐大医学院由于注重用中文教学，所以对医学院教科书的翻译和编写也十分重视。它翻译的一些国外医学经典和权威著作，如《希氏内科学》《史氏病理学》《格氏系统解剖学》《罗卡两氏外科学》《梅氏眼科学》等，为应用中文研究西医开辟了先路。齐大医学院由于有一批高水平的教员，且在教学中注重临床实践，所以也培养了一批学有专长的毕业生，如国际知名的病理学家侯宝璋、麻疯病专家尤家骏、耳鼻喉专家郎国珍、寄生虫病专家冯兰洲等。

　　震旦大学医科始于马相伯创办的震旦学院。1902年，蔡元培等请马相伯建学院，马相伯捐3000亩地产予以资助，并请天主教法国耶稣会协助。1903年2月，震旦学院正式开学，马相伯自任总教习。1905年2月，法国耶稣会传教士篡改震旦学院原定章程，学生愤而集体退学，马相伯辞职，震旦学院停办。1905年8月，震旦学院在法国耶稣会主办下重新开办，成为天主教法国耶稣会直接控制的大学。1911年，设医学先修科。1912年，震旦学院迁址卢家湾吕班路（今重庆南路），改校名为震旦大学院，由法籍传教士孔道明任院长，广慈医院为该院医科的临床教学基地。广慈医院（又名"圣玛利亚医院"）由法国天主教会于1907年创办，其创始人是天主教江南教区主教、法国人姚宗李，临床医疗技术在当时属世界一流。1914年起，震旦大学院分设法政文学科、算术工学科、博物医药科。1915年，博物医药科改为医学科，学制由原来的4年延长至6年，毕业授医学博士学位。前2年学习基础课程，如法文、哲学、生理解剖学、物理学、化学、解剖学、显微镜图画、动植物学、组织学通论；后4年学法文、哲学、人体解剖学、生理学、组织学各论、征候学、病理解剖学、人体解剖实习、大手术、产科学、细菌学、寄生物学、热带病症学、精神病学、眼科学、耳鼻喉科学、皮肤病学、花柳病学、妇科学、儿科学、治疗学、卫生学、射光学、电气治疗学、医学、医业道德论[①]。1932年，震旦大学获教育部批准立案，将医科改为医学院，院长由法国驻华使馆医师贝熙业兼任，并增设牙医系，学制为4年。1938年，传教士富莱梅（法国里昂大学医学院病理学博士）继任院长。常务校董传教士才尔孟不惜重金从法国招聘有真才实学的教授，同时吸收从法国名牌大学留学回来的中国医师任教，担任临床学科的教授基本上都兼任广慈医院科主任。震旦医学院直接吸收了以"医院医学"为特征的"法国学派"长处，教育过程注重临床实践，学生从第三学年起，每天上午去医院实习诊断学及小手术。第四学年每日上午在广慈医院各个病区及门诊见习，并临床授课。第六学年临床实习。这种扎根于医院、注重临床实践的教学体制，使震旦大学医学院获得了十分显著的办学成效，在数十年的办学历程中培养了一大批医学精英，如董德长、王振义、龚兰生、唐振铎、陈家伦、金正均、史济湘、张锡泽、杨士达、聂传贤、陈敏章、张圣道、萧树东、丁文祥等，他们在新中国医疗卫生事业建设和医学人才培养方面发挥了极其重要的作用和开拓性贡献。

教会大学的医学科都很注重临床实验与实习，各医学科（院）

[①] 震旦大学出版委员会：《震旦大学二十五年小史（节录）》（1928年），引自陈学恂主编：《中国近代教育史教学参考资料》（下册），人民教育出版社1986年版，第116页。

一般都设有附属医院以供学生临床实习。如湘雅医学院，设本科、预科、男护病科、女护病科、医院。学生自预科一年级起，除国文、伦理、图画外，教科书一律强制性习用英文。该院本科第五年起侧重临床实习，以内科、外科、妇产科、皮肤科、花柳病、幼儿及耳喉鼻科为主。据《湖南省志》云："该校医学程度则以欧美大学为标准，学生升级严格，随时淘汰，卒业者不及入学时四分之一，凡本科毕业者，美国康州政府授予医学博士学位，以示与美国国立医科大学程度相当。"①夏葛医学院初名广东女子医学校，为美国医生富马利于1899年创办，为我国女子医校之嚆矢。1905年，因夏葛氏捐助该校建筑物多所，遂改名夏葛医科大学以志纪念。该校附设有医院、药剂学校及教研室供学生实习之用，其中教研室达17个之多，分别是解剖学教室、组织学教室、胎生学教室、化学教室、药物学教室、生物学教室、物理学教室、病理学教室、妇科学教室、细菌及检验室、皮肤花柳教室、产科教室、儿科教室、外科教室、眼耳鼻喉教室、x光教室等。学生在学完预科2年、本科4年之后，再实习1年②。

3. 农科教育

作为一个农业大国，中国的农业生产和农业技术具有悠久的历史和广泛的代表性。但数千年来，中国农民仅凭世代相传的经验从事原始的耕种，农学教育和农业科学技术没有得到应有的重视。有如梁启超所言："学者不农，农者不学，而农学之统，遂数千年绝于天下。"③使农学作为一门科学和专门技术知识走进大学殿堂的，当首推西方传教士创办的教会大学。

---

① 《湖南省志·记湘雅医学专门学校》，引自朱有瓛、高时良主编：《中国近代学制史料》（第四辑），华东师范大学出版社1993年版，第678页。
② 《第一次中国教育年鉴·社会教育概况》（丙编），开明书店1934年版。
③ 梁启超：《农会报序》，载《饮冰室合集》（文集之一），中华书局2008年版。

20世纪30年代，在中国立案的农学系有金陵大学农学系和岭南大学农学系。1914年，金陵大学设农科，创办人为1907年受聘为金陵大学的算学教习、美国长老会传教士裴义理，是为我国现代4年制农业高等教育之始。1915年，北京农商部所属森林传习所与青岛林业学校停办，一些学生转学入金陵大学，这又促成了金大林科的成立；1916年，金陵大学农科与林科合并为农林科，由美籍教授芮思娄任农林科长（1925年聘过探先教授兼农林科长）。金陵大学农林科设有生物、农艺、林学等系，后又相继增设蚕桑系和蚕桑特科（1918年）、棉作系（1919年）。农林科的建立与发展，给这一时期的金陵大学赢得了极大的声誉。此后，金陵大学一直是旧中国最主要的农业教育和农学研究中心及农林技术专业人才的培养基地。1930年，金陵大学将农林科改建为农学院，下设农艺学、乡村教育、农业经济学、植物学、园艺学、森林学、蚕桑学等系及农业专修科和农业推广部。金陵大学农学院在发展过程中推行教学、科研和推广一体化的办学模式，倡导"授予青年以科学知识和研究技能，并谋求我国农业作物之改良，农业经营之促进，与农夫生活程度之提高"的办学宗旨[①]。学院设有农场（1937年农场总面积达一千余亩），农场设有作物试验场、园艺试验场、蚕桑试验场、桑园、森林试验场、种子中心区等。20世纪30年代初，由于当时中国政府对乡村建设极为重视及美国洛氏基金会开始将资金投向中国的乡村建设，使得金大农学院一度曾与四十多个国内外农业机构进行合作，合作范围涉及合办农场、种子区、农业调查、师资、人才培养、农作物及动植物标本交换等方面。金大农学院将所获资助经费的一半以上用于科学实验工作，几乎所有的专任教师和部分高年级学生都参与了研究工作。由于在研究过程中注重实地调查和实验研究，

[①] 陈裕光：《回忆金陵大学》，载金陵大学南京校友会编：《金陵大学建校一百周年纪念册》，南京大学出版社1988年版，第18页。

金大农学院取得了丰硕的研究成果，仅农艺系开展的作物品种研究，就培养出了小麦、棉花、水稻、大豆、高粱、玉米、甜橙、甘蔗、番茄等近四十个新品种；与此同时，金大农学院还收藏了丰富的动植物标本，通过科学试验完成了植物病虫控制、动物病害研究、作物改良、造林与侵蚀控制等项研究成果。值得一提的是，金大农学院还接受中国政府和有关国际学术机构的委托，开展国土及农村社会情况调查[①]。这些调查不仅翔实可靠，成了中国农业发展研究的重要依据，而且引起了国际同行的高度重视，甚至金大所创制的农村调查表格及说明，亦被中外人士奉为中国农村调查之圭臬。

对于金陵大学农林科给中国农业发展所做的贡献，过探先曾列举十端如下：（1）本科防灾之研究，在中国为唯一之事业；（2）开设的森林专科"在中国之中部，实为高等林业机关"；（3）森林与水流冲刷关系之研究，不仅在中国为创举，亦足以引起世界之注意；（4）农林科首先创办农业推广部，其方法多为各机关所采用；（5）其推广事业，日益进展，直接受惠之农民每年至少在十万人以上；（6）农林科首先以科学的方法开展农业调查及乡村社会之研究，发表的报告切实精翔，足以矫正空言叙述之习惯；（7）开展的作物改良方法的研究，足以促进国内各农事试验场之革新；（8）农林科植物病害及牛疫防治方法，均合于实用，裨益于农家经济甚钜；（9）自产优良桑苗10万株，精选无毒蚕种3万张，为中国蚕业机关中之事业最大、成绩最优、用费最省者；（10）农业专修科及乡村师范学校素以教、学、做三者并重，足为中国农业及乡村教育特开生

[①] 主要的调查有：1923年起由罗德民教授发起的黄河、淮河水流土壤调查及森林调查；1924—1928年，由美国农业部资助的对全国7省17处2866户农家进行的农村经济调查；1929年起，在太平洋国际学会资助下，卜凯教授率农经系学生开展的近五年、足迹遍及全国22省的中国土地利用的调查；20世纪30年代初开展的农村物价调查、农佃制度调查、土地分类调查；1931年，受南京中央政府的委托在扬子江一带开展的水灾损失调查，等等（夏军：《金陵大学农学院与乡村建设运动》）。

面；而郭仁风教授所著之乡村学校农业教科书，注重设计实习，被中外人士认为是最切实用之教材①。据墨妮云："从办学起到抗战开始，大学本部和农业专修科，及各科训练班毕业生，约计1200余人，占全国高等农业学校毕业生的三分之一，而从事农业教育及农业改良工作的，占总数的95%。没有一个学生毕业后失业，且供不应求。"②

岭南大学农学院是继金陵大学之后，中国第二所农学院。岭南大学虽由美国长老会传教士所倡议创办，但它不隶属于任何教派，是一所具有"宗教信仰自由"意味的基督教大学，校款大多数由美国捐助，广东省政府、中国的华侨与本地绅商亦有捐助。岭南大学的办学目的，乃在"欲以世界实用之科学，造成中国领袖之人才，加以几分基督牺牲为人之精神，使学成不至自私自利，出则为社会国家尽力，入则负起岭南母校之责任"③。1907年，岭南大学聘请到一位受过专门训练的农艺师，自此开始涉猎农科业务；1918年，开始有大学生进修农科课程；1921年，正式成立岭南农学院，并在经费上得到美国农业部和宾夕法尼亚州立农学院的资助。岭南大学农学院下设农艺系、畜牧学系、蚕丝学系、园艺学系，分设教务、试验、营业、劝农4个部门。学院除设有4年制的专业教育外，还附设有3年制的职业班，以训练农场司理、推广工作人员和农科教员。农学院设有实验农场，试验中西菜蔬、花果及畜牧选种；设有果木种植场近一千亩，分类培植各类果木。农学院还生产并出售大量的

---

① 过探先：《金陵大学农林科之发展及其贡献》，载《金陵光》第16卷第1期（1927年11月），参见谭双泉：《教会大学在近现代中国》，湖南教育出版社1995年版，第159—160页。

② 《墨妮记金陵大学农学院创办人裴义理》，引自朱有瓛、高时良主编：《中国近代学制史料》（第四辑），华东师范大学出版社1993年版，第595页。

③ 《吴梓明记岭南大学建校特色》，引自朱有瓛、高时良主编：《中国近代学制史料》（第四辑），第564页。

种子、树苗、菜蔬、瓜果、蚕纸、牛乳及自养家禽、自宰猪牛及自制糖果、肉食罐头等；学院还研究成功了多穗的早造和晚造水稻，尤其是经其改良的"东莞白米"最负盛名。在园艺方面，农学院进行的繁殖荔枝、番瓜和柑橘等水果的试验，都获得了一定的成果，学院还改良了从夏威夷和东南亚进口的许多新品种果树。农学院还特别注重对南方农作物病害的研究。据该院植物病理室估算，广东每年谷类、水果、蔬菜受病而造成的损失超过数千万元（以 1936 年币值计），因此该院植物病理室经过九年多的研究，采集病害标本三千余种，鉴定了广东甘蔗病理 19 种，果树病害 32 种，以及谷类、蔬菜、花卉等的三百余种病害。还通过搜集整理各国防治这些病害的方法，结合广东的具体情况，编成小册子广为散发，指导农民防治农作物病害，取得了相当引人注目的成效[①]。农学院的劝农部，不仅将该校的研究成果推广应用到当地农村，还经常举办家畜展览会、种植勉励会及通过编印《农事月刊》与《农学季刊》、幻灯演讲、组织义农会、赴乡村宣讲农林科学知识、调查荒地及农产等，传播农业科学知识，振兴地方农业经济。

中国教会大学的办学业绩是值得称道的。尽管在其初创时期，有的教会大学学生不过数十人，有的甚至不足十人，但到 20 世纪 30 年代就获得了快速的发展。据有关专家统计，1900 年以前，所有基督教大学每年入学总人数不到两百人；但到 1926 年，入学总人数超过 3500 人；到 1936 年基督教大学生人数接近中国大学生总数的 12%；到 1947 年，教会大学有学生 12000 人，教会大学培养了中国大学生总数的 15%~20%[②]。教会大学的迅速发展及入读人数的剧增，

[①] 参见《吴梓明记岭南大学建校特色》，引自朱有瓛、高时良主编：《中国近代学制史料》（第四辑），华东师范大学出版社 1993 年版，第 565 页。

[②] 参见〔美〕杰西·格·卢茨：《中国教会大学史（1850—1950）》，曾钜生译，浙江教育出版社 1988 年版，第 468—469 页。

从一个侧面反映了当时中国青年男女及其家庭对西方文化、尤其是西方科学技术的浓厚兴趣和需求。但更深层的原因是，教会大学注重学术研究，实行专家教授治校，在管理、师资、设备、教学质量上都较之中国自己创办的大学占有一定的优势。当时国立东南大学校长郭秉文写信给中华全国教育协进社，认为"从全国范围来评论，有些教会大学已处于中国最好与最有效率的大学之列。而且，由于他们兴办得较早，所以它们就有更大的影响和更多的优势"[1]。如燕京大学从建校起，在教学管理上就实行学分制和选课制，整个学校开设的课程分为三大类，即共同必修课、必修课和选修课。共同必修课共有三门，即汉语、英语和现代文化（这门课扼要介绍当代各门主要科学的基本内容）是所有学生都必须学习的；必修课是各学系所规定的必修课程，各学系主修生必须学完这些课程，考试及格，才能毕业，必修课因学系不同而异；选修课是指上述两类外，学生可以自由选读的课程。学习两类必修课可得学分为95~99个，但文法科学生必须修满140个学分才能毕业，因此各学系主修生还应自由选读40个以上的其他选修课程的学分方可毕业。而且，学社会科学的学生至少要读一门自然科学的入门课程，学自然科学的学生同样必须选社会科学和人文科学以扩大知识面[2]。可见，燕大在培养学生上是兼顾博与专的，这种选课制和学分制不仅有利于因材施教，而且特别有利于学生自主选择学习方向和在学习内容上的主动性。当然，更为重要的是，教会大学在办学过程中，形成了注重英语和科学技术知识传授的特点，以及适应中国实际需要开办了大量应用性、职业性的课程和专业，这在一定程度上满足了中国经济社会发

---

[1] 参见章开沅：《中国教会大学的历史命运——以贝德士文献（Bates' papers）为实证》，载章开沅主编：《文化传播与教会大学》，湖北教育出版社1996年版，第25页。

[2] 参见郑林庄：《燕京大学的学分制和选课制》，引自朱有瓛、高时良主编：《中国近代学制史料》（第四辑），华东师范大学出版社1993年版，第503-504页。

展对新式专业技术人才的需求，而这也正是教会大会颇具吸引力的一个重要原因。因为在当时的中国要获得外交、电报、海关、铁路等与洋务有关的薪水较高的职业，精通英语及相关的自然科学技术知识与技能是必备和最重要的条件，所以当时教会大学毕业生的出路大都较好。有学者对《中国评论周报》汇编的1925—1931年的《中国名人录》进行研究后发现，在1925年所列的名人中约有12%的人上过教会大学，在1931年有16%的人上过教会大学。更令人惊讶的是，从教会大学出来的学生中有四分之三到五分之四的人曾留学海外，少数完全在中国教会大学受教育的人中，大部分成了商界巨子[①]；又据1946年的一份统计报告，在美国取得高级职务的中国人中有40%以上是教会大学的毕业生；对1854—1953年中国留美学生的调查，根据约一半学生在中国的最后学历的统计，有38.3%来自教会大学，12.5%来自清华，2.8%来自天主教学校和其他西方国家资助的大学[②]。1950年11月，美国驻联合国安理会代表奥斯汀（W. Austin）在安理会的发言中指出："中国全部大学毕业生中有八分之一曾在美国基督教新教教会建立的十三所大学中的一个大学或者一个以上的大学中受过教育"，"至少有15000名中国学生曾在美国在华所支持的各种院校中领受了大学学位，另有10000人在美国受过大学教育"[③]。在1926年出版的《东吴大学二十五周年纪念特刊·二十年之东吴》亦有这样的记载："当世邮务、电政、路局以及实业界中之桃李，强半出我们。"前金陵大学（早期为汇文书院）校长福开森也津津乐道地说："在我们学校受教育的人，在中国外交、商界、银行、教育界、医界和律师、牧师，以及其他各种行业得了

[①] 参见〔美〕杰西·格·卢茨：《中国教会大学（1850—1950）》，曾钜生译，浙江教育出版社1988年版，第475页。

[②] 同上书，第503页。

[③] 转引自高时良主编：《中国教会学校史》，湖南教育出版社1994年版，第116页。

好位置。"①

　　教会大学这个中西文化交流的产儿,这个外来的新事物,其结局也许是悲剧性的,它永远从中国大地上消失了。但毋庸讳言,它实实在在地给中国教育带来了新的觉醒和新的思想与行动,有力地促进了中国高等教育的现代化进程,为推进中国的现代化培养了一大批训练有素且在中国社会各阶层具有很大影响的人才。章开沅先生指出:中国教会大学的重要贡献还在于它"增进国家之间相互了解与友谊。通过学校提供的语言、知识、价值和外国教员,引进了西方好的东西。同时也通过他们,中国的知识被翻译和示范而介绍到西方。他们担任精神的和文化的使节,协助向东方解释西方,向西方解释东方,虽然受到帝国主义牵连与外洋性格的妨碍。作为西方文化的介绍者,他们参与了中国文化、社会和政府的伟大革命"②。美国研究中国教会大学的知名专家卢茨也指出:"他们的教育和医学工作,他们在中国的出现,迫使中国人承认另一种文明的存在。他们成为中国人眼中那种文明形象的一部分";教会大学"对中国的贡献是持久而重大的,而对中国基督教化或使基督教中国化的贡献则是有限的。教会大学帮助中国人正确理解他们自己和西方世界。教会大学使中国的变革成为必要和可能,它鼓励中国民族主义的成长……虽然民族主义有过而且继续持有强烈的反西方倾向"③。

---

　　① 转引自高时良主编:《中国教会学校史》,湖南教育出版社1994年版,第112页。
　　② 参见章开沅:《中国教会大学的历史命运——以贝德士文献(Bates' papers)为实证》,载章开沅主编:《文化传播与教会大学》,湖北教育出版社1996年版,第26页。
　　③ 参见〔美〕杰西·格·卢茨:《中国教会大学(1850—1950)》,曾钜生译,浙江教育出版社1988年版,第500页。

第五节　西方文化教育的种火人

众所周知，西来传教士的基本职责是传播基督教的教义，其中也确有一些人披着宗教的外衣，干涉中国内政，如美国传教士梅子明、普鲁士传教士郭实腊等，但也有相当一部分人从事非宗教性的活动——教育与西方科学知识的传播。这是因为在他们看来，传教必须有良好的外在环境，而开办学堂、翻译西书、发行报刊，可以减轻中国社会各阶层对教会的误解和敌意。还有一个重要的原因是，"对宗教和科学二者的深刻兴趣的关联，是盛行的新教伦理的一个一贯思想"[①]。在传教士看来，信仰上帝的过程可比之探求自然、认知自然的过程，传播知识与传播信仰是互为表里、相辅相成的，利用和掌握科学，能使人类逐步接近和皈依上帝。对此，丁韪良在其《天道溯源》一书里有较为明白的表述："我们西国人，并不是不讲明就信的（即信上帝耶稣）。大凡要致知的，必须先去格物；要明理的，必须先去究根。我们西国人，讲究水火的用处，做出火轮船、火轮车来；想明白天文的奥妙，做出千里镜来。因风做气球，因闪电做电报，万物的理，没有不用心追求的。何况那造物的主宰，人生的始终，焉有不更讲究真确的呢？"[②]

19世纪中叶以后，由于一系列不平等条约的签订，西方国家的对华策略也显示出"精神输出"大于"商品输出"的特征。传教与侵略扩张势力的结合，不仅使传教由沿海向内陆纵深展开，形成了西方在华传教活动持续高涨的态势；而且使得大批传教士特别是一些教育专业化程度很高的学者型、科学家型传教士也不断来华。如

[①]〔美〕默顿：《十七世纪英国的科学、技术与社会》，范岱年、吴忠、蒋效东译，四川人民出版社1986年版，第175页。

[②] 转引自顾卫民：《基督教与近代中国社会》，上海人民出版社1996年版，第221、223页。

美国传教士裨治文（于 1838 年出版了他撰写的《美理哥合省国志略》，后经多次修订于 1862 年以《联邦志略》的书名出版，该书是魏源的《海国图志》和徐继畬《瀛环志略》中有关美国资料的主要来源）、英国传教士伟烈亚力［他和中国最卓越的数学家李善兰等合作翻译了欧几里得的《续几何原本》（9 卷）、赫希尔的《谈天》（18 卷）、奥古斯塔斯的《代数学》（13 卷）、卢米斯的《代微积拾级》（18 卷）等］、丁韪良（1850 年来华，曾任同文馆总教习，引进西方学制体系，创办期刊《中西闻见录》，其所译的《万国公法》是一部产生了广泛影响的国际法著作）、韦廉臣（1855 年来华，介绍了大量西方哲学、伦理学、政治和经济方面的学说，为广学会的创办做了大量奠基性的工作）、狄考文（1863 年来华，曾创办登州会文馆，发起和主持益智书会，领衔奏设大学，堪称一代教育大家）、花之安（1865 曾任益智书会编委、广学会总编辑，著有《自西徂东》《性海渊源》等中文著作及《儒学汇纂》《中国宗教导论》等外文著作，是名望甚高的汉学家）、马林（1886 年来华，先后在南京、上海等地行医传教，介绍亨利·乔治、约翰·穆勒和斯宾塞的理论，丰富和填补了以往西学介绍的空缺，是"基督教社会主义教派"的代表）、傅兰雅、林乐知、李提摩太等，便是其中最杰出的代表。传教士在布道的过程中，普遍采用了文化教育渗透的办法，积极开展西学传播和兴教办学活动。纵观这一时期来华的众多传教士中，有三位传教士把毕生的绝大部分精力和时间都投入了中国的传教事业、西学传播和民智开启上，为西方近代科技与教育在中国的传播、融合和发展起到了十分重要的作用，堪称西方文化的"种火人"。这三位传教士是：傅兰雅、李提摩太和林乐知。

一、傅兰雅：传播西学的一代大师

傅兰雅（John Fryer，1839—1928 年），1839 年 8 月 6 日出生

在英国肯特郡海斯城的一个传教士家庭,其父是一个对中国怀有浓厚兴趣的、热心的基督徒和布道者,受其影响,傅兰雅全家都对中国有着浓厚兴趣。1861 年,他受英国圣公会派遣来到中国,1896 年离开中国赴任美国加利福尼亚大学东方语言学教授。在中国长达 35 年的时间里,傅兰雅传播西学的内容之丰富、科技启蒙范围之广泛、传播途径方式之众多,在同时代传教士中是无人可比的,堪称传播西学的一代大师。在晚清中国,傅兰雅的鼎鼎大名在稍有西学知识的文人士大夫中,可谓无人不知。王韬曾称赞其"文章经济、学问德业,为举世所钦慕",而其译著"用心之细,命意之深,而诱迪后学无穷也"[①]。

傅兰雅虽是传教士,但他没有担任神职,也很少宣传宗教。他在中国期间,先后担任过香港圣保罗书院院长、格致书院监督、京师同文馆教习、英华书馆(又称英华书院)校长和江南制造局翻译馆译员。傅兰雅将译述西书视为帮助中国社会进步的具有深远影响的手段。他曾说:"灯下苦功,半生心血……惟望中国多兴西法,推广格致,自富自强,寝昌寝炽,以成百世之福。"[②]他认为,学术一道,不在一国一邦,中国多年旧习,"必赖译书等法始渐新生"。1865 年,上海江南制造局开办,曾国藩有感于"翻译一事,系制造之根本。洋人制器出于算学,其中奥妙皆有图说可寻,特以彼此文义扞格不通,故虽日习其器,究不明夫用器与制器之所以然。"[③]1868 年,傅兰雅应江南制造局之邀,赴任该局翻译馆的专职翻译,其主要职责是"专译西国格致制造等书"。与他同时获聘的还有伟烈亚

---

① 王韬:《与英国傅兰雅学士》,载《弢园文新编》,生活·读书·新知三联书店1998年版第 325 页。
② 《格致汇编》第七年冬季卷(1892 年),转引自王扬宗:《傅兰雅与近代中国的科学启蒙》,科学出版社 2000 年版,第 124 页。
③ 《同治七年九月初二日调任直隶总督曾国藩折》,引自中国史学会主编:《中国近代史资料丛刊·洋务运动》(四),上海人民出版社 1961 年版,第 18 页。

力和玛高温（Daniel Jerome MacGowan，1814—1893年）等传教士，但傅兰雅是唯一获聘的专职翻译，另二人则类似于今天的临时聘用人员，不过是在传教和行医之余兼职为制造局译著。据江南制造局与傅兰雅签订的合约，每次聘期以3年为限，每月薪水银250两，这个待遇不仅在当时上海的外国人中是算高收入的，甚至比英国国内一般人的收入还要高出许多。当然这样的高待遇自然附带有一定的约束条件，合约规定"傅先生亦不在外另办新闻纸馆及一切别事"①，也就是说傅兰雅完全为江南制造局雇用，专职在制造局从事西方科学技术的译著工作。1869年，江南制造局正式兴建翻译馆，并在徐寿、华蘅芳的主持下制订了一个翻译馆发展的长期规划。自此以后，江南制造局翻译馆在徐寿、华蘅芳、傅兰雅等人的努力下，逐渐发展成为19世纪下半叶中国译书最多、译书质量最高、影响最大的科技著作翻译机构。江南制造局翻译出版的近一百六十种著作，大多译自各种百科全书和专门的辞典或手册、欧美学校流行的课本或标准著作与通行的技术用书。《江南制造局译书提要》共录译书158种，其中史志、政治、教育方面的书18种，兵制、兵学方面的书32种，船政、商学（着重管理）方面的书8种，理工医农等科技方面的书90种，附录10种（除《西国近事汇编》1种外，其他9种也都是科技书）②。傅兰雅在江南制造局任职长达28年，贡献尤巨，他本人及与徐寿父子、华蘅芳等合作翻译的著作就达77种之多，占全馆译书几近一半。傅兰雅在江南制造局所译西书的学术价值都比较高，他所翻译的化学、数学、物理、医学、军事、技术及国际法与政治学等方面的著作，都是19世纪中国所译西书中最有学术价值的部分。如化学方面的译著有《化学鉴原》《化学鉴原续编》

---

① 王扬宗：《傅兰雅与近代中国的科学启蒙》，科学出版社2000年版，第30页。
② 陈旭麓：《论"中体西用"》，载《陈旭麓文集 第二卷：思辨留踪（上）》，华东师范大学出版社1997年版，第289页。

《化学鉴原补编》《化学分原》《化学求数》《化学求质》《化学表》《化学工艺》等；数学方面的译著有《代数术》《微积溯源》《决疑数学》等；物理学方面的译著有《声学》《电学》《电学纲目》《物体遇热改易记》等；技术类的译著有《开煤要法》《汽机必以》《汽机新制》《兵船汽机》《造船全法》《器象显真》《制火药法》《西艺新知（正续集）》《艺器记珠》《工程致富论略》《考工记要》等；军事方面的译著有《海防新论》《水师操练法》《轮船布阵》《海塘辑要》《行船免碰章程》《营城揭要》等；医学方面的译著有《西药大成》《儒门医学》《法律医学》《治心免病法》等。此外，他还译有 2 部社会科学方面的著作，一部为英国著名国际法专家费利摩的国际法著作《国际法评注》，该书与丁韪良译自惠顿的《万国公法》同为当时最有名的国际法著作，该书虽然早在 1879 年译成，但迟至 19 世纪 90 年代才分国际公法和国际私法两部分刊行，在当时产生了广泛的影响；另一部为近似于西方的政治经济学著作《佐治刍言》，由于该书对西方的政治、教育、经济、法律等制度做了较为通俗的介绍，且反复强调公民的平等自由及国家应保护人民和兴办各种社会福利与公用事业等，对资本主义社会极尽赞美之词，因此该书在戊戌变法前后一再刻刊，康有为在其所著的《大同书》中亦吸取了它不少的思想内容。由此可见，傅兰雅不仅在传播西方科学技术知识方面贡献巨大，对西方社会科学在中国的传播也不无贡献。

傅兰雅不仅专事翻译，而且翻译馆所译西书原版书的订购他都亲力亲为。在江南制造局翻译馆筹办之初，译著的选择及原书的采购都是委托他办理的。从 1868—1870 年翻译馆三次图书订购单的情况看，傅兰雅主要是根据洋务派兴办洋务事业的实际需要和翻译馆初创时期的现实来选购译著原本书的。他为翻译馆选购的英文科技书籍主要有这几大类：第一类是一般工具书，主要有英语词典、地图和百科全书等；第二类是专业工具书和手册；第三类是英美流行的科学教科书和参考书;第四类是工艺技术和制造技术方面的专门著作,大都为英美通行的各行业的标准著作。可见,他所购图书多以实用为主[①]。尤为重要的是,他还为翻译馆确立了一整套翻译科技名词的准则。这些准则是:(1)沿用中文已有名称,或查明清以来天主教传教士已有的中文译述,或访中国客商、工匠,询其通用名称。(2)创设新名,以平常字外加偏旁为新名,仍继其本音,如镁、钾、砷、矽等;或以字典内冷僻字附以新义,如铂、钾、钴、锌等;或构造新词,如氧气、氢气、火轮船、风雨表等;或用华字写其西名,以官音为主,而西字各音亦代以常用相同之华字,凡前译书人已用惯者则袭之。(3)编写《中西名目字汇》,即中西译名对照表。如他将江南制造局翻译馆积累的部分专门技术术语整理出版,计有《金石中西名目表》《西药大成中西名目表》《汽机中西名目表》等。

傅兰雅是一位多产的翻译家。据统计,"他一生翻译了129篇译文,其中有57篇自然科学,48篇应用科学,14篇陆、海军科学,10篇历史和社会科学,……江南制造局刊行了傅兰雅的77篇译文"[②]。如此巨大的数字,如此广泛的领域,出自他一人之手,简直令人难以置信。除了译书,傅兰雅还参与创办近代中国第一所科普性质的学校——上海格致书院(1876年)并担任书院董事会秘书(在此略述,下面将专门论及)。格致书院虽为中西方人士合作创办,但作为监督的傅兰雅居功至伟(自1875年年初被聘为格致书院董事会秘书至1896年离开中国)。传教士毕乃德说,格致书院"虽不很成功却十分有趣,是善意的外国人和进步的中国人在中国传播西方科技

[①] 参见王扬宗:《傅兰雅与近代中国的科学启蒙》,科学出版社2000年版,第40页。
[②] 〔美〕费正清、刘广京编:《剑桥中国晚清史(1800—1911)》(上卷),中国社会科学院历史研究所编译室译,中国社会科学出版社1993年版,第639-640页。

知识的艰难尝试"①。创办格致书院的发起人为英国驻上海领事麦华陀（W. H. Medhurst，1822—1885年）。麦华陀于1874年3月初倡议在上海的英租界建设一所名为"格致书院"的图书阅览室，收藏翻译出版的中文图书和报刊及天球仪、地球仪和各种机器发明图式，以供中国人阅览参观。麦华陀的倡议很快得到了上海中西人士的响应，并于当月成立了由麦华陀、旗昌洋行老板福辟士、伟烈亚力、傅兰雅和轮船招商局总办唐廷枢等中西人士组成的董事会。1874年6月，傅兰雅在董事会上提名增补徐寿为董事并获通过，自此格致书院便在徐寿和傅兰雅的具体操办下加速募集资金和购买图书仪器，开始筹建，1876年6月正式落成开院。书院创办初期，它的主要活动是向民众提供西方科技读物，以及举办西方制造器物的模型和样品展览供人参观。1879年，徐寿在书院的经营有了起色，尤其是困扰书院发展的经费问题得到初步解决后，他计划在书院招生开展科技教育，但是年的招生并不成功。直至1886年聘王韬出任书院山长后，招生情况才有了改观。是年，傅兰雅提议，按照当时中国传统书院之例，在格致书院设立四季考课，由王韬请沿海各关道命题考试，名列前茅者赠以奖金。这种考课从1886年春季开始举办，初次应试者仅26人，次年即增加至一百人，以后应考者更趋踊跃。于是在1889年以后，书院又于四季考课之外，增设春秋两次"特课"，由南、北洋大臣命题，其目的在引导中国知识分子研究各种西方知识和时事洋务，以便应用于中国。书院的考课持续了十余年，至1897年王韬去世前几乎没有间断，是书院最引以为傲、最成功的事业。考课的办法是，每一季度邀请著名官员拟出适当题目、评选提交的文章，授头等奖3名、次等奖10名，并附赠奖金，获奖文章名单在报刊公布并发表。从1886—1893年，每年年底都把获头等奖

---

① 转引自〔美〕柯文：《在传统与现代性之间——王韬与晚清改革》，雷颐等译，江苏人民出版社1994年版，第164页。

的 12 篇文章及评奖官员的评语一起汇编成《格致书院课艺》刊行发布并出售。课考命题的题目很有针对性和现实意义，以西学、时事、洋务为主，旁及史论。如李鸿章、盛宣怀、郑观应、薛福成等官员就出过一些这样的题目："目前中国图谋富强时应视何者为重""比较中国古代科学著作和亚里士多德、培根、达尔文、斯宾塞的著作""在不公正的市场惯例下，中国茶叶如何在世界与印度茶叶竞争""110 年来，欧洲多数国家已建立了上下议院……这种制度颇似古代禅让思想……现有人抱怨'当政者远离平民，因而下情不达'，持此论者常常提出中国创设议院，以密切君民关系……"等。傅兰雅为促进考课的举办也曾两次命题，一题是"华人讲求西学用华文用西文利弊若何论"，另一题是"中国仿行西法纺纱织布应如何筹办以俾国家商民均沾利益论"①。参加课考者主要是江苏、浙江、广东等地的府县学生和教会学校毕业生，也不乏成功人士和西学名家，如傅兰雅在翻译馆的同事钟天纬、赵元益、程瞻洛等人也参与其中。当时《北华捷报》的社论指出，一些获奖文章"具有极高水平"，并称赞这项活动是"格致书院在中国启蒙的最有力工具"②。这项事业的成功，无疑在很大程度上应归功于傅兰雅和王韬。

傅兰雅在筹建格致书院的同时，还于 1876 年 2 月创办了一本在近代中国影响广泛、以专门传播科技知识为宗旨的科技期刊——《格致汇编》（在此略述，下面将专门论及）。至于为什么要创办这样一份杂志，他在 1892 年冬季《格致汇编》停刊时有过一段这样的表白："本馆不惜工费者，实为裨益华人起见。故凡西学格致、制造、工艺皆猎及之。惟所辑虽多，犹未能造其极。故意有未安，仍欲频年续辑，成我素志。果觉此编有益于华，则灯下苦功、半生心血，犹未

---

① 参见王扬宗：《傅兰雅与近代中国的科学启蒙》，科学出版社 2000 年版，第 85 页。
② 参见〔美〕柯文：《在传统与现代性之间——王韬与晚清改革》，雷颐等译，江苏人民出版社 1994 年版，第 164-165 页。

为枉用于无何益之地矣！"①该刊初创时，每月出刊1期，出满2年后，因傅兰雅送其夫人回国治病而停刊。1880年复刊后，每年按季出版4期，但由于发行不畅，再次停刊。1890年再度复刊，由于傅兰雅将于1893年赴美参观芝加哥举办的世界博览会，该刊在出版了1892年的冬季卷之后再度停刊。此后，傅兰雅亦想再度复刊，终因他于1896年赴任加利福尼亚大学东方语言学教授，而未能遂愿。不过停刊后，《格致汇编》还重印过多次。《格致汇编》所刊文章大部分为傅兰雅在江南制造局翻译馆的译著及其助手栾学谦译述，此外还刊发过艾约瑟、卜舫济、潘慎文、欧礼斐、狄考文、巴心田等传教士的译稿、文章及读者来稿。内容以介绍西方近代科技知识的译著为主，涉及理工医农声光化电方面的科学基础知识及工艺技术、科技人物传、各种科学仪器及西方礼俗方面的一些知识。文章通俗易懂，图文并茂。该刊栏目除刊发篇幅较长的译著外，还有"算学奇题""互相问答"和"格物杂说"三个专栏。由于《格致汇编》提供了各种新鲜的科技知识，深受广大西学爱好者的欢迎，更被清末维新派人士视为"西学渊薮"，列为西学必读书之一。傅兰雅除创办科技期刊外，还自筹经费创办了近代中国第一家科技书店——格致书室。该书室于1885年在上海创办，主要由他的助手栾学谦经理。读书室是一个非营利性的书店，主要经营"格致之学"和"制器之术"一类的译著及中国人自著的天算、地理和博物类的著作，此外还有一些时务论著和其他西学论著。到1888年，该室经营的图书达八百余种，售书达15万余册。书室还在天津、杭州、北京、福州、厦门、沈阳、汉口、汕头和香港等地设有分店。当时梁启超、王韬、谭嗣同、汪康年等人都是格致书社的常客，中国内地探究西学和时务的人，动辄购书数十种。上海有报刊称它是"多年来中国

---

① 转引自王扬宗：《傅兰雅与近代中国的科学启蒙》，科学出版社2000年版，第124页。

青年学生学习西学的麦加"①。

1877年,在华基督教教会鉴于教会学校在中国的飞速发展,决定组建一个专门性的教育组织——"学校教科书委员会"(中文名为"益智书会"),承担起为各教会学校编辑教科书的任务。益智书会成立后总部设在上海,傅兰雅被推为这个机构的委员兼负责干事。益智书会成立伊始,即着手编辑两套学校用书,一套供初等学校使用,一套供高等学校使用,教材涉及数学、天文、测量、地质、化学、动植物、中外历史、地理、西方工业、哲学、逻辑、心理学、伦理学、经济学、解剖学、生理学及声乐、器乐和绘画等。为了使这两套教科书的术语统一并尽可能与现有出版物的术语相一致,益智书会还编制了一套术语和专有名词表,这个表分为三大类,即"技术、科学和制造类""地理类""传记类",傅兰雅负责"技术、科学和制造类"词汇表的编制。与此同时,他还专门编辑了一本《译者手册》,供编译教科书的同人参照使用。傅兰雅从1879年担任益智书会总编辑,着手编写教科书,至1890年傅兰雅报告益智书会历年成绩时,益智书会出版书籍50种计74册、图表40幅,另审定适合学校使用的书籍40种计115册,总共90种计189册。其中,傅兰雅独自编写42种,包括名词书籍1种、图说13种、自费出版大纲性等书28种,皆为自然科学方面的教科书,如《格致须知》和《格物图说》等丛书及几十种教学挂图和图说,均可供初级中学或高等小学使用②。傅兰雅还单独翻译、出版了一些西书,后经益智书会认可,也被列入教科书。其中影响较大的是卫生学方面的译作,如《化学卫生论》《居宅卫生论》《延年益寿论》《治心免病法》,是晚清介绍卫生知识开风气之先的译作,在当时影响相当广泛;《孩童卫生编》

---

① 参见王扬宗:《傅兰雅与近代中国的科学启蒙》,科学出版社2000年版,第88页。
② 参见王树槐:《基督教教育会及其出版事业》,引自陈学恂主编:《中国近代教育史教学参考资料》(下册),人民教育出版社1987年版,第103–104页。

《幼童卫生编》《初学卫生编》，则是 19 世纪末各种学校进行卫生教育的必读书。傅兰雅等人编写的新式教科书，从形式到内容，对晚清教育界影响相当广泛。1902 年，清政府颁行新的学制，各地学校竞相采用新式教科书，有相当一部分，尤其是自然科学课程方面的教材，便直接采用傅兰雅和益智书会的出版物。仅 1903 年，在傅兰雅所编的《格致须知》丛书中，被采用为教科书的便有重学、力学、电学、声学、光学、热学、动物、植物、全体等 10 种"须知"，至于图说被采用者已很难计及。

二、李提摩太：牧师、学者、政客

李提摩太（Timothy Richard，1845—1919 年）集传牧师、学者、政客于一身。在晚清中国的大变局中，他是个知名度相当高的风云人物。李提摩太在中国长达 45 年，他在传播上帝"福音"的同时，救济灾民，结交权贵，联络士绅，顾问洋务，倡导变法，调停外交，时而幕后，时而台前，不辞辛劳，在不同政治势力之间纵横捭阖，成为清末大变局中一时举足轻重的人物，在中国近代史上留下了不可磨灭的印记。李提摩太对晚清中国社会思想的影响、科学价值的宣传和晚清中国政局的影响之大，在当时所有传教士是首屈一指的。李提摩太的朋友、曾任山西大学西学专斋总教习的苏慧廉教授说："在中国还没有哪一位外国人、传教士或教友能有这么高的知名度。在中国的每个行省、城市以及数不清的城镇和乡村，'李提摩太'这个名字广为人知，并备受推崇。从端坐于宝座之上的帝王之尊，到粗制木凳之上的农村学生，李提摩太的著作都不乏读者，他对中国的热爱也得到了人们的肯定。他生而就是民众的领导，永远胸怀崇高的理想，他拒绝卑鄙、小气或不近人情的念头，'他有着从每个人的身上找到善的诀窍'。他无论对于中国来说还是对于整个人类来说，都是一个繁忙的思想工厂。他思考问题从不狭隘，却永远都关乎中国；他真正地关注着整个人类。"①

1845年，李提摩太出生于英国南威尔士一个名叫弗迪布兰宁的农民家庭，他的童年是在农场度过的，祖辈留给他的是简朴的生活作风和正直的秉性，从而也练就了他强健的体魄和坚毅的性格。1869年，李提摩太毕业于威尔士的一所神学院，同年被浸礼会按立为牧师。1870年，受英国浸礼会差会的派遣来华，1916年5月因身体原因辞去广学会总干事职务，回到了阔别45年的故乡——英国。在他生命最后两年多的岁月里，他撰写了一部自己的回忆录——《亲历晚清四十五年》，这部书现已成为研究近代中国珍贵的历史资料。1919年4月17日，他在伦敦逝世。

1870年12月，李提摩太抵达上海，随后在山东烟台、青州传教。他遵从"利玛窦规矩"，以中国民众和知识分子乐于接受的利玛窦传教方式传布新教，将中下层百姓和上层官员、社会精英作为传教对象。他在山东济南、青州、潍坊等地陆续建立了浸信会和共济会在山东教区的活动中心。1876—1879年，中国北方十多个省遭受了严重的旱灾，李提摩太目睹了山东、山西等地的灾荒，灾区百姓的悲惨境遇震撼着这位"布道者"的灵魂。李提摩太认为，要想"拯救占人类人口四分之一的人的灵魂"，解放他们"那比妇女的裹足更扭曲的心智"，就必须首先拯救他们的肉体。1880年9月，李提摩太得到李鸿章支持，去当时遭受旱灾而富产煤矿的山西赈灾，同时向中国官员宣讲西方科技。据说，他曾为此花费一千多英镑购买科技书籍与科学仪器，向中国官绅宣讲哥白尼学说、化学的奥秘、蒸汽机带给人类的福利、电力的奇迹等科普知识，并做示范表演，吸收信众。在传教和宣讲西学的同时，他还多方募集资金，积极救助灾民。除向中国各地的教会募捐外，他还向英国浸礼会写信，请

---

① 〔英〕苏慧廉：《李提摩太在中国》，关志远等译，广西师范大学出版社2007年版，第1—2页。

求浸礼会拨款"赈济灾民"。在他的倡议下,伦敦成立了以市长为首的"市长官邸赈灾基金会",筹集到赈灾款两万余两银子。他还积极向中国地方政府进献救灾良策,提出了向粮价低的地方移民及以工代赈等具体的赈灾措施。1890年7月,李提摩太应直隶总督李鸿章之邀,到天津临时担任《时报》主笔,历时一年多。在这段时间里,他有系统地向中国提出了政治、经济、文化、教育等方面的改革主张,并在《时报》上发表社论两百多篇,后由广学会汇集成册,分为"国政""外国""矿务""通商""筑路""养民""新学""利源""军务""教务""杂学"等12卷,并附图说46则,以《时事新论》为题出版。

1891年10月,他到上海担任同文书会(后改名为"广学会")总干事。他上任以后,对广学会的工作进行了一系列改革:强调广学会的工作对象应以中国的士绅和官员为重点;扩大、加强业已开展的有奖征文工作;加强广学会会刊——《万国公报》对维新变法的宣传鼓动;加大宣传变法书籍的出版量,如《泰西新史揽要》《中东战纪本末》等名著,都是在他主持广学会工作以后出版的。与此同时,他还是"一个把培植与中国高级人士的私人关系作为促进改革的有效方法的人"[①],特别注意加强与中国实权派人物及知识精英的联系,如翁同龢、孙家鼐、李鸿章、张之洞、曾国荃、左宗棠、康有为、梁启超、孙中山、袁世凯等,都曾一度与他交往密切,他向他们不遗余力地宣传变法维新的思想和主张,企图影响中国政局的发展。如在维新时期,他向翁同龢提出中国急需改革的四大端:教育、经济、安民、养民等的建议,得到了翁同龢的"极端采纳"并获得光绪帝照准降旨;孙家鼐专门花两个月时间通读他译著的《泰西新史揽要》,并三次聘请他做京师同文馆总理,但他考虑到做总

---

① 〔美〕费正清、刘广京编:《剑桥中国晚清史(1800—1911年)》(上卷),中国社会科学出版社1993年版,第648页。

理不如著书鼓吹改良社会更有意义、更有效力,而一再辞谢①。在甲午战争、戊戌变法、义和团运动期间,李提摩太积极活动于清廷实力派上层人士之间。他同李鸿章、张之洞等会见时多次提出"给予某一外国处理中国对外关系的绝对权力","由该国的代表控制中国的铁路、矿山、工业等各个部门"。1894年,他甚至试图劝说张之洞去提出倡议,使中国在规定的年限内变成相当于外国的保护国,张之洞对这一提议的反应据说并不热情。1895年,他在《万国公报》发表《新政策》一文,对当时中国应办之事提出了9条建议,并要求明发谕旨宣示天下。这些所谓的应办之事为:"宜延聘可信之西人二位,筹一良法,速与天下大国立约联交,保十年太平之局";"宜立新政部,以八人总管,半用华官,半用西人",李提摩太推荐英美二国的赫德、艾迪斯、科士达、德鲁等人总管新政部;"中国地大物博,铁路实富强之本源,刻下创议兴办",建议"请西国办理铁路第一有名之人,年约四十岁者,与之商办,并派中国二大臣与之合办";"某力强年富,心计最工,在新政部应总管筹款、借款各事,以中国管理财赋之大臣合办";"中国应暂请英人某某、美人某某,随时入见皇上,以西国各事详细奏陈";"国家日报,关系安危,应请英人某某、美人某某总管报事,派中国熟悉中西情势之人为之主笔";"学部为人才根本,应请德人某某(李推荐传教士德国人花之安)、美人某某(李推荐传教士美国人丁韪良)总之";"战阵之事,素未深谙,应请专精此事之人,保荐人才,以备任使"②。在戊戌变法发生前,李提摩太在北京结识梁启超、康有为,并建立了良好的个人关系。李提摩太曾聘用梁启超担任他的私人中文秘书,并

---

① 参见〔英〕苏特尔:《李提摩太传》,梅益盛、周云路译,引自中国史学会主编:《中国近代史资料丛刊·戊戌变法》(四),上海人民出版社1957年版,第232页。
② 李提摩太:《新政策》,引自陈学恂主编:《中国近代教育史教学参考资料》(下册),人民教育出版社1987年版,第56—58页。

对其积极施加影响。梁启超撰写了大量影响较大的时论文章，梁氏《饮冰室合集》中许多热情宣传泰西政治、经济和文化教育制度的文章，实际上都受到了李提摩太的影响。可见，李提摩太不仅"在最初唤醒中国人使之感到需要变法这一方面，曾起过重要作用"；而且"还帮助形成了改革派自己的方法、思想甚至世界观"[①]。据说，康有为在1898年曾对一个记者说，他主张变法，主要是受了李提摩太和林乐知等传教士的著作的影响，如果不发生1898年9月的戊戌政变，李提摩太很可能被康有为推荐进入清帝内廷任顾问之职。

义和团运动以后，1901年，李提摩太应庆亲王奕劻和直隶总督李鸿章之邀，协助处理山西教案的善后事宜。山西教案事件解决后，他向英国政府提出利用山西教案的赔款银50万两，于1902年在山西开设一所西式大学堂，通过讲授中西学问，以期消除中国人的排外排教思想，山西大学堂缘此办成，他也自然成了这个学堂的首任西学专斋总理。据曾担任过山西大学堂总教习的苏慧廉描述，山西大学堂招收的都是山西省选拔出来的青年才俊，他们或是秀才或是举人，年龄大都在二十岁左右，也有个别超过三十岁的。"学校设立了为期三年的预科课程，学习基本的现代知识，标准就是通过伦敦大学入学考试的水平。三年之后，政府组织考试，通过者授予举人学位。这些人随后还有为期4年的专业课程学习，专业是法律、物理、化学、矿业工程或土木工程。这些科目的毕业考试在北京举行，通过者授予进士学位。山西省政府深信现代教育的重要性，出资选派优秀学生赴英国进行为期5年的进一步深造。于是乎，一时之间，山西大学在英国的留学生超过了中国其他学校在英国的留学生"。1907年，山西大学首次派出25名毕业生赴英国学习铁路和矿业工程，

---

① 参见〔美〕费正清、刘广京编：《剑桥中国晚清史（1800—1911年）》（上卷），中国社会科学出版社1993年版，第648-649页。

留洋的学生总数据苏慧廉统计达到了 70 人[①]。学校成立不久,李提摩太还在上海组织了一个翻译部,为山西大学翻译了数学、植物学、矿物学、动物学、物理学、教育学等课本及天文学和自然地理的精美图集。山西大学总的来说办得是比较成功的,毕业生遍布山西的各个政府机关和学堂。在 20 世纪 20 年代,山西成为中国教育最发达的地区之一,李提摩太和他所创办的山西大学堂是功不可没的。

李提摩太比较集中传播西学、宣传变法始于 19 世纪 80 年代,他的变法主张集中地反映在《近事要务》中。《近事要务》连载于《万国公报》,是短札式的变法提纲,共包含 98 则变法的通议,如"广道学以利朝野""重道德以期久安""广学校以谋民生""悟水利以尽地利""创化食以养余丁""设报馆以博见闻""立学会以兴大利""通水陆以便往来""兴格致以益世道""广医术以解险症""究电学以知未能""立银会以备荒欠""教商贾以致兴隆""立普试以求贤能"等,举凡天文、地理、物理、化学等各门学科,工业、农业、教育、卫生等各个部门,以及宗教、道德、外交、立法等涉及国家和民族前途与命运的重大问题,均有涉及。这是代表来华传教士就中国社会、经济、教育、科学、文化诸方面提出的第一份综合性的变法建议。

在传播西学方面,李提摩太译作最多、影响最大的时期,是他担任天津《时报》主笔以后到戊戌政变发生的这段时间。在这一时期,他翻译、编撰、出版了《泰西新史揽要》《七国新学备要》[②]《百

---

① 参见〔英〕苏慧廉:《李提摩太在中国》,关志远等译,广西师范大学出版社 2007 年版,第 245-246 页。

② 《七国新学备要》,成书于 1888 年。七国,即英、法、德、俄、美、日本、印度。新学,指作者写书之前,即 19 世纪七八十年代各国教育、普及科学文化的机构,包括学校、报刊和图书馆。《七国新学备要》影响相当广泛,1898 年就印了 10000 册。在光绪皇帝订阅的书中,也有这本。戊戌变法期间,李提摩太又据其中有关内容,加以扩充,单独出版,名曰《速兴新学条例》。郑观应在修改《盛世危言》时,曾将《七国新学备要》有关内容辑入。

年一觉》《八星之一总论》《论生利分利之别》《时事新论》《中西四大政》《天下五洲各大国志要》《大国次第考》《列国变通兴盛记》《欧洲八大帝王传》《新政策》等十余种书籍。这些书的内容，可分两个方面，一是对世界历史、地理、社会政治、教育的介绍；二是针对中国实际提出的变法设想和主张。在此，择《泰西新史揽要》略加介绍。

《泰西新史揽要》（原名 The Nineteenth Century）出版于1894年，是李提摩太（合译者为蔡尔康）最重要的译作。原书为英人麦肯齐所著，于1889年在伦敦出版。《泰西新史揽要》的译文摘要先连载在1894年的《万国公报》上，初名《泰西近百年来大事记》，次年由广学会出单行本。当时的英国正处于进化论盛行的时代，受其影响，《泰西新史揽要》充满了进化论的色彩。它以西方各国近代化进程为例，说明强盛之道并非与生俱来，而在于弃旧图新、勇于变革。李提摩太亦以此自期，他在"译本序"中指出："此书为暗室之孤灯，迷津之片筏，详而译之，质而言之，又实救民之良药，保国之坚壁，疗贫之宝玉，而中华新世界之初祝也，非精兵亿万、战舰什佰所可比而拟也。"在这个译序中，他还提出了著名的治国理政四大策，即所谓的"道德""学校""安民""养民"。他说："知今日兴国之道，有断不可少者四大端：道德一也，学校二也，安民三也，养民四也。凡精于四法者，其国自出人头地，不精或不全者，不免瞠乎其后，毫不究心者则更在后矣。"[①] 由于该书具有强烈的经世致用、以史为鉴的色彩，所以一经问世便深受读书人欢迎，产生了巨大的社会影响，尤其对康梁维新派起到了启蒙教科书的作用，虽多次重印，仍销售一空，各地非法盗印者也是层出不穷，是晚清所有翻译西方历史书籍中销售量最大者（据王树槐在《外人与戊戌变法》一

[①] 李提摩太:《译本序》，载〔英〕麦肯齐:《泰西新史揽要》，李提摩太、蔡尔康译，上海书店出版社2002年版，第1–2页。

书中说，1898年，仅在四川省该书就被非法翻印19次）。《泰西新史揽要》全书共分24卷，叙述19世纪欧美各国及俄罗斯的发展史，包括政治、经济、文化、教育、科技、社会等各个方面，涉及相当广泛，欧洲百年前情形、各国沿革、互相争战、政体演变、科技发明、著名人物、物产人口、风俗习惯、安民新政、学校及教皇、会党等，均有叙述。书中对于西方各国兴利除弊、变法图强的历史论述尤为详细。在有关英国的部分，有四卷便是专门介绍革故鼎新和各项新政内容的，如第六卷《英除积弊》的各节标题便有"改制度后情形""准百工设立公所""整顿学校""改立城市新章""救贫新章""报馆免税""整顿邮政""删改刑律""万国通商免税""宰相退位""商船运货新规""百工受益""预防疾疫""删除教会苛律""推广公举之法""广学校""民间公约""民禀党散"等；再如第九卷《郅治之隆》，则列举英国成为世界第一强国的各种新政策、新发明、新创造，举凡百工兴盛如蒸汽机、织布机、火轮机、火轮船、火轮车、采取金银、电报初行、报馆初行、新出机器、医家新学、善待疯疾、火柴、铁裁缝、映象、技能、工农等，一应俱全。这正是《泰西新史揽要》有别于其他泛泛而谈的历史著作的地方。所以梁启超在《西学书目表》中盛赞该书："述近百年来欧美各国变法自强之迹，西史中最佳之书也"；徐维则在《东西学书录》中写道："于近百年各国变法自强之迹，堪称翔实，为西史佳本"；康有为将该书进呈光绪帝，光绪帝花了数月仔细阅读，由此"于万国之故更明，变法之志更决"[①]。该书在西方史学界被视为学术价值不高，因而有人对其在中国产生如此广泛影响有些不解。其实在当时的国人看来，此书的学术水平如何并不重要，重要的是它向当时的中国传递了人们渴求的、对中国发展具有现实意义的信息，而这正是它在当时的

---

① 〔英〕麦肯齐：《泰西新史揽要·点校说明》，李提摩太、蔡尔康译，上海书店出版社2002年版，第2页。

中国具有强大吸引力的原因所在。

李提摩太在华 45 年，几乎涉足了中国近代化进程中的所有领域，如政治、外交、宗教、科学、教育、出版、通信、国际贸易、赈灾等，对晚清中国社会产生了十分重要的影响，在很多方面起过一些积极的作用。但李提摩太是传教士，他的所有活动都是在西方列强对中国殖民侵略的历史环境下发生的，自觉不自觉地表露出一种"强势文明"的优越感，其视角也经常是殖民主义的。因此，李提摩太自觉或不自觉地充当了西方殖民主义的代言人，这也正是他的改革方案和倡议最终失败的根本原因。

三、林乐知：西方文化的使者

对于林乐知（Young John Allen, 1836—1907 年）其人其事，凡是稍有中国近代史知识的人，都略知一二。在近代中国，林乐知的形象，似乎更像一位传播西方文化的使者而非庄重的教士。林乐知，美国基督教新教传教士。1853 年，年满 17 岁的林乐知对基督教教义产生了极浓厚的兴趣，随即受洗入教，并决定终生致力于宗教事业。1858 年，他参加了美国南方基督教监理公会。1859 年年底，23 岁的林乐知便携妻子和出生才 7 个月的女儿，搭乘"水手新娘号"帆船由纽约启程，于次年 7 月到达上海，开始了他在中国长达 47 年的漫长岁月。可以说，他的大半辈子都是在中国度过的，他对中国是有感情的。晚年他曾回忆说："余以美洲下士，寓居中华者，凡 40 余年，其间撰著《万国公报》历 30 余年，设立中西书院、中西女塾、董理广学会译书亦历十余年，实无一日不以兴华为念，且久居是乡，习知其事，视寓邦与宗邦无异，盖即人亦共称为寓华之老友。而深望逆旅主人之振兴者，几几乎存亡与共，忧乐与同矣。"[1]

---

[1] 林乐知撰、任廷旭述：《论中华时局》，《万国公报》1902 年 2 月号，转引自章开沅主编：《文化传播与教会大学》，湖北教育出版社 1996 年版，第 372 页。

林乐知到中国后，起了一个中国名字叫林约翰，1864更名林乐知，取中国名言"一物不知，儒者知耻"之意，有时常自称"美国进士"，显示出他对中国文化的浓厚兴趣。1864年春，林乐知由江苏巡抚及冯桂芬的荐举，被聘为上海广方言馆英文教习，这是他在中国第一次从事教育活动。1871年，受徐寿之请，他被聘为江南制造局翻译馆译员。此后十年，他身兼教习、译员、编辑、传教士四职，上午教书，下午译书，晚上办报，礼拜日说教。1881年，林乐知辞去广方言馆和江南制造局翻译馆职务，自办中西书院。广学会成立以后，他成为骨干力量。1907年7月10日，林乐知因病殁于上海。传教士傅兰雅在林乐知逝世后为其作诔辞云："林氏当时工作，极度紧张，昼夜不息，无间风雨。每日上午在广方言馆授课，午后赴制造局译书，夜间编辑万国公报，礼拜日则尽日说教及处理教会事务。同事十年，从未见其有片刻闲暇。虽曾劝其稍稍节劳，以维持健康"，而他却以"体内无一根懒骨头"作答。郑观应说他"衡论中国政治利弊如数掌上螺纹"，对列强外交更是洞若观火。1876年，清廷为奖励林氏兴学、办报及译书劳绩，经"大吏疏陈，奉旨给予五品顶戴"，"从此，林氏身列缙绅，可与士大夫往来。此实基督教传教士前所未有之殊荣"[①]。

林乐知的在华活动，与西学传播有关的主要有三项，即著译西书、兴学、办报。

林乐知的译书工作早在19世纪60年就已开始。那时他为江南制造局翻译的书籍有：《俄罗斯国史》《法兰西国史》《印度国史》《埏纮外乘》《四裔编年表》等。由于林氏所译书籍多为历史和地理著作，而当时洋务派出于自强新政而急需科技类书籍，所以林乐知在江南制造局翻译馆的地位远不及傅兰雅。随着洋务运动的破产及

[①] 参见刘家林：《〈万国公报〉研究》，载章开沅主编：《文化传播与教会大学》，湖北教育出版社1996年版，第375-377页。

继起的维新变法热情高涨,林乐知因译著了大量切合变法时宜的著作,一时声名鹊起,影响遍于朝野。尤其是他编译的《中东战纪本末》《文学兴国策》《各国妇女》《英兴记》《李傅相历聘欧美记》《中国历代度支考》等,使他获得了广泛的赞誉。《中东战纪本末》凡16卷,由初编8卷、续编4卷、末编4卷组成,于1896年正式出版。未成书前,该书曾连载于《万国公报》。该书出版后,林乐知分赠中、日、韩三国政要,影响极大,至今仍是我们研究甲午战争的重要史料。林乐知编译的《中东战纪本末》虽是一部记述中日甲午战争的专著,但其中亦有不少是他对中国教育的反省及应对时局改革主张的论述。如他在该著卷八《治安新策》中提出了有名的"广学新民三法"。他指出:"凡国之以权力显者不在武备之精良,而在人才之众盛。若有器而无才,不特与无器同也,且赍寇兵而藉盗粮为患,至于不可思议,故中国变通之道当以育才为本。"由此,他建议:"童年六、七岁必入初学塾,教以浅近各书;稍长,升入文学塾;更长,升入书院,此皆兼习各学者也。至升入博学院,则有分类专习之学矣。每一小乡镇必设初学塾,一塾不能容,不妨多设二、三塾;一州、县及户口繁盛之大镇必设文学塾;一府必设书院;一省必设博学院。"并建议创办之时就要"明定章程",最好的办法是"敦请英美等国之学部大臣来华专掌其事","更请各教士兼管各等新学",这样才不致紊乱,事半功倍。与此同时,他还主张:"凡人年至弱冠,姿质明敏,在华粗知学问者,资送出洋令之肄业于分类书院,冀成有用之才。中国则别设翻译书院,精择泰西书籍,译出华文,凡弱冠以上之不能重入塾者,及生徒之不能兼识各国文字者,皆得诵读其书,以资睹记。又就繁庶地方开设报馆,请明于中外时局之人主持笔政";各省会中则"聚天下有用之物,设立博物院";在通商极盛的上海等地还可以设立"赛物会,或兼请万国赴会,益长识见而端标准"①。1905年，林乐知又出版了《各国妇女》一书，共21卷，是研究各国妇女问题的著作。林乐知曾将它分赠给中国的达官巨绅，并用黄绫装订2部赠给慈禧太后和日本天皇和皇后。在这里，我们对林乐知有关教育的重要译著——《文学兴国策》做较为详细的介绍。

素有文明古国、礼仪之邦、天朝上国之类美称的中国，近一百年来，在世界民族之林中，为什么会逐渐落伍？这是近代以来无数志士仁人反复思索的问题。19世纪后期，王韬、郑观应、严复、康有为、梁启超等中国知识分子，李提摩太、李佳白等来华传教士，都注意到从教育方面探讨中国落伍的原因。林乐知翻译的《文学兴国策》，则把这个问题提高到空前重要的地位。《文学兴国策》为日本著名外交家森有礼编著。森有礼（1847—1889年）早年留学英国，1870—1873年出任日本第一任驻美大使，归国后任外务大臣，1885年担任近代日本第一任文部大臣。森有礼在美期间，十分留心考究美国的富强之道，认为西洋各国首先是一些富庶兵强之国，而要走上这条发展道路，除实行对外开放政策外，必须注重国民教育，所以他于教育方面尤为关注。1872年2月，他曾在驻华盛顿的日本大使馆，向美国政界、学界发函咨询教育的强国之道："若与文学②相关，而为今所专重者，厥有五端：一曰富国策，二曰商务，三曰农务与制造，四曰尽伦常、修德行、赡身家，五曰律例与国政"③。意即教育对一国物质繁荣、商务发展、农业和工业发展、社会道德及自身完善、法律和政体变革究竟有什么样的影响。照会、公函发出以后，美国各方反应颇为热烈，耶鲁大学校长华尔赛

---

① 〔美〕林乐知：《中东战纪本末·治安新策下》，引自陈学恂主编：《中国近代教育史教学参考资料》（下册），人民教育出版社1987年版，第58-60页。
② 此处所谓"文学"不是指文学艺术，而是指文化教育。
③ 参见《日本驻美国京城护理公使森有礼公函》，载〔日〕森有礼编：《文学兴国策》，林乐知、任廷旭译，世纪出版集团、上海书店出版社2002年版，第1页。

（Theodore P. Wooleey）、安汉斯德大书院监院施端恩（William A. Stearns）、威廉斯大学校长郝普经（Mark Hopkins）、哈佛大学校长欧理德（Charles W. Eliot）、安汉斯德大书院总教习西列（Julius H. Seelye）、文学部大臣鲍德威（George S. Boutwell）、著名物理学家恩利约瑟（Jeseph Henry）、纽孛仑斯威大书院总教习满勒（David Murray）、传教士潘林溪（Octuavius Perinchief）等知名人士，纷纷复函，就上述问题各抒己见。森有礼将收到的一大批关于美国教育的资料和对日本发展教育的意见汇集成册，题名《文学兴国策》，寄回国内。日本"朝廷采而用之，延聘泰西之名师，大兴日本之新学"[①]。

二十多年过去了，日本的新式教育蒸蒸日上，兴旺发达。全国有各式学校三万多所，男女教师九万多人，在校学生达三百多万。"其设立大学各科，以及师范、聋哑、废疾等学校，几与美国之学校相若。且以勤求西法，故无学不有西文，即日皇亦熟习之，以通时务。并以专重武艺，故无学不习体操，即运动手足以舒筋力"[②]。反观中国，依然昔日旧景，无大起色。甲午一战，中国被日本打败。林乐知在译编《中东战纪本末》总结日胜中败的原因时，想到了教育，想起了森有礼。他认为，日本之强，基于教育，中国之弱，源于教育。他认为，"今中国如欲变弱为强，先当变旧为新"。"以美国之成法行之于日本，业已明著大效矣，岂不可以日本之成效，转而望诸中国之人乎"？于是，他把《文学兴国策》介绍给中国，希望"中国之贤士大夫得是书而读之，当亦翻然变计而知所取法矣也"[③]。也就是说，他希望中国也像日本一样向美国的教育制度学习，改革

[①] 〔美〕林乐知：《文学兴国策》（序二），载〔日〕森有礼编：《文学兴国策》，林乐知、任廷旭译，世纪出版集团、上海书店出版社 2002 年版，第 5 页。
[②] 同上。
[③] 同上书，第 6 页。

现行的教育体制特别是科举制度。《文学兴国策》在中国出版后，果然引起了当时中国知识分子的极大兴趣，对晚清维新思想的酝酿起到了积极的影响。从《文学兴国策》的内容来看，主要包括以下三个方面：一、发展教育对于国家和民族的重要意义；二、美国教育制度和各类学校概况的介绍；三、对日本的教育问题提出改进建议。令当时中国知识分子感兴趣的主要是书中关于教育重要性的论述。应森有礼的要求，大多数复函从上述几个方面论述了教育的重要性。所有复函无一例外地认为，教育是国家富强的根本，民族兴旺的关键。任何时代、任何国家，重视教育，则国家富强、民族兴旺；轻视或忽视教育，则国家贫弱、民族衰败。如纽孛仑斯威大书院总教习满勒在复函中说："尝论文学之事，实治国者所当视为一切职分中最要之端也。夫治国之才具至不一矣，凡禁恶罚罪、奖劝工艺、通商贸易、保国御敌诸端，皆不能及文学之敦品励行，可使少年子弟，积学成才，以立一国之品行也。……历览五洲万国之郊，窃见今日泰西骤致富强之国，无一非专务文学，能使国中无人不学，且无学不精者也。近今百年以来，泰西有二国焉，其财物人民、名声权势进境之至速者，惟美国与德国耳。是二国者，虽其过人之处，尤为天下所著名者，在于治国之得法。究其实，即由于振兴文学之一端，广为劝导，厚集经费，使之通行而无阻也。即谓二国之风俗、政事亦有迥不相侔者，而于学校之制则大略相同。务广其学于国中，使境内之男女贫富，无一人不能遂读书之愿矣。"[①]

林乐知在广学会工作期间，还撰写了大量经世和时政方面的文章发表在《万国公报》上，如《格物致知序》《中西书院规条》《中西关系略论（续编）》《论鸦片之害》《中美关系略论》《俄国新筑西伯里亚铁路说》《英国铁路考》《各国机务汇志》《中日朝兵祸推原穷

---

① 〔日〕森有礼编：《文学兴国策》，林乐知、任廷旭译，世纪出版集团、上海书店出版社2002年版，第44—45页。

本说》《中日两国进止互歧论》《操纵离合论》《教祸论》《泰西新政备考》《防俄杂论》《论真实为兴国之本》《论真实为完人之基》《俄荣示险于天下尤险于华英论》《广学兴国说》《续论格致为教化之源》等三十余篇[①]。

　　林乐知在改革中国传统的封建教育制度、兴办美国式的各类新学堂方面,较之当时的李鸿章、张之洞等洋务派官僚更为积极主动。在林乐知看来,办教育是改变中国人的知识结构、传播以基督教为基础的西方文化最可靠的方法。在19世纪80年代前后,他一方面抨击中国的科举制度陈旧,不能适应现代社会的需求,无法满足当时中国外交、军事、科技、实业等方面的新要求,使国家一天天坏下去;另一方面,他经过多方努力,与在华传教士狄考文、李佳白、丁韪良等成立了中国教育会,计划广办西式学堂。1881年,他在上海主持创办了中西书院。中西书院的办学宗旨,诚如它的院名所示,"中西并重"。林乐知认为,中国此前的学校,不是偏重中学(如普通书院),就是偏重西学(如一些教会学校)。两者都不适应中国文明进步的需要,必须中西并重。在他看来,"西学固为今日当务之急,而非明乎中国之书理熟乎中国之文法,则西学要不过得其糟粕,终无由抉其菁英,将挟之翻译西书,而莫通义理,与之讲求格致,而莫测渊微,此其人即或见用于世,第足供奔走之役,无当于远到之程,而本书院所定之章程,中西并教,实为握要以图也"[②]。同时,他创办中西书院也是为了迎合当时中国的文化思潮。在甲午战争前后的20年间,"主以中学,辅以西学"或"中体西用"或"中西并重"的呼声甚高。梁启超曾称:"所谓中学为体,西学为用者,

---

① 参见梁元生:《林乐知在华事业与〈万国公报〉》,香港中文大学出版社1978年版,第114-115页。
② 〔美〕林乐知:《中西书院肄业诸生当自期远大说》,引自朱有瓛、高时良主编:《中国近代学制史料》(第四辑),华东师范大学出版社1993年版,第282页。

张之洞最乐道之,而举国以为至言。"①林乐知身受美国文化和中国文化的双重陶冶,他的"耶稣加孔子"的传教策略,虽仅为一种手段,但也包含了融合中西文化的因素。而且,他提倡中西并重,容易为中国官僚和士人所理解,较直接取名教会学校要好得多。因而,他在《中西书院规条》中写道:"余拟在上海设立书院,意在中西并重,特为造就人才之举。"②事实上,当时因为西学在中国新奇实惠,学生学好了西学往往可以出国留学,或在口岸城市找到一份体面的、挣钱多的工作,所以多数学生对中学没有多大兴趣,把主要精力都用于学习西学。数年后,林乐知自己也承认,中西书院的学生"对中国古学所知甚少,而且缺乏兴趣;对于西学,亦只关心英国语文,因为他们盼望借此在商业勃兴之上海谋得较好差事"③。可见,现实的需要和社会的导向,往往比学校的教育宗旨更能左右学生的选择。尽管如此,中西书院在课程设置上仍严格按中西并重的原则,一般是半天中学,半天西学。中学主要是讲解古文,作诗造句,写对联,学书法,熟读《五经》等,并没有什么新东西。西学课程则新鲜而具体。林乐知为中西书院制定的西学课程是:第一年,认字写字、浅解词句、讲解浅书;第二年,讲解各种浅书、练习文法、翻译字句;第三年,数学启蒙、各国地图、翻译选编、查考文法;第四年,代数学、讲求格致、翻译书信;第五年,考究天文、勾股法则、平三角、弧三角;第六年,化学、重学、微分、积分、讲解性理、翻译诸书;第七年,航海测量、万国公法、全体功用、翻译作文;第八年,富国策、天文测量、地学、金石类考、翻译作

---

① 梁启超:《清代学术概论》,载《梁启超论清学史二种》,朱维铮校注,复旦大学出版社1985年版,第79页。
② 〔美〕林乐知:《中西书院规条》,引自朱有瓛、高时良主编:《中国近代学制史料》(第四辑),华东师范大学出版社1993年版,第284页。
③ 《万国公报》(第15册),转引自梁元生:《林乐知在华事业与〈万国公报〉》,香港中文大学出版社1978年版,第58页。

文。另外，从第一年至第八年，习学琴韵即音乐是贯穿始终的课程；从第二年至第八年，习学西语即外语口语是必修课程①。从课程排列可以看出林乐知让学生分段学习的用意：第一、二年，粗知西学；第三至第六年，除了加深西文的要求，开设了数、理、化、天、地、哲的课程，使学生具备西学基础知识，即使不再继续学业，转而到洋行、海关等机构工作，也能适应。最后两年，开设航海、测量、解剖学、国际法、矿物学、经济学等门课程，为的是培养专门人才。

中西书院虽然受教会控制，但它与一般教会学校又有区别。学校所设课程中没有必修的宗教课，礼拜日有讲经课，学生可以参加，也可以不参加。中西书院甚至规定：肄业生不论何局办事，何堂习学，悉听自便，进教与不进教，亦不勉强。这种比较自由、宽松的气氛，对那些既想学西学又不愿当教徒的买办、富商子弟来说，无疑具有强烈的吸引力。据称，学校开办之初，学生已达二百多人。到第二年，学生迅速增加到330名，还有近一百名申请者因校舍缺乏而不能录取。尽管林乐知自称："余创立中西书院，专为栽培中国子弟起见，非敢希图虚名，但求实济。"②但林乐知是传教士，他没有忘记自己的身份。林乐知自称，开办这所学校的目的，是希望以此"触及在中国人中施展影响的源头"，尤其希望通过中西书院，在以前无法传教的阶层吸引学生。他在一定程度上的确达到了这个目的。第一，学生家庭背景比较富裕。第二，许多学生受过中国学校的教育。学生中有不少16~20岁，曾经在中国私塾和其他学校读过书的人，因为要学西学，才转入中西书院。这些人正是他希望招到和重点培养的对象。

---

① 〔美〕林乐知：《中西书院规条》，引自朱有瓛、高时良主编：《中国近代学制史料》（第四辑），华东师范大学出版社1993年版，第286-287页。

② 同上书，第284页。

中西书院历时 30 年，共培养多少人才，无确切统计。在晚清的外交部门、海关、对外贸易、近代工厂、新式学堂、北洋海军、铁路局、电报局等地方，都有中西书院的毕业生。当然也有一部分人服务于外商和列强的侵华机构，还有出国留学的。据 1892 年《中西书院报单》云：学院历年毕业生"或至各海关，或至电报官商各局，以及招商铁路等局办事者已有二万余人，再各处设立电报、水师等学堂，由本书院去学习者，亦有数十人"①。总之，中西书院造就了数以千计的、与封建传统对立的、大体能适应近代社会的新人。这对中国传统社会的转型意义重大。同时，中西书院否定了清廷的科举制，传播了美国式的教育制度，对清末民初的教育改革具有示范作用。到了 19 世纪 90 年代，因广学会和《万国公报》的工作越来越吸引林乐知，也因为中国政局的变化，林乐知觉得舆论宣传比学校对社会的影响更迅捷，于是在 1895 年辞去中西书院监院一职，专事办报与译著，书院事务交由监理会牧师潘慎文主持。潘氏一改林乐知的风格，加重了学校的宗教色彩，书院特色逐渐泯灭，趋同于一般的教会学校。1912 年，中西书院迁苏州，并入东吴大学。

林乐知在创办中西书院的同时，"又鉴于中国女界之锢蔽，绝少高等教育，既创男学而不办女学，殊非男女平等之道，况女子之关系，较男学尤为重要"②，乃于 1890 年在上海筹建一所中西女塾，意在造就一批女性人才。时人范祎称，中西女塾是"我中国女界晦盲塞室，三千年乃始发一线之光明，而将来之希望不可限量，而我中国之希望，不可限量也"③。中西女塾规划的课程以 10 年为期，主要

---

① 《中西书院报单》，《中西教会报》1892 年 5 月第 2 卷第 16 期，转引自桑兵：《晚清学堂学生与社会变迁》，学林出版社 1995 年版，第 37 页。
② 《中华基督教年鉴·记上海中西女塾》，引自朱有瓛、高时良主编：《中国近代学制史料》（第四辑），华东师范大学出版社 1993 年版，第 296 页。
③ 范祎：《中西女塾章程序》，引自朱有瓛、高时良主编：《中国近代学制史料》（第四辑），第 299 页。

课程有英文（含作文、文法、万国通鉴、英文名专书作论等）、算学（含心算、笔算、代数、形学、八线等）、格致（含地理志、地势学、地学、格物质学、生理学、动植物学、天文、化学）及圣道（含三字经问答、耶稣言行、新约、旧约、天道溯源性学）等[①]。1917年《中华基督教会年鉴》云：上海中西女塾建校至今，前后已历27年，"至论学课，尤以中英文并进为宗旨，历来担任国学教授者皆一时名流，……此外亦注重琴学，及其余女子应知之学识，新分课程为十二年，初年四年，备级四年，高年四年，对于年长而学识未备之学生，别设专修之科。对于研究学理增进服务识力问题，又设文学会。……综合去年学生之数计有336人，有来自鲁燕蜀粤等省者。当1900年时，举行初次毕业，计毕业者三人，即曹孙素馨女士，舒候臣夫人，史凤宝女士，皆占教育界重要位置。此后毕业之学生，所组之同学会，共得三十四人。由本校留美者二十余人，去年考取清华而留学者九人。其他出校之生在各界中占有至大之势力，如医界，学界，著作界，慈善界等至不可以数计"[②]。

创办中西书院和中西女塾为林乐知带来了盛名，但最主要的还是得益于他主编的《万国公报》。苏特尔说："当时的中国，还沉睡未醒，自西方灌输而来的文化，没人加以注意，而广学会的一般同志，为唤醒中国酣梦，已着手著报译书，特别注意感动一般学而有位的人，早行改革，而谋维新。1889年广学会发行一种公报，名《万国公报》，由林乐知先生主撰，以后这报销行最广，感力伟大，中国维新分子，受这报的鼓动者，不在少数。"[③]《万国公报》在前后发

[①] 《上海中西女塾章程》，参见朱有瓛、高时良主编：《中国近代学制史料》（第四辑），华东师范大学出版社1993年版，第301—302页。

[②] 《中华基督教会年鉴·记上海中西女塾》，引自朱有瓛、高时良主编：《中国近代学制史料》（第四辑），第297页。

[③] 〔英〕苏特尔：《李提摩太传》，梅益盛、周云路译，引自中国史学会主编：《中国近代史资料丛刊·戊戌变法》（四），上海人民出版社1957年版，第235页。

行的三十多年中，主编林乐知始终是一个举足轻重的核心人物，可以说没有林乐知就没有《万国公报》。因为《万国公报》所刊文章触及了晚清的政治、外交、社会、思想、科技、教育等各个层面，所以《万国公报》不仅在中国报业史上占有举足轻重的地位，而且对于近代中国的政治改革、社会变迁、西方的科技与思想传入及中国人新观念新思想的萌发，乃至整个中国近代化的推进，都产生了重大而广远的影响。当然，《万国公报》也直接反映了传教士的利益，充分显示了林乐知在舆论宣传方面的才智。有学者认为，"林乐知是中国第一份登载新闻报道和背景文章（background essays）的杂志的创始人，该杂志（即《万国公报》），同时也是中国第一份关注社会批评和提供改革建议的刊物"[①]。基于本书前面对广学会和《万国公报》有较为详尽的述评，在此不再赘述。

第六节　西学东渐：中国的反响与回应

保罗·科恩说："十九世纪时，商人们来中国谋求利益，外交官和军人来到中国则谋求特权和让步。外国人中间唯有基督教传教士到中国来不是为了获得利益，而是要给予利益；不是为了追求自己的利益，而至少在表面上是为中国人的效益效劳。"传教士们来中国的"共同目标是使中国皈依基督教，而且他们是不达目的不肯罢休的"，而要达此目标"只有从根本上改组中国文化"[②]。使中国人皈依基督、从根本上改组中国文化，是符合中国人民的利益还

[①]〔美〕贝奈特：《传教士新闻工作者在中国——林乐知和他的杂志（1860—1883）·前言》，金莹译，广西师范大学出版社2014年版，第1页。

[②]〔美〕费正清、刘广京编：《剑桥中国晚清史（1800—1911）》（上卷），中国社会科学院历史研究所编译室译，中国社会科学出版社1993年版，第599页。

是西方侵略者的利益？这是一个不必论争的、答案十分明确的问题。基督教会和传教士们对中国用心之险恶、谋图之深远，由此可见一斑。所以，明清之际西来的传教士，特别是晚清时期来华的传教士，冒着中国人对他们的恐惧和仇恨，乐此不疲地传布他们的宗教信仰和价值观，不遗余力地通过创办教会学校、报纸杂志、医院等，来播扬他们的"西学"，充当"西学东渐"的载体或者准确地说是文化侵略的急先锋。无疑，他们的所作所为自然会遭到来自中国朝野上下的奋起反抗，当时全国各地爆发的数百起反洋教事件便是明证。但一个不能否认的基本事实是：随着时间的推移及人们对西学认识的逐步深入，传教士对中国改革派和士大夫及民众的思想言行和价值取向，不可避免地产生了影响。可以说，正是他们的到来，搅动了中国沉滞的思想界，震撼了中国科教文化的帝国大厦，促进了人们传统思想观念的转型，导致了近代自然科学和社会科学在中国的启蒙和建立及近代新型知识分子群体的出现，推动了中国近代新式生产企业的建立，及中国社会改革运动的勃兴。在中国传统社会走向近代化的过程中，他们的确"充当了历史的不自觉的工具"。

一、对晚清改良思想家的影响

有学者认为，"从传教士的观点来看，传教士的所有努力都可以被认为是具有改革倾向的。……传教士对于中国的改革思想和活动的影响也是一种多方面的现象。新教徒学校里讲授非宗教性的科目，还有新教徒出版物上介绍的西方和西方文化的知识，养成了一种有利于改革的气氛。传教士在政治、方法和社会态度上为中国改革派提供了可以模仿的活生生的、现成的榜样。最后，有几位传教士，其中最著名的李提摩太、林乐知和李佳白，他们都成了改革中国的热情宣传者，并且和官场内外中国的改革派领袖人物建立了密切关系"①。事实上，由于传教士在占有西学和传播西学中的主导地位，晚清中国的改良思想家和开明士绅少有不受其思想和西学影响的人。

受基督教思想影响较早的主要是两广一带的改良人物和思想家。鸦片战争前，受清政府禁教政策的严格控制，西来传教士只能局限在新加坡、澳门等地，虽然他们不能与中国文人士大夫阶层发生更多直接的接触，但仍通过宗教布道、治病救人、炫耀器物等方式，介绍了欧美各国的地理风貌、民俗礼仪、人种物产。当然，也有个别基督教差会通过报刊、教会医院和文化教育机构，介绍了一些浅显的西学。如前述，在第一次鸦片战争前后，传教士创办的《察世俗每月统纪传》《印支搜闻》《天下新闻》《中国邮报》《遐迩贯珍》等报刊在传播福音的同时，对西方的政治制度、风土人情及西方的科学技术也做了十分有限的宣传报道。如先后由传教士麦都思、奚礼尔和理雅各主编的《遐迩贯珍》，从1853年创刊到1856年停刊，在近三年的时间里刊载了大量的西学知识及五大洲的风俗习惯，甚至对英国和美国的民主政治制度做了较为翔实的专文介绍。此外，基督教还通过成立学会性质的组织来传播西学。如1834年，基督教在广州成立"益智会"，以介绍西方科学艺术、开通华人智慧为目的，并出版了史地、财经等方面的书籍十余种。这些报刊和学会出版的书籍对沿海极少数将目光投向外部世界的开明士绅，如林则徐、魏源、徐继畬等，产生了一定的影响。林、魏、徐等先驱者对西方的认识和对西学的了解，主要来自传教士的介绍。如1839年7月，林则徐派人与美国传教医师伯驾联系，请伯驾帮助翻译有关国际法知识；徐继畬所著《瀛环志略》引用资料的主要来源就是晚明以来西方传教士所编译的中文书籍、刊物，包括利玛窦、艾儒略、南怀仁及美国传教士雅裨理等的著作。1836年，太平天国领袖洪秀全

---

① 〔美〕费正清、刘广京编：《剑桥中国晚清史（1800—1911）》（上卷），中国社会科学院历史研究所编译室译，中国社会科学出版社1993年版，第642–643页。

在广州参加乡试时，得到传教士赠送的《劝世良言》；1843年，他在又一次赴考失败后开始潜心阅读基督教的书籍，并向传教士罗孝全请教有关基督教的知识，他以《圣经》汉译本为参照编写了《原道觉世训》《太平天日》等书，将基督教的"十戒"改造为"十款天条"，标榜自己为上帝之子、耶稣基督之弟，是下凡人间来拯救世人及杀灭阎罗妖的。太平天国的另一位领袖人物洪仁玕（1822—1864年），亦曾于19世纪50年代在香港接受过天主教新教的训练，对基督教和西方社会推崇向往。事实上，随着太平天国运动的深入推进，基督教会和传教士都迅速做出了反应，先后有英、法、美等国十多位有声望的"洋兄弟"——传教士，如艾约瑟、麦都思、葛必达、裨治文、杨格非、花慕兹、慕维廉、罗孝全①、卢卫廉等访问过太平天国，从宗教的角度对这场革命进行价值判断，试图对太平天国的领袖们施加影响，以改变其革命的方向，将之纳入基督教的轨道。对基督教和传教士颇有研究的顾长声先生指出："传教士对太平天国施加的影响决不局限在宗教方面，他们的行动是政治性的，而其步调是和他们各自所属的政府相一致的。总的说来，在初期是'拉'，接着是在'中立'的幌子下'观望'，洪仁玕到南京后又出现了'拉'，没有'拉'成之后就转变为寄希望于清政府，而对太平天国则公开抱敌视态度了。"②

研究中国近代史的美国学者柯文在其所著的《在传统与现代性之间》一书中指出，在那些属于沿海的改革家中有为数可观的人碰巧都在一段时间内受到了基督教的影响③。在他列举的容闳、何启、唐廷枢、伍廷芳、王韬、郑观应、马建忠、马良等八位早期改良派

---

① 此人曾被洪秀全册封为义爵，协助洪仁玕处理外事，可以任意出入太平天国宫廷，公开宣传基督教义。
② 顾长声：《传教士与近代中国》，上海人民出版社1995年版，第93页。
③ 参见〔美〕柯文：《在传统与现代性之间——王韬与晚清改革》，雷颐等译，江苏人民出版社1994年版，第221–229页。

人物中，有六位在孩提时代便进入教会学校：带领中国首批幼童赴美留学的容闳（1828—1912年）曾就读于传教士布朗主持的马礼逊学校；在19世纪80年代最早提倡实行议会制政府并建有香港西医书院的何启（1859—1914年），其父何福堂曾任基督教伦敦会香港分会的传教士，何启就学于英国阿伯丁大学、圣·托马斯医学院和林肯法律学院；曾任李鸿章幕僚14年，后成为驻美国、西班牙和秘鲁公使的著名外交家、法学家伍廷芳（1842—1922年）曾就学于教会办的香港圣保罗书院；著名改革派人物马相伯（又名马良，1840—1939年）、马建忠（1845—1900年）兄弟出生于一个博学的天主教家庭，曾就学于天主教学校——徐汇公学；改良思想家郑观应（1842—1922年）是传教士著作的热心读者并与传教士傅兰雅交往很深；为改革变法摇旗鼓噪的改良思想家王韬则在19世纪50年代曾任上海伦敦会墨海书馆的中国编辑，在19世纪60年代更助传教士理雅各翻译中国经典《五经》。还有一位中国近代著名工业企业家唐景星（又名唐廷枢，1832—1892年），曾任轮船招商局总办、开平矿务局督办，并于1874年与容闳创办了中国人最早的自办报刊之一——《汇报》，他亦曾就读于教会办的马礼逊学堂；八人中何启、马相伯、马建中出生于基督教家庭，容闳、王韬、伍廷芳曾受洗入教。可见，基督教思想的确影响了这些地域的开明士大夫和早期改良思想家的成长，他们是中国最早出现的一批具有西学知识和西方思想因素的人物，也正是在西方观念和西学知识的影响下，他们具有了初步的批判意识和革新精神。所以，有学者指出，"中国许多最早主张现代化的人也产生在沿海地区。虽然这一事实通常被人所忽略，但是这些先驱者中有相当多的人或者是基督徒，或者是受过传教士思想和观点的深刻影响"[①]。当然，这批人物在年轻时期对

---

① 〔美〕费正清、刘广京编：《剑桥中国晚清史（1800—1911）》（上卷），中国社会科学院历史研究所编译室译，中国社会科学出版社1993年版，第644页。

西方思想与文化的了解是非常有限的、肤浅的,他们的思想主体仍然拘泥于中国传统文化和价值体系之中,因而在当时就不可能产生出具有震撼力的改良思想和实践行动。

第二次鸦片战争后,随着《北京条约》《天津条约》等一系列不平等条约的签订,中国完全解除了禁教政令,使基督教在华的地位与态势得到根本改变:各国传教士可以不必局限于以前的五处通商口岸传教,而是可以深入内地各省传教,由是传教中心北移至长江流域。长江流域的江浙皖一带,不仅是中国传统的人文荟萃之地,而且几乎是全国唯一延续明末西学的地区。梁启超在《清代学术概论》和《中国近三百年学术史》中所列举的天文学、算学、器物工艺技术等方面的代表性人物,如徐光启(上海人)、李之藻(浙江仁和人)、王锡阐(江苏吴江人)、梅文鼎(安徽宣城人)、惠士奇(江苏吴县人)、顾栋高(江苏无锡人)、戴震(安徽休宁人)、李善兰(浙江海宁人)、华蘅芳(江苏无锡人)、徐寿和徐建寅父子(江苏无锡人)等,都是江浙皖一带的人物。徐光启所著的《农政全书》(60卷),实"农学界空前之作",他与利玛窦合译的《几何原本》更被梁启超誉为"字字精金美玉,为千古不朽之作"[1];李之藻,他与徐光启同为中国介绍西方科学的先驱人物,他所译的《名理探》《浑盖通宪图说》及所著的《新法算书》《天学初函》等书亦名噪一时。梁启超对他们两人的评价是:"明万历中叶迄清顺治初叶约三十年间,耶稣会士赍欧洲新法东来,中国少数学者以极恳挚极虚心的态度欢迎之,极忠实以从事翻译。同时旧派反抗颇烈,新派则以不屈不挠之精神战胜之。其代表人物则为李凉庵(之藻)、徐元扈(光

---

[1] 梁启超:《中国近三百年学术史》,载《梁启超论清学史二种》,朱维铮校注,复旦大学出版社1985年版,第99页。

启）等。"①再如王锡阐（寅旭）、梅文鼎（定九），梁启超对他们的评价是："专治天算，开自然科学之端绪焉"②；中西学"所谓'会通以求超胜'，而毅然以此自任者，则王寅旭、梅定九其人也。……其学最渊博，其传亦最光大"；"历学脱离占验迷信而超然独立于真正科学基础之上，自利、徐始启其绪，至定九乃确定。……知历学非单纯技术而必须以数学为基础，将明末学者学历之兴味移到学算方面，自定九始"③。在精通传统文化而又倾心格致工艺之学的知识分子中，传教士们本可以较好地展开中西文化接触。但是，由于中国传统文化的优越自大情绪和民族屈辱所带来的文化仇视，这种接触也就不那么容易了。只有一些在官场角逐或科考上失意、而又不愿随波逐流落入俗套的落拓文人，或迫于生计或愤世嫉俗才完全投身于西学。他们或受聘于教会的出版社、医院、学校和报馆，或充当传教士个人的中文秘书。这些失意落拓的文人在西学传播的过程中也深受浸染，因而其思想也倾向于变革或改良。如蒋敦复（1808—1867年），江苏宝山人，曾受雇于墨海书馆，与传教士合译著作甚多，曾最早在《中西闻见录》《万国公报》等刊物介绍西方名人，他与李善兰、王韬同事，又共愤于时艰，常以吟诗酬酒发遣，被时人称为"海上三异人"；钟天纬（1840—1900年），江苏华亭人，长期与罗亨利、傅兰雅等传教士合作译书，为当时有影响的时务言论家，言论涉及中国时政文化和思想；沈毓桂，江苏吴江人，曾协助传教士林乐知创办中西书院，为中文掌教，也是林乐知主编《万国公报》时的助手和撰稿人，其在甲午前后所发言论为世所重；蔡尔

---

① 梁启超：《中国近三百年学术史》，载《梁启超论清学史二种》，朱维铮校注，复旦大学出版社1985年版，第481页。
② 梁启超：《清代学术概论》，载《梁启超论清学史二种》，朱维铮校注，第3页。
③ 梁启超：《中国近三百年学术史》，载《梁启超论清学史二种》，朱维铮校注，第485–486页。

康，为传教士李提摩太的得力助手，曾在《申报》《沪报》办报多年，后为广学会罗致，他协助李提摩太翻译了《泰西新史揽要》等重要政论著作，发表了许多变法主张，为当时名重一时的报人和时务言论家；马良、马建忠兄弟，出身于天主教家庭，马建忠曾就读于天主教学校，后来留学法国，19世纪70年代末回到中国后入李鸿章幕府，由于他对西方具有丰富的知识储备和见解，迅速成为李鸿章最器重的外交顾问。还有更多的人在传教事业以外与传教士接触，接受了他们的某些思想和主张，成为倡言改革的先驱人物，如冯桂芬、伍廷芳、周甫、郑观应、龚孝拱等。早期改良派代表人物郑观应，从现有史料看虽然没有证据表明他皈依了基督教，但他向傅兰雅学习英文，是传教士著作的热心读者，却是不争的事实，而且"在他的有影响的改革派著作《盛世危言》中所渗透的人道主义感情，显然来源于基督教"[①]。

近代中国因外患而遭受的每一次失败，都产生过反思和警悟的先知先觉者。两次鸦片战争的惨败，促成了一批具有开放视野的士大夫和知识精英被动地搞起了所谓"自强求富"的洋务运动，随着洋务事业的开展和改良思潮的酝酿，早期中外交往的隔阂逐渐破除。众多传教士不仅与洋务派大员关系密切，而且有不少被延为海关、同文馆、制造局和洋务学堂的"客卿"与教习，洋务派人士在文化教育方面的许多改革措施，比如科举改革、同文馆增设天算馆、江南制造局设翻译馆，都深受传教士的影响；洋务派在军政、商政、律法、邮政等具体制度及实业发展方面的许多改革举措，也与传教士的建议有异曲同工之处；而贯穿于整个洋务时期乃至19世纪的"中体西用"思想，则更是西学冲击下在中国近代特定历史时期所产生的一股影响巨大的社会思潮与开放改革纲领。

---

① 〔美〕费正清、刘广京编：《剑桥中国晚清史（1800—1911）》（上卷），中国社会科学出版社1993年版，第645页。

因甲午战败，在近代中国又引发了一场疾风暴雨式的维新变法运动。维新运动酝酿和高涨时期，正是基督教的宣教事业在华发展较为顺利和扩张最为迅速的时期。教会和传教士的各项事业如教会学校、医院、报刊等获得了前所未有的迅猛发展，传教士来华人数与中国人受洗入会人数也迅速增加。有学者说："作为主张改革的宣传者，传教士在这些年所取得的成就超出了他们最狂热的梦想。"[①]在华的西方传教士敏锐地注意到了中国社会所发生的重大变化。他们认为，19世纪90年代中国的变化，已经突破了洋务时期"中体西用"的框架，学习西方不再局限于技术和物质层面，而是触及了制度和文化的变革，教会对于这种变化不应漠然置之、袖手旁观，而应为中国提供助力和施加影响，使基督教成为中国维新运动的精神动力。传教士们普遍意识到，要从根本上消除中国人的排外排教心理，除了引进西方的科学技术外，还需要改造中国社会，使之效法欧美的政教制度。这些见解可谓与维新变法人士的构想不谋而合。为此，基督教所属各差会的传教士们，不仅千方百计地密切与维新人士的关系，而且几乎所有有声望的传教士都不同程度地介入了这场维新变法运动之中，不失时机地谋划出他们应在这场变革中所担任的角色，实施一种"由上而下"的传教方略。传教士在这一时期对中国社会的影响，无论是渠道或范围方面，都比原先要宽泛得多。传教士们通过和维新人士建立良好的私人关系，达到影响他们改良思想和主张的目的。如传教士李佳白于1894年在上海创立"尚贤堂"，该堂还得到清政府总理衙门的赞助，专务交结当时中国上流社会的人物，并通过演讲及出版物向中国士大夫传播西洋文明，影响甚广。据他自己说，他认识两百五十多名官员并与其中二百人有交往。至于李提摩太、林乐知等广为人知的人物，都一度

[①]〔美〕费正清、刘广京编：《剑桥中国晚清史（1800—1911）》（上卷），中国社会科学出版社1993年版，第648-649页。

与改革派领袖人物李鸿章、张之洞、康有为、梁启超、蔡尔康等交往密切。他们还利用其在中国创办的报纸杂志,著书立说宣传变法思想,提出中国维新变法的具体意见和方案;大量译介欧美的史志著作、政论文献,帮助维新人士了解世界发展大势,熟悉西方的政治、经济、军事、文化教育,从中获得有意义的启示。据梁启超所编《西学书目表》记载,戊戌时期传教士编译出版的著作,在外国史志方面,重要的著作有:谢卫楼的《万国通鉴》,李提摩太的《天下五洲各大国志要》《泰西新史揽胜》《列国变通兴盛记》《欧洲八大帝王传》,林乐知的《中东战纪本末》和《东方交涉记》,艾约瑟的《欧洲史略》《罗马志略》和《希腊志略》,慕维廉的《大英国志》,裨治文的《联邦志略》;在教育方面有:花之安的《西国学校》,林乐知的《文学兴国策》和《七国新学备要》;在法律方面有丁韪良的《万国公法》;在农政方面有李提摩太的《农政新书》;在商政方面有丁韪良的《富国策》和艾约瑟的《富国养民策》;此外,还有纵论时政的扛鼎之作,如李提摩太的《新政策》、花之安的《自西徂东》、韦廉臣的《治国要务》、福士达的《整顿中国条议》等[①]。维新人士编辑出版的《皇朝经世文新编》是一部宣传变法的文集,共收录文章 615 篇,其中传教士撰写的文章有 178 篇,李提摩太一人撰写的文章就达 36 篇之多,仅比所收集的康有为的文章少 2 篇。传教士对维新变法思想的影响由此可见一斑[②]。素有"鬼子大人"之称的李提摩太,不仅和李鸿章、张之洞、孙家鼐、翁同龢等人有过密切交往,而且和康有为、梁启超、谭嗣同等人也打得火热,甚至一度被聘为光绪帝的顾问,直接参与了维新变

---

① 梁启超:《西学书目表》,参见中国史学会主编:《中国近代史资料丛刊·戊戌变法》(一),上海人民出版社 1957 年版,第 452—453 页。

② 参见黄新宪:《基督教教育与中国社会变迁》,福建教育出版社 1996 年版,第 85—86 页。

法运动。1895年10月,经李鸿章引见,李提摩太与翁同龢首次会面。李向翁提出了一份改革计划,提出中国的改革有四大端,"一曰教育维新,二曰经济改良,三曰平息内乱并辑睦邦交,四曰道德复兴"。具体举措包括:朝廷应聘请2位西人做顾问;成立议政部,由8名部长组成,4位为满、汉族人担任,另聘请4位熟悉政治学的西人为陪员;改革币制,建立新的财政制度,不滥发纸币;修筑铁路、开矿和兴办实业;改良教育,多设各级大中学校,仿行西法;扩充新闻报纸,以开民智,聘西人辅助,中人为主撰;整顿陆海军,使收实用,可以平内乱而御外侮。这些条陈建议都得到了翁同龢的赞同并由翁奏报皇帝御览,得到皇帝的批准[①]。事实是,除外国人加入内阁一条外,李的建议在"百日维新"期间确实得到了实施。综观这一时期传教士们宣扬的维新变法内容,主要有:(1)引进西方的技术和工艺,提高中国的生产力以增强国力。如《万国公报》上刊载的《宜筑火路以便运转说》《论中国应速造铁路》及对于电线、电报等通信工具的介绍和宣传。(2)主张对中国的教育制度实行改革,尤其是改良科举制度,扩大考试的范围,将近代各类科学知识作为科举考试的内容,从而培养适应近代化事业的人才。除了对科举制度加以改良外,传教士们还建议,在各大都市建立现代学校,于中国传统的经史之外,加入西洋格致、富国策、史地等学科;立大、中、小三级制学制;增科目,既考中学,亦考西学,凡有专门之学,确有心得者,以同科甲论。(3)主张改革清朝内政,学习西人长技,整顿财政,加强外交。(4)主张对中国奢侈浮靡的社会风气进行改良。传教士们提倡的这些变法改良主张,在维新变法时期都可以看到其影子和痕迹。

传教士的言论和著作更是极大地警醒了这一时期维新知识分子

---

① 参见〔英〕苏特尔:《李提摩太传》,梅益盛、周云路译,引自中国史学会主编:《中国近代史资料丛刊·戊戌变法》(四),上海人民出版社1957年版,第232页。

的思想和行动。如谭嗣同，他为求新学，遍游各地，把伟烈亚力、韦廉臣、艾约瑟、李提摩太等传教士引为学问上的师友，并购买了大量江南制造局和广学会出版的自然科学、外国史地、政治甚至神学书籍。中外学者一致认为，谭嗣同哲学思想中的"以太"的概念[①]就是来自传教士的译著，特别是傅兰雅的《治心免病法》。谭嗣同的《仁学》是清末最大胆的哲学著作之一，它同样极力推崇基督教的伦理思想和耶稣的牺牲精神，并把基督教的伦理思想与孔、墨、佛并论，构筑他的"仁学"思想体系，以基督教的平等观念批判中国的"三纲五常"。梁启超曾言，谭嗣同"究心泰西天算格致政治历史之学，皆有心得。又究心教宗，当君之与余初相见也，极推崇耶氏兼爱之教，而不知有佛，不知有孔子"[②]。

向来目空一切、不太愿意披露自己思想来源的康有为，对曾受传教士播扬的西学的影响却坦承不讳。他在《康南海自编年谱》中说自己"舍弃考据帖括之学""以经营天下为志"的时候，读了传教士编译的《西国近事汇编》、李圭《环游地球新录》及西书数种。这些著作，引导他跳出了传统经世致用之学。他所收集的这类著作，成为日后"讲西学之基"。冯自由在回忆康有为与孙中山的关系时曾说，康有为倡导维新也大都得力于广学会编译的西书，"时人以康立论怪僻，自称圣人，咸以癫康呼之。康初讲学长兴里，号长兴学

[①] 当时的物理学家认为，光的传播必须有一种媒介，这个媒介便是"以太"。"以太"弥漫于宇宙的空间，太阳和其他星球的光，依靠这个媒介，传到地球上来。这一观念传到中国时，当时的思想家便称之为"气"，谭嗣同称之为"原质之原质"，认为一切物皆为化学中之原质所聚合而成，故一切物皆无自性。原质之质为"以太"，"以太"不生不灭，原质不增不损，故宇宙间只有变易没有存亡。"以太"虽不生不灭，但有"微生灭"，个体的物，无时不在变易之中，亦即无时不在生灭之中，此个体之生灭，即"以太"之"微生灭"也。万物无时不在变易生灭之中，亦即万物无时不在日新之中。这也可以说是一种新的宇宙观。

[②] 梁启超：《谭嗣同传》，引自中国史学会主编：《中国近代史资料丛刊·戊戌变法》（四），上海人民出版社1957年版，第53页。

舍,好浏览西学译本,凡上海广学会出版之书报,莫不尽量购取。长兴学舍旋移于广府学宫,改名万木草堂,与双门底圣教书楼相距甚远,时总理孙中山初假圣教书楼悬牌行医,因康常在该书楼购书,知其有志西学,欲与结交,爰托友人转达。康谓孙某如欲订交,宜先具门生帖拜师乃可。总理以康妄自尊大,卒不往见"[①]。梁启超说,康有为是近代中国思想家中致力于建设一个"不中不西,即中即西"新学派的人[②]。"新学派"之新,首先源于西学的引入和融会,康有为正是在"尽披总署制造局、天津、闽、粤之新译书而读之"的基础上,才"故见尽释,思想一新"的。维新变法时期康有为在规划改革方案时,也受到了传教士的直接影响,他的变法思想和主张与传教士宣扬的观点有许多共同之处。康有为自己对香港《中国邮报》编辑说:"我信仰维新,主要归功于两位传教士,李提摩太牧师和林乐知牧师的著作。"[③]康有为第一次与李提摩太会面后,就把他当成了"洋兄弟"。李提摩太说,康有为"告诉我,他是相信上帝是天父,世界各国是兄弟的,就如同我们的出版物所教导的。他希望在革新中国的事业中同我们合作"[④]。

梁启超接触西学始于1890年。梁启超称这一年是"伟大世界开始对他说话的一年"。这一年梁启超18岁,入京会试,"下第归道上海,从坊间购得《瀛环志略》,读之,始知有五大洲各国,且见上海制造局译出西书若干种"。在此之前,"不知天地间于训古词章

[①] 冯自由:《革命逸史》,引自中国史学会主编:《中国近代史资料丛刊·戊戌变法》(四),上海人民出版社1957年版,第240-241页。

[②] 梁启超:《清代学术概论》,载《梁启超论清学史二种》,朱维铮校注,复旦大学出版社1985年版,第79页。

[③] 〔美〕杰西·格·卢茨:《中国教会大学史(1850—1950)》,曾钜生译,浙江教育出版社1987年版,第39页。

[④] 顾长声:《传教士与近代中国》,上海人民出版社1995年版,第180页。

之外，更有所谓学也"①。《瀛环志略》为徐继畬所作，其材料主要得自美国传教士裨治文的《美理哥国志略》及与其交往时的晤谈。而江南制造局的书籍多为传教士傅兰雅和林乐知所译。因此，可以说，梁启超从一个只习封建旧学的少年开始接触西学知识，直接或间接受益于传教士。1895年，梁启超随康有为赴京组织强学会，任书记员。在此期间，梁启超与传教士李提摩太和李佳白等交往甚密，听说李提摩太在北京期间需要一位临时秘书，就到李提摩太处表示愿意为他效劳，李也欣然表示接受。对强学会购置的西书，梁启超不仅广泛涉猎，而且详加评论，积极向时人推荐。梁启超对西学的引入和宣传比他的老师康有为更为积极，特别是在西学的社会科学方面。亚里士多德、培根、笛卡尔、霍布斯、斯宾诺莎、孟德斯鸠、卢梭、康德、边沁、颉德、达尔文等人的学术和思想，均通过梁启超编撰的"学案"或"学说"，开启了系统研究"泰西学术史之滥觞"。他将西学内容概括为三个方面：艺、政和教，认为"治政学者，则坐一室可以知四海，陈群籍可以得折衷。……故吾谓政学之成较易，艺学之成较难"②。他在《西学书目表》中所列西政诸书共42种，其中李提摩太、林乐知、艾约瑟、慕维廉、花之安、丁韪良、谢卫楼、韦廉臣、卫理、傅兰雅、裨治文等英美德传教士的译作30种，皆是梁启超案头常备之作。

中国革命的先行者孙中山先生所倡导的资产阶级民主革命亦深受基督教传播的西学的影响。众所周知，孙先生少年时代便入读檀香山英国监理会办的意奥·兰尼学校，后来回香港亦入读教会学校。可以说，年少时，孙中山便浸染在基督教文化的氛围之中，他在革

---

① 梁启超：《三十自述》，引自璩鑫圭、童富勇编：《中国近代教育史资料汇编（教育思想）》，上海教育出版社2007年版，第280页。
② 梁启超：《变法通议·学校余论》，载《饮冰室合集》（文集之一），中华书局2008年版。

命活动和思想主张中合理地吸收基督教中的文化精华,自然也就是情理之中的事了。孙中山曾自称:"兄弟数年前,提倡革命,奔走呼号,始终如一,而知革命之真理者,大半由教会所得来。"又言:"吾人排万难冒万死而行革命,今日幸得光复祖国。推其远因,皆由有外国之观感,渐染欧美文明,输入世界新理,以至风气日开,民智日辟,遂以推倒恶劣异族之政府,盖无不由此观感来也,而此观感得力于教会西教士传教者多,此则不独仆一人所当感谢,亦我民国四万万同胞皆所当感谢者也。"①

可以说,传教士的活动不仅促进了西学在中国的传播,而且"在最初唤醒中国人使之感到需要变法这一方面,曾起过重要作用;……此外,他们还帮助形成了改革派的自己的方法、思想甚至世界观。成立各种变法维新团体和利用定期刊物以唤起人们对于变法维新的兴趣和支持,这些做法如果不是受到传教士榜样的直接鼓舞,至少也是受到它们的强烈影响"②。所以,这一时期传教士的思想主张,受到社会的瞩目,成为维新派的维新思想和变法方案的重要来源之一。但正如有学者指出的那样,由于传教士介绍的西学还不够充分,康有为、梁启超、谭嗣同辈以及稍后的孙中山、邹容、陈天华等人,虽然将传教士所译西书视为"枕中鸿秘",终因他们"西学根底较差而又迫于救亡图存,因此,他们虽然推进了西方社会政治理论在中国的批判应用,但对西方文化的整体理解力并没有多大提高。……当然,他们用激昂的政治情绪和高涨的斗争意志,弥补了他们理论准备上的不足"③。19 世纪末 20 世纪初,随着严复翻译的

---

① 中国社科院近代史研究所中华民国史研究室等编:《孙中山全集》(第二卷),中华书局 1982 年版,第 446—447 页;第 568 页。
② 〔美〕费正清、刘广京编:《剑桥中国晚清史(1800—1911)》(上册),中国社会科学出版社 1993 年版,第 649 页。
③ 李天纲:《基督教传教与晚清"西学东渐"——从《万国公报》看基督教在近代中国的传播》,载高瑞泉主编:《中国近代社会思潮》,华东师范大学出版社 1996 年版。

西学著作陆续出版,加之大批归国留学生们也将西方各家各派的学说纷纷引进中国,使得中国人不再像从前那样依赖传教士来获取西学及中国以外的外部世界的情况了,传教士在中国舞台的影响也便逐渐退回到自己的宗教天地。而一些对中国怀有深厚感情的传教士,除了真切地关怀中国人的幸福和中国国家的命运外,在 20 世纪逐渐将目光转向了中国的教育、公共卫生和乡村建设,事实上他们也只能在这些方面继续发挥作用了。

二、对西学的纠结与认同

不同文化的交流和融合是文化发展的动力之一。但是由于历史的惯性,在不同文化相接触之初,往往会发生这样或那样的冲突,冲突带来的必然结局之一便是引发了中国士大夫和知识分子对中西之间两种不同文化的思考与反省。在近代中国,随着源源不断的西学东渐及中国在战争中的屡屡失利,于是乎对于中学与西学各自的独立意义和依存关系,便成了中外知识分子普遍纠结和探究的问题。"中西会通""西学中源""中体西用"(在下章将专门论及)这些在今天学术界看来奇妙的观念,就是在这种背景下引发的最初反省的结果。尽管这些观念对当时的中国人来说,带有强烈的感情色彩和价值判断的倾向性,但毕竟表明中西两种不同的文化开始由对抗、纠结走向认同与会通。

"会通"一词最早出现于《易传·系辞上》,其原文是:"圣人有以见天下之动,而观其会通,以行其典礼。"近代学者高亨在其《周易大传今注》中说:"此言圣人有以见到天下事物之运动变化,而观察其会合贯通之处,从而推行社会之典章制度。"[1] 可见,会通强调的是融合、创新,而不是冲突对抗。"会通"是中国古代文化的基本

---

[1] 高亨:《周易大传今注》,齐鲁书社 1979 年版,第 518 页。

精神和主要特色之一。先秦以前，虽然是百家林立、论辩蜂起，但亦不乏各家文化之间的互补互济、融合会通。秦灭六国后建立了统一的大帝国，要求文化思想从多元走向统一，秦始皇取李斯之策实施"车同轨，书同文"政策，并"焚书坑儒"，打击儒家文化，采法家之说。但由于秦王朝的迅速灭亡，秦始皇虽然统一了文字却并未统一思想和文化。从历史的视角看，从秦至汉，中国传统文化进入了一个文化大融合与会通的时代，不仅完成了中原华夏多种文化与"四夷"（包括东夷、西戎、南蛮、北狄等）文化的交融，亦可以说是东、西、南、北、中原文化的大融合；而且逐步形成了中华民族文化即汉文化的基本特征——"天人合一"、求同存异。在汉代，通过探险家张骞、班固等通使西域及古代丝绸之路的开启与不断延展，使汉文化与中亚、西亚的文化以及南亚次大陆的佛教文化实现了交融。汉以后，中华民族本土文化第一次迎来了外来印度佛教文化的挑战，但中国传统文化显示出了强大的生命力和包容性。在魏晋南北朝时期，尽管佛教文化影响最著，它始而与道术相结合，进而与玄学相结合，至隋唐时佛教文化又进一步中国化，形成了中国化的佛教宗派，一度呈现出压倒以儒、道为代表的中国传统文化之势。然而，也正是由于中国传统文化的强大生命力和融会能力，最终实现了儒释道三教的合流。同时，中国传统文化在吸收、会通佛教文化的同时，亦不断改变和创新自己的存在形式，如魏晋南北朝时期形成的玄学、宋明时期形成的理学，尤其是宋明时期的理学更使中国传统文化成为东方文化的主要代表，影响及于东南亚和全世界。而自秦至宋，一千余年中外文化的交流与会通，特别是唐宋时期中外文化的交融，更是创造了人类文明史上最辉煌的中国古代文明。如果说，人类文明的第一个高峰是古希腊、罗马文明与中国先秦文明，那么人类文明的第二个高峰是中国的唐宋文明，则是当之无愧、确定无疑的。宋以后，中国各民族文化进一步融合，亦与外来各种文化交流会通。北方的契丹、女真、蒙古、满洲的文化冲击着中原的农业文明，《清实录》用满、汉、蒙3种文字缮写，《五体清文鉴》用满、汉、蒙、藏、维5种文字编修，便是各民族文化融合的佐证。外来的阿拉伯文化、西方的基督教文化以及工业文化，与中国传统文化的大融合、大会通更成了自宋至清代一大文化景观。中国近现代文化更是鸦片战争后中西文化融汇创新的产物。可见，中华文明的形成与发展，离不开中华各民族文化与外来文化的会通，中国古代文明之所以灿烂辉煌，其重要原因正是中国传统文化的大度包容与融会变通，会通是中国传统文化富有生机活力、历久不衰、绵延不绝的原动力。

"中西会通"说，出现在明中叶以后中西科学文化教育接触之初。从既存的文献资料看，首倡这一命题的是明末科学家、西学先驱徐光启。1631年，徐光启在上呈崇祯皇帝的《历书总目表》中陈言："臣等愚心认为，欲求超胜，必先会通，会通之前，先须翻译。"[1] 其意是中西天文历算学方面应该互相取长补短，而不应囿于祖制成法。这一观点广为流传则是在经薛凤祚（？—1680年）、王锡阐（1628—1682年）、梅文鼎（1633—1721年）等历算名家阐释之后。薛凤祚在《天学会通序》中说："中土文明礼乐之乡，何讵遂逊外洋？然非可强词饰说也。要必先自立于无过之地，而后吾道始尊。此会通之不可缓也。"[2] 王锡阐认为，中西会通的目的是为了"考正古法之误而存其是；择取西说之长而去其短"[3]。他还指出："近代西洋新法，大抵与土盘历同原，而书器尤备，测候加精。……然以西法有验于今，可也；如谓不易之法无事求进，不可也"。他批评

---

[1] 徐光启：《徐光启集》，王重民辑校，中华书局1963年版，第373页。
[2] 转引自郑强：《明清时期中西数学文化交流探析》，《东岳论丛》2017年第3期。
[3] 《畴人传》（卷35），载阮元、罗士琳等撰：《畴人传合编校注》，冯立昇主编，冯立昇等校注，中州古籍出版社2012年版，第316页。

当时所谓西法,有"不知法意者五,当辨者十"。他自著《晓庵新法》6篇,扬言就是为"会通若干事,考正若干事,表明若干事,增葺若干事"①。稍后,梅文鼎指出:"今之用新秝(避讳字,通"历")也,乃兼用其长,以补旧法之未备,非尽废古法而从新术也。夫西秝之同乎中法者,不止一端。……是则中秝缺陷之大端,得西法以补其未备矣。夫于中法之同法,既有以明其所以然之故,而于中法之未备,又有以补其缺。于是吾之积候者,得彼说而益信;而彼说之若难信者,亦因吾之积候而有以知其不诬。虽圣人复起,亦在所兼收而亟取矣。"②又云:"法有可采,何论中西;理所当明,何分新旧,在善学者知其所以异,又知其所以同。去中西之见,以平心观理。……务集众长以观其会通,毋拘名相而取其精粹。"③无疑,这种不分新旧中西、兼采其长、各去其短的思路,及不设成见、实事求是的精神,在当时看来应该说是积极、正确的,也是十分可贵的。事实上,在科学文化本身的范畴内,中西之间的科学文化确有相通或契合之处;在理论上,不同的科学文化是可以相互影响并产生新的思想的。早期来华的传教士利玛窦在向明万历帝进献贡礼的奏疏中就说中西文化之间存在着契合,"天地图及度数,深测其秘,制器观象,考验日晷,并与中国古法吻合"④。明清之际来华的传教士,为了迎合中国士大夫和民众的心理,大多采用利玛窦所谓"合儒"的传教策略,在1702年刻印出版的《天儒同异考》中,专辟《天教合儒》1卷,详述所谓"合儒"之说。在"经书天学合辙"一文的

---

① 参见梁启超:《中国近三百年学术史》,载《梁启超论清学史二种》,朱维铮校注,复旦大学出版社1985年版,第251页。

② 《畴人传》(卷38),载阮元、罗士琳等撰:《畴人传合编校注》,冯立昇主编,冯立昇等校注,中州古籍出版社2012年版,第334页。

③ 梅文鼎:《堑堵测量》(卷2),转引自龚书铎主编:《中国近代文化概论》,中华书局1997年版,第130页。

④ 转引自董光璧主编:《中国近现代科学技术史》,湖南教育出版社1995年版,第30页。

引言中便有这样的描述:"天学非是泰西创也,中国帝王圣贤无不尊天、畏天、事天,经书具在,可考而知。……独是尧舜禹汤文武周孔以来,圣贤相传敬天之学,而人不知,以至邪说横流。……余生泰西九万里来,心切伤之,爰据中国经书所载,敬天之学,与吾泰西之教有同符者,一一拈出,颜曰合儒,梓以问世,俾人之见之者,知东海西海心理皆同。"① 李约瑟亦曾说:"东西方的数学、天文学和物理学一拍即合。"②

鸦片战争特别是甲午战争后,随着"天朝上国"、"华夷之辨"与"夷夏大防"等观念的逐步突破,越来越多的有识之士逐渐改变盲目虚骄的自大心态,开始正视事实,承认外夷也有"长技",甚至有优越于中国封建专制的"西政",于是力主学习西艺西政。这样"中西会通""泯中西之界限,化新旧之门户"③,便在士绅阶层特别是开明的知识分子中成了一种时尚和思维方式。梁启超指出:"必深通六经制作之精意,证以周秦诸子及西人公理公法之书以为经,以求治天下之理;必博观历朝掌故沿革得失,证以泰西希腊、罗马诸古史以为主纬,以求古人治天下之法;必细察今日天下郡国利病,知其积弱之由,及其可以图强之道,证以西国近史宪法章程之书及各国报章以为之用,以求治今日之天下所当有事,夫然后可以言经世。……今中学以经义掌故为主,西学以宪法官制为归,远法安定经义治事之规,近采西人政治学说之意。"④ 在这里,梁启超不仅提出了一个实施"中西会通"的具体方案与路径,而且将会通的内容从洋务时期的"西艺",拓展到了"西政"和西方的哲学社会科学方

---

① 徐宗泽编著:《明清间耶稣会士译著提要》,中华书局1989年版,第127页。
② 〔英〕李约瑟:《世界科学的演进:欧洲与中国的作用》(1967年),转引自董光璧主编:《中国近现代科学技术史》,湖南教育出版社1995年版,第7页。
③ 汤志钧编:《康有为政论集》(上册),中华书局1981年版,第295页。
④ 梁启超:《湖南时务学堂学约》,载《饮冰室合集》(文集之二),中华书局2008年版。

面，其用意已十分明显，即力图谋求中西学整体的而非局部的会通，进而创造一种近代中国的新文化或新学。

值得一提的是，在19世末20世纪初，"中西会通"还呈现出一个十分明显的特征，那就是在知识精英阶层力图通过中西会通来改造自己既有的知识结构，进而形成一种融汇中西的、新的学术思想体系。康有为、梁启超、谭嗣同、刘师培、梁漱溟、熊十力等莫不如是。如在康有为庞杂的学术思想体系中，不仅融汇了儒家、道家和墨家的学说及《易经》的变易思想，还吸收了佛学的禅宗、华严宗及西方的民主、平等、博爱的社会政治学说，及近代自然科学、进化论思想和乌托邦的空想社会主义等，尽管在他阐释其理论思想过程中不免有牵强附会之嫌，但他的"元——以仁为本"的理论体系和乌托邦"大同"社会就是在会通中西的基础上构建的。再如，"戊戌六君子"之一的谭嗣同，他的"仁学"理论体系也是通过会通中西构建的。他曾说："凡为仁学者，于佛学当通《华严》及心宗、相宗之书，于西书当通《新约》及算学格致、社会学之书，于中国书当通《易》《春秋公羊传》《论语》《孟子》《庄子》《墨子》《史记》，及陶渊明、周茂叔、张横渠、陆子静、王阳明、王船山、黄梨洲之书。"[①]如前述，谭嗣同从传教士翻译的西书中借来了一个西方物理学的概念——"以太"，将其视为构筑世界万物的始基。他说："其（以太）显于用也，孔谓之'仁'，谓之'元'，谓之'性'；墨谓之'兼爱'；佛谓之'性海'，谓之'慈悲'；耶谓之'灵魂'，谓之'爱人如己'，'视敌如友'；格致谓之'爱力''吸力'；咸是物也。"[②]可见，谭嗣同的"仁学"也是一种以儒学为主、杂糅中西的"不中不西，即中即西"的东西，其渊源与康有为的思想理论体系几

---

① 谭嗣同：《仁学·界说》，载蔡尚思、方行编：《谭嗣同全集》（增订本下册），中华书局1981年版，第293–294页。

② 《谭嗣同传》，载蔡尚思、方行编：《谭嗣同全集》（增订本下册），第543页。

乎如出一辙，也是中西文化会通的结果。当然，"好依傍""好比附"是他们的通病，由此也使得他们的思想、学说缺乏深刻性，不可能实现中西文化真正意义上的融会贯通并创造一种中国近代的新文化。清末孙宝瑄曾意味深长地说："居今世而言学问，无所谓中学也，西学也，新学也，旧学也，今学也，古学也，皆偏于一者也。惟能贯古今，化新旧，浑然于中西，是之谓通学。"①

"中西会通"力求采用一种折中的办法，取中学之长择西学之优，建造一种理想文化的天真想法，实现起来是困难的。在科学落后的近代中国，这种折中主义的态度是不利于吸收和引进西方先进的科技知识的。在长达一百余年的时间内，中国知识分子始终守株待兔地等着传教士们把西学送到嘴边来，从来没有想到西学的发源地去亲自看一看。因此，他们对西学的了解大多是一鳞半爪的，外来传教士为便于传教而对他们曲意奉迎采取的"合儒"策略更加剧了这一倾向。与此同时，西方经过文艺复兴、启蒙运动、科学革命、工业革命，科学技术突飞猛进地发展，而中国传统科学逐渐落后于西方。在这样一个地位与势力都不对等的事实面前怎么"会通"呢？也许最好的办法是"西学中源"，这样既维护了自尊心，同时也为中国传统守旧派抗拒西学布下了一道心理防线。有如钱锺书所云："盖引进西学而恐邦人之多怪而不纳也，援外以入于中，一若礼失求野，豚放归笠者；卫护国故而恐邦人之见异或迁也，亦援外以入于中，一若反求诸己而不必乞于邻者。彼迎此拒，心异而貌同耳。"②

"西学中源"说始于明末，盛行于清代，几乎成了当时开明士大夫和知识精英的一种群体意识。起初主要是在西学特别是西方天

---

① 转引自罗志田：《道出于二：过渡时代的新旧与中西》，《读书》2013 年第 6 期。
② 转引自庞朴：《文化结构与近代中国》，载张立文等主编：《传统文化与现代化》，中国人民大学出版社 1987 年版，第 75 页。

文历算学明显优于中国传统历法的形势下出现的。如前述,明末清初以来随着传教士的蜂拥而至,西学特别是天文、数学、地理、器物等方面的自然科学技术知识的大量输入,西学胜于中学已明示世人,引进并认同西学已成必然之势,但国内士大夫不愿甘拜下风,于是以"源"为荣来认同和论述中西文化的关系。"西学中源"说在明清之际的经学家中已有流传,黄宗羲可能是最早提出这种概念的人,他曾著《西洋历法假如》《授时历法假如》等文,认为中国古代的"勾股之术,乃周公、商高之遗,而后人失之,使西人得以窃其传"①。王夫之在《思问录·俟解》中亦说:"盖西夷之可取者,唯远近测法一术,其他则皆剽袭中国之绪余。"②这显然是一种没有根据的猜测。徐光启在刊行他和西方传教士合译的《几何原本》时亦说,几何学中国古已有之,"三代而上,为此业者盛"③。他提出这种观点是想向传教士表明,我们现在学习你们西方的科学,不过是恢复尧舜禹三代以来失传的学问而已。清康熙帝是一位极精明而精力过人的人,他兴趣广泛,对天文历算有很深的研究,对西方的科学与艺术也极有兴致,他曾把许多耶稣会的西洋传教士如南怀仁、白晋、徐日昇、张诚等放在南书房,叫他们轮日进讲天文历算、人体解剖学、物理学等方面的知识,并在这些传教士的帮助下制定了康熙《永年历》和建造天文观象台,并著有《数理精蕴》《历象考成》等书,还费近十年的实测功夫,专用西洋人绘成一部大型地图——《皇舆全览图》。但就是这样一位有极高科学素养和对西学有独到见解的皇帝,也认为"古人历法流传西土,彼土之人习而加精焉";以后康熙帝又进一步发挥,称"算法之理,皆出于《易经》。即西

---

① 凌杨藻:《蠡勺编》(卷31),转引自龚书铎主编:《中国近代文化概论》,中华书局1997年版,第65页。

② 转引自董光璧主编:《中国近现代科学技术史》,湖南教育出版社1995年版,第79页。

③ 徐光启:《徐光启集》,王重民辑校,中华书局1963年版,第63页。

洋算法亦善,原系中国算法,彼称为阿尔朱巴尔(Algebra)。阿尔朱巴尔者传自东方之谓也"①。这样"西学中源"说就具有了"钦定"的性质,终清代而历久不息。清雍正帝时,清政府驱逐西来传教士,中西间文化的交流与沟通几近断绝,士大夫们大多沉溺考据、训诂、词章之学,西学弃置不讲,几成绝学。然而,"西学中源"说在一些有识见的士大夫的著述中仍常有提及,甚至被一些主张积极吸收西方科学知识、精通中西天文历算的知识精英所接受并倡导。道光年间的著名学者阮元撰成一部记述中国古代科技人物的《畴人传》,书中多次论及西方的天文历算等方面的知识"实窃取于中国"。他在《续畴人传序》中云:"自西人尚巧算,屡经实测修改,精务求精,又值中法湮替之时,遂使乘间居奇,世人好异喜新,同声附和,不知九重本诸《天问》,借根昉自天元,西人亦未始不暗袭我中土之成说成法,而改易其名色耳。如诸轮变为椭圆,不同心天变为地球动是已。元且思张平子有地动仪,其器不传,旧说以为能知地震,非也,元窃以为此地动天不动之仪也,然则蒋友仁之谓地动或本于此,或为暗合,未可知也。西法之最善者,无过八线,然舍表无以布算,苟如罗氏以密率招差,是其法亦无异乎元朝《授时秝草》,更安知八线表不亦由于此乎?世之学者,卑无高论,且因八线对数以加减代乘除,竞趋简便,日习其术,罔识其故,致古人精诣尽晦矣。"②在《畴人传卷第一》中,阮元又云:"以句③股量天,始见于周髀。后人踵事增修,愈推愈密,而乃嗤古率为牾疏,毋乃既成大辂而弃椎轮邪?欧逻巴恃三角八线。所谓三角,即古之句股也。伏读圣祖仁皇帝《御制三角形论》论曰:'论

---

① 转引自戴逸:《18世纪的中国与世界:导言卷》,辽海出版社1999年版,第98—99页。

② 阮元、罗士琳等撰:《畴人传合编校注》,冯立昇主编,冯立昇等校注,中州古籍出版社2012年版,第13页。

③ 通"勾"。

者谓今法、古法不同，殊不知原自中国，流传西土，毋庸歧视'。大哉王言！非星翁术士所能与知也。"①在《畴人传凡例》中，阮元云："西法实窃取于中国，前人论之已详。地圆之说，本乎曾子；九重之论，见于《楚辞》。凡彼所谓至精极妙者，皆如借根方之本为东来法，特翻译算书时不肯质言之耳。近来工算之士，每据今人之密而追咎古人，见西术之精而薄视中法，不亦异乎！"②阮元的这些论调虽然也蕴含着中、西学确有会通之处的意思，但其言主要是针对明末徐光启等人崇尚西学、扬今抑古而发，其主旨在维护中国古学。

  第一次鸦片战争后，中国门户洞开，西方传教士凭借一系列不平等条约的庇护，跟随着西方列强的炮舰，蜂拥而入中国，他们在传播基督"福音"的同时，通过创办大量教会学校和译介西学，对中国实施文化侵略，企图在精神和文化上彻底征服中国。于是一些有识之士如林则徐、魏源、徐继畬、梁廷柟等人，在著书立说介绍西学的同时，又掀起了一股考究西学源流的热潮，"西学中源"说由此兴起。至19世纪60年代始，清政府出于"自强"御外而大兴洋务，随着洋务军工企业和新式学堂的次第开办，西学又一次被大规模引进，不但在绝大多数中国开明士绅中获得认同，而且传播益广、影响益深，并逐渐在中国扎根。相应地，"西学中源"说也盛行一时并得到进一步的阐发。此后无论是洋务派、改良派抑或是守旧顽固派，都将此说视为理解和论述中西文化关系的理论依据，及"夷夏大防"之辩时回击对方的利器。可以说，有清一代，不论是奕䜣、曾国藩、左宗棠、张之洞等洋务派领袖，还是以大学士倭仁等为代表的守旧势力；不论是王锡阐、梅文鼎、阮元等科学大家，还是冯

---

  ① 阮元、罗士琳等撰：《畴人传合编校注》，冯立昇主编，冯立昇等校注，中州古籍出版社2012年版，第28页。

  ② 同上书，第17页。

桂芬、郑观应、王韬、王仁俊、钟天纬、严复、康有为、梁启超、谭嗣同等启蒙思想家和改良维新派，无不持有"西学中源"的观点。如天文历算大家王锡阐说："今者西秝所矜胜者，不过数端，畴人子弟骇于创闻，学士大夫喜其瑰异，互相夸耀，以为古所未有。孰知此数端者，悉具旧法之中，而非彼所独得乎？"①晚清大数学家梅文鼎亦三番五次地称颂康熙之"西学中源"说，他说："伏读圣制《三角形论》，谓古人历法，流传西土，彼土之人习而加精焉尔。天语煌煌，可息诸家聚讼。"②西学名家钟天纬在《格致之学中西异同论》中指出："举凡西人今日之绝技，莫非中国往哲之遗传"；"溯其本源，实事胚胎于中土。或变其名目，或加以变通，中国为其创而西人为其因；中国开其端而西人竟其绪"③。洋务思想的发轫者冯桂芬指出："中华扶舆灵秀，磅礴而郁积，巢、燧、羲、轩数神圣，前民利用所创始。诸夷晚出，何尝不窃我绪余。"④改良思想家郑观应在《盛世危言》中指出，西方国家的商政、兵法、制造等"实无一不精"，"皆导源于汽学、光学、化学、电学"，而时人据此"以为西法创自西人"，这完全是错谬的。在他看来，中华文明创始最早，为各国文明形成的源头。不仅"星气之占始于臾区，勾股之学始于隶首，地图之学始于髀盖，九章之术始于周礼"，就是西方近代的声光化电诸学，无不源于中国。他说："一则化学，古所载烁金腐水，离木同重，体合类异，二体不合不类。此化学之出于我也。一则重学，古所谓均发，均悬轻重而发绝，其不均也均，其绝也莫绝。此重学之出于我也。一则光学，古云'临鉴立影'：二光夹一光，足被下

---

① 《畴人传》（卷35），载阮元、罗士琳等撰：《畴人传合编校注》，冯立昇主编，冯立昇等校注，中州古籍出版社2012年版，第311页。
② 梅文鼎：《绩学堂诗钞·上孝感相国》（卷4），黄山书社1995年版，第329页。
③ 钟天纬：《刖足集·内篇》，民国二十一年（1932）铅印本，第71页。
④ 冯桂芬：《校邠庐抗议·制洋器议》（卷下），引自璩鑫圭、童富勇编：《中国近代教育史资料汇编（教育思想）》，上海教育出版社2007年版，第33页。

光,故成影于上,首被上光,故成影于下,近中所鉴大影亦大,远中所鉴小影亦小。此光学之出于我也。一则气学,亢仓子:蜕地之谓水,蜕水之谓气。此气学之出于我也。一则电学,关尹子:石击石生光,雷电缘气以生,亦可为之;淮南子:阴阳相薄为需,激扬为电。此电学之出于我也。"他还指出西方工艺之所以精巧,亦是由于我国"自《大学》亡《格致》一篇,《周礼》缺《冬官》一册,古人名物象数之学,流徙而入泰西,其工艺之精,遂远非中国所及"。至于中学落后于西学的原因,在郑观应看来是"盖我务其本,彼逐其末;我晰其精,彼得其粗。我穷事物之理,彼研万物之质。秦汉以还,中原板荡,文物无存,学人莫窥制作之原,循空文而高谈性理。于是我堕于虚,彼征诸实"[1]。西学先进人士王韬在《原学》中也认为,"中国为西土文教之先声"[2]。总而言之,他们用"礼失而求诸野"的陈说,来解释西学在中国的传播,认为这只是中学又一次从周边地区向中原的复归。王仁俊甚至直言,西方的一切科学、哲学、伦理思想在中国古代都已存在。他辑编《格致古微》时,用经史子集列目分卷,辑出在他看来是与西学相近的古训语录,并在解释中将古训类同于西方科学、哲学、政治、风俗、礼仪等各科知识。例如,他解释"河出图,洛出书"一句,便说:"此上古地图及地理书也";又如解释"震为雷,离为电"一句,便说:"此郑君言电学也"。[3]谭嗣同在1898年还认为:"'天子失官,学在四夷'。譬如祖宗遗产,子孙弃之,外人业之,迨其业之日新月盛,反诧异以为奇技淫巧,机钤诡谲之秘术。呜呼!此所谓数典忘祖者矣!"在他看来,"举近来所谓新学新理者",无一不源自中国古学。他甚至认

---

[1] 郑观应:《盛世危言》,载夏东元编:《郑观应集》(上册),上海人民出版社1982年版,第274–275页;第242–243页。
[2] 王韬:《弢园文录新编·原学》,生活·读书·新知三联书店1998年版,第3页。
[3] 王仁俊辑编:《格致古微》(卷一),光绪二十二年(1896)刻本。

为,"吾圣教之精微博大,为古今中外所不能越;又以见彼此不谋而合者,乃地球之公理,教主之公学问,必大通其隔阂,大破其藩篱,始能取而还之中国也"①。就是像严复这样的西学先驱,亦时或持"西学中源"之观念,如他在《天演论·自序》中指出:"今夫六艺之于中国,所谓日月经天,江河行地者尔。而仲尼之于六艺也,《易》《春秋》最严。司马迁曰:'《易》本隐而之显。《春秋》推见至隐。'此天下至精之言也。始吾以谓本隐之显者,观象系辞以定吉凶而已;推见至隐者,诛意褒贬而已。及观西人名学,则见其于格物致知之事,有内籀之术焉,有外籀之术焉。内籀云者,察其曲而知其全者也,执其微以会其通者也。外籀云者,据公理以断众事者也,设定数以逆未然者也。乃推卷起曰:有是哉,是固吾《易》《春秋》之学也。迁所谓本隐之显者,外籀也;所谓推见至隐者,内籀也。……近二百年,欧洲学术之盛,远迈古初。其所得以为名理公例者,在在见极,不可复摇。顾吾古人之所得,往往先之,此非傅会扬己之言也。吾将试举其灼然不诬者,以质天下。夫西学之最为切实而执其例可以御蕃变者,名、数、质、力四者之学是已。而吾《易》则名、数以为经,质、力以为纬,而合而名之曰《易》。……大抵古书难读,中国为尤。二千年来,士徇利禄,守阙残,无独辟之虑。是以生今日者,乃转于西学,得识古之用焉。此可为知者道,难与不知者言也。"②康有为、梁启超在维新变法时期,欲效西方议院制变革清朝政制,亦借"西学中源"说予以佐证议院制实乃中国所创,古已有之。康有为在《请定立宪开国会折》中说:"春秋改制,即立宪法,后王奉之,以至于今。……今各国所行,实得吾先圣之

---

① 谭嗣同:《论今日西学与中国古学》,引自璩鑫圭、童富勇编:《中国近代教育史资料汇编(教育思想)》,上海教育出版社2007年版,第362页。

② 严复:《天演论·自序》,载王栻主编:《严复集》(第五册),中华书局1986年版,第1319-1321页。

经义。"① 梁启超更撰成一篇《古议院考》，详论中国古代虽无议院之名，但圣哲贤王施政时已寓含其意。他说："问泰西各国何以强？曰：议院哉。……《洪范》之卿士，《孟子》之诸大夫，上议院也；《洪范》之庶人，《孟子》之国人，下议院也。……故虽无议院之名而有其实也。汉制议员之职有三：一曰谏大夫，二曰博士，三曰议郎。《通典》云：谏大夫掌议论，无常员，多至数十人。《汉旧仪》云：博士国有疑事则承问，有大事则与中二千石会议。……此良法美意，岂能特创，盖必于三代明王遗制有所受之矣。"② 经学大师俞樾曾以总结的口吻说："西学亦吾道之所有也……西法之新奇可喜者，无一不在吾儒包孕之中。"③ 梁启超在《变法通议》《西学书目表后序》等文中，更是大包大揽地将已知的西学门类都纳入中学的范围之内，并强调"西人今日讲求之而未得者，而吾圣人于数千年前发之"，"当知今之西学，周秦诸子多能道之"④。可见，即使是洋务运动、戊戌维新时期的开明士绅和启蒙思想家，虽然盛赞西学，力主学习西方，但他们仍然摆脱不了传统观念的束缚，"西学中源"说依旧是他们看待外来物的理论依据和视角。值得提及的是，明末以来西来传教士一方面盛赞中国古代文化比西方优越发达，另一方面为了迎合中国士绅和民众的心理，在译介西方科学、哲学和宗教书籍时，也大量使用中国古籍中既有的词汇作译名（即所谓"合儒"），这又在一定程度上启发和助长了"西学中源"说。陈独秀曾在《学术与国粹》一文中不无感叹地指出："国粹论者有三派：第一派以为欧洲夷学，不及中国圣人之道；……第二派以为欧学诚美矣，吾中国固有之学术，

---

① 康有为：《请定立宪开国会折》，引自中国史学会主编：《中国近代史资料丛刊·戊戌变法》（二），上海人民出版社1957年版。
② 梁启超：《古议院考》，载《饮冰室合集》（文集之一），中华书局2008年版。
③ 俞樾：《王翰臣格致古微序》，载《春在堂杂文》（六编卷七），凤凰出版社2010年版，第638—639页。
④ 梁启超：《西学书目表后序》，载《饮冰室合集》（文集之一），中华书局2008年版。

首当尊习,不必舍己而从人也。……第三派以为欧人之学,吾中国皆有之。格致古微时代之老维新党无论矣;即今之闻人,大学教授,亦每喜以经传比附科学,图博其学贯中西之虚誉。"[1]当然,开明士绅和启蒙思想家们热衷于"西学中源"说,与守旧派之借此反对洋务派和改良派学习西学是有区别的。从根本来说,是因为据此可以为他们学习西学提供一种理由,既能表达认同、追求西学的态度,又维护了文化自尊的心理,甚至可以以此作为回击守旧派反对西学的思想理论武器。对此,彭玉麟有一段很好的阐述:"西学者,非仅西人之学也,名为西学,则儒者以非类为耻。知其本出于中国之学,则儒者当以不知为耻。"[2]奕䜣当年在驳斥倭仁等守旧派反对京师同文馆设天文、算术馆时,也采用了这种"西学中源"的说辞。他说:"西术之借根实本于中术之天元","天文、算学如此,其余亦无不如此。中国创其法,西人袭之。"[3]其用意和彭玉麟所说如出一辙,意在驳斥守旧派"以师法西人为耻"的数典忘祖之说。清廷曾对这场同文馆之争下了一道总结性的上谕:"朝廷设立同文馆,取用正途学习,原以天文、算学为儒者所当知,不得目为机巧。正途人员用心较精,则学习自易,亦于读书学道无所偏废。是以派令徐继畬总管其事,以专责成。习西法者,不过借西法以印证中法,并非舍圣道而入歧途,何至有碍于人心士习耶?"[4]"西学中源"说的作用和妙处由此可见。

毫无疑问,这种以我为中心对待西学的态度,虽然可以破除中

---

[1] 陈独秀:《学术与国粹》,载《独秀文存》(卷二),外文出版社2013年版,第53—54页。
[2] 转引自罗志田:《道出于二:过渡时代的新旧与中西》,《读书》2013年第6期。
[3] 《同治五年十二月二十三日总理各国事务奕䜣等折》,引自中国史学会主编:《中国近代史资料丛刊·洋务运动》(二),上海人民出版社1961年版,第25页。
[4] 中国史学会主编:《中国近代史资料丛刊·洋务运动》(二),上海人民出版社1961年版,第29—30页。

西文化的对立,为西学在中国固有文化中争得一席之地,进而认同西学,引导人们发掘中国旧有之学去融汇西学,去反思中国传统文化,其积极意义不容抹杀。但囿于时代和他们个人的局限,西学中源说的立论基础从根本上说是非科学的,它否定了人类文化起源是多源的,是一种"天朝上国"的心理,是一种主观臆断和比附,必然会阻碍人们对西方先进文化认识与学习的进一步深化,影响人们对中国传统文化做出深刻的检讨与反思。金耀基在其《从传统到现代》一书中指出:中国人的"优越意结"与"中国中心的文化主义",使得"中国文化与西方文化接触后,就变成了一种'中国中心的困局',面对着汹涌而入的西方文化,总带着半分轻蔑与半分钦佩,任何西方的新思想、新学说都不免遭到'欲迎还拒'的待遇。这是中国知识分子自觉与不自觉的一种'自卫机构'的反抗。明明是无价值的东西,虽然心理不一定喜欢,但因为它是中国的总要找出可能的理由加以拥抱。明明是有价值的东西,虽然心理上很喜欢,但因为它是外国的,总要找出可能的理由加以拒斥。我们特别应当指出的是,不管是前者的拥抱与后者的拒斥,都不必是有意识的行为,也不必是绝对性的行为,同时更不必是任何个人的偏失,而是中国文化特殊条件下所塑造的心态"[1]。在旧结构中谈新学问,用旧语言来表达新概念,用经验式、直观式的中国古代科技来比附西方近代的实证、实验科学;这种貌似开放、实则封闭的体系,曾是晚清思想进步和科技发展的极大障碍。当然,随着洋务事业的扩展和人们对西学认识的加深,当时亦有博学开明之士对"西学中源"说中一些观点提出质疑,甚至以事实来纠正西学源出中国之说。如梁启超曾不无自责地评说:"中国思想之痼疾,确在'好依傍'与'名

---

[1] 金耀基:《从传统到现代》,中国人民大学出版社1999年版,第141页。

第二章 亘古未有之变：文明中心由东向西 437

实混淆'。若援佛入儒也，若好造伪书也，皆原本于此等精神。"① 曾出使西欧的薛福成也对清初以来一直流行的"西学东来法"进行纠错，他引用西人的话指出所谓"东来法""实系译者之讹"。他举例说："今泰西之代数学，即所谓借根方法也。阿喇伯语谓之阿尔热巴喇。盖其学亦阅千百年，……康熙年间，其法始入中国，梅文穆公一见即悟为古立天元一之法。……西人借根方法，适与（中国古法）相合。梅氏于所著《赤水遗珍》中详解之，并谓阿尔热巴喇者，译言东来法也。中国之考古者，遂谓中法流入西域，一变而为谟罕默德之回回术，再变而为欧罗巴之新法。而西人之明算学者则力辨之，谓译阿尔热巴喇为东来法者，实系译者之讹。且云千余年前，希腊印度等国已传其法，但不能如今日之精耳。"② 再如，始终从事洋务活动的钟天纬在其《格致说》中说："考西国理学，初创自希腊，分为三类：一曰格致理学，乃明征天地万物形质之理；一曰性理学，乃明征人一身备有伦常之理；一曰论辩理学，乃明征人以言别是非之理。"③ 维新变法时期湖南的重要骨干唐才常亦有类似之言："泰西之学，胥源希腊；希腊盛时，与埃及、波斯、印度等国，互相观劘。"④ 这表明他们已承认中西文化各有源头，并非独出于中国。原天津武备学堂算学总教习卢木斋在致梁鼎芬信中，亦说自己对西学"初亦不甚厝意，以谓一艺一术，不足语道。及读西士译就各种新理政书，又与严又陵诸君子游，则益恍然于宇宙之大，古今之遥，尧舜禹汤文武周公中土圣人递相传授之实际，洎今学者亦湮其源，独赖二三

---

① 梁启超：《清代学术概论》，载《梁启超论清学史二种》，朱维铮校注，复旦大学出版社1985年版，第72页。
② 薛福成：《出使英法义比四国日记》，见钟叔河主编：《走向世界丛书》（第8册），岳麓书社2008年修订版，第265–266页。
③ 钟天纬：《刖足集・外篇》，转引自陈旭麓：《论"中体西用"》，载《陈旭麓文集　第二卷：思辨留踪（上）》，华东师范大学出版社1997年版，第293页。
④ 唐才常：《尊新》，载湖南省哲学社会科学研究所编：《唐才常集》，中华书局1980年版，第32页。

西士，深操力取穷乎阖辟之始，扩诸名教之繁，推隐钩沉，发扬交畅，虽其于道，未必遴合，要其征实不诬，则固吾圣人复起，有不能废者也。"①卢木斋的这种由初始的鄙薄西学为"一艺一术，不足语道"，到承认其"吾圣人忽起，有不能废者也"，的确是一种可贵的认识和全新的文化价值观，为突破"夷夏大防"的樊篱及西学在中国的植根提供了依据。遗憾的是，在当时的中国有这种识见的人太罕见了。

三、对近代中国教育改革的导向

如前所述，在晚清西来的传教士中确有很大一部分是具有较高专业水准、术有专攻的知识分子，他们自己也大都以文明使者自居，因此在传道的过程中普遍采用"教育渗透"的策略。他们视教育"为基督教的重要支柱"，认为"基督教已与教育工作结下了不解之缘"，"基督教传教士有义务进行教育工作"②。随着教会内部对传教士所从事教育活动的重要性和必要性认识的加深，教育日益成为教会在华整体事业的重要组成部分，传教与教育逐步分离，教会教育逐步走向群体化、专业化和组织化。一些专门从事教育的传教士，一方面，通过书籍翻译、教科书编撰及报刊传播欧美的教育理念、教学内容和教育制度；另一方面，通过创办大量从幼稚园到大学的教会学校，直接移植欧美学校教育的办学模式、教育方法与课程内容，使教会教育的教育体系和管理模式日趋完善。存续了一百多年的中国教会教育，不仅培养和造就了一大批专业的传教士教育家，而且通过他们的教育实践、教育思想和改革主张，极大地影响

---

① 政协天津市委员会文史资料研究委员会编：《天津文史资料选辑》（第17辑），天津人民出版社1981年版，第106—107页。

② 〔美〕狄考文：《如何使教育工作最有效地在中国推进基督教事业》，引自陈学恂主编：《中国近代教育史教学参考资料》（下册），人民教育出版社1987年版，第12—13页。

了中国传统教育的变迁，推进了中国教育的近代化进程。

19世纪60年代，由洋务派发动的"自强"新政运动，揭开了中国近代化的序幕，为教育的近代化提供了前提。但近代中国的特殊国情，又决定了教育的近代化不是来自内部的自觉行为，教育近代化的肇端与外来传教士息息相关。在晚清中国，内外交困的历史际遇，使中国传统教育深陷危机之中，这种危机集中表现为科举制的日暮途穷。晚清科举，考试以《四书》《五经》为命题范围，制义格式以"八股文"为统一标准，致使学人士子只能"代圣贤立言"，不敢越雷池一步。与科举制相应，传统书院和学堂都成了科举的附庸，教育内容以朱熹集注的《四书》《五经》为范本。按照这种模式培养出来的人，大都学非所用，脱离社会实际，不适应洋务新政的需要，更与世界发展大势背道而驰。与中国传统教育江河日下的颓势形成鲜明对照的是，西方蓬勃发展的近代科技教育，通过传教士这个媒介，逐步传入中国。从1839年11月布朗夫妇在澳门创办的中国最早的教会学校——"马礼逊学堂"始，传教士们为了"推进上帝的事业"，纷纷在五个通商口岸甚至内地广设教会学校。这些教会学校在教育理念、学制、管理、教学内容和方法等方面，都迥异于中国的传统教育。因而，它们的出现就势必从教育体制内部，冲击和瓦解已危机四伏的中国传统教育，使之呈现出一种势在必行的变革态势。19世纪60年代，西方传教士试图以基督教征服中国的尝试屡屡受挫，中国以传统的思维方式和武器抗击西方列强的入侵也连连失败，出于各自的需要，双方都把注意力投向了西学和教育。由是，以洋务运动为契机，中国传统教育踏上了姗姗来迟的近代化历程，西方科技教育在中国近代逐渐兴起。

中国传统教育改革是以建立新式学堂为标志的。在洋务运动时期，为了讲求"算学格致之理，制器尚象之法"，洋务派通过变革科举制、创办新式学堂、翻译西书、成立译书局等，拉开了学习西文、西艺的序幕。1862年，第一所外国语学堂——京师同文馆开办，是为近代中国教育改革的开端，也是清政府对西学态度转变的开始。除同文馆外，还出现了一批培养目标明确、专业化的学校——军事学堂、实业学堂、技术学堂。这些新式学堂的规章制定、课程内容设置、教学方法改革等，传教士都在其中扮演了不可或缺的角色，或者说它们是直接或间地受到了传教士和教会学校的影响。

中国传统教育是以儒家经典和人伦纲常为核心的。在教会学校开办之前，在中国传统书院和私塾里，学生读的是《四书》《五经》，没有西学课程可言。教会学校的兴起，使人们透过这个"窗口"，了解到教育内容是可以多彩纷呈的。在洋务运动初始时期，就有传教士直接参与了中国近代新式学堂的建立与教学、管理工作。如在京师同文馆，有包尔腾、丁韪良、司默灵、德贞等传教士充任教习，其中丁韪良出任总教习长达25年；在上海广方言馆，有林乐知、傅兰雅、伟烈亚力、玛高温、李佳白等传教士充任教习；在广州同文馆，亦有哈巴安德等传教士充任教习。在同文三馆中，传教士普遍重视课程设置的科学性，重视以西方先进的科学技术知识来培养新式洋务人才，从而开近代中国官办学校课程改革之先风。如丁韪良在任京师同文馆总教习期间，试图按照西方的教育体系对同文馆进行改造，分别制定了8年和5年的课程表，这两份课程表除了注意到知识结构的完整性及突出分类指导与循序渐进的特点外，还引进了不少新课程，如外国语言文字、数学、各国地图、各国史略、万国公法、富国策、航海测算、机器、物理、化学、医学生理等。这样的课程设置，明显摆脱了中国传统学堂和书院课程设置的单一和陈旧，逐步向西方先进实用的课程体系靠拢。再如，上海广方言馆设计的三年制课程里，有矿物学与冶金学、金属铸件与锻件、木器与铁器制造、蒸汽机设计与操作、航海、水陆攻战、外语语言文字及风俗国政等，体现出极强的专业性。上海广方言馆并入江南制造局后，更致力于为洋务派培养新式工厂企业的技术人才。

值得提及的是，传教士在教学过程中特别倡导理论与实践相结合，注重直观与实验教学，借此培养学生的实践技能。如狄考文在其创办的登州文会馆，一方面亲自制作各种教学用的实验仪器，一方面通过各种途径在国外购买和募集设备。经过数十年的努力，文会馆不仅拥有三百多种教学仪器，而且有专门的实验室、电机房、天文台和印刷厂。狄考文曾自豪地称，文会馆的仪器设施与美国一般大学相比毫不逊色。再如在京师同文馆，丁韪良专门购置了打字机供学生练习之用，从美国引进小型电报收发机教学生用莫氏电码收发报，学校设有化学、物理实验室及天文台和博物馆作为学生实验和实习场所，教授医学的德贞更是带领同文馆学生赴教会医院实习。又如在上海广方言馆，林乐知在教学时，指导学生进行有关电报收发和检验蓄电池性能的试验，还经常带领学生到工厂参观考察。翻译西方书籍更是同文馆学生提升外语水平的重要实践活动之一。京师同文馆、上海广方言馆及与之关系密切的江南制造局翻译馆、广州同文馆等机构翻译的数百种书籍，有不少是在传教士教师的指导下由学生翻译的，还有不少是师生共同翻译的。除译书外，同文馆学生还被选拔随外交使节同行出访，有外国人来访时亦派学生陪同。这些实习活动，既提高了学生学习外语的兴趣，又开阔了他们的视野。

随着教会学校西方社会科学和自然科学课程的开设，教科书问题自然提上议事日程。为了统一编写出版教会学校教科书，1877年5月在华基督教传教士在上海专门成立了一个全国性的教育组织——"学校教科书委员会"，委员会主席为丁韪良，成员有慕维廉（后任主席）、韦廉臣、狄考文、潘慎文、林乐知、黎力基、傅兰雅等知名的教会教育家和科学家。委员会成立后便着手编辑两套教科书，一套供初等学校使用，一套供高等学校使用。教科书类别涉及数学、物理、天文、测量、地质、化学、动植物、医学、中外历史及自然史、西方工业、逻辑学、伦理科学、政治经济学、心理哲学、地理、语言、宗教、音乐和绘画等。教科书委员会报告指出："这些书籍完成后，无疑的将为中国的学者和人民使用"。为此，教科书委员会特别强调，要求参与编译的传教士要在比较鉴别的基础上结合中国的实际编撰教科书。韦廉臣在《学校教科书委员会的报告》中指出："不是译作而是原作，包括特定作品。请你比较本科目某些外国最好的著作，选择一本最适合的作基础，然后把你对中国的文字、民族格言以及风俗习惯的了解与手头的工作结合起来，以便编写出将对中华民族产生强大影响的书籍。"[1]为了使教科书的编译出版工作更加科学规范，教科书委员会不仅要求教科书既通俗易懂又具有严格的科学性，既可供阅读又可供教学与研究之用；而且还要求统一教科书中使用的术语、统一编制词汇表并将其统一划分为三类（即技术、科学和制造类，地理类，传记类），由傅兰雅、林乐知、伟烈亚力等负责编制，供教科书的编撰者、翻译人员及出版机构使用。至1890年，该委员会编印出版教科书50种，共74册，印行数量达三万余本[2]。该会发行的教科书除少量宗教方面的书籍外，主要是数、理、化、天文、地理、历史以及生物、卫生、体育等方面的教科书。我国近代最早的"教科书"一词，就由此而来。教科书委员会编辑出版的《心算初学》《代数备旨》《测绘全书》等，被我国新式学堂广泛采用为通用教科书。随着教会学校在中国的快速发展，学校教科书委员会已不能适应教会教育的需要，在华基督教各差会又于1890年成立了一个更为综合性的教育组织——"中华教育会"（1916年

---

[1] 〔美〕韦廉臣：《学校教科书委员会的报告》，引自陈学恂主编：《中国近代教育史教学参考资料》（下册），人民教育出版社1987年版，第88页。

[2] 王树槐：《基督教教育会及其出版事业》，引自陈学恂主编：《中国近代教育史教学参考资料》（下册），第105页。

因有中国本土的"中国教育会",遂改名为"中华基督教教育会")。中华教育会设有教育行政事务、出版、课程、考试、教育改革、师范教育、工业教育、幼稚教育等委员会。该委员会成立初期的作用主要有三:"(1)编辑适用的教科书,以应教会学校的需求;(2)谋教授上的互助;(3)探求及解决中国的一般教育问题"[①]。1900年,委员会编辑发布了《教育指南》,宣称工作范围为:审定科学和史地名词;编译各种教科用书;编辑出版各种教育杂志;委托各省区教育会拟定课程标准、各科教授标准、教学方法及各科教授的最低限度与教育问题研究、学校视察指导、教师培养等事务。从职能范围看,中华教育会虽然不像学校教科书委员会那样是专门的教科书编译机构,但编译教科书是其最主要的一项业务,尤其是在课程标准制定与教科书科学名词的编制与审定上贡献很大,为教科书的编译出版做了大量基础性工作。该会成立不久,便分头编制各种教科书的技术术语,其中狄考文负责编制算术、代数、几何、三角、测量、航海、解析几何、微积分、水、空气、光、热、电、蒸汽、天文、印刷、机械工具等方面的技术术语;傅兰雅负责编制化学、矿物学、气象、平版印刷、电镀、化学仪器、哲学注解、铸造模型、射击、造船、采矿、工程学等方面的技术术语;李安德负责编制物质媒介、解剖学、手术、疾病、地学、官员头衔、国际法、神学等方面的技术术语;潘慎文负责编制生理学、植物学、动物学、音乐器乐与声乐等方面的技术术语。从 1890 年到 1893 年,中华教育会出版了动力学、水力学、光学、热学等方面的教科书 12 种;1894 年到 1896 年又编译出版了各种教科书 18 种。此外,传教士还通过其创办的出版机构如广学会、墨海书馆、华美书馆、博济医局及江南制造局译书馆等大量编译教科书。1902 年清政府颁行新的学制,各地书院纷

[①] 程湘帆:《中华基督教教育会成立之经过》,引自陈学恂主编:《中国近代教育史教学参考资料》(下册),人民教育出版社 1987 年版,第 92 页。

纷改制，新式学校陆续创办，因近代国人自编新式教科书始于19世纪90年代后期，所以各地新式学校中有相当一部分课程，尤其是自然科学方面的课程，直接选用了传教士所编译的教科书。这表明，在没有聘请洋教习的中国人自办的学校里，西学也开始兴盛，而这正是中国传统教育改革的突破口所在。

西学的大规模涌入，传教士对中国官办新式学校的改造，特别是在其中大量开设西方实用科学课程，可说是对中国封建旧学陈腐之气和传统文化教育观念的大扫荡。这种学用一致的实用主义的教育观，对洋务运动后期张之洞的教育思想和办学实践也产生了十分重要的影响。张之洞曾被誉为"当今第一通晓学务之人"①。在《劝学篇·学制》中，他明确表示："凡东西洋各国立学之法、用人之法，小异而大同，吾将以为学式。"他认为，外洋的学校制度可分两类：一为"公共之学"，即小学或中学等基础教育；一为"专门之学"，即实业、师范或农、工、商、兵、矿、铁路等专业教育②。在学习内容上，他强调，不但要学"西艺"（西方自然科学），而且要学"西史"与"西政"。他说："学校、地理、度支、赋税、武备、律例、劝工、通商，西政也；算、绘、矿、医、声、光、化、电，西艺也。才识远大而年长者，宜西政；心思精敏而年少者，宜西艺。"③ 这说明，西方实用主义的教育思想已开始渗透到当时中国教育最高决策者的思想与行动之中。在具体的办学实践中，他也注意吸收教会学校之所长。1890年，张之洞任湖广总督期间，主持将经心书院（为张之洞1869年任湖北学政时创办）和江汉书院合并改造为两湖书院。据说他在合并改造两湖书院期间，曾派梁鼎芬

---

① 张百熙、荣庆：《请派重臣会商学务折》，引自朱有瓛主编：《中国近代学制史料》（第1辑，下册），华东师范大学出版社1983年版，第71页。

② 张之洞：《劝学篇·学制》，载苑书义等主编：《张之洞全集》（第12册），河北人民出版社1998年版，第9742页。

③ 同上书，第9740页。

到教会创办的文华书院（美国圣公会于1871年在湖北武昌城内创办的教会学校）了解其教学体制、教育方法和课程设置等，并借鉴教会学校的课程设置，在传统书院所设经学、史学、理学、文学等课程的基础上，对两湖书院的课程加以拓展，增加了算学、经济学、地理、测绘地图、博物、化学、兵操等西学课程，并聘请地理学家杨守敬、数学家华蘅芳等人到院执教，由此使得两湖地区的书院的学风大变，而课程的变革正是传统教育改革的突破口和关键所在。

洋务时期新式学校的建立、西学课程的开设、实用主义教育思想的引进等，在某种程度上意味着教会学校既是中国传统教育的破坏者，又是中国新式教育的奠基者。这种奠基作用，缩短了中国教育自身近代化的摸索时间，导致了近代自然科学和社会科学在中国的启蒙和建立及新式知识分子群的产生，为中国教育改革的进一步演进确定了基本的格调，指明了努力的方向，开启了中国传统教育改革的帷幕。洋务派对西学和洋务人才的渴求，在客观上创造了有利于西方科学教育发展的环境，洋务时期创办的新式学校又为国人打开了一条向西方学习的通道，中国开始改变对西方和西学的态度。西来传教士利用这种有利时机和环境，凭借他们创办的报纸杂志，以磅礴之势对中国传统文化教育展开了凌厉攻势，他们抓住中国陈梦乍醒后一片空白的机缘，不失时宜地充当了西学的载体，大肆宣传西方教育制度的优越性和中国兴办新式教育的迫切性，为百日维新推行的教育改革制造舆论。可以说，戊戌变法前后传教士对中国教育改革的影响达成了顶点。1881年，《万国公报》发表署名"探报万国者"的文章《论崇实学而收效》，该文指出："泰西各国，莫重于读书，有得教化之源。士有士之学，农有农之学，工有工之学，贾有贾之学，皆有至理存焉"。因而主张中国要学习日本

"效仿西国之新法",广设各级各类书院[①]。1881年,传教士狄考文发表《振兴学校论》,批评中国人古训至上,所学范围太狭,不过"仁义礼智孝悌忠信"而已,建议中国改革教育制度,广设普通学校、职业学校、大学、女学,并把士、农、工、商全纳于学。1890年,传教士李提摩太也提出类似建议:鉴于中国"学校之书,祇知述古,自囿方隅,不能博通五洲近达时务为可惜耳",所以主张"广新学,宜特简派亲王游历五洲,遍览各国风俗政事,俾知新学为当务之急,实力讲学,亦设立新学部,再多筹经费,广立书院,从此渐推渐广,人才辈出,为国家宜劳,为海疆保障,大用大效,小用小效,又何难驾出西人上哉"[②]。1890年,在华基督教传教士组建"中国教育会",将"探求及解决中国的一般教育问题"作为该会的一项重要职能,并编辑出版《教务杂志》《教育月刊》(1909年改为《教育季刊》)。中国教育会成立后,传教士们利用其创办的报纸杂志大肆鼓吹变法的重点在改革教育,竭力对维新派的教育改革施加最大限度的影响。1895年,李提摩太发表《新政策》一文,提出"中国目下应办之事,有九条目",其中之一便是建议中国政府的学部由两位外国传教士来总管,因"学部为人才根本,应请德人某某(他推荐德国传教士花之安)、美人某某(他推荐美国传教士丁韪良)。总之,此二人名望甚高,才德俱备,可与中国大臣合办"[③]。1897年,林乐知在其《中东战纪本末·治安新策》中说:"中国变通之道当以育才为本。"为此,他提出所谓"读书之法有急宜改革推广者三":第一是"减书增学之法",即"中国之书,读一、二

[①] 李楚材辑:《帝国主义侵华教育史资料——教会教育》,教育科学出版社1987年版,第407页。

[②] 〔英〕李提摩太:《论新学部亟宜设立》,引自陈学恂主编:《中国近代教育史教学参考资料》(下册),人民教育出版社1987年版,第55—56页。

[③] 〔英〕李提摩太:《新政策》,引自陈学恂主编:《中国近代教育史教学参考资料》(下册),第57页。

年即可毕事"，尔后"即教以泰西有用文字俾广识见，而又分别士农工商俾成专门名家之业"；第二是"延师设学之法"，即"敦请英美等国之学部大臣来华专掌其事（指教育）"，"或更请各教士兼管各等新学"；第三是"广学新民之法"，即选派"年至弱冠，资质明敏，在华粗知学问者，资送出洋令之肄业于分类各书院"，"设翻译书院，精择泰西书籍，译出华文"，创办刊物，刊布新知识，各省府建藏书楼、博物院及举办赛物会等[①]。1897年，李佳白在《万国公报》上发表《拟请京师创设总学堂议》，提请在京师设总学堂。他指出："总学堂应有之各等学问，如中西文法文理、中西史鉴、政事学、律法学、富国策、地理学、地势学、算学、格致学、化学、天文学，以及机器学、矿学、金石学、工程学、农政学、身体学、医学、并中西各等性理学、性灵学，必须并蓄兼收"；同时在总学堂内设立"各等专门学堂，其最要者，如政事律法学堂，格致学堂，矿学堂，工程学堂，农政学堂，医学堂，博文学堂"；"总学堂于各等专门学堂之外，亦可设立一大学堂。大学堂者，备有各等学问，所以练人之全才也。……大学堂之下，又有中学堂，蒙学堂"[②]。1898年，林乐知以广学会的名义在《万国公报》发表《速兴新学条例》，提出广泛收藏各国善本图书、创办学塾书院专以西文西学教人、改革科考制度为国家遴选真才、创办新学报刊布新知识、筹措新学的办学经费、选派出国留学学习新学等6项主张[③]。1896年，德国传教士安保罗甚至这样描绘教育改革将给中国带来的功效："中国若能言出立行，特开考取实学科条，无论贫富之家，或子或女，皆

[①] 〔美〕林乐知：《中东战纪本末·治安新策下》，引自陈学恂主编：《中国近代教育史教学参考资料》（下册），人民教育出版社1987年版，第59页。
[②] 〔美〕李佳白：《拟请京师创设总学堂议》，引自李楚材辑：《帝国主义侵华教育史资料——教会教育》，教育科学出版社1987年版，第411—412页。
[③] 《广学会：速兴新学条例》，引自李楚材辑：《帝国主义侵华教育史资料——教会教育》，第414—415页。

当入学。凡志在科名者，须中西并务，不可偏废，若不由泰西实学拔取，不能名列胶庠，身登仕籍；绅宦之家，凡有子弟，当令其游历外洋，肄业实学，日后学业造成，仍回本国，供朝廷之驱使。即一才一艺，皆得各适其用，如政治、法律、水师、陆军、电报、铁路、制造、机器、算学、医学、化学、重学、矿学、光学，一切格致之要，俱当分门研究，精益求精，二十年后，中国实学倡明，当不必晋用楚材矣。"①

戊戌维新时期，传教士倡导的变科举、兴新学、译西学、办报刊、派留学、改政制等，在某种程度上与维新变法精英们的想法一拍即合；他们连篇累牍发表的教育改革文章也在中国社会各阶层引起了强烈的反响。可见，在维新变法前后传教士对中国教育改革施加的影响是非常明显的，其宣传活动也是较有成效的，在一定程度上推动了维新精英们进一步思考中国"积弱"的深层原因，认识到了中国教育培养出来的人才之所以"无实无用"，中国之所以积弱贫穷、民智不开，其根源正在于科举制度。这种认识，不仅在统治集团高层，而且在广大知识精英中引起了共鸣，在全国逐渐汇聚成一股改良教育的思潮，变革科举、变通书院、遍采西学、广开学校、广派游学、发展女学成了改良思想家和开明士大夫一致的呼声。以新式学堂的创办为例，据统计在这一时期创办的新式学堂就有五十多所。这些学堂种类繁多，形式多样，有中国人自己第一次创办的女学堂——上海经正女学堂和广东饶平女学堂；有以理工科为主的学堂，如谭嗣同在家乡创办的浏阳算艺学堂，及天津中西学堂、杭州蚕学馆、武汉农务学堂等；有的文理合一，如京师大学堂、湖南时务学堂等；有的以武备为主，如各种武备学堂。这些新式学堂从开办到课程设置乃至教员的聘请，无不与教会学校和传教士进行的

---

① 〔德〕安保罗：《崇实学》，引自李楚材辑：《帝国主义侵华教育史资料——教会教育》，教育科学出版社1987年版，第409页。

宣传活动及其主张建议有关。

当然，传教士对维新派的支持和鼓噪并没有超出他们的利益诉求，他们的许多教育改革主张，特别是他们想全程介入甚至想把控中国教育改革方向的努力，诸如"总管"中国教育的最高决策机构——学部、"延请传教士兼管各等新学"等，其真正用意就是想争夺中国新教育的创办权，图谋中国的教育主权，使中国的维新变法走上完全西化的道路。这就赤裸裸地暴露了他们文化侵略和用基督教征服中国的野心，他们的教育改革主张自然也不会被维新派领袖和清政府所接受。事实上他们的主张在维新变法时期也没有被采纳，当时就遭到了维新派的抨击。

19世纪末到20世纪20年代，是中国教育史上带有转折性意义的时期。这期间，中国传统的教育制度几经颠簸，基本上走到了它的尽头；新的教育制度以诏令、法律的形式确定了下来并逐步完善；旧式书院纷纷改制，各级各类大、中、小学纷纷建立。这既与传教士多年的教育改革鼓动有关，也受益于教会学校尤其是教会大学世俗化发展的启发。中国传统教育在当时受到了来自两个方面的挑战，一是教会大学的蓬勃发展与日益世俗化；二是中国民族工商业与实业的发展对精通西文、西学人才的强烈渴求。在此期间，教会大学如雨后春笋广布全国各地，强烈地刺激着中国，构成了中国兴办大学的外在压力。同时，随着中国民族工商业与实业的发展，一方面迫切需要熟悉西学的人才，另一方面由于科举的废除阻断了士人的晋身之途，不少人为了谋得一份好差事转而致力于西学，但在当时中国没有自己办的大学，他们自然便把目光投向了传教士和教会学校尤其是教会大学。1898年，广学会成立11周年的报告指出："教士们在各省都受到中国学生的包围，要求帮助他们学习英文、法文、德文或某种西方科学，……自1895年改革运动开始以来，各省都显示了类似的趋势。由于这些改革派获得地方大员的同情与支持，有关西式学堂与大学的消息在内地人们的通信中传送频繁……商人们和传教士们经常被找去当顾问。信件从各地飞来，要求本会为它们推荐外国教习。"① 正是在这两种内在压力下，1898年8月，中国第一所国立大学——京师大学堂在北京建立。此后，各省纷纷设立高等学堂。据1909年统计，全国共新建了3所国立大学、23所省立高等学堂和97所高等专科学校。这些新式的高等学堂，往往聘请传教士为总教习或教习。如京师大学堂，在开办之初就请美国传教士丁韪良为总教习；1895年，盛宣怀创办中西学堂（1903年改名北洋大学堂），请美国传教士丁家立（Charles D. Tenney）任总教习；1902年，丁家立又获得了保定直隶高等学堂（即北洋大学预备学校）总教习的职务，后来成了直隶全省西学督导；1896年，盛宣怀在上海创办我国南方第一所高等工业学校——南洋公学（上海交通大学前身），聘请美以美会传教士福开森（John C. Ferguson）为第一任院监。此外，这些大学除国学课程外，很多课程直接采用西洋的课本并用外语讲授。由此可见，传教士与教会大学对我国新式大学影响很大。

在教育思想和教育制度上，传教士也从来没放松过对此施加影响，企图借此最大限度地影响和把控中国教育发展的方向。1873年，德国传教士花之安出版了他的《德国学校论略》和《泰西学校论略》，介绍西方特别是德国的教育制度；不久，总理衙门又委托美国传教士丁韪良研究和报告欧美和日本的教育制度，1883年他完成了这个报告，题为《西学考略》；1892年，李提摩太所著的《七国新学备要》一书出版；1896年，林乐知将日本森有礼所辑《文学兴国策》译出。这些论著从不同侧面比较详细地介绍了当时西方的教育思想和教育制度。特别是义和团运动前后，传教士

---

① 王树槐:《外人与戊戌变法》，上海书店出版社1998年版，第85—86页。

利用清政府内外交困、全国上下要求建立新教育制度的时机，再次掀起了介绍西方教育体制的高潮。由于处于大动荡大变革的年代，来不及对西方教育制度的优劣进行仔细辨析和下一番排沙拣金的功夫，因而我国第一部新学制——《癸卯学制》基本上是从这些论著或译著中抄袭过来的。但这个以欧美特别是日本为模板的教育制度，与中国封建的教育制度相比，不能不说是一大进步。教育宗旨的变革也与传教士的影响不无关系。众所周知，中国历代封建王朝，都以尊儒与忠孝为其教育的根本宗旨。这一宗旨在传教士和教会学校的影响下，经过洋务派和改良派的呼吁，到晚清也有所变化。1903年，清政府颁布的《癸卯学制》中，规定"各学堂章程以忠孝为敷教之本，以礼法为训俗之方，以练习艺能为致用治生之具"。在《钦定大学堂章程》中规定大学的宗旨为"激发忠爱，开通智慧，振兴实学"。1906年学部又规定各级各类学校以"忠君、尊孔、尚公、尚武、尚实"为办学宗旨。可见，在这些教育宗旨里虽然仍强调"忠孝""礼法""忠君""尊孔"为其根本，但毕竟把"艺能""智慧""尚公""尚武""尚实"等新思想第一次以章程的形式确定下来，并对民国教育宗旨的制定有直接影响。南京临时政府成立后，便有了"注重道德教育，以实利教育、军国民教育辅之，更以美感教育完成其道德"的教育宗旨。注重艺能、振兴实学等教育理念在教育宗旨中的确立，预示着科举制的坍塌也指日可待。1905年，清政府终于下令废除延续一千三百年之久的科举制度。中国封建的教育体制竟比政治体制更早地退出了历史舞台，这表明传教士对中国传统教育改革影响之巨大深刻。

当然，我们在恰如其分地肯定传教士在中国传统教育改革中的历史作用时，应该明确一点，即传教士之所以能对中国的教育近代化起到一定的催化作用，其根源还在于中国传统教育自身日益不能适应中国社会的现实诉求,是中国经济和社会的发展变革催生了对教育近代化的渴求。正如费正清所言:"基督教传教士在最初唤醒中国人使之感到需要变化这一方面,曾起过重要作用"[①]。

---

① 〔美〕费正清、刘广京编:《剑桥中国晚清史(1800—1911)》(上册),中国社会科学院历史研究所编译室译,中国社会科学出版社1993年版,第632页。

第三章

师夷长技，会通中西

一般而言，大国的兴起或衰落，世界格局的根本性改变，往往要历经一个较长的历史时期或某些突发事件。近代中国的衰败，如果抛开其固有的内在缘由不说，那么在某种程度上则是由鸦片战争这股外力直接促成的。鸦片战争的结局打开了近代中华民族屈辱和灾难的首页。用研究中国史的日本知名学者沟口雄三的话来说：鸦片战争是"中华世界'千古'以来第一次在文明的层面遭到了来自连自己也不得不承认其优越性的其他文明世界的严重打击"，以"天下"自居的中国，真正开始输给在中国人看来是"蛮夷"的英国。在英国人妄自尊大的文明意识里，基督教文明才是真正的文明世界，中国不过是"半文明的国家"（英国公使兼香港总督戴维斯语），中国人是"半野蛮国的国民"（英国派往中国的第一个特使马戛尔尼语）、"亚洲的野蛮人"（中国第一任总税务司李泰国语）[1]。自此以后一百余年，中华民族的历史，可以说是一部充满血污与屈辱、奋斗与抗争的历史。太多太多的痛苦、屈辱和义愤熔铸于其间、鼓胀于其间。不仅煎迫着朝廷的主人，更震动了那一时期的思想精英和士

---

[1] 参见〔日〕沟口雄三：《作为方法的中国》，孙军悦译，生活·读书·新知三联书店2011年版，第70页。

大夫们的心灵。他们不只是扼腕切齿，引为大辱奇戚，而且开始仔细体味中西力量差异的缘由，深刻思索这一切之所以发生的症结，探讨济世富强、重振民族声威的可能性，由此也拉开了师夷长技、会通中西的序幕。

第一节　开眼看世界的士大夫

　　清朝一百多年的闭关（仅一口通商）政策，使"夷夏大防""华夷之辨"的壁垒越筑越高，在资本主义经济、科技、文化蓬勃发展之际，中国却几乎完全走向了封闭。王先明说："面对异域来风，近代中国不但失去了唐王朝兼收并蓄、落落大方的大家风范，甚至连小家碧玉式的温柔风度也做不到，它变成了一位泥顽不化、愚昧可笑的老妪，不敢也不愿接受任何新鲜事物的刺激，而一味地深闭固拒。"[①]因此，明末清初耶稣会士所带来的世界地理学知识，如前述的利玛窦的《坤舆图说》、艾儒略的《职方外纪》、南怀仁的《地球全图》等等，并未引起人们的高度重视。到18世纪中叶，虽又有传教士蒋友仁向乾隆帝进献《坤舆全图》，但因其简略介绍了哥白尼的日心说而被打入冷宫。至鸦片战争前夕，中国人对世界知识的了解可以说已倒退到远不如利玛窦时代的水平了。中国皇帝和大臣们在鸦片战争爆发前，竟不知英国在什么地方，有多大，有没有陆路相通，甚至有一些大臣说英国一片漆黑，英人夜间目光昏暗，是蛮夷之国，犬羊之性，英人喜吃小孩。就是像曾国藩这样的饱学之士，对鸦片战争可能产生的后果也不怎么关注。蒋廷黻说：曾国藩"成翰林的时候，正是鸦片战争将要开始的时候。他的日记虽提及鸦片

---

① 王先明：《近代新学——中国传统学术文化的嬗变与重构》，商务印书馆2000年版，第59页。

战争，他似乎不大注意，不了解那次战争的历史意义。他仍埋首于古籍中"①。阁僚疆臣提出的拒敌之策，仍主张沿袭天朝上国对付远夷的套数，以为断绝茶叶、大黄、丝绸等贸易，便足以拒敌于国门之外。至于具体的作战方法，翰林院编修骆秉章说："闻该逆兵目，以象皮铜片包护上身，刀刃不能伤"，所以建议"诱之登岸，空城居之"，"以长梃俯击其足，应手即倒"②；广西道监察御史蔡家玕则说："盖英夷之所恃者，其船大，其炮猛，人必以是为难制。而不知我正幸其船之大也，船大则驾驶不灵，非风不行矣。更不畏其炮之猛也，猛炮则不能近击，不能低放矣。"③著名清史研究专家孟森指出："至鸦片一案，则为清运告终之萌芽。盖是役也，为中国科学落后之试验，为中国无世界知识之试验，为满洲勋贵无一成材之试验。"④试验的结果自然是以令人痛心疾首的失败悲剧告终。

一、林则徐：近代中国开眼看世界第一人

历史往往给那些认真务实而又具有改革欲望和开放心态的人以机会。与当时清政府那帮不问世事的、昏聩的腐儒和朝中权贵相比，林则徐（1785—1850年）无疑是位卓尔不群的先知先觉者和经世人才。这位嘉庆年间的进士在二十多年的宦海生涯中，一直扮演一个开明的改革派、实干家的角色。他关心民瘼，热心改革，在江浙、两广、云贵、陕甘任内，兴修水利，救灾办赈，扶植商业，革除弊政，澄清吏治，成就卓著。在鸦片战争爆发前，更是以常人所不具备的目光，睁眼看世界，成为近代中国洋务事业的先驱人物。

道光十八年（1838），林则徐奉旨以钦差大臣的身份来广州负

---

① 蒋廷黻：《中国近代史》，民主与建设出版社2017年版，第28页。
② 齐思和等整理：《筹办夷务始末（道光朝）》（卷三十六），中华书局2014年版。
③ 齐思和等整理：《筹办夷务始末（道光朝）》（卷十七），中华书局2014年版。
④ 孟森：《清代史》，台北正中书局1971年版，第340页。

责禁烟事务。在此之前，他的经历与普通士大夫并无不同，他的国际知识、素养也和同期的士大夫没有多大区别。他深信"我天朝君临万国，尽有不测神威"，"天朝物产丰盈，无所不有"，只要禁止茶叶、大黄、湖丝等的出口即可卡住西方人的命脉，他甚至相信腿缠脚绑的英军"腰腿僵硬，一仆不能起"的传言。但认真务实的工作作风和不泥古制陈法的改革欲望和开放精神，使他迅速摆脱了愚昧无知而又妄自尊大的精神枷锁。而且，也正是这种人格精神，使他睁大了眼睛，敢为天下先，迈出了了解研究西方的第一步，成了近代中国"开眼看世界"的第一人。

  林则徐深知，欲战胜夷敌，必须知己知彼，了解夷情。他尖锐地批评了时人不谙夷情，也不知夷之来历。他说："现值海防吃紧之际，必须时常探访夷情，知其虚实，始可以定控制之方。"① 于是，他抵达广州后，首倡收集洋报，翻译夷书，借以探访夷情，开一代了解外情之先风。他搜集信息的范围是比较广泛的，包括商业情报、传教小册子及介绍西方国家的历史、地理、法制、军事、科技和鸦片生产等书刊。他获取信息的渠道是多种多样的：利用接见传教士之机，询问英国国情和海军力量；通过各种机会向外人索要地图、地理书、地球仪等；在广州延请熟悉世界情势的梁廷枏、张维屏等共同商量议事，搜罗了一批通晓外语的人才如袁德辉（1827 年毕业于马六甲英华书院，为马来西亚归国华侨，归国后曾在清廷理藩院任通事。1838 年随林则徐来广州，任林氏翻译）、梁进德（为梁发之子，梁发是我国最早受洗入教的基督徒与传教士。梁进德自幼随美国传教士裨治文学习英语，又入澳门马礼逊学堂就读，后被马礼逊按立为宣教士，负责向中国人传教，1827 年被授牧师一职）等人编译《澳门新闻纸》，并将《广州周报》《广州纪事报》《新加坡自

---

  ① 中山大学历史系中国近现代史教研组、研究室编：《林则徐集·奏稿》（中册），中华书局 1985 年版，第 765 页。

由报》《孟买新闻纸》等英文报纸中有关中国的时事报道和评论翻译成中文，按时间顺序装订成册，连同《澳门新闻纸》一起抄送同僚参考，有些还直送京城。1839年7月，他还派人与美国传教医师伯驾联系，请伯驾帮助翻译有关国际法的知识，并将他致英国女王的信件译成英文。

值得指出的是，林则徐在广州时还组织人员翻译了大量的西方书籍。著名的有：《四洲志》，此书为英国人慕瑞（Hugh Murray）所著之《世界地理大全》，原书于1836年在伦敦出版，书中介绍了亚、非、欧、美（含南美、北美）各大洲三十多个主要国家的历史与地理，是近代国人第一次翻译的世界地理著作，也是当时"了解夷情"的一部十分重要的书籍，此书被梁启超誉为"新地志之嚆矢"[①]，后来被魏源分类辑入《海国图志》；《各国律例》（Laws of Nations），为瑞士De Vattel所著，出版于1758年，是当时风靡于世的国际法经典著作，林则徐叫人节译了有关国与国之间战争、敌对措施如封锁、禁运等方面的内容，是清末最早翻译的西方法律方面的书籍，魏源在《海国图志》中也辑入了其内容；《华事夷言》，书中内容选译自当时英国东印度公司常驻广州的"大班"德庇时（J. F. Davis）所著《中国人》一书，披露了英国人对中国问题的看法及英国政府的对华政策。此外，林则徐还组织选译了《对华鸦片贸易罪过论》（Pamphlet Against Opium）中的一些内容，是书为英国僧侣地尔洼（A. S. Thelwall）所著，林则徐从该书译文中得知，英国也有一些人是反对罪恶的鸦片贸易的，据此他制定了相应的政策，既保护正常贸易往来的洋商，又对贩卖鸦片的不法洋商予以坚决打击，此举使他在禁烟斗争中获得了外交上的主动。

正是由于努力"刺探西事，翻译西书，又购其新闻纸"，"凡以

[①] 梁启超：《中国近三百年学术史》，载《梁启超论清学史二种》，朱维铮校注，复旦大学出版社1985年版，第467页。

海洋事进者，无不纳之"，"洋人旦夕所为，纤悉必获闻"①，林则徐成为近代中国开眼看世界的第一人和当时中国最富有世界知识的人。康有为说："道光二十年，林文忠始译洋报"，是中国人"讲求外国情形之始。"②在当时的《澳门新闻纸》中也有这样的评说："中国官府完全不晓得外国的政事，又不询问考求，至今仍不知西洋。只有林总督行事与其他官员相反，署里用了许多翻译人员，又有指点洋商、通事、引水的二三十位，到处探听消息，按日期呈递登记在簿上。他自己不辞辛苦，常时习用，凡有所得，记在心中，因而添了许多知识。"③而广州也因此成了"海外图说毕集"之地，是当时中国人了解世界的重要窗口。

林则徐的杰出之处还在于他倡言"事事由实践"，对"唯经""唯圣"等传统思维方式，从文化理性价值上予以否定。由此，他以开创者的气魄，超越妄自尊大的旧有思维定式，正视西方军事、制造业的先进性，大胆地从澳门、新加坡等地向外国购置船炮，装备中国水师，首开引进西方军事技术装备之门。同时，作为禁烟的钦差大臣，他在处理鸦片事宜的过程中并未重蹈中国"由被动而抵制，由抵制而闭关"（陈旭麓语）的故辙，而是提出"师敌长技以制敌"的口号，把了解西方上升为学习西方。据费正清研究，当时中国估计有1250万吸烟者。1881年，赫德做过一次比较认真的核查，他提出吸鸦片者的人数是200万，约占全国人口的0.65%，但当时大多数人认为这个数字太低。据包世臣称，1820年，苏州就有十多万名瘾君子。1838年，林则徐坚持

---

① 魏源：《圣武记·道光洋艘征抚记上》，载中华书局编辑部编：《魏源集》（上册），中华书局2018年版，第172页。

② 康有为述、麦孟华记：《三月十七日保国会上演讲会辞》，引自中国史学会主编：《中国近代史资料丛刊·戊戌变法》（四），上海人民出版社1957年版，第408页。

③ 《澳门新闻纸》（1839年12月14日），转引自何晓明：《百年忧患——知识分子命运与中国现代化进程》，东方出版中心1997年版，第129页。

说，用洋药（鸦片）者至少占全国人口的1％。鸦片的输入一方面造成清政府在鸦片贸易中白银的大量流失，更为可恨的是鸦片作为外夷侵略的一个帮凶，使人民意志消沉、道德沦丧。诚如御史袁玉麟在1836年所说，鸦片像毒药一样，"使父不能教其子，夫不能戒其妻，主不能约其仆，师不能训其弟……是绝民命而伤元气也"[①]。林则徐对于鸦片的态度是主张严禁输入的，但他决不同意因严禁鸦片输入而封港闭市。在《附奏东西各洋越窜夷船严行惩办片》里，林则徐分析了西方商船与鸦片走私船的不同性质，肯定西方正常对外贸易的合法性和严格的程序规则；在《复奏曾望颜条陈封关禁海事宜疏》中，林则徐婉转陈述应对不同国家采取不同贸易政策的意见，实际上否定了断绝一切对外贸易、全面封关禁海的言论；在《密陈夷务不能歇手片》里，他除了再一次坚持中外正常贸易往来的主张，还进一步指出对外贸易对中国经济、军事建设的重要性。可见，在林则徐身上，启蒙与救亡，鲜明的民族主义、爱国主义同坚定的面向世界与文化开放是有机地结合在一起的。林则徐之前，虽也有徐光启、李之藻、方以智等人对西方文化采取积极吸纳的姿态，但他们的行动更多的只是个人文化选择。而林则徐的"睁眼看世界"却体现了时代历史的要求，代表着一个新的历史与文化时代的开始，开近代中国学习西方、走近代化道路的先声。

二、魏源：师夷长技以制夷

如果说，林则徐主持译介洋报书籍，主要是为了处理国事的应急之需；那么继起的魏源，则着力于引进西方科技文化及政制。注重实用的治学态度和深刻简练的思想观念，使他鹤立于晚清知识界，

[①] 参见〔美〕费正清、刘广京编：《剑桥中国晚清史（1800—1911）（上卷）》，中国社会科学院历史研究所编译室译，中国社会科学出版社1993年版，第193–195页。

成为一时之人杰,为后继的洋务运动做了思想和理论上的准备。知名学者齐思和说:"晚清学术界之风气,倡经世以谋富强,讲掌故以明国是,崇今文以谈变法,究舆地以筹边防,皆魏氏倡导之或光大之。"① 美国芝加哥大学苏珊和菲利普教授认为:"可以在魏源身上看到他是集十九世纪初一切主要思潮于一身的人。他这个人不仅是一位经世致用论作者和今文学的拥护者,而且也是他当时社会所面临的变化的一面镜子。"②

魏源(1794—1857年),湖南邵阳人,江南名士,字"默深",取"默好深思还自守"之意,可见其性格较内向。他早年就读于岳麓书院,深受湖湘学派的影响。湖湘学派形成于南宋初年,创始人是胡安国、胡宏父子。建炎之乱后,胡氏父子隐居湖南衡山创建碧泉书院、文定书堂,授徒讲学,形成湖湘学派,后经张栻发扬光大。张栻为抗金名将张浚之子,为胡宏高足,1161年张栻随父迁长沙,承聘主讲岳麓书院,湖湘学派中心遂由衡山移至长沙,张栻成为湖湘学派的核心人物。湖湘学派有鲜明的政治倾向和学术风格。在政治上关心国家大事,具有强烈的民族爱国主义思想;在学风上多"留心经济之学",提倡经世致用,关心民众疾苦,改革弊政,兼容百家,重实际。湖湘学派的这些可贵特征,经师承传授影响了一代代湖湘士子,也在魏源身上打下了深深的烙印。以后魏源又相继为陶澍(1779—1839年,为湖南安化人,官至两江总督,曾就读于岳麓书院)、贺长龄(1785—1848年,湖南长沙人,官至云贵总督,亦曾就读于岳麓书院)等封疆大吏的幕僚(魏源在此二人幕中度过了长达14年的幕僚生涯),有机会大量接触并参与处理农政、刑名、河工、漕运、盐法等实际问题,从而成为

---

① 齐思和:《中国史探研·魏源与晚清学风》,河北教育出版社2003年版。
② 〔美〕费正清、刘广京编:《剑桥中国晚清史(1800—1911年)》(上卷),中国社会科学出版社1993年版,第159页。

名闻一时的经世之学的今文家。魏源交游极广，师友众多，当时的许多风云人物都是他志同道合的好友，如林则徐、龚自珍、刘逢禄等。1825年，他受贺长龄之聘代编《皇朝经世文编》，系统清理、总结了清代道光以前近二百年的经世文献和学说，分为学术、治体、吏政、户政、礼政、兵政、刑政、工政等8个方面、63个专题，收文2219篇，共120卷。对于文章的取舍和编辑的目的，魏源在《皇朝经世文编五例》一文中有这样的说明："书各有旨归，道存乎实用。志在措正施行，何取纡途广径？既经世以表全编，则学术乃其纲领。凡高之深微，卑之溺糟粕者，皆所勿取矣。时务莫切于当代，万事莫备于六官，而朝廷为出治之原，君相乃群职之总，先之'治体'一门，用以纲维庶政。凡古而不宜，或泛而罕切者，皆所勿取矣。……凡于胜国为药石，而今日为筌蹄者，亦所勿取矣。星历掌之专官，律吕祗成聚讼，务非当急，人难尽通，则天文乐律之属，可略焉勿详也。……矧夫适用之文，无分高下之手。或迩言巷议，涓流辄裨高深；或大册鸿编，足音寥同空谷。故有录必披，无简可略，匪但专集宜寻，亦多他书别见，则网罗之宜广也。"[①]《皇朝经世文编》的编辑出版，是嘉道年间经世致用思想在学术领域的一次大展览、大汇集，开创了一代经世之文风、学风。此书一出，学者景从，风行海内数十年，举凡讲求经世的学者，几乎家有其书，将它奉为矩矱。与此同时，踵《皇朝经世文编》体例而先后续编的书多达数十种，以至于形成了一股引人注目的"经世文编"热。魏源对中国近代社会思潮及学风文风的影响，由此可见一斑。

当然，魏源对中国近代化进程影响最为深远之处，还在于他力主学习西方，首倡"师夷长技以制夷"的思想。在鸦片战争中，魏

---

① 魏源：《皇朝经世文编五例》，载中华书局编辑部编：《魏源集》（上册），中华书局2018年版，第157—158页。

源参与了浙江前线的抗英斗争,并根据俘虏的英国间谍安突德的口供,撰成《英吉利小记》(是书内容包括英国的历史、地理、政治、经济、侵华意图及兵力装备情况,是我国较早系统介绍英国的文献)。鸦片战争使中国走出了"天朝上国"坐井观天的自大与麻木,战争的失败更深深地刺激了这位素抱经世之志的知识分子,他确信古老的封建帝国已步入"治世"已去、"乱世"将临的"衰世"之中,因循苟且只能造成灾难性的后果,唯一的出路在于顺应时势,实施社会变革。他认为:"天下无数百年不弊之法,无穷极不变之法,无不除弊而能兴利之法,无不易简而能变之法"①;"小变则小革,大变则大革;小革则小治,大革则大治",只有变法才能结束危机四伏的局面,出现"天日昌""风雷行"的新貌。他指出:"圣人以其势、利、名公天下,身忧天下之忧而无天下之乐,故褰裳去之,而樽俎揖让兴焉;后世以其势、利、名私一身,穷天下之乐而不知忧天下之忧,故慢藏守之,而奸雄觊夺兴焉。"② 在他看来,宋以来的程朱理学都是无用的"俗学",儒生大抵是徒知"敬天法祖"的鄙夫。他说:"鄙夫胸中,除富贵而外不知国计民生为何事,除私觉而外不知人才为何物;所陈诸上者,无非肤琐不急之谈,纷饰润色之事;以宴安鸩毒为培元先,以养痈贻患为守旧章,以缄默固宠为保明哲。"③ 而乾嘉以来盛行的"汉学",则流于烦琐的考据、训诂,脱离实际,"锢天下聪明智慧使尽出于无用之一途"。他深切体会到,任何谠言高论都不足以应付眼前的新形势,任何圣贤经传、微言大义、考据训诂都不是西方坚船利炮的对手。尽管魏源从来没有怀疑和动摇对传统文化的信念,但他却一反士大夫的虚骄习

---

① 魏源:《筹鹾篇》,载中华书局编辑部编:《魏源集》(下册),中华书局2018年版,第442页。
② 魏源:《默觚下·治篇三》,载中华书局编辑部编:《魏源集》(上册),中华书局2018年版,第46页。
③ 同上书,第71页。

气和对异质文化深闭固拒的态度,转换治学方向,将视野扩及广阔的外部世界。1841年,当被贬黜的林则徐嘱他在所译《四洲志》的基础上编撰一部世界地理著作时,他欣然从命,在参考引用了中国历代史书、《每月统纪传》《外国史略》《平安通书》等,及西方传教士利玛窦的《坤舆图说》、艾儒略的《职方外纪》、南怀仁与蒋友仁的《地球全图》及葡萄牙人玛吉士的《新释地理备考》与美国人裨治文的《合省图志》等地理著作的基础上,于翌年编定50卷的《海国图志》。尔后,又不断修订、增补,至1847年扩至60卷,至1852年又扩至100卷,并配有各种地图和船炮器艺图一百多幅。《海国图志》是当时内容最丰富的有关世界知识和中国海防的百科全书,一经刊行,便风行海内外,深受关心世事的忧时之士的关注。魏源说:"《海国图志》六十卷,何所据?一据前两广总督林尚书所译西夷之《四洲志》,再据历代史志,及明以来岛志,及近日夷图、夷语,钩稽贯串,创榛披莽,前驱先路。大都东南洋、西南洋,增于原书者十之八;大小西洋、北洋、外大西洋,增于原书者十之六。又图以经之,表以纬之,博参群议以发挥之。何以异于昔人海图之书?曰:彼皆以中土人谭西洋,此则以西洋人谭西洋也。"[1]

《海国图志》可以说是魏源一生思想和事业的高峰,是他从困惑、失望、伤痛和悲愤,走向开放变革、向西方寻求真理的起点。准确地说,《海国图志》并不是一部单纯的世界地理著作,而是一部大型的、综合性的集世界地理、政治、历史、经济、文化、教育、军事、科技、法律、天文、风俗等于一体的世界知识百科全书。魏源在《海国图志》的叙言中开宗明义地写道:"是书何以作?曰为以

---

[1] 魏源:《海国国志原叙》,载《海国图志》,陈华等点校注释,岳麓书社1998年版,第1页。

夷攻夷而作，为以夷款夷而作，为师夷长技以制夷而作。"[①] 正因如此，他在书中除了介绍、考订世界各国历史沿革、政治、经济、文化、宗教、习俗等情况外，还特设总结鸦片战争经验教训、论述海防战略战术的《筹海篇》2卷、《筹海总论》4卷，这是在其他世界地理著作中所未见的，人们正是通过它依稀窥见了西方近代文明的大致轮廓。

著名学者庞朴说："当两种异质文化在平等的或不平等的条件下接触时，首先容易互相发现的，是物的层面或外在的层面；习之既久，渐可认识中间层面即理论、制度的层面；最后，方能体味各自的核心层面即心的层面。"[②] 鸦片战争的失败，给国人最直接的刺激首先是物质层面的——船炮不如人。魏源在《筹海篇》中从"议守""议战""议款"三个方面全面总结了鸦片战争失败的经验教训，提出了中国在战败之后应该采取防患于未然的补救措施，系统论述了在器物层面向西方学习即"师夷长技"，进而达到"以夷制夷"的目的。魏源指出："自夷变以来，帏幄所擘画，疆场所经营，非战即款，非款即战，未有专主守者，未有善言守者。不能守，何以战？不能守，何以款？以守为战，而后外夷服我调度，是谓以夷攻夷；以守为款，而后外夷范我驰驱，是谓以夷款夷。自守之策二：一曰守外洋不如守海口，守海口不如守内河；二曰调客兵不如练土兵，调水师不如练水勇。攻夷之策二：曰调夷之仇国以攻夷，师夷之长技以制夷；款夷之策二：曰听互市各国以款夷；持鸦片初约以通市。"[③] 他认为，"未款之前，则宜以夷攻夷；既款之后，则宜师夷

---

① 魏源：《海国国志原叙》，载《海国图志》，陈华等点校注释，岳麓书社1998年版，第1页。
② 庞朴：《文化结构与近代中国》，载张立文等主编：《传统文化与现代化》，中国人民大学出版社1987年版，第63页。
③ 魏源：《筹海篇一·议守上》，载《海国图志》（卷一），第1页。

长技以制夷。夷之长技三：一战舰；二火器；三养兵练兵之法。"① 所以，除了在述及各国情况时注意介绍军事情况之外，从卷八十四至卷九十五，他以整整12卷的篇幅，介绍西洋火轮船、洋炮、炸弹、炮台、火药、用炮测量、攻船水雷、西洋器艺、远镜做法等的原理、制法、用法及养兵练兵之法。这种地理著作的表述方式，在此前此后的各种世界地理著作中绝无仅有。当然，客观地讲，他在《海国图志》中对西洋之长的描述，表明他对西方文明的了解基本上还处于浅表层面，对西方科技的内在价值也不甚了了。魏源在《海国图志叙》中也坦承："然则执此书即可驭外夷乎？曰：唯唯，否否！此兵机也，非兵本也，有形之兵也，非无形之兵也。"② 但恰恰正是这个有形非本的师夷制夷之术，而不是那种无形之本的身心性命、纲常名教之学，是当时的人们所能接受、当时的社会历史背景下所能实现的目标。

魏源本是有心在政治上施展抱负的人，但他的仕途并不顺心。他在1845年中进士时已届52岁，以后官位也不高，仅做过知府、知州等很难有太大作为的地方官。在鸦片战争以前，他已经痛切感到中国在政治体制方面存在许多弊端。他曾激烈抨击专制帝王是集天下之势、利、名于一身的最自私的人；上下隔阂的专制政体，影响上情下达、下情上传，是导致国家衰弱的重要原因。在鸦片战争以后，他呼吸到西方吹来的新鲜空气，以前郁积胸中的不满，便化作对西方文化、经济及民主制度的称颂而倾泻出来。他指出，在地球的另一边，同样生活着文明发达丝毫不逊于中国的人群："诚知夫远客之中，有明礼行义，上通天德，下察地理，旁彻物情，贯串古今者，是瀛环奇士，域外之良友，尚可称之曰夷狄乎？"这就清晰地表明，尽管魏源仍称西方诸国为"夷"，但传统的华夷观念在魏

---

① 魏源：《筹海篇三》，载《海国图志》（卷二），岳麓书社1998年版，第26页。
② 魏源：《海国图志原叙》，载《海国图志》，第1页。

源心中已发生了质的变更。在他看来,"夫夷狄之名,专指残虐性情之名,未知王化者言之……非谓本国而外,凡有教化之国皆谓之夷狄也"。因此,他指出,"圣人以天下为一家,四海皆兄弟。故怀柔远人,宾礼外国,是王者之大度;旁咨风俗,广览地球,是智士之旷识。彼株守一隅,自画封域,而不知墙外之有天,舟外之有地者;适如井蛙蜗国之识见,自小自苟而已"①。在介绍意大利国的科技时,魏源说:"其国人最慧,善谈论,西土称为三舌人。最精天文,造日晷法,自此地始。有巧工德大禄者,造百鸟,自能飞,即微如蝇虫,亦能飞。更有天文师名亚而几墨得(即阿基米德)者,有三绝。尝有敌国驾数百艘临其岛,国人计无所出,已则铸一巨镜,映日注射敌艘,光照火发,数百艘一时烧尽。又,其王命造一航海之舶,舶成将下之海,计虽倾一国之力,用牛、马、骆驼千万,莫能运舟,几墨得营运巧法,第令王一举手,舟如山岳转动,须臾下海矣。又,造一自动浑天仪,十二重,层层相间,七政各有本动,凡日、月、五星、列宿运行之迟疾,一一与天无二。其仪以玻璃为之,重重可透视,真希世珍也。"②在介绍英国的经济社会时,魏源说:"本国生齿殷繁,岁有几万离家开垦新地,建邑造船,故其人散布天下。无论何埠,皆有英商贸易";"国中无论男女皆习文艺,能诗画,兼工刺绣。婚姻必男女自愿,然后告诸父母,不用媒妁。……不能娶二妇,亦不许出妻。……父母产业男女均分,不能男多女少";"不论何等人,皆可借职";教师"必学三四国语音,通经能文、精历法、明测验推步,然后可以教人。其医皆有考试,考中方许治病。其讼师学法律,亦有考试":"机房织造,不用手足,其机动以火烟,可代人力。以羊毛与棉花纺成洋布、大呢、

---

① 魏源:《国地总论下》,载《海国图志》(卷七十六),岳麓书社1998年版,第1889页。

② 魏源:《大西洋》,载《海国图志》(卷四十三),第1240–1241页。

羽毛,皆自然敏速。……工匠百有三十五万户,多于农夫三分之一。不止贸易一国一地,乃与天下万国通商也";"其推广贸易之法,有火轮船航河驶海,不待风水。又造坳辘路,用火车往来,一时可行百有八十里。虞船货之存失不定,则又约人担保之,……即如担保一船二万银,则预出银八百员;船不幸沉沦,则保人给偿船主银二万两"①。

在19世纪中叶,与中国封建专制制度反差最大的是西方的民主议会制度与教育制度。魏源虽然坚信可变的只是器物技艺,"其不变者道而已"②,但他在《海国图志》中自觉或不自觉地比较了中西方政治与教育制度的优劣,表露出了对西方民主政治制度与教育的朦胧向往之情。在介绍英国情况时,魏源花了不少笔墨于其议会和教育制度。他指出,英国"国中有大事,王及官民俱至巴厘满(即议会parliament)衙门公议乃行",不是国王独裁;"其国中尊贵者曰五爵,如中国之公、侯、伯、子、男,为会议之主。且城邑居民,各选忠义之士一二赴京会议"③。英国"大事则三年始一会议。设有用兵和战之事,虽国王裁夺,亦必由巴厘满议允,国王行事有失,将承行之人交巴厘满议罚。凡新改条例,新设职官,增减税饷及行楮币,皆王颁巴厘满转行甘文好司而分布之。惟除授大臣及刑官,则权在国王。各官承行之事,得失勤怠,每岁终会核于巴厘满而行其黜陟"④。英国"巴厘满"对于来自民间的意见,实行"大众可则可之,大众否则否之"⑤的办法。英国百姓对于政府,享有监督权利,各种

---

① 魏源:《大西洋》,载《海国图志》(卷五十一),岳麓书社1998年版,第1405-1408页。
② 魏源:《默觚下·治篇五》,载中华书局编辑部编:《魏源集》(上),中华书局2018年版,第53页。
③ 魏源:《大西洋》,载《海国图志》(卷五十一),第1408页。
④ 魏源:《大西洋》,载《海国图志》(卷五十),第1382–1383页。
⑤ 魏源:《大西洋》,载《海国图志》(卷五十一),第1409页。

意见可刊于逐日印行的新闻纸上,各官宪政事有失,百姓可以议论批评。对于当时英国的教育情形,《海国图志》是这样记述的:"男女五岁入学,习天道《圣经》及国史等书。十四五岁后,各择士、农、医、匠、商贾为终身之业。……国学生馆计三万八千间,入学者百二十七万余人。用费或自出,或捐自他人,或出自国家。小儿自二岁以上,又立赤子学,女人办之。其大学藏书六万本,盛膳以供养之,必艺术贯通乃推用焉。刑名、算学皆仿是。其学医术者,除病院外,别有院藏人身、骸骨、支体、全身筋脉,俾入院者察之,以知病原施药焉";"学者无不通习文艺,如国史、天文、地理、数法,不晓者,则不齿于人"[①]。

对于美国的民主政治与教育制度,魏源在《海国图志》中以整整 5 卷的篇幅予以详细介绍。他指出:"美国政府国之大政有三:一则会议制例,二则谕众恪道,三则究问其不遵者。是以国都有一察院,院内共七人,以每年正月齐集,究人因何不遵法律之故。审毕,或二三月然后回家。其各部亦分设七院,每年以四季齐集,究问不守例者。但为审官则不能会议制例,会议制例官亦不能兼摄审问也。"[②] 美国总统废除世袭制,"总摄国政者四年为一任,接期退职,公举迭更,每岁俸银二万五千员"[③];"身后公举贤者,更代不世及,不久任"[④]。美国"议事听讼,选官举贤,皆自下始,众可可之,众否否之,众好好之,众恶恶之,三占从二,舍独徇同,即在下预议之人亦先由公举"[⑤]。这样既"公"又"周",具有永恒的价值,可以"垂奕世而无弊"。美国"事无大小,必须各官合

---

① 魏源:《大西洋》,载《海国图志》(卷五十一),岳麓书社 1998 年版,第 1418-1419 页;第 1408 页。
② 魏源:《外大西洋》,载《海国图志》(卷五十九),第 1633 页。
③ 魏源:《外大西洋》,载《海国图志》(卷六十一),第 1676 页。
④ 魏源:《外大西洋》,载《海国图志》(卷五十九),第 1626 页。
⑤ 魏源:《外大西洋》,载《海国图志》(卷五十九),第 1611 页。

议，然后准行。即不咸允，亦须十人中有六人合意，然后可行"①。美国人"以律例为重，不徒以统领（即"总统"）为尊"；"统领亦不能任意自为"，"所有条例，统领必先自遵行，如例所禁，统领亦断不敢犯之，无异于庶民，而后能为庶民所服"②。美国广设学馆，"每乡设学馆一所，……又有县中学馆……更有会城中学馆，……既习四年，则如中国之举人矣。散馆后，或为官、为士、为农、为工、为商，而各司其事。别有大学馆，惟许已中举者进焉。所学有三：一圣文，二医治，三律例规条。二者不可兼得，又以三年为期，期满则犹中国之进士矣"③。故美国"文质彬彬"，且人才辈出，往往奇异。

魏源的"师夷长技"之说包含着丰富的意蕴，它打破了天朝上国无所不有、"不必仰求于人"的虚骄神话，空前地突出了学习西方这一时代性课题。在西方坚船利炮的刺激下，魏源的"师夷"首先是学习外国的战舰、火器和养兵练兵之法。除军事工业外，他认为，"今西洋器械，借风力、水力、火力，夺造化，通神明，无非竭耳目心思之力"。所以，他主张，举凡"有益民用者"，如"量天尺、千里镜、龙尾车、风锯、水锯、火轮机、火轮舟、自来火、自转碓、千斤秤"等，都应学习制造④。他还提出一些翔实可行的具体办法，如在广东虎门外设立造船厂与火器局，延聘西洋工匠传授技术，挑选粤、闽等地巧匠精兵分别学习制造、驾驶和攻击之法。对"有能造西洋战舰、火轮舟，造飞炮、火箭、水雷、奇器者，为甲科出身。能驾驶飓涛，能熟风云沙线，能枪炮有准的者，为行伍出身。皆由水师提督考取，会同总督拔取，送京验试，分发沿海水

---

① 魏源：《外大西洋》，载《海国图志》（卷五十九），岳麓书社1998年版，第1632页。
② 同上书，第1634–1635页。
③ 同上书，第1638页。
④ 魏源：《筹海篇三》，载《海国图志》（卷二），第30页。

师教习技艺"①；而"沿海商民有自愿仿设厂局以造船械，或自用或出售者听之"②。可见，魏源关于"师夷长技"的界说，实际上已指向中国近代工业化及发展资本主义商业的思想，从而较林则徐的"睁眼看世界"又向前迈进了一大步。与此同时，魏源"师夷"的思想中不无向往西方资产阶级民主制度的成分，他在《海国图志》中对英国、美国、瑞士民主政治的钦慕，便隐隐约约透出了这样一种意旨。他说，若果能"因其所长而用之，即因其所长而制之"，则中国必定会"风气日开，智慧日出，方见东海之民，犹西海之民，云集而鹜赴，又何暂用旋辍之有"③？亦即中国就能从根本上改变鸦片战争以来落后挨打的局面，使中华民族与"西海之民"并驾齐驱。

魏源首倡"师夷长技以制夷"的思想，虽然他本人未曾将其付诸实践，但其所论道理却为同时及后世有识之士所首肯。咸丰年间，兵部左侍郎王茂荫曾奏请朝廷，要求"重为刊印，使亲王大臣家置一编，并令宗室八旗以是教，以是学，以知夷难御，而非竟无法之可御"④。姚莹在读了《海国图志》后感叹道："余数十年所欲究者，得默深此书，可以释然无憾矣。"⑤梁启超认为："魏书不纯属地理，卷首有筹海篇，卷末有筹夷章条、夷情备采、战舰火器条议、器艺、货币[……]等。篇中多自述其对外政策，所谓'以夷攻夷'，'以夷款夷'，'师夷长技以制夷'之三大主义。由今观之，诚幼稚可笑，然其论实支配百年来之人心，直

---

① 魏源：《筹海篇三》，载《海国图志》（卷二），岳麓书社1998年版，第29页。
② 同上书，第32页。
③ 同上书，第30-31页。
④ 中华书局编辑部整理：《筹办夷务始末（咸丰朝）》（第3册），中华书局1979年版，第1049页。
⑤ 姚莹：《康輶纪行》（卷12），转引自何晓明：《百年忧患——知识分子命运与中国现代化进程》，东方出版中心1997年版，第142页。

至今日犹未脱离净尽，则其在历史上关系，不得谓细也。"① 魏源首倡"师夷长技以制夷"的思想亦为日后的洋务运动提供了思想和行动纲领。左宗棠筹办福州船政局、西安机器局、兰州制造局、兰州织呢局，是洋务运动的一员干将，但他并不把这些事业看作自己的独创，而是视为继承魏源遗愿："同光间，福建设局造轮船，陇中用华匠制枪炮，其长亦差与西人等。艺事，末也，有迹可寻，有数可推，因者易于创也。器之精光，淬厉愈出；人之心思，专一则灵，久者进于渐也，此魏子所谓师其长技以制之也。"② 而追随魏源思想轨迹的中国第一任驻外公使郭嵩焘指出，魏源当初提出发展对外通商与学习西方长技，朝野上下"无不笑且骇者"，以为是天方夜谭、奇谈怪论，仅仅十余年后，"其言皆验"，由此足见魏源思想具有一种把握时代脉搏的"超前性"。

魏源的思想也为维新变法运动提供了丰富的营养。如果说魏源"师夷长技"的口号和创办近代军事工业及民用工业、设译馆译西书等具体主张被洋务派所继承，那么他关于学习西方、实行政治改革、发展工商业等方面的思想则启发了冯桂芬、王韬、郑观应等早期维新运动的思想家，影响了康有为、梁启超等维新运动的领袖人物。冯桂芬在其名著《校邠庐抗议》中，发挥了魏源的"师长"说，提出："始则师而法之，继则比而齐之，终则驾而上之，自强之道实在乎是。"③ 王韬高度赞许魏源"师长"一说，认为"当默深先生之时，与洋人交际未深，未能洞见其肺腑，然

---

① 梁启超：《中国近三百年学术史》，载《梁启超论清学史二种》，朱维铮校注，复旦大学出版社1985年版，第467页。

② 左宗棠：《重刻海国图志叙》，转引自何晓明：《百年忧患——知识分子命运与中国现代化进程》，东方出版中心1997年版，第143页。

③ 冯桂芬：《校邠庐抗议·制洋器议》（卷下），引自璩鑫圭、童富勇编：《中国近代教育史资料汇编（教育思想）》，上海教育出版社2007年版，第33页。

师长一说，实倡先声"①。这一"先声"在传统的经世之学体系中洞开了接纳西学的窗扉，是传统儒学走向现代化，及中国冲破封建传统、解放思想、面向新世界的先声。值得提及的是，近代中国士人重新认识哥白尼学说，也始于魏源的《海国图志》，此前虽有传教士蒋友仁进献给乾隆帝的《坤舆全图》中提及日心说，但遭乾隆帝"终疑其说"及阮元等人斥为异端邪说，而致哥白尼学说在中国晦而不彰。魏源在《海国图志》中译载有数篇关于哥白尼学说的文章，并附录了地球沿椭圆形轨道绕太阳运行图，从而使哥白尼学说在近代中国成为维新志士倡言变法的思想利器。如为了强调"变"是天下的"公例"，谭嗣同在他的《仁学》中正是以哥白尼等天文学家的学说来认识宇宙的。他说："地绕月，又与金、水、火、木、土、天王、海王为八行星；又与无数小行星，无数彗星，互相吸引，不散去也。金、水诸行星，又各有所绕之月，互相吸引，不散去也。合八行星与所绕之月与小行星与彗星，绕日而疾旋，互相吸引不散去，是为一世界。"②当然，不可否认的是，囿于时代和魏源自身的局限，特别是由于他固守中国传统士大夫的所谓"道统"，所以他一方面承认历史现象的变易和社会进化，一方面又主张"势变道不变"，这就不可避免地窒息了其思想的生命力，使其把学习西方仅仅局限于最肤浅的军事与器物层面，并为日后的"中体西用"观念开了先河。

---

① 王韬:《弢园文新编》，生活·读书·新知三联书店 1998 年版，第 362 页。
② 蔡尚思、方行编:《谭嗣同全集》(增订本下册)，中华书局 1981 年版，第 294 页。

三、徐继畬:《瀛环志略》

在西学东渐和鸦片战争激发的巨大文化与心理震荡中,魏源并不是一位孤独的"前驱先路",与他同时代的徐继畬在许多方面与他不谋而合。在治学上严谨踏实和对科学的热心渴求方面,徐继畬堪称当时官界和学界的楷模。

徐继畬(1795—1873年),山西五台人,道光年间进士。他的经历是典型的传统知识分子经历,秀才—举人—进士—台—布政使—巡抚。然而,他的经历又很有些象征意义。正当中国由闭关自守向被动开放的转换年代,他被调赴沿海前线。这使他有机会亲自领略迎面吹来的"西风",切实感受到时代转换的脉搏跳动。1840年以后的几年,他一直在东南沿海任职,1842年任广东按察使,1843年任福建布政使,1846年任福建巡抚。游宦闽粤、好学深思的徐继畬,面对鸦片战争中许许多多目睹耳闻的事实,陷入了深沉的思索:有两百年全盛历史的清朝,为什么会败给数万里外的"岛夷"?配备四百多门大炮、近七千名精兵的厦门,为什么竟抵挡不住仅仅三十来只"夷船"的进攻?他深切地感到,中国以前太自信,朝野上下对国门以外的情况所知太少了,如在英军兵临城下之际,总督琦善居然奏称英国为"蛮夷之国,犬羊之性",盛京将军耆英称英人"深目蓝睛,昏难辨物"。于是,他开始努力了解中国以外的世界、华夏以外的文明,立志撰写一部向国人介绍世界真实情况的地理、历史著作。他在繁忙的政务之余,利用一切可以利用的机会,披阅旧籍,访问西人,耳闻笔录,推敲考订,终于在1848年出版了他的名著《瀛环志略》。梁启超云:"外国地理,自徐继畬著《瀛环志略》,魏源著《海国图志》,开始端绪,而其后意不光大。"[①]

---

① 梁启超:《清代学术概论》,载《梁启超论清学史二种》,朱维铮校注,复旦大学出版社1985年版,第46页。

王韬在《瀛环志略·跋》中云:"近来谈海外掌故者,当以徐松龛中丞之《瀛环志略》、魏默深司马之《海国图志》为嚆矢。后有作者,弗可及已。以视明季所出之《坤舆图说》《职方外纪》,其详略何如哉?此诚当今有用之书,而吾人所宜盱衡而瞩远者也。……呜呼!中丞之作是书,殆有深思远虑也乎?其时罢兵议款,互市通商,海寓晏安,相习无妄,而沿海疆图,晏然无所设备。所谓谂远情,师长技者,茫无所知也。况询以海外舆图乎?中丞莅官闽峤,膺方面之寄,蒿目时艰,无所措手。即欲有所展布,以上答主知而下扶时局,而拘文牵义者,动以成法为不可逾,旧章为不可改,稍有更张,辄多掣肘。中丞内感于时变,外切于边防,隐愤抑郁,而有是书,故言之不觉其深切著明也。呜呼!古人著述,大抵皆为忧患而作。"[①]

《瀛环志略》主要参考的资料有三类:一是中国文献记录,诸如历朝正史和有关地理著作,如《西洋番国志》《岛夷志略》《海国闻见录》《瀛涯胜览》《西域闻见录》等有关地理著作不下二十种。二是晚明以来西方传教士所写的中文书籍、刊物,包括利玛窦、艾儒略、南怀仁等的《万国舆图》《职方外纪》《坤舆图说》,及英国首任驻福州领事李太郭、继任领事阿礼国等人的著作,更多的是马礼逊以来美国传教士裨治文等的著作,如书中关于美国的地理知识,就大多取自裨治文翻译的《美利哥合省国志略》。三是直接访问西人所得的口述资料。他"荟萃采择,得片纸亦存录勿弃";"每晤泰西人,辄披册子考证之,于域外诸国地形时势,稍稍得其涯略,乃依图立说,采诸书之可信者,衍之为篇";"每得一书,或有新闻,辄窜改增补,稿凡数十易"[②]。如美国传教士雅裨理在1844年1月日记中记述道:"我们会见布政使(即徐继畬)已有多次。……这是我迄今遇见的最喜欢提问的一位中国高级官吏。在他提出有关外国的

[①] 王韬:《弢园文新编》,生活·读书·新知三联书店1998年版,第138—139页。
[②] 徐继畬:《瀛环志略·自序》,上海书店出版社2001年版,第6页。

许多问题之后,我们提议将带一本地图册来,把他最感兴趣的地点、方位及范围,指点给他看。对此,他高兴地同意了。一天下午,我们带了尽可能多的资料送给他,这是在他约定的极短时间里尽力而为提供的。"在同年5月的日记中,雅裨理又有这样的描述:"显而易见,他已经获得了相当多的知识。他对了解世界各国状况,要远远比倾听天国的真理急切得多。他画的地图还不够准确。他不但要查对经度和纬度,以便标出确切的地理位置,更把目标放在搜集各国版图的大小、重大的政治事件和商务关系,特别是同中国的商务关系上。对英国、美国和法国要比其他国家给予更为详尽的考察。"[①]雅裨理所述,比较真实地反映了徐氏所著《瀛环志略》的确有不少内容是他亲自访问西人所得。

《瀛环志略》花费了他大量的心血和精力,用他自己的话来说,是"五阅寒暑,公事之余惟以此为消遣,未尝一日辍也"[②]。徐理性客观、精心考求、辨伪存真的治学态度与精神,是他获得成功的关键性因素,他对世界地理的熟悉、对国际知识的了解,不仅一般的中国人,就连西方人也感惊讶。徐继畬历时5年、修改数十次的《瀛环志略》初刻本于1848年在福州问世。这部使国人耳目一新的巨著,虽然不像《海国图志》那样强调"师夷"的主旨在"制夷",但其"师夷"的思想及对西方文明向往之情却跃然纸上、洋溢于字里行间。较之同时代其他有关世界地理历史的著述,《瀛环志略》有着鲜明的特色。

第一,该书超越了传统的华夏优越心理,排除了民族情绪的葛蔓,严守史家求实求真的立场,以理性公正的态度和严肃求真的精神,不带成见地描述了西方国家的一切及中国在世界中的真实位

---

① 参见李亚舒、黎难秋主编:《中国科学翻译史》,湖南教育出版社2000年版,第141-142页。

② 徐继畬:《瀛环志略·自序》,上海书店出版社2001年版,第6页。

置，并将这些认识在中国遭受西方侵略的痛苦与屈辱之时，大胆地公诸仍处于无知状态的国人。他以确凿的史实指出，在中国以外还存在着另一个独立发展的西方文明，它发源于古巴比伦、古希腊、古罗马，成长壮大于欧洲，并已扩展到美洲、非洲和亚洲南洋及印度。这种西方文明现已渐及中国，对中国构成了威胁，"中土之多事，亦遂萌芽于此"。这是一幅与以往以华夏为中心的天下观截然不同的多元世界、多元文化的图景。这种观念代表了当时中国人对世界认识的最高水平。因为在当时国人的心目中，中国不仅是人类文明的发源地，而且是世界的中心，就连比徐继畬早几年介绍世界情况的魏源，在《海国图志》中也专门写考辨文章，以论证华夏中心、华夏优越的观点。

第二，该书全面、系统地介绍了地球形状、经纬度分划、两半球、南北极等知识，介绍了世界近八十个国家和地区的地理位置、历史变迁、经济、文化、风土民情，其资料的准确性、叙述的科学性都较高。如书中介绍地球"地形如球，以周天度数分经、纬线，纵横画之，每一周得三百六十度，每一度得中国之二百五十里。海得十之六有奇，土不及十之四"；"北极在上，南极在下，赤道横绕地球之中，日驭之所正照也"[1]。书中描述"欧罗巴都会之盛推为第一"的法国巴黎："王居殿阙巍峨，层楼复阁相望，文彩精丽，西土殆无其比……其街衢盘绕环匝，列肆密如蜂房，往来者毂击肩摩，昼夜不绝"。巴黎有多项社会文化事业，有图书馆："城内有大书院，藏印本书三十六万册，抄本书七万册。游学之士，许住院借读"；有大学："又有繁术院，居各项艺术之师，如学兵法、开河道、造器物之类，学者各就所愿，群居讲肆"；有医院："又设医院十四所，选名医居之，每岁收疗病者一万四千人"[2]。又如，书中描述英国伦敦

---

[1] 徐继畬：《瀛环志略》，上海书店出版社2001年版，第1页。
[2] 同上书，第206–207页。

"东西南北皆七十里,无城郭,居民一百四十余万。殿阙巍峨,规模闳巨,离宫别苑,绵亘相属,文武百官之署各有方位,街衢纵横穿贯,百货山积,景象之繁华、人户之凑密,为西国第一大都会。都中有保罗殿堂,又有西殿,祀西教名师,两殿营构最奇崛。有大书院曰屋度,文儒所萃。有大肆曰北明翰,铁工聚焉。城外内港通海口,埔头最大,每岁别国商船来者千余,本国出入者三千余"①。书中介绍英国人的男女平等观念及婚姻习俗:"男女婚配,皆自择定,然后告父母。至婚配之日,耶稣教师诫以善言,为之祈福,男以戒指约以女指,亲宾送之入房,欢宴而散。其俗男女皆分父母之产,男不得娶妾,犯者流之七年。男恒听命于女,举国皆然。"②书中介绍欧罗巴人"性情缜密,善于运思,长于制器,金木之工,精巧不可思议,运用水火尤为奇妙。火器创自中国,彼土仿而为之,益加精妙,铸造之工、施放之敏,殆所独擅。造舟尤极奥妙,篷索器具,无一不精,测量海道,处处志其浅深,不失尺寸,越七万里而通于中土,非偶然也"③。欧罗巴诸国"皆善权子母,以商贾为本计,关有税而田无赋。航海贸迁,不辞险远,四海之内遍设埔头,固由其善于操舟,亦因国计全在于此,不得不尽心力而为之也"④。佛郎西(即法国)人"心思精敏,工于制器,自来火之枪、火轮之车船,大半皆其所创。都城有钟表匠二千人,每岁造时辰表四万件、自鸣钟一万八千架,其法时时变易,奇幻出人意表,他国亦有仿造者,而终逊于佛"⑤。英国、法国、美国,是当时对中国威胁最大、与中国文化反差最大的国家,也是世界强国。当时中国人要了解的世界,主要是欧美。《瀛环志略》以此作为重点,反映了时代的要求和作者个人的学术视野。

---

① 徐继畬:《瀛环志略》,上海书店出版社2001年版,第233页。
② 同上书,第239-240页。
③ 同上书,第112-113页。
④ 同上书,第115页。
⑤ 同上书,第206页。

全书虽然只有 14.5 万字，但纲目清晰，重点突出，文笔洗练。对无关宏旨的细节资料，没有陷入琐碎的考证。这也是它比其他书更为实用、畅行的原因之一。

第三，时代感强，对西方政体和西方文明有自己独到的认识和见解。如在述及"英吉利三岛"时，徐继畬特别介绍了英国的两院制度："英国之制，相二人，一专司国内之政，一专司外国之务。此外大臣，一管帑藏、一管出纳、一管贸易、一管讼狱、一管玺印、一管印度事务、一管水师事务，各有佐属襄助。都城有公会所，内分两所，一曰爵房，一曰乡绅房。……国有大政，王谕相，相告爵房聚众公议，参以条例，决其可否，复转告乡绅房，必乡绅大众允诺而后行，否则寝其事勿论。其民间有利病欲兴除者，先陈说于乡绅房，乡绅酌核，上之爵房，爵房酌议，可行则上之相而闻于王，否则报罢。"① 在述及美国时，徐继畬对这个由殖民地而成为独立、民主的年轻国家，表现出极大的兴趣。他说，美利坚合众国"商舶通行四海，众国皆奉西教，好讲学业，处处设书院。其士类分三等，曰学问，研究天文、地理暨西教旨；曰医药，主治病；曰刑名，主讼狱"②。在书中，徐继畬还详细地介绍了美国的民主制度，包括民主制度的建立，参众两院的设置，州长、总统的选举，投票的规则与方法，任期的规定，等等。徐继畬指出："米利坚合众国以为国，幅员万里，不设王侯之号，不循世及之规，公器付之公论，创古今未有之局，一何奇也。"③ 称颂美国的"公器付之公论"，完全超出了徐继畬那一代人的理解和想象，所以他才非常惊奇于这种"古今未有之局"。在封建专制时代，徐继畬还敢于指责"得国而传子孙，是私

---

① 徐继畬：《瀛环志略》，上海书店出版社 2001 年版，第 235 页。
② 同上书，第 290 页。
③ 同上书，第 291 页。

也"①,这实在是了不起的胆识。在书中徐继畬更高度评价了华盛顿的历史功绩:"华盛顿,异人也。起事勇于胜、广,割据雄于曹、刘,既已提三尺剑,开疆万里,乃不僭位号,不传子孙,而创为推举之法,几于天下为公,骎骎乎三代之遗意。其治国崇让善俗,不尚武功,亦迥与诸国异","泰西古今人物,能不以华盛顿为称首哉!"②在这里,徐继畬把华盛顿所创的"推荐之法",比附为中国尧、舜、禹时"禅让制"之遗意,以及"天下为公"的大同理想。有学者认为,这大概是近代中国人最早把西方的民主制度直接与中国的三代圣贤理想相比附,显然有些牵强,但如果将民主精神作为人类自由天性的一种共同追求的话,两者又有一定的相通之处③。事实上,无论是东方或西方,在古代都产生有原始的民主思想和民主制度,民主既非为近代西方所独有,也不是西方的专利品,东西方文明从古到今都有许多相通相似之处。可见,徐继畬不仅清晰地勾画出在中国文化圈以外,还有另外一种自己独立发展起来的西方文明;而且还悟出了东西两种文明自古就有相似相通之处。他的多元文化观念,他的识见和思想,已经超越了时代,超越了狭隘的天朝疆域,实为一种惊世骇俗之境界。

当然,《瀛环志略》也存在不少误谬之处。如在"《瀛环志略》订误"中有这样的描述:"最疏忽者,莫如不详经纬,使阅者无由推测幅员之大小。今取近所译诸舆图并近人出洋之得诸目睹者,参考校订,钩稽贯串,知其误谬约有数端,邦国称名之误、方向错置之误、地势断续之误、部属遗漏之误、岛屿遗漏之误、岛名错置之误、川名错置之误、东西互易之误、远近失考之误、大小失实之误。"④但

---

① 徐继畬:《瀛环志略》,上海书店出版社2001年版,第276页。
② 同上书,第277页。
③ 刘志琴主编,李长莉等撰:《近代中国社会文化变迁录》(第一卷),浙江人民出版社1998年版,第61页。
④ 徐继畬:《瀛环志略》,第312页。

不管怎么说,《瀛环志略》在出版以后的半个世纪中,一直是中国人了解世界的最受器重的著作。刘韵珂在为该书所撰的序言中云:"近世志外域者,代不乏人。然或咫闻尺见,鄙僿无征;浩引曲称,浮夸鲜实。……中丞独埒訾言,衷诸一是。大之囊括四隅,棋置六合;小之犀烛品汇,象图神奸。上之为远抚长驾,考镜得失之资;下之为殚识博通,援核后先之本……其用志之密,度物之明,慎枢机于一室,恢磅礴于万里者,盖如此也。"① 在《瀛环志略》刚刚行世的二三年间,此书便受到魏源极大的重视。1852 年,魏源在将《海国图志》由 60 卷增补为 100 卷的过程中,从《瀛环志略》中辑录了近 4 万字的资料,占《瀛环志略》全书的四分之一。1866 年,总理衙门特地重印此书,作为了解世界的重要工具书。1867 年以后,此书被京师同文馆采用为教科书。19 世纪 70 年代以后,此书成为中国出使外国人员的手头必备书。1876 年,首任出使英国的郭嵩焘在使西途中,每到一处,便取出随身携带的《瀛环志略》,与当地实际情况相对照。他感叹地说:"徐先生未历西土,所言乃确实如是,且早吾辈二十余年,非深识远谋加人一等乎?"② 晚清出使西方四国的薛福成,视此书为了解世界之津梁。力主变法图强的洋务大员曾国藩,多次使用此书。以通晓时务著名的思想家王韬,给《瀛环志略》以很高的评价:"综古今之沿革,详形势之变迁,凡列国之强弱盛衰,治乱理忽,俾于尺幅中,无不朗然如烛照而眉晰,则中丞之书尤为言核而意赅也。"③ 维新变法领袖康有为、梁启超都读过此书,并颇受影响。康有为曾说:"始知西人治国有法度,不得以古旧之夷狄视之。乃复阅《海国图志》《瀛环志略》等书,购地球图,渐收西学

---

① 徐继畬:《瀛环志略序》,上海书店出版社 2001 年版,第 2 页。
② 郭嵩焘:《郭嵩焘日记》(第三卷),湖南人民出版社 1982 年版,第 147 页。
③ 王韬:《弢园文新编》,生活·读书·新知三联书店 1998 年版,第 138 页。

之书，为讲西学之基础。"①

《瀛环志略》印行以后，也很快引起国外学者的重视。1850年上海的英文报纸《北华捷报》发表长篇文章，评论《瀛环志略》。文章认为，该书"对于改变中国人对我们西方人的粗暴、无理的看法，将产生非常有益的影响"，通过此书可以知道，西方自由、文明的制度，已引起中国人的注意。作者没有将自己限制在地理学范围里，而是扩展开去，以公正的态度，介绍了世界历史、政治和宗教。《瀛环志略》还很快传到东邻日本。据有关研究，日本至迟在1861年便有了此书的刊本，以后又几次翻刻。这本书对日本人了解世界、进行维新改革，起了积极的作用。

不幸的是，徐继畬在该书中的一些惊世骇俗之论，让当时不少人难以接受，致使该书"甫经付梓，即腾谤议"。一些保守派人士指责他"轻信夷书，动辄铺张扬厉。泰西诸夷酋，皆加以雄武贤明之目。……似一意为泰西声势者，轻重失伦，尤伤国体"②。有的则斥责该书"立论多有不得体处，……张外夷之气焰，损中国之威灵。"③数年后，这部书还成了徐继畬被罢官的口实之一。

四、梁廷枏：《海国四说》

与林则徐、魏源、徐继畬遥相呼应的士大夫中还有一位梁廷枏，他也是道咸年间主张开眼看世界，以吸收、介绍西方资本主义文明而著名的士大夫。

梁廷枏（1796—1861年），广东顺德人，虽出身书香门第，但

---

① 康有为：《康南海自编年谱》，引自中国史学会主编：《中国近代史资料丛刊·戊戌变法》（四），上海人民出版社1957年版，第116页。

② 李慈铭：《越缦堂日记》（咸丰丙辰一月二十八日），中华书局2006年版，第480-481页。

③ 史策先：《梦余偶抄》（卷一），引自中国科学院近代史研究所近代史资料编辑组编辑：《近代史资料》，中华书局1981年版，第219页。

在科场屡试不第，考中举人时年已三十又八。1834年，发生英舰强闯黄埔港、炮击沿岸炮台事件。清朝政府为了加强海防，特设海防书局于越华书院，聘梁廷枏任书局总纂，负责编修《广东海防汇览》42卷。越华书院位于广州，是清乾隆二十二年（1757）盐运司范时纪及商人为培育寄籍广东之商人子弟而集资创建的，以培养"处则抱真学问，出则有真经济"之人才为宗旨，是与粤秀、羊城、端溪书院齐名的广东四大书院之一。1836年，梁廷枏被聘为越海书院监院。1837年，梁廷枏被聘为粤海关志局总纂，负责编修《粤海关志》。粤海关是中国与西洋来往、交涉最多的关口，通过编修《粤海关志》，梁廷枏对西洋有了许多真切的了解。梁廷枏编成的《粤海关志》共30卷，分14个门类，辑存了大量鸦片战争前中外贸易的珍贵资料，记载了西方殖民主义者日益加剧的侵华活动，并汇集了清政府对外政策的有关文件，为当时和后人研究鸦片战争前的中外关系提供了一部很有价值的参考书。道光十八年（1838），林则徐任钦差大臣到广东查禁鸦片，梁廷枏通过各种途径积极搜寻西方传来的各种著述，向他献呈关于禁烟、海防、外交的计策，深受林则徐的重视，成为林的左右手，参与军政决策。鸦片战争时期，梁廷枏是广东最早开眼看世界、主张向西方学习的先进知识分子之一，也是当时中国了解国际形势最为深切的人物之一，对禁烟、海防诸事，襄助甚多。

鸦片战争后，空前的国耻震动了中国朝野，激起了中国知识界研究世界、研究西学的热情。身处中英交涉前沿、对西方早有研究的梁廷枏，更是发愤著述，以醒国人。他接连出版了《合省国说》《耶稣教难入中国说》《粤道贡国说》《兰仑偶说》（这4部书后来合刊为《海国四说》）及《夷氛闻记》等著作。在这些著作中，梁历述英、法、荷、葡、意、美等西方资本主义国家相继东来，企图用商品打开中国大门的过程与咄咄逼人的气势，指出他们是以"贸易为本""唯利是图"的家伙，揭露了他们企图利用基督教图谋文化侵略中国的野心。同时，他还敏锐地觉察到，这些西方国家，远非中国以往的"贡国"与"藩属"，是非同寻常的隐患，即如他在《粤道贡国说》援引碣石镇总兵官陈昂所言，在来中国"朝贡"的各国中，唯西方来的"红毛一种莫测"；他通过研究还发现，这些西方国家亦非如传统所言离开了中国的茶叶、大黄就无法生存的野人和愚昧不化的"夷狄之邦"，而是远较"天朝上邦"的中国更为文明开化、发达先进的国家。这些书补充了林则徐编译的《四洲志》的记载，虽不如魏源所编《海国图志》包罗的范围那么广泛，但在当时也是了解西方国家政治、地理、历史、经济、文化、教育和风俗的极有价值的重要著作，在近代中国具有划时代的思想启蒙和开风气之先的历史价值。

《合省国说》于1844年出版，是中国人编写的第一部系统的美国通志，主要取材于美国传教士裨治文的《美理哥合省国志略》。书中介绍了哥伦布发现美洲的经过、美国独立战争的经过、美国立国以后各项制度（特别是对美国议会制度的产生，总统制和任期的原则，立法、司法、行政三者的关系等尤为关注，均有具体清晰的叙述）、美国所处位置、立国沿革及其不断扩展的情况，以及美国的宗教、文字、教育、司法、出版、新闻、图书馆、风俗习惯、农业、工业、物产、国家经费收支等。美国民主政治制度是梁廷枏在《合省国说》中最为关注的部分，也是他本人极为称颂和向往的。他是近代中国最早较为系统地介绍西方议会制度的人。他在《合省国说》中准确而又简明地介绍了美国是法治而不是人治、是民治而不是君治、是任期制而不是终身制的特点。他说："彼自立国以来，凡一国之赏罚、禁令，咸于民定其议，而后择人以守之。未有统领（即"总统"），先有国法。法也者，民心之公也。统领限年而易，殆如中国之命吏，虽有善者，终未尝以人变法。既不能据而不退，又不能举以自代。其举其退，一公之民。持乡举里选之意，择无可争夺、无可拥戴之人，置之不能作威、不能久据之地，而群听命焉。盖取所谓视听自民之茫无可据者，至是乃彰明较著而行之，实事求是而证之。"正因为美国一切都在法治、民主的轨道上正常运行，所以，统领能尽其责，社会能够稳定。他指出："通国设一统领，又设一副统领为之佐，使总理各省之事，过四年则别举以代之，是为一次（正、副同）。其为众所悦服，不欲别议者，得再留四年。虽贤，不能逾八年两次以外"①；"为统领者，既知党非我树，私非我济，则亦惟有力守其法，于瞬息四年中，殚精竭神，求足以生去后之思，而无使覆当前之悚斯已耳。又安有贪侈凶暴，以必不可固之位，必不可再之时，而徒贻其民以口实者哉？"②在这里，梁廷枏已向人们清晰地昭示了美国新型政治制度的两大基本特征：民主——一切大事皆由"民定其议"，统领由民选举，不可"久据"，更不得"世袭"；法治——"未有统领，先有国法，法也者，民心之公也"，"统领虽有善者"，"终未尝以人变法"。在梁廷枏看来，这种新型政治制度"是以创一开辟未有之局，而俨然无恙以迄于今"。关于美国的文化教育、人才选取及科技、制造业的情况，梁廷枏在书中是这样述说的："其立学，广教法，由乡以达于国，各异其等差。乡设学一所，岁聘男妇之有学者为之师。其经费捐自富室。乡无富者，乃假于所隶省之官助之。无论男女，三、四岁胥令就学，分教以书算、地理、经史，女师则并教刺绣。惟县学馆延师经费，多资于学童所致束脩。其建设，则或捐自官，或由衿耆得请而建，无定章也。省学馆，则或捐，或建以会项而助成。……别有大学馆，所业三：曰圣文，曰医治，曰律例规条。计省学不下八九十所，学延师五人，多者三十人"；"所储养人才，一出于学馆。岁集乡、县学生而考试

---

① 梁廷枏：《海国四说》，骆宝善、刘路生点校，中华书局2013年版，第72页。
② 同上书，第50-51页。

之。试例止一场,取录者得入省学,不与取者仍还其乡肄业,俟明年再考。省学课习限以四年,期满视中国举人,散馆被举可为官、学师,或各随所学,为士农工商,皆令各终其业。大学馆惟省学期满者得与,肄习三年者视进士。以次而升,而必自乡学始";美国的文字"通行皆英吉利文字","自经史词赋外,最重而通行者曰新闻纸。传播于市舶所至之国,……故一事作而远近周知,客外者不俟其家报也。士人家藏书,每至一二千本";"有出新意造桥梁、楼台、器物,人所未见而乐效者,其倡造之人,官为奖励。奇器之作,往往有因人力需费,而代之以物力者,其中又分以水力、火力、兽力之不同。……数十纺车,监以一女工而足。织亦水轮转动,自能成匹。制易而工省,故棉布市于他国贱而且多。……火轮船尤始自近年,附近诸国,每仿为之。中立铜柱,空其腹,设机焚煤,火激轮走,其快如风,日夜可行千里。……盖心思专用于制造,因而日趋新巧"[①]。可见,美国不仅重视文化教育,是一个书香味很浓的国家,而且还是一个风气开通、不守旧,重视新闻传播和科技制造的国家。

《兰仑偶说》介绍了英国的历史沿革,英国在世界各地殖民地的情况,英国的各种制度(包括议院制度、军制及各地兵力、刑法税制、邮政制度、保险制度等),中英贸易关系、鸦片问题、英国的社会习俗及教育、慈善机构等。如书中介绍中英贸易:"康熙间始来通市,中断不至。迨雍正十二年后,乃来市不绝。每抵外洋虎门口外码台卸帆,验实报官,官令引水带入泊黄埔。……其商人则寓以广东十三行楼,岁必七、八月至,乘北风回帆。"[②]书中对英国的教育是这样介绍的:"设学选师,教国人子弟。师之贵等于五爵,必通数国

---

① 梁廷枏:《海国四说》,骆宝善、刘路生点校,中华书局2013年版,第76页;第78页;第88-89页;第94-95页。

② 同上书,第142页。

语，精历法，明测验者，始以充选。乡有小学，所学曰文科。一古贤名训，二各国史书，三各种诗文，四文章议论。自七岁至十七八岁学成，本学师试其优者，进入国之中学，所学曰理科。初年，辨是非，察性理。二年，察性理以上之学。学成则又试之。优者进入大学，所学亦四科，听人之自择。曰医科，主疗疾病。……曰治科，主习吏事。曰教科，主守教法。曰道科，主兴教化。学成又各严考之。每试，则师聚于上，生徒北面，一师问难毕，又轮一师，能对答如流，然后取中，即许任事。"①特别值得提及的是，书中还详细介绍了轮船、火车、蒸汽机等水陆运载工具的工作原理。如书中介绍说："以火蒸水，作舟车轮转机动，行驶如风。舟曰火轮船，初但以邮递书件，后则随兵舶为惊人开路之用。……火蒸车用以运载货物，不假人马之力而驰行特速……他如纺车、织具，并以水、火力代之，机动而布自成，故成制多而用力省。（按：凡沾热气，其物必稍涨大，而水气尤捷。大抵水一分煮至热滚，则其气须千八百分之地始足容之。试以罐载水，满封其盖，使气不能出，及滚，其罐必迸烂，则水之涨布可知。今造舟车者，以蒸水热气感到机关，即其理也。西人以甲乙注为图说。甲为大铁罐，满贮以水。乙在下为炉，炽火极旺。水滚则变气而横注入丙筒。气过筒，再分上下歧作二筒，而达诸直竖之大丁筒。丁筒上下并塞，帷恃一癸之小筒，使水汽由下进至于壬。壬为大盘，至此而气已复冷，还为水。而出其丙筒歧处，即为子。由此分上下而二，之上筒为巳，气从此入丁筒之上层，下筒为庚，从此入丁筒之下层。而子之当中歧处，又有小扇作门，可转移于巳与庚两小筒之间。此开则彼闭，故此气通，则彼气塞。其大丁筒内，别藏有片铜为戊者，密合于筒，使水由丙至子之小门以上巳筒，而入丁筒，则戊之铜片迫下。子之小门既封塞巳筒，则水

---

① 梁廷枏：《海国四说》，骆宝善、刘路生点校，中华书局2013年版，第159页。

气由庚筒下而入丁筒。戊之铜片复激上，至子之小门则封塞。庚筒铜片不时上下，则气不复由巳、庚二筒出，而必由庚后之癸筒至壬，而复成水矣。丁筒内所藏戊之铜片，既受水气蒸激，激上则迫下，其动甚速。再于辛号立条铁，使与戊之铜片相为联合。上出丁大筒之外，机关凑合。于是辛条所触，即即能动舟车所设之机，牵机则轮转，轮转则驶行，皆水气之受蒸为之也。)"[1]

《粤道贡国说》实录了清代中国与周边国家朝贡贸易的源流，主要介绍了鸦片战争以前来中国进行贸易的暹罗国、荷兰、英国、西洋国（包括西班牙、葡萄牙、法国、意大利等国）等，历年向中国"进贡"何物，中国"赐"予何物的情况。除此之外，对于"贡国"的历史、民情、风俗、学校设置、医院、贫民院、幼儿院等，亦有述及。如书中这样介绍荷兰："其国远在西南海。《大清统一志》云：'荷兰国在西南海中，亦曰红夷，俗称红毛国。明万历三十二年，佛郎机横海上，红毛与争雄，攻破美洛居国，与佛郎机分地而守。后因咖吧假台湾之地于日本，筑安平、赤嵌二城，倚夹板船为援战，久留不去。又泊舟风柜仔，求互市，滨海郡邑为戒严。崇祯中，为郑芝龙所破，不敢窥内地者数年。本朝顺治初，为郑成功攻安平城战败去。'《皇清职贡图》云：'其人黑毡为帽，见人则挟之以为礼。著锦绣绒衣，握鞭，佩剑。夷妇青帕蒙头，领围珠右，肩披巾缦，敞衣露胸，系长裙，以朱革为履。'"书中对荷兰贡使到广东请贡兼请贸易的情形做了这样的描述：顺治十年，"使至广东请贡，兼请贸易。巡抚具奏，经部议驳。十二年，广东巡抚奏：荷兰国遣使赍表文方物请贡。经礼部议准：'该国从未入贡，今重译来朝，诚朝廷德化所致。念其道路险远，准五年一贡。贡道由广东入。至海上贸易，已经题明不准。在馆交易，照例严饬违禁等物。该督、抚量差官员

---

[1] 梁廷枏：《海国四说》，骆宝善、刘路生点校，中华书局2013年版，第160—161页。

兵丁护送来京。贡使不过百人,其到京人数不得过二十。余留住广东俟进京人回,一同还国。仍令该督、抚择请晓荷兰言语三四人偕来。'奉旨:'荷兰国慕义输诚,航海修贡。念其道路险远,著八年一次来朝,以示体恤远人之意。钦此。'使臣进贡方物:哆罗绒、倭缎各二匹,哔叽缎六匹,西洋布二十四匹,琥珀十块,琥珀珠、珊瑚珠各二串,镜一面,人物镜四面,白石画二面,镀金刀、镶银刀各一把,乌铳、长铳各二杆,玻璃杯、雕花木盆、石山匣各二个,缨帽一顶,皮小狗二个,花鹦哥一个,四样酒十二瓶,蔷薇露二十壶。奉旨赏伴送官巡海道镶领蟒袍一件,护送兵丁缎袍一件。"[1] 对于英吉利国,梁廷枏在案语中还做了这样的评述:英吉利在康熙朝"始来通市,后数年不复来。至雍正七年以后,则互市不绝。其时碣石镇总兵官陈昂奏称:'臣偏观海外诸国,皆奉正朔,惟红毛一种莫测,其中有英圭黎诸国,种类虽分,声先则一,请饬督、抚诸臣防范。'则当时已出没海上矣。"[2]

在《耶稣教难入中国说》一书中,梁廷枏用三分之二以上篇幅介绍了耶稣教(基督教)的教义、教规、教史及其传入中国的历史。他在书中还对基督教与佛教进行了比较,认为自明以来,中国有人弃佛从耶,是因为耶稣教比佛教有更近于人情的地方。但有人弃佛从耶,并不等于耶稣教能在中国扎根,能取代儒学的地位,中国士林缙绅更不会被基督教所征服,因为中国士林文化的核心是儒学,相反倒是泰西"聪慧之人"有可能会被中国文化所同化。他指出:"唐虞三代以来,周公、孔子之道,灿然如日月丽天,江河行地。历代诸儒,衍其支流,相与讲明而切究者,简册班班可考。凡政治之本,拜献之资,胥出于是焉。其入人也,方且洽肌皮沦骨髓甚深且久,斯即有背道不远者,日参其侧,终不能摇而夺之,易而

---

[1] 梁廷枏:《海国四说》,骆宝善、刘路生点校,中华书局2013年版,第203–205页。
[2] 同上书,第232页。

移之，况毫厘千里者哉？泰西人既知读中国书，他日必将有聪慧之人，翻然弃其所学，而思从尧、舜、禹、汤、文、武、周、孔之道，如战国之陈良者。然则，今日欲以彼教行于中国，闻予言其亦可以返思矣。"①当时西方传教士在五口通商之后蜂拥而入，广为传教，引发了许多中国人的担忧，认为其"有害风俗人心"。梁廷枏明确地告诉人们"无足虑也"。在他看来，"其为言也浅，浅则不耐人思索，虽质至庸常者，亦将异说存之，况聪颖之士乎？其为事也虚，虚则徒令人疑惑，虽素讲因果者，犹必空文视之，况礼仪之俗乎？且其教主之种种奇能异迹，姑无论仅从千百年后得诸传闻，就令事事不诬，不过中国道流之虚幻"。他甚至认为，这些异教徒"生长穷荒，圣教所不及之地"，如果使他们"明性道之大原，圣贤之彝训，与夫古今治乱与兴亡之迹，日用伦常之道，不啻居漆室而观日星，濯泥途而升轩冕。其不思而悔，悔而转，转而弃者，无是人，更无事理也。……是盖圣教普施之渐之，有以发其机而操之券，又安有人心风俗之足害也哉？"②事实上也的确如此。尽管明末西来传教士的主要目的是想使中国人皈依基督教，尽管基督教在中国的传播会削弱中国固有的文化传统和价值观，尽管传教士在帮助中国人正确理解自己和西方世界及在中国科技与文化教育近代化过程中发挥了极为重要的作用，但自始至终中国没有基督化，基督教也没有中国化。而且据有关专家研究，在中国基督教徒的人数从来没有超过中国总人口的1%③。传教士离开中国后，基督教会虽然在中华人民共和国刚刚建立时幸存下来，但它仅是既小又弱的一个机构，这个机构在大多数中国人看来是既没有生命力，也不是那么特别令

---

① 梁廷枏：《海国四说》，骆宝善、刘路生点校，中华书局2013年版，第46页。
② 同上书，第3页。
③ 〔美〕杰西·格·卢茨：《中国教会大学史（1850—1950）》，曾钜生译，浙江教育出版社1987年版，第498页。

人感兴趣。

当然，以今天的眼光看，梁廷枏对于西方资本主义国家的认识和介绍，还是表层的，不深刻、不全面。对于西方列强企图通过所谓"平等贸易"来实施其经济侵略野心的行为，他还停留在"专于牟利""唯利是图""计较锱铢"的认识层面，甚至认为是由于"其人生长荒裔，去中国远，不观圣帝明王修齐治平之道，不闻诗书礼乐淑身范世之理"。可见，他还缺乏对西方列强侵略扩张本质的深刻认识。对于基督教文化侵略中国的野心，他亦缺乏深刻的认识，或者说没有引起足够的重视，认为基督教只是"中国道流之虚幻"，不足为虑，对中国的影响充其量是"人心风俗之害"而已。同时，在他的思想深处，更是经常不能忘情于我朝"圣化覃敷""天朝厚泽，煦育已深"的美好记忆，甚至还寄望于借助已经形成的中西交通，用孔孟的圣道伦常来改造西方世界，实现其"抑更沾濡圣学，勉作异域循良之民"的理想①。如果不考虑当时的历史环境，他的这些言论，在今天看来的确显得有些幼稚可笑，但这无损于他作为开眼看世界先驱者的光辉形象。事实上，从《海国四说》中的描述看，梁廷枏已朦胧地意识到，西方的民主政治、重工商贸易及制造技术的确比清朝的封建专制、闭关绝市、以农为本、鄙薄技巧有优越和可取之处。这种识见，在当时闭目塞听、故步自封的中国，无疑似一声春雷、一道闪电，在天朝朝野和知识阶层引起了震动和反响，有如《清史列传》本传所云："是论出，人颇韪之。"②

总之，从林则徐、魏源、徐继畬到梁廷枏，道咸间中国思想界的开明士大夫实际上是在为中国社会近代化和中国传统科学文化教育近代化的启动做思想准备，而这一准备工作又是在外来文化挑战背景下所产生的文化心理震动中进行的。此时的中国正逐

---

① 梁廷枏：《海国四说序》，骆宝善、刘路生点校，中华书局2013年版，第2—4页。
② 骆驿：《海国四说·前言》，载梁廷枏：《海国四说》，第3页。

渐被纳入新的世界运行体系，中国已是"世界的中国"，再也不能闭关自守了。一切睁眼看世界的士大夫和知识分子都深切地体会到，许多新的、前所未有的问题，如政治的、经济的、科技的、文化教育的等，都现实地摆在中国人的面前，一切爱国的、清醒的中国人都应该正视它、回应它。林、魏、徐、梁之辈，正是这样一批敏锐地感受时代跳动脉搏、得风气之先、睁眼看世界的士大夫。

第二节 潜心西学的民间科技精英

如前所述，宋明以后，儒学发展成为理学。日益僵化的理学，不仅使儒家丧失了开明的教育家形象，而且使学风也为之一变，注经、训诂成为做学问的价值取向，僵化的理学已经很难网罗那些真正有思想、有才识的知识分子，甚至引发了一批天才人物弃举业而潜心于西方科学技术的研究。这种情况到清末尤甚。刘大椿先生说："在鸦片战争前后，真正学习到了一些西方科学知识的是一批民间学者。他们的学习多出于个人兴趣。他们师夷长技，似乎没有想到要去'攻夷''制夷'，而是彻彻底底被西方科学的神妙所吸住了。他们拜'夷'为师，因此能比魏源、林则徐等学到更多的实际学术，也因此而注定了他们在当时的中国不可能形成太大的影响。他们要到洋务运动兴起时才因自己的一技之长而为人所知，为洋务大臣们所器重。他们要到死后才有'付国史馆立传'的荣耀。"[①]在这批民间科学巨匠中，李善兰、王韬、徐寿和华蘅芳是较为突出的代表，堪称近代中国的科学先驱。

---

① 刘大椿、吴向红：《新学苦旅——科学·社会·文化的大撞击》，江西高校出版社1995年版，第128页。

一、李善兰：中国最卓越的数学家

李善兰（1811—1882年），浙江海宁人，是近代中国知名度很高的科学家，是继徐光启之后介绍西方科学技术的关键性人物。他的研究领域十分宽广，数学、物理学、天文学、生物学等领域均有涉及，尤其在数学领域有独到的建树，影响深远。

李善兰出生的1811年，恰是马礼逊来华出版第一本中文读物的那一年。那时，马礼逊等新教传教士的影响还未及于浙江，但李善兰所在的浙江，则是自晚明以来受西学影响最深的省份之一，研究科技的风气在这一带文人中一直没有中断过。生长在这样的环境里，李善兰很早便与科学结缘。他颇有数学天赋，从小嗜数学而厌科举。《清史稿·李善兰传》云："善兰聪强绝人，其于算，能执理之至简，驭数至繁，故衍之无不可通之数，抉之即无不可穷之理。"[①] 李善兰10岁时对《九章算术》无师自通，15岁时便通习《几何原本》前6卷。青年时代，他为了研究天文、历算，常常夜坐山顶，观象测纬。35岁时，他已是远近闻名的科学家了，刻印了《方圆阐幽》《弧矢启秘》和《对数探源》等三种数学著作。在《方圆阐幽》中，他大胆跳出《几何原本》中"点者无分""线有长无广""面者有长有广"的定义，提出了自己的十条"当知"（即定义）："当知西人所谓点、线、面皆不能无体""当知体可变为面，面可变为线……"。他在《对数探源》中讨论的对数问题，是明清之际由耶稣会士传入的西学内容之一。由此可见，此时的李善兰已是深受西学影响、对西学有所研究的学者。

1852年6月，李善兰来到距海宁仅两百里的上海。当时的上海，开埠已9年，居留的外国人超过两百人，已是通商口岸中传播西学

[①] 璩鑫圭、童富勇编：《中国近代教育史资料汇编（教育思想）》，上海教育出版社2007年版，第43页。

最多的城市。李善兰一到上海，便与传教士伟烈亚力、艾约瑟、韦廉臣等人一起翻译西书。其所译书籍主要有：（1）《几何原本》后9卷（与伟烈亚力合译，明朝徐光启等已译成此书前6卷），这是世界上第一部公理化的数学著作。该书译成后伟烈亚力感叹道："西士他日欲得善本，当求诸中国也！"[①]（2）《代微积拾级》18卷（与伟烈亚力合译），是书引入了西方的解析几何与微积分知识。（3）《代数学》13卷（与伟烈亚力合译），是书为我国翻译的第一部符号代数学的书籍。（4）《奈端数理》（与傅兰雅合译，"奈端"即今译牛顿）《圆锥曲线说》3卷等。这些数学著作的翻译印行，不仅使明末清初传入我国的古希腊数学名著《几何原本》第一次有了全译本，而且也使西方近代的符号代数学和解析几何、微积分学第一次传入我国。特别值得指出的是，李善兰在翻译中还创造了许多数学术语的中文译名，如"代数""微分""积分""方程式"等，并直接引进了"×、÷、=、√、（）"等数学运算符号。除数学译著之外，李善兰还有：（1）《植物学》8卷（前7卷与韦廉臣合译，第8卷与艾约瑟合译），是书是根据英国植物学家林德利（J. Lindley，1799—1865年）所著的《植物学纲要》中的重要篇章编译而成。该书除文字外还有附图两百余幅，介绍了植物器官的形态结构和功能、细胞的种类与形态，以及植物的受精作用、地理分布与分类方法等植物学的基础知识，是我国翻译的第一部西方植物学著作，其所创"植物学""细胞"等译名一直沿用至今。（2）《谈天》18卷（与伟烈亚力合译），是书原著为英国著名天文学家约翰·赫歇尔（Sir John Frederick William Herschel，1792—1871年）的名著——《天文学概要》，该著作在西方风行一时，一直是普通天文学的标准教本。译著中关于哥白尼学说、开普勒行星运动定律和牛顿万有引力定律的

[①] 璩鑫圭、童富勇编：《中国近代教育史资料汇编（教育思想）》，上海教育出版社2007年版，第43页。

介绍，令当时的中国人耳目一新，使哥白尼学说及西方近代天文学知识在我国首次得到较全面而系统的传播，亦使得地动及椭圆说在国人心中"定论如山，不可移矣"。（3）《重学》20卷（与艾约瑟合译，重学即"力学"），是书译自英国著名科学家和伦理学家胡威立（William Whewell，1794—1866年）所著的教科书——《初等力学教程》，较详细地介绍了力学的一般知识，并将牛顿三大运动定律第一次较为系统地传入中国。以上这些科学著作，在中国学术界大多前所未闻，许多名词、术语，都需译者独创。李善兰在七八年中，翻译出种数、内容如此广泛的科学著作，不仅艰辛异常，而且充分显示出其广博、高深的自然科学知识与水平。太平军攻陷苏州、绍兴等长江口一带地区后，李善兰投入曾国藩的军营中。同治七年（1868），在巡抚郭嵩焘的推荐下入京师同文馆，充任数学教习。

李善兰在中国近代科学领域里的贡献是多方面的。其一是参与翻译了多门西方近代科学，有数学、牛顿力学、植物学原理和天文学；其二是创译了大量科学名词和符号，有相当一部分被沿用至今；其三是对牛顿力学有较全面的认识，其所著《火器真诀》一书，就是用数学的方法研究弹道学的著名论文；其四是数学研究成果显著，堪称近代中国最优秀的数学家。1867年，他将自己多年撰写的数学著作编为《则古昔斋算学》刊行，内含数学著作13种，包括《方圆阐幽》《弧矢启秘》《对数探源》《垛积比类》《四元解》《麟德术解》《椭圆正术解》《椭圆新术》《椭圆拾遗》《火器真诀》《对数尖锥变法解》《级数回求》《天算或问》，是当时中国数学的高水平研究成果。通晓西方自然科学的傅兰雅在与李善兰合译《奈端数理》时，就对李算学造诣之精深十分推崇。他说："此书虽为西国甚深算学，而李君亦无不洞明，且甚心悦。……此书外另设西国最深算题，请教李君，亦无不冰解。"①李善兰本人亦曾自誉，说自己"于算学用心极深，其精到处，自谓不让西人"②。在书中，李善兰简述了"尖锥求积术"、高阶等差级数求和公式（即"李善兰恒等式"）、三角函数、反三角函数以及对数的幂级数展开式、判定素数定理等，其中"尖锥求积术"已有了初步的微积分思想，在近代数学史上占有十分重要的地位。

李善兰个人天赋很高，学术成就很大，是近代中国科学史上首屈一指的科学大师，也是近代中国人自己最早创办的新式学堂——京师同文馆——唯一的一位从事自然科学的数学教习。丁韪良称他是"中国最卓越的数学家"，"是只凤凰，中国少见的人才"③。但在现实生活中，他完全是一副落魄文人的模样。他曾自诩才学举世无双："当今天算名家，非余而谁？近与伟烈君译成数书，现将竣事。此书一出，海内谈天者必将奉为宗师。李尚之、梅定九，恐将瞠乎后矣。"④ 其目空一切的狂傲中，隐含着怀才不遇的愤懑。

二、王韬：沟通中西、承旧启新

王韬在中国近代史上是一位沟通中西、承旧启新的独特人物。因其贡献颇大，后人从不同的角度和领域对其反复考评。研究思想史的人，将他与郑观应等列为近代早期改良派的代表人物和启蒙思想家；研究新闻史的人，以他于1874年在香港创办《循环日报》筚

---

① 傅兰雅：《江南制造总局翻译西书事略》（1880年），载张静庐辑注：《中国近代出版史料初编》，中华书局1957年版。

② 李善兰：《则古昔斋算学自序》，引自璩鑫圭、童富勇编：《中国近代教育史资料汇编（教育思想）》，上海教育出版社2007年版，第43页。

③〔美〕丁韪良：《花甲忆记——一位美国传教士眼中的晚清中国》，沈弘、恽文捷、郝田虎译，广西师范大学出版社2004年版，第250、251页。

④ 中华书局编辑部编：《王韬日记》，汤志钧、陈正青校订，中华书局2015年版，第109页。

路蓝缕而大书特书①；研究中学西渐史的人，以他助理雅各翻译儒家经典而大加褒扬；研究教育史的人，以他在上海掌管格致书院，培养新型人才而予以重视。但迄今为止，很少有人将他作为一个科学前驱来研究。笔者认为，王韬虽不是李善兰式的近代科学大家，在科学研究上也无突出造诣，但不失为一位西方科学的热心倡导者，在介绍、传播西方科学上贡献巨大。他翻译了大量西方科学著作，具沟通中西、承旧启新的开拓之功。1867年、1879年，他先后出游欧洲和日本，著有《漫游随录》和《扶桑游记》两书。在王韬旅日期间，日本学者重野安绎曾对他说："先生之文，谓为今时之魏默深。默深所著《海国图志》等书，仆亦尝一再读之。其忧国之心深矣。然于海外情形，未能洞若蓍龟。于先生之言，不免大有径庭。窃谓默深未足以比先生也。"②美国学者柯文认为："王韬可能是现代第一个既受过中国经典训练、又在西方度过一段有意义时光的中国学者。"③中国著名学者钟叔河称，"从鸦片战争（1840年）到光绪元年（1875年）三十五年间，国人亲历东西洋的载记，为数实在很寥寥。……说到这段时期涉足西方的具有广泛影响的知识分子，除了容闳，只能数王韬了"④。

王韬（1828—1897年）比李善兰小17岁，出生于苏州东南的甫里镇，原名畹，字利宾，号兰卿，后因通太平军遭清廷通缉而逃往香港寄居英华书院，始改名韬，字子潜，号仲弢，晚年自号天南遁叟。他幼年多病，但天资聪颖，"有神童之誉"，"自九岁

---

① 林语堂曾说他是"中国记者之父"。洪琛认为，在20世纪的新闻圈内很难找到胜过他的人（〔美〕柯文：《在传统与现代性之间——王韬与晚清改革》）。
② 王韬：《弢园文新编·中东名士》，生活·读书·新知三联书店1998年版，第362页。
③ 〔美〕柯文：《在传统与现代性之间——王韬与晚清改革》，雷颐等译，江苏人民出版社1994年版，第65页。
④ 钟叔河：《走向世界——近代中国知识分子考察西方的历史》，中华书局1993年版，第141页。

迄成童,毕读群经,旁涉诸史,杂说无不该贯","于诗文无所师承,喜即为之,下笔辄不能自休。生平未尝属稿,恒挥毫对客,滂沛千言,忌者或訾其出之太易"①。正因如此,他从小便性情旷逸,十分自负,目空一切,养成了一派落拓不羁的"名士气"。1845年,18岁的王韬以第一名的成绩入县学,成了秀才。第二年因深陷"刘伶之癖",整天纵饮狂欢,忙于写"贻某女士书",到金陵应闱试落第。自此,他"屏括帖(八股)而弗事,弃诸生(秀才)而不为",一面抱着"读书十年,然后出世为用"的雄心研究学问,一面仍旧过着"酒色征逐"和牢骚满腹的生活。这种生活在王韬身上留下了很深的痕迹,也多遭乡邻朋友物议,流毒一直到晚年。如果历史的时轮倒转几十年,王韬很可能会这样终其一生,天资再好、才学再高,也无非是在吴地再添一个唐伯虎、祝枝山式的"风流才子"。但王韬所处的时代已大不同于唐、祝所在时期,英国的炮火已打到长江,战争将中国卷入了世界资本主义的潮流,上海成了华洋杂处的通商口岸。1847年,王韬的父亲迫于生计到上海设馆授徒,翌年初春王韬到上海"省亲"。从此走进一个"气象顿异"的新天地。"一入黄歇浦中,气象顿异。从舟中遥望之,烟水苍茫,帆樯历乱,浦滨一带,率皆西人舍宇。楼阁峥嵘,缥缈云外。飞甍画栋,碧槛珠帘。此中有人,呼之欲出;然几如海外三神山,可望而不可即也"②。陌生的事物、崭新的世界,诱发了青年王韬的好奇心和求知欲。他听说上海墨海书馆颇多新奇之物,特前往拜访。就是这一次使他有机会接触到了英国伦敦会派遣来华的传教士麦都思。麦都思是"那时代汉学家中的领袖……

---

① 王韬:《弢园老民自传》,引自璩鑫圭、童富勇编:《中国近代教育史资料汇编(教育思想)》,上海教育出版社2007年版,第67页。
② 王韬:《弢园文新编》,生活·读书·新知三联书店1998年版,第354页。

传教士中的巨匠"①，1835年到上海传教，1843年在上海建"墨海书馆"。在墨海书馆，王韬不仅第一次看到了"竞谓创见"的"活字版机器印书"，见识了"车床以牛曳之，车轴旋转如飞，云一日可印数千番"的壮观景象②；而且在第一次与西方人的接触中，结识一位最为真挚亲切的朋友。也正是这一次的上海之行，打开了王韬这位乡间传统文人的眼界，使他看到了西方资本主义文明的蓬勃生机，使他对西方文化和科学技术有了最初的认识。这为王韬后来人生道路的选择和价值观的转变提供了契机。1849年，麦都思邀王韬入墨海书馆参加西书编校润色工作，王韬当时正因父亲去世，家庭生活来源无着，便应允了麦都思的邀请。就这样，一个中国乡村的落难秀才因机缘巧合被推进了中西文化交流的前沿。在墨海书馆期间，王韬结识了一批来华传教士中的学术精英，他们不仅在中国传教，而且大都参与在中国传播西学的工作，王韬凭借他的天赋才能和儒学功底，成了名重一时的华洋交往中的活跃人物。王韬讨厌宗教著作的译述，可对"象纬舆图"的西方科技书籍的翻译却很有兴趣，所以他在介绍、吸收西方科学，促进中西文化交流方面，同样做出了超越前人、启迪来者的开拓性贡献。

时人蔡尔康说："吴郡王紫诠（即王韬）先生，博极群书……凡铁甲船、火轮船、枪炮、飞天球之制，以及算学、化学、重学无不融会于心。"③他所介绍的西学，既有声光电化、天文历算的自然科学，亦有历史地理、商贸经济的社会科学。他参与编校、翻译的西方科学书籍主要有：(1)《华英通商事略》，与伟烈亚力合作译

---

① 〔美〕柯文：《在传统与现代性之间——王韬与晚清改革》，雷颐等译，江苏人民出版社1994年版，第25页。
② 王韬：《弢园文新编》，生活·读书·新知三联书店1998年版，第354页。
③ 朱维铮：《弢园文新编·导言》，载王韬：《弢园文新编》，第11页。

述，内容为明万历以后到咸丰年间中英通商的历史，尤其是英国东印度公司在东方发展商业贸易的历史。王韬鉴于国人当时对西方资本主义国家以商贸为本的情况十分陌生，不相信一个国家会为了通商和商人的利益而派军队远涉重洋进攻中国。他选译是书的目的就是为了针砭时事、警醒国人，重视商人在中国社会中的地位，重视商业在国民经济中的重要性。王韬指出："英之强，专恃商务，开疆拓土，以商人为先路之导。由印度而远东南洋诸岛，以及通商粤东，皆商人为之主持。逮公司停而领事立，其势益横。道光十三年英国公会始准诸商至中华贸易，不数年而萃起。读通商事略一书，益叹当轴之昧于外情，而失驾驭远人之道焉。韬按通商之局，至今日而一变，英与中国关系尤重。西人不患中国之练兵讲武以张国势，而特患中国之夺其利权，故致力于商务，在所必争。今日中国欲制西人而自强，亦莫如由商务始。欲商务之旺，莫如设立商务局。"[①]（2）《格致新学提纲》，为艾约瑟原译，王韬重新编辑，"屡加补辑，多所增入"。可见，该书不仅仅是翻译而是兼有编撰的成分。王韬认为，"格致之学，中国肇端乎《大学》，特有其目，亡其篇，后世虽有究其理者，绝少专门名家。近日西人精益求精，几于日新月异而岁不同"[②]。该书涉及的科学技术知识范围十分广泛，举凡算学、化学、重学、光学、电学、汽学、声学、地学、矿学、医学、机器、动植物学，无所不具，而且"凡象纬历数、格致、机器，有测得新理，或能出精意创造一物者，必追记其始"。该书主要内容后被收入王韬的《西学原始考》。（3）《光学图说》，是一本介绍光学知识的入门书，配有图绘，浅显易懂，所论望远镜制造原理及工序尤其实用。是书也是艾约瑟原译，后王

[①] 王韬：《弢园著述总目》，载《弢园文新编》，生活·读书·新知三联书店1998年版，第379页。

[②] 同上书，第380页。

韬"屡加增辑,卷帙遂赢于旧"。(4)《西国天学源流》,为王韬与伟烈亚力合作译述,内容为西方天文学略史,较为系统地介绍了西方自古以来的天文学发展历史,详细地叙述了西方天文学史上影响较大的人物及其学说。王韬认为,"天算之学,中国开其端,西国竟其绪。西国考第一次日食在周平王五十一年,较中国畴人家测算幽王时日食相距无几时,可知其学必先由东而西"①,但后来西洋历法愈益精准,中国旧法已无法与之争衡,所以王韬试图通过此书,使国人认识到西历的精准及其测量方法之科学。(5)《重学浅说》,是一部物理学著作,为王韬与伟烈亚力合作译述。王韬在《弢园著述总目》中指出:"西人于器数之学,殚精竭思;其最奥者曰重学。以轻重为学术,行止升降,必借乎力;高下疾徐,必因乎理;而所以制器测象者,非此不可。凡助力之器有六:杠杆、轮轴、滑车、斜面、螺丝、尖劈。赖此可以举重若轻,其中各有算学比例在。"②(6)《火器说略》,为王韬与黄胜合作译述。朱维铮先生认为,是书为我国第一部介绍西方近代军事技术的译著③。王韬自诩"是书既出,颇为海内所称赏,以简浅易明,各表皆可如法演试"④。

王韬在与西人合作译书的同时,还编写了《西学图说》《泰西著述考》《西学原始考》《法国志略》(为中国近代学者编写的第一部法

---

① 王韬:《弢园著述总目》,载《弢园文新编》,生活·读书·新知三联书店1998年版,第380页。
② 同上。
③ 朱维铮:《弢园文新编·导言》,载王韬:《弢园文新编》,第12页。
④ 王韬:《弢园著述总目》,载《弢园文新编》,第375页。

国史志)、《西古史》①《西事凡》②《普法战纪》③《四溟补乘》④《漫游随笔图说》《漫游随录》《扶桑游记》等介绍西方、西学及日本社会的著作。其中,《西学图说》内容包括太阳说、地球赤道图说、行星环绕太阳图说、行星续说、五星说、水星、金星、火星、木星、土星、天王星、星气说、岁差图说、空气说、声学浅说、光动图说、远镜说,等等。《泰西著述考》是王韬鉴于自明朝中叶利玛窦等西来传教士竟尚译书,西学流传遂广,而李之藻所著《天学初函》中所采不过"蹄涔之一勺",《四库全书》也仅附存目,为此他撰写此著,意在"制器测象,推陈出新,使中土学者知其推算之密,技能之精"⑤。《西学原始考》是当时仅见的系统全面介绍西方科学技术史的专著,内列四百余项,举凡数学、物理、化学、天文、地理、地质、生物、医学、法学、音乐、建筑、美术诸方面的重要发现、重大发明、重要事件、人物,均一一载明。《西学原始考》对晚清中国知识分子了解西学的历史具有相当重要的意义,它标志着中国知识分子在零星获得西学信息的同时,开始有意识地、系统地由流溯源,冀以窥见西学整体面貌和历史脉络。

尤为可贵的是,王韬在19世纪70年代就注意到了介绍和研究

---

① 王韬说,是书举凡西方各国"疆域之沿革,世代之迁移,邦国之分合,学术之源流,皆可得而考鉴焉,于谈泰西掌故者不为无裨焉"(王韬:《弢园文新编》,生活·读书·新知三联书店1998年版,第384页)。

② 王韬说,他之所以编撰4卷本的《西事凡》,是鉴于西国世代变更,邦国相争,"尚有遗闻轶事足以供谈资者",所以将"或有出于故老之传言,近今所追述;标新领异,阐幽撼奇,邻于稗官野史之说者,一并附焉"(王韬:《弢园著述总目》,载《弢园文新编》,第384页)。

③ 王韬:"普法之役为欧洲三大战之一,亦即欧洲变局之所由始也","世之留心欧洲战争者,多欲一见以为快"(王韬:《弢园著述总目》,载《弢园文新编》,第373页)。所以,此书中文版出版后多次重印。

④ 王韬说:"是书搜罗宏备,详于近而略于远,于近今四十年来所有国政民情朝聘盟会和战更革诸大端,无不一一备载;凡有关于中外交涉者,尤再三致意焉。"(王韬:《弢园著述总目》,载《弢园文新编》,第381—382页)

⑤ 王韬:《弢园著述总目》,载《弢园文新编》,第381页。

西方的哲学思想和科学方法。如他在介绍英国哲学家培根时，极为简洁地阐明了培根唯物主义哲学思想的基本特征。他说："其为学也，不欲取法于古人，而务极乎一己所独创。其言古来载籍乃糟粕耳，深信胶守则聪明为其所囿……。明泰昌元年，培根初著《格物穷理新法》，前此无有人言之者。其言务在实事求是，必考物以合理，不造理以合物。"故历史学家罗香林教授谓："中国学人之介绍培根学说者，殆以王氏为首倡矣。"①

平心而论，在与西来传教士合作著译的过程中，传教士对王韬是非常友好的，对其才识也是十分欣赏的。但囿于中国传统文人的教养，王韬在沪工作期间始终感受到中西两种文化的夹击。初到上海的王韬，既不适应传教士清教徒式的严谨刻板的工作方式，又不甘心放弃中国传统文人"出则以文章显达，退则以诗赋扬名"的固有追求。但随着与西来传教士朝夕相处、知彼渐深，又不知不觉形成了一种看人看事的新尺度：对附庸风雅而蝇营狗苟、欺世盗名的中国旧式文人和昏官贪吏越来越看不惯，对中西两种不同的文明也有了全新的认识，十分赞赏西方的先进科技和发达的社会工商业。所以，王韬除了参与翻译、介绍西方科学技术外，还努力扫除中国人接受西学的思想障碍。他对"西学中源"说的批评，即是一例。"西学中源"说在明清之际已经出现，至晚清愈益盛行。王韬早年亦持此说，认为"中国天下之宗邦也，不独为文字之始祖，即礼乐制度天算器艺，无不由中国而流传及外"②。如本书前述，"西学中源"说是一个可以左右逢源、两面讨好的理论。主张取法西方的人，可以用此论堵住守旧派"用夷变夏"的攻击，将学习西方变为"礼失求诸野"；同时又能满足一般士大夫的自尊心

---

① 朱维铮：《弢园文新编·导言》，载王韬：《弢园文新编》，生活·读书·新知三联书店1998年版，第11—12页。
② 王韬：《弢园文新编·原学》，第3页。

理，在汲取西学时没有文化自卑感。考诸西方学术，确实有些器艺是从中国传去的，造纸术、印刷术、火药、指南针、算盘等的西传，就是众所周知的例证。但是，中西学各有源头，事实上西学的源头主要在古希腊和古罗马，所以笼统地说西学源于中国，并不合乎实际。从长远来看，它对于中国学习西方，对中国近代化，恰恰造成了新的思想障碍。王韬在对西学有较多了解以后，对此说提出批评。他在《西国天学源流》中指出，承认西方科学技艺有高于中国的地方，一点也不损害中国的形象，同为人类，"因地而生，各异其俗，列国之制，虽有攸殊，此心之理无不相同，所谓'东方有圣人焉，此心同此理同也；西方有圣人焉，此心同此理同也'。虽东西之异辙，实一道而同风"①。可见，中西方有些器艺甚至有些学术思想，尽管相类似，但并不能排除各自有独立发展的情况存在。

王韬在墨海书馆前后工作13年，因其与西方传教士一起访问过太平军占领区，据说还曾上书太平天国建议太平军进攻上海，所以在同治元年（1862）被清政府指为"通贼"而遭通缉，不得不在英国人的协助下仓促逃亡香港。王韬在港的居停主人为英华书院院长理雅各。此人为英国著名汉学家，此时正着手将中国的"四书五经"译为英文，早就因麦都思的介绍得知王韬助麦氏汉译《新约全书》贡献颇多，便邀王韬相助翻译中国经典。理雅各在王韬的帮助下，终于完成了他宏伟的计划，将"四书五经"译成28卷英文，名为"The Chinese Classics"陆续出版。理雅各的译本被认为是迄今为止中国经典的标准英译本。王韬对沟通中西两种文明的工作欣喜不已。他说："宣圣之道居然自东土而至西方，将来中庸所言当

---

① 〔美〕柯文：《在传统与现代性之间——王韬与晚清改革》，雷颐等译，江苏人民出版社1994年版，第161-162页。

可应之如操券。"①1867年,理雅各返国,招王韬偕行,从此王韬开始了他在欧洲两年多的旅居生活。他在《漫游随录》中写道:当抵法国马赛,"至此始知海外阛阓之盛,屋宇之华。格局堂皇,楼台金碧,皆七八层。画槛雕阑,疑在霄汉;齐云落星,无足炫耀。街衢宽广,车流水、马游龙,往来如织。灯火密于星辰,无异焰摩天上。寓舍供奉之奢,陈设之丽,殆所未有。……环游市廛一周,觉货物殷阗,人民众庶,商贾骈蕃,即在法国中亦可屈一指"②。来到巴黎,他看到:"藏书之所,博物之院,咸甲于他国。法国最重读书,收藏之富殆所未有。计凡藏书大库三十五所,名帙奇编不可胜数,皆泰西文字也。惟波素拿书库则藏中国典籍三万册,经史子集略备,……博物院中分数门,曰生物,曰植物,曰制造,曰机器,曰宝玩,曰名画。广搜博采,务求其全"③。在巴黎参观了卢浮宫的文化宝藏、目睹万国博览会的盛况后,他兴奋地描述道:"凡所胪陈,均非凡近耳目所逮,洵可谓天下之大观矣!"④到伦敦后,他更是"每日出游,遍历各处。尝观典籍于太学,品瑰奇于各院,审察火机之妙用,惟求格致之精微"⑤。他对英国重科学而"弗尚诗赋词章"及教育注重"实学"的情况赞叹不已。他说:"英国以天文、地理、电学、火学、光学、化学、重学为实学,弗尚诗赋词章。"⑥他看到英国学校"所考非止一材一艺已也,历算、兵法、天文、地理、书画、音乐,又有专习各国之语言文字者。如此,庶非囿于一隅者可比。故英国学问之士,俱有实际;其所习武备、文艺,均可实见

---

① 王韬:《弢园尺牍续钞》(卷五),转引自〔美〕柯文:《在传统与现代性之间——王韬与晚清改革》,雷颐等译,江苏人民出版社1994年版,第57页。
② 王韬:《漫游随录》,见钟叔河主编:《走向世界丛书》(第6册),岳麓书社2008年修订版,第82页。
③ 同上书,第84页。
④ 同上书,第90页。
⑤ 同上书,第96页。
⑥ 同上书,第116页。

诸措施；坐而言者，可以起而行也"①。游历完欧洲之后，他总的观感是："盖其国以礼义为教，而不专恃甲兵；以仁信为基，而不先尚诈力；以教化德泽为本，而不徒讲富强。欧洲诸邦皆能如是，固足以持久而不敝也。"②

1870年春，王韬与理雅各一同回到香港。"沧海归来"的王韬已由一个风流自赏的"唐伯虎"变成了忧国忧民的"魏默深"，认为"士生于世，当不徒以文章自见"，应该讲求经世致用之道。他宣布自己是魏源"师长"主张的继承者，"所望者中外辑和，西国之学术技艺大兴于中土"③。他在佐理雅各译事之余，编著了《普法战纪》20卷。他说："是书虽仅载二国之事，而他国之合纵缔交，情伪变幻，无不毕具。"这反映王韬对欧洲的历史与现状的了解，已经达到了一个新的水平。王韬本人亦视此书为最得意之作。此书传入日本，曾使王韬在日本声名大震。1873年，理雅各归国主牛津大学汉学讲座，王韬从此结束了"佣书"生涯，于次年春创办《循环日报》，仿西报之例，每日于首栏发表论说一篇，宣传变法图强主张，力倡"穷则变，变则通。知天下事，未有久而不变者也"。他指出："自明季利玛窦入中国，始知有东西两半球，而海外诸国有若棋布星罗。至今日而泰西大小各国，无不通和立约，叩关而求互市，举海外数十国，悉聚于一中国之中，见所未见，闻所未闻，几于六合为一国，四海为一家。秦汉以来之天下，至此而又一变。呜呼！至今日而欲办天下事，必自欧洲始，以欧洲诸大国为富强之纲领，制作之枢纽，舍此无以师其长，而成一变之道。中西同有舟，而彼则以轮船，中西同有车，而彼则以火车，中西同有驿

---

① 王韬：《漫游随录》，见钟叔河主编：《走向世界丛书》（第6册），岳麓书社2008年修订版，第125页。

② 同上书，第127页。

③ 同上书，第155页。

递，而彼则以电音，中西同有火器，而彼之枪炮独精，中西同有备御，而彼之炮台水雷独擅其胜，中西同有陆军水师，而彼之兵法独长，其他则彼之所考察，为我之所未知，彼之所讲求，为我之所不及，如是者，直不可以偻指数。"①他认为，即使是"孔子而处于今日，亦不得不一变"。所以他力主变法，"尽用泰西之所长"，一时声名大振。他在《变法》一文中，为当时中国开出的改革变法清单有："取士之法宜变""练兵之法宜变""学校之虚文宜变""律例之繁文宜变"，并力倡学习西方建立"君民共主之国"，恪守中国"天下之治，以民为先"的古训，即所谓"民惟邦本，本固邦宁"②。可以说，此时的王韬已完成了由一个封建士子到资产阶级政论家的转变。1879年，王韬扶桑东游，在四个多月的日本之游中，他广泛结识了日本文化学术界的朋友，并撰成《扶桑游记》一部。王韬的日本之行，在学界产生了很大的影响。王韬的朋友日本学者中村正直说："夫清国之人游吾邦者，自古多矣，……其身未至而大名先闻，既至而倾动都邑如先生之盛者，未之有也。抑先生博学宏才，通当世之务，足迹遍海外，能知宇宙大局，游囊所挂，宜其人人影附而响从也。"③ 1887年，王韬以病态之躯掌上海格致书院。格致书院（将在下章专门论及）是中国新式书院的典型代表，亦是中西文化交流与合作的产物。王韬掌格致书院后，对其进行了几项重大改革：一是在书院附设学塾，招收少年，从小培养通晓格致之学的人；二是严订考试规则，面向社会设"四季课"和"春秋两季特课"；三是结合时政授教，采用问答法和讨论法，以提升学习时政

---

① 王韬：《弢园文录外篇·变法中》，引自中国史学会主编：《中国近代史资料丛刊·戊戌变法》（一），上海人民出版社1957年版，第133–134页。

② 王韬：《变法（上中下）》，载《弢园文新编》，生活·读书·新知三联书店1998年版，第13–22页。

③ 王韬：《扶桑游记》，见钟叔河主编：《走向世界丛书》（第3册），岳麓书社2008年修订版，第390页。

和西学的兴趣。特别是因"四季课"和"春秋两季特课"分别由地方大吏和南、北洋大臣就格致命题，故一时"四方风动，群彦云起"。

1897年5月，在同时代人都已预料到的巨变前夜，这位自信"不作人间第二流""千古文章心自得，五洲形势掌中收"①的风流人物，于黯淡中病死于上海，了结了他有幸走在时代前头而又不幸耽酒色的一生。胡适曾说，王韬若是日本统治阶层中的一员，可能会轻而易举地成为伊藤博文、大久保利通、大隈重信，至少也是西乡隆盛②。可惜王韬生活在乱世衰败的近代中国，这或许是他个人的不幸，亦或是中国的不幸。

三、徐寿与华蘅芳：寄情忘性于科技研究

徐寿（1818—1884年）和华蘅芳（1833—1902年）都是江苏无锡人。他们所处的时代正是中国由封建社会逐渐沦落为半封建半殖民地社会的大变革、大动荡的屈辱时期，他们同样是出于个人爱好而背弃科举，走上科学研究之路的。他们寄情忘性于科学研究之中，对现世功名毫不关心。徐寿年少时曾尝试过科举，参加过一次童生考试，失败后便再没有尝试过。华蘅芳"幼而颖异"，但天生不是一个循规蹈矩的人，自幼不喜"四书五经"，亦不会做八股文章，唯乐观各种算学之书，压根儿不谋仕途，亦与正统儒家文化无缘。杨模说，华蘅芳"潜心御纂数理精蕴及《算法统宗》《九章算术》等书"；"咸丰初元，复研究西人新译之代数、几何、微积、重

---

① 王韬：《扶桑游记》，见钟叔河主编：《走向世界丛书》（第3册），岳麓书社2008年修订版，第404页。

② 参见〔美〕柯文：《在传统与现代性之间——王韬与晚清改革》，雷颐等译，江苏人民出版社1994年版，第230页。

学、博物诸书，独能豁然昭朗，学益大进"①。徐寿的注意力集中在博物（物理、化学）方面，华蘅芳的兴趣则主要在数学上。两人成名后亦不断有大官欲与之结交，但他俩"以淡泊为宗，萧然荣利之外"，献身科技，终生敝衣蔬食，不求仕禄，到老死时仍为一介布衣，家无余财。

徐寿，号雪村，1818年出生于江苏无锡一个没落的地主家庭。他虽5岁丧父，但他的母亲对他仍十分严格，望其日后在科考中得第，讨个官做。自幼聪颖的徐寿，尽管饱读诗书，最终还是连个秀才也没考上。母亲去世后，他更加痛觉科举八股的无用，转而投身"经世致用"之学——科技。他涉猎科技的范围极广，举凡律吕（音乐）、几何、重学（力学）、矿产、汽机、医学、光学、电学等，他都喜欢探个究竟。他曾自制指南针、炮用象限仪（用于测量火炮倾斜角，检查火炮瞄准和火炮的角度），甚至对结构极为复杂的自鸣钟亦有心得。此外，他还研究制造出好几种古代乐器。一次，徐寿正在县城帮人修理七弦琴，他精湛的手艺和非凡的谈吐，引来了举人华翼纶的注目。那时的华翼纶正想给他的小儿子华蘅芳找个亦师亦友的"玩伴"，让他更好地学习科学技术。徐寿比华蘅芳虽然大15岁，但由于他们对格致之学有着共同的爱好，两人日后便成了志趣相投、相见恨晚的忘年之交。

徐、华曾在上海墨海书馆工作。1861年，驻营安庆的曾国藩以"研精器数、博学多通""奇才异能"为由，向朝廷保荐他们来安庆军械所工作。1862年，二人同入安庆军械所负责筹划设计制造轮船。徐、华对西学的学习、研究，很注意采用实验的方法，是时声、光、化、电各种器械"入中土者绝希"，他们便多方搜求，"始致什一"。一次，徐寿和华蘅芳到上海寻书时，觅得一本1855年上海墨

---

① 杨模编：《锡金四哲事实汇存》，引自中国史学会主编：《中国近代史资料丛刊·洋务运动》（八），上海人民出版社1961年版，第15页。

海书馆出版的英国传教士合信编译的西方近代科技书——《博物新编》[1]。此书虽说是欧洲极为平常的科学常识类书籍，但相比清朝当时的科技水平，让他们仿佛有隔世之感。自此，他们对这本书"朝夕研究，目验心得，偶有疑难，互相讨论，必求涣然冰释而后已"[2]。书中讲枪弹的弹道呈抛物线，发射角45度时射程最远，徐寿"疑其仰攻与俯击之矛盾"，便找来枪支，由近到远设立许多靶子，实地加以验证。有次见到书中讲三棱镜可以把日光分为七色，徐、华二人在找不到三棱镜的情况下，便把一枚水晶图章磨成三角形，通过验证果然发现三棱镜能够把日光分为七色。他们还认真研读了《博物新编》中关于现代蒸汽机的原理，甚至经常跑到西洋人的轮船上，探究其造法。在彻底明了蒸汽机的技术原理后，他们还设计、制作了一台蒸汽机模型。模型的锅炉用类似锌合金的材料制成，汽缸的直径约4.3厘米（1.7英寸），机器转速为每分钟240转。这台蒸汽机模型做成后，曾国藩十分满意，并让他们制造一艘小型蒸汽轮船。当徐寿、华蘅芳把制成的汽机和小火轮船做试验表演获得成功时，曾国藩对徐寿、华蘅芳等人赞不绝口："窃喜洋人之智巧，我中国人

---

[1] 《博物新编》是近代西方传入中国的一本重要的科普著作。全书共为3集，介绍了化学、物理、天文、生物、地理等自然科学知识及许多当时的最新科学发现和技术成果，在当时中国风靡一时。其中，在化学方面，介绍了当时56种化学元素，还介绍了"养气"（氧气）、"轻气"（氢气）、"淡气"（氮气）、"炭气"（一氧化碳）以及"磺强水"（硫酸）、"硝强水"（硝酸）、"盐强水"（盐酸）等的性质和制造方法，大致反映了西方19世纪初期的化学水平，是中国近代最早一部介绍西方化学的书籍；在物理学方面，介绍了光学、热能、蒸汽机、火车、水甑、汽柜、冷水柜、火炉、汽尺、汽制及风力机、寒暑表、轻气球、潜水衣等实用器物；在天文地理方面，有天文略论、地球论、昼夜论、行星论、日离地远近论、日体圆转论、地球行星论、众星合论等，还介绍了地球经纬结构、四大洲各国土地人物及四季、月轮圆缺、月食、潮汐、水星、金星、火星、土星、彗星等，还附有望远镜、象限仪等光学仪器的外形图，以及凹面镜、凸面镜、幻灯机、显微镜等的功能及各式透镜、凸透镜成像等几何光学知识的图示。

[2] 杨模编：《锡金四哲事实汇存》，引自中国史学会主编：《中国近代史资料丛刊·洋务运动》（八），上海人民出版社1961年版，第18页。

亦能为之，彼不能傲我以其所不知矣。"①这台蒸汽机模型机事实上成了我国历史上自己研制的第一台蒸汽机。蒸汽机、小火轮的研制成功，为日后洋务运动大规模的制造船舰开了个好头，翻开了我国制造船舰的首页。1866年，他们造出了我国第一艘蒸汽轮船——"黄鹄"号。"黄鹄"号蒸汽机的计算由华蘅芳完成，船体的设计和施工由徐寿父子负责。1868年9月5日，《字林西报》②登载的一篇题为《中国人的机器技能》的文章中有一段这样描述"黄鹄"号："试航于扬子江，在不足十四小时间逆水行二百二十五华里，回程顺行八小时。就此中国人创造力之成功，其中细节，有足发人兴趣者。……载重二十五吨。船身长五十五华尺。高压蒸汽机，单式汽缸，倾斜装置，直径一华尺，长二尺。主轴长十四尺，径二寸四分。汽锅长十一尺，径二尺六寸。锅炉管四十九支，长八尺，径二寸。……全盘结构中仅有之外洋材料，为用于主轴、锅炉及汽缸配件之铁。此种铁料系购自舶来之铁条及铁板，因土产者不能视为十足可靠之故。全部工具器材，连同雌雄螺旋、螺丝钉、活塞、汽压计等，均经徐氏父子之亲自监制，并无外洋模型及外人之协助。"③制造"黄鹄"号全用汉人，未雇洋匠，"皆由手造，不假外人"，大长中国人的志气。"黄鹄号"试航成功，也使徐寿在科技界声名大噪，清同治

---

① 《曾国藩全集·日记（二）》，转引自汪广仁主编：《中国近代科学先驱徐寿父子研究》，清华大学出版社1998年版，第159页。

② 《字林西报》（North China Daily News）于1850年在上海创刊，是外国人在中国创办较早、时间最长、发行最广、最有影响的外文报纸。该报初名《北华捷报》（North China Herald），为周刊。1864年7月1日改为《字林西报》，并改周刊为日报，而《北华捷报》则转为它的每周增刊。该报从创刊起，就和英国驻上海的领事机关及上海的租界当局保持十分密切的联系，主要反映驻华英国人的利益和愿望。1859年，上海英国领事馆特别指定由该报发布领事馆及商务公署的各项文告。上海英租界工部局和公共租界工部局的文告、新闻公报及广告，也都优先在该报刊载，并在经费上资助该报。因此，在上海的外国人中，该报有英国官报之称。

③ 徐鄂云译注：《"黄鹄"——西洋人眼光中的中国自造第一艘轮船》，转引自汪广仁主编：《中国近代科学先驱徐寿父子研究》，清华大学出版社1998年版，第310页。

帝御赐他一块"天下第一巧匠"的牌匾。"黄鹄号"下水后,徐寿立即被任命为新建的江南机器制造局的"总理"。很快,由徐寿设计的近代第一艘军舰"恬吉"号(后改名"惠吉"号)于1868年下水,曾国藩在奏折中自许道:"命名曰恬吉轮船,意取四海波恬、厂务安吉也。其汽炉船壳两项,均系厂中自造,机器则购买旧者修整参用。船身长十八丈五尺,阔二丈七尺二寸,先在吴淞口外试行,由铜沙直出大洋至浙江舟山而旋,复于八月十三日驶至金陵。臣亲自登舟,试行至采石矶,每一时上水行七十余里,下水行一百二十余里,尚属坚致灵便,可以涉历重洋。原议拟造四号,今第一号系属明轮,此后即续造暗轮,将来渐推渐精,即二十余丈之大舰,可伸可缩之烟筒,可高可低之轮轴,或每可苦思而得之。……中国自强之道或基于此。"[1]"恬吉"号下水之后,又陆续造成了"操江"(1869年)、"测海"(1869年)、"威靖"(1870年)、"海安"(1872年)、"驭远"(1875年)等兵船,以及船上所用的各式大炮。江南制造局也因此成了中国近代新式工业的发源地,培养了中国最早的一代技术人员和技术工人,而徐寿本人亦被时人尊为晚清科技的总设计师。

江南制造局的宗旨是:"志在尽得西法所长,借洋人以为引导,不令洋人以把持"[2]。据此,徐寿主持江南制造局后,向曾国藩建议,在造船制炮的同时必须注重"其船坚炮利工艺精良之原",才能"探索根柢,不受西人居奇"。曾国藩对此"大为嘉许",并认为"此举较办制造局尤要"。于是在制造局附设了翻译馆,"招致西人之积习有素,而又通晓中国语言文字者,择译外国有用诸书"[3]。1867年,

---

[1] 《同治七年九月初二日调任直隶总督曾国藩折》,引自中国史学会主编:《中国近代史资料丛刊·洋务运动》(四),上海人民出版社1961年版,第17页。

[2] 《江南制造局禀》同治十一年四月(1872年5月),转引自汪广仁主编:《中国近代科学先驱徐寿父子研究》,清华大学出版社1998年版,第183页。

[3] 同上。

江南制造局翻译馆得曾国藩承允设立后，徐寿立即向英国函购《大英百科全书》，同时亦托傅兰雅"购西书数部"，着手翻译。1868年，曾国藩在浏览了徐寿父子和华蘅芳的译稿后非常满意，便向同治帝上奏："翻译一事，系制造根本"，建议"另立学馆，以习翻译"[①]。同治帝很快批准了曾国藩的奏折，并拨银两建馆。在徐寿、华蘅芳的积极筹措下，1868年6月江南制造局翻译馆正式开馆。翻译馆的创设是中国科技史上一件值得大书特书的开风气之先的大事，标志着由以往被动地学习西学转变为政府层面开始主动地、大规模地输入西学，对推进中国科技的近代化具有举足轻重的影响。翻译馆开馆后，选聘英国人傅兰雅、美国人金楷理（Carl Traugott Kreyer, 1839—1914年）与林乐知等三人在馆翻译，后又聘得英国人伟烈亚力、美国人玛高温暂住上海租界翻译，徐寿、徐建寅、徐华封父子及华蘅芳、赵元益、王德均、李凤苞、贾步纬、丁树棠、钟天纬、汪振声等则协助西人笔述。据《江南制造局禀》记述，至同治十一年四月（1872年5月），翻译馆在徐寿的主持下译成制器之书6种，造船之书1种，火器之书4种，绘图之书3种，地产之书3种，化学之书2种，行船之书4种，船操之书3种，设防之书3种，江海图说2种，西国杂记之书2种，算学之书3种，声学之书1种[②]。在《清稗类钞》中，对徐寿和翻译馆亦有这样的记述："无锡徐雪村寿，精理化学，于造船造枪炮弹药等事，多所发明，并自制镪水棉花药汞爆药。我国军械既赖以利用，不受西人之居奇抑勒，顾犹不自满，

---

① 《曾国藩全集·奏稿》，转引自孔国平等：《中国近代科学的先行者——华蘅芳》，科学出版社2016年版，第91页。

② 《江南制造局禀》同治十一年四月（1872年5月），转引自汪广仁主编：《中国近代科学先驱徐寿父子研究》，清华大学出版社1998年版，第183-184页。

进求其船坚炮利工艺精良之原，始知悉本于专门之学，乃创议翻译泰西有用之书，以探索根柢。曾文正公深韪其言，于是聘订西士伟烈亚利、傅兰雅、林乐知、金楷理等，复集同志华蘅芳、李凤苞、王德均、赵元益诸人以研究之，阅数年，书成数百种。"[1]后来徐寿又和傅兰雅等人于1875年在上海创建了上海格致书院，该院是中国近代第一所教授科学技术知识的学校，徐寿在格致书院的筹建过程中发挥了至关重要的作用，当时书院建设的绝大部分经费都是他亲自募集而来。格致书院建立的宗旨是以切实可行的方式将西方的科学、制造技艺展示和传授给国人，所以书院开设有矿物、电务、测绘、工程、汽机、制造等多门课程。院内还设有图书馆和阅览室，陈列有机械设备、科学仪器和工业产品等供人参观，定期举办科学知识讲座，并仿中国传统书院设有"四季考课"。几乎在格致书院成立的同时，徐寿和傅兰雅还创办了我国最早的科技期刊——《格致汇编》，以传播科技知识为使命，光绪二年正月十五日（1876年2月9日）创刊号问世，每期按月发行。徐寿不仅为《格致汇编》著译了大量的文稿，而且还利用其中一个非常重要的栏目——"互相问答"，解答读者提出的各种科技问题，尤其是通过这个栏目将化学知识与化学工艺普及推广给广大读者，开我国普及科技知识教育的先河。

徐寿在科学研究上的成就主要表现在化学、物理方面，尤其是他的化学译著在当时具有权威性，声望很高，他因此被称为中国近代化学的先驱人物。他将西方近代化学中的各个分支——无机、有机、定性、定量、物化以及实验方法和仪器等，都完整引入我国，翻译的书籍也成了我国学校第一批化学教材。徐寿还首创化学元素汉译名的原则，今天化学教科书中使用的表示元素的新造汉

---

[1] 柳诒徵：《中国文化史》（下卷），东方出版中心1996年版，第796页。

字办法,即气态元素加"气"字头、金属元素加"金"字旁等,就是徐寿创造的。徐寿与其子及傅兰雅等人合译的科技著作主要有[①]:(一)化学类有:《化学鉴原》《化学鉴原续编》《化学鉴原补编》《化学求质》《化学求数》《物体遇热改易记》等,均为徐寿与傅兰雅合译;徐寿在译书的同时,还与傅兰雅自编了我国第一部化学化工英汉字典——《化学材料中西名目表》,并发表了一张《中西名元素对照表》。(二)工艺类有:《汽机发轫》,为徐寿与伟烈亚力合译;《西艺知新正续合编》,是书收集了15种西方先进工艺,其中徐寿与傅兰雅合译12种,徐华封和金楷理合译1种,郑昌棪与金楷理合译2种;《宝藏兴焉》,为傅兰雅口译、徐寿与徐建寅笔述;《燥湿表说》,为傅兰雅与徐寿合译;《试验铁煤法》,为徐寿与徐建寅合译;《格致须知》,为徐寿与徐建寅合译;此外,徐寿还撰有《汽机命名说》及与其子徐建寅编著有《汽机中西名目表》。(三)医药类有:《法律医学》,为傅兰雅口译,赵元益与徐寿笔述;《西药大成药品中西名目表》,为傅兰雅、赵元益与徐寿合译;《医学论》,为徐寿专著,曾发表于《格致汇编》,徐寿精通中、西医学,曾力倡中西医结合;(四)兵学类有:《营城揭要》,为傅兰雅与徐寿合译;《测地绘图》,为傅兰雅与徐寿合译;《营城要说》,为傅兰雅与徐寿合译。在今天看来,这些译著不免幼稚,但在中国的化学和制造工艺史上却具有筚路蓝缕、以启山林之功。值得提及的是,在我们熟知的国际顶级科技期刊——《自然》(Nature)1881年3月号上,徐寿以《声学在中国》为题发表了他的《考证律吕说》。在该文中,他对传统声学定律"空气柱的振动模式"(即"伯努利定律")提出质疑,并用现代科学矫正了这项古老的定律。该文是由他的好友傅兰雅用英文代为投稿的。《自然》杂志编者高度赞扬了中国人徐寿非常出奇的实验成果:"以真

[①] 参见徐振亚辑:《徐寿父子、祖孙译著目录表》,载汪广仁主编:《中国近代科学先驱徐寿父子研究》,清华大学出版社1998年版,第394–404页。

正的现代科学矫正了一项古老的定律,已经非常出奇地在中国发生了。何况这是用最原始的器具来加以实现的。"[1]据可考资料,徐寿可能是我国科学家中第一个在《自然》杂志上发表文章的人。

华蘅芳的译著比徐寿还多。据孔国平等学者统计,华蘅芳译著有19种、178卷,内容以数学为主,旁及地质学、矿物学、气象学、军事学等[2]。他最早翻译的西方科技著作是一本矿物学著作——《金石识别》(12卷),原著为美国19世纪著名矿物学家、耶鲁大学代那(James Dwight Dana,1813—1895年)教授所著。1867年,华蘅芳和美国传教士玛高温(Mac Gowan)合作译述,这本书是传入我国的第一部西方矿物学著作,奠定了我国矿物学的基础,清末一些学堂如江南陆师学堂附设的矿务铁路学堂还把《金石识别》作为教科书。在译成《金石识别》的基础上,华蘅芳考虑到,金石与地学互为表里,要识别金石必须懂地质学,于是在1868年又和玛高温合作翻译了一部《地学浅释》(38卷)。该书是英国著名地质学家赖尔的名著,在当时处于世界领先水平,书中用地质"渐变论"的观点取代了过去的所谓"灾变论",是达尔文生物进化论的先声。恩格斯曾说:"只有赖尔才第一次把理性带进地质学中,因为他以地球的缓慢变化这样一种渐进作用,代替了由于造物主的一时兴起所引起的突然革命。"[3]该书为我国近代最早输入的西方地质学著作,它的翻译出版使国人第一次知道地质学是一门科学,对我国现代地质学的形成与发展具有启蒙意义,章鸿钊、丁文江、李四光、翁文灏等中国现代地质学的开山鼻祖都曾深受影响。值得提及的是,这部

---

[1] 汪广仁主编:《中国近代科学先驱徐寿父子研究》,清华大学出版社1998年版,第16页。

[2] 孔国平等:《中国近代科学的先行者——华蘅芳》,科学出版社2016年版,第92页。

[3] 中共中央马克思恩格斯列宁斯大林著作编译局编译:《马克思恩格斯选集》(第3卷),人民出版社1972年版,第451页。

译著最早将西方进化论观念传入中国,其影响远远超出了地质学。这恐怕是译者所始料未及的。继《地学浅释》之后,华蘅芳又与美国传教士金楷理合作翻译了《御风要术》和《测候丛谈》,与英国传教士傅兰雅合作翻译了《风雨表说》《气学丛谈》《防海新论》和《海用水雷法》等气象学和军事学方面的书籍。

不过,华蘅芳在科学研究上的兴趣和成就主要表现在数学上,他的著译中自然也是数学著作最多,由此也使得他成了和李善兰齐名的大数学家。他翻译的数学著作最主要的代表作有《决疑数学》《代数术》《微积溯源》《三角数理》《代数难题解法》《算式解法》《合数术》《代数术补草》等,大都是他在江南制造局与傅兰雅合作翻译完成的,内容涉及代数、三角、解析几何、微积分、概率论、数论等,为西方现代数学全面系统引入中国做出了开拓性的贡献。其中,《决疑数学》虽不是当时西方最先进的学术成果,但却是传入我国的第一部概率论著作,我国的概率论学科在某种意义上就是以《决疑数学》为起点迅速发展成为现代数学的。华蘅芳除了翻译西方的数学著作外,他自己也撰写了一系列的数学著作,录入他的《行素轩算稿》一书中。是书汇集了他所撰写的《开方别术》,一本关于方程论的著述;《开方古义》(2卷),是一本探讨中国古代高次方程数值解法的著述;《数根术解》,是一本专论素数理论的著述;《积较术》(3卷),是一部研究有限差分的著作,具有很高的学术价值;《学算笔谈》(12卷),这是华蘅芳用力最多的一部数学著作,从基本的算术知识一直讲到微积分,由浅入深,娓娓道来,是近代中国一部优秀的数学教科书,于普及数学知识影响广泛。杨模说:"《学算笔谈》十二卷,能以浅显易明之语,阐发精深之理,数年之间,重版十数,东南学子,几乎家有其书。"[①] 此外,华蘅芳还

[①] 杨模编:《锡金四哲事实汇存》,引自中国史学会主编:《中国近代史资料丛刊·洋务运动》(八),上海人民出版社1961年版,第19页。

著有:《算草丛存》,前后共8卷,前4卷包括"三角测量说""抛物线说""垛积演较""盈朒广义""积较客难""诸乘方变法""台积术解""青朱出入图说"等8篇数学论文,后4卷包括"求乘数法""数根演古""循环小数考""算斋琐语"等文;《算法须知》,是华蘅芳为傅兰雅主编的《格致须知》所写。对于华蘅芳在西学翻译和科学研究上之成就,杨模给予极高的评价。他认为,华蘅芳"译书文辞朗畅,足兼信、达、雅三者之长。……先后译成新书十二种,都一百六十余卷";"学问赅通,凡经史、词章、舆地、音律、理化、医学、工艺、制造等类,靡不游其涯矣,抉其精微;世顾推之为算学家者,以其他为算学之名所掩也。其论物理也,尚实验,似英之培根。其讲算术也,能发明新理新例,似英之奈端。其著书也,惟恐人不知,似宣城之梅文鼎。要之,自通商六十年来,代数、微积、声、光、化、电、热力之学,今日习见习闻,能者渐多,问津自易。而当其始,西法初来,扞格不入,苟世无一二人专开通途径,指示方法,提倡于数十年之前,则今日之传习推行,亦未必有如是之速。……该故绅于举世不为之日,冥心孤注,潜精绝学,独开风气之先,尤为难能可贵"[1]。鉴于华蘅芳在科学研究、西学翻译和教授科学(先后在上海格致书院、湖北自强学堂与两湖书院及无锡竢实学堂等新式学堂主讲达20年之久)上的巨大成就,为"不忍听其湮没""以振学风,而昭来许",在华蘅芳逝世7年后,清廷学部奏请将华蘅芳及其弟华世芳与徐寿的事迹"宣付国史馆立传",宣统元年十月二十九日(1909年12月11日),宣统帝依议照准[2]。

当然,晚清时潜心科学研究、热心推介西学的民间科学家,远

---

[1] 杨模编:《锡金四哲事实汇存》,引自中国史学会主编:《中国近代史资料丛刊·洋务运动》(八),上海人民出版社1961年版,第16页;第17—18页。

[2] 同上书,第16页;第29页。

不只上述数人，像江苏的管嗣复、浙江的张福僖、安徽歙县的郑复光，也是令人不能忘却的。管嗣复（？—1860年）精通西医，翻译的《西医略论》《内科新说》《妇婴新说》等西医著作曾风行一时，被誉为上海第一个兼通中西医的人。张福僖（？—1862年），虽考取过秀才，但并不热衷于仕途，其生平交识的亦大多为著名科学家如戴煦、徐有壬、李善兰之辈。他自幼喜天文历算，并对蒸汽机和小火轮亦有研究，曾是墨海书馆参与西书中译的中国学者之一。他先后编著了《慧星考略》《日月交食考》《两边夹一角图说》（与其师兄丁兆庆合著）等。在墨海书馆与传教士艾约瑟合译《光论》一书，此书被公认为是中国从西方翻译过来的第一部系统的光学著作。郑复光（1780—？）更是晚清屈指可数的光学家、天文物理学家和光学仪器与轮船制造的技术专家[①]。他自青年时起就精研数学、物理和机械制造。他的研究基本上是通过自学，借助于明末传入的西学中留存下来的一鳞半爪，更借助于自己的实验观察和实践探索。道光初年，他游扬州，在观看灯影戏的时候发现了物、象、镜三者之间的关系，乃致力于几何光学及光学仪器理论的研究，经十余年的研究，终于在1846年写成了我国近代第一部比较系统地阐述几何光学原理、光学仪器原理和制镜技术的科技著作——《镜镜詅痴》（5卷）。该书集当时中西光学知识之大成，扼要分析了各种反射镜和折射镜的镜质和镜形，较为系统地论述了光线通过各种凹透镜、凸透镜和透镜组成的成像原理。在该书中，他还创造了一些光学概念和名词来解释光学仪器的制造原理和使用方法，对各种铜镜的制造、铜质透光镜的透光原理、冰透镜取火等问题做了详细的说明，对望远镜、放大镜和各种透镜的制造及应用原理亦进行了阐述。可以说，该书是晚清中国重要的几何光学专著，体现了当时中国光学的发展水平。

[①] 参见清史编委会编：《清代人物传稿》（下编，第2卷），"郑复光"条，中华书局1984年版。

据说，他还亲手制作了一架完全合乎光学原理的测天望远镜，1835年他在北京用这台望远镜同著名学者张穆共同观测月象，竟看到月亮中有许多四散黑点像浮萍那样游动。鸦片战争后，他专攻轮船制造技术，并撰有《火轮船图说》一文，阐述轮船构造和蒸汽机原理，此文后被魏源收入《海国图志》。1842年，他还撰写了一本名为《弗隐与知录》的书，内容涉及天文、气象、化学、物理等自然界和日常生活中的各种现象。在该书中，他用科学知识来破除民间的一些迷信观念，把当时人们认为怪异不可解的各种现象，如天地、日月、星辰、风云、雷雨、霜雪、寒暑、潮汐、冰炭、器皿、鸟兽、虫鱼等方面的疑难问题归纳为225条，用物性、热学、化学、光学、地理学等原理加以解释。比如他关于"罗针偏东由于地脉"的地脉说，在某种意义上具有法拉第的磁力线思想，且比法拉第更早地具有了"场论"的思想。所以，有学者说"郑复光是中国第一个具有物理场论思想的人"的说法并不为过[①]。由于他是一位地道的民间科学技术专家，因而他的著述在当时未引起人们的注意，甚至他死于何年也鲜为人知。上述这批民间学者在传播西学、研究科学的过程中逐步形成了重视实证、实验研究的科学精神，而这种精神正是中国传统文化和科学研究中极为欠缺的。可以说，这批潜心西学的民间科学技术专家在推动中国传统科学技术走向近代化的过程中发挥了巨大的作用。

总之，由鸦片战争而产生的现实危机和文化心理震动，及世界地理、器械技艺等西学的输入，刺激和引发了一批睁眼看世界的士大夫和潜心科学、神往西学的民间知识分子，甚至使个别有识之士产生了对西方民主政治和民情风俗的仰慕之情。但这些人在中国所占的比例毕竟是极少数，且多集中在少数几个通商口岸和东南沿海

[①] 孔国平等：《中国近代科学的先行者——华蘅芳》，科学出版社2016年版，第14页。

的几个城市，加之当时传播渠道不畅，通信手段落后，民众对西学兴趣不大。因此，在咸道年间，西方科学在中国的传播和影响仍然只是死水微澜，绝大多数人仍然昏然如故，一边摇头晃脑读经书，一边重弹天朝独尊的旧调。19世纪60年代，因京师同文馆增设天文算学馆而引发"中学"与"西学"的论争与冲突一事，便足以说明，一般士大夫在第一次鸦片战争后的二十多年中，对世界大势和西学的认知并无太大长进，但对于西学的抗拒却是他们的基本心态。